sous la direction de
Laurent Delmas et Jean-Claude Lamy

Cinéma

La grande histoire du 7e art

LAROUSSE

Les auteurs

Laurent Delmas (Journaliste et critique de cinéma, cofondateur du magazine Synopsis, chroniqueur Cinéma sur France Inter, président de l'Union des Journalistes de Cinéma) pp. 20-21, 26-27, 28-29, 32-33, 34-35, 36-37, 38-39, 50-51, 52-53, 54-55, 56-57, 78-79, 80-81, 82-83, 84-85, 94-95, 106-107, 108-109, 120-121, 130-131, 138-139, 140-143, 152-153, 154-155, 156-157, 158-159, 162-163, 170-171, 178-179, 180-181, 218-219, 220-221, 268-269, 272-273, 274-275, 276-277, 290-291.

Je remercie l'ensemble des collaborateurs qui, lors des différentes étapes, par le texte et par l'image, ont rendu passionnante cette balade cinématographique. J'adresse à notre Éditrice Séverine Cuzin mes remerciements les plus vifs : sans son énergie et sa passion, rien n'aurait été possible.
Enfin, je dédie ce livre à Violette, déjà adepte enthousiaste du Demy-monde, en prévision des beaux écrans noirs de ses magiques nuits blanches.

Jean-Claude Lamy (Journaliste et éditeur, auteur avec Bernard Rapp du Dictionnaire mondial des films publié chez Larousse. Il a été directeur de France 3 Cinéma et a présidé la Commission d'avances sur recettes du CNC avant de devenir conseiller à Studio Canal) pp. 278-279, 288-289

Anne-Laure Bell (critique de cinéma, journaliste au Film français) pp. 92-93, 206-207, 216-217, 244-245, 292-293

Isabelle Danel (journaliste et critique de cinéma, coauteur de l'Année du cinéma) pp. 104-105, 114-115, 116-117, 126-127, 190-193, 194-195, 200-201, 224-227, 228-229, 234-235.

Bernard Génin (critique et journaliste de cinéma, ancien chef de la rubrique «Ciné Télé» à Télérama) pp. 30-31, 40-41, 58-59, 98-99, 118-119, 144-145, 160-161, 182-183, 230-231, 232-233, 280-281, 282-283

Géraldine Michelon pp. 18-19, 22-25, 64-65, 66-67, 68-71, 86-87, 88-89, 90-91, 100-101, 102-103, 128-129, 164-165, 196-199, 212-213.

Johanne Rigoulot (conseillère de programme pour l'unité Fiction à France 3) pp. 48-49, 74-75,134-135, 166-167, 184-185, 188-189, 190-191, 202-203, 204-205, 214-215, 222-223, 236-237, 238-239, 246-247, 248-249, 270-271.

Daniel Sauvaget (collaborateur du Dictionnaire du cinéma publié chez Larousse, enseignant en histoire et en économie du cinéma à l'Université de Paris III-Sorbonne Nouvelle) pp. 42-45, 46-47, 76-77, 172-175, 176-177, 242-243.

Charles Tesson (critique et historien du cinéma, ancien rédacteur en chef des Cahiers du Cinéma, enseignant. en cinéma et audiovisuel à l'Université de Paris III-Sorbonne Nouvelle) pp. 72-73, 96-97, 122-123, 124-125, 132-133, 136-137, 146-147, 168-169, 186-187, 240-241, 250-251, 252-253, 254-255, 256-257, 258-259, 260-261, 262-263, 264-265, 266-267.

Édition
Séverine Cuzin-Schulte, Gilbert Labrune
avec Anne Morin et Samya Yakoubaly

et la collaboration de
Didier Pemerle et Lucien Logette

Direction artistique
Henri-François Serres Cousiné

Conception et réalisation graphique
Vincent Lecocq

Recherche iconographique
Any-Claude Medioni et Marie-Annick Réveillon

Fabrication
Nicolas Perrier

Photogravure
Payton, Bilbao, Espagne

ISBN 978 2 03 583968 8

Dépôt légal : avril 2008

Sommaire

1895-1929
Le cinéma muet

1930-1944
L'âge d'or des studios

1945-1958
Entre rêves et réalités

1959-1975
Les Nouvelles Vagues

1976-2004
Des cinémas du monde entier

Annexes

Préface

Quoi ! Encore une histoire du cinéma ? Que voulez-vous, c'est ainsi : les centenaires, surtout quand ils sont aussi verts que celui qui nous occupe, n'en finissent pas d'attirer les généalogistes. Ces derniers, à l'instar des auteurs de cet ouvrage, adorent remonter aux sources scintillantes de la lumière : l'art de voir fut d'abord un art de foire. Nos encyclopédistes se délectent à traquer les premiers bourgeons des grandes familles à venir. Ils prennent un malin plaisir à conter les mille et une nuits d'une histoire qui, fort heureusement, n'est pas près de finir. Ils résument, ils établissent, ils récapitulent, et leur inventaire nous aide à apprendre, à comprendre. Il faut bien avouer que nous les suivons souvent avec ravissement, heureux de retrouver, de branche en branche, les trucs de Méliès, les trocs de Jerry Lewis ou les tracs de Woody Allen. Nous passons ainsi en revue nos propres souvenirs d'enfants émerveillés par d'incroyables spectacles, puis d'adolescents émus plus que de raison par ces images troublantes, et enfin d'adultes cinéphiles tout prêts à s'enflammer pour défendre la cause d'un cinéaste incompris, forcément incompris. À chaque âge ses plaisirs. Autrement dit, le cinéma nous suit comme nous le suivons, éternels compagnons d'un road movie qui nous conduit, même si certaines ont disparu, de salles obscures en salles obscures.

Revisiter les très riches heures du cinéma mondial revient souvent à contempler les enluminures de nos propres vies. Comme jaillies d'un album de photos, les émotions pures peuvent surgir aussi bien que les sages amnésies ou les réévaluations équitables. Et par ailleurs, qui peut prétendre tout connaître de cet art, aussi jeune qu'universel ? Il faut se laisser porter par l'envie de découvrir ou de redécouvrir, par cette somme de travail qui laisse place à la curiosité et à la rêverie. Voir apparaître sur le tapis volant Griffith ou Eisenstein, Germaine Dulac ou Almodóvar, Lubitsch ou Wong Kar-waï, Marilyn ou Musidora, c'est explorer des rapports collatéraux, des liens de filiation, des amours invisibles, c'est arpenter la planète Cinéma chaussé des bottes de sept lieues. Voilà précisément ce qui fait le prix de ces balades du temps jadis : chacun y puise ce qu'il a envie de trouver et de voir à un moment donné. Décidément, le cinéma fait écho. À nos coups de cœur comme à nos états d'âme. À nos colères comme à nos élans. Sans se gêner le moins du monde, il nous renvoie à notre passé, il accompagne notre présent et prédit notre avenir. C'est aussi pour cette raison que son histoire colle à la nôtre. Divulguons-la.

Gilles Jacob
Président du Festival de Cannes

Avant-propos

Une histoire, des histoires

C'est par la ligne de crête que nous avons voulu aborder l'histoire du cinéma. Nous avons choisi les grands réalisateurs, les acteurs et actrices mythiques, les âges d'or, les bonds en avant techniques, les grands moments de fièvre créatrice, les écoles et les mouvements qui ont ouvert de nouvelles voies. C'est à partir de ces sommets que nous avons voulu vous faire découvrir l'univers enchanté du cinéma que l'imagination des cinéastes n'a cessé d'enrichir et de renouveler depuis plus d'un siècle. Sur ces hauteurs, nous avons trouvé Chaplin et Ozu, Fellini et Welles, Bergman et Renoir, Hitchcock et Dreyer, Kubrick, et tant d'autres figures exceptionnelles dont nous avons tenté de synthétiser l'œuvre. C'est bien d'une *Ruée vers l'or* ou d'une *Chevauchée fantastique* dont il s'agit ici mais sans *Règle du jeu* ni *Guerre des Etoiles*, simplement pour le plaisir de dire *Amarcord* (« Je me souviens »).

Par souci de clarté, nous avons scindé l'ouvrage en cinq grands chapitres : Le cinéma muet (1895-1928), L'âge d'or des studios (1929-1944), Entre rêves et réalités (1945-1958),Les Nouvelles Vagues (1959-1975) et Des cinémas du monde entier (1976 à nos jours).

Une telle approche comporte nécessairement une part de subjectivité, même lorsqu'elle est faite avec scrupule et affinée dans des discussions collégiales mettant aux prises des universitaires, des journalistes et des praticiens du cinéma. On pourra toujours nous reprocher d'avoir privilégié tel ou tel acteur, tel ou tel réalisateur par rapport à d'autres mais il n'y en a guère que nous ayons complètement passé sous silence : on retrouvera souvent une apparente omission réparée au détour d'un encadré, d'une chronologie, ou d'une légende. Les photos et les légendes sont d'ailleurs une voie d'accès, tout à fait légitime, à cette « histoire visuelle » du cinéma car chaque photo a été choisie non seulement en fonction de ses qualités graphiques mais aussi de l'information qu'elle contient et qu'explicite la légende, toujours substantielle. Nous avons souhaité que l'ouvrage reflète la richesse et la diversité du cinéma et notamment dans ses deux dimensions essentielles : celle du divertissement (des serials et des films de Méliès jusqu'aux films d'aventures en passant par la science-fiction et le film catastrophe) et celle de la création artistique (des films d'Abel Gance à ceux d'Orson Welles, de Rossellini, Jean-Luc Godard ou Bergman). En feuilletant le livre, chaque lecteur peut ainsi retrouver le ou les cinémas qu'il aime tout en allant à la découverte d'univers cinématographiques qu'il ne connaît pas encore. Entre terrains connus et terres étrangères, le voyage se veut avant tout enrichissant.

Mais de même qu'un film ne comporte pas que des gros plans, ce livre prend régulièrement un peu de champ pour faire un panoramique sur les principaux mouvements, écoles ou genres, revisités à chaque époque de mutation importante, ajoutant ainsi une dimension de « quadrillage » encyclopédique. De fait, revisiter l'histoire du cinéma, c'est aller d'« âge d'or » en « nouvelle vague », de « renouveau » en « renaissance ». Il y eut des « nouvelles vagues » bien avant celles joyeusement soulevées par Truffaut, Godard et les Jeunes-turcs du cinéma français. À l'époque du cinéma muet, le cinéma anglais de 1896 à 1904 vit au rythme de l'inventive et fondatrice école de Brighton, tandis que dans les années 1920 l'expressionnisme allemand fait naître d'immortels chefs-d'œuvre comme *Nosferatu* ou *Métropolis*, et qu'au même moment le russe Dziga Vertov et ses émules révolutionnent le langage cinématographique. Puis les années 1930 à 1950 virent le triomphe des

Buster Keaton
Le Cameraman
Edward Segwick, 1938

studios et le cinéma américain produisit ses chefs-d'œuvre : comédies musicales, westerns, films fantastiques, films d'aventures. C'est le triomphe absolu des films de genres et des films de stars. En Europe comme aux États-Unis, les années 1960-1970 furent placées sous le signe du changement et les cinéastes ne furent pas en reste : le Brésilien Glauber Rocha entraîne le continent sud-américain dans l'aventure du Cinema Novo, de jeunes cinéastes allemands comme Wenders, Schlöndorff ou Fassbinder interrogent le passé national pour mieux se tourner vers demain et l'Europe de l'Est connaît avec Andrzej Wajda en Pologne ou Milos Forman en Tchécoslovaquie des printemps plus ou moins prometteurs. Aux États-Unis, le vieil Hollywood voit sa toute-puissance contestée par des cinéastes indépendants à l'image de John Cassavetes ou soucieux de leur singularité comme Coppola et Scorsese. Nous avons donc remonté le temps et revisité ces grandes périodes de mutations et de remises en cause artistiques.
D'autre part, le cinéma depuis ses origines a fait la part belle aux genres et nous leur avons consacré plusieurs sujets tout au long de cet l'ouvrage : le burlesque muet (Charlot, Buster Keaton, Harold Lloyd) et le burlesque parlant (Laurel et Hardy, les Marx Brothers), le western depuis *le Vol du Grand Rapide* jusqu'à Clint Eastwood en passant par l'apogée du genre autour de Ford et John Wayne, la comédie musicale, de Fred Astaire à Jacques Demy et Bob Fosse, les films d'aventure qui racontent les exploits de Tarzan, Robin des Bois ou Zorro, mais aussi les voyages roses ou noirs dans lesquels nous entraînent les road-movies, sans oublier évidemment les éternels polars où gendarmes et voleurs se confondent sous les traits de Bogart ou de Gabin, de Pacino ou de Delon.

Retracer l'histoire du cinéma, c'est montrer avec force que le Septième art est également le formidable reflet de son temps et des époques qu'il décrit ou qu'il recrée. C'est notamment le cas avec le film de guerre, que nous traitons à trois reprises, sous l'angle de la Première Guerre mondiale entre *Grande illusion* et *Sentiers de la gloire*, puis de la Deuxième Guerre mondiale quand il s'agit d'évoquer *l'Armée des Ombres* ou de retracer *le Jour le plus long* et enfin de la guerre du Viêt-Nam, entre *Apocalypse Now* et *Full Metal Jacket*. Dans la plupart des cas, le cinéma prend parti pour dénoncer les horreurs de la guerre ou combattre les bourreaux à l'œuvre. Tout aussi militant est le cinéma social américain des années 1930 et 1940 qui va de la charge des *Temps modernes* au tableau noir des *Raisins de la colère* ou bien encore le cinéma français du Front populaire quand, avec Renoir, Duvivier ou René Clair, il entend bien décrire un monde qui aspire au changement, sans oublier quelques années plus tard le néoréalisme italien emmené, entre autres, par Rossellini et De Sica, ou celui du cinéma anglais des années Thatcher où Ken Loach voit rouge à travers des films coup de poing. En voulant faire une histoire du cinéma, nous avons donc naturellement fait une histoire des cinémas, c'est-à-dire de tous ces courants et thèmes qui font la diversité du Septième art.

Le même souci d'inventaire systématique nous a amené à prendre en compte très largement les grandes cinématographies étrangères. Majoritairement américain et européen jusque dans les années 1960, le cinéma depuis lors ne cesse de se développer à travers le monde entier : de l'Inde à la Chine, de la Corée à Taïwan, du Maghreb à la Turquie, de l'Afrique à l'Amérique latine. L'histoire du cinéma ne saurait en effet se résumer à celle d'Hollywood ou des cinémas d'Europe. Que serait d'ailleurs cette histoire si elle ne pouvait se prévaloir des infinies et complexes beautés des films asiatiques (de Kurosawa, Miyazaki, Wong Kar Waï, Im Kwon Taek ou Zhang Yimou), de la force des

œuvres des cinéastes du Moyen-Orient (Abbas Kiarostami, Amos Gitaï ou Youssef Chahine), ou bien encore de la rage des cinémas d'Afrique en devenir? Alors que l'empire hollywoodien, semblable à un rouleau compresseur, accumule les parts de marché à l'intérieur de chaque pays, il faut noter l'émergence ou la résistance, toutes deux paradoxales, de cinématographies nouvelles ou renaissantes. Ainsi le cinéma chinois semble-t-il lentement sortir d'un temps où la censure faisait office de ligne éditoriale. Ainsi les cinémas palestiniens et israéliens, parfois main dans la main, affirment dans des œuvres fortes et belles qu'un autre horizon est possible. Ainsi des cinéastes argentins ou mexicains réalisent des films qui font sensation dans les festivals internationaux.
En croisant et en recroisant ainsi, avec patience et passion, les fils de la trame chronologique et ceux de la chaîne thématique notre ambition aura été de ne rien laisser d'important dans l'ombre sans jamais lasser l'attention du lecteur.

Qui mieux que les acteurs et les actrices de tous les pays et de toutes les époques peuvent servir de guides dans chaque salle de ce musée vivant qu'est l'histoire du cinéma ? Ici le sourire de Mona Lisa est celui d'Uma Thurman et un autoportrait est forcément celui de Bogart. Des anonymes des films de Méliès aux stars d'hier et d'aujourd'hui, notre mémoire fonctionne grâce à ces repères, véritables membres d'une famille qui nous est familière. En noir et blanc d'abord, en couleurs ensuite, les actrices et les acteurs sont comme autant de petits cailloux blancs. Il nous suffit alors de revoir Marlène et ses bas dans *L'Ange bleu*, Gabin et sa casquette d'ouvrier dans *Le jour se lève*, les yeux de James Dean dans *la Fureur de vivre*, le visage bleu de Ferdinand alias Belmondo dans *Pierrot le fou* et la cigarette au doigt de Tony Leung dans *In the Mood for Love* pour que d'autres images envahissent nos esprits. C'est pourquoi nous avons voulu que chacune des doubles-pages qui composent cette histoire comporte deux, trois ou quatre photos, les plus signifiantes possibles, celles précisément où les actrices et les acteurs « se font leur cinéma », et ce pour notre plus grand plaisir. À certains d'entre eux, Dietrich, Raimu, Jouvet, Gabin, Monroe, nous avons même consacré des éclairages particuliers, mais au-delà de ces quelques noms, c'est toute la distribution d'un siècle de cinéma que vous retrouverez au fil des pages. Vous allez ainsi retrouver ces stars qui nous font rire et rêver, pleurer et danser, frissonner et chanter. C'est assurément le plus prestigieux de tous les castings dont l'unique objet est de vous donner l'envie de découvrir ou de redécouvrir tous ces films dont « elles » et « ils » sont les héros éternels.

Enfin, pour donner à ce *Larousse du cinéma* une dimension vraiment encyclopédique, et pour allier l'utile à l'agréable, nous avons inclus de nombreux encadrés proposant des sélections de films à revoir, mais aussi des filmographies de plus de 200 réalisateurs et acteurs, les palmarès des grands prix internationaux et un glossaire des termes techniques.

Quentin Tarantino se rêve depuis toujours le propriétaire d'un ciné-club permanent dont il serait l'unique et omnipotent programmateur. Avec cette histoire du cinéma, nous vous donnons l'occasion de faire à votre tour votre propre programmation idéale, avec la distribution qui vous convient le mieux, en noir et blanc ou en couleurs, sans paroles ou avec chansons, au cours de séances plus ou moins longues et dans le genre que vous souhaitez. Concevez les rétrospectives que vous souhaitez ou inventez votre festival. En un mot, par notre intermédiaire, faites-vous votre propre cinéma. Nous aurons alors réussi notre pari.

Laurent Delmas et Jean-Claude Lamy.

Le cinéma muet

Le cinéma muet

Dates	*Faits historiques*	*Événements cinématographiques*
1895	Affaire Dreyfus	Röntgen découvre les rayons X Mise au point par Louis Lumière du cinématographe **Sortie d'usine** par les frères Lumière Fondation de la société Léon Gaumont & Cie
1896	Premiers Jeux Olympiques des temps modernes à Athènes	Commercialisation par la société Pathé frères des appareils de projections Kinetographe
1897	Premier vol de l'avion de Clément Ader	
1899	Début de la guerre des Boers	
1900	Exposition universelle à Paris	**Attaque d'une mission en Chine** de J. Williamson
1901	Mort de la Reine Victoria Edouard VII, roi d'Angleterre	
1902		Succès international du **Voyage dans la lune** de G. Méliès
1903		**L'Attaque du Grand Rapide** d'E. S. Porter ↓
1904	Entente cordiale entre la France et l'Angleterre Début de la guerre russo-japonaise	
1905	Mutinerie à bord du cuirassé Potemkine à Odessa Première révolution russe Découverte des lois de la relativité par Einstein	Premier film italien : **la Prise de Rome** de F. Alberini
1908	Fondation en France du Film d'Art	
1910	George V succède à Edouard VII	
1912	Le Titanic sombre au sud de Terre-Neuve	
1913		**Fantômas** de L. Feuillade →
1914	Début de la Première Guerre mondiale	**Charlot, garçon de café,** premier film de Charlie Chaplin coréalisé avec Mabel Normand **Cabiria** de G. Pastrone devient le film emblématique du « grand spectacle » Création des studios Paramount Pictures et Fox Films
1915		**Naissance d'une nation** de D. W. Griffith

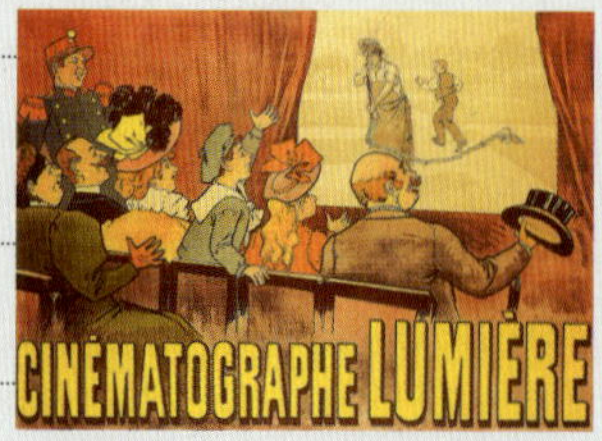

Dates	Faits historiques	Événements cinématographiques
1916		**Intolérance** de D. W. Griffith ↘ Création de la Paramount 
1917	Entrée en guerre des États-Unis Révolution russe	
1918	Armistice	
1919	Traité de Versailles	**J'accuse !** d'A. Gance C. Chaplin, D. Fairbanks, D. W. Griffith et M. Pickford fondent la United Artists
1920		Début de l'expressionnisme allemand avec **le Cabinet du docteur Caligari** de R. Wiene → 
1921	Première émission de radio à partir de la Tour Eiffel	
1922	Fondation de l'URSS	Première apparition du vampire dans le film de F. W. Murnau, **Nosferatu** Création de la MPPDA par les grandes compagnies américaines afin de se doter de standards moraux
1923	Putsch manqué de Hitler Occupation de la Ruhr par la France et la Belgique	**Les Dix Commandements** de C. B. De Mille
1924	Mort de Lénine 	R. Clair réalise son premier long métrage, **Paris qui dort** Première apparition de G. Garbo dans **la Légende de Gösta Berling** de M. Stiller → Mort de L. Delluc 
1925	Guerre du Rif au Maroc	**La Ruée vers l'or** de C. Chaplin ← **Le Cuirassé Potemkine** de S. M. Eisenstein **Napoléon** d'A. Gance Mort de L. Feuillade et M. Linder
1926	Première expérience de transmission télévisuelle Hiro-Hito est proclamé empereur du Japon Création du Commonwealth	**Metropolis** de F. Lang
1927	Charles Lindbergh traverse l'Atlantique en avion	**The Lodger**, premier film d'A. Hitchcock **Le Mécano de la « General »** de B. Keaton et Clyde Bruckman Première cérémonie des Academy Awards (futurs Oscars)
1928		**Le Chanteur de Jazz**, d'Alan Crosland, premier film sonore et parlant
1929	Krach boursier à Wall Street, New York	**L'Homme à la caméra** de D. Vertov L. Brooks est **Loulou** pour G. W. Pabst **Un chien andalou**, premier film de L. Buñuel

L'invention du cinématographe

Le siècle des Lumière

En réussissant à projeter sur un écran des photographies en mouvement de longue durée, Louis Lumière invente, en 1895, le cinématographe. Mais il n'est pas seulement l'inventeur d'une machine, il est aussi le premier cinéaste.

De passage à Paris en 1894, Antoine Lumière, photographe lyonnais entrepreneur et touche-à-tout, découvre le Kinetoscope de Thomas A. Edison. L'appareil se présente comme une caisse, d'une hauteur de 1,20 mètre, munie d'un oculaire. Pour une pièce de monnaie, on peut voir des photographies s'animer au fond de la boîte. De retour à Lyon, Antoine Lumière communique son enthousiasme à ses deux fils, Louis et Auguste, avec qui il exploite une usine de plaques photographiques de leur création.

Les deux frères commencent leurs recherches. S'inspirant à la fois des travaux d'Edison et d'Étienne Jules Marey, Louis conçoit un appareil de prise de vue et de projection fabriqué en série, où la pellicule est entraînée par un système de griffes et de cames. Le mécanisme de cet appareil a pour caractère essentiel d'agir par intermittence sur un ruban régulièrement perforé de manière à lui imprimer des déplacements successifs séparés par des temps de repos pendant lesquels s'opère soit l'impression, soit la vision des épreuves. L'invention est baptisée « Cinématographe », « écriture du mouvement ».

Les premiers films

« La découverte du cinéma date très exactement du jour où Louis Lumière dresse sa caméra devant l'usine de son père, invente et cadre son image, ajoute quelques éléments au groupe des ouvriers dont le travail va bientôt s'achever, afin de l'animer sans en briser le naturel, et filme *Sortie d'usine* » (Henri Langlois). Ce premier tournage a lieu le 19 mars 1895. D'autres sujets tels que la *Place des Cordeliers* à Lyon, *la Leçon de voltige*, *le Jardinier et le Petit Espiègle*, *le Repas de bébé* sont bientôt immortalisés. Dans ces films, Louis met en pratique son expérience de photographe, choisissant avec soin plans, cadrages et saynètes pour « reproduire la vie » et saisir « l'extraordinaire dans l'ordinaire » (Jean-Luc Godard).

Après plusieurs projections réussies en province, des séances publiques sont organisées à Paris. La première a lieu le 28 décembre 1895 dans le Salon indien du Grand Café. Les meilleurs chroniqueurs de la presse scientifique et les responsables des principaux théâtres ont été conviés. Le programme, de 25 minutes environ, est constitué des premiers films tournés par Louis Lumière. Ces derniers suscitent l'émotion du public, frappé par le réalisme des

AUGUSTE (1862-1954) ET LOUIS (1864-1948) LUMIÈRE

Une vie au service de l'invention. Antoine Lumière est un industriel lyonnais installé comme photographe et constamment à l'affût du progrès À dix-neuf et dix-sept ans, ses fils Auguste et Louis inventent les plaques photographiques sèches au gélatino-bromure d'argent qui seront exploitées dans l'usine de Monplaisir. En 1890, l'usine compte 300 employés et vend 350 000 douzaines de plaques photographiques à travers le monde. Après avoir assuré le lancement du Cinématographe, les frères Lumière mettront au point un processus de photographie en couleurs. Ils déposeront près de 250 brevets au cours de leur vie.

AFFICHE D'AUZOLLE POUR LE CINÉMATOGRAPHE LUMIÈRE
1896
Bibliothèque nationale de France

Le premier film comique. Cette affiche de grand format mettant l'accent sur la marque Cinématographe Lumière peut être considérée comme la première véritable affiche de cinéma. On y voit une « vue » célèbre, *le Jardinier et le Petit Espiègle*. Il ne s'agit pas, en effet, d'une scène de la vie courante, mais d'un film conçu comme tel avec scénario et mise en scène. Le succès sera tel qu'il donnera lieu aux premiers remakes de l'histoire du cinéma. En 1897 et 1898, Pathé et Gaumont en proposèrent leur propre version.

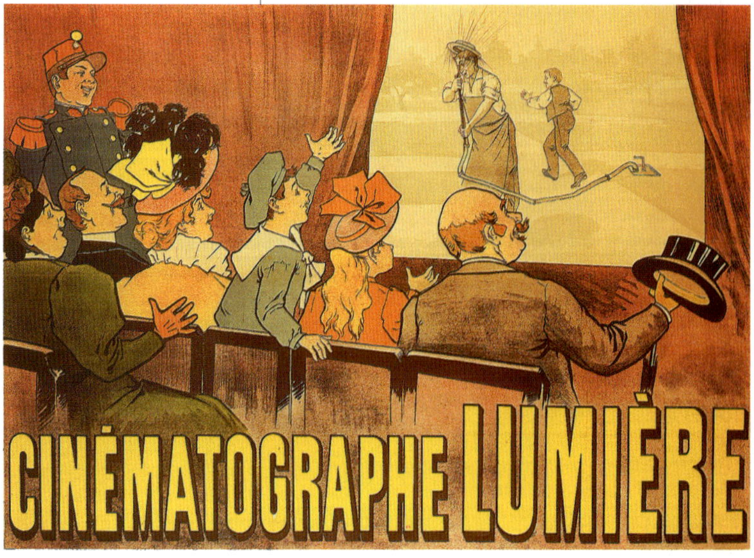

La Sortie des usines Lumière
Louis Lumière, 1895

Le mouvement sur le vif. Les employés-figurants sont mis en scène, ils ne regardent pas la caméra qui est placée sur le trottoir d'en face et feignent le naturel. Le cadrage est photographique et le mouvement à l'intérieur du champ donne à cette vue de 55 secondes le style d'un plan séquence. Comme l'écrira René Clair en 1924 : « Quand les frères Lumière ont voulu démontrer la valeur de leur merveilleuse invention, ils n'ont pas présenté sur l'écran un paysage mort ou un dialogue entre deux personnages muets [...]. S'il est une esthétique du cinéma, elle a été découverte en même temps que l'appareil de prises de vues et le film, en France, par les frères Lumière. Elle se résume en un mot : "mouvement". »

images. Rapidement, la foule se presse pour assister aux projections. Bientôt, 20 séances sont organisées quotidiennement, et les bénéfices sont énormes.

« Un objectif ouvert sur le monde »

Pourtant, les frères Lumière ne croient pas en la pérennité de leur invention et s'empressent de mettre en place une exploitation commerciale à l'échelle industrielle afin de couvrir le monde au plus vite pendant le temps, si court soit-il, où les images animées susciteront encore l'intérêt du public.

Dès 1896, un système efficace se met en place avec l'envoi dans le monde entier d'une cinquantaine de correspondants et d'opérateurs. Le Cinématographe est présenté à Londres, Bruxelles, Vienne, Genève, New York... Les représentants de la firme Lumière filment les moments forts de leurs voyages. Sélectionnées par les deux frères, les « catalogues de vue », sont ensuite réexpédiées sur les cinq continents.

En 1897 Edison lance la guerre des brevets. La firme lyonnaise doit abandonner le marché américain et, au tournant du siècle, les frères Lumière se détachent peu à peu de l'exploitation pour se consacrer à la photographie couleur : « Nous ne pouvions songer à nous improviser impresarii, éditeurs de films. Nous avons semé, d'autres récoltent. C'est la vie ! Nous sommes des industriels ; nous ne pouvions tout être à la fois ! »

« *À la répétition générale, MM. Lumière avaient projeté une rue de Lyon : les tramways, les voitures circulaient, avançaient en direction des spectateurs. Une tapissière arrivait sur nous au galop de son cheval. Une de mes voisines était si bien sous le charme qu'elle se leva d'un bond... et ne se rassit que lorsque la voiture tourna et disparut. Et nous pensions alors : MM. Lumière sont de grands magiciens.* »

Henri de Parville, directeur de la revue *Nature*.

La diffusion du cinématographe

L'événement cinéma

Dès son invention par les frères Lumière en 1895, le Cinématographe s'annonce comme un véritable phénomène de société. Aux enthousiasmes initiaux succèdent des polémiques passionnées : les images en mouvement ne laissent personne indifférent.

« Notre invention n'est pas à vendre. Elle peut être exploitée quelque temps comme une curiosité scientifique : en dehors de cela, elle n'a aucun avenir. » Quand Antoine Lumière, l'industriel photographe lyonnais, père des deux inventeurs Auguste et Louis, s'adresse ainsi à Georges Méliès, croit-il réellement à ce qu'il dit ou cherche-t-il à se débarrasser d'un acheteur trop clairvoyant ?
Nul ne peut le dire, mais l'Histoire donna raison à Méliès. Après la première projection publique du 28 décembre 1895 dans le Salon indien du Grand Café, la presse dans sa grande majorité applaudit des deux mains et les commentaires vont bien au-delà de la description de la prouesse technologique. C'est ainsi que, dans *le Courrier de Paris*, on peut lire : « Avec cette invention, on en arriverait à supprimer presque l'oubli, presque la séparation, presque la mort. » En moins d'une année, l'appareil des frères Lumière est présent dans les principales villes françaises et le monde entier découvre les délices des salles obscures, à travers des « premières mondiales », du Caire à Saint-Pétersbourg, en passant par Mexico et Bombay.

Coupez !

Dès ses origines, le cinéma fait débat comme le montrent parfaitement les polémiques suscitées à Paris par les films de Méliès sur l'affaire Dreyfus ou à New York par les scandaleuses images d'un film intitulé *le Baiser de May Irwin et John C. Rice*. William Heise, bras droit de W. K. L. Dickson dans le développement du Kinetoscope Edison, filma le final d'une comédie musicale alors en vogue à Broadway et intituléeThe *Widow Jones*. May Irwin and John C. Rice s'y embrassent longuement. Au départ la prise de vue devait être publiée en une série de photographies dans le supplément du *New-York World*. Cette scène osée fut au centre des polémiques de l'année théâtrale 1895-96. Contre ces images et d'autres, plus ou moins lestes, plus ou moins osées, des premières voix s'élèvent aux États-Unis comme ailleurs. Certains aimeraient instituer au plus vite une censure, seule capable d'endiguer ce torrent d'insanités ! Quant à Félix Mesguich, l'un des meilleurs opérateurs des frères Lumière, il se fit expulser de Russie la même année pour avoir osé filmer un officier du tsar en train de danser, corps à corps, avec la célèbre Caroline Otéro. Film de fiction ou film documentaire, les premières œuvres cinématographiques

Le Couronnement du tsar Nicolas II
Opérateurs des frères Lumière, 1896

La caméra explore son temps. En mai 1896, deux opérateurs engagés par Louis Lumière, Francis Doublier et Charles Moisson, se rendent à Moscou pour filmer l'un des événements majeurs de cette fin de siècle : le couronnement du nouveau tsar de toutes les Russies, Nicolas II. Les sept films qu'ils rapportèrent de leur voyage firent d'autant plus parler d'eux que les cérémonies officielles furent dramatiquement endeuillées : des milliers de Moscovites trouvèrent la mort dans une gigantesque bousculade.

Ballon Cinéorama
Exposition universelle de Paris de 1900

Un ballon qui ne tourne pas rond. Annoncé à grands renforts de publicité et présenté comme l'une des attractions phares de l'Exposition universelle de Paris en 1900, le Ballon Cinéorama mis au point en 1897 par Raoul Grimoin-Sanson devait permettre de filmer et projeter à 360° les vues d'un véritable voyage en ballon. Ce lointain ancêtre de l'actuelle Géode (Cité des sciences et de l'industrie, Paris) ne fonctionna jamais, les autorités de l'époque craignant des accidents en raison de la chaleur dégagée par les appareils de projection. Présenté, lui, dans la galerie des Machines de l'Exposition, l'écran géant (25 × 15 mètres) proposé par les frères Lumière connut, *a contrario*, un succès retentissant.

faisaient également l'apprentissage de ce qu'il est possible de montrer et de ce qu'il vaut mieux cacher…

Au feu !

Une véritable catastrophe s'était chargée, elle, de dramatiser la situation. Le mardi 4 mai 1897, un gigantesque incendie ravage le Bazar de la Charité à Paris et cause la mort de 121 personnes dont 116 femmes. Inaugurée la veille avec succès, cette vaste construction en bois située rue Jean Goujon abrite des petites boutiques spécialisées dans la vente d'œuvres de charité ainsi qu'une très petite salle de projection dédiée au cinématographe. Les séances connaissent une véritable affluence jusqu'au moment où l'appareil de projection, équipé d'une lampe à éther, s'enflamme accidentellement. L'incendie se propage rapidement et la panique s'empare de la foule. Dès le lendemain, on incrimine le Cinématographe : un député stigmatise ce procédé qui « crée un danger partout où il fonctionne », tandis que certaines autorités religieuses profitent de l'occasion pour diaboliser ce divertissement. Mais, au-delà de l'émotion suscitée par le drame et malgré un procès en correctionnelle qui ne prononça que des condamnations légères, le Cinématographe avait pris son envol définitif et rien, pas même le malheur, ne pouvait l'arrêter.

« C'est bien la nature prise sur le fait. C'est d'une vérité inimaginable. Puissance de l'illusion ! Quand on se trouve en face de ces tableaux en mouvement, on se demande s'il n'y a pas hallucination et si l'on est simple spectateur ou bien acteur dans ces scènes étonnantes de réalisme. »

Les Annales, 28 avril 1896.

Le Baiser de May Irwin et John C. Rice
William Heise, 1896

Les premières foudres de la censure. Deux acteurs, un barbu et une plantureuse, s'embrassent avec fougue, une vision d'horreur « agrandie jusqu'à des proportions gargantuesques et répétée trois fois » selon un journal de l'époque, le *New-York World* qui conclut : « C'est absolument répugnant ! » Ce scandale provoqua les premières foudres de la censure, mais cette scène demeura l'une des plus célèbres du Kinetoscope Edison !

La naissance de Hollywood

De la machine à sous à l'industrie cinématographique

L'Amérique découvre le cinéma dans les salles de fortune des Nickel Odeons, mais le nouveau médium ne tarde pas à gagner ses lettres de noblesse. Ce faisant, il devient l'enjeu d'une lutte acharnée entre les différents acteurs du marché.

Lorsque Thomas Alva Edison se penche sur la photographie à la fin du XIXe siècle, il est déjà à l'origine de plusieurs centaines de brevets. S'inspirant des travaux d'Émile Reynaud, qui avait peint des bandes de papier perforé pour obtenir les premières images animées, l'inventeur enregistre des photographies sur pellicule. En 1893, il les présente au public grâce au Kinetoscope. Mais cet appareil ne permet alors qu'une vision individuelle des films.

À partir de 1896, plusieurs procédés concurrents sont exploités, dont celui des frères Lumière. Les projections commerciales s'organisent. Situées pour la plupart dans les quartiers pauvres des villes, les premières salles de cinéma proposent pour un nickel (cinq cents) des programmes d'un quart d'heure. Dans une Amérique en pleine industrialisation, ce cinéma du premier âge, baptisé « Nickel Odeon » (écrit aussi « Nickelodeon »), s'impose rapidement comme le loisir favori des populations modestes, composées d'ouvriers et d'immigrants fraîchement débarqués.

Les années 1900 marquent l'explosion de l'activité. Le public s'élargit. Parallèlement, le langage cinématographique s'affine. En 1903, Edwin Stanton Porter réalise le premier western intitulé *l'Attaque du Grand Rapide*. Sous l'influence de David Wark Griffith, jeune réalisateur inventif et prolifique, la Biograph Company devient la société de production la plus prestigieuse. En 1907, on compte près de trois mille salles de cinéma aux États-Unis, fréquentées chaque jour par deux millions de spectateurs.

L'industrie naissante, enjeu d'une lutte sans merci

L'engouement inattendu du public pour le nouveau médium aboutit à une guerre commerciale pour le contrôle de l'industrie naissante. Edison, qui détient de nombreux brevets, réclame dès 1896 une part des profits réalisés par les principaux acteurs du marché. L'inventeur n'hésite pas à traîner les entrepreneurs récalcitrants devant les tribunaux.

Dans les années 1900, une poignée d'émigrants, venus pour la plupart d'Europe de l'Est, se lancent dans l'exploitation des *moving pictures*. Marcus Loew, futur fondateur de la MGM, abandonne le commerce de la fourrure au profit du *nickel vaudeville*, mélange de films et de numéros de scène. Adolph Zukor, futur

PHOTO D'UNE DES PREMIÈRES SALLES DE CINÉMA
TACOMA, WASHINGTON, VERS 1903

Du Nickel Odeon au Picture Palace. Les premiers Nickel Odeons sont installés dans des boutiques reconverties. Les décors sont rudimentaires et les places limitées à deux cents. Le succès pousse bientôt les entrepreneurs à investir dans des salles plus confortables et plus spacieuses afin d'y attirer les classes moyennes. À partir de 1910, les premiers Movie Palaces, tous plus luxueux les uns que les autres, ouvrent leurs portes.

PHOTO DE LA COLLINE D'HOLLYWOOD
VERS 1923

La ruée vers l'ouest. C'est à partir de 1910 que les équipes de cinéma, jusque-là new-yorkaises, s'installèrent en Californie du Sud, à Hollywood, attirées par les grands espaces et le climat ensoleillé. À cette époque, la future capitale du cinéma américain n'est qu'une belle endormie au milieu de ses opulentes plantations de fruits. L'industrie du 7e Art se chargea de la réveiller en la rendant mondialement célèbre, comme le symbolisera cette enseigne Hollywoodland érigée en 1923.

dirigeant de la Paramount, suit le même parcours pour ouvrir sa première salle de cinéma à New York. En Ohio, les frères Warner, émigrés polonais, utilisent les économies familiales pour monter des projections ambulantes.
Pour contrer ces nouveaux concurrents, Edison choisit d'unir ses forces à celles de ses anciens adversaires au sein d'un trust, la Motion Picture Patents Company. L'alliance de ces entrepreneurs anglo-saxons, bourgeois et protestants, a pour objectif le contrôle de l'industrie. Leur méthode : retirer, par un jeu de brevets, toute possibilité aux autres exploitants de réaliser ou de présenter des films sans leur accord. La réplique des indépendants est immédiate. Voyant leur approvisionnement en films menacé, ils se lancent dans la production. Carl Laemmle, futur fondateur d'Universal, est le premier à jouer le tout pour le tout. D'autres ne tardent pas à l'imiter. Le Trust contre-attaque à coups de procès, n'hésitant pas à faire appel à la force pour décourager les rebelles. Pendant cette période, Carl Laemmle se voit assigner 289 fois en justice !

La Californie, refuge et terre d'élection des producteurs

Dans ce climat de guerre des gangs, la plupart des producteurs se décident à rejoindre la Californie pour profiter d'une main d'œuvre meilleur marché.

L'ATTAQUE DU GRAND RAPIDE
(THE GREAT TRAIN ROBBERY)
EDWIN S. PORTER, 1903

Le premier western. En 1903, Edwin S. Porter réalise *l'Attaque du Grand Rapide*, un western de 12 minutes. L'acteur G. M. Anderson dit « Broncho Billy » y incarne le premier hors-la-loi. Avec l'utilisation du panoramique et du gros plan, ce film participe à l'invention du langage cinématographique. Dans la salle, lors de la première projection, le public est d'abord mitigé. Mais le réalisme des images ne tarde pas à conquérir les spectateurs. Le réalisateur raconte : « Ils se sont mis à crier "Attrapez-les ! Attrapez-les !". À la fin, ils se sont levés en criant "Passez-le encore !" À ce moment, je me suis dit : "C'est décidé, pour moi ce sera le cinéma. L'avenir est sans limite". »

Ils trouvent un État quasi vierge, aux paysages contrastés, décors rêvés de tous types de films.
Fragilisé par des dissensions internes, le cartel d'Edison finit par éclater au début des années 1910. Dès lors, la libre concurrence reprend de plus belle, et la migration vers l'Ouest s'intensifie. Les sociétés les plus importantes créent des studios en Californie, tout en conservant leur siège social sur la côte Est. Los Angeles connaît alors un développement anarchique. Les producteurs se regroupent autour d'une bourgade qui va bientôt devenir Hollywood. Les premières installations sont plus que sommaires, improvisées dans des granges ou des arrière-cours de boutiques. Mais à la fin de la décennie, la ville est devenue le cœur de l'activité cinématographique.

Des courts métrages au superproductions

Des studios immenses, reflets des ambitions de leurs fondateurs, sont construits pour faciliter la production. Le burlesque et le western sont alors les genres les plus populaires. Mais les intrigues, calibrées pour tenir sur une ou deux bobines, restent rudimentaires.
Avec *le Mari de l'Indienne* (1913), Cecil B. De Mille bouleverse la donne. Tourné sur quatre bobines, le film est le premier long métrage de Hollywood. Son succès est fulgurant. Dès 1915, le nouveau format s'impose, marginalisant serials et courts métrages.
La concurrence acharnée qui règne dans l'industrie provoque une surenchère. C'est la naissance des superproductions telles que *les Quatre Cavaliers de l'Apocalypse* (Rex Ingram, 1921) ou *Folies de femmes* (Erich von Stroheim, 1922) — des films de dix à douze bobines qui introduisent un nouveau souffle dans le récit cinématographique.
En 1915, D. W. Griffith réalise *Naissance d'une nation*, œuvre ambitieuse sur la guerre de Sécession. Son découpage sophistiqué joue sur le montage alterné pour soutenir la tension dramatique et, ce faisant, révolutionne les codes du langage cinématographique. Malgré des partis pris racistes, le film reçoit un accueil triomphal. Le réalisateur franchit une nouvelle étape vers la démesure avec *Intolérance* (1916). Le film est tourné sur quatorze bobines en seize semaines avec cinq mille figurants !
Ces excès ne tardent pas à provoquer une crise de croissance au sein du secteur. L'achat de matériel perfectionné, la création de décors somptueux, la présence de stars et d'une foule de figurants sont désormais indispensables à la satisfaction d'un public de plus en plus exigeant. Le coût moyen des films quadruple en dix ans.

Émergence de huit géants de l'*entertainment*

De nombreuses sociétés de production sont incapables de faire face aux nouvelles exigences du marché. Le mouvement de concentration, entamé pendant la décennie précédente, s'accélère. Une série de fusions bouleverse le paysage. À la fin des années 1920, la structure de l'industrie est claire : huit sociétés dominent le marché.
Cinq d'entre elles (Loew-MGM, Paramount, Fox, Warner et RKO), surnommées les « *Big Five* », possèdent

Billy Elmer, Red Wing
Le Mari de l'Indienne
(the Squaw Man)
Cecil B. De Mille, 1913

Sabotage ! En 1913, Jesse Lasky lance la production de son premier film, *le Mari de l' Indienne*. Injustement accusé de vol, un aristocrate anglais quitte son pays pour le Far West. Il y rencontre une jeune Indienne, mais finit par retourner en Angleterre. Ce sombre mélodrame, devait rester le sujet favori de Cecil B. De Mille, qui en fit deux remakes, en 1918 et en 1931. Afin d'échapper aux menaces du Trust, l'équipe fuit New York pour la Californie. Le réalisateur Cecil B. De Mille prend soin de rapporter chaque soir chez lui un double du négatif. Une heureuse initiative, puisqu'il découvre un matin, en arrivant au studio, la pellicule des premières séquences déchiquetée ! Œuvre du Trust ou d'un concurrent, le sabotage ne sera jamais élucidé. Parallèlement, le bureau de New York s'emploie à prévendre le film dans certains États afin d'assurer le financement de la production. Le pari allait s'avérer payant.

Quelques films à revoir

1903 **L'Attaque du Grand Rapide / le Vol du rapide** (E. S. Porter) 1913 **Le Mari de l'Indienne** (C. B. De Mille) 1915 **Naissance d'une nation** (D. W. Griffith) 1916 **Intolérance** (D. W. Griffith) 1920 **Le Signe de Zorro** (F. Niblo) 1921 **Les Quatre Cavaliers de l'Apocalypse** (R. Ingram) ; **les Trois Mousquetaires** (F. Niblo) ; **The Kid** (Ch. Chaplin) 1922 **Folies de femmes** (E. von Stroheim) ; **les Deux Orphelines** (D. W. Griffith) ; **Robin des bois** (A. Dwan) 1923 **L'Opinion publique** (Ch. Chaplin) 1924 **Le Voleur de Bagdad** (R. Walsh) ; **Comédiennes** (E. Lubitsch) 1925 **Embrassez-moi** (E. Lubitsch) ; **les Rapaces** (E. von Stroheim) ; **la Ruée vers l'or** (C. Chaplin) 1926 **Le Mécano de la « General »** (B. Keaton, C. Bruckman) 1927 **L'Aurore** (F. W. Murnau) 1928 **Les Damnés de l'océan** (J. von Sternberg) ; **la Foule** (K. Vidor).

à la fois d'importants studios de production, un réseau de distribution à l'échelle mondiale et un circuit de salles conséquent.
Paramount, créée en 1916 par Adolph Zukor, est la plus puissante, avec un réseau de mille cinq cents cinémas à travers le pays. La Fox en compte huit cents à son actif. Si la MGM, née en 1924 de l'acquisition par Loew des sociétés de production Metro et Goldwyn, garde un réseau limité à cent cinquante salles, celles-ci sont les plus prestigieuses. À cette date, ces cinq sociétés contrôlent les trois mille plus belles salles du pays. Il reste encore quinze mille cinémas indépendants mais leurs recettes sont sans commune mesure avec celles des majors.
Face à ces cinq géants, Universal, Columbia et United Artists, surnommées les « *Little Three* », choisissent de se limiter à la production et la distribution. Elles adoptent un mode de gestion régulé, caractérisé par le maintien de la production de *serials* et une production de films limitée.

Hollywood conquérant

À la veille de la crise de 1929, Hollywood est euphorique. Les huit majors représentent 75 % des films à grand budget et 90 % des recettes. La Première Guerre mondiale, en affaiblissant les concurrents européens, a assuré la suprématie du cinéma américain à l'étranger. Aux États-Unis, près de cinquante millions d'Américains fréquentent les salles obscures chaque semaine. Les studios ont réussi là où le Trust avait échoué.

CONSTRUCTION DES DÉCORS D'INTOLÉRANCE
SUNSET BOULEVARD, 1916

Le film de la démesure. À partir de 1915, les superproductions hollywoodiennes se lancent dans une surenchère de moyens. Griffith entame la production d'*Intolérance* — entreprise titanesque. Dans chaque épisode, il tente de surpasser les formes cinématographiques antérieures : pour la chute de Babylone, il veut dépasser le *Cabiria* de Giovanni Pastrone. Pour l'une des séquences, située à Babylone, le réalisateur lance sur Sunset Boulevard la construction de tours de cinquante mètres de long et de quarante-cinq mètres de hauteur ! Pour filmer ces décors gigantesques et la foule des figurants, une tour mobile équipée d'un ascenseur est inventée par les techniciens pour placer la caméra. Le film coûta quarante fois plus cher qu'un film normal et sa diffusion ne rembourse jamais l'investissement.

INTOLÉRANCE
VUE D'ENSEMBLE DU DECOR DE LA CHUTE DE BABYLONE
D. W. GRIFFITH, 1916

Love's Struggle Throughout the Ages, le « conflit éternel de l'amour » et de la haine, tel est le sous-titre de cette fresque historique mégalomaniaque. Le film, composé de quatre histoires distinctes, « coulant comme des fleuves majestueux, puis se mélangeant comme des torrents impétueux » est une dénonciation du fanatisme à travers l'Histoire. À quelques mois de l'entrée en guerre des États-Unis, l'apothéose pacifiste déroutera le public, mais l'inventivité de sa construction et de sa mise en scène influencera de nombreux cinéastes, notamment les grands réalisateurs soviétiques et Abel Gance.

Georges Méliès

Le créateur du spectacle cinématographique

Génial inventeur des effets spéciaux et autres trucages, Georges Méliès a donné au cinématographe sa dimension spectaculaire. Il eut la destinée d'un pionnier avec son cortège de réussites et de vicissitudes. Plus d'un siècle après, la magie et le rêve sont toujours au rendez-vous.

Août 1896, Paris, place de l'Opéra. Un certain Georges Méliès, féru de prestidigitation et de dessin, filme cette place parisienne à l'aide de son Kinétograph, appareil dérivé de l'invention des frères Lumière. Comme souvent, la pellicule se bloque et se déchire. Une minute suffit à remettre l'appareil en marche, mais durant ce laps de temps, la vie urbaine ne s'est pas arrêtée et Méliès de raconter : « En projetant la bande, ressoudée au point où s'était produite la rupture, je vis subitement un omnibus Madeleine- Bastille changé en corbillard et des hommes changés en femmes ! » Ainsi naquit, par hasard, le premier trucage de l'histoire du cinéma. Méliès s'en empara immédiatement, ravi de pouvoir appliquer au cinéma sa passion pour la magie et le fantastique. Jusque-là cantonné à la représentation du « réel », le nouvel art peut désormais défricher les terres de l'invention pure et du « mentir-vrai » en toute liberté.

Effets de style

Pour mener à bien ses projets, l'enthousiaste Méliès décida de faire construire un studio aux parois de verre dans sa propriété de Montreuil-sous-Bois. À mi-chemin entre la machinerie d'un théâtre et l'atelier photographique, ce lieu unique en son genre permet toutes les innovations techniques voulues par Méliès. C'est le royaume des trucages, des substitutions et autres effets de surimpression qui laissent pantois les spectateurs. Sur sa lancée, Méliès réalisait ainsi en 1902 le premier film catastrophe avec *Éruption volcanique à la Martinique*, le premier film de science-fiction avec *le Voyage dans la lune* ou bien encore le premier film d'aventures fantastiques avec *le Voyage de Gulliver à Lilliput et chez les Géants*. Jusqu'en 1913, plus de cinq cents films furent produits et réalisés par Méliès dans son studio. Le « style Méliès », expression forgée par le cinéaste lui-même, connaît un succès retentissant. Les spectateurs du monde entier se pressent pour découvrir les fabuleuses machines d'un créateur dont l'imagination semble sans limites. Mais, dès cette époque, les contingences économiques pèsent sur le cinématographe et le géant américain affirme déjà sa puissance : Méliès doit ouvrir une succursale à New York.

Escamotage d'une dame chez Robert-Houdin
Georges Méliès, 1896

Une femme disparaît. Pour sa première production cinématographique à trucage, Méliès adapte l'un de ses spectacles de prestidigitation. Sur fond de toile peinte représentant un salon Louis XV, Méliès s'assied à côté de sa comédienne fétiche Charlotte Faës alias Jehanne d'Alcy.
Le magicien recouvre ensuite son actrice d'un pan d'étoffe pour donner l'illusion de la faire disparaître. Effet garanti auprès des futurs spectateurs qui n'y verront que du feu. Quant à Méliès, il lui aura suffi d'arrêter sa caméra pour laisser partir la belle Charlotte et filmer ensuite une chaise vide !

> *« Il n'y a pas à dire, il faut réaliser l'impossible puisqu'on le photographie, et qu'on le fait voir ! »*
> Georges Méliès

Naissance d'un mythe

Pour ces mêmes raisons économiques, Méliès doit se ranger sous la bannière de Charles Pathé, tandis que sa nouvelle superproduction, *À la conquête du Pôle*, n'obtient plus les faveurs d'un public désormais avide de films comiques ou de drames réalistes. Tournage en studio, utilisation de décors peints, mise en valeur des trucages au détriment du scénario, caméra en plan fixe proche du théâtre : les caractéristiques du cinéma selon Méliès tranchent avec de nouvelles tendances qui favorisent, elles, les tournages en extérieurs et la richesse de la narration notamment.

En 1913, Méliès tire les leçons de ces difficultés grandissantes et abandonne définitivement le cinéma. Ruiné, il va même jusqu'à détruire par dépit une partie de ses films. Après avoir été marchand de jouets à la gare Montparnasse, il finit ses jours en 1938 au château d'Orly, grâce à la Mutuelle du cinéma.

Singulier destin que celui de ce créateur qui connut la griserie du succès et l'amertume de l'échec. Mais aujourd'hui, le nom de Méliès est à jamais inscrit au panthéon d'un art qui grâce à lui sut créer de nouveaux langages et de nouvelles formes. Alors qu'il le décorait en 1938 de la Légion d'honneur, Louis Lumière lançait ainsi au cinéaste : « Je salue en vous le créateur du spectacle cinématographique. »

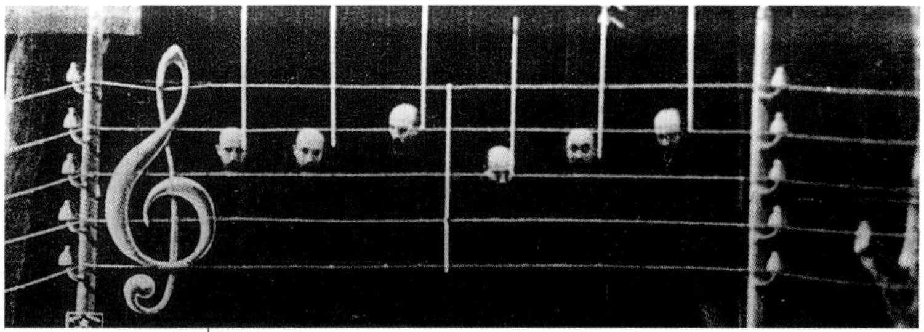

L'Homme orchestre
Georges Méliès, 1900

Sept en un ! Dans ce film, Méliès joue lui-même le rôle de sept instrumentistes différents qui apparaissent successivement au fil des trucages fondés sur le principe du fondu enchaîné. L'ensemble repose sur la fabrication préalable de caches destinés à masquer les chaises qui seront occupées au fur et à mesure par les instrumentistes : dans un ballet savamment orchestré, Méliès filme avec précision les apparitions de ses doubles en soulevant le cache qui correspond au nouvel arrivant. Le résultat est saisissant : sur l'écran, les spectateurs voient des Méliès s'asseoir les uns après les autres, se parler puis jouer ensemble de leurs instruments respectifs !

Le Voyage dans la Lune
Georges Méliès, 1902

Objectif Lune. Inspiré de Jules Verne et de Herbert G. Wells, ce film, qui compte trente tableaux pour une durée de treize minutes, raconte les aventures rocambolesques de six astronomes qui, conduits par le professeur Barbenfouillis joué par Méliès lui-même, partent dans la Lune à bord d'un obus géant. Faits prisonniers par de redoutables Sélénites, ils parviennent à regagner la Terre en catastrophe au cours d'un mémorable amerrissage. Les spectateurs français, anglais et américains réservèrent un accueil triomphal à cette œuvre qui oscille entre le merveilleux et la science-fiction. Succès oblige, le film est l'objet de nombreuses copies pirates à travers le monde.

Les studios français

L'âge d'or de Pathé et Gaumont

Un art et une industrie : dès ses origines, le cinématographe affiche son ambivalence. À l'instar de celle de la famille Lumière, de très nombreuses sociétés entendent bien profiter de ce marché naissant. Parmi elles, deux géants s'affirment : Pathé et Gaumont.

En 1894, Charles Pathé, fils d'un charcutier de Vincennes, vend sur les marchés et les foires un phonographe Edison. Deux ans plus tard, la société Pathé Frères (Émile et Charles) commercialise les Kinétographes Pathé, appareils qui permettent d'enregistrer et de projeter des films. « Je n'ai pas inventé le cinéma, résuma Charles Pathé, mais je l'ai industrialisé. »

En 1895, Léon Gaumont fonde la société Léon Gaumont & Cie qui s'intéresse d'abord à l'optique et à la photographie. Un an plus tard, les usines Gaumont produisent les premiers projecteurs vendus sous cette marque.

Quelques mois séparent donc la naissance fulgurante de deux entreprises dont les destinées vont être étroitement liées à l'histoire du cinéma français et mondial. Très rapidement, les dirigeants des deux sociétés font le même constat : pour vendre le matériel lié au cinématographe, le plus simple est d'investir dans la production d'images, même si le véritable pari industriel demeure bien la fabrication et la vente des appareils de projection. Dans les salles de projection, les spectateurs peuvent ainsi découvrir *l'Arrivée d'un train en gare d'Auteuil* ou *Baignade de nègres* des productions Gaumont, tandis que la maison Pathé leur propose *le Flagrant délit d'adultère* ou *Vie et Passion du Christ*. La marque à la marguerite avec en son centre la mention « Elgé » (soit, phonétiquement, les initiales du fondateur Louis Gaumont), s'impose comme la seule capable de rivaliser avec le déjà célèbre coq, choisi par Pathé comme emblème.

De Vincennes à la Villette

Très rapidement aidées par des banquiers et des industriels, les deux sociétés se dotent des moyens humains et techniques pour développer leur suprématie mondiale. Des « hommes forts » émergent : la future réalisatrice Alice Guy dirige le service de production de Gaumont, tandis que Ferdinand Zecca, également réalisateur, occupe les mêmes fonctions chez Pathé. De la même manière naissent les premiers « studios » de l'histoire du cinéma. La petite salle d'un ancien bistrot de Vincennes est devenu au fil du temps un véritable complexe d'usines au service des productions Pathé. Quant à Gaumont, ses dirigeants ont considérablement étendu les premiers locaux situés près des Buttes-Chaumont, rue de la Villette. En 1905, les studios Gaumont occupent plus de 10 000 mètres

Affiche de *l'Assassinat du duc de Guise*

Charles Le Bargy et André Calmettes, 1908

affiche de Maxime Dethomas

L'art contre Pathé et Gaumont. En février 1908, un homme d'affaires, Paul Laffite, un académicien français, Henri Lavedan et un pensionnaire de la Comédie-Française, Charles Le Bargy ont créé ensemble la société Le Film d'art. La raison d'être de cette alliance ? Une volonté affichée de contester le sérieux des films historiques produits par Pathé comme par Gaumont ! Le 17 novembre de la même année, une première projection officielle a lieu devant un public choisi et huppé qui découvre, entre autres, *l'Assassinat du duc de Guise* réalisé par Charles Le Bargy et André Calmettes sur une musique de Camille Saint-Saëns. Avec cette initiative, l'Académie et la Comédie-Française marquent un point contre les vulgarisateurs à outrance. Mais n'est-ce pas également une façon pour le « vieux » théâtre de contester le « jeune » cinéma ?

> « *Nous avons porté le film de la fête foraine à la salle de théâtre, nous le porterons de la salle de théâtre à la salle à manger.* »
> Léon Gaumont.

carrés de terrain, avec notamment des ateliers de fabrication de décors, des magasins d'accessoires et un studio exclusivement destiné aux tournages des films sonores et parlants. Hautes cheminées, structures en verre, longs bâtiments rectangulaires, immense porte d'entrée : les usines Gaumont et Pathé, avec leur allure de ville miniature, ressemblent à toutes les usines de l'époque, preuves bien visibles de l'industrialisation immédiate du Septième Art.

À la conquête du monde

En 1903, chacune des deux sociétés possède environ cinq cent cinquante films, avec cependant un avantage certain pour Pathé qui, en moins d'un an, va doubler son catalogue. L'expansion économique est à l'ordre du jour, tout comme la conquête d'un marché qui s'avère résolument mondial. « À la conquête du monde, scène vécue par Pathé Frères 1896-19... » : tel est d'ailleurs le slogan choisi par Pathé pour une campagne d'affichage. Quant à Gaumont, ses dirigeants montrent avec fierté dans les locaux de la Villette un planisphère géant où figurent les succursales et studios de la société : Casablanca, Barcelone, Saigon, Calcutta, New York, Moscou, Budapest, etc.

Jusqu'à la veille de la Première Guerre mondiale, l'industrie cinématographique française, avec Pathé et Gaumont en fers de lance, domina le monde entier. L'éveil de l'empire américain devait mettre un terme à cette suprématie. Mais, aujourd'hui, ces deux sociétés de production restent puissantes. Elles sont même devenues alliées en fondant une structure nommée « EuroPalaces », soit le premier circuit de salles de cinéma de France.

LE GAUMONT PALACE, BOULEVARD DE CLICHY

VERS 1911

Tous en salle ! Quand, à l'automne 1911, le Gaumont Palace, situé place de Clichy à Paris, ouvre ses portes, il est, avec ses 3 400 places, la plus grande salle du monde. Décor pompéïen avec le bleu comme couleur dominante, ouvreuses remplacées par des appariteurs en redingote et casquette, vaste bar ouvert en fond de salle dans l'esprit du caf'conc, tout est fait pour séduire le public. Le Gaumont Palace propose un programme destiné à toute la famille où mélos, attractions, actualités et séries comiques se succèdent, entrecoupés d'intermèdes musicaux joués, démesure oblige, par un grand orchestre. Fermé pour travaux en 1930, la salle ouvrira de nouveau ses porte treize mois plus tard avec cette fois 6 000 places et un grand orgue !

LE STUDIO DE PRODUCTION PATHÉ À VINCENNES

VERS 1905

Silence, on tourne. Dans les années 1900, Charles Pathé multiplie les lieux de tournage de sa société de production. Il crée ainsi des studios Pathé à Vincennes, rue du Bois à Paris, puis des locaux provisoires à Montreuil, non loin de ceux de Méliès, et enfin à Joinville, cette dernière construction permettant de doubler les capacités de tournage du principal studio, celui de Vincennes. Les studios sont conçus comme des théâtres et ceux de Montreuil accueillent même une piscine pour les scènes nautiques. Ces lieux deviennent alors de véritables usines où s'élaborent et se perfectionnent au quotidien les mécanismes du tournage en studio. En 1905, le système Pathé permet de produire six films par semaine, soit un record mondial.

Premiers pas anglais

Tout contre Hollywood

Dans la foule des inventeurs qui ont apporté une contribution majeure à la naissance du cinéma, les Britanniques sont en bonne place.

L'Écossais William K. L. Dickson, assistant de l'Américain Thomas A. Edison, participe à la création de deux appareils qui fonctionnent dès 1893 : le Kinetograph (pour la prise de vue) et le Kinetoscope (pour le visionnage). En travaillant sur l'analyse du mouvement humain, le photographe Eadweard J. Muybridge a également ouvert la voie à l'invention des frères Auguste et Louis Lumière, qui sera présentée à Londres en février 1896. Aussitôt, de nombreux music-halls montrent des films, et le cinéma forain se développe. Le « père » du cinéma britannique, c'est Robert William Paul (1870-1943). Dès 1896, il organise des séances publiques avec un film d'une minute, *Un soldat fait sa cour*. En 1897, il filme le jubilé de la reine Victoria. En 1899, il construit son studio.

L'école de Brighton

Les cinéastes britanniques découvrent le langage cinématographique grâce au caractère novateur des films de George Albert Smith (1864-1959) et James Williamson (1855-1933), deux opérateurs d'actualité à l'avant-garde du genre, issus de la même ville, et qu'on rapprochera en parlant d'« école de Brighton ». Williamson est un des premiers à explorer les voies de la narration et du montage. En quatre tableaux au montage hardi, *Attaque d'une mission en Chine* (1900) retrace un épisode de la guerre des Boxers. Le style de Williamson ouvre la voie au film d'aventures et au western. Smith, lui, s'oriente vers les films « à truc » : il découvre la surimpression et dédouble ses personnages dans *les Frères corses* (1898). Avec *la Loupe de grand-mère* (1900), il révèle les possibilités du gros plan. Entre 1906 et 1914, avec l'Américain Charles Urban, il met au point le Kinemacolor, premier procédé de reproduction des couleurs.

Autre pionnier célèbre : Cecil Hepworth (1874-1953), dont le premier grand succès, *Sauvé par Rover* (1905), raconte les exploits d'un chien héroïque. Le cinéaste puise également dans le patrimoine littéraire et théâtral, en produisant *Oliver Twist* (1912), *David Copperfield* (1913), *Hamlet* (1913). En 1911, un mélo social (*le Péché de Rachel*) fait de Gladys Sylvani la première star britannique. Dix ans plus tard, on assiste au triomphe de Betty Balfour, la Mary Pickford britannique, héroïne d'une série à succès : *Squibs* (George Pearson, 1921), *Squibs Honeymoon* (*idem*, 1923), etc.

La concurrence américaine

À la veille de la Première Guerre mondiale, on compte plus de cent maisons de distribution en Grande-

La Loupe de grand-mère
George Albert Smith, 1900

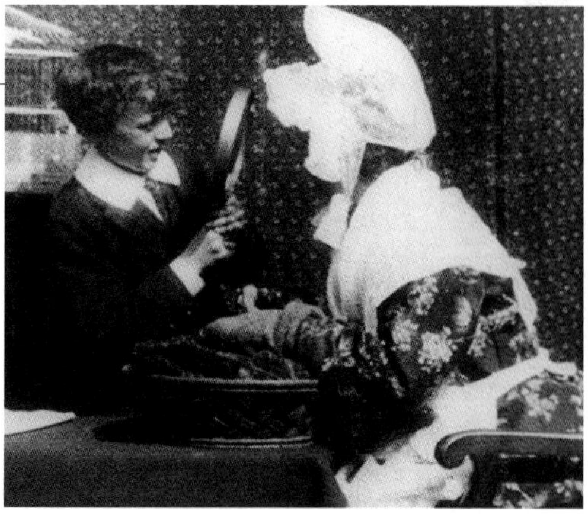

L'invention du découpage et du montage. George Albert Smith excelle dans le film à trucages. Il découvre ici les possibilités féeriques du gros plan en insérant des *magnified views* (gros plans de détail) dans le tableau général : ainsi, la loupe du petit garçon isole successivement une montre, un canari, l'œil de la grand-mère ou la tête du chat. La succession des images suggère l'idée d'une continuité entre l'image de l'observateur et les images qu'il observe.

L'Éventreur (The Lodger)
Alfred Hitchcock, 1926

Apparition d'un auteur. Alfred Hitchcock a vingt-sept ans quand, après *Pleasure Garden* (1925) et *The Mountain Eagle* (1926), il réalise *The Lodger* (*l'Éventreur*), un film noir où il est (déjà) question de faux coupable. Visuellement marqué par l'expressionnisme allemand, c'est son premier film important, avec des partis pris visuels très inventifs, comme cette contre-plongée sous un plafond transparent, qui permet de voir les déambulations du locataire. C'est à partir de *The Lodger* que le cinéaste apparaîtra régulièrement à l'image dans tous ses films.

Bretagne, mais l'installation de filiales françaises par Léon Gaumont et Charles Pathé s'ajoute à la concurrence américaine. Depuis ses débuts, le cinéma britannique souffre d'une sorte de « rivalité complice » avec le cinéma américain, phénomène qui s'accentuera encore avec le parlant, pour cause de langue commune. Impossible d'éviter la fuite des talents vers Hollywood, prometteur de budgets plus conséquents et éventuel tremplin vers des succès mondiaux.

Les années 1920 sont plutôt sombres. En 1925, 95 % des films projetés sont américains. On compte seulement vingt-trois films britanniques. Le gouvernement en est réduit à faire voter une loi imposant des quotas, qui débouchera sur la production de films médiocres (les *quotas quickies*, tournés à la va-vite), mais qui sauvera la production nationale. Heureusement, la fin des années 1920 voit l'apparition d'un jeune surdoué, qui se fait connaître avec *The Lodger* (1926). En 1929, il signe le premier grand succès britannique de l'ère du parlant : *Chantage*. Il s'appelle Alfred Hitchcock.

Attaque d'une mission en Chine
James Williamson, 1900

Le premier film d'aventures. Les Boxers (rebelles chinois) apparaissent à la porte de la mission et la forcent. Une bataille commence dans le jardin. Quand le pasteur est tué, sa femme agite un mouchoir du haut d'un balcon. Les marins de Sa Majesté chargent. Galopant vers les spectateurs, un cavalier sauve la fille du pasteur des mains des Boxers. James Williamson est l'un des premiers à découvrir les possibilités dramatiques du montage, faisant alterner l'image de la victime traquée et celle de ses sauveteurs. Le film dure à peine cinq minutes, mais c'est tout le cinéma d'aventures qui naît dans ces quelques séquences.

L'école de Brighton

1898 **Les Frères corses** et **la Photographie d'un fantôme** (George Albert Smith) 1900 **La Loupe de grand-mère** (G. A. Smith) ; **l'Attaque d'une mission en Chine** (James A. Williamson) 1901 **Le Petit Docteur** (G. A. Smith) ; **Arrêtez le voleur !, Êtes-vous ici ?, Au feu !** et **le Grand Avaleur** (J. A. Williamson) 1902 **Le Retour du soldat, les Vagabonds acrobates** et **Un réserviste avant et après la guerre** (J. A. Williamson) 1903 **Les Mésaventures de Marie-Jeanne** (G. A. Smith).

L'invention d'un langage

Le cinéma et sa grammaire

Travelling, gros plan, trucage, surimpression, montage, dès ses origines le cinématographe met au point la grammaire dont il a besoin avec ses règles, son vocabulaire, ses déclinaisons et ses innovations.

Le cinéma tout entier est-il contenu dans *l'Arrivée d'un train en gare de La Ciotat* réalisé par Louis Lumière en 1895 ? Cette minute d'un cinématographe balbutiant mais déjà terriblement assuré de lui-même et de son efficacité visuelle suffit-elle à résumer les spécificités de l'art naissant ? Ces questions peuvent sembler exagérées, mais d'un strict point de vue technique, la réponse est clairement positive puisque, comme l'écrivait Georges Sadoul, « tous les plans successifs dont use maintenant le cinéma ont été en fait utilisés dans *l'Arrivée d'un train*, depuis le plan général du train qui arrive à l'horizon jusqu'au plan rapproché ». Certes, la caméra ne bouge pas durant ce plan, mais l'ensemble de ce qu'elle filme, qui s'approche ou

> *« Ma caméra, j'en ai fait un être vivant, un cerveau et, ce qui est encore mieux, j'ai essayé d'en faire un cœur. »*
> Abel Gance

La Vie d'un pompier américain
Edwin S. Porter, 1902

L'art de l'ellipse. Avec cette minutieuse et réaliste description du quotidien d'un pompier américain, le réalisateur Edwin S. Porter jetait les bases de l'écriture cinématographique. Plan, angle, continuité, montage, tout ici se met en place et préfigure un idiome qui deviendra rapidement la langue commune. Mais le plus remarquable, c'est peut-être la naissance de l'ellipse (une main sur l'avertisseur résume la découverte de l'incendie, l'alerte donnée et ce qui s'ensuit du côté des pompiers), soit un procédé appelé à devenir l'une des spécificités de l'écriture pour les images.
En un plan, c'est la rapidité permise par la narration visuelle qui prend vie sous nos yeux.

s'éloigne d'elle, contient ce qui deviendra par la suite la grammaire du cinéma, de la réalisation et du montage : travelling, gros plan, plan large.

Comment couper ?

Très rapidement, les cinéastes dépassent les plans fixes des premiers films et font se succéder différents plans qui permettent de faire progresser le récit. C'est Méliès qui, le premier, utilisa la technique du « fondu » pour passer d'une scène à l'autre. À partir de 1903 cependant, les cinéastes anglo-saxons abandonnèrent cette technique pour pratiquer la coupe simple entre deux plans sans interruption de l'image ou de l'histoire. Chaque technique nouvelle est intimement liée à la volonté de complexifier le scénario : il faut pouvoir tout montrer, tout raconter, tout faire comprendre aux spectateurs. Ainsi naquit, par exemple, ce qui deviendra le « montage alterné » moderne : dans *l'Attaque du Grand Rapide* réalisé par Edwin S. Porter en 1903, on peut voir alternativement les bandits et les policiers qui les traquent. Il est étonnant de constater que, de leur côté, les spectateurs assimilent à la même vitesse ces éléments aussi nouveaux qu'inventifs : captivés par ces images en mouvement et ces récits souvent haletants, ils apprennent avec facilité cette grammaire dans laquelle un gros plan équivaut à un mot ou une phrase soulignée.

Les leçons d'une poursuite

Si le cinéma c'est le mouvement, alors il faut lui inventer un langage fondé sur l'utilisation effectivement du déplacement et de la vitesse. De ce point de vue, les cinéastes britanniques progressent à grands pas. C'est ainsi que, en 1903, un film comme *Mariage en auto* réalisé par Alfred Collins pour la Gaumont britannique multiplie les innovations au service d'une histoire de course-poursuite. Dès les premières images où un jeune couple est poursuivi par un vieillard, la caméra opère un plan panoramique. Travelling et contrechamp s'enchaînent ensuite au service des diverses péripéties, sans compter un gros plan montrant une main qui passe à un doigt l'anneau nuptial pour symboliser le mariage des deux jeunes gens. Et concernant cette dernière séquence, il convient d'ajouter qu'aucun autre élément visuel n'est venu indiquer la matérialité du mariage (vue de l'église, des invités, des vêtements...). Autrement dit, on assiste également à la naissance de l'ellipse narrative, dans laquelle le cinéma va exceller.

En regroupant l'ensemble de ces techniques, il est aisé d'aboutir à l'écriture cinématographique, celle qui est encore pratiquée au XXIe siècle. Il n'aura fallu au cinéma que quelques années pour se doter d'instruments capables de lui assurer son autonomie et sa spécificité.

LE GRAND AVALEUR
(THE BIG SWALLOW)
JAMES WILLIAMSON, 1901

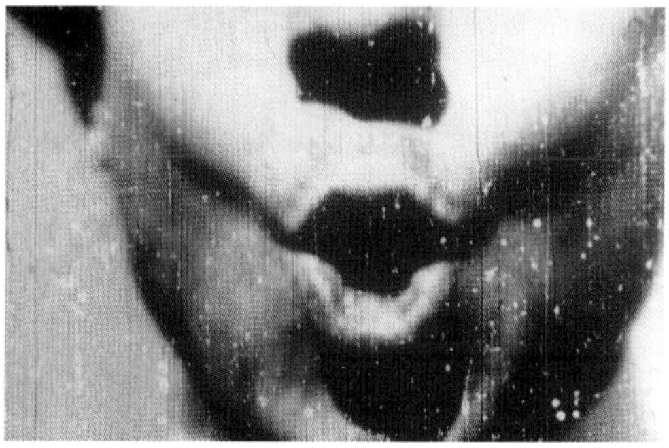

Encore plus près. *Le Grand Avaleur* représente un personnage en train de lire et qui découvre qu'un photographe est en train de prendre son portrait. L'homme refuse avec force et s'approchant de plus en près du photographe, il finit par le dévorer ! Certes, dans ce film, comme dans beaucoup d'autres à l'époque, c'est l'acteur qui va à la rencontre de la caméra et non l'inverse. Il n'en reste pas moins que la séquence constitue une véritable prouesse technique. En premier lieu parce que durant la totalité du tournage, l'opérateur a dû veiller sans cesse à la netteté de la prise de vue. Ensuite, le gros plan sur la bouche du personnage principal est d'une modernité incontestable, comme si le spectateur lui-même était happé par la voracité du protagoniste.

HISTOIRE D'UN CRIME
FERDINAND ZECCA, 1901

Retour en arrière. Il s'agit de l'un des premiers flash-back de l'histoire du cinéma mondial. Dans cette *Histoire d'un crime*, fiction réaliste par excellence produite par Pathé, le Français Ferdinand Zecca reprenait les éléments d'un drame raconté au musée Grévin à l'aide des célèbres figures de cire. Au fond de sa cellule et peu avant son exécution, un condamné à mort repense en rêve aux différents épisodes du forfait qu'il a commis. Pour figurer ces rêves, Zecca fait aménager au-dessus du décor de la cellule un autre espace où il peut représenter une autre scène celle précisément à laquelle songe le détenu. Le tour est joué et le spectateur comprend parfaitement les deux temporalités et les deux situations qui lui sont montrées.

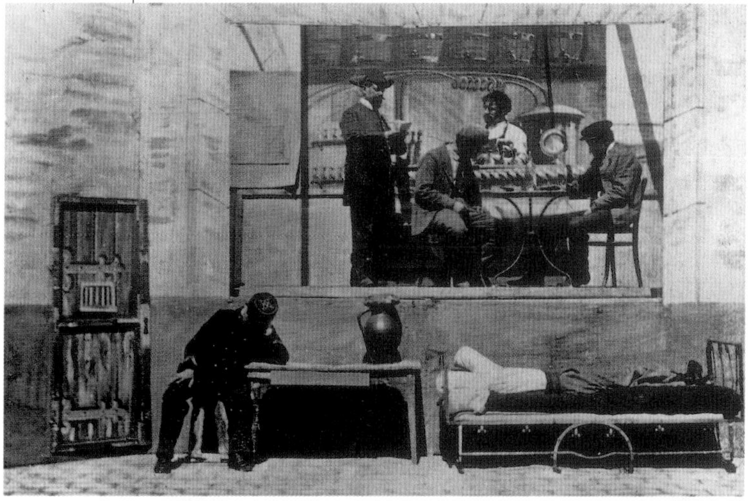

Les films à épisodes

L'essence du cinéma populaire

En digne héritier de la littérature populaire, le cinématographe puise largement dans les ressources du feuilleton, fidélisant ainsi des spectateurs avides de héros récurrents, tel le redoutable Fantômas.

Alors que le cinématographe fait ses premiers pas, le roman-feuilleton, phare de la littérature populaire du XIXe siècle, jette ses derniers feux. Alexandre Dumas, Eugène Sue, Paul Féval, Ponson du Terrail, notamment, alimentèrent des années durant des journaux friands de ces histoires à rebondissements. En adaptant des romans existant déjà ou même en créant ses propres figures héroïques, le cinéma, une fois encore, exprime sa dette envers des genres et des formes littéraires qui ont fait leurs preuves. En septembre 1909, le cinéaste Victorin Jasset est ainsi le premier à créer la série ou film à épisodes en adaptant les aventures de Nick Carter, héros de nouvelles policières américaines. La série des *Nick Carter, roi des détectives* connaît un succès immédiat, comme s'en fait l'écho *Ciné-Journal* : « Narration simple, poursuites, crimes, arrestations, guet-apens : tout cela convient à merveille au cinéma. » Les six premiers épisodes de ce feuilleton promis à un bel avenir s'intitulent explicitement : *le Guet-apens*, *l'Affaire des bijoux*, *les Faux-monnayeurs*, etc.

L'autre Nick

Cette même année, Jasset invente d'autres feuilletons comme *Morgan le Pirate* ou *Rifle Bill*, « le Roi de la prairie ». C'est également à lui que l'on doit le personnage récurrent de Protéa, la troublante espionne recouverte d'un maillot noir. En 1912, Jasset n'hésite pas à s'inspirer des exploits récents de la bande à Bonnot pour lancer un *serial* intitulé *les Bandits en automobile*. Une fois encore le succès est au rendez-vous. Les dirigeants de Pathé créent peu de temps après le personnage de Nick Winter. Ne laissant rien au hasard, ils vont jusqu'à demander à l'acteur principal (un certain Painvert) d'adopter le pseudonyme de Nick Winter pour faire corps avec son personnage. Le marketing et la communication sont bien partie intégrante des premières années du cinématographe. Cet autre Nick connaît à son tour les faveurs du grand public mais également de spectateurs renommés : dans son *Journal*, Franz Kafka note, le 9 septembre 1911, qu'il a vu et apprécié à Paris une projection de *Nick Winter et le vol de la Joconde* !

Le « maître de l'effroi »

« Nous voulons soustraire la cinématographie française à l'influence de Rocambole pour l'aiguiller vers de plus hautes destinées », avaient fièrement déclaré le producteur Léon Gaumont et le cinéaste Louis Feuillade

Serial

Le mot anglais *serial* signifie « qui forme une série » et, par extension, « périodique », au sens journalistique. Les Américains ont adopté le terme pour désigner le feuilleton cinématographique à épisodes, chacun de ceux-ci étant de courte durée (de vingt à quarante minutes) et formant un tout pouvant atteindre douze heures ou plus. Il importe de distinguer le *serial* du « film en série », de durée normale, réutilisant le même personnage (du Docteur Mabuse à James Bond).

Pearl White
Les Mystères de New York
Louis Gasnier et Donald MacKenzie, 1914

La pauvre Elaine. Produit par Pathé-America, ce *serial* narre les aventures d'Elaine Dodge (Pearl White, que le public français surnomme affectueusement « Perle Vite »), une jolie héritière pourchassée par son horrible cousin mais protégée par l'intrépide détective Justin Clarel. Les *Mystères* parviennent à éclipser le succès des *Vampires*. Quoi de plus normal, puisque, en l'occurrence, la copie américaine vaut bien l'original français ? Héroïne en détresse qui subit les pires avanies, bourreaux toujours plus nombreux et dangereux, unique sauveteur au grand cœur, tous les ingrédients du pur feuilleton populaire sont réunis et mélangés avec art pour le plus grand plaisir de tous les publics, celui des Grands Boulevards et plus tard celui des surréalistes.

en 1911. Or, deux ans plus tard, devant le succès des films à épisodes issus de la littérature populaire, ces deux mêmes complices lancent à grand renfort de publicité la série des Fantômas d'après le personnage inventé par Pierre Souvestre et Marcel Allain, véritable coqueluche du grand public comme des intellectuels. Max Jacob s'enthousiasme ainsi pour « ce Nietzsche écrit pour les bonniches » ! Le film à épisodes, vite copié par les studios américains et qui devient le *serial*, est alors à son apogée.

AFFICHE DE ***FANTÔMAS***
LOUIS FEUILLADE, 1913

La France a peur ! Les murs de l'Hexagone se couvrent d'affiches sur lesquelles un homme masqué et en habit de soirée semble narguer un Paris en miniature qu'il écrase littéralement. C'est Fantômas (incarné par l'acteur René Navarre) qui terrorise Paris durant cinq épisodes de quarante minutes chacun. En instaurant un véritable climat poétique fondé sur l'étrangeté et l'angoisse et sur la prédominance d'un Paris nocturne, Louis Feuillade se montrait parfaitement à la hauteur de l'œuvre originelle.

JOE HAMMAN
ARIZONA BILL
JEAN DURAND, 1909

Westerns en série. Né en 1882, le réalisateur français Jean Durand est considéré comme l'un des pionniers du cinéma comique. Mais, à l'initiative d'un jeune acteur revenu des États-Unis, Joe Hamman, il tourne à partir de 1906 de véritables imitations des films de cow-boy américains, parmi lesquelles *la Prairie en feu* (1907), *Arizona Bill* (1909) et *l'Attaque d'un train* (1910). Et c'est en 1911 qu'il réalise pour la Gaumont une série intitulée *Scènes de la vie de l'Ouest américain* dont les épisodes s'intitulent *Cent dollars mort ou vif*, *Pendaison à Jefferson City* ou bien encore *le Railway de la mort*. La Camargue sert de décor naturel à cette série prioritairement destinée au public américain.

L'avant-garde française

De Gance à L'Herbier

Napoléon
Abel Gance, 1927

Images multipliées. Il aura fallu quatre ans, de 1923 à 1927, à Abel Gance pour mener à bien le projet qu'il avait conçu en voyant *Naissance d'une nation* de David W. Griffith : sa fresque nationale serait une chanson de geste napoléonienne. Les caractéristiques techniques et artistiques de cette coproduction internationale sont impressionnantes : 18 mois de tournage, 450 000 mètres de pellicules, dix-huit caméras mobiles en permanence sur le plateau, un an de montage et, au final, un film qui dure plus de cinq heures et nécessite trois écrans de projection pour des scènes d'anthologie comme celle du départ pour la campagne d'Italie. Pour cause de faillite financière, Gance ne put jamais tourner les épisodes suivants, mais parvint à le sonoriser en 1934 et à le modifier en 1971.

Emmenée par le critique et réalisateur Louis Delluc, une cohorte de jeunes cinéastes français bouscule le cinéma purement commercial et affiche des ambitions artistiques en rupture avec l'air du temps.

« La France qui a inventé, créé et lancé le cinéma, est maintenant la plus retardataire... Je veux bien croire que nous aurons de bons films. Ce sera exceptionnel... La menace magnifique des succès étrangers a galvanisé nos artisans ; le résultat n'est que médiocre... » Louis Delluc, un jeune romancier et dramaturge amené au cinéma par le journalisme, ne mâche pas ses mots pour donner, en 1917, sa vision du cinéma français qu'il conclut par cet appel redoublé qui sonne comme un cri de guerre : « Que le cinéma français soit du cinéma ! Que le cinéma français soit français ! » Seuls quelques rares cinéastes français trouvent grâce à ses yeux, parmi lesquels Abel Gance et Germaine Dulac. Avec quelques autres, Jacques Feyder et René Clair, Jean Epstein et Marcel L'Herbier, ils vont effectivement, durant une dizaine d'années, apporter un souffle nouveau à un cinéma hexagonal en voie d'épuisement. Ces cinéastes des années 1920 remettent en question leurs aînés dont ils dénoncent le goût pour la facilité ou pour l'académisme.

L'art en tête

Ce qui fédère ces réalisateurs aux univers par ailleurs fort différents, c'est la volonté, clairement exprimée par Delluc, de se singulariser des autres cinématographies nationales et surtout d'affirmer de hautes exigences artistiques. Marcel L'Herbier illustre parfaitement cette volonté de renouveau. Ainsi, pour réaliser en 1923 son film *l'Inhumaine*, il s'entoure des plus grands artistes de l'époque. Si le film fut un échec commercial, il n'en demeure pas moins la manifestation concrète des aspirations d'une nouvelle génération de cinéastes soucieux de faire du cinéma le « Septième Art » et non un simple divertissement. Abel Gance, quant à lui, explore dans son *Napoléon* toutes les possibilités techniques et invente le triple

L'Inhumaine
Marcel L'Herbier, 1924

Un manifeste Arts déco. Une cantatrice hautaine et froide réunit ses admirateurs dans sa maison, temple de la modernité. L'architecte Robert Mallet-Stevens, le peintre Fernand Léger, le décorateur Alberto Cavalcanti, le musicien Darius Milhaud ont été réunis pour travailler sur ce film. L'Herbier réalise grâce à eux un véritable chef-d'œuvre graphique. Mais c'est avec *l'Argent* (1929), adaptation du roman d'Émile Zola, que L'Herbier signera son meilleur film.

CŒUR FIDÈLE
JEAN EPSTEIN, 1923

Images impressionnistes. En 1923, le cinéaste Jean Epstein, ami de Blaise Cendrars et d'Abel Gance, assistant de Louis Delluc, signe un documentaire et trois longs métrages, alors qu'il n'a jusqu'alors réalisé que deux courts métrages. De cette production, on retiendra principalement le film *Cœur fidèle*, chef-d'œuvre dans le style impressionniste. Sur un scénario qui évite de justesse le mélodrame social et populiste, le cinéaste développe un univers cinématographique fait de recherches esthétiques et de partis pris revendiqués, à l'instar de l'utilisation quasi systématique des gros plans et du recours à une caméra qui se montre beaucoup plus mobile qu'à l'habitude.

écran, ancêtre du Cinérama : « La partie centrale du triptyque, c'est de la prose, et les deux parties latérales sont de la poésie, le tout s'appelant du cinéma. »

Des cinéastes éclaireurs

C'est dans ce même courant artistique qu'un autre cinéaste de renom fit ses premiers pas. René Chomette, plus connu sous le nom de René Clair, signait *Entr'acte*, son deuxième film, en 1923. Sur un scénario de Francis Picabia et une musique d'Erik Satie, le jeune cinéaste mêlait allègrement les références à la modernité symbolisée par le dadaïsme et les hommages au cinéma de Georges Méliès. Le public, cette fois, réserva un triomphe à cette œuvre parfaitement iconoclaste.

La disparition prématurée de Louis Delluc, en 1924 à l'âge de trente-quatre ans, ne mit pas un terme à ce mouvement trop disparate pour qu'il soit possible de parler d'« école ». Mais, si les films que Delluc a réalisés lui-même sont tombés dans l'oubli, à l'exception de *Fièvre*, son nom reste attaché, d'une part, à la création des premiers ciné-clubs en France et, d'autre part, à l'existence depuis 1937 du prix Louis Delluc qui récompense chaque année un film « d'auteur ».

> « *On voulait se frayer une voie dans le domaine de l'art avec d'autant plus d'obstination que l'on travaillait dans une atmosphère d'incompréhension.* »
> Marcel L'Herbier

La Grande Guerre sur grand écran

Du patriotisme au pacifisme

Confronté à un conflit sans précédent, le cinéma se retrouve embrigadé par les belligérants. Mais, se dégageant de la propagande les films ont peu à peu révélé les horreurs de la guerre.

« Les films ne sont plus pour nous une source uniquement de plaisir, ils sont beaucoup plus que cela... Le cinéma est la langue universelle. » Ainsi s'exprimait, en 1915, lord Balfour, ministre britannique des Affaires étrangères. Le prestigieux diplomate assignait au cinéma de nouvelles fonctions plus proches de la propagande que du divertissement. Et, de fait, toutes les armées en présence se dotèrent de services cinématographiques chargés de filmer la guerre selon des consignes très strictes afin d'alimenter en images signifiantes actualités filmées et documentaires. Les films de fiction ne furent pas en reste. Des centaines de petits films fabriqués à la va-vite et aux noms éloquents clignotèrent sur les écrans : au *Danger de l'espion allemand* répondait, outre-Rhin, *la Défaite de la France*. Une guerre dans la guerre, en quelque sorte, destinée à galvaniser les esprits en mettant en avant le courage du soldat, le dévouement de l'infirmière, l'abnégation de l'épouse, le malheur de l'orphelin, la laideur de l'espion. Les patries sont en danger et les cinématographies nationales sont mobilisées.

Guerre à la guerre

Entre 1914 et 1918, rares sont les films qui osent afficher un pacifisme qui passe en général pour de la haute trahison. Quelques films américains comme *le Cri de la paix* (1915) de Stuart Blackton et *les Épouses de guerre* (1916) de Herbert Brenon s'y essayent, mais sont vite étouffés. Même le consensuel David W. Griffith connaît quelques problèmes avant la sortie de *Cœurs du monde* (1918) que la Maison-Blanche juge contraire à l'esprit national. Quant à *Charlot soldat* (1918), il démontre avant tout l'absurdité de la guerre de tranchées, mais Chaplin n'est pas encore l'acide portraitiste du *Dictateur* (1940)... Il faut attendre la fin du conflit mondial pour que les cinéastes, à l'instar d'Abel Gance et de son célèbre *J'accuse* (1919), redécouvrent avec prudence, cependant, les chemins de la liberté de ton. La naissance du parlant et les années 1930 ouvrent une nouvelle ère symbolisée par le pacifisme revendiqué de films comme *À l'Ouest rien de nouveau* de l'Américain Lewis Milestone et *Quatre de l'infanterie* (1930) de l'Allemand Georg W. Pabst ou *la Grande Illusion* du Français Jean Renoir (1937).

Un nouveau pacifisme

À la veille de la seconde guerre mondiale, de nombreux films ont dénoncé la « grande illusion » de la « der des der », mais il faudra ensuite attendre la fin des

JOHN GILBERT
ET RENÉE ADORÉE
LA GRANDE PARADE
KING VIDOR, 1925

À mi-chemin. Ce film réalisé par King Vidor d'après un récit assez autobiographique de Lawrence Stallings, lui-même mutilé de guerre, connut un incroyable succès commercial. Il suit les tribulations d'un soldat américain qui, sur le sol français, tombe amoureux d'une jeune fille qu'il tente de retrouver après la guerre. À travers ce rapide résumé, on voit combien l'histoire sentimentale est importante. La guerre de 14-18 est tout à fait présente, mais, durant tout le film, aucune voix discordante ne vient s'élever contre la guerre elle-même.

LES CROIX DE BOIS
RAYMOND BERNARD, 1931

Plus jamais ça. Adapté du roman de Roland Dorgelès publié en 1919, ce film réalisé par Raymond Bernard raconte l'histoire de trois soldats qui partagent la même tranchée dans la boue et le froid : un étudiant, un ouvrier et un boucher. Le titre fait référence aux cimetières militaires dont la vision hantera sans cesse le jeune étudiant jusqu'au moment de sa propre mort. Deux des acteurs principaux, Charles Vanel et Pierre Blanchar, étaient eux-mêmes d'anciens combattants. Ouvertement pacifiste et dénonçant avec force les horreurs de la guerre en général, le film obtint à sa sortie un immense succès public.

années 1950 pour que la guerre de 14-18 soit à nouveau une source d'inspiration pour les cinéastes. De 1957 à 1967 quatre films majeurs reviennent avec force sur cette période de l'Histoire sans rien dissimuler de leur antimilitarisme : *les Sentiers de la gloire* (1957) de Stanley Kubrick, *la Grande Guerre* (1959) de Mario Monicelli, *Pour l'exemple* (1964) de Joseph Losey et *l'Horizon* (1967) de Jacques Rouffio. Cette veine profondément critique s'est maintenue jusqu'à des films comme *les Hommes contre* de Francesco Rosi (1970), *la Vie et rien d'autre* de Bertrand Tavernier (1989), *Un long dimanche de fiançailles* de Jean-Pierre Jeunet (2004). En continuant de montrer l'horreur des tranchées, l'absurdité du conflit et son cortège de malheurs, le cinéma aura ainsi fait son deuil d'un héroïsme dérisoire au profit d'une prise de conscience ouvertement politique comme si l'Europe en construction réclamait une pacification de sa propre mémoire.

« *– Maréchal (Jean Gabin) : Il faut bien qu'on la finisse cette putain de guerre… en espérant que ce sera la dernière.*
– Rosenthal (Marcel Dalio) : Ah ! Tu te fais des illusions… »
La Grande Illusion **(Jean Renoir, 1937)**

À l'ouest rien de nouveau
Lewis Milestone, 1930

Oscar pacifiste. Adapté du roman d'Erich Maria Remarque publié en 1929, le film de Lewis Milestone remporta notamment l'oscar du meilleur film. Le spectateur y découvre la vie quotidienne de sept jeunes soldats allemands d'abord galvanisés par le nationalisme de leur professeur, puis rapidement confrontés aux horreurs de la guerre. La nature quasi documentaire du film lui vaudra d'être interdit en Allemagne comme en Italie. Une séquence, celle de l'occupation d'un village, fut supprimée pour l'exploitation française. C'est, en somme, le portrait d'une génération massacrée et sacrifiée à tous les sens du terme.

Les débuts du cinéma italien

Des origines au fascisme

Les années 1910 portent le cinéma italien à un apogée avec des films à grand spectacle et des actrices qui deviennent de véritable divas.

Si l'on excepte les reporters de vues d'actualité qui envahissent les foires et les fêtes foraines d'Europe quand l'invention des frères Lumière sort de France, le premier metteur en scène italien fut le célèbre Leopoldo Fregoli. Dès 1898, il filme ses propres numéros de transformiste et il en intègre la projection à ses spectacles sur scène. Sans complexe, il avait d'ailleurs rebaptisé le procédé du nom de « Fregoligraph ». C'est en 1905 qu'est réalisé le premier film italien à scénario : *la Prise de Rome*, de Filoteo Alberini. En sept tableaux, on suit l'entrée des troupes piémontaises dans Rome en 1870, puis l'annexion de la ville à l'Italie. C'est son immense succès qui stimule les cinéastes et donne naissance à une véritable industrie.

Du film historique au péplum

Très vite, à Rome, Naples, Venise, Turin... apparaissent des salles fixes, entièrement équipées pour le cinéma. Dans ce pays récemment unifié, un genre s'impose aussitôt : l'épopée historico-légendaire fortement nationaliste. Le péplum est né. Les Italiens utilisent à merveille leur ensoleillement et la beauté de leurs décors naturels, le surpeuplement assurant une figuration à bon marché.

Les scénaristes dopent leurs histoires en puisant dans le patrimoine historique et littéraire. Partout on voit naître des maisons de production : à Rome (Cines), Turin (Arturo Ambrosio), Milan (Milano Films), Naples, Florence... Au début, le style est très théâtral, façon tableau vivant. Bientôt, on assiste à une rapide escalade dans la longueur et le côté spectaculaire des films. On célèbre la gloire de Rome, on exploite l'arrière-plan touristique. En 1908, une première version des *Derniers Jours de Pompéi* (1908) de Luigi Maggi, est saluée comme un chef-d'œuvre. L'Italie commence alors sa conquête des marchés étrangers, très friands de péplums. Même les distributeurs américains investissent, ce qui fait monter les budgets et donne des œuvres de plus en plus somptueuses.

Film emblème (et apogée) du grand spectacle, *Cabiria*, de Giovanni Pastrone, fait date en 1914, imposant son gigantisme et ses innovations techniques dans le monde entier. Le scénario brasse en toute liberté une série de mythes épars, mêlés à des événements historiques (siège de Syracuse, éruption de l'Etna...). Les intertitres sont signés par le plus grand poète national, Gabriele D'Annunzio. Un des personnages, Maciste, le bon géant redresseur de torts, ne tarde pas à revenir dans une longue série à succès : *Maciste médium* (1917), *Maciste touriste* (1918), *Maciste amoureux* (1919)...

LYDA BORELLI

Le divisme. Dans les années 1910, le phénomène des *dive* (pluriel du mot italien *diva* : déesse) prend une telle importance qu'on parle de « divisme ». Cette façon inédite de magnifier la femme fatale à l'écran débute en 1913, avec *Ma l'amor mio non muore*, qui révèle Lyda Borelli. Pendant des années, le divisme sera un pilier essentiel du cinéma italien. Les comédiennes assument des fonctions nouvelles, comme choisir leur réalisateur ou imposer des cachets exorbitants... qui précipiteront la fin du phénomène vers 1920. Le divisme a révélé des stars comme Francesca Bertini (*Assunta spina*, 1915), Leda Gys (*Leda innamorata*, 1915), Pina Menichelli (*Tigre reale*, 1916)...

La fin de l'âge d'or

L'apparition des premières stars fait fleurir un genre nouveau : le mélodrame mondain. Vêtue de toilettes insolites, la diva embrase les passions, sur l'écran comme dans la presse. Côté comique, c'est un fantaisiste venu de France, André Deed, qui triomphe sous le pseudonyme de Cretinetti, dans des films qui annoncent le burlesque américain.

Quand arrive la Première Guerre mondiale, le cinéma muet italien a connu son apogée. En 1923, les difficultés financières nées de la faillite de l'Union cinématographique italienne sonnent la fin d'un âge d'or. L'exaltation de l'esprit nationaliste va pousser le peuple vers le fascisme et Mussolini. De la période qui précède le parlant, on retient néanmoins quelques films comme *Messaline* (1923), *les Derniers Jours de Pompéi* (1925). Mais c'est désormais à Hollywood que se feront les plus grands péplums.

Cabiria
Giovanni Pastrone, 1913-1914

Superproduction. Six mois de tournage, un budget hors norme : *Cabiria* marque une date dans la reconstitution historique. Les décors, somptueux, ne sont plus des toiles peintes, mais des constructions en dur. La figuration (avec cavalerie et éléphants) est immense. Pour certains mouvements de caméra, Pastrone fait breveter un chariot spécial et invente le travelling. *Cabiria* aligne les morceaux de bravoure (destruction de la flotte romaine, batailles, incendies) avec un faste et une liberté qui influenceront Cecil B. De Mille et David W. Griffith (pour la séquence babylonienne d'*Intolérance*).

Quo vadis ?
Enrico Guazzoni, 1912-1913

Eo Romam. L'adaptation du roman (1896) d'Henryk Sienkiewicz marque le triomphe du péplum, genre de prédilection du cinéma italien. La première version, réalisée avec de très grands moyens, est une des œuvres culminantes de la période du muet. Elle fut programmée jusqu'à l'arrivée du parlant, confirmant le prestige international du cinéma italien.
La seconde (1923-1924), réalisée au milieu des pires difficultés par Gabriele D'Annunzio et Georg Jacoby, en marque le déclin.

Expressionnisme et Kammerspiel

Les débuts du cinéma allemand

MAX SCHRECK
NOSFERATU
FRIEDRICH W. MURNAU, 1922

La faiblesse du Mal. Première apparition à l'écran du vampire, ici synonyme de destruction — et que Murnau assimile explicitement à la peste. La mise en scène transforme des décors authentiques en cadre surnaturel par la magie de la lumière. C'est un penchant amoureux qui piège le Mal, associant étrangement le sens psychanalytique et ésotérique du mythe.

Au temps du muet et jusqu'en 1933, l'Allemagne s'impose comme la grande rivale des États-Unis par les innovations de ses studios, les qualités plastiques et techniques de ses films. Très vite, Hollywood décida de lui emprunter quelques-uns de ses réalisateurs et acteurs, avant même la grande émigration des gens de cinéma provoquée par l'arrivée au pouvoir des nazis.

Le cinéma allemand connaît un développement plus tardif que ses voisins français ou danois, et les bases de l'industrie ne sont posées qu'aux environs de 1910. À cette époque, Oskar Messter construit les premiers studios modernes à Berlin, et le producteur et exploitant Davidson et son partenaire Guido Seeber — qui deviendra un chef opérateur et spécialiste des effets spéciaux très recherché — font venir à Berlin la star danoise Asta Nielsen et son mari le réalisateur Urban Gad. Messter lance par ailleurs l'Allemande Henny Porter, ce qui marque les débuts du star-system en Allemagne.

Le ralliement des artistes et l'écran démoniaque

Le cinéma allemand a eu la particularité d'intéresser très tôt des artistes reconnus, notamment les hommes de théâtre : Max Reinhardt (*L'Île des Bienheureux*, 1913, Max Mack (*L'Autre*, 1913, avec

L'art de la manipulation. Le somnambule Cesare est manipulé par son maître, un forain, qui lui fait commettre des crimes : tel est le film qui marque l'irruption de l'esthétique expressionniste dans le cinéma : stylisation extrême et artificialité du cadre, perspectives déformées et lignes obliques, abstraction et onirisme du sujet. L'essayiste allemand Siegfried Kracauer publiera en 1947 un ouvrage au titre suggestif : *De Caligari à Hitler*, qui ne sera traduit en français qu'en 1973 — et publié en Suisse.

LE CABINET DU DOCTEUR CALIGARI
ROBERT WIENE, 1920

Albert Bassermann) et le Danois Stellan Rye (première version de *l'Étudiant de Prague*, 1913, avec Paul Wegener). Cette présence, la même année, d'auteurs et acteurs prestigieux annonce les influences artistiques qui détermineront à la fois la qualité et l'audience tout au long des années vingt. En outre, alors que d'autres cinématographies européennes s'effondraient, la production allemande se réclamera des traditions romantiques et fantastiques tout en cultivant d'autres genres, la comédie (avec le jeune Ernst Lubitsch), le drame historique, l'intrigue exotique et le mélodrame.

L'expressionnisme à l'écran

Une génération de grands cinéastes émerge dès la fin de la guerre. En 1920, *le Cabinet du docteur Caligari*, de Robert Wiene, véritable manifeste de l'expressionnisme à l'écran, révèle l'influence des arts plastiques et de la littérature. Bien que le nombre de films véritablement expressionnistes soit restreint, leur esthétique, les jeux de lumière, le travail des acteurs, la plastique des décors et des perspectives, la recherche d'images subjectives ont alors une influence considérable. Renouant avec le vieux fonds légendaire du romantisme allemand, l'expressionnisme scelle la tendance dite « démoniaque », représentée, entre autres grands films, par la nouvelle version de *l'Étudiant de Prague* (Henrik Galeen, 1926), *le Golem* (deux versions réalisées par Wegener et Galeen, 1914, puis Wegener et Boese, 1920), *le Cabinet des figures de cire* (1924) de Paul Leni, typique du fantastique onirique et baroque, *les Mains d'Orlac* (1924) de Robert Wiene, sans oublier des films de Fritz Lang comme *les Trois Lumières* (1921) et de Friedrich Wilhelm Murnau, comme *Nosferatu* (1922). Murnau, qui dépasse l'expressionnisme strict, s'exprime avec une caméra très mobile, entre lyrisme et réalisme. Cette grande sensibilité à l'espace est révélée parfaitement par un de ses chefs-d'œuvre, *le Dernier des hommes* (1924), ou sa version du grand mythe allemand *Faust* (1926), dernier film réalisé avant son départ aux États-Unis. Lang, quant à lui, a toujours minimisé l'influence de l'expressionnisme sur son œuvre, il pratique un étonnant équilibrisme entre roman populaire (exotisme et action, récit policier), et un regard aigu sur le cadre contemporain.

À la même époque, le film à costumes et la fresque historique sont très populaires. Lubitsch en devient le spécialiste avec des films des années 1919-1921 qui lui valent de rejoindre Hollywood dès 1922. Les thèmes historiques séduiront la production ultérieure, souvent dans une optique nationaliste — ainsi de cette longue série de films consacrés au roi de Prusse Frédéric II, héros de quarante-quatre films entre 1922 et 1945...

Kammerspiel, réalisme et critique sociale

Bien qu'on ait parfois évoqué un « Kammerspiel expressionniste » à propos du *Dernier des hommes*, le Kammerspiel — théâtre de chambre, intimiste, minimaliste — incarne une manière de retour au naturalisme, du moins dans le décor et la psychologie, sans toujours être à l'abri du mélodrame. C'est la

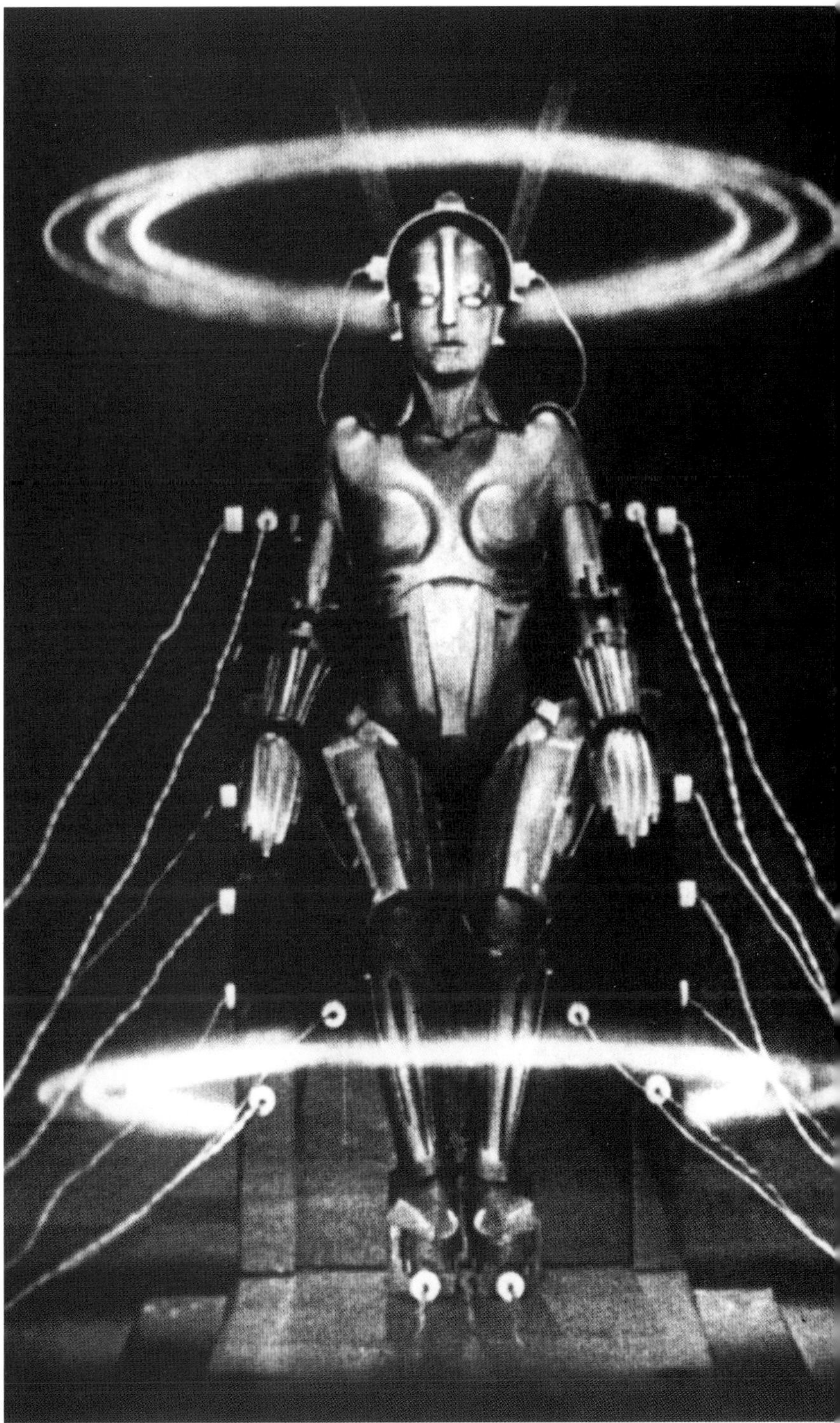

BRIGITTE HELM
METROPOLIS
FRITZ LANG, 1927

Les temps modernes. Lang se sert d'un argument classique du roman d'anticipation pour inventer un univers futuriste monumental dans lequel il introduit un thème fantastique, grâce à un androïde (féminin) créé pour servir les forces du Mal, qui est aussi le double d'une jeune fille pure. Des images puissantes au service d'un apologue diversement interprété.

stylisation d'un monde réduit à un microcosme, un goût pour le huis clos et la création d'atmosphères spécifiques. *Le Rail* (1921) de Lupu Pick , sous-titré *Ein deutsches Filmkammerspiel*, et *Escalier de service* (1921) coréalisé par Paul Leni et Leopold Jessner illustrent ce courant dont un des principaux scénaristes est Carl Mayer, celui-là même qui a écrit *Caligari*. Le Kammerspiel a quelque peu influencé Georg Wilhelm Pabst, qui semble avoir hésité entre l'expressionnisme du *Trésor* (1923), les recherches formelles des *Mystères d'une âme* (1926) et la critique sociale de *la Rue sans joie* (1925). C'est la critique sociale, voire la dénonciation qui l'emporte dans *Loulou* (1929), une œuvre portée par la beauté de l'actrice Louise Brooks et une mise en scène sans concessions. Souvent rattaché au mouvement de la Neue Sachlichkeit (Nouvelle Objectivité), Pabst s'en distingue par une attitude critique, parfois très politique — posture avec laquelle les tenants de la nouvelle école prennent leurs distances. Liée elle aussi à un mouvement pictural et littéraire, elle a pour porte-drapeau au cinéma *Berlin, Symphonie d'une grande ville* (1927) de Walter Ruttmann, cinéaste issu du cinéma expérimental. Ce regard qu'on pourrait dire « candide », mais qui est aussi recherche de l'insolite, est intervenu sur les courants réalistes, et l'influence de la Nouvelle Objectivité sur de nombreux films parlants d'avant 1933 comme sur des films muets n'est pas contestée. C'est dans un film indépendant tourné entièrement en décors naturels pendant l'été 1929 par de jeunes cinéastes, *les Hommes le dimanche* (de Robert Siodmak et Edgar G. Ulmer) que le cinéma réaliste trouve en Allemagne son aboutissement. Parallèlement, un cinéma réaliste engagé politiquement s'est développé, avec notamment *Frères* (de Werner Hochbaum, 1929) et *l'Enfer des pauvres* (de Phil Jutzi, 1929), un cinéma prolétarien condamné à disparaître par l'avènement du nazisme.

Quelques films à revoir

1920 **Le Cabinet du docteur Caligari** (Robert Wiene) 1921 **Les Trois Lumières** (Fritz Lang), Le Rail (Lupu-Pick), **Nosferatu le vampire** (F. W. Murnau), **L'Escalier de service** (Paul Leni, Leopold Jessner) 1922 **Le Docteur Mabuse** (Fritz Lang) 1924 **Les Nibelungen** (Fritz Lang), **Le Cabinet des figures de cire** (Paul Leni), **Le Dernier des hommes** (F .W. Murnau), **Les Mains d'Orlac** (Robert Wiene) 1925 **La Rue sans joie** (Georg W. Pabst) 1926 **Faust** (F. W. Murnau) 1927 **Metropolis** (Fritz Lang), **Symphonie d'une grande ville** (Walter Ruttmann) 1929 **Loulou** (G. W. Pabst), **Le Journal d'une fille perdue** (G.W.Pabst)

GUSTAV DIESSL ET LOUISE BROOKS
***LOULOU* (DIE BÜCHSE DES PANDORA)**
GEORG W. PABST, 1929
D'APRÈS DEUX PIECES DE FRANK WEDEKIND

Eva Pandora. Hors de tout sens du péché, l'odyssée de la maîtresse d'un notable, qui le tue après l'avoir épousé, et qui s'enfuit avec le fils du défunt... Pabst parvient à concilier réalisme et lyrisme, composant une ode passionnée à la vie, avec la fascinante Louise Brooks, incarnation définitive de la liberté sans tabous. *Loulou*, grâce à elle, est désormais un film-culte.

EMIL JANNINGS
LE DERNIER DES HOMMES
FRIEDRICH W. MURNAU, 1924

Récit d'une déchéance : un vieillard est démis de ses fonctions prestigieuses de portier dans un hôtel de luxe, et affecté aux toilettes. Une caméra très mobile et un grand interprète, Emil Jannings, élèvent une minuscule anecdote au rang d'une tragédie, appuyée sur une critique des codes petit-bourgeois et une satire impitoyable des apparences.

Le cinéma du Nord

Dreyer et les auteurs scandinaves

C'est aux environs de 1907-1908 que naissent les structures qui assureront aux productions cinématographiques danoise et suédoise une place enviable, esthétiquement et économiquement, en Europe et dans le monde. La production s'appuie alors, et jusqu'à la fin des années 1920, sur des studios fondés au Danemark par Ole Olsen (la Nordisk) et en Suède par Charles Magnusson (Svenska Biograf, puis Svensk).

Le cinéma danois s'impose vite en Europe grâce aux films de Viggo Larsen, Urban Gad, August Blom, et à des directeurs de la photographie inspirés. Les actrices Clara Pontopiddan, Lily Bech, et surtout Asta Nielsen (ces deux dernières partiront pour la Suède et l'Allemagne) incarnent un nouveau type de femme à la fois romantique et émancipée, dans des mélodrames qui conquièrent un large public. Le Danemark sera dépassé en quelques années par la Suède qui exploite son patrimoine culturel, anciennes sagas, théâtre d'August Strindberg, puis romans de Selma Lagerlöf, et qui, dès 1911, peut compter sur deux grands réalisateurs, Mauritz Stiller et Victor Sjöström.

Un cinéma d'auteur

Au Danemark, Forest Holger-Madsen passe du pur divertissement à des films pacifistes, comme *À bas les armes* (1915, scénario de Carl Dreyer), alors que Benjamin Christensen perpétue la tradition du mélodrame. C'est en Suède, en 1921, qu'il réalisera son film le plus célèbre, *la Sorcellerie à travers les âges*, faussement naïf et iconoclaste. Anders Wilhelm Sandberg se consacre aux adaptations littéraires, tournant à partir de 1921 une série de films inspirés de Charles Dickens. Dreyer, longtemps scénariste, réalise son premier film en 1918. Son intransigeance et sa rigueur cinématographiques s'exprimeront plus souvent à l'étranger (Suède, Allemagne et France avec *la Passion de Jeanne d'Arc*, 1928), que dans son pays où il tourne *le Maître du logis* (1925), un film sur l'ambiguïté des rapports familiaux et, bien plus tard les fameux *Dies irae* (1943), *Ordet* (1954) et *Gertrud* (1964).

Stiller et Sjöström : deux maîtres du cinéma mondial

En Suède, Mauritz Stiller, auteur de comédies raffinées, sort des studios en 1918, réalisant *le Chant de la fleur écarlate* (ou *Dans les remous*), d'après un célèbre roman finlandais de Johannes Linnankoski. En 1919, il réalise un autre chef-d'œuvre qui aura une grande influence, *le Trésor d'Arne. La Légende de Gösta Berling* (1924), avec Greta Garbo, le mène à Hollywood, d'où il reviendra déçu, avant de mourir en 1928.

GRETA GARBO
LA LÉGENDE DE GÖSTA BERLING
MAURITZ STILLER, 1924
D'APRÈS LE ROMAN DE SELMA LAGERLÖF

Les débuts d'une star. Gösta Berling (Lars Hanson), pasteur défroqué devenu précepteur, attire les femmes, dont une jeune fille incarnée par Greta Garbo, alors âgée de dix-huit ans, dont c'est le premier grand rôle à l'écran. L'opposition entre les scènes d'action et la lenteur savante des séquences en intérieur met en valeur l'actrice, modelée par Stiller dans les traits caractéristiques qui la rendront célèbre dans le monde entier.

VAMPYR (L'ÉTRANGE AVENTURE DE DAVID GRAY)
CARL T. DREYER, 1932
D'APRÈS DEUX NOUVELLES DE J. SHERIDAN LE FANU

Le premier parlant de Dreyer. Film franco-allemand tourné en 1930 grâce à un mécène, le baron Nicolas de Gunzburg (qui joue sous le nom de Julian West le rôle de David Gray), cette variation sur le thème vampirique procède par lumières indécises et va et vient entre la vie et la mort. Le raffinement des déplacements des acteurs dans l'espace, l'opposition entre le regard subjectif (de la caméra) et la minutie des cadrages créent les nuances rigoureuses nécessaires à l'ambiguïté de l'argument.

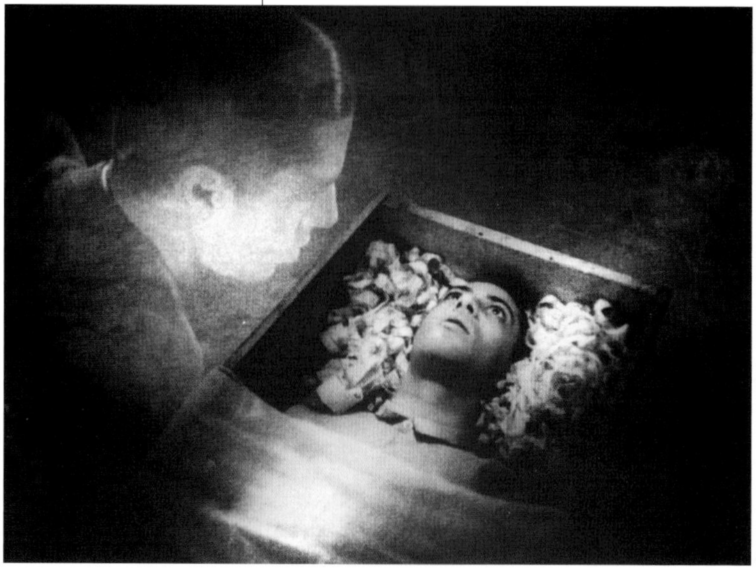

Victor Sjöström, acteur et metteur en scène venu du théâtre obtient des succès internationaux avec des films qui développent hors de toute influence une esthétique nouvelle, un lyrisme imprégné de naturalisme, un sens exceptionnel de la nature et de l'espace : *Terje Vigen* (1916), où il transfigure la pièce de Henrik Ibsen par l'action et les paysages, *les Proscrits* (1917), récit, en Islande, d'une lutte contre une société répressive et une nature hostile, *la Charrette fantôme* (1921) où, de nouveau, il est crédité d'une performance d'acteur exceptionnelle. Appelé à Hollywood, il y fera une belle carrière jusqu'en 1930, sous le nom de Seastrom.

La Charrette fantôme
Victor Sjöström, 1921
D'après le roman
de Selma Lagerlöf

Projections. Sur un fond légendaire dont le spectateur découvrira qu'il n'est qu'une projection de la réalité magistralement mise en scène, ce récit dramatique repose sur une construction complexe de flash-back et de séquences oniriques. Plusieurs niveaux narratifs s'articulent sur des images d'une grande puissance d'évocation, et sur des effets spéciaux ingénieux sans excès de spectaculaire.

« *Je veux trouver le style qui ne soit valable que pour un seul film, pour* ce *milieu,* cette *action,* ce *personnage,* ce *sujet.* »
Carl. Th. Dreyer

Le cinéma soviétique

La révolution Eisenstein

Dans ses premières années, le cinéma soviétique a bénéficié de l'enthousiasme lié aux bouleversements politiques. Il en est né une ébullition artistique aux passionnantes expérimentations.

Les Russes s'intéressent tardivement au cinéma. Pour le poète Vladimir Maïakovski, le cinéma « n'est qu'un mode de reproduction et non de création ». L'influence littéraire et la tragédie définissent le style russe dans les premières œuvres et les réalisateurs soucieux de distinguer le cinéma du théâtre sont rares. Seuls des cinéastes tels qu'Evgeni Bauer ou Yakov Protazanov se lancent dans une recherche visuelle et narrative propre à ce nouvel art.

La naissance du cinéma de propagande

Mais, en février 1917, la révolution bolchevique éclate et le système artistique s'écroule. Lénine comprend très tôt la portée politique du cinéma et entreprend de l'instrumentaliser. Dès 1919 est ouverte la première école de cinéma au monde et l'État nationalise les structures de production et de distribution. Les *agitki*, courts films de propagande, se multiplient. En 1921, Vladimir Gardine réalise *la Faucille et le Marteau*, long métrage dédié à la Révolution. Encouragées par le pouvoir et sous l'influence d'un bouillonnement artistique global, les expérimentations se multiplient. Lev Koulechov travaille sur le langage cinématographique et, notamment, le montage dans le cadre de son Laboratoire expérimental (1922). Le triptyque mouvement-vitesse-rythme constitue pour lui le fondement du cinéma. Dziga Vertov, lui, cherche le réel à tout prix avec le *kino-pravda*, « cinéma-vérité » refusant scénario et acteurs. La vérité prime sur toute considération esthétique. En 1921, Grigori Kozintsev, Sergueï Youtkevitch et Leonid Trauberg fondent la FEKS (Fabrique de l'acteur excentrique). Le cinéma apparaît comme la quintessence populaire de tous les arts antérieurs et des artistes, comme le poète Maïakovski, revenu de ses réticences, ou le musicien Dimitri Chostakovitch, y collaborent. Poursuivant cette démarche, cinéma et politique ne font qu'un pour Vsevolod Poudovkine (*la Mère*, 1926) et Alexandre Dovjenko (*la Terre*, 1930) dont chaque film marque l'engagement idéologique. C'est avec eux que Sergueï Eisenstein signe *l'Avenir du film sonore* où ils théorisent le cinéma comme vecteur d'émotions et de concepts politiques.

Sergueï Eisenstein : la révolution par l'image

Venu du théâtre, où il a vainement tenté de concilier conventions théâtrales et discours social, Eisenstein réalise son premier film, *la Grève*, en 1925. Le succès est immédiat et s'accroît la même année avec *le*

Le Cuirassé Potemkine
Sergueï M. Eisenstein, 1925

Un choc pour le cinéma mondial. Inspiré d'un épisode mythique de la révolution de 1905, le film retrace la mutinerie des marins d'Odessa, qui permit pour la première fois ne alliance entre l'armée et le peuple. Eisenstein a vingt-sept ans lorsqu'il accepte cette commande pour le 20e anniversaire des événements. Improvisant à partir d'un scénario de quelques pages seulement, il sacrifie le personnage traditionnel au profit d'une masse anonyme approchée dans une multiplication de plans serrés. L'image est brute et son montage, extrêmement rapide, atteint un rythme effréné dans les scènes de violence. L'œuvre suscita dans le public, et à travers le monde, malgré la censure, un enthousiasme absolu.

Octobre
Sergueï M. Eisenstein, 1928

Vers un montage intellectuel. Reconstitution des épisodes politiques de l'année 1917, *Octobre* est un hommage aux faits d'armes héroïques qui permirent la prise de pouvoir bolchevique. En commandant cette œuvre à Eisenstein, le gouvernement s'engagea à lui offrir tous les moyens nécessaires. Pourtant, loin d'une fresque historique, le film atteint les limites du cinéma métaphorique. En s'inspirant du système des idéogrammes japonais qu'il a autrefois étudiés, Eisenstein inaugure une nouvelle approche du montage où la juxtaposition de deux images en fait naît une troisième dans l'esprit du spectateur.

Cuirassé Potemkine. En 1927, il initie dans *Octobre* une approche sensorielle du montage, censée provoquer l'émergence de concepts : l'association d'images doit conduire inconsciemment le spectateur vers des idées. Mais, le régime stalinien montre un interventionnisme grandissant et, dans *la Ligne générale*, le héros individuel prime sur le groupe pour la première fois dans l'œuvre d'Eisenstein. Invité aux États-Unis en 1930 par l'United Artists, il se laisse tenter par l'aventure. Il en revient exsangue, deux ans plus tard, après avoir dû abandonner le tournage de *Que viva Mexico*, faute de moyens financiers.

Le durcissement politique et la fin de l'euphorie

Durant ses années d'absence, le pouvoir se durcit et préfère peu à peu les héros positifs aux théories avant-gardistes. Kozinstev et Leonid Trauberg signent la trilogie des « Maxime » (1935-1939). L'académisme est de mise et la diffusion du cinéma parlant limite la recherche formelle pour donner une place plus importante au scénario. En 1938, Eisenstein signe *Alexandre Nevski* qui clôt l'âge d'or du cinéma soviétique.

L'Homme à la caméra
Dziga Vertov, 1929

Le manifeste du « ciné-œil ». Sorte de documentaire futuriste, *l'Homme à la caméra* eut avant tout le rôle d'une démonstration stylistique destinée à produire d'autres films. Ici, la narration ne repose que sur la technique : un opérateur parcourt la ville et en capte tous les mouvements ; il s'enivre de son rythme jusqu'à un montage final en forme d'apothéose où l'espace de la salle se mêle à celui de l'écran ; la caméra est un œil qui, allié au montage, devient capable de créer une ville de toutes pièces. Il faut donc considérer Dziga Vertov, mais aussi le chef opérateur Mikhaïl Kaufman et la monteuse Elizaveta Svilova comme les trois auteurs du film.

Quelques films à revoir

1924 **La Vie à l'improviste : Ciné-œil** (Dziga Vertov) 1925 **La Grève** (Sergueï M. Eisenstein) 1926 **Le Cuirassé « Potemkine »** (Sergueï M. Eisenstein); **La Mère** (Vsevolod Poudovkine); **En avant, soviet !** (Dziga Vertov): **La Sixième Partie du monde** (Dziga Vertov) 1927 **Octobre** (Sergueï M. Eisenstein) 1929 **La Nouvelle Babylone** (Leonid Trauberg et Grigori Kozintsev) 1929 **L'Homme à la caméra** (Dziga Vertov) 1930 **La Terre** (Alexandre Dovjenko) 1931 **Enthousiasme** ou **Symphonie du Donbass** (Dziga Vertov) 1934 **Trois Chants sur Lénine** (Dziga Vertov) 1935-1939 **La Jeunesse de Maxime, Le Retour de Maxime, Maxime à Vyborg** (Leonid Trauberg et Grigori Kozintsev) 1938 **Alexandre Nevski** (Sergueï M. Eisenstein)

David W. Griffith

Le colosse aux pieds sensibles

Les très pharaoniques et très politiques *Naissance d'une nation* (1915) et *Intolérance* (1916) ne doivent pas masquer les autres œuvres de David W. Griffith, et notamment de flamboyants mélos sublimés par Lillian Gish.

David Griffith aura attendu ses trente-deux ans pour entamer sa carrière cinématographique en interprétant, en 1907, le rôle principal d'un film d'Edwin S. Porter pour Thomas A. Edison, *Sauvé d'un nid aigle*. Rétrospectivement, et sans que Griffith en soit l'auteur, ce film se révèle emblématique de la double inspiration qui traversa toute l'œuvre du cinéaste : le grand spectacle d'un côté, les grands sentiments de l'autre. Dans la scène la plus célèbre du film, on assiste ainsi à l'enlèvement d'un bébé par un aigle. Même si les spectateurs de l'époque trouvèrent un peu grosses les ficelles qui actionnaient les ailes de l'animal, il n'en reste pas moins qu'ici le spectaculaire de l'enlèvement dans les airs côtoie le pur pathos du rapt d'un nourrisson terrifié. L'inimitable style de Griffith est contenu dans ces deux tendances, lesquelles ont rythmé presque chronologiquement la carrière du cinéaste américain. On les retrouve dès 1908, date à laquelle Griffith entame sa carrière de réalisateur en signant pour l'American Mutoscope and Biograph Company, dont il deviendra rapidement le directeur artistique, son premier film, *les Aventures de Dollie* qui raconte l'histoire d'une fillette enlevée par des gitans.

Griffith l'explorateur

De 1908 à 1914, Griffith réalisa plus de quatre cents courts métrages en abordant tous les genres, du film historique au drame social en passant par le western et le burlesque. Il défriche littéralement de nouveaux territoires cinématographiques qui sont autant de « brouillons » de ses futurs chefs-d'œuvre. C'est ainsi qu'il est à l'origine de reconstitutions préhistoriques avec *Man's Genesis* et de films bibliques comme *Judith de Bétulie*. Il est alors à la tête d'une véritable équipe permanente composée de techniciens et d'acteurs dont de futures stars comme Mary Pickford, Mack Sennett, Lionel Barrymore et Lillian Gish. C'est l'époque de toutes les inventions et de toutes les audaces. Griffith explore le flash-back dans *les Aventures de Dollie*, introduit le plan américain dans la réalisation de *For Love of Gold*, travaille à partir d'*After Many Years* sur la base d'un scénario longuement travaillé et découpé en séquences, utilise le montage alterné pour créer le suspense dans *The Lonely Villa* ou bien encore le flou volontaire dans *Pipa Passes*.

GRIFFITH SUR LE TOURNAGE D'*INTOLÉRANCE*
1916

David et Goliath à lui tout seul. Né le 22 janvier 1875 dans le Kentucky, David Wark Griffith, dont les parents étaient Irlandais et sudistes de conviction, connut l'enfance et l'adolescence difficiles d'un fils de famille ruiné. Tout au long de sa vie il sera partagé entre son éducation réactionnaire et ses positions progressistes. Si *Naissance d'une nation* véhicule des idées racistes, *Intolérance*, réalisé un an plus tard en 1916 fait l'apologie de la tolérance, comme si Griffith avait voulu effacer les aspects les plus gênants de son premier chef-d'œuvre. Film fleuve, film démesuré, *Intolérance* revisite l'Histoire pour mieux prôner cette fois des valeurs humanistes.

NAISSANCE D'UNE NATION
DAVID W. GRIFFITH,
1915

Griffith, l'ambigu de génie. Avec *Naissance d'une nation*, Griffith donnait en 1915 au cinéma américain l'une de ses premières superproductions. La tumultueuse histoire de la famille Cameron, à l'époque de la guerre civile américaine, sert de toile de fond à une fresque cinématographique qui, dès sa sortie dans les salles, déchaîna les passions : Griffith fut notamment accusé de raviver les haines entre communautés et surtout de légitimer le retour du sinistre Ku Klux Klan. Et, de fait, des émeutes ensanglantèrent Boston, New York ou Chicago, tandis que le Sénat lui-même débattait du film. Au-delà de cette idéologie indéfendable demeure une œuvre phare, véritable poème épique aux allures symphoniques.

Griffith le sentimental

Si la démesure et le souffle lyrique sont au cœur de *la Naissance d'une nation* et d'*Intolérance*, œuvres maîtresses des années 1920, le cinéma de Griffith ne délaissa jamais complètement une veine plus intimiste souvent portée par la grâce de Lillian Gish, complice du cinéaste depuis 1912 avec le film *l'Ennemi invisible*. Pur mélodrame sur fond de Grande Guerre, *les Cœurs du monde*, qui sort sur les écrans en 1918, installe définitivement le « couple » Griffith-Gish dans cette veine sentimentale et qu'affectionne le grand public. Suivront ainsi *le Lys brisé*, *le Pauvre Amour*, *À travers l'orage*, *les Deux Orphelines* entre autres. Il n'est ici question que de pures jeunes filles abandonnées, rejetées ou trop timides pour pouvoir lutter contre les duretés de la vie.

Mais la fin des années 1920 marqua celle des années d'or de David Griffith, qui ne parvint jamais à renouer avec le succès, son dernier film, *The Struggle*, n'ayant même pas été programmé. Entre innovations techniques et audaces narratives, nombreuses sont pourtant les dettes du cinématographe à l'égard de Griffith.

David W. Griffith (1875-1948)

1875 David Wark Griffith naît à Floydsfork, Kentucky 1907 Edwin S. Porter l'engage comme acteur 1908 **The Adventures of Dollie** 1909 **Edgar Allan Poe** 1912 **The Muskeeters of Pig Alley ; The Lonedale Operator** 1915 **Naissance d'une nation** 1916 **Intolérance** 1918 **Cœur du monde** 1919 Participe à la fondation de l'United Artists Corporation 1919 **Le Lys brisé ; le Pauvre Amour** 1920 **À travers l'orage** 1921 **La Rue des rêves ; les Deux Orphelines** 1924 **Pour l'indépendance** 1924 **Life Wonderful** 1930 **La Révolte des esclaves** 1931 **The Struggle** 1948 Griffith meurt à Los Angeles.

Lillian et Dorothy Gish
Les Deux Orphelines
David W. Griffith, 1921

La Révolution en pleurs. Deux orphelines sur le grand écran mais également deux sœurs à la ville : pour incarner les héroïnes de son film adapté du livre d'Adolphe Philippe Dennery et Eugène Cormon, Griffith fit appel à Lillian Gish pour le rôle d'Henriette et à sa sœur Dorothy, pour celui de Louise la jeune sœur adoptive et aveugle. Sur fond d'un Paris en proie à la Révolution française, les pauvres jeunes filles subissent bien des malheurs et c'est même Danton qui, à cheval, délivre la malheureuse Henriette alors en route vers la guillotine. En France, le film fit scandale et horrifia aussi bien les royalistes que les héritiers de la Révolution ! Griffith pensait, lui, à la plus récente révolution bolchevique et voulait dénoncer l'« intolérable tyrannie de la plèbe ».

Hollywood et ses péplums

De Ben Hur *à* Gladiator

Toujours à la recherche de nouvelles inspirations, Hollywood dans les années 1920 n'hésite pas à s'emparer d'un genre qui fait les beaux jours du cinématographe italien : le péplum. Et les studios s'en donnent les moyens...

Parler de péplum au cinéma avant la fin des années 1950 constitue un anachronisme, puisque c'est à cette date seulement que le terme est apparu en France puis en Italie et dans un sens généralement péjoratif. Jusque-là et même ensuite, les Anglo-Saxons parlent, eux, d'« epic film » ou plus volontiers de « Sword and sandals » (littéralement « épée et sandales », péplum signifiant « tunique ») lorsqu'il s'agit de productions les plus kitsch du genre. Derrière ces termes, somme toute assez vagues, se cachent des films où il est

Ben Hur
Fred Niblo, 1925

Hollywood-sur-Tibre. C'est le 30 décembre 1925 que la MGM présente le film de Fred Niblo, *Ben Hur*, après trois années d'une conception et d'une réalisation pour le moins chaotique puisque commencé en Italie le tournage s'était finalement terminé dans les studios de Culver City non loin d'Hollywood. Remplacement du réalisateur initial, limogeage d'une partie de l'équipe technique, dépassement des délais, rien ne fut épargné aux producteurs. Ces derniers prirent la décision de rapatrier le film pour des raisons économiques et c'est sur le territoire américain que fut reconstitué l'amphithéâtre d'Antioche pour le tournage de la mythique scène de la course de chars, qui nécessita quarante caméras et des milliers de figurants.

question de l'Antiquité, que ce soit d'un point de vue historique, mythologique ou imaginaire, voire les trois à la fois. Quoi qu'il en soit, le péplum est l'un des genres les plus anciens du cinéma. Jusqu'en 1914 cependant, Hollywood ne s'y intéresse guère, mais en, découvrant *Cabiria* de Giovanni Pastrone, le public et les producteurs américains vont progressivement se familiariser avec cet univers si particulier où l'histoire biblique croise celle des esclaves révoltés et autres valeureux gladiateurs et empereurs sanguinaires.

Même Lubitsch...

En 1923, Cecil B. DeMille avec ses *Dix Commandements* met définitivement le feu à la machine hollywoodienne et enlève à l'Italie le flambeau de l'épopée populaire. Sa maestria et la puissance de production américaine donnent des œuvres « mythiques » qui, avec force figurants, décors et costumes, remportent un succès mondial à l'instar de *Le Roi des Rois* (1927) qui raconte la vie de Jésus, *Le Signe de la Croix* (1932) sur les débuts du christianisme ou bien encore *Cléopâtre* (1934) avec Claudette Colbert dans le rôle-titre. Le péplum américain fait définitivement basculer Hollywood dans une ère de superproductions et contribue ainsi, sous cette impulsion de DeMille, à la construction de son mythe. D'autres réalisateurs s'essayent au genre comme Griffith, Niblo mais également Lubitsch. Ce dernier réalise en 1922 *la Femme du Pharaon*, un film allemand, mais largement produit par Adolph Zukor avec des exigences et des moyens proprement hollywoodiens. « Lubitsch touch » oblige, le cinéaste fait entrer un peu de comédie dans l'univers si sérieux et codifié du péplum.

Un genre éternel

Ce goût hollywoodien pour un genre venu d'Europe conserva toute sa puissance jusqu'au milieu des années 1960. Régulièrement de grands cinéastes apportèrent leur contribution à l'histoire du péplum. Ce n'est pas un hasard si le premier film en CinémaScope n'est autre qu'un péplum, *la Tunique* tourné en 1953 par Henry Koster. En 1954, Michael Curtiz déploie tous les charmes de ce même procédé technique pour raconter dans *l'Egyptien* la vie tumultueuse de Sinouhé. L'année suivante, c'est au tour d'Howard Hawks de retracer la construction de la pyramide de Chéops dans *la Terre des Pharaons*. Sans oublier, entre autres, la *Cléopâtre* que Mankiewicz signe en 1963 ou *la Chute de l'Empire romain* réalisé l'année suivante par Anthony Mann. Autrement dit, les empires romains ou égyptiens n'en finissent pas de fasciner l'empire américain. Et c'est précisément quand ce dernier vacille au gré des soubresauts révolutionnaires et des guerres de libération des années 1960 qu'Hollywood se détache du péplum pour s'intéresser un peu plus à son présent... Mais avec *Gladiator* de Ridley Scott (2000) et *Troie* de Wolfgang Petersen (2004), le genre n'a manifestement pas dit son dernier mot.

Les dix commandements
Cecil B. DeMille, 1923

Le pharaon. Quand en 1923 le *Los Angeles Times* organise un concours de la meilleure idée de film, de nombreuses réponses tournent autour de l'histoire biblique. Cecil B. De Mille s'empare de cette idée. Avec sa scénariste Jeannie MacPhearson, il imagine le scénario des *Dix commandements* où se côtoient l'histoire du peuple d'Israël et le conflit qui oppose deux frères à propos du respect des lois divines. Grâce notamment à l'utilisation d'effets spéciaux inédits et révolutionnaires, comme ceux utilisés dans la séquence du passage de la Mer rouge, et à un prologue en technicolor, le film remporta un immense succès public. Trente-trois ans plus tard, De Mille réalisa lui-même une nouvelle version de ce péplum biblique.

Cecil B. De Mille (1881-1959)

1881 Naissance à Ashfield, Massachusets 1914 **Le Mari de l'Indienne** (remakes en 1918 et 1931) 1915 **Forfaiture** remporte un succès mondial 1916 **The Golden Chance** 1917 **Jeanne d'Arc** 1917 **La Petite Américaine** 1918 **Old Wives for New** 1919 **Après la pluie, le beau temps** 1919 **L'Admirable Crichton** 1920 **L'Échange** 1921 **Le Fruit défendu** 1920 **Le cœur nous trompe** 1922 **Le Réquisitoire** 1923 **Les Dix Commandements** 1927 **Le Roi des rois** 1932 **Le Signe de la croix** 1934 **Cléopâtre** 1935 **Les Croisades** 1942 **Les Naufrageurs des mers du Sud** 1949 **Samson et Dalila** 1952 **Sous le plus grand chapiteau du monde** 1956 **Les Dix Commandements** (remake) 1959 Mort à Los Angeles

Le burlesque muet

Linder, Lloyd, Keaton, les rois du rire

Le cinéma muet fait rire avec ses propres armes : c'est l'âge d'or des gags visuels et du burlesque à l'état pur. Les corps en délire se déchaînent et seul Buster Keaton reste impassible.

Jusqu'à la fin du cinéma muet, le comique hollywoodien a largement dominé les rires des spectateurs du monde entier. Outre Charlot, ses vedettes, véritables idoles du grand public, s'appellent alors Buster Keaton, Harold Lloyd, Harry Langdon, Fatty (Roscoe Arbuckle), Harry Pollard, Hank Mann, Clyde Cook, Larry Semon. Si les élites américaines n'apprécient guère ce cinéma de divertissement et ses excès, des salles entières applaudissent les prouesses comiques d'acteurs qui laissent libre cours à leur fantaisie. Tant et si bien que chaque pays se les approprie en prenant soin de leur donner des surnoms locaux. C'est ainsi qu'en France Buster Keaton est plus connu sous le nom de « Frigo » ou de « Malec », tandis que Clyde Cook, célèbre pour ses yeux louches, est devenu « Dudule ». Le lunatique, le gros, le méchant, le gringalet, le benêt, le malchanceux, le séducteur éconduit : tous ces caractères universels fondent le cinéma burlesque qui puise dans cette galerie de portraits.

L'exemple de « Lui »

Harold Lloyd constitue un excellent exemple de ce burlesque à l'américaine. Né en 1893, il joua tout d'abord dans une centaine de films comiques entre 1915 et 1917. Mais c'est en 1918 qu'il crée véritablement le personnage qui le rendra mondialement célèbre et qui fut connu en France sous le nom de « Lui » ! À partir de 1920, aux États-Unis, son succès dépasse celui de Charlot : en 1925, par exemple, les recettes de *Vive le sport !*, avec Lloyd pour vedette, surpassèrent celles déjà conséquentes de *la Ruée vers l'or*. Et, de fait, *Vive le sport !* est parfaitement emblématique de l'univers de Lloyd qui incarne un jeune étudiant naïf contraint de participer à un match de football échevelé pour séduire sa fiancée.

Par opposition, Buster Keaton est moins immédiatement comique. Celui qui ne sourit jamais provoque pourtant les sourires et les rires : il est le paradoxe incarné d'un burlesque d'une subtilité absolue où il est d'abord question de survie. Face à des éléments souvent déchaînés, les personnages incarnés par Keaton opposent les maigres ressources d'un corps fragile porté par un esprit toujours en éveil.

Le système Sennett

Au cœur même de ce courant hollywoodien, on trouve un formidable homme-orchestre tour à tour acteur, auteur, réalisateur et producteur. Né en 1880, Mack Sennett a véritablement fédéré les talents du cinéma

MAX LINDER
MAX VICTIME DU QUINQUINA
MAX LINDER ET RENÉ LEPRINCE, 1911

Gentleman de Paris. Œil de velours, fine moustache distinguée, redingote noire, gants beurre frais, le personnage de Max, créé par Max Linder (Gabriel Maximilien Leuvielle pour l'état civil), a tout du parfait gentleman. De 1910 à 1917, ses aventures françaises puis américaines enthousiasmèrent les publics du monde entier. Le comique de Linder se veut en rupture avec celui des autres acteurs de l'époque. Chez lui, peu de poursuites et encore moins d'assiettes qui se brisent ou de tartes à la crème qu'on se lance à la figure. Formé à l'école du théâtre de Boulevard, Max Linder privilégie un comique de situations fondé sur l'observation psychologique de ses contemporains et de leurs mœurs.

HAROLD LLOYD
MONTE LÀ-DESSUS
(SAFETY LAST)
FRED NEWMEYER ET SAM TAYLOR, 1923

Le jeune homme aux lunettes d'écaille. Costumé étriqué, chapeau de paille et lunette d'écaille (sans verre, en réalité), il incarne l'Américain moyen, à travers un optimisme à toute épreuve, tout à la fois peureux et obstiné, sentimental mais insensible. « Lui » est ainsi aux prises avec les gratte-ciel, le sport, la conquête amoureuse, la médecine, les affaires, les femmes. Confronté au monde moderne et à ses pièges, il parvient toujours à triompher des situations les plus périlleuses.

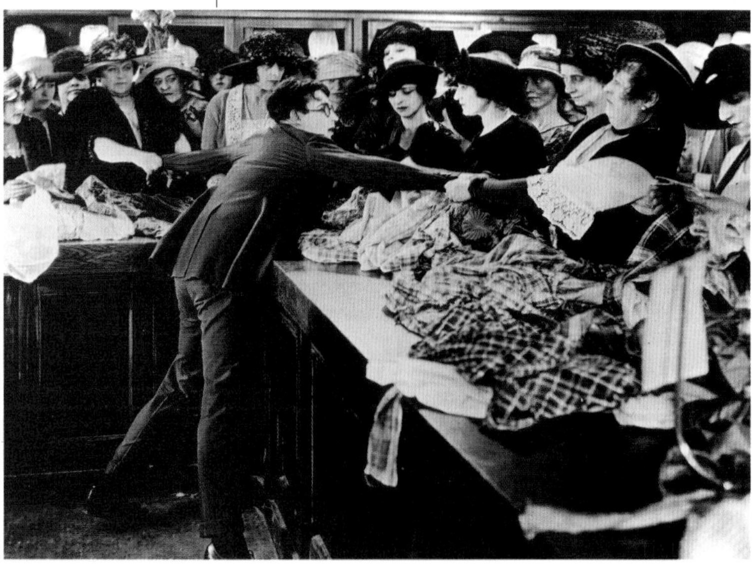

comique américain. C'est non seulement à lui que l'on doit la découverte de Chaplin et de Buster Keaton mais également de vedettes comme Fatty, Al St. John, Eddie Cline, Hank Mann et beaucoup d'autres encore. Il rassemble autour de lui la fine fleur du théâtre, du cirque et du music-hall. Il fit l'éclatante synthèse des différents comiques de l'Amérique avec ses différentes origines y compris géographiques : les humours juif, irlandais, latin et anglais se rencontrent et se fondent pour le plus grand bonheur d'un burlesque qui ne connaît pas de limites, ou presque. Pour ses propres films, Sennett inventa deux groupes permanents qui investissaient les scénarios comme autant de nuées hilarantes et destructrices : un groupe de policiers, les Keystone Cops, ou de pompiers, un groupe de nageuses en folie, les *bathing beauties*...
Parce qu'ils se passaient de la parole, ces différents comiques, à l'exception notable de Charles Chaplin, disparurent quasiment avec l'avènement du parlant. Mais ils avaient à tout jamais marqué l'histoire du rire au cinéma.

BUSTER KEATON
LE MÉCANO DE LA « GENERAL »
BUSTER KEATON ET CLYDE BRUCKMAN, 1926

Sérieux comme le burlesque. Dans *le Mécano de la « General »*, Buster Keaton incarne Johnny Gray, mécanicien sudiste qui, en pleine guerre de Sécession, reprend avec succès sa locomotive aux troupes du Nord, emportant par la même occasion le cœur de sa belle. Avec ce film iconoclaste (on y célèbre les perdants de l'histoire américaine), Keaton est au sommet de son art fondé sur le combat perpétuel de son personnage au visage impassible avec les éléments, en l'occurrence la course folle d'une locomotive en temps de guerre. Face à une traverse, un canon, un sabre ou un réservoir d'eau, Keaton invente une mécanique corporelle délirante qui domine les objets et déclenche les rires.

Buster Keaton (1895-1966)

1895 Naissance à Piqua, dans le Kansas 1917 Il rencontre Roscoe « Fatty » Arbuckle, **Fatty garçon boucher** (cm) 1919 **Fatty et Malec mécanos / Garagistes d'occasion** (cm) 1920 **Ce crétin de Malec** (cm) le consacre l'égal de Charlot 1921 **Frigo Fregoli** (cm) 1923 **Les Trois Âges** 1924 **La Croisière du « Navigator »** 1925 **Les Fiancées en folie, Ma vache et moi** 1926 **Le Mécano de la « General »** 1928 **Le Cameraman** 1929 **Le Figurant** 1930 Keaton au sommet de sa gloire commence à travailler pour la MGM, ce qui brisera sa carrière 1932 Son divorce avec Natalie Talmadge le ruine 1964 **L'Homme du rail** 1965 **Buster Rides Again** 1966 Mort à Woodland Hills, Californie.

Charlie Chaplin

Le rire du premier siècle

Charles Spencer (dit Charlie) Chaplin a marqué l'histoire du cinéma mondial à travers l'invention de Charlot, personnage comique, qui atteint le sublime.

Les premières années de la vie de Chaplin ressemblent au mélange des genres qui fondera plus tard son cinéma : entre rires et larmes, bonheur et gravité, comique et mélo. Né en 1889 à Londres, il est le fils choyé de deux artistes de music-hall : son père Charles est un « comique excentrique », baryton de surcroît, tandis que sa mère, Hannah, est chanteuse et actrice d'opérette. Tout va donc pour le mieux dans cette famille musicienne et Charles fait ses premiers pas sur les planches à l'âge de cinq ans. Mais deux ans plus tard, il perd son père, qui a sombré dans l'alcoolisme faute de travail. Vint alors le temps de la misère et Hannah perd progressivement sa voix. C'est donc à neuf ans que le petit garçon signe son premier contrat au music-hall, seule manière de survivre. Galas et tournées en Europe se succèdent jusqu'en 1912 où le futur Charlot s'installe définitivement aux États-Unis. Là, Mack Sennett le remarque très rapidement et l'engage dans la foulée pour la Keystone : en janvier 1914, Charles Chaplin interprète son premier film, *Making a Living*. C'est le début d'une fantastique carrière cinématographique.

L'invention d'un mythe

Dès ses premiers films comme acteur puis comme réalisateur, Chaplin a trouvé le style de Charlot, reconnaissable entre mille : pantalon trop large, veste trop étroite, grandes chaussures usagées, petit chapeau melon et canne omniprésente. Si ce personnage s'est imposé à tous dans le monde entier, c'est qu'il porte en lui des valeurs et des situations universellement compréhensibles. Charlot est ainsi un vagabond sans travail à l'heure des grandes dépressions économiques ou bien un ouvrier écrasé par les machines de l'industrialisation forcée comme dans *les Temps modernes*. Tour à tour proie de l'argent, de l'armée, de la religion, de la police ou du capitalisme, Charlot tente à chaque fois de se rebeller contre ces ordres établis. Il essaie sans cesse de dépasser la règle du jeu du maître et du valet, du bourreau et de la victime. C'est la raison pour laquelle nombre de ses films se terminent sur l'image d'une fuite vers un ailleurs plus radieux. Et les spectateurs du monde entier peuvent se reconnaître dans cette petite voix qui dit non, ce « petit homme » comme l'appelait Chaplin lui-même.

Au-delà de Charlot

On ne saurait résumer l'œuvre immense de Chaplin au personnage de Charlot. À côté du vagabond le plus célèbre de l'histoire du cinéma existent des figures plus

LA RUÉE VERS L'OR
CHARLES CHAPLIN, 1925

Le film en or. Pour beaucoup, *la Ruée vers l'or* est le chef-d'œuvre de Chaplin. On y trouve, en effet, tous les ingrédients de ce mythe cinématographique : le pauvre vagabond amoureux, mais dont la va vie va finalement se métamorphoser en conte de fées, avec quelques scènes devenues cultes comme celle où Charlot mange ses chaussures avec la délectation d'un grand gourmet ou bien celle plus fameuse encore de la « danse des petits pains ». Le comique et la gravité s'y mêlent intimement. Ce fut, par ailleurs, l'un des plus gros succès du cinéma muet et Chaplin, fort de cette notoriété, en donna une version sonorisée et mise en musique par ses soins dans les années 1940.

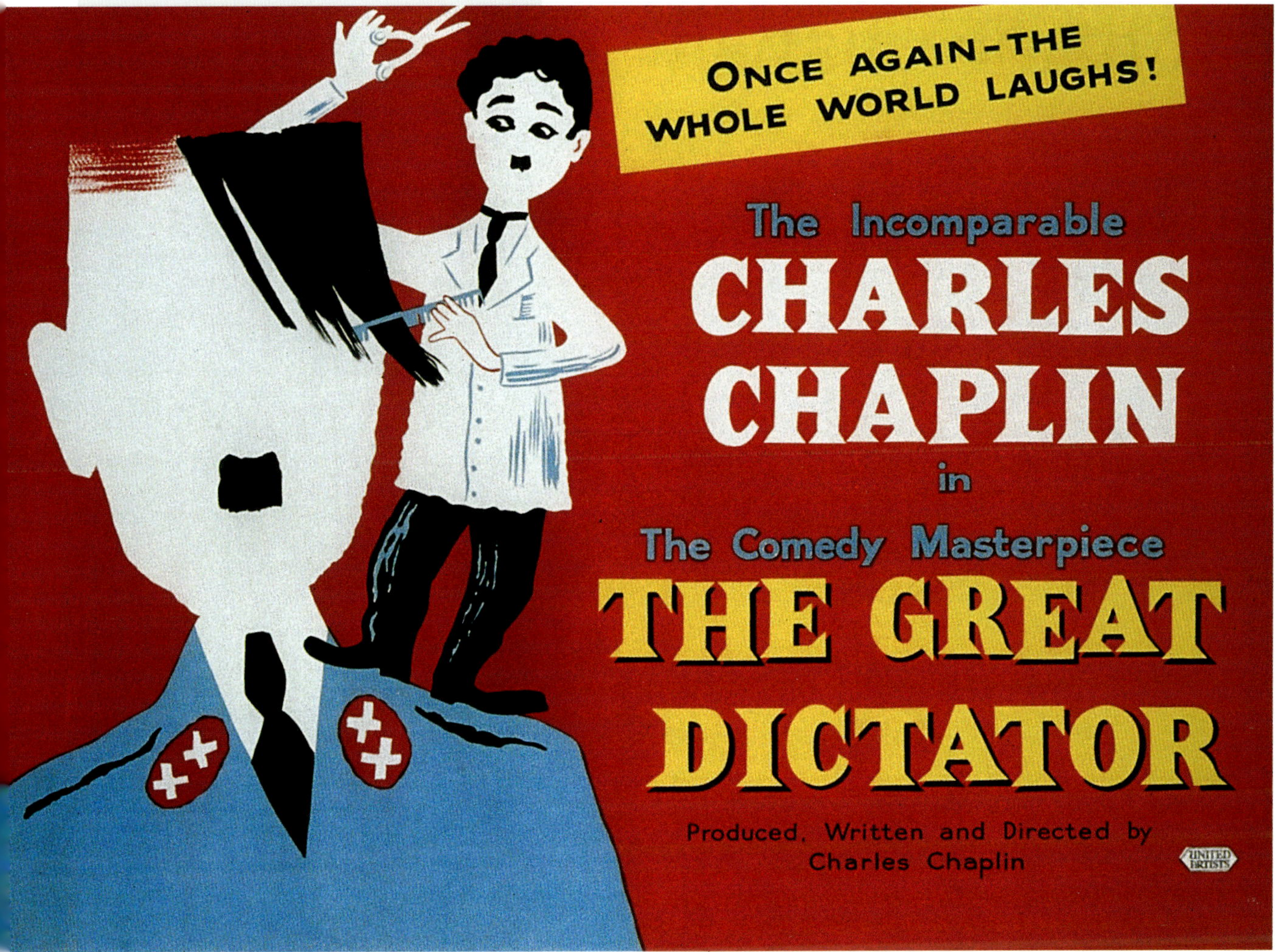

AFFICHE DU ***DICTATEUR***
CHARLES CHAPLIN, 1939-1940

Charlot contre Hynkel. Charlot, petit barbier juif du ghetto de Tomanie, ressemble à s'y méprendre à Hynkel le dictateur qui terrorise le pays et rêve d'annexer l'Austerlich. La charge contre Hitler est transparente et Chaplin fait feu de tout bois : la parodie, la caricature, le burlesque mais également l'émotion pure sont comme une véritable machine de guerre qui mit d'ailleurs les nazis en furie. Le rire est ici l'arme ultime contre la barbarie et la folie des hommes. Avec ce qui constituait son premier film véritablement parlant, Chaplin faisait œuvre de pamphlétaire définitivement humaniste.

ponctuelles, mais qui font partie intégrante de l'univers et du génie de Chaplin. Ces « frères » de Charlot s'appellent ainsi Calvero le clown, dans *Limelight* (1952), Monsieur Verdoux dans le film du même nom (1947) ou bien encore le roi Shadow dans *Un roi à New York* (1957). Dans un premier temps, et singulièrement en Europe, ils furent boudés par le public assurément déçu de ne pas y retrouver une nouvelle aventure de Charlot. Mais, le temps a fait son œuvre. Même son film ultime, *la Comtesse de Hong Kong* (1967) dans lequel il n'a qu'un rôle épisodique, étonne par son mordant, son comique et sa puissance dramatique.

Jusqu'à son dernier souffle artistique, Chaplin aura gardé intacts son pouvoir d'indignation et de contestation et Charlot sera à tout jamais le symbole d'un cinéma populaire et exigeant, universel et dérangeant.

Charlie Chaplin (1889-1977)

1889 Naissance à Londres 1912 Chaplin émigre aux États-Unis 1921 **The Kid** 1925 **La Ruée vers l'or** 1931 **Les Lumières de la ville** 1933-1941 Troisième mariage, avec Paulette Goddard 1936 **Les Temps modernes** 1940 **Le Dictateur** 1943 Chaplin épouse Oona O'Neill 1947 **Monsieur Verdoux** 1952 Chaplin fuit le maccarthysme et regagne l'Europe 1952 **Les Feux de la rampe** 1957 **Un Roi à New York** 1967 **La Comtesse de Hong Kong** 1972 Chaplin retourne aux États-Unis pour y recevoir un oscar spécial 1977 Il meurt en Suisse, où il a passé les dernières années de sa vie

Le surréalisme

Dévoiler l'envers du décor logique

Né dans une période de trouble au lendemain de la première guerre mondiale, le mouvement surréaliste cristallise un certain mal du siècle. Tout de suite, les membres du groupe voient dans le cinéma un prodigieux moyen d'illustrer leurs fantasmes et leurs aspirations subversives — jusqu'à l'apparition du parlant, vue par certains comme une régression.

D'emblée, les surréalistes ont passionnément aimé le cinéma, un art qu'ils trouvaient moins bourgeois que le théâtre. Pour eux, entrer dans une salle au hasard était déjà un acte surréaliste. Avec sa possibilité de retranscrire les rêves, de jongler avec le temps, d'explorer des domaines nouveaux (l'inconscient, la folie), le Septième Art apparaissait comme le plus excitant de tous et le plus prometteur. La liberté, la poésie, l'amour fou étaient au cœur de la quête surréaliste, leur conjonction devant éveiller « le volcan qui sommeille en toute chose » et dévoiler « l'envers du décor logique ». Le merveilleux, lui, ouvrait des chemins pour dépasser les conditions dérisoires de l'existence. Les surréalistes ont donc adoré à la fois les images lumineuses de *Peter Ibbetson* (1935), de Henry Hathaway, et le burlesque américain (les Marx Brothers, Charlie Chaplin, Buster Keaton) dont les gags absurdes et destructeurs les mettaient en joie.

Pourtant, eux-mêmes n'ont signé que très peu de films, sans doute parce que, avec ses lourdes et coûteuses infrastructures, le cinéma s'accommodait peu à leurs principes (spontanéité, écriture automatique...). En 1927, Germaine Dulac signe *la Coquille et le clergyman*, sur un scénario d'Antonin Artaud. Mais les surréalistes chahutent la présentation du film au studio des Ursulines, Artaud en tête, prétendant ne pas reconnaître son travail. Deux ans plus tard apparaît le seul cinéaste qui, tout au long de sa carrière, gardera l'étiquette « surréaliste » : Luis Buñuel. Il vient d'Espagne, il est l'ami de Salvador Dali et de Federico García Lorca. Avec Dali, il décide de

réaliser un court métrage où ils mettraient leurs rêves en commun. Ainsi naît *Un chien andalou* (1929), salué par le groupe comme un grand cri de rage subversif.

Le scandale de *l'Âge d'or*

Puis, toujours sur un scénario écrit avec Dali, Buñuel tourne *l'Âge d'or* (1930), film blasphématoire qu'il a imaginé « dans un état d'euphorie, d'enthousiasme et de fièvre destructrice ». En une suite de métaphores visuelles fulgurantes (squelettes d'ecclésiastiques sur des rochers, vache vautrée sur un lit dans une chambre), le cinéaste tire à boulets rouges sur tout ce qui incarne l'ordre établi. Le film est exploité pendant une semaine au Studio 28, mais des mouvements d'extrême droite saccagent la salle, bombardant l'écran de bouteilles d'encre, lacérant les toiles (de Joan Miró, Max Ernst, Dali) exposées dans le hall. Il est aussitôt interdit par le préfet Chiappe, interdiction qui durera jusqu'en 1980 !

Jean Cocteau, à la même époque, tourne *le Sang d'un poète* (1930). Formellement, le film est superbe, mais le fond déplaît aux surréalistes qui le conspuent.

Contrairement à Dali, qui verse très vite dans la bouffonnerie médiatique, Buñuel, jusqu'à la fin de sa vie, sera fidèle au surréalisme, multipliant les rêves (et même les « rêves dans le rêve ») tout au long d'une œuvre qui reste une des plus libres qui soient.

Les héritiers du surréalisme

Le mouvement surréaliste s'est dissous en 1969. On a retrouvé son esthétique dans une multitude de films. Chez Cocteau, bien sûr — *la Belle et la Bête* (1945), *Orphée* (1950) — mais aussi chez Alfred Hitchcock, grand explorateur de la folie et des psychoses humaines (voir la séquence de rêve aux décors peints par Dali, dans *la Maison du docteur Edwardes*, 1945). On peut trouver des traces de surréalisme chez des cinéastes visionnaires comme Charles Laughton (*la Nuit du chasseur*, 1955), Federico Fellini, Raoul Ruiz, David Lynch. Mais le surréalisme à l'écran ne dérange plus personne, c'est dire s'il est éloigné de sa vocation première.

Le Sang d'un poète
Jean Cocteau, 1930

La traversée du miroir. Tourné en même temps que *l'Âge d'or*, de Buñuel, et avec l'aide du même mécène, le vicomte de Noailles, ce fut le premier film de Jean Cocteau. Le poète y exécute des variations de virtuose sur des thèmes qui hantent ses dessins et ses pièces : traversée d'un miroir liquide, mort du poète applaudie par des mondains en tenues de soirée... Il ne sortit qu'en 1932 et fut rejeté par les surréalistes qui n'y virent que clowneries, artifices et maniérisme, trouvant le film plus proche de l'esthétisme narcissique que de la révolte.

Un chien andalou
Luis Buñuel et Salvador Dali, 1929
affiche de 1969

Film d'amour fou et appel au meurtre. Le premier film de Luis Buñuel contient un des plans le plus violent de toute l'histoire du cinéma : une lame de rasoir tranche en deux l'œil d'une femme impassible. D'emblée, Buñuel rompt avec le cinéma spectacle pour mieux déranger le spectateur en le plongeant dans une ambiance de désespoir affolé. D'autres images sont restées célèbres, comme cette main remplie de fourmis, ou ces cadavres d'ânes sur un piano, empêchant le héros d'atteindre la femme qu'il désire. Co-écrit avec Salvador Dali, avec une volonté délibérée d'écarter toute scène qui pourrait être expliquée rationnellement, *Un chien andalou* est le plus beau des cauchemars éveillés. Ce fut, un an avant *l'Âge d'or*, le manifeste cinématographique du surréalisme.

« *Le surréalisme est ce point de l'esprit où la vie et la mort, le réel et l'imaginaire, le passé et le futur, le communicable et l'incommunicable, le haut et le bas cessent d'être perçus contradictoirement* ».

André Breton

L'âge d'or des studios

L'âge d'or des studios

Dates	*Faits historiques*	*Événements cinématographiques*
1930	Invention de la télévision Mermoz ouvre l'ère de l'aéropostale	Sternberg crée le mythe Dietrich avec **L'Ange bleu** ↘ L. Milestone célèbre le pacifisme avec **À l'Ouest rien de nouveau** **Animal Crackers** de V. Heerman avec les Marx Brothers L'industrie américaine définit les limites de la censure avec le code Hays 
1931	5 millions de chômeurs et ascension du nazisme en Allemagne Proclamation de la République en Espagne Invasion de la Mandchourie par le Japon	**M le Maudit** de F. Lang A. Korda réalise **Marius** B. Lugosi interprète **Dracula** sous la direction de T. Browning Décès de F. W. Murnau et T. Edison **À nous la liberté** de R. Clair ↘ 
1932	Salazar devient président du Conseil portugais Hindenburg est réélu chancelier contre Hitler **Vampyr** de C. Dreyer	**Scarface** de H. Hawks **Le Sang d'un poète** de J. Cocteau
1933	Arrivée de Hitler au pouvoir New Deal de Franklin D. Roosevelt Affaire Stavisky	**King-Kong** de Cooper et Schoedsack **Chercheuses d'Or de 1933** de Mervyn Le Roy ↘ 
1934	« Nuit des Longs Couteaux » en Allemagne	**Cléopâtre** de C. B. DeMille **Mauvaise Graine,** premier film de B. Wilder **L'Atalante** de J. Vigo **New-York-Miami** de F. Capra Décès de J. Vigo
1935	Mao Zedong commence la « longue Marche » Lois raciales de Nuremberg	**Capitaine Blood** de M. Curtiz consacre E. Flynn ↘ 
1936	Premières grandes purges staliniennes Front populaire en France Axe Rome-Berlin Début de la guerre d'Espagne	**Les Temps modernes** de C. Chaplin **La Belle Équipe** de J. Duvivier **César** de M. Pagnol clôt la trilogie marseillaise

Dates	Faits historiques	Événements cinématographiques
1937	Exposition universelle à Paris Occupation de Pékin par le Japon	Premier dessin-animé de long métrage en couleurs, **Blanche-Neige et les Sept nains** de W. Disney ↘ **La Grande Illusion** de J. Renoir **Pépé le Moko** de J. Duvivier
1938	Anschluss de l'Allemagne sur l'Autriche Accords de Munich	**Hôtel du Nord** de M. Carné **Alexandre Nevski** de S. M. Eisenstein Disparition de G. Méliès
1939	Déclenchement de la Seconde Guerre mondiale	**Autant en emporte le vent** de V. Fleming **Ninotchka** d'E. Lubitsch **La Règle du jeu** de J. Renoir Décès de D. Fairbanks
1940	Pétain demande l'armistice Assassinat de Trotsky	← **Le Dictateur** de C. Chaplin **Les Raisins de la colère** de J. Ford
1941	Attaque japonaise de Pearl Harbor, entrée en guerre des États-Unis	**Citizen Kane** de O. Welles Premier film de R. Rossellini, **le Navire blanc**
1942	Guerre sous-marine : 6,5 millions de tonnes de navires alliés coulés	**Casablanca** de M. Curtiz avec le couple de légende, H. Bogart et I. Bergman → **Jeux dangereux** d'E. Lubitsch
1943	Démission de Mussolini Unification des mouvements de résistance français sous l'appellation CNR Victoire russe à Stalingrad	**L'Ombre d'un doute** de A. Hitchcock A. Kurosawa signe sa première réalisation avec **la Légende du grand Judo** H. Hughes s'oppose à la censure du **Banni** Décès de M. Reinhardt et W. S. Van Dyke **Les Enfants du paradis** de M. Carné →
1944	Échec d'un coup d'état contre Hitler Débarquement en Normandie et libération de Paris	**Arsenic et vieilles dentelles** de F. Capra

L'avènement du parlant

Une révolution artistique et économique

Pour Mary Pickford, « ajouter du son au cinéma serait comme mettre du rouge à lèvres à la Vénus de Milo ! » Certains parient pourtant sur le parlant. Ce faisant, ils révolutionnent l'industrie.

Tandis que la radio devient dans les années 1920 un média de plus en plus populaire, la plupart des studios ignorent les expériences sur le son. Seuls Warner et Fox s'y intéressent. N'ayant ni l'aura ni la puissance de Paramount ou de MGM et ne pouvant égaler ces derniers sur leur terrain, ils doivent innover pour se différencier.

En 1924, Warner fait le pari d'adapter la technologie du son au cinéma. Avec Western Electric & Bell Telephone, le studio met au point un système capable de synchroniser le son d'un phonographe avec un projecteur de film. Le procédé est baptisé Vitaphone. En 1926, la société produit *Don Juan*, le premier long métrage sonore d'Alan Crosland, avec John Barrymore. Mais les salles de cinéma n'étant pas équipées pour la nouvelle technologie, les profits du film restent faibles. L'endettement de Warner atteint un niveau critique.

La révolution du parlant

Les concurrents restent sceptiques, à l'exception de Fox. Avec Western Electric, la société a développé le Movietone, un système qui permet d'imprimer le son directement sur pellicule, évitant ainsi les problèmes de synchronisation. Le studio restreint son utilisation aux bandes d'actualité. Le 20 mai 1927, les opérateurs de la compagnie enregistrent le départ de Charles Lindbergh vers Paris. Le soir même, le film est présenté devant 6000 spectateurs médusés. Stimulée par ce triomphe, la Fox envoie des opérateurs dans le monde entier pour filmer l'actualité.

Malgré ces succès, les investissements dans le film parlant ne sont pas encore à l'ordre du jour. Il faut attendre le 6 octobre 1927, et l'avant-première à New York du *Chanteur de jazz* de Crosland, pour que l'industrie comprenne l'inéluctabilité de cette évolution. « Attendez ! Attendez ! Vous n'avez encore rien entendu ! » Ce soir-là, les premiers mots d'Al Jolson sonnent comme un coup de tonnerre. Interpellée par l'acteur, la salle est captivée !

Il s'agit du pari le plus fou des frères Warner. Pour eux, c'est la fortune ou la faillite. À travers le pays, le film bat tous les records. En 1928, Warner adopte le procédé Movietone, plus efficace, et se convertit totalement au parlant. Les autres majors se décident à suivre le chemin tracé par leur rivale.

ANNA CHRISTIE
CLARENCE BROWN, 1930
Affiche originale

« Garbo talks. » Les studios transforment rapidement le risque représenté par le parlant en argument marketing. MGM confie à Garbo son premier rôle parlant dans *Anna Christie* en 1930. À la sortie du film, on annonce « Garbo parle ! » Le public découvre la voix grave de la star et en redemande. Parallèlement, de nouvelles stars apparaissent. Clark Gable et Robert Montgomery, venus du théâtre, s'imposent par un jeu plein de naturel, à l'opposé des codes du muet. Enfin, le parlant permet l'arrivée à Hollywood de danseurs et chanteurs, tels que Maurice Chevalier ou Fred Astaire.

Une redistribution des cartes

Du jour au lendemain, la carrière de toutes les stars établies est remise en question. Seul Charlie Chaplin continue de tourner des films muets ou quasi muets jusqu'en 1940. Certains réalisateurs emblématiques des débuts du cinéma, comme David W. Griffith, prennent peu à peu leur retraite. Ils sont remplacés par des metteurs en scène issus du théâtre, tels George Cukor ou Rouben Mamoulian. Parallèlement, des auteurs et des journalistes, comme Scott Fitzgerald ou Ben Hecht, sont recrutés par les studios pour rédiger les scénarios. La grille des genres elle-même est bouleversée. Le drame romantique, le film à grand spectacle, le burlesque, qui avaient régné sur le muet déclinent. La comédie musicale, le film de gangsters et la *screwball comedy* (comédie sophistiquée et loufoque) font leur apparition.
L'ensemble des studios est réaménagé pour permettre l'utilisation d'un matériel au départ fort encombrant. L'impact de ces changements sur les coûts de production est conséquent. Les salles de cinéma sont contraintes de modifier leur équipement. De nombreux indépendants ne pouvant assumer ces frais ferment leurs portes.
Au final, la révolution du parlant aboutit à un renforcement des majors, seules capables d'effectuer les investissements nécessaires. Contre toute attente, elle accentue également la domination économique du cinéma américain à l'étranger, ce malgré la barrière des langues. Dès 1932, les films sont doublés et de nouveaux prêts à s'exporter.

Al Jolson
Le Chanteur de jazz
Alan Crosland, 1927

Le triomphe du sonore. Pour lancer le parlant, Warner adapte *le Chanteur de jazz*, une pièce de théâtre comportant plusieurs séquences musicales. Al Jolson, dynamique animateur de spectacles de Brodway, alors très célèbre, est engagé dans le rôle-titre. Malgré les difficultés techniques, les scènes sonores sont réussies.

Le lion de la MGM
1928

Les majors se convertissent. Le succès remporté par Warner ne laisse aucun choix aux concurrents. La conversion au parlant est inévitable. La MGM est l'un des premiers studios à réagir en ajoutant du son aux films muets déjà produits. Le changement touche le symbole même du studio. À partir de 1928, chaque présentation de film est précédée du rugissement de Leo, le lion de la MGM.

Le règne des producteurs

La création sous contrôle

Dans les années 1920, la figure du producteur émerge comme la pièce centrale du système des studios. Surnommés les « *moguls* », du nom des tyrans qui jadis dominèrent l'Inde, ils s'emparent du pouvoir au détriment des créatifs.

Maîtres du marché, les majors de Hollywood adoptent des stratégies visant à limiter leurs risques et leurs coûts. Au cœur de cette politique, un système de production rationalisé, où chaque film est vendu au public comme un produit portant la marque du studio. La MGM est la première à instaurer cette nouvelle organisation. Sous l'impulsion de Louis B. Mayer, émigré russe issu du Nickelodeon, et d'Irving Thalberg, jeune prodige chargé de la production, le studio mise sur une stratégie coûteuse de films *glamour* destinés à alimenter un réseau de salles limité mais prestigieux.Tandis que Louis B. Mayer assure la gestion quotidienne, Thalberg instaure un système centralisé qui le place au cœur du processus de création. En tant que producteur exécutif, il devient l'unique responsable artistique et financier, au détriment des réalisateurs autrefois tout-puissants.

Les artistes au service des producteurs

Sous sa direction, la logique de partage du travail instaurée par les pionniers de Hollywood est poussée à l'extrême. Des départements sont créés pour travailler sur chaque étape de la production. Cedric Gibbons, directeur artistique, crée pour le studio un univers visuel riche et épuré. Le couturier Adrian prend la tête du département costumes pour façonner le look des stars maison. Une liste de « Dix Commandements » encadre le travail des scénaristes. Les écrivains venus à Hollywood déchantent. Leurs scripts sont amputés et remaniés par une série d'intervenants. Pour Raymond Chandler, « le principe de ce système consiste à exploiter le talent sans lui reconnaître le droit d'être un talent ».
Mais la logique d'Irving Thalberg est tout autre. Pour lui, tous les départements sont au service du studio et participent à la fabrication de son image. Il instaure bientôt le système des *previews* afin de tester les films avant leur sortie en salles dans le but de les peaufiner en fonction des réactions du public.

La « Tiffany » des majors

La Grande Parade (1925) de King Vidor est la première production issue de ce système. Ce film de guerre, tourné en studio et complété par des scènes épiques filmées après la projection test, remporte un succès public immédiat. D'autres formules efficaces se mettent en place les années suivantes, autour de Lillian Gish, Norma Shearer, John Gilbert, Joan Crawford ou

FRANK BORZAGE ET JANET GAYNOR
LOS ANGELES, 1928

L'invention des Oscars. Tandis que le système des studios s'installe, Hollywood, à l'initiative notamment du réalisateur Fred Niblo et du producteur Louis B. Mayer, se dote d'un habile système d'autocélébration promis à un riche avenir. C'est ainsi que la première cérémonie des Oscars se déroule le 16 mai 1929 au Roosevelt Hotel à Hollywood. C'est le film de William Wellman, *les Ailes*, avec Clara Bow et Gary Cooper qui se voit décerner le prix du meilleur film de l'année. Pour *l'Heure suprême*, Frank Borzage reçoit le prix du meilleur réalisateur et Janet Gaynor le premier prix d'interprétation féminine. Un prix spécial est remis à Chaplin qui reçoit ainsi la première récompense de sa carrière.

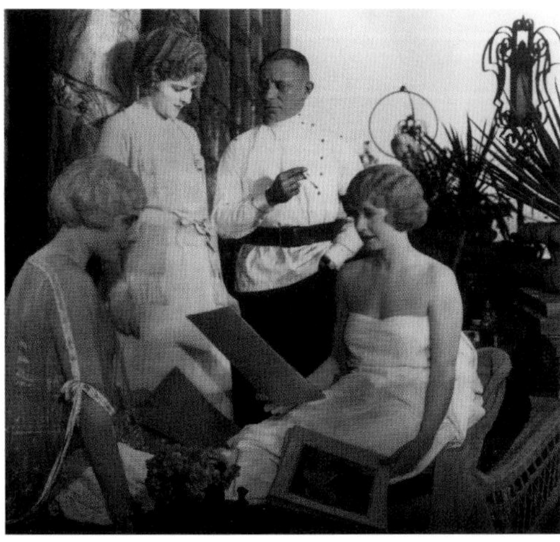

ERICH VON STROHEIM
FOLIES DE FEMMES
ERICH VON STROHEIM, 1921

Fin du pouvoir des réalisateurs du muet. Dès son arrivée à la MGM, Irving Thalberg est chargé de mettre au pas Erich von Stroheim, alors en pleine production des *Rapaces* (1923). Les deux hommes se connaissent pour s'être affrontés chez Universal sur *Folies de femmes* (1921). À la fin du tournage, Von Stroheim livre un premier montage de sept heures. Thalberg intervient pour aboutir à une version de deux heures. Le film, avant-dernier du réalisateur pour la MGM, est un échec sans appel.

Greta Garbo. La MGM gagne ainsi le titre de « Tiffany » des majors, et enchaînant les classiques tels que *Ben Hur* (Fred Niblo, 1925), *la Lettre Écarlate* (Victor Seastrom [Sjöstrom], 1926), *la Chair et le Diable* (Clarence Brown, 1927). En 1932, *Grand Hotel* d'Edmund Goulding interprétée par les plus grandes stars du studio, marque l'apogée de l'ère Thalberg.
Pendant ces années, la Paramount est la seule rivale de la MGM grâce à la puissance de son réseau de salles qui garantit le succès de tous ses films. Le studio abrite alors des réalisateurs prestigieux comme Cecil B. De Mille ou Josef von Sternberg. Les autres majors, plus fragiles, ne tardent pas à imiter le système Thalberg. Sous l'influence de jeunes producteurs, elles se forgent à leur tour une personnalité. Avec Darryl Zanuck, jeune scénariste surdoué à la personnalité flamboyante, Warner s'affirme par une production de films sombres, à forte connotation sociale. Chez Universal, Carl Laemmle Jr., fils du fondateur, choisit de compenser le manque de moyens et de stars en réorientant la production vers le film fantastique. À la fin de la décennie, le système des studios est fermement établi. Les producteurs, dotés d'un pouvoir sans limites, en constituent la clef de voûte.

Grand Hôtel
Edmund Goulding, 1932
Affiche originale

L'apogée du système Thalberg. En 1931, Irving Thalberg lance la production de *Grand Hôtel*. Le producteur suit pendant un an l'écriture des versions successives de l'adaptation, puis le tournage. L'action se situe dans un palace où se croisent des personnalités fort différentes, depuis une ballerine déchue jusqu'à un riche banquier, soit un dispositif propice à quelques savoureux numéros d'acteurs. Le film, vitrine de la MGM, rassemble en effet Greta Garbo, Joan Crawford et John et Lionel Barrymore. Les décors somptueux dessinés par Cedric Gibbons et les costumes d'Adrian lui confèrent un look très *glamour*. À sa sortie, le film devient l'un des plus gros succès du studio et remporte l'Oscar du meilleur film.

Les premiers Oscars

1927-1928 **Les Ailes** (W. Wellman) 1928-1929 **The Broadway Melody** (H. Beaumont) 1929-1930 **À l'Ouest rien de nouveau** (L. Milestone) 1930-1931 **Cimarron** (W. Ruggles) 1931-1932 **Grand Hôtel** (E. Goulding) 1932-1933 **Cavalcade** (F. Lloyd) 1934 **New York-Miami** (F. Capra) 1935 **Les Révoltés du Bounty** (F. Lloyd) 1936 **Le Grand Ziegfeld** (R. Z. Leonard) 1937 **La Vie d'Émile Zola** (W. Dieterle) 1938 **Vous ne l'emporterez pas avec vous** (F. Capra) 1939 **Autant en emporte le vent** (V. Fleming) 1940 **Rebecca** (A. Hitchcock) 1941 **Qu'elle était verte ma vallée** (J. Ford) 1942 **Madame Miniver** (W. Wyler) 1943 **Casablanca** (M. Curtiz) 1944 **La Route semée d'étoiles** (L. McCarey).

Le star-system

« *Famous players, in famous plays* » (A. Zukor)

Tandis que le Septième Art explose, les stars devient le centre d'un système complexe. Au fondement de son pouvoir : la popularité.

Face à un public curieux, de plus en plus large, les sociétés de production comprennent dès les années 1910 l'intérêt des têtes d'affiche. Les comédiens les plus connus et autres personnalités du music-hall sont les premiers débauchés, souvent pour des sommes vertigineuses. Ainsi le producteur d'origine autrichienne Adolph Zukor, fondateur du circuit des Nickelodeons, produit-il en Grande-Bretagne *la Reine Élisabeth* (L. Mercanton, 1912) avec en tête d'affiche Sarah Bernhardt. En se réclamant d'une actrice de théâtre mondialement connue, il réussit à conquérir le marché américain et grâce aux bénéfices, il fonde en 1913, la Famous Players Pictures. « Nous avons construit l'industrie cinématographique sur la star » écrira-t-il. Très vite en effet, les producteurs vont donner au cinéma ses propres stars.

Une galaxie de stars

En 1914, William Fox transforme Theodosia Goodman, beauté banale, en femme fatale. Rebaptisée Theda Bara, anagramme d'« Arab Death », elle apparaît sur une série de photos, alanguie, l'œil cerné de khôl. On lui invente des origines exotiques et une vie privée sulfureuse. Avant même la sortie de son premier film, sa carrière est lancée. Rebaptisées, physiquement métamorphosées, les nouvelles stars sont soumises à un véritable façonnage. Tout est mis en œuvre pour leur attribuer une « superpersonnalité », un type psychologique auquel le public pourra adhérer. Ainsi, aux yeux des Américains, Mary Pickford représente-t-elle l'archétype de la femme-enfant et ses rôles d'héroïnes vertueuses et courageuses lui valent bientôt le surnom d'« *American sweetheart* », la petite fiancée de l'Amérique. Douglas Fairbanks représente le panache, Lillian Gish la jeune ingénue, frêle et innocente. Gloria Swanson personnifie la vamp, séductrice et dangereuse, tandis que Rudolph Valentino incarne la séduction masculine...

L'émergence des majors au cours des années 1920 renforce cette tendance. Le star-system, toujours plus puissant, se renforce en se renouvelant. L'idéal de perfection physique et morale, incarné par les premières stars, fait place à une séduction plus sexuelle. Les studios investissent à grands frais pour transformer les candidats au succès en personnalités hors du commun. Starlettes et séducteurs, fascinés par le mirage hollywoodien, affluent alors en Californie.

Des départements spécifiques sont créés pour métamorphoser les nouveaux venus. Gilbert A. Adrian, couturier exclusif de la MGM, participe avec les maquilleurs et les chefs opérateurs du studio au

Mary Pickford et Douglas Fairbanks
1920

« Pickfair ». En 1920, Mary Pickford et Douglas Fairbanks se marient. Lors de leur lune de miel à travers l'Europe, le justicier au grand cœur et l'ex-fiancée de l'Amérique sont assaillis par les fans. « Ils ont débarqué à Southampton et l'Angleterre a perdu la tête ! », raconte lord Mountbatten. À Moscou, une foule de 300 000 personnes les attend à la gare. Ce mariage place le couple au sommet de la nouvelle aristocratie hollywoodienne jusqu'à la fin des années 1920. Installés dans un domaine baptisé « Pickfair », ils reçoivent les personnalités les plus en vue et les têtes couronnées.

façonnage de Greta Garbo, bientôt surnommée « la Divine ». Edith Head, son alter ego de la Paramount, sublime la beauté particulière d'une comédienne fraîchement débarquée d'Allemagne, Marlene Dietrich. À la fin des années 1920, chaque studio possède un répertoire de vedettes identifiées. La MGM annonce fièrement « *More stars than there are in Heaven* » (plus d'étoiles qu'il n'y en a dans le ciel) avec Greta Garbo, Joan Crawford, Jean Harlow, Clark Gable, Norma Shearer, Spencer Tracy, etc. La Paramount, tient sous contrat la sulfureuse Mae West, Gary Cooper, les Marx Brothers, Bing Crosby, et n'hésite pas à recruter des valeurs montantes européennes comme Maurice Chevalier. Shirley Temple et Tyrone Power assurent les succès de la Fox. Warner profite de la popularité de James Cagney, d'Errol Flynn et de Bette Davis.

Les stars, propriétés exclusives des studios

En dépit de leur statut, ces acteurs sont maintenus dans un état de quasi-servitude. Liés par des contrats de sept ans, régissant aussi bien leurs obligations publicitaires que leur mode de vie, ils sont la propriété des studios. Seule une poignée de stars échappe au système. C'est le cas de Mary Pickford, Douglas Fairbanks et Charlie Chaplin qui, dès 1919, ont fondé United Artists, leur propre société de production et de distribution.

Le contrôle du studio sur l'image de ses stars est total. Chaque major dispose d'un département photo au sein duquel les clichés promotionnels sont manipulés et contrôlés à l'extrême. Les agences extérieures qui photographient les stars lors des soirées mondaines jouent le jeu. Aucune vedette féminine n'est montrée avec un verre ou une cigarette à la main. Les paparazzi n'existent pas encore. Il est de l'intérêt de tous de perpétuer le rêve — une illusion soigneusement entretenue par les publicitaires des studios chargés de distiller des informations pour nourrir l'image des idoles du public. En 1920, ce phénomène atteint son paroxysme avec le mariage de Mary Pickford et de Douglas Fairbanks. L'événement est la preuve pour le public que le grand écran ne ment pas : les héros sont dans la vie comme à l'écran. Lorsque Garbo et John Gilbert tombent amoureux, la MGM s'empresse de médiatiser leur relation. L'affiche de *Intrigues* (Clarence Brown, 1928), leur deuxième film ensemble, annonce : « *Gilbert and Garbo in love !* »

La popularité : seul fondement du pouvoir des vedettes

De la curiosité insatiable du public naît une nouvelle catégorie de journalistes, spécialisée dans l'intimité des acteurs. Ces échotiers, comme Hedda Hopper du *Los Angeles Times* ou Louella Parson du groupe Hearst, s'imposent à Hollywood dès la fin des années 1920. En relatant les faits et gestes des vedettes ou les soirées fastueuses dans les palais grandioses des quartiers huppés de Bel Air ou de Beverly Hills, ils forgent la mythologie de Hollywood. Mais ce sont aussi eux qui contribuent à faire ou à défaire les mythes, grâce à un

Le Fils du Cheikh
George Fitzmaurice, 1926
Affiche originale

Le premier amant du monde. Rudolph Valentino s'appelle encore Rodolfo Guglielmi et n'a que 18 ans lorsqu'il émigre aux États-Unis en 1913. Huit ans plus tard, il s'imposait dans *les Quatre Cavaliers de l'Apocalypse* (Rex Ingram). Il confirme son immense pouvoir de séduction l'année suivante avec *le Cheikh* (G. Melford). Succès oblige, George Fitzmaurice réalise une suite en 1926, *le Fils du Cheikh*. La star s'éteint prématurément à l'âge de 31 ans cette même année, ce qui assure à son ultime film un succès retentissant. Le 30 août 1926 pas moins de 40 000 personnes assistent à New York aux obsèques de celui qui déclarait : « Je sers de canevas aux femmes pour broder leurs rêves. »

« *Quand on y repense, ce que les gens retiennent de ces stars n'est pas dans les films mais dans une photo essentielle : Dietrich, paupières lourdes, joues creuses ; Keaton, petit garçon triste ; Crawford, figée dans l'admiration d'elle-même ; Gable, souriant, adorable. Et quand je pense à Garbo, je ne la vois pas bouger dans un film en particulier. Je la vois regardant mystérieusement dans l'objectif.* »
Louise Brooks.

Jean Harlow
1930-1933

La blonde platine. Née Harlean Carpenter, Jean Harlow connaît des débuts fracassant à Hollywood. Lancée par Howard Hughes dans *les Anges de l'enfer* (1930), elle impose immédiatement sa sensualité à l'écran. En 1931 elle devient la « blonde platine » sous la direction de Frank Capra. Le surnom lui colle à la peau. Sous contrat à la MGM, elle parfait son image de *sex-symbol* dans des films tels que *la Belle de Saïgon* (V. Fleming, 1932) ou *les Invités de huit heures* (G. Cukor, 1933) avant de disparaître tragiquement en 1937 à l'âge de vingt-six ans.

important réseau d'informateurs, qui livrent quotidiennement scoops et révélations dans des rubriques largement diffusées. Les majors, conscientes de ce pouvoir de nuisance, jouent le jeu et échangent services contre informations. En cas de scandale, le studio évalue les dégâts, quitte à mettre fin au contrat de l'acteur concerné.

Le fondement du pouvoir des stars reste leur popularité et celle-ci est soigneusement évaluée par le studio à travers les chiffres du box-office et le volume de courrier envoyé par les fans. En 1926 le culte de la personnalité est poussé à l'extrême avec la mort brutale de Valentino, qui provoque une émeute à New York. Ses fans se battent pour apercevoir la dépouille du premier amant du monde. Douze de ses admiratrices se suicident pour le suivre dans l'au-delà !

Greta Garbo
1931

La Divine. En 1924, L. B. Mayer découvre Greta Louise Gustafsson, devenue Greta Garbo, dans *la Légende de Gösta Berling* de Mauritz Stiller. Séduit, il engage l'actrice et son pygmalion. Ce dernier ne se fait pas aux méthodes de la MGM. Garbo, en revanche, s'impose face à John Gilbert dans *la Chair et le Diable* (1927). Le couple prend la relève du duo Pickford-Fairbanks dans le cœur du public. Surnommée « la Divine », elle incarne le style élégant et éthéré de la MGM jusqu'à la fin des années 1930. Elle se retire des écrans au début des années 1940, laissant le mythe intact.

Joan Crawford
1933

Un rêve américain. C'est en 1924 que Lucille Le Fay Lesueur, alors âgée de vingt ans est repérée par la MGM dans une revue de Broadway. Acceptant la chirurgie dentaire, travaillant quotidiennement sa silhouette, elle apprend à se mettre en valeur. Le studio lance même un concours pour la rebaptiser et c'est ainsi qu'elle devint Joan Crawford. Elle est alors la parfaite incarnation de la jeunesse insouciante de cette époque dans des films comme les *Nouvelles vierges* ou *Ardente jeunesse*. Mais, à partir de 1936, son personnage évolue grâce à Frank Borzage, qui, dans *Mannequin,* lui confie le rôle de la femme au travail luttant dans la jungle des villes. Dès lors, de grands cinéastes comme Curtiz, Preminger, Ray et Aldrich firent appel à elle.

Dietrich-Sternberg

Un tandem mythique

Le temps d'un film, *l'Ange bleu* (1930), Marlene Dietrich devient l'inoubliable Lola. En l'espace de sept films (1931-1935), Dietrich devient Marlene et Sternberg son Pygmalion.

Une légende prétend que *l'Ange bleu* est le premier film d'un cinéaste allemand qui fera ensuite carrière à Hollywood. Erreur : Sternberg, né à Vienne en 1894, passera son enfance et son adolescence entre l'Autriche et New York. Il s'installe à Hollywood en 1924, y réalise un film de gangsters, *les Nuits de Chicago* (1927) qui influencera *Scarface* de Howard Hawks, travaille pour Chaplin qui produit *la Mouette* (1926), et en bloque l'exploitation (le film est considéré comme perdu) ou exprime déjà ses penchants pour les ambiances portuaires et ses lieux de déchéance dans *les Damnés de l'océan* (1928). Le tournage à Berlin de *l'Ange bleu* est pour lui une parenthèse.

Une autre légende soutient que Marlene Dietrich, avant *l'Ange bleu*, n'avait rien fait. Née à Berlin en 1901, elle débute comme actrice de cabaret en 1922 et joue dans plusieurs films allemands avant d'être remarquée par Sternberg. Cela dit, *l'Ange bleu*, théâtre d'un coup de foudre artistique entre le cinéaste et la comédienne, scelle un nouveau départ qui va transformer à jamais autant la comédienne que le cinéma de Sternberg.

Art de la lumière, armes de la séduction

À l'initiative de Sternberg, Marlene Dietrich suit le cinéaste à Hollywood où elle tourne sous sa direction dans *Cœurs brûlés* (*Morocco*, 1930), avec Gary Cooper. Son rôle de chanteuse de cabaret la poursuit de nouveau (plus tard, aussi, en 1932, dans *Blonde Vénus* avec Cary Grant). En proie à la fascination, l'homme succombe au pouvoir de séduction de Marlene, la femme faisant de lui le jouet de son désir. Quels que soient les lieux exotiques construits en studio (le Maroc et la légion étrangère dans *Cœurs brûlés*, la Chine du début du XXe siècle dans *Shanghai Express* en 1932), quels que soient les différents rôles — une espionne dans *X 27* (1931), la future impératrice Catherine II de Russie dans *l'Impératrice rouge* (1934) —, ce scénario sera identique. Avec Marlene Dietrich, la séduction est un art et une arme. Le titre de la dernière collaboration entre la star et le cinéaste, *la Femme et le pantin* (1935), adaptation d'un roman de Pierre Louÿs, le résume fort bien. Néanmoins, à partir de *Cœurs brûlés*, la transformation de la personne est visible. La gouaille quelque peu vulgaire disparaît, et l'audace, toujours crue, s'exprime avec plus de raffinement. Surtout, Sternberg fait de Marlene un somptueux corps de lumière, au visage immobile, dont la seule marque de vie se résume à un battement de cils.

JOSEF VON STERNBERG ET MARLENE DIETRICH
1931

Une dette. Telle Galatée parlant de Pygmalion, Marlene Dietrich rappelait combien elle devait tout à Josef von Sternberg. « Elle n'a jamais cessé de proclamer que je lui ai tout appris, réplique le cinéaste. S'il est une chose parmi tant d'autres que je ne lui ai point enseigné, c'est une telle prolixité à mon endroit. » Grâce à lui, Maria Magdalena Dietrich se transformera en Marlene. Il ajoute : « J'ai toujours disposé de le plus complète liberté au cours du tournage des sept films que nous avons faits ensemble. » Le temps d'élever le très commercial star-system hollywoodien au rang d'une œuvre d'art.

MARLENE DIETRICH
X 27
JOSEF VON STERNBERG, 1931

Fatale. Avant d'être passée au peloton d'exécution, l'espionne Magda (Marlene Dietrich), agent X 27, demande à un jeune soldat ému de lui tendre son sabre en guise de miroir pour une ultime retouche avant de se faire belle pour la mort. Ce moment fort a contribué à forger l'aura et la personnalité de la star. Inspiré d'une histoire originale de Sternberg, *X 27* permet à Marlene de se métamorphoser, séquence après séquence, par une tenue différente. Toute la mise en scène (éclairage, mouvements de caméras, utilisation des accessoires) semble avoir été mise au service de la beauté d'une présence qui polarise tous les regards.

Fatale séparation

Même lorsqu'elle ne sera plus dirigée par lui, Marlene sera toujours une créature de Sternberg. Que ce soit dans *Désir* (1936) de Frank Borzage et surtout dans *Ange* (1937), où elle retrouve toute sa grandeur, grâce au talent d'Ernst Lubitsch. Progressivement déçue par les rôles que le cinéma lui fournit, elle se consacre à la chanson, avant de finir ses jours à Paris, où elle meurt en 1992.

De son côté, la perte de Marlene sera fatale à Sternberg, puisque suivie d'une série de projets inaboutis, d'un film inachevé (*I, Claudius*, 1937). De cette sombre période surnagent deux films : *Shanghai Gesture* (1941) avec Gene Tierney et *Fièvre sur Anatahan* (1953), son chef-d'œuvre, entièrement tourné au Japon avec des acteurs japonais. Sternberg meurt en 1969, trop tôt oublié par un cinéma dont il a pourtant contribué à façonner la légende.

« Cette femme n'était pas un mythe : elle le fut pour les autres, pas pour moi. Le vrai mythe, c'était moi, derrière la caméra, en train de créer ce que vous appelez le mythe de Marlene. »

Josef von Sternberg

MARLENE DIETRICH
L'ANGE BLEU
JOSEF VON STERNBERG, 1930

Faite pour l'amour. Une chanson *(« Ich bin von Kopf bis Fuß auf Liebe angestellt »)*, ainsi qu'une attitude (Marlene, en haut-de-forme, assise sur un tonneau, avec bas et porte-jarretelles) ont transformé l'actrice en objet de culte. Produit par la UFA, tourné à Berlin, *l'Ange bleu* est adapté du roman de Heinrich Mann, *Professeur Unrath*. Le film décrit la passion fatale d'un vieux professeur pour une chanteuse de cabaret, jusqu'à la déchéance. Dans l'esprit des producteurs, la seule vedette de la distribution est Emil Jannings, acteur chez Murnau et Lubitsch. Mais dès sa sortie, le public n'aura d'yeux que pour la Lola incarnée par Marlene Dietrich.

Naissance du cinéma social

Les films de la colère

En 1929, le krach boursier ébranle l'économie américaine et pousse des millions de familles dans la misère. Un courant contestataire va porter à l'écran ces tragédies humaines, nourrissant un genre neuf : le cinéma social.

D'abord perçu comme vecteur de rêves et de divertissements, le cinéma va peu à peu s'attacher à retranscrire le réel. Cette dimension prend toute sa force lors de la révolution bolchevique où, pour la première fois, la lutte des classes est incarnée à l'écran. En Allemagne, la crise économique des années 1920 fait naître un courant prolétarien dominé par les œuvres de Murnau (*le Dernier des hommes*, 1924) et de Georg W. Pabst (*la Rue sans joie*, 1925 ; *l'Opéra de quat'sous*, 1931). Mais, c'est la crise américaine de 1929 qui va véritablement formaliser le cinéma social. Ébranlant durablement le système capitaliste, le krach boursier bouleverse le paysage social aux États-Unis. Aux *roaring twenties* (« années vingt rugissantes ») succède la Grande Dépression. L'expérience du New Deal menée par Roosevelt favorise l'émergence de films mettant en scène cette misère populaire. Erich von Stroheim inaugure le genre en 1925 avec *les Rapaces*, variation sur l'argent et le déterminisme social.

Le New Deal à l'écran

King Vidor est le premier à mettre en scène la crise économique avec *Notre pain quotidien* (1934). En relatant le périple d'un couple de chômeurs montant une coopérative agricole, il tâche d'aborder le sort de ces victimes du libéralisme avec une certaine légèreté. Ce ton est diamétralement opposé à celui des *Raisins de la colère* que John Ford adapte en 1940 du roman de John Steinbeck. À ses yeux, pas d'espoir, le système l'emportera toujours. Mervyn LeRoy envisage le rapport des classes avec la même noirceur dans *Je suis un évadé* (1932) où il dénonce l'inégalité de la justice américaine et la violence du milieu carcéral. Charles Chaplin, lui, utilise le personnage universel de Charlot pour exprimer sa perception de ce monde en pleine mutation. Avec *les Temps modernes* (1936), il livre une fable féroce sur le système tayloriste et l'instrumentalisation de l'ouvrier. Mais ce courant neuf au sein du cinéma américain, libéral par tradition, est aussi nourri par une vague d'immigration issue de l'Europe de l'Est. Ces réalisateurs et scénaristes contraints à l'exil par la montée au pouvoir de Hitler sont le plus souvent de sensibilité socialiste. Ils vont pousser Hollywood à porter un regard neuf sur les classes populaires.

La censure maccarthyste

Leur contribution va, néanmoins, être stoppée par le maccarthysme dès la fin des années 1940 qui, plus

Henry Fonda
Les Raisins de la colère
John Ford, 1940

Le mirage californien. John Ford s'attaque à l'adaptation du très dense roman de John Steinbeck avec l'aide de Nunnally Johnson. Ils le condensent afin de rester au plus près de ses personnages, poussés par la misère vers un ailleurs improbable. Cinéaste jugé conservateur, Ford embrasse pour l'occasion la cause des faibles avec une rare générosité. Mêlant ses thématiques obsessionnelles — l'errance et la communauté — à la crise économique qui poussa des familles entières à traverser le pays pour rejoindre la Californie, il réussit l'œuvre la plus emblématique de cette tragédie nationale.

Quelques films à revoir

1925 **La Rue sans joie** (G. W. Pabst, All.) ; **les Rapaces** (E. von Stroheim, EU) 1929 **La Ligne générale** (S. M. Eisenstein, URSS) ; **Telle est la vie** (C. Junghans, All.) 1932 **Je suis un évadé** (M. LeRoy, EU) 1934 **Toni** (J. Renoir, Fr.) ; **Notre pain quotidien** (K. Vidor, EU) 1935 **Furie noire** (M. Curtiz, EU) 1936 **Les Temps modernes** (C. Chaplin, EU) ; **le Crime de M. Lange** (J. Renoir, Fr.) ; **La Belle Équipe** (J. Duvivier, Fr.) 1940 **Les Raisins de la colère** (J. Ford, EU) 1946 **Sciuscià** (V. De Sica, It.) 1948 **La Terre tremble** (L. Visconti, It.) ; **Le Voleur de bicyclette** (V. De Sica, It.).

Les Temps modernes
Charles Chaplin, 1936

Une fable intemporelle. Les années 1920 sont, aux États-Unis, celles de tous les espoirs. Comme l'illustre le roman de Sinclair Lewis, *Babbit*, la foi en une prospérité éternelle a conduit à bien des excès. Charles Chaplin condamne cette arrogance en s'attaquant en premier lieu au monde de l'usine déshumanisé par le taylorisme, organisation scientifique du travail. Plasticien de génie, il transforme les gestes mécaniques de l'ouvrier en un ballet poétique, mis en musique par le rythme des machines.

globalement, freine l'ouverture sociale du cinéma. En 1954, *le Sel de la terre* de Herbert J. Biberman, tourné au prix de grandes difficultés, est accusé de propagande communiste. Ce récit d'une lutte ouvrière, doublé d'un appel à l'émancipation féminine provoque la colère des autorités. Il constitue aujourd'hui l'un des derniers témoignages du monde ouvrier des années 1950 aux États-Unis. La même année, dans *Sur les quais*, Marlon Brando incarne un docker aux prises avec la corruption des syndicats. Le film touche par sa sobriété émotionnelle et la qualité de son interprétation, mais son discours sous-jacent provoque le malaise. Elia Kazan, ayant dû dénoncer certains de ses pairs pour continuer à travailler malgré des accusations de gauchisme, semble chercher ici à s'en justifier. Le néoréalisme italien reprend alors le flambeau de la contestation sociale, avant que le *free cinema* britannique ne livre, à son tour, son regard sur un monde en ébullition peu de temps avant les événements de 1968.

Fritz Lang

Le plus européen des Hollywoodiens

Homme de culture et scénariste de films populaires, Fritz Lang est parvenu à associer les codes du cinéma d'action avec des exigences stylistiques et des préoccupations morales discrètement exposées.

FRITZ LANG

L'œil du monocle. Cet homme élégant qui a su entretenir sa légende est l'un des cinéastes représentatifs du grand cinéma allemand d'avant 1933 puis du cinéma classique hollywoodien dans toute sa splendeur. Cette carrière en deux temps, deux époques, deux courants qui se répondent, augmente la richesse et la complexité d'une filmographie en forme d'aigle bicéphale. Ce qui fait le ciment de cette œuvre plurielle ? Lang lui-même a peut-être donné la réponse en définissant ainsi sa démarche : « L'individu seul contre les lois ou les conventions, voilà ce qui m'intéresse. »

Le jeune Fritz Lang, formé à la peinture et à l'architecture, a décidé très jeune de se consacrer au cinéma, mais il ne débutera qu'en 1918, à Berlin, où il devient scénariste de films fantastiques et rencontre Erich Pommer, un producteur des plus créatifs, dont la société sera absorbée par la UFA en 1924. Il écrit pour Pommer et pour le réalisateur Joe May en collaboration avec Thea von Harbou, auteur de romans d'aventures et d'anticipation, sa partenaire dans la vie et dans les films jusqu'en 1933. Ses premières réalisations, à partir de 1919, expriment son goût pour l'exotisme, les thèmes macabres, les sociétés secrètes : *les Trois Lumières* (*Der müde Tod*, 1921), très marqué par l'expressionnisme, *le Docteur Mabuse* (1922) où il maîtrise les codes du film d'aventures en les confrontant au réel, comme il fera dans ses premiers films parlants, *M le Maudit* (1931) et *le Testament du docteur Mabuse* (1933).

Il aborde le grand mythe germanique des *Nibelungen* (1924), une fresque aux décors gigantesques avec effets spéciaux novateurs, et établit les codes de la science-fiction dans *Metropolis* (1927). Il fait preuve d'une grande virtuosité, transfigure les stéréotypes, cultive la tension dans le montage de l'action et la pression du décor sur les personnages — méthodes qu'il affinera dans ses films américains. Quelques ambiguïtés subsistent, en particulier dans *les Nibelungen* (admiré par les nazis), *Metropolis* (où la critique sociale se conclut par un accord entre la main et le cerveau, soit entre le travail et le capital) et dans *M le maudit* diversement interprété malgré sa dénonciation des pouvoirs parallèles.

Le classicisme personnifié

Émigré aux États-Unis, Fritz Lang dépasse ces contradictions dès 1936 avec *Furie* où il évoque le lynchage. Il s'empare des idéaux démocratiques individualistes de son nouveau pays, traite de la lutte entre la loi et la violence, entre l'homme et la fatalité. Les éléments les plus symboliques disparaissent, de même que la tentation de l'irrationnel et de l'occulte. Il travaille plus sur les acteurs que sur les décors tout en les inscrivant dans un espace conçu avec rigueur et réalisme. Il tourne les scénarios les plus divers, films de guerre, films de gangsters, westerns, en imposant sa personnalité malgré ses démêlés avec les studios,

PETER LORRE
M, LE MAUDIT
FRITZ LANG, 1931

Les assassins sont parmi nous. Premier film parlant de Lang — très inventif dans l'utilisation de la nouvelle technique — *M, le maudit* adapte un fait divers de l'époque, avec Peter Lorre (marqué durablement par ce rôle) incarnant le tueur de petites filles. C'est le récit d'une traque, à l'issue de laquelle il sera capturé par la pègre, gênée par l'activité intense de la police. Fritz Lang interroge ici l'opposition entre la fatalité et la pathologie et poursuit une dénonciation des milices parallèles.

dont il tente de rester indépendant. *Le Retour de Frank James* (1940) prend l'allure d'un *Nibelungen* du Far West, *l'Ange des maudits* (1952) échappe à toute classification, et ses films noirs sont parmi les plus originaux : *la Femme au portrait* (1944), *la Rue rouge* (1945), *Règlements de comptes* (1953), *l'Invraisemblable Vérité* (1956). Il est alors considéré comme un des grands auteurs du cinéma classique hollywoodien, à la tête d'une œuvre dont *les Contrebandiers de Moonfleet* (1954) — un film où il renoue avec certains schémas de sa carrière allemande, mêlant aventure et thématique universelle — représente aujourd'hui le fleuron.

STEWART GRANGER,
VIVECA LINDFORS
LES CONTREBANDIERS DE MOONFLEET
FRITZ LANG, 1954

Un classique. Bien que son auteur ait émis des réserves sur ce film, *les Contrebandiers de Moonfleet* peut être considéré comme un chef-d'œuvre du cinéma classique. Le sens de l'espace (le film a été entièrement tourné en studio), les couleurs, l'architecture générale, la fusion entre les surprises du montage et la complexité des personnages, le refus des stéréotypes, offrent la quintessence d'un style.

Fritz Lang (1890-1976)

1890 Fritz Lang naît à Vienne, Autriche 1909 Il s'installe à Paris, mais en 1914, la guerre le contraint à partir 1918-1919 **Les Araignées** est son premier film important 1922 Durant le tournage de **Mabuse, le joueur**, Fritz Lang perd accidentellement son œil droit 1923 **Les Nibelungen** 1926 **Metropolis** 1931 **M, le maudit** 1932 **Le Testament du docteur Mabuse** 1935 Il gagne Hollywood 1936 **Furie** 1937 **J'ai le droit de vivre** 1941 **Chasse à l'homme** 1951 **L'Ange des maudits** 1954 **Les Contrebandiers de Moonfleet** 1976 Fritz Lang décède à Los Angeles.

Un cinéma social à la française

Les belles équipes du Front populaire

Véritable séisme politique, l'arrivée au pouvoir de la gauche française en 1936 a pris une dimension particulière dans les milieux du cinéma. Les films de Julien Duvivier, René Clair, Jean Renoir et Jacques Feyder, notamment, sont dans l'air du temps.

Les élections législatives d'avril et mai 1936 portèrent au pouvoir la coalition des radicaux, des socialistes et des communistes conduite par Léon Blum, bientôt chef d'un gouvernement qui dura deux ans. Avec cette victoire, la tradition populiste du cinéma français se voit confortée et encouragée en faisant la part belle à la question sociale. Quatre ans auparavant, en 1932, René Clair avait ouvert la voie avec *À nous la liberté* dont Chaplin s'inspira d'ailleurs largement pour écrire ses fameux *Temps modernes*. À cette contestation radicale du capitalisme et de la robotisation des hommes vient s'ajouter la description réaliste de la condition ouvrière, comme ce *Toni* que Renoir réalisa en 1934 et qui traite sans détour du problème des travailleurs immigrés. Les partis politiques de gauche, et singulièrement le Parti communiste dirigé alors par Maurice Thorez, voient d'un très bon œil ces films de fiction qui sont autant de relais idéologiques au sein de l'opinion publique française.

Tous ensemble !

Les noces du cinéma et de la politique vont plus loin encore quand en avril 1936, Renoir présente *La vie est à nous*. Ce film a été directement commandé par le Parti communiste français au cinéaste à des fins de propagande électorale. Des comédiens de renom comme Jean Dasté, Gaston Modot, Madeleine Sologne et des techniciens, tous membres ou sympathisants du PC, ont accepté d'y participer bénévolement et surtout anonymement, ainsi que le prouve le générique qui crédite uniquement « une équipe de techniciens, d'artistes et d'ouvriers ». Renoir est, quant à lui, le chef d'orchestre d'une œuvre collective qui pour vanter les mérites du Front populaire fit également appel à Jacques Becker, Jean-Paul Le Chanois, Paul Vaillant-Couturier et Henri Cartier-Bresson, sans oublier l'apparition dans leur propre rôle de plusieurs dirigeants communistes, dont Thorez. Alternant scènes de fiction et parties documentaires, le film constitue désormais un témoignage précieux sur l'euphorie d'une époque et les conditions de ce que Blum appela, juste après sa victoire électorale, « l'embellie ».

Une sensibilité sociale

Si *la Belle Équipe* de Duvivier est le prototype idéal du cinéma du Front Populaire, il n'en reste pas moins que d'autres films et d'autres auteurs peuvent également figurer dans ce même courant d'inspiration.

À nous la liberté
René Clair, 1932

Avant Chaplin. Un ancien évadé de prison devenu directeur d'une usine de phonographes décide, au contact de son ancien complice, d'offrir sa fortune et son usine à ses ouvriers et de reprendre ainsi sa liberté. Cette histoire bien peu conventionnelle constitue le scénario de ce film écrit et réalisé par René Clair. Le cinéaste en profite pour élaborer une satire sociale décapante et qui dénonce avec force le machinisme et ses aberrations. Chaplin, beau joueur, admettra quatre ans plus tard la dette des *Temps modernes* envers le film de Clair.

Une attention particulière est ainsi portée à l'éducation et à la jeunesse à travers des films comme *la Guerre des gosses* de Jacques Daroy, sorti en 1936, *les Disparus de Saint-Agil* que Christian-Jaque réalise en 1938 ou bien encore cette même année *Entrée des artistes* réalisé par Marc Allégret. À ces préoccupations sociales, il convient d'ajouter une sensibilité pacifiste qui répond à la montée des périls depuis l'accession de Hitler au pouvoir. Sur un mode léger et parodique, Jacques Feyder dans *la Kermesse héroïque* s'inquiète, en 1935, des conséquences de la guerre et de la défaite, tandis que Jean Renoir développe avec *la Grande Illusion*, en 1937, un message de paix et de fraternité universelle.
Le retour de la droite au pouvoir en France ainsi que le renforcement des dictatures européennes et la perspective d'un conflit armé sonnèrent en partie le glas d'un cinéma clairement ancré à gauche. Viendra ensuite le temps de la collaboration, de l'attentisme ou de la résistance...

La Marseillaise
Jean Renoir, 1938

Au film, citoyens! Rien de moins innocent pour Renoir que de faire, au beau milieu du Front populaire, un film sur la Révolution française et la chute de la monarchie. Ce film atypique fut d'ailleurs produit par une coopérative ouvrière fondée pour l'occasion par la très puissante CGT. « Le film de l'union et de la nation française contre une minorité d'exploiteurs... Pour la première fois, un film sera commandité par le peuple lui-même par une vaste souscription populaire... » Voilà ce que l'on pouvait lire sur les affiches et les tracts destinés à financer le film. Le résultat artistique n'est pas à la hauteur de cette production inclassable, comme si Renoir n'était pas tout à fait à l'aise dans ce cinéma historique que certains décrivirent comme du « Guitry de gauche ».

« La liberté c'est toute l'existence,
Mais les humains ont créé les prisons,
Les règlements, les lois, les convenances
Et les travaux, les bureaux, les maisons. »

À nous la liberté, paroles de René Clair, musique de Georges Auric

Aimos, Jean Gabin et Charles Vanel
La Belle Équipe
Julien Duvivier, 1936

« Quand on s'promène au bord de l'eau... » Devenu le film emblématique de l'esprit du Front populaire, *la Belle Équipe* de Julien Duvivier fut pourtant un échec commercial lors de sa sortie en 1936. L'histoire de ces cinq ouvriers qui décident d'acquérir une guinguette en bord de la Marne était pourtant bien dans l'air du temps. Mais l'existence de deux dénouements effectivement filmés (l'un tragique qui se termine dans le sang de la discorde, l'autre optimiste avec l'inauguration de la guinguette et qui fut finalement retenu) démontre assez l'hésitation de Duvivier. De toute évidence, il ne s'agit pas d'un film militant. Reste une œuvre sinon politique, du moins sociale et qui met en valeur l'acteur populaire par excellence, reflet de la classe ouvrière de l'époque : Jean Gabin.

Le réalisme poétique

« Les choses qui sont derrière les choses »

Réalisme poétique : c'est à l'historien du cinéma Georges Sadoul que l'on doit la généralisation de cette formule pour désigner le courant dominant du cinéma français des années 1930. Marcel Carné fut le chef de file de ce mouvement auquel on peut notamment rattacher des cinéastes comme Pierre Chenal, Jacques Feyder et Julien Duvivier.

S'inspirant d'une double filiation, littéraire avec les œuvres de Pierre Mac Orlan et Marcel Aymé, et cinématographique avec les films naturalistes allemands, ce réalisme poétique fut également qualifié de « fantastique social ».

De *la Rue sans nom* réalisé par Pierre Chenal en 1934 d'après Marcel Aymé qui en écrit les dialogues jusqu'aux *Portes de la nuit* du trio Carné-Jacques Prévert-Joseph Kosma en 1946, en passant par *Pépé le Moko* de Duvivier et dialogué par Henri Jeanson, en 1937, toutes ces œuvres ont en commun de se dérouler loin des salons de la bourgeoisie et de leurs occupants. Les scènes, souvent nocturnes, sont situées dans des décors urbains ou industriels frappés par la misère et la pauvreté et hantés par des marginaux ou des prolétaires. Cependant, ce réalisme aux forts accents de populisme finit toujours par dépasser le simple constat clinique, grâce notamment au tournage en studio, dans des décors souvent imaginés par Alexandre Trauner. Le réel se fait alors poétique.

Et le jour se lève sur les portes de la nuit...

Dans *Quai des brumes* (1938) de Carné-Prévert, d'après le roman de Pierre Mac Orlan, l'un des films emblématiques du réalisme poétique, un peintre pour le moins étrange, interprété par le non moins étrange Robert le Vigan, déclare qu'il cherche à peindre « les choses qui sont derrière les choses ». Carné aurait pu reprendre à son compte ce mot d'ordre pour l'appliquer à chacun de ses films. De même que, dans *Hôtel du Nord*, Louis Jouvet rêve d'une partie de pêche en contemplant les eaux grises du canal Saint-Martin, sous les quolibets d'Arletty. François, l'ouvrier du *Jour se lève* (1939) incarné par Gabin, rêvait, lui, d'un nouveau monde avant de s'emparer d'un revolver pour faire taire celui par qui le malheur ne cesse d'arriver. D'autres armes auront raison du petit monde fugacement idyllique des *Portes de la nuit* qui avaient pourtant vu passer « la plus belle fille du monde ». Autant d'univers solidement ancrés dans la grisaille quotidienne mais dont les habitants veulent s'évader par l'amour, le rêve ou la mort.

Les Enfants du paradis
Marcel Carné, 1943-1945
affiche originale

Ce film mythique du cinéma français appartient-il au courant du réalisme poétique ? Non, si on le considère comme une œuvre à part, définitivement à part. Mais oui si l'on se réfère à son générique : Prévert au scénario et aux dialogues, Carné à la réalisation, Kosma à la musique, le tout dans des décors de Trauner.

Mireille Balin et Jean Gabin
Pépé le Moko
Julien Duvivier, 1937

Pessimisme à la française. Le cinéma de Duvivier apporte sa part de noirceur singulière au réalisme poétique. S'inscrivant dans la lignée des films « coloniaux » de l'époque, *Pépé le Moko*, sur des dialogues d'Henri Jeanson, tranche cependant avec le reste de cette production. Pépé (Gabin), est le pur produit d'un spleen typiquement français qui passe par la nostalgie de la grisaille parisienne et par une passion amoureuse dévorante mais condamnée d'avance. Comme l'ouvrier François du *Jour se lève*, le malfrat Pépé se suicide pour échapper à la fatalité dans un dernier geste de liberté.

Arletty et Jean Gabin
Le jour se lève
Marcel Carné, 1939

Matin blême. Un ouvrier (Jean Gabin), un dresseur de chiens (Jules Berry), sa partenaire (Arletty) et une jeune fleuriste (Jacqueline Laurent). Tel est le quatuor d'un film écrit par Jacques Viot et Jacques Prévert : deux hommes, deux femmes, deux couples et la tragédie qui se met en place, implacablement. La mort des deux hommes est au bout de cette histoire qui se résoudra par un petit matin blême. À la grisaille d'une banlieue industrielle font écho les rêves amoureux de François l'ouvrier sableur dans une usine de fonderie. *Le jour se lève* est peut-être l'un des plus beaux films du cinéma français, par sa poésie noire et envoûtante.

En terre étrangère

Le réalisme poétique est ancré dans des villes populaires comme Le Havre (*Quai des brumes*) et surtout Paris. Mais *le Grand Jeu* de Jacques Feyder, *la Bandera* et *Pépé le Moko*, tous deux de Duvivier, se déroulent dans les colonies propices à toutes les fuites, refuges des parias devenus des légionnaires ou des chefs de gangs. Au milieu de ces terres étrangères forcément hostiles, la poésie comme le danger viennent très souvent des femmes : Gaby la Parisienne (incarnée par Mireille Balin) sera le rêve inachevé de Pépé. Mais l'ouragan de la Seconde Guerre mondiale a balayé presque totalement le courant réaliste et poétique français, comme si ce paradoxe incarné avait baissé les bras devant des réalités terrifiantes.

Quelques films à revoir

1934 **La Rue sans nom** (Pierre Chenal) ; **Le Grand Jeu** (Jacques Feyder) 1935 **La Bandera** (Julien Duvivier) ; **Pension Mimosas** (Jacques Feyder) 1936 **Jenny** (Marcel Carné) 1937 **L'Alibi** (P. Chenal) ; **Pépé le Moko** (J. Duvivier) 1938 **Quai des brumes** (M. Carné) ; **Hôtel du Nord** (M. Carné) ; **La Maison du Maltais** (P. Chenal) 1939 **Le jour se lève** (M. Carné) 1943-1945 **Les Enfants du paradis** (M. Carné) 1946 **Les Portes de la nuit** (M. Carné).

Jean Renoir

Le jeu avant la règle

Avec Jean Renoir, le cinéma français s'est trouvé un « patron » aussi débonnaire que talentueux dont l'univers si spécifique deviendra universel. Ses films jalonnent l'histoire du cinéma comme autant de petits cailloux qui mêlent légèreté et gravité, distance et engagement.

« J'ai commencé à faire du cinématographe par amour du trucage. Au départ, je n'avais pas du tout l'intention d'écrire, d'être un auteur, d'inventer des histoires. Mon ambition était de faire des trucages et j'en ai fait pas mal dès le départ. » C'est bien Jean Renoir et non Georges Méliès qui décrivit ainsi ses premiers pas dans le Septième Art dont il était l'exact contemporain puisqu'il naquit à Paris en 1894. Mais le « technicien » Renoir amoureux des trucages céda très vite sa place au véritable cinéaste fasciné par la force réaliste et sociale des *Folies de femmes* (1921) d'Erich von Stroheim. *Nana* (1926), son deuxième long métrage, marque précisément cette volonté d'engagement contre l'esprit bourgeois. Et, parmi les treize films réalisés jusqu'en 1934, figurent trois œuvres en forme de charges sociales issues de la même inspiration critique : *la Chienne*, *Boudu sauvé des eaux* et *Madame Bovary*. Renoir excelle alors dans la colère, la contestation et le sarcasme.

Entre populisme et naturalisme

L'insuccès de certains de ses films et le contexte politique des années 1930 favorable à la gauche pousse Renoir à s'intéresser à la classe ouvrière, comme le montre parfaitement le thème et les personnages de *Toni* qu'il réalise en 1934. Plus emblématique encore est le film suivant, *le Crime de Monsieur Lange* (1936) où le couple Jacques Prévert-Jean Renoir se livre à un jeu de massacre contre la bourgeoisie, les curés, les patrons, les militaires et les juges, tout en dépeignant avec tendresse le combat que livre un groupe de prolétaires pour former et même faire prospérer une coopérative. Quatre œuvres majeures, réalisées avant la Seconde Guerre mondiale, vinrent renforcer et amplifier cette sensibilité : *la Grande Illusion* (1937), *la Marseillaise* (1938), *la Bête humaine* (*id.*) et *la Règle du jeu* (1939). Chacun de ces films fait la part belle aux rapports sociaux tout en apparaissant comme une contribution cinématographique à l'analyse de la société française. Ce n'est pas un hasard si après *Nana*, Renoir adapte de nouveau Zola avec *la Bête humaine* : le cinéaste est à la recherche lui aussi d'un naturalisme social. Il est alors une figure emblématique du cinéma français, mêlant étroitement modernité et patrimoine, audace et classicisme. C'est la raison pour laquelle, bien des années plus tard,

CATHERINE HESSLING
NANA
JEAN RENOIR, 1926

La muse initiale. D'abord modèle dans l'atelier d'Auguste Renoir, Catherine Hessling épousa Jean Renoir en 1919. C'est en son honneur que le futur cinéaste en 1924 écrit et finance un film, *Catherine ou une vie sans joie*, dont il confie la réalisation à Albert Dieudonné avant de la diriger en personne la même année dans *la Fille de l'eau*. Mais c'est essentiellement avec *Nana*, d'après le roman d'Émile Zola, que cette collaboration artistique trouve sa plus éclatante application. Échec commercial retentissant au moment de sa sortie, le film apparaît désormais comme le mélange détonant d'un film à grand spectacle tout entier centré sur la beauté de son actrice principale et d'un film qui tire à boulets rouges sur la bourgeoisie et ses travers.

MARCEL DALIO,
GASTON MODOT
LA RÈGLE DU JEU
JEAN RENOIR, 1939

« Quand j'ai fait *la Règle du jeu*, je savais où j'allais. Je connaissais le mal qui ronge mes contemporains. » En signant avec Carl Koch le scénario de ce film, Jean Renoir affichait clairement ses ambitions : dynamiter de l'intérieur une société qui se veut avenante mais dont les règles s'avèrent tranchantes comme la mort pour celui qui, maître ou valet, veut les enfreindre. Au nom d'un humanisme intransigeant, le cinéaste stigmatise l'hypocrisie des masques et des jeux. Le « petit théâtre » de Renoir prend alors des allures cruelles et sombres : une valse de pantins dérisoires mène un monde qui va à sa perte en toute inconscience.

les Jeunes-turcs de la Nouvelle Vague et des *Cahiers du cinéma* verront en Renoir leur « patron ».

Renoir le sage

En 1940 Renoir fuit l'Europe et trouve refuge à Hollywood où, durant dix ans, il poursuit sa carrière en tournant notamment *le Journal d'une femme de chambre* (1946), sans véritablement se plier à la règle du jeu hollywoodien. Mais, c'est avec *le Fleuve* (1951) que le cinéaste revient à une inspiration très personnelle et entame l'ultime chapitre de sa filmographie. Ayant découvert, selon ses propres termes, la « sagesse éternelle », Renoir délaisse ses préoccupations sociales au profit d'une spiritualité revendiquée avec *le Fleuve* et d'une nostalgie clairement affichée à l'instar de *French Cancan* (1955) et du *Déjeuner sur l'herbe* (1959) notamment. « Il arrive une chose curieuse avec mes films, ils mettent vingt-cinq ans à être compris », déclara Renoir qui avait à l'esprit, entre autres échecs publics, celui de *la Règle du jeu* au moment de sa sortie en salle. Avec le recul, l'œuvre de Renoir trouve sa dimension proprement humaine : la rébellion de la jeunesse, l'engagement de la maturité et la sagesse de la vieillesse. Soit les trois âges d'un cinéma qui est ainsi devenu le compagnon de chaque cinéphile souvent fasciné d'y retrouver au fur et à mesure les trois âges de sa propre vie.

La Grande Illusion
Jean Renoir, 1937
Affiche originale

L'échappée belle. Fondé sur des récits vécus par d'anciens soldats de la Première Guerre mondiale, ce film, écrit par Charles Spaak et Renoir, refuse de se laisser enfermer dans des définitions trop étroites. À deux ans d'un nouveau conflit franco-allemand, est-il pacifiste ? Prône-t-il la lutte des classes ? Est-il du côté des officiers aristocrates qu'incarnent Pierre Fresnay et Eric von Stroheim ou du côté des simples soldats que jouent Jean Gabin et Julien Carette ? La réponse de Renoir semble tenir en un seul mot : fraternité entre des hommes que séparent les nationalités, les religions et les origines sociales.

Jean Renoir (1894-1979)

1894 Jean Renoir naît à Paris 1914-1918 Il participe à la Première Guerre mondiale 1924-1928 son cinéma est celui de l'avant-garde 1924 **La Fille de l'eau** 1926 **Nana** 1931 **La Chienne** 1935 **Toni** 1936 **La Vie est à nous ; Partie de campagne** 1937 **La Grande Illusion** 1938 **La Marseillaise ; La Bête humaine** 1939 **La Règle du jeu** 1940 Renoir s'exile aux États Unis 1944 **Salut à la France** 1946 **Le Journal d'une femme de chambre** 1951 **Le Fleuve** 1953 **Le Carrosse d'or** 1955 **French-cancan** 1954 Renoir s'oriente vers le théâtre et la littérature 1959 **Le Déjeuner sur l'herbe** 1979 Renoir meurt à Beverly Hills.

Raimu, Gabin, Jouvet

Acteurs et caractères d'exception

Jean Gabin, mais aussi Louis Jouvet, Raimu, Michel Simon, Jules Berry et tant d'autres visages et voix inoubliables : tous ont profondément inspiré les scénaristes et les réalisateurs français et séduit plusieurs générations de spectateurs.

Si Jean Gabin est la figure emblématique du cinéma français des années 1930, c'est outre son immense talent d'acteur, que son parcours professionnel est également le révélateur d'une époque donnée. Gabin sur grand écran, c'est la partie populaire de la société française qui s'y reflète. Qui aurait pu parier que le jeune Jean Moncorgé tour à tour cimentier, magasinier, figurant ou chanteur de music-hall deviendrait un jour le Jean Gabin du *Quai des brumes* ? Cette carrière en forme d'irrésistible ascension sociale fait de lui une vedette éminemment populaire à qui chacun peut s'identifier. Et ce d'autant plus que les personnages qu'il incarne sont très majoritairement issus du peuple et souvent ouvriers, comme dans *la Belle Équipe* (1936), *Le jour se lève* ou *la Grande Illusion* (1937). Sa « gueule d'amour » (c'est le titre d'un film réalisé par Jean Grémillon en 1937 et dont il incarne le rôle-titre) lui assure les faveurs du public féminin, tandis que les spectateurs masculins peuvent se reconnaître dans ce brave garçon souvent victime des femmes ou de la fatalité, voire des deux ensemble. Une fois la guerre passée, le personnage de Gabin s'embourgeoise à l'instar de l'homme lui-même : il devient alors le « parrain » d'un cinéma moins audacieux mais efficace auprès du grand public.

En provenance des planches

Jouvet et Raimu : il est difficile de concevoir des individualités et des comédiens plus opposés. Tous deux venaient cependant du théâtre. Mais le premier y développe son austérité naturelle et le second son exubérance méridionale. Jouvet le flegmatique et Raimu le sanguin, deux frères ennemis qui donnent au cinéma français d'innombrables occasions d'affirmer sa diversité : à la noirceur assumée de *la Fin du jour* (Julien Duvivier, 1939) avec Jouvet peut ainsi répondre l'humanité tendre de *la Femme du boulanger* de Marcel Pagnol avec Raimu. Quand Jouvet sublime les ironiques dialogues écrits par les scénaristes Jacques Prévert (*Drôle de drame*, 1937) ou Henri Jeanson (*Hôtel du Nord*, 1938), Raimu, lui, porte haut et fort la langue de Pagnol et celle de Guitry (*Faisons un rêve*, 1936). Tout en eux fait sens et sensation : l'allure (Jouvet le sec et Raimu le rond), la voix (le bégaiement maîtrisé de Jouvet face à la faconde marseillaise de Raimu) et le choix des rôles (Jouvet le cynique manipulateur et Raimu l'éternel bougon

JEAN GABIN ET MICHÈLE MORGAN
REMORQUES
JEAN GRÉMILLON, 1939-1940

La passion selon Jean. En dépit des difficultés de tournage dues à l'entrée en guerre, les bonnes fées se penchèrent sur le berceau de *Remorques* : un scénario et des dialogues de Jacques Prévert, des décors d'Alexandre Trauner et une interprétation partagée par Michèle Morgan, Madeleine Renaud et Jean Gabin. Ce dernier y incarne une nouvelle fois un homme simple pris au piège de la passion amoureuse, écartelé entre son épouse et sa maîtresse. Il joue ainsi avec force et conviction le rôle d'André Laurent, capitaine d'un remorqueur de sauvetage basé à Brest.

Quelques films à revoir

1931 **Marius** (A. Korda, avec Raimu) 1932 **Boudu sauvé des eaux** (J. Renoir, avec M.Simon) 1933 **Knock** (L. Jouvet et R. Goupillières, avec L. Jouvet) 1934 **L'Atalante** (J. Vigo, avec M. Simon) 1935 **La Bandera** (J. Duvivier, avec J. Gabin) ; **la Grande Illusion** (J. Renoir, avec J. Gabin, P. Fresnay, E. Von Stroheim) 1936 **La Belle Équipe** (J. Duvivier, avec J. Gabin) 1937 **Pépé le Moko** (J. Duvivier, avec J. Gabin) ; **Un carnet de bal** (J. Duvivier, avec L. Jouvet) ; **Drôle de drame** (M. Carné, avec M. Simon et L. Jouvet) 1938 **Le Quai des brumes** (M. Carné, avec J. Gabin, M. Simon, M. Morgan) ; **Hôtel du Nord** (M. Carné, avec L. Jouvet et Arletty) ; **La Femme du boulanger** (M. Pagnol, avec Raimu) 1939 **Le jour se lève** (M. Carné, avec J. Gabin et Arletty) ; **Remorques** (J. Grémillon, avec J. Gabin et M. Morgan) 1942 **Les Inconnus dans la maison** (H. Decoin, avec Raimu) 1947 **Quai des Orfèvres** (H.-G. Clouzot, avec L. Jouvet).

débonnaire). Le public ne s'y trompe pas, qui réserve à l'un comme à l'autre ses faveurs, juste derrière Gabin et une autre grande gueule : Fernandel.

La beauté cachée des laids

Fernand Contandin, alias Fernandel, fut le chef d'une famille d'acteurs aux physiques incontestablement ingrats mais définitivement populaires. Comme l'écrivit Pagnol à son propos, il avait le don de « savoir faire rire des êtres qui ont tant de raisons de pleurer ». Jouant à merveille les benêts (*Ignace*, 1937, *le Rosier de madame Husson*, 1932, *le Schpountz*, 1937 et tant d'autres), Fernandel exporte au cinéma des compositions largement rodées sur les planches du music-hall. À ses côtés, dans la grande galerie des gueules, peuvent légitimement figurer Michel Simon, Jules Berry, Robert Le Vigan, Jean Tissier. Autant d'individualités fortes à qui le cinéma réserve des rôles à la mesure de leur démesure : Michel Simon donne vie aux foucades de Boudu dans le film iconoclaste de Jean Renoir, Jules Berry personnifie rien de moins que le Diable dans *les Visiteurs du soir* (1942), Robert Le Vigan joue à merveille le peintre fantasque de *Quai des brumes* (1938) et Jean Tissier, grimé en fakir de pacotille, campe un redoutable criminel dans *L'assassin habite au 21* (1942).
Qu'ils occupent le devant de la scène ou le second plan, ces acteurs hors norme donnent alors au cinéma français bien plus qu'une identité : une incroyable vitalité.

Pierre Fresnay et Raimu
Marius
Alexandre Korda
et Marcel Pagnol, 1931

Raimu, Jules et César. Réalisé par Alexandre Korda, *Marius* est le premier volet de la trilogie théâtrale et marseillaise écrite par Marcel Pagnol. Le brio d'une distribution portée par des dialogues devenus légendaires explique largement le succès du film auprès du grand public. Raimu, de son vrai nom Jules Muraire, y reprend le rôle qu'il a créé sur scène : il excelle à incarner les colères et la mauvaise foi de César, patron de bistrot sur le Vieux-Port. Pour faire face à ce tempérament méditerranéen, il fallait à la fois la fragilité attendrissante d'un jeune premier déjà confirmé, Pierre Fresnay, avec son pendant féminin, Orane Demazis.

Michel Simon et Louis Jouvet
Drôle de drame
Marcel Carné, 1937

Des gueules vraiment « bizarres ». Lorsque Irwin Molyneux, alias Félix Chapel (Michel Simon), dîne avec son cousin, l'évêque anglican de Bedford, Archibald Soper (Louis Jouvet), cela donne, sous la plume de Jacques Prévert, l'un des dialogues les plus célèbres du cinéma français. Cet exceptionnel duo d'acteurs est à la hauteur d'un film à l'univers aussi surréaliste que burlesque, lequel dérouta totalement la critique et le public de l'époque. Il fallut attendre l'après-guerre pour que ce drôle de drame fasse enfin son entrée dans le panthéon des films cultes du cinéma français.

L'âge d'or des studios

*Le temps d'*Autant en emporte le vent

À l'aube des années 1930, Hollywood atteint son âge d'or. Chaque année, près de 240 000 kilomètres de pellicule sortent des studios pour alimenter les salles de cinéma du monde entier. Pourtant, les premières failles du système apparaissent.

Alors que l'Amérique est ébranlée par la crise de 1929, Hollywood continue de faire rêver le monde entier avec ses fastes et ses dieux vivants. À l'aube de la nouvelle décennie, la fréquentation reste stable. Mais, dès 1932, les difficultés financières n'épargnent pas les majors. Paramount et Fox, qui s'étaient fortement endettés pour poursuivre l'expansion de leurs réseaux de salles, sont les plus touchés. L'élection de Franklin D. Roosevelt en 1933 ajoute à ces difficultés. Le nouveau gouvernement condamne, en effet, les pratiques de monopole et autorise les organisations syndicales. Les majors affrontent alors leurs premiers conflits sociaux.
Toutefois, les studios ne tardent pas à réagir notamment en accentuant la division du travail et la MGM est la première à opérer cette transition en recrutant les producteurs Walter Wanger et David O. Selznick aux côtés d'Irving Thalberg. Elle met en place un système d'unités de production indépendantes les unes des autres. Le studio entre alors dans un âge d'or reflété par des films brillants tels que *la Reine Christine* (Rouben Mamoulian, 1933) ou *les Révoltés du Bounty* (Frank Lloyd, 1935) et de nouvelles stars, comme Clark Gable et Spencer Tracy. Le studio déroge à sa politique habituelle en se lançant dans la production de films moins onéreux, comme la très populaire série des *Tarzan*.

Entre succès et pesanteurs

Warner connaît également des années florissantes. Fox est le studio qui a le plus de difficultés. Il reste à la dérive jusqu'en 1935, date à laquelle il fusionne avec la Twentieth Century, la société de Darryl Zanuck. La nouvelle major affiche d'emblée ses ambitions en lançant le procédé Technicolor. À cette date, la crise est surmontée. Les majors produisent chefs-d'œuvre sur chefs-d'œuvre et sont à nouveau bénéficiaires. En 1936, la disparition brutale d'Irving Thalberg, l'un des fondateurs du système, annonce cependant la fin d'une époque.
Pendant la crise, les studios ont découvert la rentabilité de projets peu coûteux. À la fin de la décennie, ils délaissent les films de prestige pour des formules moins créatives mais moins risquées, portées par des figures appréciées du public. Chez MGM par exemple, les profits engendrés par les films mettant en scène Mickey Rooney dans le rôle de Andy Hardy, se révèlent supérieurs à ceux des productions de prestige comme

Autant en emporte le vent
Victor Fleming, 1939

La revanche des indépendants. Avec *Autant en emporte le vent*, l'ambition avouée de David O. Selznick est de produire le plus grand film de Hollywood. Dès le casting, le producteur crée l'événement en annonçant le choix de Clark Gable pour interpréter Rhett Butler et lance un avis de recherche à travers les États-Unis pour trouver Scarlett O'Hara. Mille quatre cents candidates sont interrogées. Vivien Leigh emporte le rôle. Alors qu'une quinzaine de scénaristes avaient travaillé en amont du film, quatre réalisateurs déclarent successivement forfait au cours de la production.

Humphrey Bogart, Ingrid Bergman
Casablanca
Michael Curtiz, 1943

Hollywood en guerre. L'entrée des États-Unis dans la Seconde Guerre mondiale marque un tournant à Hollywood. *Casablanca*, drame romantique réalisé par Michael Curtiz, avec Ingrid Bergman et Humphrey Bogart, témoigne de la politique patriotique lancée par les majors : dans un Maroc de studio se croisent résistants et collaborateurs, espions nazis, aventuriers américains et réfugiés d'Europe centrale.

Chercheuses d'or de 1933
Mervyn LeRoy, 1933

En avant la musique! Dans les années 1930, Warner innove par une production originale et variée. Si le genre policier reste constitutif du style maison, le studio connaît également de brillants succès grâce notamment à des comédies musicales novatrices, chorégraphiées par Busby Berkeley, telles que *42e Rue* (1933) ou *Chercheuses d'or 1933*. Ce dernier évoque la vie d'un music-hall touché par la crise de 1929 jusqu'au happy end final, prétexte à un feu d'artifice de numéros éblouissants. La Warner s'illustre également avec des productions de cape et d'épée avec Errol Flynn et Olivia de Havilland, et des drames féminins dominés par la présence de Bette Davis.

le Magicien D'Oz (Victor Fleming, 1939). La frilosité des studios face aux projets ambitieux est renforcée par la lourdeur du système. En 1927, la MGM a produit quarante-cinq films avec sept producteurs délégués. En 1941, il en faut quarante pour assurer la production de quarante-huit longs métrages !

Petits mais...

À la fin des années 1930, la volonté affichée des studios, de partager les risques sur des projets ambitieux, permet à des hommes tels que Sam Goldwyn ou David O. Selznick de s'affirmer en dehors du système. Ce dernier a quitté MGM en 1935 pour fonder Selznick International Pictures. L'année suivante, il lance la production d'*Autant en emporte le vent* (Victor Fleming, 1939), adapté du roman de Margaret Mitchell. À sa sortie, le film s'impose rapidement comme le plus gros succès de tous les temps. Couronné par dix oscars et pourtant produit à l'extérieur des studios, il symbolise l'âge d'or du système. Hollywood entre dans la Seconde Guerre mondiale avec l'illusion que tout va bien. Les profits cumulés des huit plus gros producteurs battent tous les records. Pourtant, une redistribution des cartes est en cours.

Les productions Warner

1930 **Moby Dick** (L. Bacon) 1931 **L'Ennemi public** (W. Wellman) ; **Le Petit César** (M. LeRoy) ; **Scarface** (H. Hawks) 1932 **Je suis un évadé** (M. LeRoy) 1933 **42e Rue** (L. Bacon et B. Berkeley) ; **Chercheuses d'or de 1933** (M. LeRoy) ; **la Triple Énigme** (M. Curtiz) ; **Prologue** (L. Bacon) 1934 **Fog Over Frisco** (W. Dieterle) ; **Wonder Bar** (L. Bacon) 1935 **Capitaine Blood** (M. Curtiz) ; **Chercheuses d'or de 1935** (B. Berkeley) ; **la Femme traquée** (M. LeRoy) ; **le Songe d'une nuit d'été** (M. Reinhardt et W. Dieterle) 1936 **La Charge de la brigade légère** (M. Curtiz) 1937 **La ville gronde** (M. LeRoy) 1939 **Dodge City** (les Conquérants, M. Curtiz) ; **La Vie privée d'Elisabeth d'Angleterre** (M. Curtiz) ; **Victoire sur la nuit** (E. Goulding) 1940 **L'Aigle des mers** (M. Curtiz) ; **La Lettre** (W. Wyler) 1941 **L'Homme de la rue** (F. Capra) ; **Le Faucon maltais** (J. Huston) ; **Le Vaisseau fantôme** (M. Curtiz) ; **Sergent York** (H. Hawks) 1942 **Casablanca** (M. Curtiz); **Sabotage à Berlin** (R. Walsh) 1943 **Air Force** (H. Hawks) 1944 **Hollywood Canteen** (D. Daves) ; **le Port de l'angoisse** (H. Hawks)

Quand Hollywood se censure

Le triomphe des puritains

L'Amérique puritaine des années 1920 voit la capitale du cinéma comme une « nouvelle Babylone ». Menacés par les groupes de pression, les studios acceptent la mise en place d'un « code de production », le code Hays. Ce dernier change le visage du cinéma américain.

Au début des années 1920, la vie dissolue de certaines stars, ajoutée aux excès montrés à l'écran, favorisent le lancement d'une campagne de presse contre Hollywood. Afin d'éviter la création d'une censure fédérale, les studios prennent les devants et fondent la MPPDA (Motion Picture Producers and Distributors of America) pour moraliser l'industrie. Will H. Hays, ex-ministre des Postes de l'administration Harding, en prend la direction. En 1927, un code de bonne conduite vient combler un vide juridique patent. Mais ces premières mesures se révèlent inefficaces et l'avènement du parlant renforce le phénomène. Les jeux de séduction des deux sexes sont abondamment traités. Des thèmes difficiles, comme la prostitution ou l'avortement, sont abordés sans jugement moral. L'image de la femme s'en trouve considérablement modifiée. Les premiers rôles féminins se complexifient, gagnant en réalisme.

Scandales à Hollywood

En 1930, Norma Shearer passe du statut d'ingénue à celui de femme émancipée grâce à *la Divorcée* de R. Z. Leonard, l'histoire d'une femme qui quitte un mari infidèle pour vivre, à son tour, des aventures. Une nouvelle génération d'actrices, menée par Joan Crawford ou Jean Harlow, s'impose dans des rôles d'ensorceleuses modernes. Mae West achève l'évolution en affichant une séduction directe, ouvertement sexuelle, agrémentée par un humour ravageur.

Mais cette émancipation n'est pas du goût de tout le monde. En 1934, un comité d'évêques catholiques crée la Légion de la décence. Dès sa fondation, elle fédère près de 11 millions de personnes. La croisade contre Hollywood peut commencer. Un ordre de boycott est lancé à Philadelphie, contraignant les cinémas à fermer. La situation se répercute dans tout le pays. En juin 1934, le manque à gagner est de 15 millions d'entrées !

1934 : l'avènement du code

En réponse à la crise, Will Hays réforme le système. Une administration dirigée par Joseph Breen, journaliste catholique, est mise en place pour faire respecter le code. Le principe de fonctionnement est celui de la censure préalable. Chaque scénario doit obtenir le sceau de la MPPDA pour sortir dans les réseaux de salles des majors. En cas de désaccord, des modifications sont suggérées et leur application soigneusement contrôlée. Enfin, une amende de 25 000

MAE WEST
JE NE SUIS PAS UN ANGE
WESLEY RUGGLES, 1933

Les audaces de la période pré-code. Mae West arrive à Hollywood en 1932. Dès ses premiers films, elle développe un personnage haut en couleurs de femme libre, dotée d'une sexualité provocante et directe. Du jamais vu ! Ses répliques piquantes font frémir les gardiens de la moralité et enthousiasment les spectateurs. Dans *Je ne suis pas un ange*, elle lance ainsi avec aplomb : « Quand je suis gentille, je suis bonne. Mais quand je suis vilaine, je suis meilleure » ! Ses succès permettent à la Paramount de se renflouer après la crise de 1929, mais l'arrivée de la censure met un frein à sa carrière.

Le code Hays

Selon le code de production adopté par la Motion Picture Producers and Distributors of America en 1934, il est interdit au cinéma de « susciter de la sympathie pour le criminel », de « décrire explicitement des meurtriers et des méthodes criminelles » ; il devra exalter le « caractère sacré du mariage », il ne décrira pas l'adultère « sous un jour attrayant », il s'abstiendra de « montrer des baisers trop passionnés, des poses suggestives », de suggérer des relations « mixtes », et bannira toute nudité (même enfantine), toute représentation d'un accouchement, toute évocation de maladies vénériennes, toute référence « perverse », etc.

dollars est instaurée afin de dissuader les exploitants qui seraient tentés de diffuser les films non agréés. Cette censure s'étend à tous les genres puisque même Betty Boop, la vamp animée des frères Fleischer, est rappelée à l'ordre par le comité de censure en 1935 pour son indécence.

Les studios rentrent dans le rang, mais les créatifs apprennent rapidement à contourner ce nouveau carcan. Ainsi dans *les Enchaînés* (1946), Alfred Hitchcock détourne la durée maximale accordée par le code de production pour les baisers. Sous sa direction, Cary Grant et Ingrid Bergman s'embrassent pendant les trois secondes réglementaires... mais répètent ce geste 13 fois ! Le baiser devient l'un des plus longs du cinéma.Certains producteurs n'hésitent pas à défier ouvertement le « Breen Office ». En 1943, Howard Hughes s'engage dans un duel de deux ans sur *le Banni*, un film provocant centré autour de la sculpturale Jane Russell. Hollywood comprend que le public attend désormais des sujets plus adultes, en infraction avec le code. Ce dernier tombe peu à peu en désuétude.

JANE RUSSELL
LE BANNI
HOWARD HAWKS,
PUIS HOWARD HUGHES, 1943

Contre le code. *Le Banni* dont le tournage largement commencé par Howard Hawks avait été terminé en 1941 par Howard Hugues, sort enfin sur les écrans en 1943 tout auréolé d'un parfum de scandale. Au machisme forcené des héros de ce western atypique répondent la légéreté, le cynisme et l'érotisme torride véhiculés par Rio alias Jane Russel durant tout le film. Hugues a décidé de passer outre le Code Hays comme le montre l'affiche du film. On y voit Jane Russel lascivement allongée sur de la paille, les épaules et les jambes dénudées, un pistolet à la main et illustrant la formule suivante : "Action ! Thrills !! Sensations !!! Primitive love !!!!" Tout un programme propre à déclencher les foudres de la censure.

Hollywood fait un rêve

Frank Capra et la screwball comedy

Le burlesque meurt avec le muet. Avec le parlant, la comédie renaît sous de nouvelles formes, dont la *screwball comedy*, comédie sophistiquée. Frank Capra en est le maître.

Après un bref passage dans les studios de Hal Roach et de Mack Sennett, les maîtres du comique de l'époque, Capra accepte un contrat d'exclusivité à la Columbia, maison de production du quartier pauvre de Gower Street. Il s'y distingue par un sens inné du populaire, peaufinant son savoir-faire en écrivant et en réalisant une douzaine de longs métrages muets, puis parlants. Là se mettent en place les éléments distinctifs de son style. Tout d'abord, le naturel Puis, le rythme. Enfin, le rire, car il faut « de la comédie en toute chose ». Capra fait mouche dans *La Blonde Platine* (1931) et *Grande Dame d'un jour* (1933). Il triomphe en 1934 avec *New York-Miami*. Il avait acheté les droits d'une nouvelle parue dans la presse malgré un manque d'intérêt général et le projet semblait enterré lorsque la chance tourna : la MGM décide de punir son acteur vedette Clark Gable, qui s'était rendu coupable d'insolence, en l'envoyant tourner ce film douteux. Claudette Colbert accepta d'incarner le premier rôle féminin. Le film finit par remporter les oscars du meilleur film, meilleur scénario, meilleur réalisateur, meilleur acteur et meilleure actrice. « Ce qui m'étonne le plus, ce n'est pas que *New York-Miami* soit devenu un classique... c'est que le film ait vu le jour » (F. Capra).

La tradition burlesque remise au goût du jour

De ces ingrédients naît un genre nouveau, la *screwball comedy*. Ce terme désigne des comédies sophistiquées, chargées de rebondissements imprévisibles et improbables, où tout est permis ! Le comportement loufoque des héros, contrebalancé par des dialogues ciselés, n'est justifié par aucune logique ou causalité manifestes. Les relations entre les hommes et les femmes, oscillant entre jeux de séduction et guerre en dentelles, sont abordées de front, dans des scènes chargées de sous-entendus destinées à égarer la censure. Pour Capra, c'est la consécration. D'autres réalisateurs, tels que Gregory LaCava, Howard Hawks, Leo McCarey, George Cukor, notamment, adoptent à leur tour ce style dans des films devenus des classiques : *My Man Godfrey* (Gregory LaCava, 1936), *l'Impossible Monsieur Bébé* (Howard Hawks, 1938), *la Dame du vendredi* (Howard Hawks, 1940), *Chérie, je me sens rajeunir* (Howard Hawks 1952), etc.

Capra, cinéaste du New Deal

Alors que le genre s'épanouit, Capra choisit d'évoluer vers un propos plus personnel. *Mr. Smith au Sénat*

CARY GRANT
ARSENIC ET VIEILLES DENTELLES
FRANK CAPRA, 1944

Gentleman extravagant. Cary Grant s'impose rapidement comme l'un des acteurs les plus populaires de la comédie américaine avec des films tels que *Cette sacrée vérité* (1937), *l'Impossible Monsieur Bébé* (1938) ou encore *Arsenic et vieilles dentelles* (1944). Utilisant son physique élégant et son passé de mime, il crée un personnage décalé de « gentleman extravagant » qu'il réutilisera tout au long de sa carrière.

CARY GRANT, KATHARINE HEPBURN
L'IMPOSSIBLE MONSIEUR BÉBÉ
HOWARD HAWKS, 1938

La comédie des cinglés. Quand un professeur d'histoire naturelle nommé Huxley (Cary Grant), amoureux d'un squelette de brontosaure, rencontre une héritière délurée (Katharine Hepburn), propriétaire d'un léopard qui répond au doux nom de Bébé, cela ne peut produire que des étincelles. Selon Hawks lui-même, tous les personnages de son film sont « cinglés ». Résultat : un film loufoque aux rebondissements aussi absurdes que réjouissants.

CLAUDETTE COLBERT ET CLARK GABLE
NEW YORK-MIAMI
FRANK CAPRA, 1934

L'invention de la comédie américaine. Le film raconte les aventures d'une riche héritière (Claudette Colbert) décidée à épouser un play-boy désavoué par son père. Séquestrée à Miami, elle s'enfuit pour rejoindre New York incognito en bus. Au cours du voyage, elle fait la connaissance d'un reporter sans le sou (Clark Gable) qui tente de l'utiliser pour obtenir le scoop de sa vie. Ils finissent par s'éprendre l'un de l'autre. Ignoré par la critique, le film sort discrètement sur les écrans, mais devient peu à peu un phénomène national. En 1935, il reçoit les cinq oscars les plus prestigieux. Du jamais vu ! Ce succès s'explique simplement : le film est totalement en phase avec son époque. Reflet des mutations d'une société secouée par les soubresauts de la crise de 1929, il montre des personnages résolument modernes, qui remettent en question, par un comportement décalé, les frontières entre les classes sociales et les sexes.

(1939) ou *l'Homme de la rue* (1941), gardent les traits de la *screwball comedy* en abordant des sujets plus dramatiques et des thèmes résolument engagés. L'occasion, pour le réalisateur, de fondre divertissement et idéaux en un « conte significatif » porteur d'un message d'espoir, que d'aucuns associeront à la philosophie du New Deal de Franklin D. Roosevelt. Après un bref retour à la comédie pure avec *Arsenic et vieilles dentelles* (19444), Capra reprend cette démarche avec *La vie est belle* (1946), fable humaniste sur un homme sauvé du suicide par son ange gardien. Mais, confronté à un système hollywoodien en mutation et aux aspirations d'un public renouvelé, le réalisateur ne connaîtra plus jamais le succès d'avant-guerre.
En dépit de critiques récurrentes sur son idéalisme, Capra reste aujourd'hui l'un des maîtres incontestés de la comédie américaine.

Frank Capra (1897-1991)

1897 Naissance à Palerme, Italie 1931 **La Blonde platine** 1933 **The Bitter Tea of General Yen** 1934 cinq Oscar pour **New York-Miami** 1936 **L'Extravagant monsieur Deeds** 1938 **Vous ne l'emporterez pas avec vous** 1939 **Monsieur Smith au Sénat** 1941 **L'Homme de la rue** 1942-1945 **Pourquoi nous combattons** (séries) 1944 **Arsenic et vieilles dentelles** 1946 **La vie est belle** 1948 **L'Enjeu** 1971 publie sa biographie **Hollywood Story** 1991 Mort à Los Angeles.

Le burlesque parlant

Drôles de zigs !

Les comiques passent avec succès des planches aux caméras, des courts aux longs-métrages, écartant définitivement les stars du muet, au moins celles qui ne savent pas utiliser leur voix.

Aux États-Unis, le parlant a sonné le glas du burlesque. Sonore et en couleurs, le cinéma coûte de plus en plus cher à réaliser. Bientôt, seules les majors américaines ont les moyens d'en produire. Elles rationalisent les budgets, assoient leur emprise et se constituent en véritable oligopole. Elles engagent scénaristes et metteurs en scène, s'approprient des stars et les utilisent au mieux. En 1930, la Grande Dépression économique vide les salles et Hollywood multiplie les efforts pour y attirer à nouveau les spectateurs, notamment en les faisant rire.

Des planches à l'écran

À cette époque, Hollywood cherche des interprètes qui parlent et recrute les héros de ses comédies sur les planches. Nombre d'entre eux viennent du music-hall, tels les futurs Three Stooges, le grand W. C. Fields, ou encore Abbott et Costello. On dit d'ailleurs que leur succès a sauvé les studios Universal de la faillite. La plupart de ces acteurs écrivent leurs propres textes, jouent leur propre rôle — fusionnent avec leur personnage. C'est notamment le cas des Marx Brothers. Leurs spectacles (*The Coconuts* et *Animals Crackers*) triomphant à Broadway, la Paramount les engage à les jouer face caméra et sous la direction d'un réalisateur. Le travail des metteurs en scène, sous la coupe des studios, n'est pas reconnu, mais il faut reconnaître à Leo McCarey une bonne part de responsabilité dans la facture des films comiques des années 1930. On lui doit d'avoir réuni les comédiens Stan Laurel et Oliver Hardy, qui avaient commencé leur carrière en solo au temps du muet. Il a notamment réalisé *Big Business* en 1929, modèle du genre, où prolifèrent le *slowburn* : des gags « à réaction lente ». L'univers particulier des films de « Laurel et Hardy » allie les ficelles du gag grossier à des situations aussi scabreuses que grinçantes : l'implacable mécanique du muet à la sauce sonore. McCarey a également réalisé *la Soupe au canard* (*Duck Soup*, 1933), le dernier film réunissant Groucho, Harpo, Chico et Zeppo, les quatre frères Marx. Cette diatribe sur le pouvoir politique, la guerre et l'argent est conforme à leur entreprise de sarcasme et de décapage. Deux ans plus tard les Marx sont engagés par la MGM et tournent *Une nuit à l'Opéra* (*A Night at the Opera*, 1935) sous la direction de Sam Wood.

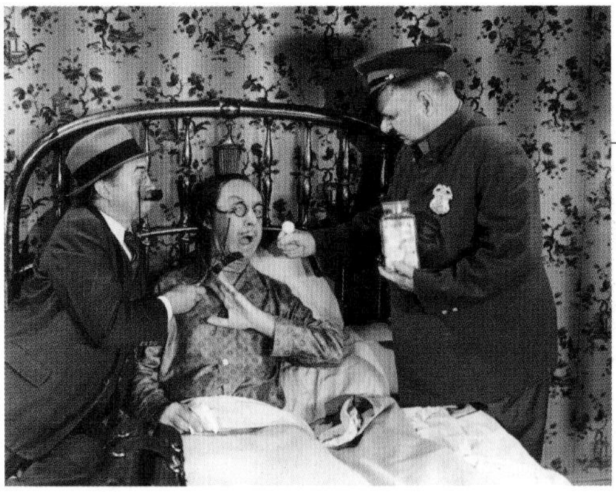

W. C. FIELDS
MINE DE RIEN
(THE BANK DICK)
EDWARD F. CLINE, 1940

Le triomphe de l'absurde. C'est par des films comme *Mine de Rien* ou *Passez Muscade* (*Never give a Sucker an Even Break*, 1941) qu'on connaît aujourd'hui W.C. Fields. Auteur de nombre de scénarios loufoques à sa mesure, il a notamment écrit celui de ces deux films. Né en 1880, il commence sa carrière cinématographique assez tardivement. Il accède à la notoriété grâce à la scène. Habile jongleur, il crée un personnage de clown dépenaillé connu pour ses tours d'adresse, qu'il reprendra souvent au cinéma. Il est aussi célèbre pour ses monologues cyniques et absurdes. Contacté par la MGM en 1935, il interprète un autre de ses rôles les plus marquants dans le *David Copperfield* de Georges Cukor.

LAUREL ET HARDY
VIVE LA LIBERTÉ (LIBERTY)
LEO MCCAREY, 1929

Rires à deux. Stan Laurel a commencé par faire de la pantomime. Il a travaillé avec Max Sennett, il a même doublé Charlie Chaplin lors de sa tournée de 1910. Tête pensante du duo, il en écrit les gags, travaille parfois comme monteur et va jusqu'à imposer ses choix auprès des producteurs. Dans ce film, Laurel et Hardy s'échappent de prison. Poursuivis par la police, ils sèment le désordre derrière eux. Leur dernier film commun fut *Atoll K* réalisé par John Berry en 1951. Quand Oliver Hardy meurt en 1957, Laurel renonce à poursuivre sa carrière.

Les Marx Brothers et Margaret Dumont
Explorateurs en folie
Victor Heerman, 1930

Pauvre Margaret ! Satire dénonçant les conventions du monde bourgeois, ce film est fidèle à l'esprit caustique et destructeur des Marx Brothers. Dans une mise en scène légèrement théâtrale, il offre une suite de scènes hilarantes, plus farfelues les unes que les autres. Margaret Dumont est une comédienne avec laquelle les Marx ont beaucoup travaillé. Véritable faire-valoir, elle joue à la perfection leur souffre-douleur, toujours victime d'un Groucho impitoyable séducteur et macho.

De la tarte à la crème aux pieds dans le plat

Les comédies populaires montrent des personnages ordinaires. Pris dans un engrenage qu'eux-mêmes ont mis en marche, ils se retrouvent dans des situations impossibles dont ils ne peuvent se sortir sans aggraver la situation. L'intrigue est secondaire, elle sert essentiellement de fil conducteur aux films. Mais, comme elle parle très souvent de déboires liés au manque d'argent, de statut social ou à l'acquisition des deux, ce fil tranche dans les travers de la société. Si ces comédies séduisent de moins en moins les spectateurs à la recherche de film *bigger than life* (plus grand que nature), l'arrivée de la télévision offrira à leurs acteurs une tribune sur mesure : les Marx, mais aussi Abbott et Costello, Bob Hope ou Lucile Ball y auront des émissions régulières et feront rire des foules de téléspectateurs.

« *Il est préférable de rester muet et d'être pris pour un fou, que de l'ouvrir et de ne laisser aucun doute à ce sujet.* »
Groucho Marx

Les grands films d'aventure

Tarzan, Robin, Zorro et les pirates

Le cinéma des années 1930 entraîne ses spectateurs sur les mers, dans les airs ou vers des contrées sauvages. On y chasse l'éléphant comme les trésors cachés. Les films d'aventures, essentiellement hollywoodiens, privilégient le grand spectacle, sur terre comme sur mer.

L'aventure du cinématographe se confond totalement avec le cinéma d'aventures, comme en témoignent *Drame au fond de la mer* et *À la conquête de l'air* réalisés par Ferdinand Zecca en 1901 ou le fameux *Voyage dans la lune* de Méliès en 1902. Tout est là ou presque : une destination inconnue, lointaine ou exotique, des aventuriers intrépides, une histoire hors du commun. Le cinéma d'aventures, c'est, en effet, un dépaysement assuré, la certitude de quitter en rêve la salle obscure pour partir à la découverte de nouveaux horizons. Quelques années plus tard, le genre s'est définitivement installé au premier rang des succès publics. En 1924, Raoul Walsh réalise ainsi *le Voleur de Bagdad*, parfaire illustration d'une tendance cinématographique qui revendique le droit à la féerie comme le rappelle alors son interprète principal, Douglas Fairbanks : « Si j'ai fait ce film, c'est que nous aimons tous les chimères. » Les costumes comme les décors et l'abondance des effets spéciaux participent à la magie de l'ensemble : l'esprit des *Mille et Une Nuits* souffle sur le film.

D'Afrique et d'ailleurs

L'aventure passe inévitablement par l'exotisme comme le montre parfaitement *Trader Horn*, réalisé en 1930 par Woody S. Van Dyke. La légende veut que c'est en voyant ce film, adapté des mémoires d'un vieux trafiquant d'ivoire irlandais, que l'écrivain Ernest Hemingway tomba amoureux de l'Afrique. De fait la MGM n'avait pas lésiné sur les moyens pour un tournage qui dura sept mois tout au long de 15 000 kilomètres et mobilisa plus de 200 personnes dans 100 véhicules ! Comme souvent en effet, le tournage du film d'aventures est en soi une aventure. Le succès commercial et critique fut à la hauteur de la folie d'un film dans lequel on pouvait découvrir des régions inconnues et même des... pygmées. Deux ans plus tard, le même réalisateur retournait en Afrique pour inaugurer une nouvelle aventure : le premier Tarzan incarné par Johnny Weissmuller, *Tarzan l'homme singe*. D'autres régions du monde servent alors de décors aux films d'aventures : l'Indochine pour *la Belle de Saigon* de Victor Fleming (1932), l'Inde avec *les Trois Lanciers du Bengale* d'Henry Hathaway (1935), la Polynésie dans *Taro le païen* de Richard Thorpe (1935), l'Égypte et le *Suez* d'Allan Dwan (1938).

DOUGLAS FAIRBANKS
ROBIN DES BOIS
ALLAN DWAN, 1922

L'aventurier au grand cœur. C'est dès 1912 que le personnage de Robin des Bois apparaît au cinéma. Mais c'est Douglas Fairbanks qui lui donne ses lettres de noblesse dans le film réalisé en 1922 par Allan Dwan. Rien n'est alors trop beau ni trop cher pour la réussite d'un film aux décors plus imposants encore que ceux d'*Intolérance*. Prototype du héros bondissant, sympathique et généreux, Robin trouva plus tard en Errol Flynn puis en Kevin Costner de parfaites incarnations. Pour Richard Lester, en 1976, dans le crépusculaire *la Rose et la flèche*, Sean Connery eut le courage de montrer un Robin vieillissant pour lequel, manifestement, l'aventure était finie...

JOHNNY WEISSMULLER ET MAUREEN O'SULLIVAN
TARZAN L'HOMME SINGE
WOODY S. VAN DYKE, 1932

L'aventurier de la jungle. Quand en 1932, Johnny Weissmuller endosse pour la première fois les courts habits de l'homme singe, Tarzan a déjà largement été exploité par le cinéma : *Tarzan of the Apes* de Scott Sidney date ainsi de 1918, soit six ans seulement après la parution du premier roman de Burroughs. Mais, galvanisée par le succès de *Trader Horn*, la MGM entend bien donner un nouveau souffle à ce personnage. C'est ainsi que la présence de la troublante Maureen O'Sullivan, dans le rôle de Jane, aux côtés de l'athlétique Weissmuller emporte tous les suffrages d'un public conquis par ces aventures délicieusement exotiques

Errol Flynn
Capitaine Blood
Michael Curtiz, 1935

L'aventurier des mers. Docteur en médecine puis capitaine de navire et enfin gouverneur de la Jamaïque, Peter Blood, que campe Errol Flynn, connaît une existence pour le moins mouvementée. Flynn trouvait en lui son premier grand rôle et se posait en digne successeur de Fairbanks. Il incarne à merveille le rebelle des mers, figure récurrente du cinéma hollywoodien, quand il prend la tête de la révolte et de la mutinerie : « Nous rejoignons la fraternité des boucaniers pour pratiquer la piraterie en mer. Nous, les chassés, chasserons désormais ! » L'aventure prend ici la forme d'un combat pour la vie mais également pour la dignité que l'on retrouve, entre autres, dans *les Révoltés du Bounty*.

D'île en île

Quitter la terre ferme constitue à cette époque une aventure en soi. Et le cinéma fait la part belle aux films d'aventures maritimes. Toujours intrépide, Douglas Fairbanks, deux ans après s'être fait voleur à Bagdad, devenait ainsi le héros du *Pirate noir* réalisé par Albert Parker, donnant au film de pirates l'un de ses plus beaux joyaux. On retrouve ces mêmes pirates notamment en 1934 pour une adaptation du roman de Stevenson, *l'Île au trésor*, réalisée par Victor Fleming. Mais c'est l'année suivante que Charles Laughton et Clark Gable incarnèrent les protagonistes d'un film devenu culte, *les Révoltés du Bounty* : c'est la mutinerie la plus célèbre de l'histoire du cinéma et l'implacable portrait de la marine à voiles britannique. Les *Capitaine Blood*, *Capitaines courageux*, *Aigle des mers* et autres *Âmes à la mer* donnèrent également ses lettres de noblesse au « cinéma sur mer ». Mais, explorer, conquérir, se rebeller, rien de tout cela ne serait possible sans les héros, anonymes ou célèbres, de ces films d'aventures, parmi lesquels Robin des Bois, Tarzan, Zorro, Marco Polo, Richard Cœur de Lion et autres Scaramouche. Ils sont incontestablement les ancêtres d'Indiana Jones ou de James Bond.

Quelques films à revoir

1920 **Le Signe de Zorro** (Fred Niblo) 1921 **Les Trois Mousquetaires** (F. Niblo) 1922 **Robin des Bois** (Allan Dwan) 1924 **Le Voleur de Bagdad** (Raoul Walsh) 1926 **Le Pirate noir** (Douglas Fairbanks et Alfred Parker) 1929 **Le Masque de fer** (A. Dwan) 1931 **Trader Horn** (Woody S. Van Dyke) 1932 **Tarzan l'homme singe** (W. S. Van Dyke) 1934 **L'Île au trésor** (Victor Fleming) 1935 **L'Appel de la forêt** (William A. Wellman) ; **Capitaine Blood** (Michael Curtiz) ; **Les Révoltés du Bounty** (Frank Lloyd) ; **les Trois Lanciers du Bengale** (Henry Hathaway) 1937 **Capitaine courageux** (V. Fleming) 1938 **Les Flibustiers** (Cecil B. DeMille) ; **les Aventures de Robin des Bois** (M. Curtiz et William Keighley) 1940 **L'Aigle des mers** (M. Curtiz) ; **le Signe de Zorro** (Rouben Mamoulian)

De Frankenstein à King Kong

L'apogée du genre fantastique

Boris Karloff
Frankenstein
James Whale, 1931

Créé à l'image de l'homme. Suite au succès de *Dracula* de Tod Browning, les studios Universal mettent en chantier le roman de Mary Shelley. Bela Lugosi refuse le rôle (pas assez de dialogues) et Robert Florey, pressenti à la réalisation (il sera crédité du scénario), sera remplacé par James Whale, qui choisit Boris Karloff. Les talents conjugués de l'acteur, du maquilleur Jack Pierce (qui demeure une référence) et de la splendide photo d'Arthur Edeson contribuent à la réussite collective de ce film, sans oublier le classicisme élégant de la mise en scène et un excellent scénario.

Sous l'influence durable de l'expressionnisme allemand et sous le choc de la crise économique de 1929, le cinéma hollywoodien, au seuil du parlant, engendre une inoubliable galerie de monstres.

Le fantastique est pratiquement né avec le cinéma, grâce aux films de Georges Méliès. Comme si le cinéma, dans son essence même, était de nature fantastique : le pouvoir d'apparition et de disparition des images, l'illusion magique. Si le genre fantastique s'est développé à la fois en Europe, au temps de l'expressionnisme allemand dans les années 1920, et en Amérique au temps du muet (*le Fantôme de l'Opéra*, 1925, de Rupert Julian avec Lon Chaney), c'est au seuil du parlant, grâce au succès de *Dracula* de Tod Browning en 1931, produit par Carl Laemmle pour les studios Universal, qu'il atteint sa maturité. Ce cinéma fantastique, d'inspiration gothique, par la force de ses récits, puisés le plus souvent dans le patrimoine littéraire, la qualité de ses acteurs (les premières stars du genre, objet d'un culte) et de ses techniciens (les concepteurs des effets spéciaux), allait connaître un succès retentissant.

Une encyclopédie de la peur

La société est en crise (le krach boursier), le cinéma aussi, car au moment de la chute de la fréquentation, les studios doivent investir pour s'adapter au parlant. Le cinéma fantastique devient la caisse enregistreuse de ces peurs, celle d'un monde qui ne connaît plus de

Dans le sommeil de la raison. Adapté d'une pièce de théâtre à succès, inspirée du célèbre roman de Bram Stoker, le film a révélé au cinéma l'acteur hongrois Bela Lugosi, qui avait joué le rôle du vampire dans la pièce. Tod Browning, plus connu pour son amour des monstres (*Freaks* et ses films avec Lon Chaney), déploie une atmosphère gothique chère au studio Universal, grâce à la photo de Karl Freund. Exposant avec une rigueur pédagogique tous les attributs du vampire, le film scelle une union diabolique entre Dracula et Bela Lugosi, marqué à jamais par le rôle. La première entrée en scène de Dracula à Hollywood, quelques années après *Nosferatu* de Friedrich W. Murnau, va engendrer de nombreuses suites.

Bela Lugosi
Dracula
Tod Browning, 1931

règles ni de limites. L'homme ne se maîtrise plus, dans les expérimentations qu'il fait sur lui, que ce soit pour le héros du *Dr. Jekyll et Mr. Hyde* (1932) de Rouben Mamoulian, d'après Robert Stevenson, ou pour *l'Homme invisible* (1933) de James Whale, qui le conduisent à la folie criminelle ou à celle du pouvoir. Quand l'homme capture une créature (*King Kong*, 1933) ou la conçoit à son image (*Frankenstein*, puis *la Fiancée de Frankenstein*, du même James Whale respectivement en 1931 et en 1935), elle finit par lui échapper. Cette volonté d'asservir l'autre pour le pousser à accomplir de sombres desseins de vengeance trouve son accomplissement dans *les Poupées du diable* (1936) de Tod Browning, auteur de l'inoubliable *Freaks* (1932). L'époque est celle de tous les dérèglements, la plupart de nature criminelle, notamment dans *Double Assassinat dans la rue Morgue* (1932) de Robert Florey, avec Bela Lugosi, adaptation de la nouvelle d'Edgar Poe. L'insularité devient l'espace concentrationnaire propice à toutes les transgressions, qu'elles soient liées au monde de la chasse (*les Chasses du Comte Zaroff*, 1932, d'Ernest B. Schoedsack et Irving Pichel) ou aux inventions démiurgiques dans *l'Île du docteur Moreau* (1932) d'Erle C. Kenton, avec Bela Lugosi et Charles Laughton, d'après Herbert G. Wells.

Dans un monde en proie au doute, il devient logique que la mort, les revenants, viennent troubler la sphère du vivant. Deux films témoignent avec force de cette angoisse : *White Zombie* (1933) de Victor Halperin et surtout *la Momie* (1932) de Karl Freund, le chef opérateur de *Metropolis*, avec Boris Karloff.

Ainsi, en l'espace de quelques années, le temps de quelques films, le cinéma américain fantastique a été la chambre d'écho de toutes les peurs, le creuset de toutes les folies de l'homme. La suite n'a fait que reproduire ou déplier autrement tout ce qui a été conçu à cette période.

CLAUDE RAINS
L'HOMME INVISIBLE
JAMES WHALE, 1933

Fable transparente. Filmer l'homme invisible constitue un paradoxe et un défi que seul le cinéma a pu relever, grâce aux effets spéciaux optiques conçus par John Fulton. En adaptant en 1933 le roman de H. G. Wells, l'homme de théâtre James Whale, fort de son précédent succès (*Frankenstein*) fait de son héros Griffin (Claude Rains) un personnage enfantin (profiter de son invisibilité pour se livrer à des facéties, pas vu, pas pris), et dangereux, l'égal d'un Dieu invisible voulant soumettre le monde à sa seule volonté. Fable critique sur le pouvoir qui rend fou, le film vaut aussi pour ses audaces sonores.

KING KONG
ERNEST B. SCHOEDSACK ET MERIAN C. COOPER, 1933

La belle et la bête. King Kong tenant dans ses pattes énormes une jeune femme dénudée (Fay Wray), King Kong au sommet de l'Empire State Building, victime d'une horde d'avions mitrailleurs, ces images mythiques sont restées gravées dans tous les esprits. Au nom d'E. B. Schoedsack et de M. C. Cooper qui ont signé cette production RKO tournée en 52 semaines, il faut ajouter celui de Willis O'Brien, responsable des effets spéciaux et concepteur de l'animation image par image. On passera vite sur l'imaginaire colonial, quelque peu raciste, pour privilégier l'amour fou (les surréalistes avaient adoré ce film) entre la belle et la bête — combinaison d'érotisme et de poésie qui a fait entrer le film dans la légende.

Le cinéma d'animation

Mickey, Betty Boop, Bugs Bunny et leurs amis

Dès ses débuts, Walt Disney bouscule l'animation américaine par ses conceptions révolutionnaires. Certains concurrents se lancent sur ses traces. D'autres s'imposent dans un style aux antipodes, iconoclaste et irrévérencieux.

Walter Elias Disney a vingt et un ans lorsqu'il fonde en 1922 Laugh O'Gram (prononcer lâfogramme), son premier studio d'animation à Kansas City. Avec Roy, son frère aîné, et le dessinateur Ub Iwerks, il produit ses premiers courts métrages. Mais le manque de débouchés les conduit bientôt à la faillite. Le trio se retrouve à Los Angeles et crée le Disney Brothers Studio. La chance leur sourit enfin avec la série d'*Oswald le chanceux* (1925), puis avec la création de Mickey Mouse, qui apparaît pour la première fois en 1928 dans *Steamboat Willie*, premier court métrage animé sonore.

Le système Disney

Puis Disney lance les « Silly Symphonies », suite de courts métrages musicaux qui débute avec *la Danse macabre* (1929). En 1932, la société s'assure l'exclusivité du Technicolor pour *Fleurs et arbres* et remporte un oscar. L'année suivante, c'est l'immense succès des *Trois Petits Cochons*. Le studio

Steamboat Willie
Walt Disney, 1928

Le premier court métrage animé sonore. Mickey danse en mesure avec son bateau et joue du xylophone sur les dents d'une vache ! L'avant-première à New York (le 18 novembre 1928) est un triomphe. Une foule de produits dérivés à son effigie consacrent Mickey. La série se développe grâce à la création de nouveaux personnages tels que Donald Duck, Goofy, etc.

Blanche-Neige et les sept nains
Walt Disney, 1937

Le triomphe de Disney. Avec ce film, Disney bouleverse les standards de l'animation. Sur le fond, l'œuvre s'avère particulièrement moderne grâce à une structure narrative proche du cinéma réel. Pour la première fois, les chansons ne se contentent pas d'illustrer l'action mais intègrent une fonction narrative. Sur la forme, le film est l'aboutissement des recherches engagées depuis la fin des années 1920. Un soin particulier est apporté à la lumière et aux textures. Cinquante-six artistes sont chargés d'animer le feu, les nuages ou l'eau. Les techniques, expérimentales, sont parfois surprenantes. Les joues rosées de Blanche-Neige sont réalisées avec du véritable fard posé sur le cellulo !

s'agrandit : 187 employés en 1934, année où Disney lance la production de *Blanche-Neige et les sept nains*, premier long métrage d'animation. En 1941, une école d'art est créée pour former les animateurs de demain aux méthodes maison. Le studio compte alors 1 600 employés ! L'entrée des États-Unis dans la Seconde Guerre mondiale et la commande d'une série de courts métrages patriotiques ne ralentissent pas la production. Le studio sort *Pinocchio* (1940), *Fantasia* (1940), *Dumbo* (1941), *Bambi* (1942). Malgré des succès commerciaux inégaux, Disney représente alors une référence pour toute l'industrie.

Parmi les alternatives, le cartoon

De nombreux studios tentent de reproduire le modèle, mais leurs résultats restent peu probants. Seuls les frères Fleischer font exception. En 1930, ils créent Betty Boop, la vamp innocente et provocante. En 1933, ils adaptent la bande dessinée *Popeye*, le marin dont la popularité égalera celle de Mickey ! Puis ils sortent avec succès *les Voyages de Gulliver* (1939), deuxième long métrage d'animation américain.

La réaction à Disney vient du « cartoon » à la fin des années 1930. Tex Avery lance l'offensive en 1936 à la Warner. Il impose d'emblée un ton neuf et décapant. Son style est bourré de jeux de mots et de références, il privilégie le gag plutôt que l'intrigue et défie les limites de la vraisemblance. Le succès est total et une série de nouveaux personnages est créée : Daffy Duck, Elmer Fudd, Bugs Bunny... En 1942, Tex Avery rejoint la MGM, dont le département animation « cartonne » grâce à Tom et Jerry, le chat et la souris créés en 1940 par Hannah et Barbera. C'est l'apogée de leur carrière (de 1943 à 46, ils recevront l'Oscar du meilleur dessin animé). En 1945, dans *Escale à Hollywood*, Jerry dansera même avec Gene Kelly ! En 1942 dans *The Blitz Wolf* (1942), Tex Avery crée le grand méchant loup. L'accueil est exceptionnel. Le loup, d'abord confronté aux trois petits cochons, s'oppose bientôt au placide Droopy, puis à une vamp pulpeuse qui déchaîne sa libido !

Les bouleversements de l'après-guerre

À la fin des années 1940, le cartoon connaît son âge d'or. Le genre ne cesse d'évoluer : créée par des anciens de Disney, l'UPA (United production of America) apporte un nouveau souffle par une narration plus elliptique, des formes plus anguleuses et des décors simplifiés. *Mister Magoo* (1949) est leur premier succès. Bientôt, le secteur subit de plein fouet les bouleversements de l'après-guerre. Avec la fin des compléments de programmes le court métrage voit ses budgets de production chuter. Disney réagit en se recentrant sur les longs métrages et en diversifiant ses activités vers la télévision et les parcs d'attraction. À sa mort en 1966, son esthétique est devenue la norme.

Les deux chaperons rouge (Bad Luckie Blackie)
Tex Avery, 1949

C'est bête, non ? Tex Avery, entre dans l'animation après des études d'art et une tentative infructueuse dans la bande dessinée. Il forge un comique visuel caractéristique du cartoon par des procédés narratifs extravagants. Ainsi il n'hésite pas à prendre à partie le spectateur. Dans *The Heckling Hare* (1941), Bugs Bunny montre une pancarte avec l'inscription *« Silly isn't it !?»*, « C'est bête, non ? ». La dérision et l'exagération sont ses armes favorites. Son originalité éclate à la MGM avec des courts métrages tels que *Who Killed Who ?* (1943), *King Size Canary* (1947) ou *Bad Luckie Blackie* 1949). Tout au long de sa carrière, il stigmatisera directement le style réaliste et angélique de Disney dans des parodies mordantes

Betty Boop
Vers 1930

Sexy Betty. C'est en 1930 qu'apparaît pour la première fois le personnage de Betty Boop. Dessinée par Grim Natwick pour les frères Fleischer et la Paramount, elle est entourée par le chien Bimbo et le clown Koko. Elle incarne un mélange explosif pour l'époque en combinant pureté (c'est une gentille fille qui adore les animaux) et de provocation (c'est une petite bombe ouvertement sexuelle), le tout avec une voix aussi angélique qu'aguicheuse. Elle finit d'ailleurs par s'attirer les foudres de la censure hollywoodienne. Mais que peuvent des puritains contre tant de fraîcheur désarmante ? Betty leur a survécu !

Du film criminel au film noir

Gangsters, détectives et policiers

1929, la crise ébranle l'Amérique. Personne ne peut ignorer l'ascension des gangsters et le climat de violence qui en découle. L'opinion est inquiète. Hollywood ne tarde pas à s'emparer du sujet.

Le film criminel, reflet des soubresauts de la vie urbaine, existe dès le début du xxe siècle. Mais dans les années 1930, une poignée de films le remet au goût du jour en redéfinissant ses codes. Sous l'influence de Darryl Zanuck, jeune chef de la production, la Warner donne le ton. Le studio, qui vient juste de révolutionner l'industrie en imposant le parlant, est à la recherche d'une identité. En 1931, il sort *le Petit César* (Mervyn LeRoy), film au budget modeste, qui raconte l'ascension et la chute d'un gangster incarné par Edward G. Robinson. L'œuvre, qui se détache des productions de l'époque par son univers masculin et brutal, fixe les lois du genre. Elle dévoile de manière crue la violence de la vie urbaine. L'utilisation du son, dans des décors quotidiens et un univers visuel très stylisé, ajoute au réalisme. Fusillades et poursuites s'enchaînent au service du suspense.

La même année, le studio confie à James Cagney le rôle de *l'Ennemi Public* (William A. Wellman). *Scarface* (1932), produit par Howard Hughes pour la RKO, achève d'imposer le genre. L'opinion est choquée mais le public plébiscite ces nouvelles productions au réalisme sans concession.

Les variations, ou la revanche des forces de l'ordre

Le succès pousse les détracteurs du genre à intervenir. J. Edgar Hoover dénonce ces « films qui glorifient les délinquants plutôt que les policiers ». Les précautions prises par les studios pour respecter la morale sont jugées insuffisantes. En 1934, le code Hays édicte des règles strictes. Toute une série de délits sont proscrits des écrans. Enfermé dans un carcan, le genre périclite. Avec *les Hors-la-loi* (William Keighley, 1935), Warner déjoue la censure en adoptant le point de vue de la loi. C'est le début d'un nouveau cycle. Ironie du sort, ceux qui avaient fait trembler le public en prêtant leurs traits aux truands incarnent désormais les agents du gouvernement.

Parallèlement, se développe un courant plus social, fidèle à l'esprit du New Deal de Franklin D. Roosevelt. Dans *Je suis un évadé* (1932) de Mervyn LeRoy ou *Furie* (1936) de Fritz Lang, on s'attache au sort de l'homme ordinaire, broyé par la société de masse, souffrant de l'indifférence et du chômage.

À la fin des années 1930, le gangster est montré comme un individu à la dérive, bouc émissaire d'une société en crise. La mort de John Dillinger,

SCARFACE
HOWARD HAWKS, 1932
Affiche française

La honte de la nation. En 1931, Howard Hughes lance la production de *Scarface*. L'histoire s'inspire librement de la vie d'Al Capone et assume une atmosphère sombre et malsaine. Le script, envoyé aux censeurs pour approbation, est rejeté. Plusieurs changements sont proposés, en vain. Excédé, le producteur envoie un télégramme à Howard Hawks : « Commence le film et fais-le aussi réaliste, excitant et horrible que possible ! » Un bras de fer s'engage. L'œuvre finit par sortir en 1932 avec la mention « Honte de la nation » ! Différentes versions sont montrées, au gré des censures locales. *Scarface* devient le plus gros succès de la saison, et sera considéré comme le modèle du film de gangster. Brian De Palma en fera un remake en 1983, avec Al Pacino dans le rôle titre.

JAMES CAGNEY
ET EDWARD WOODS
L'ENNEMI PUBLIC
WILLIAM WELLMAN, 1931

Le choix des armes. James Cagney commence sa carrière dans des spectacles de music-hall. Après quelques films mineurs, il est repéré par William Wellman pour *l'Ennemi public.* Sa violence et son dynamisme lui valent de décrocher le rôle-titre. Dans une des séquences les plus célèbres du film, il écrase la moitié d'un pamplemousse sur le visage de sa petite amie, Mae Marsh, pour la faire taire et scandalise l'Amérique puritaine. Le grand public en redemande. En effet, Cagney incarne parfaitement le gangster issu des faubourgs, dur et prêt à tout pour survivre. Un personnage qu'il reprend tout au long de la décennie dans *les Anges aux figures sales*, *les Fantastiques Années vingt*...

l'arrestation d'Al Capone et l'abolition de la prohibition marquent la fin d'une époque. Mais le genre ne disparaît pas pour autant.

Le film noir : un genre réinventé

L'entrée dans la Seconde Guerre mondiale réactive les peurs des Américains. À l'image des angoisses qu'il reflète, le film criminel évolue. Les films des années 1930 montraient un univers manichéen où truands et policiers s'opposaient selon des règles claires. Avec *le Faucon maltais* (1941), John Huston se réapproprie le genre et crée l'univers du film noir. Adaptée d'un roman de Dashiell Hammett, l'œuvre décrit un monde confus, où la menace est diffuse, et la corruption générale. Entre la police et la pègre, le détective, dont le code moral est sans faille, ne peut se fier à personne. L'atmosphère mystérieuse est renforcée par un esthétisme poussé à l'extrême. Rejetant le Technicolor, le film utilise toutes les nuances du noir et blanc dans une photographie contrastée. Il marque l'avènement d'une nouvelle mythologie qui consacre le rôle du privé et la figure de la femme fatale.

Le film noir fait école. Il est le terrain de prédilection de réalisateurs tels qu'Alfred Hitchcock (*l'Ombre d'un doute*, 1943), Fritz Lang (*la Femme au portrait*, 1944, *la Rue rouge*, 1945), Otto Preminger (*Laura*, 1944) ou Robert Siodmak (*les Tueurs*, 1946), mais aussi Billy Wilder (*Assurance sur la mort*, 1944) ou Howard Hawks (*le Grand Sommeil*, 1946). Peu à peu, le genre élargit ses thèmes de prédilection en traitant des crimes commis par l'Américain moyen.

HUMPHREY BOGART
LE FAUCON MALTAIS
JOHN HUSTON, 1941

La figure du privé. Issu de la bourgeoisie new-yorkaise, Humphrey Bogart démarre sa carrière au théâtre. À Hollywood, sous contrat avec la Warner, il enchaîne les seconds rôles de gangster. Repéré dans *la Grande Évasion* (1941), il est consacré par *le Faucon maltais* (1941). Sa silhouette en imperméable et feutre noir impressionne durablement le public. Ce rôle de détective privé tragique et solitaire, doté d'une gravité et d'une ironie résolument moderne, influe sur le reste de sa carrière. Il ne cessera par la suite d'incarner les outsiders au grand cœur dans des films tels que *le Port de l'angoisse*, *le Grand Sommeil*, *les Passagers de la nuit*, etc.

Quelques films à revoir

1927 **Les Nuits de Chicago** (J. von Sternberg) 1931 **Le Petit César** (M. LeRoy) ; **les Carrefours de la ville** (R. Mamoulian) ; **L'Ennemi public** (W. A. Wellman) 1932 **Scarface** (H. Hawks) ; **Je suis un évadé** (M. LeRoy) 1935 **Les Hors-la-loi** (W. Keighley) 1936 **Furie** (F. Lang) 1937 **Rue sans issue** (W. Wyler) 1939 **Les Fantastiques années vingt** (R. Walsh) 1941 **Le Faucon maltais** (J. Huston) 1943 **L'Ombre d'un doute** (A. Hitchcock) 1944 **Adieu ma belle** (E. Dmytryk) ; **La Femme au portrait** (F. Lang) ; **Assurance sur la mort** (B. Wilder) ; **Laura** (O. Preminger) 1945 **Le Roman de Mildred Pierce** (M. Curtiz) ; **Péché mortel** (J. M. Stahl) 1946 **Détour** (E. G. Ulmer) ; **Le Facteur sonne toujours deux fois** (T. Barnett) ; **Gilda** (Ch. Vidor) ; **Le Grand Sommeil** (H. Hawks) ; **Les Tueurs** (R. Siodmak)

Femmes fatales

Les héroïnes du film noir

Le film noir ouvre l'ère de la femme fatale à Hollywood. Depuis la période « pré-code », jamais les héroïnes du grand écran n'ont été aussi fascinantes et maléfiques !

À l'aube des années 1940, le film noir envahit Hollywood. Parmi ses obsessions, la femme fatale. Contrairement aux héroïnes méritantes et positives de la Grande Dépression, incarnées par Rosalind Russell ou Katharine Hepburn, les nouvelles séductrices se révèlent vénéneuses. Elles participent pleinement à l'atmosphère trouble et paranoïaque du genre en entraînant le héros sur les voies de la tentation et de la corruption. Qu'elle recherche l'indépendance, l'argent ou la gloire, elle en veut plus et se montre prête à tout pour parvenir à ses fins !
Dans *Assurance sur la mort* (1944), Phyllis (Barbara Stanwyck) prémédite le meurtre de son mari afin d'hériter de son assurance-vie. Dans *le Démon des armes* (1950), Laurie (Peggy Cummins) pousse son amant au crime pour réaliser ses fantasmes et échapper à sa condition. Dans *Un si doux visage* (1952), Diane (Jean Simmons) élimine ceux qui cherchent à échapper à son emprise. Qu'elle soit issue d'une machination mûrement pensée ou d'une névrose, la quête des nouvelles vamps dénote toujours une nature menaçante et agressive ! Un côté sombre masqué par une aura de mystère et une sensualité troublante.

Des ensorceleuses sans scrupule

Ce pouvoir d'attraction est révélé par un détail physique saillant, comme la mèche blonde et ondulée de Veronica Lake ou les jambes fuselées de Lana Turner. À ce trait caractéristique s'ajoute une iconographie explicitement sexuelle. La vamp se distingue par une élégance sexy et ostentatoire, un maquillage intense, des bijoux voyants. Sans oublier sa cigarette et ses traînées de fumée... Enfin, les partis pris de réalisation accentuent son charisme. Fluidité des mouvements de caméra, angles de prise de vue, photographie contrastée à l'extrême : tout est mis en œuvre pour souligner la beauté provocante et la nature excitante de la séductrice. Face à elle, le héros n'a d'autre choix que de succomber. Le récit, tourné en caméra subjective ou commenté en voix off par le personnage masculin, suit le processus inéluctable de cet envoûtement.

Un châtiment à la mesure du crime

Mais la vamp est aussi victime de ses obsessions. Sa quête aboutit inévitablement à sa déchéance. Le film noir exprime, en effet, les peurs d'une société américaine en pleine mutation, dans laquelle les femmes gagnent peu à peu leur indépendance, bousculant les schémas traditionnels. La nouvelle séductrice est le symbole des conséquences néfastes

de cette évolution. En tant que telle, elle doit être punie. Ainsi dans *les Tueurs* (R. Siodmak, 1946), Kitty Collins (Ava Gardner), prédatrice sans scrupule, est arrêtée par la police.

Parfois la femme fatale est sauvée. C'est le cas de Rita Hayworth dans *Gilda* (C. Vidor, 1946) ou de Gene Tierney dans *Laura* (Otto Preminger, 1944). Dans ces œuvres, l'héroïne est moins coupable que victime de la fascination qu'elle provoque. Mais le plus souvent, la pécheresse connaît un destin tragique. La scène finale de *la Dame de Shanghai* (Orson Welles, 1948), dans la galerie des glaces du Luna-Park de Chinatown, voit la nature meurtrière d'Elsa Bannister (Rita Hayworth) mise à nu. Un règlement de comptes sans merci s'engage. Elle meurt abattue par le mari qu'elle voulait tuer. Les héroïnes de *la Garce* (King Vidor, 1949), de *Niagara* (Henry Hathaway, 1953), du *Facteur sonne toujours deux fois* (Tay Garnett, 1946), d'*Adieu, ma belle* (Edward Dmytryk, 1945), etc. paient également de leur vie leurs crimes passés. Symboles de l'interdit de la société américaine d'après-guerre, leur destruction est en effet inéluctable.

LANA TURNER
LE FACTEUR SONNE TOUJOURS DEUX FOIS
TAY GARNETT, 1946

Lana la fatale. Après *le Dernier tournant* de Pierre Chenal (1939) et *Ossessione* de Luchino Visconti (1942), *le Facteur sonne toujours deux fois*, réalisé par Tay Garnett en 1946 pour la MGM, fut la troisième adaptations du célèbre roman de James M. Cain. C'est la troublante Lana Turner qui incarne le personnage de Cora Smith, vamp machiavélique qui pousse son jeune amant à tuer son mari. Mais, une fois le crime commis, la méfiance s'instaure entre les amants et la fatalité s'abattra sur eux. En 1980, Bob Rafaelson, sur une adaptation écrite par David Mamet, tournera une quatrième version, avec Jessica Lange et Jack Nicholson.

GENE TIERNEY
LAURA
OTTO PREMINGER, 1944

Gene la mystérieuse. Selon Otto Preminger lui-même, *Laura* fut en 1944 son premier véritable film en tant que réalisateur. Faux coup d'essai mais vrai coup de maître pour cette histoire policière qui se présente comme une enquête sur la mort d'une jeune femme, Laura Hunt, qu'incarne une actrice de 24 ans, Gene Tierney. Larges yeux, pommettes saillantes et cheveux noirs, la beauté de Gene Tierney va à l'encontre des canons hollywoodiens de l'époque. À la fois inaccessible et touchante, Laura/Gene fait vibrer d'autres cordes que les prédatrices d'Hollywood. C'est ce singulier mystère qui fit son succès.

RITA HAYWORTH
GILDA
CHARLES VIDOR, 1946

Atomic Gilda. Rita Hayworth incarne à jamais le personnage de Gilda confrontée à des hommes prêts à tout pour la dominer. Le film dégage un érotisme brûlant qui atteint son paroxysme lors du numéro musical qu'elle interprète langoureusement en retirant ses gants au rythme de la musique. La pin-up, dont les G. I. avaient peint l'effigie sur la bombe atomique lancée sur Bikini, est consacrée femme fatale. Elle enchaîne avec *la Dame de Shanghai* (1948) d'Orson Welles, son mari. L'affiche la montre en blonde platine, les cheveux courts et le slogan précise : « Vous ne savez rien de la perversité » ! Son personnage est aussi coupable que Gilda était innocente mais ne changera en rien sa popularité.

Les couples immortels

Joue contre joue à Hollywood

La vie privée des stars enflamme l'imagination du public. Surtout si l'écran propose un écrin à leurs amours, réelles ou supposées.

Ce n'est qu'une image, mais quelle image ! Celle d'un homme et d'une femme dansant à l'unisson. La minute d'avant, la discussion n'aboutissait pas et là, soudain, alors que la musique s'élève et qu'il attrape sa main, la magie opère. L'amour, le partage, la joyeuse harmonie de la vie à deux éclaboussent l'écran. Fred Astaire et Ginger Rogers, partenaires de dix comédies musicales, ont, mieux que quiconque, personnifié cette perfection amoureuse. Il suffit de voir *Carioca, la Grande Farandole* ou *le Danseur du dessus* (*Top Hat*) pour se convaincre de la subtilité de leur entente. Leur romance de l'écran — toujours discrète, faite d'effleurements et de baisers sur la main — ne se poursuivait pas en dehors des plateaux et pourtant, Ginger et Fred sont, dans l'esprit des spectateurs du monde entier l'image du couple par excellence.

Entre Spencer Tracy et Katharine Hepburn, réunis dans *la Femme de l'année*, en 1942, le coup de foudre est immédiat. Elle était anguleuse, excentrique, aventureuse. Suivirent vingt-sept années d'une vie à deux et huit autres films. L'alchimie entre eux culmine dans *Madame porte la culotte* de George Cukor (1949). Leur histoire ne fut jamais la proie des feuilles à scandales — il avait sept ans de plus qu'elle et était marié. Comme si la très puritaine Amérique ne pouvait s'offusquer devant tant d'amour vécu avec la force de l'évidence.

Lorsque Clark Gable épouse Carole Lombard en 1939, ils n'avaient tourné qu'un film ensemble (*Un mauvais garçon*, 1932). Il était en train de s'immortaliser en Rhett Butler dans *Autant en emporte le vent*, elle était la blonde la plus sophistiquée (et la plus drôle) de Hollywood. Leur couple fut idolâtré par les foules pendant les trois années de leur union. Elle mourut dans le crash d'un avion alors qu'elle participait à l'effort de guerre, le 16 janvier 1942. Leur vie ressemblait à une comédie romantique, la tragédie authentique acheva de lui donner son lustre glamour.

La rencontre du dernier couple mythique de Hollywood a lieu en 1945. Elle avait vingt ans et lui vingt-cinq... de plus ! Dès que Humphrey Bogart enserre la taille de Lauren Bacall dans *le Port de l'angoisse*, c'est le grand frisson. Suivront un mariage, dès la fin du tournage, et douze années de vie commune stoppées par la mort de Bogart en 1957. L'amour qui flotte entre eux dans chaque plan de leurs quatre films tournés ensemble est palpable. Il arrive que l'art et la vie soient indissociables.

KATHARINE HEPBURN ET SPENCER TRACY
LA FEMME DE L'ANNEE
GEORGE STEVENS, 1942

L'humour glorieusement. Lorsqu'ils se croisèrent à quelques jours du tournage de *la Femme de l'année*, Katharine Hepburn vit le regard désapprobateur de Spencer Tracy sur ses éternels pantalons d'homme. Elle lança aussitôt, du haut de ses semelles compensées : « Monsieur Tracy, vous êtes plutôt petit ! » Joseph Mankiewicz, le producteur du film, qui assistait à la scène répliqua : « N'ayez crainte, il vous mettra à sa taille ! » Ils avaient en commun un bon mètre quatre-vingt !

HUMPHREY BOGART ET LAUREN BACALL
LE PORT DE L'ANGOISSE
HOWARD HAWKS, 1945

« Si tu as besoin de moi tu n'as qu'à siffler ! » Dans *le Port de l'angoisse* la rencontre entre Lauren Bacall et Humphrey Bogart est d'une sensualité débordante. Leurs regards, la petite tape qu'elle lui met sur la joue après un baiser, le dialogue élégant et truffé de sous-entendus : tout concourt à la naissance d'un couple mythique. Suivront : *le Grand Sommeil* (Howard Hawks, 1946), *les Passagers de la nuit* (Delmer Daves, 1947) et *Key Largo* (John Huston, 1948). Il lui avait fait cadeau d'un sifflet en or, elle le déposa à ses côtés dans le cercueil où il repose depuis sa mort, en 1957.

FRED ASTAIRE
ET GINGER ROGERS
LE DANSEUR DU DESSUS
(TOP HAT)
MARK SANDRICH, 1935

« Il lui donne la classe, elle lui apporte le sexe ». C'est ce qu'avait coutume de dire Katharine Hepburn à propos de Fred Astaire et Ginger Rogers. Il arborait une élégance un peu guindée, elle était pétulante et nature. Après une danse, front contre front, dans leur premier film, *Carioca* (1933), le couple fut la vedette de huit films jusqu'en 1939, puis réuni une dernière fois en 1949 pour *Entrons dans la danse* de Charles Walters.

L'essor du cinéma britannique

Hitchcock, Korda, Powell

À la fin des années 1930, le cinéma britannique décide de résister à l'hégémonie hollywoodienne avec de nouveaux talents comme Alfred Hitchcock, Alexander Korda, Michael Powell et Carol Reed, tout en développant un magistral courant documentaire.

Vingt-trois films britanniques en 1924, cent vingt-huit en 1929 : ces deux chiffres parlent d'eux-mêmes. Que s'est-il passé entre-temps ? Les autorités britanniques ont promulgué le Cinematograph Film Act qui, par une politique de quotas, vise à protéger le cinéma national contre un envahisseur quasi unique : les États-Unis. Dans cette nouvelle production, tout n'est pas d'égale qualité. Mais déjà de nouvelles figures émergent, parmi lesquelles Alfred Hitchcock, connu du grand public pour avoir signé en 1926 *le Locataire* adapté de l'histoire de Jack l'Éventreur. Le renouveau britannique permet au jeune cinéaste de réaliser plusieurs œuvres de premier plan : *l'Homme qui en savait trop* en 1934, soit la première version d'un film dont il fera lui-même le remake américain en 1956, *les Trente-neuf Marches* en 1935, *Quatre de l'espionnage* en 1936, *Sabotage* en 1937, *Une femme disparaît* en 1938. Cette période britannique, aussi faste que couronnée de succès, s'achève en 1940 quand le producteur américain David O. Selznick remarque Hitchcock. Un parcours des plus classiques pour ces cinéastes britanniques que Hollywood s'empresse d'attirer dans ses séduisants filets.

Des horizons divers

Aux côtés d'Alfred Hitchcock, il convient de mentionner les noms d'autres réalisateurs britanniques souvent moins prolixes, mais qui ont marqué le cinéma de leur époque : Anthony Asquith, Carol Reed, Michael Powell. Mais, le redressement du cinéma britannique passa également par le recours à des cinéastes européens. Outre le Français René Clair avec *Fantômes à vendre*, c'est le Hongrois Alexander Korda qui semble être la figure emblématique de ces auteurs venus d'ailleurs. En 1933, il réalise à Londres *la Vie privée d'Henry VIII* lequel est interprété par un jeune acteur alors très remarqué, Charles Laughton. Grâce à ce film, le cinéma britannique renoue avec le succès international. Ce cosmopolitisme affiché jusque dans le recours à des cinéastes étrangers fait à la fois la force et la faiblesse du cinéma de Sa Majesté : il sait souvent se montrer brillant mais certains lui reprochent précisément son manque de spécificité nationale. Quoi qu'il en soit, le volontarisme a porté ses fruits. En 1937, la production britannique avec 225 films devient la deuxième du monde après celle des États-Unis.

Une femme disparaît
Alfred Hitchcock, 1938

Suspense haletant et humour britannique sur fond d'espionnage mondial et de « road movie ferroviaire » : le cocktail concocté par Hitchcock pour raconter l'étonnante disparition d'une femme âgée dans un train est symptomatique de sa période britannique.
On retrouve ces mêmes ingrédients notamment dans *les Trente-neuf Marches*, réalisé trois ans auparavant. Le public accueillit d'ailleurs ces productions avec enthousiasme.

L'Homme d'Aran
Robert Flaherty, 1934

Cinéma du réel. Né en 1884, le réalisateur américain Robert Flaherty connut son premier succès documentaire avec *Nanouk l'Esquimau* qu'il réalisa en 1922. Répondant une dizaine d'années plus tard à l'invitation de la nouvelle école documentaire britannique, il séjourna cinq ans en Grande-Bretagne. Et c'est là qu'il tourna en 1934 son chef-d'œuvre, *l'Homme d'Aran*. On y voit la vie quotidienne et difficile des pêcheurs de l'île irlandaise de Kilmury aussi petite qu'aride, entre le ramassage des algues et la pêche au requin. Flaherty retrouvait ainsi la terre de ses ancêtres et ancrait le cinéma documentaire dans une double nécessité : filmer le réel et tenir un discours formel.

La Vie privée d'Henry VIII
Alexander Korda, 1933

King Laughton. Pour raconter la tumultueuse vie du monarque anglais aux six épouses, Alexander Korda avait fondé en 1932 la London Film, sa propre société de production. Élaborés par Vincent Korda, le frère du réalisateur, les imposants et rutilants décors tranchent avec la production britannique de l'époque. De façon symptomatique, les principaux acteurs, dont l'extraordinaire Charles Laughton et Merle Oberon, Elsa Lanchester et Robert Donat, trouvèrent avec ce film britannique réalisé par un cinéaste né à Budapest l'occasion d'entamer une carrière... américaine. De fait, le film de Korda fut à cette époque l'un des rares à investir la citadelle hollywoodienne.

La conquête de l'objectivité

Le fait le plus marquant de ce printemps londonien, c'est assurément la naissance d'une école documentaire dont l'importance ne cessera de croître. Le critique John Grierson se trouve à la tête de ce mouvement qui s'inspire aussi bien de l'avant-garde française que des recherches des Russes Dziga Vertov et Eisenstein ou du Néerlandais Joris Ivens. Son unique documentaire, *Drifters*, consacré à la pêche au hareng, sonne comme un manifeste pour la jeune génération de documentaristes comme Arthur Elton et Basil Wright. On privilégie alors les interrogations formelles au détriment des réalités que l'on montre. Mais l'Américain Robert Flaherty, invité par Grierson à venir travailler en Grande-Bretagne, fait évoluer l'école vers plus d'humanité et de sensibilité sociale, à l'instar des propres réalisations britanniques de Flaherty, évolution qui est sensible dans son propre chef-d'œuvre, *l'Homme d'Aran* réalisé en 1934. Les documentaristes britanniques disent alors partir à la « conquête de l'objectivité ».

Quelques films à revoir

1926 **Le Locataire** (A. Hitchcock) 1933 **La Vie privée d'Henry VIII** (A. Korda) 1934 **L'Homme qui en savait trop** (A. Hitchcock) ; **La Vie privée de Don Juan** (A. Korda) ; **L'Homme d'Aran** (R. Flaherty) ; **Song of Ceylon** (B. Wright) 1935 **Les Trente-neuf Marches** (A. Hitchcock) ; **Les Nuits moscovites** (A. Asquith) ; **Housing Problems** (A. Elton) 1936 **Rembrandt** (A. Korda) ; **Night Mail** (B. Wright) 1937 **Sabotage** (A. Hitchcock) ; **À l'angle du monde** (M. Powell) ; **The Mill on the Floss** (T. Whelan) 1938 **Une femme disparaît** (A. Hitchcock) ; **Le Divorce de lady X** (T. Whelan) ; **L'Espion noir** (M. Powell) 1939 **Sous le regard des étoiles** (C. Reed) ; **Ten Days in Paris** (T. Whelan) 1940 **La Conquête de l'air** (A. Korda) ; **Le Voleur de Bagdad** (M. Powell, L. Berger et T. Whelan) ; **Night Train** (C. Reed) 1941 **Lady Hamilton** (A. Korda) ; **Kipps** (C. Reed) 1942 **The Young Mr. Pitt** (C. Reed).

Les cinémas des dictateurs

Des films sous contrôle

Les films de Leni Riefensthal et Hitler ; le mélo et Mussolini ; le réalisme socialiste et Staline. Trois pays, trois dictatures, trois façons d'instrumentaliser le cinéma à des fins de propagande.

Les trois cinématographies issues des trois grands régimes autoritaires européens présentent des caractéristiques communes. C'est ainsi qu'une partie au moins de leurs productions respectives répond à des slogans ouvertement partisans. Toutefois, ni Hitler, ni Mussolini, à l'inverse de Staline, ne jugèrent bon de nationaliser l'industrie cinématographique. Pas plus qu'ils n'empêchèrent la production de films de divertissement qui, dans l'Italie fasciste comme dans l'Allemagne nazie, constituèrent la majorité de la production, alors que l'Union soviétique encourageait les films édifiants.

C'est symboliquement sous la férule mussolinienne que furent créés en 1932 le premier Festival annuel et international de Venise, la fameuse Mostra et en 1937 les studios de Cinecitta, le Hollywood italien. Soit une manifestation qui assure le rayonnement de l'Italie et d'autre part une structure industrielle qui relance le cinéma national et attire les créateurs européens comme Max Ophuls ou Jean Renoir. Quant aux cinéastes de la péninsule, ils se classent en deux catégories : ceux qui, à la suite d'Alessandro Blasetti, membre du parti fasciste, choisissent de servir le régime et ceux qui, comme Mario Camerini, tiennent la chronique de la société italienne en cultivant une légère ironie.

Le cinéma brun

Dès 1933, l'aryanisation du cinéma allemand fut en marche et l'éviction de Fritz Lang, Max Ophüls, Robert Siodmak, Billy Wilder et de nombreux autres réalisateurs, producteurs, scénaristes et acteurs juifs ne provoqua guère de remous dans l'industrie cinématographique. Mais, pour Hitler comme pour Goebbels, responsable de l'industrie des films, il ne s'agissait pas de faire de tous les films allemands des œuvres de propagande. Une majorité de la production concerne des films de divertissement et des films historiques. Sur les 1 100 films de fiction produits sous le régime nazi, une centaine environ se révèlent clairement marqués par l'idéologie hitlérienne. C'est le cas, par exemple, du *S.A. Brand* (Franz Seitz, 1933), de *Hans Westmar* (Franz Wenzler, id.) du *Hitlerjunge Quex* (Hans Steinhoff, id.) ou bien encore de l'abject Juif Süss (Veit Harlan, 1940). À ces films de fiction, qui racontent en général le destin héroïque de jeunes soldats en lutte contre le communisme et la décadence ou qui propagent l'antisémitisme, s'ajoutent des documentaires : consacré au congrès

Chtchors
Alexandre Dovjenko, 1939

Héros révolutionnaire. Chtchors, instituteur ukrainien devenu chef des partisans, combattit de 1918 à 1919 les troupes allemandes ainsi que les nationalistes ukrainiens opposés à la Révolution. L'héroïsme est au centre d'une œuvre qui rencontra un immense succès au moment de sa sortie, y compris en Europe et aux États-Unis. Le propos est ouvertement politique, mais le lyrisme des images et leur beauté plastique permet d'aller au-delà. Le cinéma soviétique est ainsi fait : partisan et artistique à la fois.

du parti nazi à Nuremberg en 1934, *le Triomphe de la volonté* de Leni Riefensthal en fut le fer de lance.

Le cinéma rouge

La fin des années 1920 voit le durcissement du régime stalinien vers le totalitarisme. Le cinéma, industrie nationale, n'échappe nullement à cette glaciation : le temps des avant-gardes et des audaces formelles était révolu. C'est le film de Sergueï M. Eisenstein, *la Ligne générale*, qui, en 1929, caractérise le mieux cette évolution : on y voit la création d'un kolkhoze et la célébration du travail, cette nouvelle religion soviétique. Un an plus tard, *la Terre* d'Alexandre P. Dovjenko est au diapason. À cette tendance cinématographique, il convient d'ajouter le penchant des autorités pour les films historiques à grand spectacle qui retracent la chanson de geste de la Révolution d'octobre. Durant ces années staliniennes, Mikhaïl Romm réalise ainsi *Lénine en octobre* et *Lénine en 1918*, tandis que Efim Dzigan tourne *les Marins de Cronstadt*.

Plus ou moins marqués par des intentions propagandistes, les cinémas des dictatures furent tous trois des cinémas ouvertement aux ordres.

Le Triomphe de la volonté
Leni Riefensthal, 1935

Un film nazi Jusqu'alors spécialiste des films de montagne, Leni Riefensthal, parfaite incarnation de la pureté aryenne, fut immédiatement remarquée par Joseph Goebbels. En 1935, elle signe *le Triomphe de la volonté* sur le congrès national-socialiste de Nuremberg dont le déroulement fut modifié en fonction du tournage du film lui-même : la mise en scène nazie se met d'entrée de jeu au service d'un pur cinéma de propagande destiné à galvaniser les foules. Scènes de nuit, montage alterné, images répétitives, tout ici fait sens au service d'une idéologie et de son chef.

« *Nous ne parlons pas pour dire quelque chose, mais pour obtenir un certain effet.* »
Goebbels

Entre rêves et réalités

Entre rêves et réalités

Dates	*Faits historiques*	*Événements cinématographiques*
1945	Conférence de Yalta Capitulation de l'Allemagne Hiroshima et Nagasaki bombardées Libération des camps de concentration 	Dali signe la séquence rêvée de **la Maison du Docteur Edwards** d'A. Hitchcock Sortie des **Enfants du Paradis** de M. Carné ↙ **Rome, Ville ouverte** de R. Rossellini, manifeste du nouveau cinéma italien E. Kazan tourne son premier film, **le Lys de Brooklyn** Deux films, jusqu'alors censurés, sortent : **Zéro de conduite** de J. Vigo et **Espoir** d'André Malraux
1946	Création de l'Organisation des Nations Unies Premières élections en France où les femmes ont le droit de vote	**La Poursuite infernale** de J. Ford **La Belle et la Bête** de J. Cocteau Premier film d'I. Bergman, **Crise** Création du Centre National de la Cinématographie Premier festival international du film à Cannes Décès de L. Gaumont, W. C. Fields et Raimu
1947	La Commission sur les activités non-américaines reprend ses activités Indépendance de l'Inde et création du Pakistan Institution de la IVème République en France	**Monsieur Verdoux** de C. Chaplin **Quai des orfèvres** de H.-G. Clouzot Fondation de l'Actors Studio Décès d'E. Lubitsch
1948	Proclamation de l'état d'Israël Assassinat de Gandhi	A. Hitchcock tourne un film en plan unique, **la Corde** **La Dame de Shanghaï** d'O. Welles **La Rivière rouge** de H. Hawks → **Le Voleur de bicyclette** de V. de Sica Décès de S. Eisenstein, D. W. Griffith et L. Lumière 
1949	La République populaire de Chine est proclamée Création de la RDA et de la RFA	**Gun Crazy** de J. Lewis ↙ **Jour de fête** de J. Tati **Noblesse oblige** de R. Hamer **Le Troisième Homme** de C. Reed
1950	La guerre de Corée débute 	**Boulevard du crépuscule** de B. Wilder **Los Olvidados** de L. Buñuel **Chronique d'un amour**, premier film de M. Antonioni Le Maccarthysme commence ses ravages à Hollywood
1951		**Un tramway nommé désir** d'E. Kazan **Journal d'un curé de campagne** de R. Bresson F. Fellini, pour son premier film, co-réalise avec Lattuada **les Feux du Music-Hall** Premier numéro des **Cahiers du Cinéma** Décès de R. Flaherty et L. Jouvet

Dates	Faits historiques	Événements cinématographiques
1952	Expérimentation de la première bombe H aux États-Unis	**Chantons sous la pluie** de S. Donen et G. Kelly **Casque d'or** de J. Becker **La Vie d'O'Haru, femme galante** de K. Mizoguchi E. Kazan dénonce douze cinéastes « communistes » devant la Commission MacCarthy
1953	À la mort de Staline, Khrouchtchev prend le pouvoir Exécution aux États-Unis des époux Rosenberg	**Sous le plus grand chapiteau du monde** de C. B. De Mille **Tous en scène** de V. Minnelli **Les hommes préfèrent les blondes** de H. Hawks **Voyage à Tokyo** de Y. Ozu Décès de J. Epstein 
1954	La défaite française de Diên Biên Phu met fin à la guerre d'Indochine Début de l'insurrection en Algérie Prise du pouvoir par Nasser en Egypte	**La Comtesse aux pieds nus** de J. L. Mankiewicz **Fenêtre sur cour** d'A. Hitchcock **Senso** de L. Visconti **Les Sept Samouraïs** d'A. Kurosawa ↓ 
1955	Conférence des pays non-alignés à Bandoeng	**La Fureur de vivre** de N. Ray avec J. Dean qui meurt cette même année **La Nuit du chasseur** de C. Laughton **Lola Montès** de M. Ophuls **La Pointe Courte** marque les débuts de la réalisatrice A. Varda
1956	Khrouchtchev dénonce les crimes de Staline Indépendance de la Tunisie et du Maroc Crise de Suez	**Attaque** de R. Aldrich **Et Dieu créa la femme** de R. Vadim qui crée le mythe Bardot **Nuit et brouillard** d'A. Resnais Dernier film de K. Mizoguchi avant sa mort, **la Rue de la honte** **La Prisonnière du désert** de J. Ford Décès de B. Lugosi
1957	Signature du Traité de Rome Lancement des deux premiers Spoutniks	**Les Sentiers de la gloire** de S. Kubrick **Les Fraises sauvages** d'I. Bergman Décès de S. Guitry, E. von Stroheim, M. Ophuls et H. Bogart **Mother India** de M. Khan → 
1958	La Constitution de la Vème République est adoptée par référendum Explorer I, satellite américain, est lancé	**Cendres et diamant** d'A. Wajda **Le Salon de Musique** de S. Ray Décès du critique A. Bazin

D'Ernst Lubitsch à Billy Wilder

Le maître et l'élève

Tous deux ont quitté Berlin pour Hollywood. L'un a inventé sa « touche » comique, l'autre l'a héritée.

Ernst Lubitsch est parti de Berlin dans les années 1920, invité aux États-Unis par Louis B. Mayer qui cherchait des talents venus d'Europe. Billy Wilder a fui Hitler et le nazisme en 1933. Le second a été scénariste du premier et l'a toujours considéré comme son maître. Les deux hommes ont en commun un extraordinaire sens du gag et de l'humour. Billy Wilder héritier d'Ernst Lubitsch ?

Joyeuse amoralité

Fils d'un tailleur juif de Berlin, Ernst Lubitsch (1892-1947) démarre comme acteur au cinéma avant de devenir metteur en scène. De courts en longs métrages (*Carmen, Madame Du Barry*) il acquiert dans son pays un statut qui lui permet de se rendre aux États-Unis en décembre 1921 pour la promotion de *Das Weib des Pharao*. Il y retourne l'année suivante à la demande de Mary Pickford et la dirige dans *Rosita*. Ce sera le début de sa carrière américaine, faite de délicatesses et d'ellipses, de joyeuse amoralité et de satire acérée des milieux bien-pensants — *Haute Pègre, The Shop Around the Corner* (*Rendez-vous*), *Le ciel peut attendre, To Be or Not To Be* (*Jeux dangereux*)...

Réalisateur et producteur de ses films, il fut promu, en 1935, producteur à la Paramount ; même s'il ne dura qu'une année, le fait était sans précédent. En 1938, Lubitsch écrit — car même s'il n'était jamais crédité en tant que tel, beaucoup de trouvailles venaient de lui — avec trois coscénaristes *la Huitième Femme de Barbe-Bleue*, ou la rencontre, sur la côte d'Azur, entre une noble désargentée (Claudette Colbert) et un roturier millionnaire (Gary Cooper) : ils achètent ensemble un pyjama dont il ne veut que la veste tandis qu'elle aspire à posséder le pantalon... L'année suivante, c'est *Ninotchka*, où Greta Garbo est une camarade soviétique sévère et rigoriste séduite par Paris et l'amour. Parmi les auteurs de ces deux joyaux, il y a le dénommé Billy Wilder, ainsi que Charles Brackett avec lequel ce dernier écrira tous ses films jusque *Boulevard du Crépuscule* (1950) à l'exception d'*Assurance sur la mort*.

Que pouvez-vous me dire ?

Flash-back : né en Pologne, grandi à Vienne, Billy Wilder (1906-2002) devient scénariste à Berlin, il fuit l'Allemagne en 1933 lorsque Adolf Hitler devient chancelier et, après un film à Paris (*Mauvaise Graine* avec Danielle Darrieux), s'installe à Hollywood où il continue à écrire, notamment pour Lubitsch, son « maître », avant de réaliser quelques-unes des

Gloria Swanson
Boulevard du Crépuscule
(Sunset Boulevard)
Billy Wilder, 1950

Le vrai sur le faux. Billy Wilder avait été scénariste notamment de Robert Siodmak (réalisateur allemand ayant beaucoup voyagé et signé aux États-Unis deux chefs-d'œuvre : *les Tueurs* et *Deux Mains, la nuit*), de Mitchell Leisen (*Midnight /la Baronne de minuit*) et d'Ernst Lubitsch. Dans ses films, et sur un ton badin qui entraîne souvent l'éclat de rire, il attaque les faux-semblants et les compromissions qui sont pour lui la marque de l'*American way of life*. *Sunset Boulevard* n'est pas une comédie, mais on y retrouve, *via* le personnage du scénariste interprété par William Holden, une lucidité parfois très drôle sur Hollywood, cet univers étrange et surcodé, ainsi que l'un des thèmes de prédilection de Wilder : jusqu'où un homme peut-il s'avilir lorsque sa situation professionnelle ou financière est en péril ?

Billy Wilder (1906-2000)

1906 Naissance à Sucha en Autriche 1934 Arrivée aux États-Unis 1944 **Assurance sur la mort** 1950 **Boulevard du Crépuscule** 1951 **Le Gouffre aux chimères** 1954 **Sabrina** 1955 **Sept Ans de réflexion** 1959 **Certains l'aiment chaud** 1960 **La Garçonnière** 1966 **La Grande Combine** 2002 Il meurt à Los Angeles.

Carole Lombard
To Be or Not To Be
Ernst Lubitsch, 1942

comédies les plus trépidantes et brillantes de l'histoire du cinéma américain — *Sept Ans de réflexion, la Garçonnière, Certains l'aiment chaud, la Grande Combine* — sans oublier les deux diamants noirs que sont *Assurance sur la mort* et *Sunset Boulevard* (*Boulevard du Crépuscule*). Alors qu'il s'apprêtait à tourner son premier film, *Uniformes et Jupons courts* (1942), Billy Wilder a rendu visite à Ernst Lubitsch : « Vous avez tourné soixante films, que pouvez-vous me dire ? » La réponse fut que la peur était la même au premier jour de tournage. La recette, sans doute, c'est qu'il n'y en avait pas. Pendant de nombreuses années, Billy Wilder écrivit ses scénarios avec une pancarte devant les yeux : « Comment Lubitsch aurait-il fait ? ».

Imaginer vite et bien. La *Lubitsch touch* existe, on la rencontre dans chacun de ses films ! Élégance, rapidité, imagination : ses mises en scènes sont brillantes, mais jamais au détriment des personnages et de l'intrigue. Le réalisateur disait avoir été très marqué par Charles Chaplin : *To Be or Not To Be* (*Jeux dangereux*) avec Carole Lombard et Jack Benny, même s'il arrive deux ans après *le Dictateur* de Chaplin est, lui aussi, un chef-d'œuvre d'invention. À la fois comédie désopilante, charge contre le nazisme et regard sur l'univers du théâtre (« Si on meurt au théâtre, ensuite, on se relève et on vient saluer. Mais si on meurt dans la vie, ensuite, on est juste mort ! », déclare une Carole Lombard effrayée à l'idée de devenir une espionne « pour de vrai »), c'est un film unique et inimitable.

Ernst Lubitsch (1892-1945)

1892 Naissance d'Ernst Lubitsch à Berlin 1921 Arrivé aux États-Unis 1932 **Haute Pègre** 1933 **Sérénade à trois** 1939 **Ninotchka** 1940 **Rendez-vous / The Shop Around the Corner** 1942 **Jeux dangereux / To Be or Not To Be** 1943 **Le Ciel peut attendre** 1945 Il meurt à Los Angeles 1946 sortie de son dernier film, **la Folle Ingénue**

Orson Welles

Citizen Cinema

Génie adulé à vingt-six ans, Orson Welles, acteur et réalisateur, a marqué le cinéma d'une empreinte indélébile.

1915-1985 : soixante-dix ans d'une vie très remplie, mais qui garde un goût d'inaccompli. Tout le monde s'accorde à dire et écrire que *Citizen Kane* (1941), premier long métrage d'Orson Welles, a révolutionné le cinéma, et pour longtemps. Mais son œuvre est peuplée de films montés ou coupés contre son avis : *la Splendeur des Amberson* (1942), *le Criminel* (1946), *Macbeth* (1947), *la Dame de Shanghai* (1948), *Dossier secret* (*Mr. Arkadin*, 1955), *la Soif du mal* (1958), *le Procès* (1963), *Falstaff* (1966), de tournages inachevés (*It's All True*, sorti dans une version partielle, huit ans après sa mort ; *Don Quichotte*), de projets avortés (*l'Autre Côté du vent*, *le Roi Lear*).

Le plus beau train électrique

Pourtant, c'est une *success story* comme les aime l'Amérique : un garçon extrêmement intelligent et doué qui, dès son plus jeune âge, se grime pour interpréter les vieux rois de Shakespeare, voyage par le monde avec ses parents puis avec son tuteur à la mort de ceux-ci, apprend la magie avec Houdini et monte sur scène à seize ans avec une troupe professionnelle de Dublin. Dès vingt et un ans, à Broadway, il dirige la troupe du Mercury Theatre avec laquelle il organise divers spectacles et interprète de nombreuses pièces radiophoniques, jusqu'au désormais célèbre épisode de *la Guerre des mondes*, le 30 octobre 1938. Cette adaptation sur les ondes du livre de Herbert G. Wells sema la panique chez des milliers d'Américains persuadés que les Martiens attaquaient. Il n'en fallut pas plus pour que Hollywood l'appelle et que la RKO lui offre un contrat unique pour un débutant. Visitant les studios, Welles se serait exclamé : « Voilà bien le plus beau train électrique qu'un garçon puisse rêver ! »

Génie énervant

Après le miracle *Citizen Kane* où Welles obtint tout ce qu'il voulait et revisita le langage cinématographique, par l'utilisation de la profondeur de champ, de la contre-plongée, du plan-séquence, il ne garda le contrôle du début à la fin que sur un seul film, qui lui prit quatre ans de sa vie : *Othello* (1952). Un tel génie est effrayant, énervant : il fallait le casser. Des foules de légendes ont couru sur lui, notamment qu'il aurait sacrifié la chevelure rousse de Rita Hayworth par vengeance (ils s'étaient mariés en 1943 et étaient séparés au début du tournage de *la Dame de Shanghai*, en 1948). Alors qu'il était simple de comprendre la transformation de la belle actrice d'*Arènes sanglantes* et de *Gilda* en héroïne de film noir aux cheveux courts et blonds. « Je ne me suis jamais plaint de Hollywood,

Citizen Kane
Orson Welles, 1941

« Rosebud », dernière parole prononcée sur son lit de mort par un vieillard solitaire qui avait été un petit garçon insouciant, un homme riche et puissant, un propriétaire de journal à gros tirage, un amoureux déçu, un ami décevant, donne lieu à une enquête passionnante construite en flash-back et où subsiste le mystère. En exergue de *Dossier secret* (*Mr. Arkadin*), il livrait cette clé valable pour l'homme Welles et ses personnages : « Un jour, un certain roi, riche et puissant, demanda à un poète : — De tout ce que je possède, que puis-je te donner ? Il répondit avec sagesse : — N'importe quoi, sire, sauf votre secret. » Welles était-il cet enfant gâté, génie et potentat, capricieux, gaspilleur et irresponsable ? Ou juste un immense artiste dont les exigences de fond et de forme ne coïncidaient guère avec l'époque ?

« Si le cinéma muet nous a apporté de grands tempéraments visuels : Murnau, Eisenstein, Dreyer, le cinéma parlant n'en a amené qu'un seul, un seul cinéaste dont le style soit immédiatement reconnaissable sur trois minutes de film, et son nom est Orson Welles. »

François Truffaut

mais je ne suis guère l'un des grands bénéficiaires du système », confiait-il en riant à l'un de ses biographes, Peter Bogdanovich. C'est un doux euphémisme. Mais, même sans argent, même sans le *final cut*, un film de Welles reste un film de Welles. D'une invention fulgurante dont chaque vision permet de redécouvrir un pan nouveau. D'une époustouflante richesse de notations sur la nature humaine, sa beauté et sa laideur, son importance et sa vacuité. La plupart des personnages qu'Orson Welles a interprétés dans ses films sont soit de grands enfants, soit des monstres, parfois les deux à la fois.

La Splendeur des Amberson
Orson Welles, 1942

La voix de Welles. Le seul de ses films que Welles n'interpréta pas, alors que le personnage de George Minafer, enfant gâté, puis adulte despote, lui allait comme un gant (en outre George était le premier prénom de Welles !). Il avait vingt-six ans et quelques kilos en trop pour incarner le jeune homme à peine sorti de l'adolescence, il préféra donner le rôle à Tim Holt (qui lui ressemblait beaucoup). Il dirigea là encore certains de ses acteurs fétiches de la troupe du Mercury Theatre, notamment Agnes Moorehead et Joseph Cotten, et se contenta d'être la voix du narrateur, omniprésente dans le film. Au générique de fin, un micro et les mots « J'ai écrit et réalisé ce film et mon nom est Orson Welles » : héritage direct de la radio, mais qui sonna pour certains comme une trace de plus de sa mégalomanie !

Falstaff
Orson Welles, 1966

Shakespeare fut une des grandes passions d'Orson Welles depuis son plus jeune âge, et il l'adapta souvent au théâtre, à la radio et par trois fois au cinéma. Sans doute parce que Shakespeare avait tout dit y compris, comme il est écrit dans *Macbeth*, que « la vie n'est qu'une ombre qui passe ». Cet homme-là est né illusionniste, il a passé sa vie derrière des faux nez, se grimant pour chaque rôle et, même, parfois, pour rien : juste pour être à la fois lui et un autre. Maquillé à outrance, vieilli, affublé de postiches et caparaçonné de coussins — comme dans *la Soif du mal* ou, ici, dans *Falstaff* — Orson Welles eut mille vies.

L'humour noir à l'anglaise

Une école de l'absurde

Au lendemain de la Seconde Guerre mondiale, l'humour anglais atteint des sommets dans un genre nouveau : la comédie d'humour noir, où s'illustre particulièrement Alec Guinness. La veine s'épuise vite, mais elle donne quelques joyaux devenus des classiques.

C'est en 1938 que Michael Balcon, futur producteur de plus de 350 films, prend la tête des studios Ealing. Il y restera vingt ans, avant de devenir producteur indépendant et de lancer une foule de débutants comme Ken Russell, Ridley Scott ou Peter Watkins. Balcon rêvait d'un grand cinéma national, qui puisse concurrencer l'hégémonie hollywoodienne sur les circuits de distribution britanniques et enrayer la fuite des talents.

Les studios Ealing

Dans les années 1945-1955, il est à l'origine d'une mémorable série de films d'humour noir, regroupés sous le nom « d'école d'Ealing ». Points communs à ces comédies : un mélange de malice et d'ironie cynique, un soupçon de cruauté, de cynisme distingué et de folie. Et, sous la *murder party*, une cinglante satire sociale. Car, mine de rien, il s'agit de viser tout ce qu'il peut y avoir de sacré dans la bonne société anglaise, comme si le dandysme d'Oscar Wilde rencontrait la noirceur d'Agatha Christie. Dans chaque film, un point de départ absurde est poussé à ses conséquences les plus logiques. On sourit plus qu'on ne rit à ces jeux de massacre élégants, qui font naître un plaisir un brin pervers et où deux des tendances typiquement british (goût de l'absurde et *nonsense*) font merveille. Coïncidence ? À la même époque, aux États-Unis, Chaplin réalise une de ses charges les plus grinçantes contre la bonne société (*Monsieur Verdoux*, 1947). Un des premiers à illustrer le genre est Charles Crichton, avec *À cor et à cri* (1947), puis *De l'or en barres* (1951), où l'on suit la préparation et les suites burlesques d'un détournement de fonds par un employé de banque modèle. Dans *Tortillard pour Titfield* (1953), menés par un clergyman, les habitants paisibles d'une petite ville sabotent les entreprises d'un transporteur routier qui veut remplacer le petit train local par un autobus. Le scénario de *Passeport pour Pimlico* (1949) de Henry Cornelius va plus loin encore puisqu'on y voit les habitants d'un faubourg de Londres proclamer leur indépendance vis-à-vis de la couronne britannique. Mais le cinéaste le plus représentatif du genre est l'Écossais Alexander Mackendrick, qui signe trois des meilleures comédies anglaises de l'époque : *Whisky à gogo* (1948), *l'Homme au complet blanc* (1951), et *Tueurs de dames* (1955), où cinq malfrats préparent un hold-up autour d'une paisible vieille dame. En 2004, le scé-

Whisky à gogo
Alexander Mackendrick, 1948

Consommations. 1943, sur l'île de Todday, peuplée de pêcheurs écossais. Les restrictions de guerre ont entraîné la disparition du whisky. Désolation des insulaires. Miracle : le hasard fait brusquement échouer sur les récifs une cargaison de 50 000 caisses de bouteilles du précieux breuvage... Aussitôt, c'est la ruée sur le cargo. Mais le capitaine anglais commandant la garde territoriale entend faire respecter les règles. Comme son nom l'indique, Mackendrick est écossais. La bouffonnerie avec laquelle il peint ce très british ennemi de l'alcool et de la fête sonne comme une petite revanche ironique. Son film célèbre joyeusement la victoire du bon sens et de la bonne chère sur les règlements administratifs.

nario inspirera les frères Coen qui tourneront un remake transposé aux États-Unis, avec Tom Hanks. Hélas, bientôt, l'école d'Ealing s'essouffle et la veine s'épuise. Mackendrick part pour les États-Unis en 1957, où il réalise son chef-d'œuvre (*Un cyclone à la Jamaïque*, 1965). Charles Crichton, lui, retrouve son punch en fin de carrière en dirigeant quelques-uns des Monty Python dans une comédie délirante, *Un poisson nommé Wanda* (1988).

La star de l'école

Sir Alec Guinness (1914-2000) débute à l'écran en 1946, dans *Les Grandes espérances*, et enchaîne avec *Oliver Twist*, de David Lean, où il est un prodigieux Fagin. Ayant remarqué sa passion pour le maquillage, Robert Hamer lui propose les huit rôles de *Noblesse oblige*, qui font de lui la star de l'école Ealing, employé de banque gangster dans *De l'or en barres*, inventeur d'un tissu inusable dans *l'Homme au complet blanc* et truand satanique faussement mélomane dans *Tueurs de dames*. À partir du *Pont de la rivière Kwaï* (1957), il change complètement de style et sa carrière se termine avec quelques-unes des meilleures superproductions américaines (*Lawrence d'Arabie*, *Docteur Jivago*, *la Guerre des étoiles*).

Alec Guinness
L'Homme au complet blanc
Alexander Mackendrick, 1951

Costume. Sidney Stratton, ingénieur chimiste, travaille dans une usine textile. Un jour, il trouve la formule d'un tissu miracle : infroissable, insalissable, inusable. Calmement, il poursuit ses travaux personnels aux frais de la grande entreprise... que ses travaux menacent. Car les industriels du textile et leurs ouvriers se voient déjà mettre la clé sous la porte. Exploitant son invention, Stratton se taille un magnifique costume blanc qui, dans les rues obscures où il se retrouve traqué, lui donne l'allure d'un archange. Mackendrick, dont c'était le deuxième film, jette un regard caustique sur le progrès dans cette comédie brillante dont le scénario flirte avec le *nonsense*. Quant à Alec Guinness, au sommet de sa carrière, il est grandiose

Alec Guinness
Noblesse oblige
Robert Hamer, 1949

Compositions. Du fond de sa prison, Louis d'Ascoyne Mazzini raconte son passé. Du fait de la mésalliance de sa mère, il a été renié par sa famille aristocratique qui lui refuse tout droit à l'héritage. Il a donc entrepris d'aider un peu les morts accidentelles de ceux qui le précèdent dans l'ordre de la succession... Cette série de meurtres astucieux nous est contée sur le ton flegmatique de la confession satisfaite. Sous son folklore britannique, *Noblesse oblige* se révèle monument d'insolence. Alec Guinness y interprète la totalité de la famille (huit rôles) et le film dut sa célébrité à cette composition explosive, servie par des dialogues incisifs et absurdes. Un chef-d'œuvre de l'humour noir british.

Les films sur la guerre

De l'héroïsme au doute

Les batailles et autres faits d'armes de la Seconde Guerre mondiale inspirèrent de nombreux cinéastes, même avant la fin de cette guerre. Au fil des années et des auteurs, on est cependant passé de l'enthousiasme de la victoire à l'émergence du pacifisme.

D'une guerre à l'autre... Que fait Hollywood en 1941 pour préparer l'opinion américaine à la nécessité de l'entrée en guerre des États-Unis ? Un film, évidemment. Signé par Howard Hawks, il s'intitule *Sergent York* et met en scène Gary Cooper dans le rôle du soldat le plus décoré de l'armée américaine entre 1916 et 1918. C'est le début de l'engagement du cinéma américain. D'autres films suivront, contemporains cette fois et qui évoqueront les batailles de la Seconde Guerre mondiale elle-même. Ainsi, en 1943, Howard Hawks, toujours lui, réalise *Air Force*, soit l'épopée d'une forteresse volante, la *Mary Ann*, envoyée en 1941 combattre les Japonais dans le Pacifique. Avec *Sahara* que Zoltan Korda réalisa la même année pour la Columbia, c'est un tank, la *Lulubelle*, qui remplace le bombardier volant. Mais l'histoire est identique : un équipage américain, emmené ici par le sergent Gunn, alias Humphrey Bogart, lutte contre l'ennemi allemand de l'Afrika Korps. Cette même année 1943, Erich von Stroheim incarne devant la caméra de Billy Wilder le

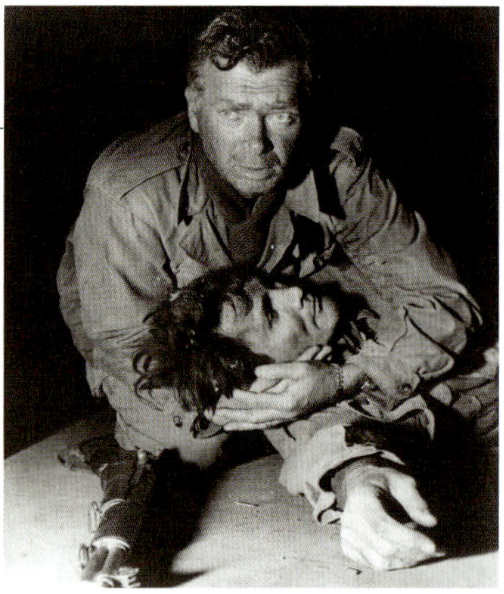

BUDDY EBSEN, JACK PALANCE
ATTAQUE
ROBERT ALDRICH, 1956

La guerre amère. L'histoire d'une compagnie américaine cantonnée en Belgique en 1944 fit scandale aux États-Unis lors de sa sortie sur les écrans et l'ambassade américaine tenta, en vain, de s'opposer à sa présentation à la Biennale de Venise. Pourquoi une telle hostilité ? Simplement parce que le capitaine Cooney, le personnage principal du film de Robert Aldrich, s'avérait d'une lâcheté d'autant plus coupable qu'elle avait causé la mort de plusieurs soldats. Le film rompt ainsi avec des dizaines d'œuvres où de braves officiers mènent au combat de valeureux soldats. Aldrich sème le doute en mettant l'accent sur l'absurdité de la guerre et les faiblesses de ceux qui la conduisent.

LE JOUR LE PLUS LONG
BERNHARD WICKI, ANDREW MARTON ET KEN ANNAKIN, 1962

Triple victoire. Sorti sur les écrans dix-sept ans après la fin de la guerre, *le Jour le plus long*, produit à grands frais par Darryl F. Zanuck, s'inscrit dans la longue tradition des films héroïques qui célèbrent la victoire du Bien sur le Mal. C'est par excellence le film des Alliés, qui vante les mérites du travail en commun des forces britanniques, américaines et françaises issues de la Résistance. Le moindre second rôle est tenu par une vedette et l'on croise au fil des séquences John Wayne et Bourvil, Arletty et Sean Connery, Richard Burton et Curd Jurgens. Cette superproduction vise à l'efficacité qui doit entraîner les spectateurs à la suite de ces soldats de la liberté. Les héros n'ont pas froid aux oreilles et la bravoure est encore à l'ordre du jour.

redoutable feld-marschall Rommel dans *les Cinq Secrets du désert*. Pour chacun de ces films et pour tous ceux produits par Hollywood avant la fin du conflit, le schéma est limpide : il s'agit d'exalter le camp des Alliés et d'aider par l'image à la défaite des nazis.

Au plus près du réel

Si les films de fiction décrivent souvent des batailles ou des hauts faits réels, ils ne sauraient être assimilés à des documentaires. Or le cinéma, dès 1942, a souvent fait appel à ce genre pour raconter et montrer la guerre en cours. Produite sous la direction de Frank Capra, la série américaine *Pourquoi nous combattons* proposa aux spectateurs de 1942 à 1945 pas moins de sept documentaires aux titres explicites : *Les nazis attaquent*, *la Bataille de France*, *la Bataille de Russie* (dont Staline commanda 500 copies...), etc. L'effort de guerre américain trouvait ici un relais particulièrement efficace. Côté européen, il fallut évidemment attendre la liberté retrouvée pour que le cinéma revienne sur les années de guerre. Commencé en 1938, c'est ainsi que le film d'André Malraux, *Espoir*, ne put être montré qu'en 1945. Entre documentaire et fiction, il remontait aux origines du conflit mondial en évoquant la guerre d'Espagne. Au même moment et dans une optique très proche — en l'occurrence celle du néoréalisme —, l'Italien Roberto Rossellini signait *Rome, ville ouverte*.

Prise de distance

Le même mouvement fut observé après 1918 : plus on s'éloigne de 1945 et de la fin du conflit, plus le cinéma, qu'il soit américain ou européen, prend du recul et s'interroge sur ce qui s'est passé. Certes, Hollywood continue de vanter l'héroïsme des soldats américains, comme en 1958 encore dans *l'Odyssée du sous-marin Nerka* de Robert Wise, mais des visions plus complexes se font jour. En 1953, par exemple, Billy Wilder réalise *Stalag 17* dans lequel il décrit un camp de prisonniers de guerre en Allemagne sans jamais oublier de manier la satire, l'humour et l'ironie, même dans ce contexte dramatique. Cinq ans plus tard, en 1958, avec *le Temps d'aimer et le temps de mourir*, Douglas Sirk signait un film profondément pacifiste d'après un roman d'Erich Maria Remarque dans lequel il stigmatise les absurdités et les horreurs de la guerre. Progressivement, la guerre n'est plus seulement le lieu de l'héroïsme et de la bravoure. Historiquement, le coup fatal à l'idéalisation de la guerre fut porté par l'intervention américaine au Viêt-Nam et par tous les films qu'elle devait susciter.

La Bataille du rail
René Clément, 1946

La résistance de fer. À l'origine ce devait être un court métrage qui, à la suite de *Ceux du rail* tourné en 1943, aurait montré la résistance des cheminots à l'occupant nazi. La nécessité d'un film plus ambitieux encore s'imposa et Clément, à la demande du Conseil national de la Résistance, ajouta deux épisodes supplémentaires, à mi-chemin de l'œuvre purement documentaire et du film légèrement fictionné. Depuis la production assurée par la « Résistance fer » elle-même jusqu'au commentaire écrit par la résistante Colette Audry, tout concourt à faire de cette œuvre un film militant et engagé, véritable contribution à la chanson de geste de la Résistance française. Le propos est clair : chaque Français doit s'identifier à ces héros anonymes qui ont su livrer le combat intérieur contre l'ennemi.

Quelques films à revoir

1944 **Trente seconde sur Tokyo** (M. LeRoy) 1945 **Espoir** (A. Malraux) 1946 **La Bataille du Rail** (R. Clément); **Le Père tranquille** (R. Clément) 1948 **La Bataille de l'eau lourde** (J. Dréville et T. Vibe-Muller) 1949 **Bastogne** (W. A. Wellman) 1953 **Stalag 17** (B. Wilder) 1956 **Attaque** (R. Aldrich) 1957 **Quand passent les cigognes** (M. Kalatozov) ; **le Pont de la Rivière Kwaï** (D. Lean) 1958 **Le Bal des maudits** (E. Dmytryk) 1962 **Le jour le plus long** (B. Wicki, A. Marton et K. Annakin)

Le néoréalisme italien

Une affaire de morale

Plus qu'un simple mouvement esthétique, le néoréalisme italien, à l'écoute des difficultés du peuple italien à l'issue de la Seconde Guerre mondiale, a ouvert la voie à un autre cinéma.

C'est autour de la fameuse école de cinéma Centro Sperimentale, d'où sortiront les cinéastes Giuseppe De Santis, Pietro Germi et Luciano Emmer, et de la revue *Cinema*, qui regroupe des historiens et des critiques hostiles au fascisme et à son cinéma, qu'une prise de conscience a lieu, au seuil des années 1940, débouchant sur ce qui allait devenir le néoréalisme. On doit l'expression au critique Umberto Barbaro en 1942. Il s'agit moins d'un constat (les films ne sont pas encore là) que d'un appel en faveur d'un cinéma réaliste, national et populaire. D'autres attribuent l'expression à Mario Serandrei, le monteur d'*Ossessione* (1942) de Luchino Visconti, qui a pour assistant De Santis. Visconti, ancien accessoiriste de Jean Renoir (*Une partie de campagne*, 1936) puis assistant sur *les Bas-fonds* (1936), ne pouvant adapter l'écrivain vériste Giovanni Verga (1840-1922), transpose en Italie le roman de James Cain, *Le facteur sonne toujours deux fois*. En raison de sa liberté de ton, le film est interdit par la censure.

LA TERRE TREMBLE
LUCHINO VISCONTI, 1948

Poésie-séisme. Avec *La terre tremble*, le néoréalisme italien délaisse les faits de guerre au profit des victimes de la société. Tourné en Sicile, près de Catane, le film, premier volet d'une trilogie inachevée, décrit la condition misérable de pêcheurs exploités. Par sa démarche, celle du film-enquête sur un milieu précis, sa méthode (décors naturels, acteurs amateurs), il s'inscrit dans la ligne néoréaliste. Par son style, basé sur de longs plans très élaborés, il semble s'en éloigner. Bazin y voit « une technique au service de la poésie ». Georges Sadoul qualifie l'entreprise singulière de Visconti de « ciné opéra vérité ».

Mémoire de la résistance

Le véritable acte de naissance international du néoréalisme est donné par *Rome, ville ouverte* (1945), qui décrit avec force l'action de la Résistance, même si Roberto Rossellini, porte-parole d'une nouvelle esthétique tributaire de la précarité des conditions de tournage, n'a rien à voir avec le mouvement intellectuel qui l'a précédée. Sa trilogie de la guerre se poursuit avec *Paisà* (1946), plus radical, construit sur le principe de six nouvelles, fruits d'enquêtes de terrain, qui construisent une fresque sur les partisans et les alliés. Par sa méthode (refus du studio, retour aux décors naturels, acteurs amateurs), il pose les jalons d'une nouvelle méthode, à la fois esthétique et narrative, aux effets dramatiques inédits. La trilogie s'achève avec *Allemagne, année zéro* (1947), film incompris qui l'amène à prendre ses distances avec le néoréalisme, avant de repartir sur de nouvelles bases.

Le peuple italien et l'homme de la rue

Se souvenir de la Résistance est un fait, décrire la vie quotidienne du peuple italien après la guerre en est un autre, qui a contribué davantage à la notoriété et à la popularité du néoréalisme italien. « Mon idée fixe est de "déromancer" le cinéma. Je voudrais apprendre aux hommes à voir la vie quotidienne, les événements de tous les jours avec la même passion qu'ils éprouvent à lire un livre », déclare Cesare Zavattini, le scénariste

LE VOLEUR DE BICYCLETTE
VITTORIO DE SICA, 1948

Mélodrame social. Par son rayonnement et son influence, le film a marqué une étape. Vittorio De Sica, avec son complice le scénariste Cesare Zavattini, compose un inoubliable mélodrame social. Un chômeur, à qui on propose d'être afficheur, se sacrifie pour acheter une bicyclette qu'on lui vole. Avec son fils, il erre dans Rome à sa recherche, avant d'être tenté de faire de même. Ce fait banal, de ceux que les journaux ne mentionnent plus, devient un fait tragique, grâce aux comédiens (le père, ouvrier à la ville, l'enfant) et grâce à la profonde empathie ressentie pour la condition de l'homme, en prise avec ce qu'il y a de plus sacré pour lui : l'outil de travail.

de Vittorio De Sica. Faire en sorte que chaque film soit le portrait minutieux d'un milieu social, replacer le monde du travail au cœur des enjeux du récit, faire de l'homme de la rue le héros d'un film, tels sont les décisions qui ont contribué à la force émotive d'un authentique cinéma populaire, jamais populiste.
Sciuscia (1946) de Vittorio De Sica, sur un scénario de Zavattini et de Sergio Amedei, ouvre la voie en décrivant la vie des enfants cireurs de rue de Rome, confrontés à la prison à la suite d'un vol. La consécration viendra avec *le Voleur de bicyclette* (1948). Plus que l'ambitieux *Miracle à Milan* (1951), sur le chômage et les bidonvilles, au ton décalé, faussement poétique, on verra en *Umberto D* (1952), sur la solitude d'un retraité obligé de mendier pour survivre, la dernière expression d'un idéal classique de l'humanisme social caractéristique d'un courant du néoréalisme.

Anna Magnani
Rome, ville ouverte
Roberto Rossellini, 1945

Magnanime. Le film, par son succès, attire l'attention sur le renouveau du cinéma italien. Tourné juste deux mois après la libération de Rome, avec peu de moyens (pénurie de pellicule), écrit par Sergio Amidei et Federico Fellini notamment, le film évoque, en s'inspirant de faits réels et de personnages authentiques (dont le prêtre à la fin), les ultimes combats de la Résistance contre les nazis. Trahisons, exécutions et tortures scandent un drame aux allures de « reportage reconstitué », selon l'expression d'André Bazin. Le film consacre définitivement Ana Magnani, femme du peuple et héroïne de tragédie. Grâce à elle, l'Italie a trouvé son vrai visage.

Quelques films à revoir

1942 **Ossessione / Les Amants diaboliques** (L. Visconti) 1945 **Rome, ville ouverte** (Roberto Rossellini) 1946 **Sciuscià** (V. De Sica) ; **Paisà** (R. Rossellini) 1947 **Allemagne année zéro** (R. Rossellini) 1948 **La terre tremble** (L. Visconti) ; **Amore** (R. Rossellini) ; **le Voleur de bicyclette** (V. De Sica) 1949 **Au nom de la loi** (Pietro Germi) ; **Riz amer** (G. De Santis) 1950 **Pâques sanglantes** (G. De Santis) ; **Stromboli** (R. Rossellini) ; **Chronique d'un amour** (M. Antonioni) ; **le Chemin de l'espérance** (P. Germi) 1951 **Bellissima** (L. Visconti) ; **Miracle à Milan** (V. De Sica) 1952 **Umberto D** (V. De Sica) ; **Onze heures sonnaient** (G. De Santis) ; **Deux Sous d'espoir** (R. Castellani) ; **Europe 51** (R. Rossellini) 1953 **Les Vitelloni** (F. Fellini) ; **l'Amour à la ville** (M. Antonioni, F. Fellini, A. Lattuada, C. Lizzani, D. Risi, F. Maselli ; coordination : C. Zavattini) 1954 **La Strada** (F. Fellini) ; **Voyage en Italie** (R. Rossellini) ; **l'Or de Naples** (V. De Sica)

Le néoréalisme et après ?

Une rupture fondatrice

Le néoréalisme ne se limite pas à la période qui suit immédiatement la Seconde Guerre mondiale, car son influence nourrit aussi bien le cinéma italien que les nouvelles cinématographies du monde, dont il est la référence.

Issu d'une lutte politique contre le fascisme, d'une alliance avec la résistance communiste, le mouvement néoréaliste a su transformer ses convictions pour la reconstruction nationale en propositions de cinéma. À condition de reconnaître qu'il y en a eu plusieurs. Une tendance a eu pour modèle le cinéma soviétique (Giuseppe De Santis, *Pâques sanglantes*, *Chasse tragique*). Une autre a su associer réalisme descriptif et conventions classiques du récit (*Ossessione* de Luchino Visconti, *Riz amer* de De Santis). La tendance la plus populaire, autour de Vittorio De Sica, mais aussi de Pietro Germi (*le Chemin de l'espérance*), articule peinture sociale et mélodrame humaniste. Le premier courant, politique, renaîtra dans un cinéma de dénonciation, engagé (Francesco Rosi, Elio Petri). Tandis que la comédie italienne (Dino Risi), par son amour des personnages issus des couches populaires, prolongera la tradition néoréaliste.

Une école esthétique

Le néoréalisme a-t-il été pour les grands noms du cinéma italien (Visconti, Michelangelo Antonioni, Federico Fellini) une parenthèse dans leur œuvre ? L'expérience néoréaliste chez Antonioni (*Gente del Po*, 1943-1947), se ressent dans ses premiers films (*Femmes entre elles*, 1955 ; *le Cri*, 1957), tout comme sa résurgence et son empreinte se font jour chez Visconti dans *Bellissima* (1951), avec Anna Magnani, et dans *Rocco et ses frères*, ainsi que chez Fellini avec *La strada* (1954). Décréter qu'un film est ou n'est pas néoréaliste devient absurde, tant ce mouvement, source jamais tarie du cinéma italien, continue d'agir souterrainement.

Plus qu'un cinéma social, à hauteur des drames et des préoccupations quotidiennes du peuple italien, le néoréalisme a été le foyer d'enjeux esthétiques. On peut le diviser en deux courants : le classique et le moderne. C'est autour des films de Rossellini (*Rome, ville ouverte*, *Paisà*, *Allemagne année zéro*) que le critique André Bazin a formulé une pensée moderne du cinéma (esthétique des plans longs, refus des effets de montage) contemporaine et différente de celle de Welles. Alors que l'arrivée d'Ingrid Bergman dans sa vie et son œuvre (*Stromboli*, *Europe 51*, *Voyage en Italie*), semble l'éloigner du néoréalisme, Rossellini confronte son esthétique avec de nouveaux sujets (crise du couple, scène de ménage), et ce faisant, la conforte et l'amplifie.

INGRID BERGMAN
STROMBOLI
ROBERTO ROSSELLINI, 1949

Un corps étranger. *Stromboli* est la rencontre improbable entre les pêcheurs d'une île volcanique et une star hollywoodienne, héroïne hitchcockienne. Le réalisme du milieu est redoublé par la dimension documentaire du récit : une femme débarque sur une île, à la façon dont une vedette est un corps étranger dans un monde qui ne lui est pas familier. Dans le néoréalisme second de Rossellini, né de la rencontre avec Ingrid Bergman, tout est affaire de cheminement intérieur. Le réalisme de surface de la scène de la pêche au thon devient alors miroir des profondeurs, celui des tourments de son héroïne.

« *Le terme "néoréaliste" reste confus. La plupart du temps ce n'est qu'une étiquette. Pour moi, c'est une position morale d'où on regarde le monde. Elle devient ensuite une position esthétique, mais le départ est moral.* »

Roberto Rossellini

Un rayonnement mondial

Quand Youssef Chahine réalise au Caire *Gare centrale* (1957), il dit tout haut sa dette au cinéma néoréaliste. En découvrant en 1950 à Londres *le Voleur de bicyclettes*, Satyajit Ray a la conviction qu'on peut tourner un film avec des acteurs amateurs. On n'en finirait pas de constater, dans les nouvelles cinématographies du tiers-monde, ou chez des cinéastes soucieux de proposer une alternative au cinéma d'évasion, combien l'influence du néoréalisme a changé la face du cinéma mondial, aujourd'hui encore. Godard aime rappeler que les cinéastes ont non seulement des droits mais aussi des devoirs auprès de la société dans laquelle ils vivent. Le néoréalisme est la plus haute expression artistique de cette conscience.

SILVANA MANGANO
RIZ AMER
GIUSEPPE DE SANTIS, 1949

De Santis mêle habilement la description d'un milieu social, celui des *mondine,* ouvrières journalières des rizières, avec une intrigue policière sentimentale. Un malfrat (Vittorio Gassman), à la suite d'un vol de bijoux, invite sa complice à se réfugier parmi les *mondine* clandestines. Il y fomente un nouveau coup, mais doit compter avec Silvana (Silvana Mangano), travailleuse régulière, et le sergent (Raf Vallone). Très populaire, notamment grâce à la beauté singulière de Silvana Mangano le film a contribué à faire connaître le néoréalisme aux États-Unis.

Alfred Hitchcock

« Une œuvre universelle » (F. Truffaut)

Prodigieux technicien et maître du suspense, Hitchcock est un des géants du cinéma mondial. Une affaire de regard sur ses frères humains, sans doute.

Alfred Hitchcock est né à Londres, le 13 août 1899, il est mort à Los Angeles, le 29 avril 1980. Se destinant à une carrière d'ingénieur, il a étudié le dessin avant d'écrire des intertitres pour des films muets dans une firme américaine installée à Londres et de s'approcher peu à peu de la caméra. En 1922, il produit et réalise *Number Thirteen*, qui reste inachevé, puis, quatre ans plus tard, à vingt-sept ans, signe enfin son premier film, *The Pleasure Garden*. Mais, pour lui, ses vrais débuts de metteur en scène se font avec *The Lodger* (*les Cheveux d'or*, 1926), remarquable évocation de Jack l'Éventreur à travers la figure d'un homme étrange et innocent qui échappe de peu à une foule déchaînée. Suivront, entre autres, *Murder* (1930), *Number Seventeen* (1932), *les Trente-neuf Marches* (1935), *Sabotage* (*Agent secret*, 1936), *Une femme disparaît* (1938)...

Petites et grandes peurs

Il clôt sa période anglaise avec *la Taverne de la Jamaïque* et démarre, sous la houlette de David O. Selznick, sa période américaine avec une autre adaptation de Daphné Du Maurier : *Rebecca* (1940). Le succès et l'Oscar du meilleur film en 1940 le consacrent à Hollywood. Il réalise alors une suite de films parmi les plus importants de la période : *Soupçons* (1941), *l'Ombre d'un doute* (1943), *les Enchaînés* (1946), *l'Inconnu du Nord-Express* (1951), *la Loi du silence* (1953), *Le crime était presque parfait* (1954), *Fenêtre sur cour* (1954), *Vertigo* (*Sueurs froides*, 1958), *la Mort aux trousses* (1959), *Psychose* (1960), *les Oiseaux* (1963)... Il joue sur les peurs — petites et grandes — des spectateurs, les culpabilités — potentielles ou réelles — des personnages et le résultat est saisissant. Ni blanc ni noir, le héros hitchcockien est bien plus que cela : traversé par des ambivalences infinies qui tissent son humanité, piégé dans des rapports ambigus avec autrui.

Une signature : sa silhouette

Hitchcock, depuis *The Lodger*, où il s'était mêlé pour des raisons économiques, à la foule des figurants, apparaît ensuite dans chacun de ses films, traversant le cadre avec une valise ou un lourd instrument de musique, croisant le personnage dans la rue, se bagarrant avec un bambin dans un train ou un métro, dessiné sur un journal pour la publicité d'un produit amaigrissant et même en ombre chinoise derrière une vitre ! Plus qu'un clin d'œil et une signature, la présence de sa silhouette atteste son implication et non

CARY GRANT ET EVA MARIE SAINT
LA MORT AUX TROUSSES
ALFRED HITCHCOCK, 1959

Les lieux du crime. « Nous étions en Hollande, donc moulins et parapluies », raconte Hitchcock à propos de *Correspondant 17*. Il entraîne toujours ses personnages dans les hauts lieux des villes ou pays où se déroule son intrigue. Parce que, reconnaissables au premier coup d'œil, ils donnent tout son sens à l'itinéraire du personnage. Petit inventaire : un concert à l'Albert Hall où doit se commettre le meurtre d'un homme d'État (*l'Homme qui en savait trop*, 1934 et 1956), un peu d'escalade sur le mont Rushmore (*la Mort aux trousses*), la Statue de la Liberté comme dernier refuge du méchant (*Cinquième Colonne*), une course poursuite au British Museum (*Blackmail*), une tentative de meurtre en haut de la cathédrale de Westminster (*Correspondant 17*)...

ANTONY PERKINS
PSYCHOSE
ALFRED HITCHCOCK, 1960

Du suspense à la peur, de la frayeur à l'angoisse. Lorsqu'Hitchcock avait quatre ou cinq ans, son père l'avait envoyé au commissariat avec une lettre et il avait été enfermé quelques minutes, parce qu'il avait été « méchant » : c'est sans doute pourquoi les faux coupables sont si nombreux dans son œuvre. Mais il y a aussi les vrais criminels (même s'ils ne sont pas diagnostiqués « responsables ») comme l'inquiétant taxidermiste Norman Bates-Anthony Perkins dans *Psychose* (1960). Si une ombre se profile derrière un rideau de douche, le nom d'Hitchcock est immédiatement évoqué

sa supériorité : il fait partie de cette humanité qu'il filme. De là la perfection de sa mise en scène, très composée et stylisée, mais toujours au service de l'homme ou de la femme dont on suit le parcours. Son plus grand admirateur et son meilleur biographe, François Truffaut, écrivait en préface de leurs entretiens (Hitchcock/Truffaut) : « Si le travail de Hitchcock m'apparaît si complet c'est que j'y vois des recherches et des trouvailles, le sens du concret et celui de l'abstrait, du drame souvent intense et de l'humour quelquefois très fin. Son œuvre est à la fois commerciale et expérimentale, universelle comme le *Ben Hur* de William Wyler et confidentielle comme *Fireworks* de Kenneth Anger ».

James Stewart, Grace Kelly et Alfred Hitchcock
Fenêtre sur cour
1954
Photo de tournage

Plutôt blonde, plutôt chic, plutôt froide, telle serait l'héroïne hitchcockienne. Grace Kelly tourna également *Le crime était presque parfait* et *la Main au collet*. Tippi Hedren fut l'interprète des *Oiseaux* et de *Pas de printemps pour Marnie*, Kim Novak celle de *Vertigo* (*Sueurs froides*). Mais Alfred Hitchcock dirigea trois fois Ingrid Bergman, qui était plutôt châtain et volcanique (*la Maison du Dr Edwards*, *les Enchaînés*, *les Amants du Capricorne*) et son record de fidélité va à deux acteurs : Cary Grant (*Soupçons*, *les Enchaînés*, *la Main au collet*, *la Mort aux trousses*) et James Stewart (*la Corde*, *Fenêtre sur cour*, *l'Homme qui en savait trop*, *Vertigo*).

Alfred Hitchcock (1899-1980)

1899 Naissance à Londres 1926 **Le Jardin des plaisirs ; The Lodger** 1935 **Les 39 Marches** 1938 **Une femme disparaît** 1940 **Rebecca** 1941 **Soupçons** 1943 **L'Ombre d'un doute** 1946 **Les Enchaînés** 1948 **La Corde** 1951 **L'Inconnu du Nord-Express** 1953 **La Loi du silence** 1954 **Le crime était presque parfait ; Fenêtre sur cour** 1955 **La Main au collet ; Mais qui a tué Harry ?** 1958 **Sueurs froides** 1959 **La Mort aux trousses** 1960 **Psychose** 1963 **Les Oiseaux** 1964 **Pas de printemps pour Marnie** 1966 **Le Rideau déchiré** 1972 **Frenzy** 1976 **Complot de famille** 1980 Mort à Los Angeles.

L'Actors Studio

Un laboratoire de stars

Dès sa création l'Actors Studio impose des conceptions inédites basées sur l'improvisation et la recherche de l'émotion vraie. Une révolution artistique qui gagne Broadway puis Hollywood.

En octobre 1947, l'Actors Studio ouvre ses portes à New York. Cinquante jeunes acteurs, triés sur le volet, sont accueillis par les fondateurs : Robert Lewis, Cheryl Crawford et Elia Kazan. Lors de la séance d'ouverture, ce dernier précise leur projet : « Il ne s'agit pas d'un club mais bien d'un centre d'entraînement pour acteurs où chacun pourra s'exercer et devra s'attendre à travailler dur. » L'atelier, qui cherche à rompre avec le théâtre traditionnel, adopte des principes radicaux. Les cours sont gratuits et les professeurs, bénévoles. L'unique condition d'entrée est le talent.

Au cœur de l'enseignement : la Méthode

Par son approche théorique et ses méthodes, l'expérience s'inscrit dans la lignée du Group Theatre dont les trois fondateurs ont fait partie. De 1931 à 1940, ce mouvement avant-gardiste s'était affirmé, notamment, comme un lieu de recherche sur l'acteur. À sa suite, l'Actors Studio s'approprie les théories de Stanislavski sur l'art dramatique pour développer une nouvelle technique de jeu, bientôt surnommée « la Méthode ». Celle-ci repose sur les aptitudes sensorielles et psychologiques de l'acteur qui ne doit plus se contenter de parler et d'agir comme son personnage mais doit penser et sentir comme lui. La Méthode permet d'atteindre des moments de réalisme intense et excelle dans la peinture de la confusion des sentiments. Le succès est immédiat. Avec lui, arrivent de nouveaux professeurs, dont Lee Strasberg. Cette personnalité charismatique, ancien théoricien du Group Theatre, reprend la direction artistique de l'atelier, permettant aux fondateurs de défendre leurs conceptions de l'art dramatique sur les scènes du pays.

Révolution à Broadway

À la fin des années 1940, le théâtre américain atteint sa pleine maturité sous l'influence de nouveaux dramaturges tels que Tennessee Williams, Eugene O'Neill ou Arthur Miller. Leurs œuvres, avec leur arrière-plan freudien et leurs personnages en crise, sont une matière idéale pour les adeptes de la Méthode. En 1947, Elia Kazan monte *Un tramway nommé Désir* de Tennessee Williams à Broadway. Pour donner vie à cette « tragédie poétique », il rassemble une troupe de fidèles, parmi lesquels le jeune Marlon Brando. Lors de la première, l'accueil est triomphal.

L'Actors Studio à Hollywood

En 1951, *Un tramway nommé Désir* est adapté pour le cinéma. Il marque l'arrivée officielle de la Méthode à

> *« Pourquoi certaines performances d'acteur survivent alors que d'autres sont oubliées ? C'est que ces acteurs vous ont livré un morceau de leur vie. Vous avez pénétré au plus profond de leur intimité. Et ces artistes vous ont rendu visite dans votre jardin secret. Ils vous ont offert plus que de l'astuce ou de la technique : ils vous ont donné l'émotion vraie. »*
>
> Elia Kazan

Marlon Brando et Vivien Leigh
Un Tramway Nommé Désir
Elia Kazan, 1951

L'expression d'une nouvelle humanité. Dans *Un tramway nommé Désir*, Marlon Brando révolutionne l'art dramatique. Jouant sur ses pulsions les plus noires, il exprime des sentiments extrêmes et fait preuve d'un engagement total qui tranche avec les interprétations lisses des comédiens de l'époque. Il acquiert à Hollywood le statut de monstre sacré dans les années suivantes avec des films tels que *l'Équipée sauvage* (Laslo Benedek, 1952), *Sur les quais* (Elia Kazan, 1954), *la Poursuite impitoyable* (Arthur Penn, 1965)...

James Dean
La Fureur de Vivre
Nicholas Ray, 1955

L'incarnation du mal-être adolescent. En 1954, James Dean auditionne devant Elia Kazan pour le rôle principal d'*À l'est d'Eden*. Malgré son inexpérience, il convainc le réalisateur par un besoin éperdu de reconnaissance et une colère palpable, deux traits de caractère qu'il partage avec le personnage de Jim Stark. L'année suivante, il incarne le malaise adolescent aux côtés de Natalie Wood dans *la Fureur de vivre*. Le comédien devient l'icône de la nouvelle génération. Sa mort brutale, à la fin du tournage de *Géant* (George Stevens, 1955), le consacre dans le personnage de l'adolescent rebelle et incompris.

Hollywood. Elia Kazan, qui signe la mise en scène de cette nouvelle version, reprend son casting new-yorkais, à l'exception du premier rôle féminin. Face à la puissance de Marlon Brando, il choisit d'opposer la vulnérabilité de Vivien Leigh.

Le film remporte plusieurs nominations aux Oscars : meilleur premier rôle féminin pour Vivien Leigh, meilleurs seconds rôles pour Kim Hunter et Karl Malden. Parmi les acteurs principaux, seul Brando rentre bredouille. Qu'importe ! Il prend sa revanche avec *Sur les quais* (1954) du même réalisateur. L'année suivante, Elia Kazan engage James Dean pour *À l'est d'Eden* et transforme le « sale gamin » en légende ! *La Fureur de vivre* (1955) amplifie le phénomène.

Dès lors, l'Actors Studio devient pour Hollywood l'équivalent d'un vivier de stars. On identifie le style de jeu qu'il produit aux rôles de rebelles incarnés par Marlon Brando ou au mal de vivre exprimé par James Dean et Montgomery Clift. Mais la Méthode produit également des acteurs plus mesurés, comme Eva Marie Saint ou Karl Malden. Reprise et caricaturée par de nombreux cours d'art dramatique, la Méthode est aussi la cible de critiques virulentes. On lui a reproché d'être à l'origine de débordements émotionnels.

Aujourd'hui, on discerne différentes générations d'acteurs formés par l'Actors Studio. Aux pionniers ont succédé Paul Newman, John Cassavetes, Dustin Hoffman, Al Pacino, Robert De Niro, Harvey Keitel, etc. En redéfinissant les normes de l'art dramatique, l'Actors Studio est devenu une institution.

Paul Newman
et Elizabeth Taylor
La Chatte sur un toit brûlant
Richard Brooks, 1958

Une beauté magnétique. Paul Newman se forme à l'Actors Studio et en devient l'un des plus célèbres ambassadeurs. *La Chatte sur un toit brûlant* le consacre comme sex-symbol et lui vaut sa première nomination aux Oscars. Dans cette adaptation du psychodrame de Tennessee Williams, il incarne un journaliste sportif devenu alcoolique qui résiste aux avances de sa flamboyante épouse jouée par Elizabeth Taylor sublimement belle.

Marilyn Monroe

Le fabuleux destin de Norma Jean Baker

Pour l'état-civil, elle fut Norma Jean Baker Mortenson. Pour le monde entier, Marilyn Monroe devint le mythe absolu de la féminité et de la sensualité sur grand écran. Une parfaite cible mouvante pour la grande machine hollywoodienne.

« Voilà une pauvre fille qui devient tout à coup une vedette célèbre. Alors, ces gens viennent lui dire qu'elle doit devenir une grande actrice. C'est comme un homme qui ferait une chanson idiote : *le Toutou à la fenêtre*, ça fait un succès, et il faut qu'il écrive des symphonies pour Toscanini ! Ils veulent essayer d'élever Marilyn où elle ne peut exister. » Cette charge d'une cruauté absolue, c'est Billy Wilder qui la signait, l'année même de *Sept Ans de réflexion*, en 1955. Dans son outrance, elle reflète parfaitement une partie de l'opinion hollywoodienne à l'égard d'une star féminine qui refusa jusqu'au bout de se plier totalement aux usages en vigueur dans l'usine à rêves.

L'histoire de Marilyn ressemble à celle d'un conte de fées qui tournerait sinon au cauchemar du moins au remake d'un mauvais film noir. Les premières années furent la concrétisation parfaite de ce que Gladys Baker (ex-Mortenson) avait rêvé pour sa fille : Marilyn serait une star de cinéma et pas n'importe laquelle. En 1947, âgée de vingt et un ans, elle obtient un tout premier petit rôle, dans une production banale de la Fox, *Dangerous Years* d'Arthur Pierson. Norma Jean cède la place à Marilyn.

LES HOMMES PRÉFÈRENT LES BLONDES
HOWARD HAWKS, 1953

Une autre Lorelei. Un an seulement après leur première collaboration dans *Chérie, je me sens rajeunir*, Howard Hawks confiait l'un des deux rôles principaux de son nouveau film à Marilyn Monroe. Aux côtés de la brune Jane Russell, alias Dorothy, la blonde Marilyn incarne Lorelei, toutes deux chanteuses de cabaret et bien décidées à ne pas le rester longtemps. Monroe fait merveille dans ce rôle de jeune femme à la fois intéressée et quelque peu frigide à qui son prétendant déclare sans l'ombre d'une hésitation : « Vous possédez un merveilleux magnétisme animal. » C'est la parfaite croqueuse d'hommes et de diamants, avec ce qu'il faut d'ingénuité pour tout faire passer, y compris auprès du public féminin.

M. M. le mythe

Ses apparitions même secondaires ou fugaces sont remarquées comme, dès 1950, dans *la Pêche au trésor* des Marx Brothers puis la même année dans *Quand la ville dort* de John Huston qui marque sa véritable entrée dans le monde du cinéma hollywoodien. Deux ans plus tard, elle est en tête du très officiel classement des « étoiles de demain », tandis qu'avec *Chérie, je me sens rajeunir*, Howard Hawks lui confie son premier emploi de vedette aux côtés de Ginger Rogers et Cary Grant. L'année suivante, c'est la consécration définitive avec le rôle principal du film de Howard Hawks, *Les hommes préfèrent les blondes*. Le personnage de la blonde sexy, pulpeuse, gentiment séductrice, sachant danser et chanter s'impose à tous : la star est née. Le magazine *Photoplay* la sacre alors « meilleure actrice populaire de l'année » et les financiers de Hollywood se frottent les mains puisque, en 1953, 1954 et 1956, Marilyn figure parmi les dix vedettes qui « rapportent le plus d'argent ». Et c'est, en effet, l'époque des succès où Marilyn enchaîne les tournages de *Niagara*, *Comment épouser un millionnaire*, *Rivière sans retour*, *la Joyeuse Parade*, *Sept Ans de réflexion* et *Bus Stop*.

TONY CURTIS, JACK LEMMON, MARILYN MONROE
CERTAINS L'AIMENT CHAUD
BILLY WILDER, 1959

Elle est parfaite. C'est *Fanfare d'amour*, film français que Richard Pottier réalisa en 1935, qui est à l'origine de cette comédie plus dérangeante qu'il n'y paraît. Certes, le travestissement de Tony Curtis et Jack Lemmon en musiciennes d'un orchestre exclusivement féminin et dont la chanteuse est la blonde Marilyn constitue l'un des ressorts comiques du film. Mais, avec la malice qui le caractérise, Wilder joue avec le code Hays et la censure : qu'est-ce qui est *hot* ici, le jazz ou bien plutôt le sexe omniprésent ? Et ce n'est pas Marilyn qui va faire baisser la tension avec son personnage de ravissante idiote à l'érotisme aussi torride que naturel.

Le retour de Norma Jean

Au fur et à mesure que s'amplifie le mythe Monroe, Marilyn semble mesurer la vacuité de ce star-system cynique et dénué d'humanité. Son mariage avec le prestigieux écrivain Arthur Miller en 1956 sonne comme un défi aux idées toutes faites : « La beauté de Marilyn rayonne parce que son âme se montre à tout moment », écrit Miller. Avec *Certains l'aiment chaud* de Billy Wilder en 1959 comme avec *le Milliardaire* de Georges Cukor sorti l'année suivante, la star continue de séduire les écrans et les spectateurs.

Mais 1961 fut l'année de son divorce avec Miller et du tournage difficile de *The Misfits*, le film réalisé par John Huston sur un scénario de Miller. Liaison dangereuse avec le président des États-Unis, abus de substances nocives, isolement progressif, un film inachevé : les deux dernières années de la vie de Marilyn font apparaître l'envers du mythe sous une lumière cruelle. Au bout de ce tunnel, l'actrice la plus célèbre du monde choisit le suicide le 5 août 1962 dans sa villa de Brentwood, Californie.

> *« Lorsqu'on est célèbre, chacune de nos faiblesses est amplifiée au maximum. Le cinéma devrait se conduire à notre égard comme une mère dont l'enfant vient tout juste d'échapper à un accident de voiture. Mais au lieu de nous prendre contre lui et de nous consoler, le cinéma nous punit. »*
>
> Marilyn Monroe

MARILYN MONROE ET MONTGOMERY CLIFT
LES DÉSAXÉS
(THE MISFITS)
JOHN HUSTON, 1961

Fin de partie. « Je l'ai lu en boxeur en surveillant ma garde sur la gauche, et soudain j'ai reçu un coup de poing au creux de l'estomac », déclarait John Huston, le réalisateur des *Désaxés* à propos du scénario écrit par Arthur Miller. Ce dernier, récemment divorcé de Marilyn, n'a pas hésité à s'inspirer de sa vie commune avec la star pour écrire le personnage de Roselyn amoureuse en même temps de trois hommes incarnés à l'écran par Clark Gable, Montgomery Clift et Eli Wallach, le tout sur fond d'Amérique profonde loin des clichés habituels. Boudé par le public à sa sortie, le film fut ensuite reconsidéré et pas seulement parce qu'il fut le dernier et de Clark Gable et de Marilyn Monroe. Il est en fait à l'image de la fin de la vie de la star : désenchanté.

L'apogée du western

Le cinéma américain par excellence

De *la Chevauchée fantastique* (1939) aux *Cheyennes* (1964) de John Ford, le western devient aux yeux du monde, comme l'écrit l'historien du cinéma André Bazin, « le cinéma américain par excellence ».

Après l'échec de *la Piste des géants* (1930) de Raoul Walsh, le genre entre dans le purgatoire de la série B, entraînant dans son sillage l'acteur principal, John Wayne. Il reconquiert ses lettres de noblesse et le succès public grâce à *la Chevauchée fantastique*, premier grand classique du genre.

Mémoire d'une nation

Le western se confond avec l'Amérique et le cinéma américain pour deux raisons. Tout d'abord le cinéma, art de l'espace et du mouvement, trouve dans le western un matériau naturel qui magnifie ses qualités expressives. Ensuite, le western est le récit de la conquête d'un territoire et de la naissance d'une nation (l'instauration de la loi). Le western classique se montre soucieux de son cadre géographique et historique, tout en forgeant le mythe. Il devient le lieu de l'idéalisation épique qui transforme l'homme de l'Ouest en légende vivante, en héros de tragédie. L'art de l'action se double d'un drame éthique, d'un combat pour des valeurs, entre la violence et la loi.

Ford ou la quintessence du western

La trilogie de la cavalerie — *le Massacre de Fort Apache* (1948), *la Charge héroïque* (1949) et *Rio Grande* (1950) — déplie toutes les facettes du western fordien. Le premier volet, inspiré de la vie du

LA CHEVAUCHÉE FANTASTIQUE
JOHN FORD, 1939

La traversée de l'Ouest. En 1885, les Indiens menaçent le camp de Tonto en Arizona, un groupe de civils est évacué par diligence. Le hors-la-loi Ringo Kid (John Wayne) se joint au convoi, qui est bientôt attaqué par les Indiens. Ce film magnifiquement mis en scène et monté associe au goût des affrontements à huis clos l'amour des grands espaces propices à l'action, comme dans la fameuse scène de l'attaque de la diligence.

JOHN WAYNE
LA RIVIÈRE ROUGE
HOWARD HAWKS, 1948

Épopée du père et du fils. *La Rivière Rouge* de Howard Hawks, plus connu pour ses comédies et ses films noirs, raconte l'épopée réaliste des convoyeurs de bétail qui, en 1865, à la suite de la guerre de Sécession, ouvrent une nouvelle voie jusqu'au Missouri. La traversée devient affrontement de caractères entre Tom Dunson (John Wayne) et le jeune Matt Garth (Montgomery Clift), survivant d'un massacre des Indiens, qu'il a recueilli autrefois. L'enjeu symbolique de filiation et de transmission entre les deux hommes s'achèvera dans une mémorable scène de bagarre.

général Custer, critique le carriérisme des militaires sacrifiant inutilement leurs soldats pour leur propre gloire. Le deuxième, à l'humanisme bouleversant et rieur, accompagne la dernière mission d'un officier (John Wayne) avant sa retraite. Le dernier, proche plastiquement des grandes fresques de Sergueï M. Eisenstein, évoque la guerre contre les Apaches. Ford aime l'Histoire (le drame de la guerre de Sécession est le socle de ses westerns), les grands sujets : le racisme et la haine entre Blancs et Indiens (*les Cavaliers*, 1959). Dans *l'Homme qui tua Liberty Valance* (1962), il rappelle que la démocratie, pour s'imposer en Amérique, a eu besoin de la force et non de la loi pour triompher de la violence. Ford est grand, inégalé, lorsqu'il confronte l'homme à la nature. Inoubliable beauté des paysages fordiens, nourris des tableaux de Frederic Remington, tantôt sites majestueux à contempler et espaces à parcourir. Se dégage de l'œuvre une essentielle mélancolie, entre amour des vivants et mémoire des morts.

Mann, Walsh, Boetticher, Fuller

Le western selon Anthony Mann, commencé sous l'emprise de la violence concrète d'un cinéma de série B (*Winchester 73*, 1950), bascule dans un combat moral. Non sans emphase, Mann associe western et tragédie grecque dans *l'Homme de l'Ouest* (1958) avec Gary Cooper. Raoul Walsh, tout comme Hawks, a marqué le genre, entre psychanalyse (*la Vallée de la peur*, 1947) et action héroïque (*la Charge de la huitième brigade* (1964) sur fond d'amitié virile. Plus que les œuvres bien-pensantes (*la Flèche brisée* de Delmer Daves, 1950) ou à thèse, on retiendra le lyrisme enflammé de *Johnny Guitar* (1954) de Nicholas Ray avec Joan Crawford, la splendide énergie des westerns de Budd Boetticher (*Sept Hommes à abattre*, 1956) ou la folie lumineuse de *Quarante Tueurs* (1957) ou du *Jugement des flèches* (1956) de Samuel Fuller, précurseurs du tournant maniériste des années 1960.

> *« Dans les derniers mois de la vie de Ford, nous avons souvent discuté de la difficulté à réaliser un bon western sans Wayne. »*
> Howard Hawks

JOHN WAYNE
ET NATALIE WOOD
LA PRISONNIÈRE DU DÉSERT
(THE SEARCHERS)
JOHN FORD, 1956

Trouver Debbie Edwards. « C'est la tragédie d'un solitaire », dit John Ford d'Ethan Edwards (John Wayne), un homme « qui n'aurait jamais pu faire partie d'une famille ». Tourné au Colorado et à Monument Valley, région chère au cinéaste, *la Prisonnière du désert* retrace sur dix ans, au fil des saisons, la quête de deux hommes, recherchant une fillette (Debbie, incarnée par Natalie Wood) enlevée par les Comanches. Tensions raciales, identités communautaires sont au cœur du film qui transcende ces conflits grâce à la grandeur de son regard et la singularité de son héros sans attaches, pour qui le désert est sa maison et son monde.

WALTER BRENNAN,
JOHN WAYNE
ET DEAN MARTIN
RIO BRAVO
HOWARD HAWKS, 1959

Gravité d'un divertissement. Aux liens du sang du western fordien, Howard Hawks substitue les liens d'amitié. Non pas la famille dont on hérite mais celle qu'on se choisit, par affinité. *Rio Bravo* est, avec *la Prisonnière du désert*, un des plus beaux westerns. Dans le décor d'une prison, un groupe se défend contre une bande de hors-la-loi. Autour du shérif (John Wayne), un vieillard claudiquant acariâtre (Walter Brennan), un adjoint alcoolique (Dean Martin), un jeune homme ambitieux (Ricky Nelson), une joueuse de cartes (Angie Dickinson). Inoubliable, jusque dans ses détails, de la goutte de sang dans un verre de bière à la pièce jetée dans un crachoir pour humilier un ivrogne.

La comédie musicale

Tous en scène !

Née avec l'avènement du parlant, condition *sine qua non* de son existence, la comédie musicale se développa d'abord aux États-Unis, sous l'influence des spectacles de Broadway. Ode à la danse et à la musique, elle mit les plus grands talents de la scène à contribution.

Hollywood, berceau de la comédie musicale

Si *le Chanteur de jazz* (Alan Crosland, 1927), premier film parlant, met en scène des séquences chantées, *The Broadway Melody* (Harry Beaumont, 1929), adaptation d'un spectacle à succès, est la première comédie musicale au sens strict. Le slogan qui accompagne sa sortie est clair : *« All talking ! All singing ! All dancing ! »*
La comédie musicale constitue le prolongement des spectacles de Broadway. Les liens entre l'un et l'autre resteront toujours très étroits. Deux courants essentiels se créent. L'un avec la Warner et ses grandes parades chorégraphiées par Busby Berkeley (*Chercheuses d'or de 1933*, Mervyn LeRoy, 1933), l'autre, avec RKO (Radio-Keith-Orpheum) et les élégants numéros de Fred Astaire et Ginger Rogers.

L'apogée du genre

Pourtant, c'est la MGM qui va renouveler le genre de la manière la plus audacieuse. Sous l'influence de son producteur Arthur Freed, le merveilleux devient source d'inspiration (*le Magicien d'Oz*, Victor Fleming, 1939). Tâchant de réunir les plus grands talents, il fait appel à deux gloires de Broadway : Gene Kelly et Stanley Donen. Ensemble, ils donnent à la MGM ses chefs-d'œuvre : *Un jour à New York* (1949), *Chantons sous la pluie* (1952). En 1940, Freed engage Vincente Minnelli, lui aussi formé à la scène, et le pousse à développer son univers personnel, teinté de féerie et de nostalgie avec des films tels que *Yolanda et le voleur* (1945), *Tous en scène* (1953). Les uns et les autres cherchent à donner au genre davantage de profondeur et de cohérence artistique en travaillant sur la psychologie des personnages et la pertinence des numéros musicaux au sein de la narration.

La comédie musicale évolue au fil des films et des audaces, sans cesse réinventée par des scénaristes tels qu'A. J. Lerner, Adolph Green ou Betty Comden. À côté des énormes productions des principaux studios se multiplient des films de sociétés indépendantes à l'économie plus modeste.

Avec *Une étoile est née* (George Cukor, 1954) et *Beau fixe sur New York* (S. Donen et G. Kelly, 1955), l'atmosphère féerique cède progressivement la place à un ton plus dramatique.

Gene Kelly et Leslie Caron
Un Américain à Paris
Vincente Minnelli, 1951

Paris en studios. Gene Kelly, Leslie Caron et Georges Guétary sont les protagonistes d'un trio amoureux situé dans un Paris entièrement reconstitué dans les studios hollywoodiens de la MGM. Le tout sur des chansons d'Ira et Georges Gershwin. Quant au final, il est un hommage revendiqué au cinéma de Jean Renoir.

Fred Astaire et Cyd Charisse
Tous en scène !
Vincente Minnelli, 1953

Minnelli le magicien. Tony Hunter (Fred Astaire), star oubliée de films musicaux, tente de monter un nouveau spectacle avec Gaby Gérard (Cyd Charisse), danseuse classique au sommet de sa gloire… Adapté d'une revue de Fred Astaire, *Tous en scène* fut l'un des plus grands succès de la MGM. Les numéros de danse, d'une virtuosité étourdissante, s'intègrent au récit dans la fluidité et le spectacle se double d'une réflexion sur le monde du spectacle.

Quelques films à revoir

1944 **Le Chant du Missouri** (V. Minnelli) ; **le Bal des sirènes** (G. Sidney) 1946 **Ziegfeld Follies** (V. Minnelli) 1947 **Le Pirate** (V. Minnelli) 1949 **Un jour à New York** (S. Donen et G. Kelly) 1951 **Un Américain à Paris** (V. Minnelli) 1952 **Chantons sous la pluie** (S. Donen et G. Kelly) 1953 **Tous en scène** (V. Minnelli) 1954 **Brigadoon** (V. Minnelli) ; **Carmen Jones** (O. Preminger) ; **la Joyeuse Parade** (W. Lang) ; **Une étoile est née** (G. Cukor) 1955 **Beau fixe sur New York** (S. Donen et G. Kelly) ; **Blanches Colombes et vilains messieurs** (J. L. Mankiewicz) ; **Ma sœur est du tonnerre** (R. Quine) 1957 **La Belle de Moscou** (R. Mamoulian) ; **Drôle de frimousse** (S. Donen) ; **les Girls** (G. Cukor) ; **le Rock du bagne** (R. Thorpe) 1958 **Gigi** (V. Minnelli)

La série B

Un cinéma de genre

En proposant deux films pour le prix d'un, le A et le B, Hollywood engendre un nouveau système, celui des studios B, qui donnera naissance dans les années 1940 et 1950 à des films de première importance.

Ce sont des exploitants américains, inquiets de la chute de la fréquentation (50 % en moins entre 1930 et 1933), suite à la brusque baisse du pouvoir d'achat de la population, conséquence de la crise de 1929, qui inventent le double programme pour faire revenir le public dans les salles. Devant le succès de l'opération, le système se pérennise. Les grandes compagnies se dotent d'un département B au sein de leur studio tandis que des maisons de production (Monogram, PRC, Republic) se spécialisent dans les films B.

L'expression « série B » recouvre plusieurs choses. Tout d'abord le film B, en complément de programme, d'une durée comprise entre 60 à 70 minutes, production à petit budget, tournée en peu de jours, sans vedettes. Ensuite le film B autour d'un héros (Charlie Chan, Zorro), objet de plusieurs épisodes, idée que la télévision reprendra à son compte. Enfin, le *serial*, feuilleton à épisodes d'environ vingt minutes, proposé chaque semaine en salles.

Le pur souci de la mise en scène

Le cinéma B est un cinéma de genre. Si on tourne dans les années 1930 beaucoup de westerns (quelques chevaux et des paysages suffisent), la production se diversifie dans les années 1940, le film B contribuant au renouveau du fantastique et du film noir. Aux studios RKO, le producteur Val Lewton et le réalisateur Jacques Tourneur donnent au genre ses lettres de noblesse. Un art du récit et de la mise en scène, distinct des canons spectaculaires du cinéma hollywoodien, se fait jour, fondé sur la vivacité du récit (nombreuses ellipses, recours à la voix off), la fulgurance de la mise en scène, ou sa sobriété. On suggère au lieu de montrer, car on n'a pas les moyens ni le temps de le faire. On utilise la profondeur de champ ou le plan-séquence pour condenser un maximum de personnages et d'action au sein d'une unité de temps et d'espace.

Une passion française

Dans les années 1950, la critique cinéphile française impose la série B et ses auteurs (Jacques Tourneur, Joseph H. Lewis, Edgar G. Ulmer), au point que le cinéaste et producteur Roger Corman dira que la série B est une « invention française ». Tourneur s'illustre dans le fantastique (*la Féline*, 1942 ; *Vaudou* et *l'Homme léopard*, 1943) tandis que Joseph H. Lewis exprime tout son talent dans le film de gangster (*Gun Crazy*, 1950) ou dans le film noir avec le remarquable

SIMONE SIMON
LA FÉLINE (CAT PEOPLE)
JACQUES TOURNEUR, 1942

L'art de la suggestion. En rapportant plus d'un million de dollars, pour un coût de 130 000, *la Féline* (*Cat People*), tourné en vingt et un jours, sauve la RKO. Une dessinatrice de mode (Simone Simon, l'héroïne de *la Bête humaine* de Renoir), se croit victime d'un maléfice qui la transforme en panthère. Sur ce canevas fantastique, Jacques Tourneur, fils de Maurice Tourneur, construit une atmosphère d'angoisse reposant sur l'entraperçu. Elle atteint son sommet avec la scène de la piscine, au moyen d'ombres et de reflets. L'attitude de la femme, métamorphosée en animal agressif dès qu'un homme l'approche, suggère l'importance de la sexualité dans ce film.

LE BANDIT
EDGAR G. ULMER, 1955

Plus qu'un western, *Le Bandit* (*Naked Dawn*) est une fable morale sur la condition humaine (un film sur les minorités, ajoutera Ulmer), une parabole biblique sur la quête d'un impossible Éden. Santiago (Arthur Kennedy), voleur par nécessité, après un cambriolage raté, se réfugie dans une ferme au Mexique où vit un jeune couple de paysans. Il entraîne le fermier dans un hold-up et lui donne goût à l'argent facile, gagné par la force. Dans ce drame à trois, où les rapports sont contaminés par l'argent, Ulmer construit en de longs plans une mise en scène fondée sur le pouvoir d'imagination des mots, caractéristique du cinéma B.

The Big Combo (1955), photographié par John Alton. Ancien collaborateur de Murnau, Ulmer, après ses films yiddish, réalise *Barbe-Bleue* (1944) avec John Carradine, puis *Detour* (1946), un somptueux film noir devenu objet de culte. Le vétéran Allan Dwan termine brillamment sa carrière dans le film B avec *Slightly Scarlet* (*Deux Rouquines dans la bagarre*, 1956) et *The River's Edge* (1957).

Vers l'*exploitation film*

La disparition progressive des studios B, accélérée par la montée de la télévision qui produit des séries, donne naissance à l'*exploitation film* (« film commercial »). C'est le règne, au seuil des années 1960, de l'AIP de Samuel Z. Arkoff où officie Roger Corman. William Castle, avec *Macabre* (1958), devient le Hitchcock de la série B. Joe Dante, formé à l'écurie Corman, rendra hommage à Castle et à l'*exploitation film* dans *Panique sur Florida Beach* (1993).

« *Quand vous allez dans un grand studio, vous devez vous incliner devant le producteur et il y a peu de place pour la création personnelle.* »
Edgar G. Ulmer

JOHN DALL ET PEGGY CUMMINS
GUN CRAZY
JOSEPH H. LEWIS, 1950

Film culte. *À bout de souffle* (1959) de Jean-Luc Godard, *Bonnie and Clyde* (1966) d'Arthur Penn et *Sailor et Lula* (1990) de David Lynch ont en commun d'avoir pour socle d'inspiration *Gun Crazy* (*le Démon des armes*) de Joseph H. Lewis. Produit par d'authentiques gangsters, les frères King, déjà à l'origine de *Dillinger* (1945), le film raconte l'amour fou d'un couple (Peggy Cummins et John Dall) uni par la passion des armes. Le lyrisme tragique de leur cavale, à l'issue fatale, se mêle à la frénésie érotique du maniement des armes. La scène du hold-up, long plan séquence dans une voiture postée à l'extérieur, résume l'audace formelle du cinéma B.

Les superproductions

L'essor du cinéma extra-large

Dès sa naissance, le cinématographe s'est engagé dans des productions toujours plus démesurées et coûteuses. Mais, après 1945 et l'essor de la télévision, Hollywood amplifie ce mouvement et fait de la superproduction son quotidien. Péplum ou film d'aventures, rien n'est trop grand pour emporter les spectateurs dans des torrents épiques.

Quel est le donc l'ennemi du cinéma américain au début des années 1950 ? Le petit écran évidemment, cette lucarne qui envahit tous les foyers et retient chez lui le spectateur, l'empêchant de se rendre dans les salles obscures. Peu importe que les images télévisées soient petites, en noir et blanc et encore de piètre qualité : le cinéma est véritablement menacé et les professionnels doivent réagir. Chacun se mobilise. Les exploitants de salles lancent une campagne d'affiches où l'on peut lire : « Prenez votre auto, dînez dehors, allez voir un bon film ! » L'industrie technique multiplie, elle, les innovations technologiques propres à séduire le public et à renforcer la dimension spectaculaire du cinéma : c'est le temps des écrans panoramiques, des couleurs de plus en plus travaillées et des essais de films en 3D (la Warner en sort trois en 1954). Quant aux producteurs, ils décident de réagir en jouant la surenchère artistique et parient sur des superproductions que le petit écran serait bien en peine de concurrencer. Pour Hollywood, l'affaire est entendue, Le cinéma sera spectaculaire ou ne sera plus.

Sur la piste des étoiles

Et qui, mieux que Cecil B. De Mille pouvait incarner ce mouvement hollywoodien, lui qui, dès 1918, avait appliqué le mot d'ordre de Zukor : « Tournez des pièces prodigieuses avec des acteurs de premier ordre » ? En 1953, il réalise encore *Sous le plus grand chapiteau du monde.* Au-delà du récit des amours tumultueuses de Sebastian (Charlton Heston) le trapéziste avec Angel (Gloria Graham) la dresseuse d'éléphants, le film multiplie les morceaux de bravoure liés à l'environnement forain et notamment une scène d'accident au cours d'un numéro de trapèze. En 1956, le même De Mille tourne une nouvelle version des *Dix Commandements* avec Charlton Heston, Yul Brynner et Anne Baxter, entre autres, dans les rôles principaux. Pour ce qui s'avérera son film-testament, De Mille multiplie les prouesses de mise en scène en dirigeant notamment 15 000 figurants dans ce péplum biblique qui enthousiasmera les spectateurs.

En chute libre

Les scénaristes américains sont priés de privilégier alors les sujets susceptibles de donner lieu à des

David Niven
Le Tour du monde en quatre-vingts jours
Michael Anderson, 1956

De stars en stars. Pas mois de cinq Oscars, dont celui du meilleur film, récompensèrent le film réalisé par Michael Anderson d'après le roman de Jules Verne qui raconte les tribulations de Phileas Fogg (David Niven) à travers le monde entier et dans un laps de temps fixé par avance lors d'un pari. Grâce aux colossaux moyens accordés par la production, le film est d'une fidélité absolue aux descriptions et situations contenues dans le roman. De plus, le cinéaste a eu la malice de convoquer le gratin des stars internationales : on y croise ainsi Marlene Dietrich, Martine Carol, Fernandel, Buster Keaton, Peter Lorre ou Frank Sinatra.

Le souffle du désert. Production anglo-américaine, ce film réalisé par le Britannique David Lean s'inscrit parfaitement dans la lignée des grandes superproductions américaines. Le scénario est l'adaptation du livre de Thomas E. Lawrence, *les Sept Piliers de la sagesse* et c'est Peter O'Toole qui, aux côtés notamment d'Anthony Quinn, Omar Sharif et Alec Guinness, incarne le rôle de ce colonel britannique qui, au début du XXe siècle, rêvait de l'indépendance des pays arabes. Trois ans plus tard, David Lean signait avec le même scénariste, Robert Bolt, une adaptation du roman de Boris Pasternak, *le Docteur Jivago,*

Peter O'Toole
Lawrence d'Arabie
David Lean, 1962

surenchères dramaturgiques et visuelles. Avant même *les Dix Commandements*, Mervyn LeRoy avait réalisé un remake de *Quo Vadis ?* en 1951 tandis que William Wyler donnait sa version de *Ben Hur* en 1959. La Rome antique et sa démesure offraient de superbes possibilités. Les auteurs se tournèrent également vers l'adaptation des chefs-d'œuvre de la littérature populaire et d'aventures comme *le Tour du monde en quatre-vingts jours* ou la fresque historique et héroïque avec notamment *Lawrence d'Arabie*.

Pourtant, rien n'y fait, le nombre de spectateurs dans les salles chute de façon vertigineuse : en 1955, on recensait chaque semaine 50 millions de spectateurs, mais seulement 30 cinq ans plus tard... L'inflation des superproductions n'a pas permis de gagner la guerre contre le petit écran. De ce combat perdu, il reste de superbes films aux dimensions extravagantes et qui, manifestement, ont nourri l'imaginaire de cinéastes comme George Lucas et Steven Spielberg.

CHARLTON HESTON
BEN HUR
WILLIAM WYLER, 1959

Toujours plus fort. Le film réalisé par William Wyler, trente-quatre ans après celui de Fred Niblo, est peut-être la superproduction des superproductions. Avec lui en effet, seuls les superlatifs sont de mise : à son coût de 15 millions de dollars, il convient d'ajouter ses milliers de figurants, ses quatre mois de répétition, sa séquence de course de chars qui a demandé un réalisateur spécifique et trois mois de tournage, sa longueur exceptionnelle de trois heures et demie, sans compter au final ses neuf oscars et sa place de premier du box-office hollywoodien aux côtés d'*Autant en emporte le vent*.
Et, de fait, l'esclave Ben Hur, alias Charlton Heston, a enthousiasmé les foules du monde entier.

Quelques films à revoir

1949 **Samson et Dalila** (C. B. De Mille) 1951 **Quo Vadis ?** (M. LeRoy) 1953 **Sous le plus grand chapiteau du monde** (C. B. De Mille) 1955 **La Terre des pharaons** (H. Hawks) 1956 **Les Dix Commandements** (C. B. De Mille) ; **le Tour du monde en 80 jours** (M. Anderson) 1959 **Ben-Hur** (W. Wyler) 1961 **Barabbas** (R. Fleischer, It.) 1962 **Lawrence d'Arabie** (D. Lean, GB) 1963 **Cléopâtre** (J. L. Mankiewicz) ; **les 55 jours de Pékin** (N. Ray).

Films français d'après-guerre

Une certaine qualité française

Durant les quinze années qui suivirent la Libération, de multiples talents confirmés ou nouveaux confèrent au cinéma français une indéniable vitalité qui met particulièrement en avant le brio des raconteurs d'histoires.

1945 : la France libérée panse ses blessures, les spectateurs réservent leurs faveurs aux *Enfants du paradis* et à *la Cage aux rossignols*, tandis que des cinéastes comme Sacha Guitry, Henri-Georges Clouzot ou Henri Decoin connaissent les rigueurs d'un séjour au purgatoire. Quelques mois suffisent à faire repartir l'industrie cinématographique hexagonale sur de nouveaux rails avec cependant des recettes éprouvées. À de rares exceptions près comme *la Bataille du rail* de René Clément ou *Jéricho* d'Henri Calef, les films sur la Résistance sont peu nombreux. Le public renoue avec des genres qu'il affectionnait déjà sous l'Occupation et même avant-guerre. Le fantastique poétique du Cocteau de *la Belle et la Bête* fait ainsi des merveilles, au même titre que les films en costumes (*l'Affaire du collier de la Reine* de Marcel L'Herbier), ceux de cape et d'épée (*Le Capitan* de Robert Vernay) ou les indémodables films policiers. L'heure est donc au pur divertissement.

Le règne des scénaristes

Qu'il s'agisse de René Clair et de Julien Duvivier ou de Henri-Georges Clouzot, Claude Autant-Lara et Jacques Becker, l'immense majorité des réalisateurs de cette époque fondent leur travail sur de solides scénarios auxquels ils ont ou non collaboré. Jacques Prévert toujours et encore, Henri Jeanson, Charles Spaak, Jean Aurenche et Pierre Bost, entre autres, font les beaux jours d'un cinéma qui croit à la puissance d'un verbe porté par des acteurs comme Louis Jouvet ou Jean Gabin. Ils s'en donnent à cœur joie pour ciseler des histoires et des dialogues d'anthologie : en 1947, par exemple, Jeanson écrivait pour Christian-Jaque le scénario d'*Un revenant*, soit le retour à Lyon d'un Jouvet honni par son milieu d'origine — celui des soyeux lyonnais, qui ne sortent guère embellis de cette peinture au vitriol. Si les « écrivains de cinéma » tiennent ainsi le haut du pavé, c'est avec le plein soutien des réalisateurs, trop contents de pouvoir ainsi disposer, en amont du film, d'un texte longuement travaillé et parfaitement écrit.

L'envahissant Oncle Sam

Parce qu'il produit alors des films de qualité et dans des registres fort différents (*Panique* de Duvivier, *Le silence est d'or* de Clair, *l'Homme au chapeau rond* de Pierre Billon, *les Maudits* de René Clément, notamment), le cinéma français se porte à merveille. Spectateurs, artistes et producteurs sont satisfaits.

GÉRARD PHILIPE ET MICHELINE PRESLE
LE DIABLE AU CORPS
CLAUDE AUTANT-LARA, 1947

Une question de style. Comme l'écrivait le romancier Roger Vailland : « Tout comme le roman, le film a du style. » Un roman sulfureux de Raymond Radiguet, une adaptation du célèbre duo de scénaristes Aurenche et Bost, une réalisation d'Autant-Lara, cinéaste très prisé du grand public, des décors de l'inventif Max Douy et une distribution étincelante conduite par Gérard Philipe et Micheline Presle : avec un tel générique, *le Diable au corps* ne pouvait que susciter l'enthousiasme du public et des critiques.

JOUR DE FÊTE
JACQUES TATI, 1949

Tournée à l'américaine. Premier des longs métrages écrits et réalisés par l'atypique Jacques Tati, *Jour de fête* fut conçu et engendré dans la douleur. Mais son succès auprès du public fut immédiat et durable. Faisant fi des lourdeurs de la comédie filmée, Tati renouait avec l'essence même du cinéma, celle que Keaton avait incarnée au plus haut point, c'est-à-dire le mouvement, la dynamique des corps et de la gestuelle. Partant d'un sujet plus que banal, la fête au village, Tati le transcende en s'érigeant lui-même comme un personnage de cinéma qui prend ici le nom de François le facteur pour devenir un jour l'inénarrable monsieur Hulot. Comme tous les comiques de génie, Tati retrouve au sein du gag les chemins de la poésie.

Simone Signoret et Serge Reggiani
Casque d'or
Jacques Becker, 1952

Drame à Belleville. S'inspirant d'un fait divers des années 1900, Jacques Becker raconte l'histoire des amours impossibles de la belle et convoitée Casque d'or (Simone Signoret) et de l'ouvrier de Belleville, Manda (Serge Reggiani). De cette histoire simple, le cinéaste fait une véritable tragédie dans le Paris des quartiers populaires de la Belle Époque. Un drame se joue, qui finira dans la mort et le sang, sur fond de guinguettes, d'honneur blessé, de noblesse ouvrière, de rivalités masculines et de séduction féminine. Becker vise juste en refusant les effets trop faciles d'un mélo annoncé. Rigueur et maîtrise, telles sont une fois de plus les atouts d'un auteur exigeant.

Mais la signature, en mai 1946, d'importants accords économiques franco-américains, dits « Blum-Byrnes », vinrent assombrir cette embellie cinématographique. Avec l'accord des pouvoirs publics français, l'industrie hollywoodienne disposait d'une « fenêtre de tir » plus favorable qu'avant-guerre pour distribuer ses films en France. En quelques semaines, les écrans français voient déferler la vague jusque-là contenue des centaines de films américains produits depuis 1940 ! Le public découvre les œuvres d'Alfred Hitchcock, de Howard Hawks, d'Orson Welles, de John Ford et d'Otto Preminger notamment. En face, *le Silence de la mer* et *Jour de fête*, respectivement premiers films de Jean-Pierre Melville et de Jacques Tati, *Dédée d'Anvers* d'Yves Allégret ou *la Chartreuse de Parme* de Christian-Jaque résistent, mais avec difficulté. Or de cette crise naquit très vite le système d'aide à la production française toujours en vigueur de nos jours.

Sous le signe de la diversité

S'ensuit alors une période plutôt heureuse pour le cinéma français : les spectateurs sont nombreux, la production s'étoffe d'année en année et les facettes les plus diverses peuvent s'exprimer. Au cours de la même année 1948, on vit ainsi des films aussi différents que les drames d'André Cayatte (*les Amants de Vérone*) et d'Yves Allégret (*Une si jolie petite plage*), les films historiques de Sacha Guitry (*le Diable boiteux*) ou de Maurice Cloche (*Monsieur Vincent*) ou bien encore le divertissement à la façon de Jean Dréville (*les Casse-pieds*). À côté de ces productions classiques, quelques rares œuvres font entendre un autre son, radicalement différent. Ce fut le cas du film de Roger Leenhardt, *les Dernières Vacances*. Sur le thème du « vert paradis des amours enfantines », l'auteur-réalisateur y livre une chronique toute en demi-teintes loin des canons de l'époque. Rétrospectivement et sans verser dans l'anachronisme, on peut déceler dans ce film singulier les prémisses d'une nouvelle vague qui n'émergera que dix années plus tard, porteuse à son tour de ce naturel qui fait le charme du film de Leenhardt.

Une période charnière

« La crise, a écrit le philosophe Gramsci, c'est quand le vieux n'arrive pas à mourir et que le jeune n'arrive pas à naître. » Le cinéma français des années 1950 était-il en crise sans vraiment le savoir ? Certains arbres de très grande qualité permirent peut-être de cacher une forêt aux productions souvent médiocres. Pourquoi s'inquiéter en effet quand la même année (1950), Max Ophuls propose sa *Ronde* et Robert Bresson son *Journal d'un curé de campagne* ? C'est oublier un peu vite que le cinéma français penche beaucoup plus du côté de *Méfiez-vous des blondes* d'André Hunebelle ou d'*Atoll K* de Léo Johannon, autrement dit de films aux ambitions artistiques pour le moins limitées. De façon symptomatique, quelques grands noms du cinéma français, comme Autant-Lara, Carné, Grémillon ou Duvivier réalisent durant ces années 1950 des œuvres assurément mineures au regard de leurs productions passées. Ni *Madame de...* de Max Ophuls, ni *les Vacances de monsieur Hulot*, réalisés durant cette même période, ne suffisent à revigorer le cinéma hexagonal. C'est précisément le moment choisi par des jeunes loups pour montrer des dents dont l'avenir montra qu'elles étaient longues !

Une certaine tendance...

C'est en janvier 1954 que François Truffaut publiait dans les *Cahiers du cinéma* une violente diatribe contre ce qu'il nommait « une certaine tendance du cinéma français ». Étaient ainsi montrés du doigt pour leur conformisme et leur académisme : Y. Allégret, Autant-Lara, Decoin, Delannoy, Duvivier, Carné, Christian-Jaque, Clouzot, Clair, Clément, sans oublier certains scénaristes, Aurenche et Bost en tête. À l'inverse, Renoir, Ophuls, Cocteau, Becker, Bresson, Tati, et même Guitry étaient présentés comme des cinéastes dignes de ce nom. Truffaut se montre tour à tour injuste et pertinent, mais fort

CLAUDE LAYDU
JOURNAL D'UN CURÉ DE CAMPAGNE
ROBERT BRESSON, 1950

Sous le soleil de Bernanos. À la base de ce film en forme d'épure, un roman de Georges Bernanos qui prend la forme d'un journal rédigé par le jeune curé d'Ambricourt (incarné par Claude Laydu). Le cinéaste épouse parfaitement le propos du romancier : tous deux racontent l'histoire d'un homme de foi saisi par le doute et l'angoisse. Tous deux interrogent la faiblesse de l'homme confronté au mystère de la grâce. Sur le ton du journal intime, le film livre une adaptation particulièrement brillante et fidèle du livre. Accusé par certains d'être le « janséniste du cinéma français », Robert Bresson apportait une nouvelle pierre à la construction d'une œuvre cinématographique inséparable du questionnement chrétien.

YVES MONTAND
ET CHARLES VANEL
LE SALAIRE DE LA PEUR
HENRI-GEORGES CLOUZOT, 1952

Un road movie angoissant. Inspiré du best-seller de Georges Arnaud, *le Salaire de la peur* obtint le grand prix du Festival de Cannes en 1953. Le spectateur est invité à vibrer à l'unisson de deux conducteurs de camion qui doivent transporter un chargement de nitroglycérine... Pour la première fois peut-être, le cinéma français lorgne ouvertement vers les grands espaces et les histoires haletantes propres jusque-là au cinéma américain. Le public a réservé de fait un triomphe à ce film dans lequel se succèdent des morceaux de bravoure interprétés avec force par Yves Montand et Charles Vanel, héros déchirants d'une tragédie sur grand écran.

heureusement ses écrits n'empêchèrent nullement Autant-Lara de tourner en 1956 l'un de ses chefs-d'œuvre, *la Traversée de Paris* et Julien Duvivier de mener à bien la même année son très noir et très réussi *Voici venu le temps des assassins.* Cette même année, Bresson présente le somptueux *Un condamné à mort s'est échappé.* La diversité reste donc la règle au sein d'un cinéma français décidément toujours prompt à lancer des batailles internes, parfois un peu artificielles.

Lola Montès
Max Ophuls, 1955
Affiche originale

Jeux du cirque. Ultime film de Max Ophuls, *Lola Montès* fut par ailleurs son seul film en Cinémascope et en couleurs et l'un de ses plus grands échecs commerciaux. Sort injuste pour cette œuvre magistrale qui s'inspire de la vie d'une courtisane qui fut la favorite de Louis Ier de Bavière. Martine Carol incarne cette femme contrainte de devenir une attraction foraine, livrée en pâture à un public qui ne respecte rien. C'est non seulement un magnifique portrait de femme mais également une réflexion visionnaire sur l'émergence d'une société qui renoue avec les jeux du cirque à travers le voyeurisme et l'indécence. Lola est la victime expiatoire de ce spectacle sans morale.

Quelques films à revoir

1942 **Les Visiteurs du soir** (M. Carné) 1943 **Le Corbeau** (H.-G. Clouzot) 1945 **Les Dames du bois de Boulogne** (R. Bresson) ; **les Enfants du paradis** (M. Carné) 1946 **La Bataille du rail** (R. Clément) ; **la Belle et la Bête** (J. Cocteau) ; **l'Homme au chapeau rond** (P. Billon) ; **Panique** (J. Duvivier) 1947 **Quai des Orfèvres** (H.-G. Clouzot) ; **Un revenant** (Christian-Jaque) ; **le Silence de la mer** (J.-P. Melville) 1948 **Dédée d'Anvers** (Y. Allégret) 1949 **Jour de fête** (J. Tati) ; **Rendez-vous de juillet** (J. Becker) ; **Une si jolie petite plage** (Y. Allégret) 1950 **Journal d'un curé de campagne** (R. Bresson) ; **la Ronde** (M. Ophuls) 1951 **Jeux interdits** (R. Clément) 1952 **Casque d'Or** (J. Becker) ; **le Plaisir** (M. Ophuls) ; **la Vérité sur Bébé Donge** (H. Decoin) 1953 **Madame de** (M. Ophuls) ; **le Salaire de la peur** (H.-G. Clouzot) ; **les Vacances de monsieur Hulot** (J. Tati) 1955 **Lola Montès** (M. Ophuls) 1956 **La Traversée de Paris** (C. Autant-Lara) ; **Un condamné à mort s'est échappé** (R. Bresson).

Les documentaires

Des films à l'écoute du monde

Le documentaire, souvent passionnant, se révèle être un genre particulier d'une grande richesse. Avec l'évolution des techniques, il a pris des formes différentes : reportage, enquête, cinéma-vérité...

Films de voyages, films scientifiques, films d'art : le documentaire s'affirme tout de suite comme essentiel à la connaissance du monde. Dès 1900, des opérateurs accompagnent les expéditions des savants. Petit à petit, leur regard s'élève au-dessus du simple reportage touristique. L'Américain Robert J. Flaherty passe quinze mois dans les îles de la baie d'Hudson pour filmer de l'intérieur le quotidien des Esquimaux (*Nanouk l'Esquimau*, 1922). Même qualité de regard dans *l'Homme d'Aran* (1934), superbe poème d'images sur le travail des pêcheurs d'Irlande.

Le mot « documentaire » apparaît en 1926, sous la plume du Britannique John Grierson, qui signe trois ans plus tard un film remarquable sur la pêche en mer du Nord (*Drifters*, 1929). En Allemagne, Walter Ruttmann capte l'activité fébrile d'une grande cité (*Berlin symphonie d'une grande ville*, 1927).

Documentaire et cinéma militant

Avec le Soviétique Dziga Vertov, la vérité de l'image devient une arme pour qui sait utiliser les possibilités du montage. Dans *l'Homme à la caméra* (1929) un opérateur enregistre le rythme frénétique d'une ville. C'est le premier « docu » militant, à la fois film manifeste d'une nouvelle théorie (le « ciné-œil » : « un œil plus un cinéaste pensant ») et vision matérialiste de l'homme agissant sur le monde. Même esprit militant, mais dans une vision très naturaliste : *Las Hurdes* (1932), où Luis Buñuel filme avec rage une région déshéritée d'Espagne. Cinéaste attitrée de Hitler, Leni Riefenstahl met son génie de photographe au service de l'idéologie la plus nauséeuse en filmant le congrès de Nuremberg (*le Triomphe de la volonté*, 1935) puis les jeux Olympiques de Berlin (*les Dieux du stade*, 1936).

Documentaire et critique sociale

Avec *À propos de Nice* (1930), Jean Vigo signe un pamphlet acide qui oppose quartiers pauvres et quartiers aisés de la ville. *Le Sang des bêtes*, de Georges Franju (1948), fait sourdre la poésie noire des abattoirs de la Villette. En 1946, Georges Rouquier s'installe un an dans une ferme pour filmer le cycle des saisons (*Farrebique*). Quant à Louis Malle, il débute aux côtés du commandant Cousteau en explorant la faune et la flore sous-marines (*le Monde du silence*, Palme d'or à Cannes, 1956).

D'abord ethnologue, Jean Rouch s'impose comme un des grands du « cinéma-vérité ». Ses films africains

Moi un noir
JEAN ROUCH, 1959

Séduction du vrai. Pendant trois jours, Jean Rouch suit un groupe d'adolescents nigériens descendus « faire fortune » à Treichville, faubourg populaire d'Abidjan. Avec sa verve, son mélange d'optimisme et de résignation, l'exploration est plus psychologique que géographique. Jean Rouch n'est pas le Blanc qui regarde vivre les Noirs avec curiosité, c'est un cinéaste qui cherche à comprendre, à sympathiser. Séduit par l'univers africain, il s'efface totalement et laisse improviser ses personnages. Une belle leçon d'humilité qui fera dire à Godard : « Le metteur en scène ne traque pas la vérité parce qu'elle est scandaleuse mais parce qu'elle est amusante, tragique, gracieuse, loufoque, peu importe. L'important c'est que la vérité est là » (*Arts*, 11 mars 1959).

Le Mystère Picasso
HENRI-GEORGES CLOUZOT, 1956

Dépeindre l'artiste. Sur un plateau de cinéma, Clouzot filme Picasso (soixante-douze ans) au travail. Le tournage dure trois mois, pendant un été torride. But de l'opération ; montrer la peinture « en marche ». Les dessins évoluent, les coqs se métamorphosent en poissons, en fleurs... Mis au défi, Picasso accepte de réaliser une œuvre en moins de cinq minutes. Une véritable aventure artistique, vécue en direct. François Truffaut émettra deux réserves, la première sur la musique de Georges Auric, « vacarme populaire consternant de banalité tonitruante ». La seconde concernant la scène où Clouzot chronomètre Picasso : « Ce record contre la montre n'est pas du meilleur goût et sonne comme un numéro de cirque au milieu d'un concert. »

— *les Maîtres fous* (1954), *Moi un Noir* (1958), *la Pyramide humaine* (1959) — témoignent d'un cinéma de la décolonisation et de la compréhension. Même foisonnement généreux chez le Néerlandais Joris Ivens, grand voyageur, poète, pédagogue et militant qui, comme son compatriote Johan Van der Keuken, reste un des grands témoins de l'histoire du xxe siècle. L'arrivée de la Nouvelle Vague a été précédée en France d'un renouveau du documentaire. Écrivain, cinéphile, grand voyageur, photographe et cinéaste, Chris Marker impose une œuvre engagée et sans concession dont la constante est d'être en contact direct avec le monde (*Lettre de Sibérie*, 1958 ; *Le fond de l'air est rouge*, 1977). Alain Resnais renouvelle l'approche du film d'art, dénonçant la guerre (*Guernica*, 1950) et la colonisation (*Les statues meurent aussi*, 1953) avant de rappeler aux jeunes générations les horreurs de la déportation (*Nuit et brouillard*, 1955). Dans *le Chagrin et la pitié* (1971), Marcel Ophuls retrace la chronique d'une ville française sous l'occupation. Quant à Agnès Varda, entre *Opéra Mouffe* (1958) et *les Glaneurs et la glaneuse* (2000), elle signe tout au long de sa carrière de remarquables documentaires qui témoignent à la fois de l'acuité de son regard et de son expérience personnelle.

Nuit et brouillard
Alain Resnais, 1955

Sur un texte magnifique de Jean Cayrol, Alain Resnais fut le premier a regarder en face un passé proche (la déportation et l'extermination nazies) que tout le monde, à l'époque, préférait oublier. Sans haine, mais décidé à ouvrir les yeux de la nouvelle génération, il porte au grand jour ce qui n'était alors que dans les archives « ou dans le cœur de survivants inguérissables, un lot d'images qui se dédoublent, se multiplient à l'infini dans le sang, dans les cris, dans le pus ». La couleur (le présent) alterne avec le noir et blanc (le passé). Face à tant d'horreur, les auteurs posent inlassablement la même question « Qui est responsable ? » En effet, « dans le ciel indifférent de ces sèches images, il y a, menaçantes, les nuées toujours en mouvement du racisme éternel ».

Le cinéma japonais

Une prodigieuse révélation

Tout a commencé au Festival de Venise, en 1951, avec le Lion d'or attribué à *Rashomon* d'Akira Kurosawa, puis en 1953, avec le Lion d'argent pour *les Contes de la lune vague après la pluie* de Kenji Mizoguchi.

C'est aux grands festivals internationaux, surtout Venise (Mizoguchi y sera de nouveau récompensé d'un Lion d'argent avec *l'Intendant Sansho* en 1954) et Berlin (*Vivre* de Kurosawa, Ours d'argent en 1952) qu'on doit la révélation majeure du cinéma japonais, qui connaît son apogée économique et artistique dans les années 1950, au sein du système des studios. On découvrira plus tard d'autres cinéastes essentiels (Yasujiro Ozu, Mikio Naruse), ignorés car non diffusés hors du Japon. On essaiera de remonter le temps, afin de prendre la mesure des années 1930, qui recèle de nombreux trésors, signés Ozu (*Gosses de Tokyo*, 1932), Mizoguchi (*les Sœurs de Gion*, 1936; *Histoire des chrysanthèmes tardifs*, 1939) et par des cinéastes encore méconnus (Hiroshi Shimizu, Sadao Yamanaka).

La Vie d'Oharu, femme galante
Kenji Mizoguchi, 1952

Descente aux enfers. C'est par ce film que le monde entier découvre en 1952, au festival de Venise, le nom de Mizoguchi. Adapté de l'ouvrage du grand écrivain Ihara Saikaku, *Vie d'une amie de la volupté* (1686), figure majeure du roman de mœurs de l'ère Edo, le film conte la vie de malheur d'une femme, Oharu (Kinuyo Tanaka), répudiée, vendue pour mettre au monde un enfant puis rejetée et ravalée au rang de prostituée. Émouvoir le spectateur face au drame de la vie humaine tout en l'éblouissant par la beauté de la mise en scène, tel est l'art de Mizoguchi.

Kurosawa, Mizoguchi

Après la défaite du Japon, en 1945, le gouvernement américain contrôle le cinéma et interdit les films historiques, jugés porteurs d'une idéologie néfaste. La levée de cette interdiction en 1950 permet à Mizoguchi et à Kurosawa, qui a débuté en 1942 avec *la Légende du grand judo*, de se réapproprier cette période. *Rashomon* révèle Toshiro Mifune, acteur fétiche du cinéaste qui excelle dans *Yojimbo* (1961) et *Sanjuro* (1962), qui influenceront Sergio Leone et le western-spaghetti. Kurosawa puise son inspiration chez Shakespeare (*le Château de l'araignée*, 1957, d'après *Macbeth*), Dostoïevski (*l'Idiot*, 1951) et Gorki (*les Bas-fonds*, 1957). Il oscille entre peinture du chaos (le monde féodal) et drame humaniste moral (ses films contemporains).
Le cadre historique permet à Mizoguchi de peindre la condition de l'homme, avec ses espoirs et ses désillusions (*les Contes de la lune vague après la pluie*) ou la cruauté du pouvoir (*l'Intendant Sansho*), dont les femmes (Kinuyo Tanaka, son actrice de prédilection) en sont le plus souvent les victimes, quel que soit leur rang. Le cinéaste puise son inspiration chez les plus grands écrivains japonais, contemporains (Junichiro Tanizaki) ou classiques (Ihara Saikaku, Chikamatsu, Ueda Akinari). Son cinéma prolonge la tradition picturale japonaise, en s'inspirant de la peinture sur rouleau (*le Héros sacrilège*, 1955) ou de l'estampe (*Cinq Femmes autour d'Utamaro*, 1946).

Ozu et Naruse

Parallèlement au film historique, tourné à Kyoto, se développe un genre particulier, le *shomin-geki*,

Voyage à Tokyo
Yasujiro Ozu, 1953

Limpidité. La sortie en France en 1978 du plus beau film d'Ozu a suscité une admiration sans réserve et jamais éteinte depuis, qui fut à l'origine de la découverte de toute son œuvre. Un couple de vieillards se rend à Tokyo pour rendre visite à leurs enfants qui, pris par leur travail et leur vie de famille, ne s'occupent guère d'eux. Derrière cet épisode de la vie ordinaire, où chacun peut se retrouver, Ozu bouleverse par la simplicité limpide de sa mise en scène et la justesse des comédiens, notamment Chishu Ryu et Setsuko Hara, déjà père et fille dans *Printemps tardif* (1949). Le drame de la vieillesse, l'incompréhension entre générations se transforment en réflexion sur l'acceptation de la mort.

portrait au quotidien de la vie des gens ordinaires, celle des salariés et des employés de bureau. Ce cinéma, pas exporté car jugé moins « exotique » que les films historiques, a permis l'éclosion d'auteurs de premier plan. Ozu, en anthropologue, ausculte l'évolution des mœurs de la famille japonaise, l'écart entre les générations (*Voyage à Tokyo*, 1953). Le mariage devient un drame de la séparation et de la solitude (*Printemps tardif*, 1949 ; *Fin d'automne*, 1960). La conscience du temps qui passe, légère et inexorable, donne à l'œuvre son sens profond.

Chez Naruse, grande figure du *shomin-geki*, on observe la crise conjugale et ses répercussions au sein de la famille (*le Repas*, 1951 ; *le Grondement de la montagne*, 1953, d'après Yasunari Kawabata). Son chef-d'œuvre, *Nuages flottants* (1955, avec Hideko Takamine et Masayuki Mori), est centré sur la dérive funeste d'un couple qui s'aime et se déchire.

Quelques films à voir

1946 **Cinq femmes autour d'Utamaro** (K. Mizoguchi) 1949 **Printemps tardif** (Y. Ozu) 1950 **Rashomon** (A. Kurosawa) 1952 **La Porte de l'enfer** (T. Kinugasa) 1952 **La vie d'O'Haru, femme galante** (K Mizoguchi) 1953 **Voyage à Tokyo** (Y. Ozu) 1954 **Les Contes de la lune vague après la pluie** (K. Mizoguchi) ; **Le Grondement de la montagne** (M. Naruse) ; **L'Intendant Sansho** (K. Mizoguchi) ; **Les Sept Samouraïs** (A. Kurosawa) 1955 **Nuages flottants** (M. Naruse) 1956 **La Harpe de Birmanie** (K. Ichikawa) 1958 **La Ballade de Narayama** (K. Kinoshita) 1960 **L'Île nue** (K. Shindo) 1962 **Le Goût du saké** (Y. Ozu) 1962 **Harakiri** (M. Kobayashi)

TOSHIRO MIFUNE
LES SEPT SAMOURAÏS
AKIRA KUROSAWA, 1954

Le plus célèbre film d'Akira Kurosawa, avec Toshiro Mifune sera l'objet d'un remake, *les Sept Mercenaires* de John Sturges (1960). Dans le Japon du XVIe siècle des samouraïs sans maître (des ronins) viennent en aide à des paysans pillés par des bandits, moyennant rémunération. Le samouraï, pas encore cynique (*Yojimbo*) ni altruiste désabusé (*Sanjuro*), croit aux valeurs humaines, venant en aide aux plus faibles. Hideo Gosha, dans *Three Outlaw Samouraï* (1964), reprendra cette idée en la radicalisant.

Les Nouvelles Vagues

Les Nouvelles Vagues

Dates	*Faits historiques*	*Événements cinématographiques*
1959	La CEE entre en vigueur	**Le Beau Serge**, premier film de C. Chabrol et acte de naissance de la Nouvelle Vague **Hiroshima mon amour** d'A. Resnais **Les Quatre Cents Coups** de F. Truffaut →
1960	John F. Kennedy est élu président des États-Unis	**Psychose** d'A. Hitchcock **À bout de souffle** de J.-L. Godard **L'avventura** de M. Antonioni **La dolce vita** de F. Fellini
1961	Construction du mur de Berlin Youri Gagarine effectue le premier vol spatial	**West Side Story** de R. Wise et J. Robbins **Lola** de J. Demy **Accatone** de P. P. Pasolini **Mystère du printemps** de M. de Oliveira **Shadows** de J. Cassavetes
1962	Fin de la guerre d'Algérie Crise de Cuba	**Lawrence d'Arabie** de D. Lean ← **Cléo de 5 à 7** d'A. Varda **L'Enfance d'Ivan** d'A. Tarkovski **Premier James Bond : 007 contre le docteur No** de T. Young Mort de M. Monroe
1963	Assassinat de J. F. Kennedy	**Docteur Jerry et Mister Love** de J. Lewis **The Servant** de J. Losey **Le Guépard** de L. Visconti
1964	Khrouchtchev est écarté du pouvoir au profit de Brejnev Création de l'OLP à Jérusalem Premiers bombardements américains au Viêt-nam	**Le Dieu noir et le Diable blond** de G. Rocha lance le Cinema Novo au Brésil **Les Parapluies de Cherbourg** de J. Demy
1965	Prise du pouvoir par Mobutu au Congo Assassinat de Malcom X	**Pierrot le Fou** de J.-L. Godard **Les Amours d'une blonde** de M. Forman →
1966	Lancement de la Grande Révolution culturelle prolétarienne en Chine	**La Grande Vadrouille** de G. Oury **Les Désarrois de l'élève Törless** de V. Schlöndorff
1967	Guerre des Six Jours entre Israël et l'Égypte Coup d'état militaire en Grèce Début de la guerre du Biafra	**Bonnie and Clyde** d'A. Penn **Belle de jour** de L. Buñuel **Andreï Roublev** d'A. Tarkovski **La Chinoise** de J.-L. Godard

Dates	Faits historiques	Événements cinématographiques
1968	Printemps de Prague Assassinat de Martin Luther King Entrée en vigueur du Marché commun Mai 68	**2001: l'Odyssée de l'espace** de S. Kubrick **Il était une fois dans l'Ouest** de S. Leone Interruption du Festival de Cannes
1969	Troubles en Irlande du Nord Premiers pas sur la Lune de Neil Armstrong Kadhafi arrive au pouvoir en Libye Premier vol du Concorde	**Z** de Costa-Gavras **Easy Rider** de D. Hopper → **Ma nuit chez Maud** d'É. Rohmer **L'Enfance nue** de M. Pialat
1970	Début des séries d'actions systématiques des Brigades Rouges en Italie Mort de Salazar, de Gaulle et Nasser	**Le Cercle rouge** de J.-P. Melville
1971	Admission de la Chine populaire à l'ONU	**Duel** et **THX 1138**, premiers films de S. Spielberg et G. Lucas **Max et les ferrailleurs** de C. Sautet **Orange mécanique** de S. Kubrick
1972	Attaques de banques et attentats à la bombe de la Fraction Armée Rouge en Allemagne de l'Ouest Arrivée au pouvoir de Richard Nixon aux États-Unis	**Le Parrain** de F. F. Coppola **Le Charme discret de la bourgeoisie** de L. Buñuel **Cris et chuchotements** d'I. Bergman **L'Argent de la vieille** de L. Comencini
1973	Coup d'État au Chili, suicide d'Allende, Pinochet prend le pouvoir Choc pétrolier Accords de Paris entraînant le retrait des troupes américaines au Viêt-nam	**La Maman et la Putain** de J. Eustache **La Grande Bouffe** de M. Ferreri **Amarcord** de F. Fellini **Aguirre, la colère de Dieu** de W. Herzog → **Mean Streets** de Martin Scorsese
1974	Affaire du Watergate Fin de la dictature des colonels en Grèce	**Chinatown** de R. Polanski **Une femme sous influence** de J. Cassavetes **Les Valseuses** de B. Blier **Nous nous sommes tant aimés** d'E. Scola **Alice dans les villes** de W. Wenders
1975	Mort de Franco	← **Crias Cuervos** de C. Saura **Les Dents de la mer** de S. Spielberg Assassinat de P. P. Pasolini

La Nouvelle Vague

Les Jeunes-turcs du cinéma français

François Truffaut, Jean-Luc Godard, Claude Chabrol mais également Éric Rohmer, Jacques Rivette, Pierre Kast et Jacques Doniol-Valcroze : tous veulent en finir avec « une certaine tendance du cinéma français ». L'heure de la Nouvelle Vague est venue.

S'il est vrai que c'est en novembre 1957 que Françoise Giroud parla dans l'hebdomadaire *l'Express* de « nouvelle vague », mais sans jamais appliquer cette formule au cinéma, c'est trois ans avant que François Truffaut avait lancé sa diatribe contre « une certaine tendance du cinéma français ». Autrement dit, le texte fondateur de la Nouvelle Vague est bien antérieur à la médiatisation d'un concept tellement hétéroclite que, en 1957, c'est un film de Marcel Carné, *les Tricheurs*, qui est censé refléter les problèmes posés par la « Nouvelle Vague » ! Dès 1953, Truffaut, Chabrol, Godard, Rivette, Rohmer et quelques autres ont donc sonné la charge contre un cinéma français qu'ils jugent académique, en prônant la « politique des auteurs » qui place le réalisateur au centre de tout, au détriment, notamment, du scénariste. L'attaque est sévère. D'autres cinéastes, au même moment, signent des œuvres novatrices : Agnès Varda et *la Pointe courte* ou Jean-Pierre Melville avec *Bob le flambeur*, sans compter les talentueux courts métrages de Jacques Demy, Alain Resnais, Georges Franju et Chris Marker.

Nouveaux films

À la fin des années 1950, les rédacteurs des *Cahiers du cinéma* décident d'abandonner la théorie et les imprécations pour entrer dans la carrière. Claude Chabrol devint le premier d'entre eux en tournant, en 1957, *le Beau Serge* puis, presque dans la foulée, *les Cousins*, avec à chaque fois Gérard Blain et Jean-Claude Brialy dans les rôles principaux. Économie de moyens, rupture avec le naturalisme, soin porté à l'écriture cinématographique, tournage rapide et « entre copains », jeunes acteurs : on retrouve ici ce qui caractérisa les premiers films de la Nouvelle Vague. Durant la même année 1959, Truffaut présente au Festival de Cannes *les Quatre Cents Coups* et Alain Resnais, qui n'appartient pas à l'école des *Cahiers*, son *Hiroshima mon amour* sur un scénario de Marguerite Duras. Dès lors, la machine s'emballe, tant les producteurs sont séduits par ces jeunes réalisateurs qui font des films avec des budgets très avantageux ! Il est vrai que les évolutions technologiques vont de pair avec la Nouvelle Vague : les appareils liés à la prise de vue et à l'image deviennent plus légers, la sensibilité de la pellicule s'accroît, les tournages en extérieur remplacent les coûteuses locations de studios.

Bernadette Lafont, Jean-Claude Brialy, Gérard Blain
Le Beau Serge
Claude Chabrol, 1959

Considérée comme la première œuvre de la Nouvelle Vague, *le Beau Serge* raconte l'histoire de François qui revient dans son village natal et retrouve son ami Serge (Jean-Claude Brialy). Claude Chabrol a pu tourner ce film grâce à l'argent de sa femme et à l'héritage laissé par sa grand-mère. De plus, le tournage eut lieu à Sardent (Creuse), berceau de la famille du réalisateur. Non loin de Georges Bernanos et de Robert Bresson, Chabrol faisait ses premières gammes en posant un regard déjà acéré sur les comportements humains.

Les Quatre Cents Coups
François Truffaut, 1959
Affiche originale

L'invention d'Antoine Doinel. Premier long métrage de François Truffaut et premier volet de la saga consacré à Antoine Doinel, *les Quatre Cents Coups* connurent un succès retentissant. D'entrée de jeu, Truffaut imposait un personnage, un style, un univers que ses films suivants se chargeront d'amplifier et de structurer. C'est aussi la première apparition de Jean-Pierre Léaud.

Les courants de la vague

La Nouvelle Vague se présente comme une vaste auberge espagnole où se côtoient des sensibilités très différentes. Ainsi, Louis Malle y fait figure de dandy fortuné libre de tourner ce qu'il veut grâce à la fortune familiale. Avec *les Amants*, son deuxième film, le cinéaste brosse le portrait sans complaisance d'une bourgeoisie qui se veut émancipée, mais qui reste terriblement conformiste. En signant *À bout de souffle*, Jean-Luc Godard jette un autre pavé dans la mare : non seulement il développe une approche quasi « journalistique » de la réalité en s'emparant d'un banal fait divers, mais il brise les règles classiques du montage et du découpage. Quant à Eric Rohmer, il signe en 1957 le scénario de *Tous les garçons s'appellent Patrick*, réalisé par Jean-Luc Godard. Deux ans plus tard sort *le Signe du lion*, son premier long-métrage.

La crise est dépassée puisque les jeunes loups du cinéma français ont pu montrer leurs crocs sur les écrans. En quelques mois, il ne sera plus question de Nouvelle Vague mais seulement de talentueux réalisateurs dont chaque nouveau film est attendu.

Quelques films à revoir

1959 **Le Beau Serge** (C. Chabrol) ; **Les Cousins** (C. Chabrol) ; **Les Quatre Cents Coups** (F. Truffaut) ; **Hiroshima mon amour** (A. Resnais); **Le Signe du lion** (E. Rohmer) 1960 **L'Eau à la bouche** (J. Doniol-Valcroze) ; **Le Bel Âge** (P. Kast) ; **À bout de souffle** (J.-L. Godard) ; **Les Bonnes Femmes** (C. Chabrol) ; **Tirez sur le pianiste** (F. Truffaut) 1961 **Paris nous appartient** (J. Rivette) ; **Lola** (J. Demy) 1962 **Jules et Jim** (F. Truffaut) ; **Cléo de 5 à 7** (A. Varda) ; **Vivre sa vie** (J.-L. Godard) 1963 **Les Carabiniers** (J.-L. Godard) ; **Adieu Philippine** (J. Rozier) ; **Muriel ou le Temps d'un retour** (A. Resnais) ; **Le Mépris** (J.-L. Godard)

JEAN-PAUL BELMONDO ET JEAN SEBERG
À BOUT DE SOUFFLE
JEAN-LUC GODARD, 1960

Le film culte de la Nouvelle Vague. « Je lui ai remis une trentaine de pages qu'il a adaptées très librement », déclara Truffaut à propos de ce qui allait devenir le scénario d'*À bout de souffle*. À sa sortie, le film fait immédiatement polémique, mais c'est au « classique » scénariste Henri Jeanson que l'on doit les propos les plus enthousiastes : « J'aime ce film et j'en suis jaloux. C'est le premier film de révolte du cinéma français et du cinéma tout court. Dis-moi si tu aimes *À bout de souffle* et je te dirai qui tu es. Grâce à ce merveilleux film, le cinéma reconnaîtra les siens. »

Une vague de nouveaux auteurs

Resnais, Varda, Demy et les autres

Ils sont jeunes, mais n'appartiennent pas à la Nouvelle Vague, ils bousculent l'académisme mais sans anathème ni polémique. D'Alain Resnais à Agnès Varda en passant par Jacques Demy notamment, ils incarnent à leur manière l'autre renouveau du cinéma français.

L'arbre agité de la Nouvelle Vague ne doit pas cacher l'existence d'une forêt de cinéastes moins enclins à hausser le ton dans les festivals ou par voie de presse mais porteurs cependant d'un souffle nouveau. Le chef de file de ce courant d'autant plus informel qu'il n'existe pas pourrait bien être Alain Resnais. Déjà auteur de plusieurs documentaires très remarqués comme *Les statues meurent aussi* (1956), *Nuit et brouillard* (1955) ou *Toute la mémoire du monde* (tourné en 1950, sorti en 1953), le cinéaste, alors âgé de trente-sept ans, signe son premier long métrage, *Hiroshima mon amour*, d'après Marguerite Duras. Avec ce poème d'amour, de guerre et de mémoire, les spectateurs découvrent un cinéaste à part qui suscite l'admiration. Bien des années plus tard, Jean-Luc Godard fera preuve d'une belle sincérité en avouant : « Je me souviens d'avoir été très jaloux de *Hiroshima mon amour*. Je me disais : "Ça c'est bien et ça nous a échappé, on n'a pas de contrôle là-dessus". » Autrement dit, Resnais fait d'entrée de jeu bande à part, statut qu'il conserve toujours.

Des films éponges

Unique femme ou presque dans ce paysage masculin, Agnès Varda, à l'origine photographe de théâtre, propose en 1956 son premier long métrage, *la Pointe courte* avec Silvia Monfort et Philippe Noiret, dont le montage a été fait par Henri Colpi et Alain Resnais. Ce dernier, à l'époque, résuma ainsi ce qui pouvait le rattacher à d'autres cinéastes comme Varda ou Demy : « Le film attire automatiquement autour de lui, autour du personnage, les événements contemporains, comme une éponge se remplit d'eau. » De fait, dans *la Pointe courte*, l'histoire d'amour que vivent les deux protagonistes s'inscrit dans le contexte social d'un quartier de Sète qui donne son nom au film. Compagnon d'Agnès Varda, Jacques Demy, comme Resnais, commença sa carrière par le documentaire en signant notamment le splendide *Sabotier du Val de Loire*. Ses deux premiers films, *Lola* en 1961 puis *la Baie des Anges* en 1963, mêlent habilement cette première inspiration documentaire (la ville de Nantes pour le premier et celle de Nice pour le second) avec des aspirations poétiques pures (des histoires d'amour en forme de conte de fées). Une dualité que Demy conserva jusqu'au bout ainsi qu'en témoignent *Une chambre en ville* et *Trois Places pour le 26*.

DELPHINE SEYRIG, GIORGIO ALBERTAZZI
L'ANNÉE DERNIÈRE À MARIENBAD
ALAIN RESNAIS, 1961

X désire A. Lion d'or à Venise en 1961, le scénario du deuxième long métrage d'Alain Resnais après *Hiroshima mon amour*, a été écrit par le chef de file du nouveau roman, Alain Robbe-Grillet. Dépourvus de noms propres mais distingués par une lettre (A, X et M), les protagonistes de cette œuvre singulière évoluent dans des décors luxueux et glacés, sur fond de jeu de go et de mémoire labyrinthique. Dès sa sortie, le film fut l'objet de toutes les polémiques, les uns criant au chef-d'œuvre et les autres à l'imposture. Mais tous s'accordent sur le talent et la beauté d'une actrice jusque-là inconnue et qui vient tout droit de l'Actors Studio : Delphine Seyrig. La voix la plus singulière du cinéma français était ainsi lancée.

Quelques films à revoir

1961 **Une aussi longue absence** (H. Colpi) ; **L'Année dernière à Marienbad** (A. Resnais) ; **Lola** (J. Demy) 1962 **Cléo de 5 à 7** (A. Varda) 1963 **Muriel ou le Temps d'un retour** (A. Resnais) ; **Adieu Philippine** (J. Rozier) ; **La baie des anges** (J. Demy) 1964 **Les Parapluies de Cherbourg** (J. Demy) 1965 **Le Bonheur** (A. Varda) 1966 **La guerre est finie** (A. Resnais) 1967 **Les Demoiselles de Rochefort** (J. Demy) 1968 **Je t'aime, je t'aime** (A. Resnais) 1970 **Peau d'âne** (J. Demy) 1974 **Stavisky...** (A. Resnais) 1977 **Providence** (A. Resnais)

Des films en éveil

Deux autres cinéastes appartiennent à cette vraie-fausse famille : Henri Colpi et Armand Gatti. De 1950 à 1960, Colpi, né en 1921, fut l'un des plus brillants monteurs du cinéma français. En 1961, avec *Une aussi longue absence*, il cumule le prix Louis-Delluc et la palme d'or à Cannes. Tout comme Resnais, Colpi avait fait appel à Marguerite Duras pour le scénario et les dialogues d'un film centré sur la solitude et la mémoire défaillante. Quant à Gatti, cet ancien parachutiste aux côtés des Alliés et journaliste globe-trotter, il signe son premier long métrage en 1960, *l'Enclos*, qui décrit l'univers des camps de la mort à travers une dramaturgie très élaborée. Cette exigence immédiate ne quittera plus Gatti, cinéaste d'engagements et de combats.
Loin de cette galaxie Resnais, il convient toutefois d'évoquer un autre réalisateur très talentueux et qui lui aussi bouscule allègrement les codes en vigueur : Jacques Rozier. Avec *Adieu Philippine*, en 1960, il sut mieux que personne à l'époque capter les états d'âme d'une jeunesse prolétarienne aux prises avec les jeux de l'amour et l'angoisse du conflit algérien. Une fois encore, ce nouveau cinéma fait appel à la fiction pour mieux montrer la réalité.

ANTOINE BOURSEILLER, CORINNE MARCHAND
CLÉO DE 5 À 7
AGNÈS VARDA, 1962

La vie va. Deux heures de la vie de Cléo (Corinne Marchand), une jeune femme fantasque et superstitieuse qui attend les résultats des analyses censées dépister un cancer. C'est donc avec l'angoisse de la mort qu'elle marche dans les rues de Paris, du côté de la gare Montparnasse et du parc Montsouris. Au fil de son errance inquiète, elle croise finalement Antoine, un soldat en permission qui est en partance pour l'Algérie. Cette narration en temps réel mêle à la fois un documentaire sur un quartier de Paris, un film dans le film où apparaissent Godard et Anna Karina, un poème sur la peur, une réflexion sur l'image — autant d'éléments qui font la richesse de ce portrait de femme par une autre femme.

MARC MICHEL, ANOUK AIMÉE
LOLA
JACQUES DEMY, 1961

Lola de Nantes. Pour parler de son premier long métrage, Jacques Demy disait : « Un conte qui bascule constamment entre le comique et le tragique. » Il y raconte l'histoire de Lola (Anouk Aimée) danseuse de cabaret à Nantes mais surtout belle princesse endormie qui attend que Roland Cassard (Marc Michel), son chevalier disparu, revienne vers elle. Demyl écrit en outre une déclaration d'amour à sa ville natale, Nantes, et à ce lieu mythique qu'est le passage Pommeraye. Il filme mieux que personne la beauté et le charme d'Anouk Aimée. Enfin, il rend un vibrant hommage au cinéma et aux cinéastes qu'il aime : Ophuls, Sternberg et la comédie musicale américaine, sans oublier un clin d'œil au Godard d'*À bout de souffle*.

Jean-Luc Godard

L'OVNI J.-L.G.

D'*À bout de souffle* à *Notre musique*, les films de Jean-Luc Godard séduisent ou irritent, enthousiasment ou déstabilisent. Retour sur une carrière en forme de déclaration passionnée à toutes les formes d'art.

Une grande famille protestante, un père médecin, un grand-père maternel banquier, une éducation suisse puis parisienne, des études d'ethnologie en Sorbonne : les origines et la jeunesse de Jean-Luc Godard ne ressemblent en rien à celles d'un paria ou d'un artiste maudit. C'est assurément cette histoire personnelle marquée par l'aisance et la culture qui lui fit un jour déclarer à propos de la Nouvelle Vague, dont il fut l'un des chefs de file : « La sincérité de la Nouvelle Vague, ç'a été de parler bien de ce qu'elle connaissait, plutôt que de parler mal de ce qu'elle ne connaissait pas et aussi de mélanger tout ce qu'elle connaissait. » Le premier film tourné par Godard est à l'image de cette honnêteté rigoureuse. Il se fait ouvrier sur le chantier de construction d'un barrage en Suisse et, à partir de cette expérience, autofinance et réalise en 1954 *Opération béton*, un film en 35 mm d'une durée de vingt minutes. D'autres films courts suivront avant que n'éclate en 1959 une bombe cinématographique intitulée *À bout de souffle*, qui déclenche les polémiques les plus vives et finit par obtenir en 1960 le prix Jean Vigo.

JEAN-PAUL BELMONDO
PIERROT LE FOU
JEAN-LUC GODARD, 1965

Un cinéma libre. Du livre initial de Lionel White, *le Démon d'onze heures*, il ne reste que le squelette de l'intrigue policière. Pierrot, c'est le surnom que Marianne (Anna Karina) a donné à Ferdinand Griffon (Jean-Paul Belmondo) au cours de la fuite commune qui les entraîne vers le Sud et la mer. D'entrée de jeu, le film séduit et le public et la critique. Pour la première fois depuis *À bout de souffle*, Godard renouait avec le succès grâce à un film intransigeant : refus de la psychologie et des contraintes narratives traditionnelles, dialogues-citations, utilisation de la couleur. La musique d'Antoine Duhamel et la photographie de Raoul Coutard parachèvent un ensemble qui bouscule allègrement le « cinéma de papa ».

Jean-Luc Godard

1930 Naissance à Paris 1954 Premier court-métrage, **Opération béton** 1956 Critique aux Cahiers du Cinéma 1959 **À bout de souffle** 1962 **Vivre sa vie** 1965 **Alphaville** ; **Pierrot le Fou** 1967 **La Chinoise** ; **Week End** 1979 **Sauve qui peut (la vie)** 1983 **Prénom Carmen** 1985 **Je vous salue Marie** 1990 **Nouvelle Vague** 1994 **JLG / JLG** 1996 **For Ever Mozart** 1997-1998 **Histoire(s) du cinéma** 2001 **Éloge de l'Amour** 2004 **Notre musique**

Voir et donner à voir

L'agitation politique, sociale et culturelle des années 1960 ne peut laisser Godard indifférent. Pour lui, le cinéma est un moyen de connaissance du monde et des êtres qui le composent. C'est le temps des films politiques au sens fort du terme. Dans *le Petit Soldat* (1960) ou *les Carabiniers* (1963), il dénonce l'inhumanité de la guerre, avec *Une femme est une femme* (1961), *Vivre sa vie* (1962), ou *Une femme mariée* (1964), il ausculte les relations amoureuses de son temps, dans *le Nouveau Monde* (1962) puis *Alphaville* (1965), il utilise le biais de la science-fiction pour mieux interroger le présent, tandis que *Week-end*, en 1967, fait figure de film prémonitoire des bouleversements à venir. Par ailleurs, Godard multiplie les essais pour tenter de décrypter le monde qui l'entoure : *Masculin-féminin* (1966), *Made in USA* (1967), ou bien encore *la Chinoise* (1968) et *One Plus One* tourné en Grande-Bretagne en 1969 avec les Rolling Stones. *Tout va bien* réalisé en 1972 avec Jane Fonda et Yves Montand dans les rôles principaux semble marquer un tournant.

Le sacre de la parole

Le Godard des années 1980 et 1990 s'affirme de plus en plus comme un moraliste politique, un métaphysicien des images et surtout comme un amoureux du langage et des mots. Dans ses films, les citations abondent, les livres sont omniprésents et Godard de déclarer : « La France me fait penser à moi. C'est un pays secondaire, mais qui, par la parole, arrive à jouer un rôle de premier plan. Moi aussi, qui suis très secondaire, y compris dans ma vie privée, je m'en tire par la parole. » *Sauve qui peut la vie*, en 1979, donne le ton du Godard fin de siècle avec notamment le recours à des stars comme Jacques Dutronc et Isabelle Huppert ; viendront ensuite Johnny Hallyday (*Détective*, 1985) ou Jacques Villeret et Jane Birkin (*Soigne ta droite*, 1987). Avec le nouveau millénaire, Godard n'a rien perdu de sa verve et de sa causticité. Ainsi, dans *Éloge de l'amour* (2001) il résume bien des débats en cours par le biais de la séquence suivante : tandis qu'un couple de résistants français s'apprête à vendre ses Mémoires de guerre à un producteur hollywoodien, une petite fille sonne à la porte de leur maison pour faire signer une pétition demandant la traduction de *Matrix* en langue bretonne. Tout est dit, ou presque.

MICHEL PICCOLI, BRIGITTE BARDOT
LE MÉPRIS
JEAN-LUC GODARD, 1963

BB face à JLG. En théorie, il devait s'agir d'un film classique dans le droit fil de la « qualité française » honnie par la Nouvelle Vague : Brigitte Bardot dans l'adaptation d'un roman de Moravia, *le Mépris*. Mais c'était compter sans l'effet Godard, qui pulvérise toutes les certitudes. Bardot l'impressionne d'autant moins que, dans son esprit, le film aurait dû réunir Kim Novak et Frank Sinatra (à la place de Michel Piccoli). Or le personnage principal du film se révèle être le cinéma avec, au centre de cette œuvre incandescente, la figure exemplaire et tutélaire de Fritz Lang qui incarne son propre rôle de cinéaste-démiurge. La partition musicale écrite pour l'occasion par Georges Delerue contribue à donner au film ses allures de poème en prose.

HISTOIRE(S) DU CINÉMA
JEAN-LUC GODARD, 1997-1998

Couper/coller. Cette histoire-là commence en 1978 quand Godard accepte de donner des cours de cinéma sous la forme d'une histoire du cinéma qui ne serait pas chronologique. Dix ans plus tard, le projet devient une série télévisée pour Canal+ et deux premiers épisodes sont diffusés : « une longue préface suivie d'un début de roman » dixit le cinéaste. Pour raconter cette *Histoire* qui est tout autant son histoire, Godard feuillette son album de souvenirs, interroge sa mémoire et surtout fait se rencontrer les images et les mots. Citations, photos, extraits de films à l'appui, il donne à voir et à méditer provoquant des réactions et des émotions. L'essence même du cinématographe.

François Truffaut

Des films qui aiment les femmes

En vingt-deux films, François Truffaut s'est imposé comme le nouveau « patron » du cinéma français en mêlant les exigences du film d'auteur, la volonté de plaire au grand public et le goût des stars.

« Lorsque j'étais critique cinématographique et que je n'aimais pas un film, j'étais d'une mauvaise foi absolue. » C'est ainsi que le cinéaste Truffaut jugeait bien des années après le critique Truffaut. Le temps avait heureusement fait son œuvre, de même qu'il est désormais possible d'appréhender la filmographie du cinéaste avec le recul nécessaire. Si le public de 1959 fit un véritable triomphe au film *les 400 Coups* et sacra son réalisateur comme le chef de file de la nouvelle génération, on s'accorde généralement pour insister sur les deux films qui suivirent, soit *Tirez sur le pianiste* (1960) et plus encore *Jules et Jim* (1961). Truffaut y déploie plus largement son originalité et sa sensibilité. Ces deux films annoncent par ailleurs les deux grands courants qui, d'un certain point de vue, vertèbrent l'œuvre du cinéaste sans toutefois la limiter : le noir et le rose, la comédie et le drame et plus profondément peut-être l'amour et la mort. Profondément marqué par son enfance et taraudé par la quête de ses véritables origines, Truffaut oscille en permanence entre ces courants antagonistes, à l'image de son ultime film, *Vivement dimanche*, comédie policière en noir et blanc où rien n'est vraiment sérieux malgré la mort qui rôde.

De beaux films comme ça

En s'inventant un double de cinéma avec Antoine Doinel, Truffaut s'est tout d'abord doté d'une formidable machine à fabriquer sinon du rire du moins des sourires complices : la saga Doinel (des *400 Coups* à *l'Amour en fuite*) mise d'abord sur la tendresse, la nostalgie douce et l'émotion que suscite ce personnage aux vertus identificatrices, tous publics confondus, puisqu'il passe de l'enfance à l'âge adulte, de l'innocence au mensonge, de la légèreté à la gravité. Autant de qualités que l'on retrouve dans la comédie menée tambour battant par Bernadette Lafont en 1972, *Une belle fille comme moi* comme dans le film sur le film que constitue l'année suivante *la Nuit américaine* ou bien encore dans *l'Argent de poche* qui, en 1976, constitue une sorte d'*Être et avoir* du siècle précédent, la fiction en plus. Même dans un film qui se passe durant les années noires de l'Occupation (*le Dernier Métro*, 1981), Truffaut, notamment à travers des personnages secondaires, parvient à faire surgir un peu de comédie : le Renoir de *la Règle du jeu* n'est jamais bien loin.

JEAN-PIERRE LÉAUD, JACQUELINE BISSET, FRANÇOIS TRUFFAUT
LA NUIT AMÉRICAINE
FRANÇOIS TRUFFAUT, 1973

La lanterne magique. Oscar du meilleur film étranger à Hollywood en 1973, ce film est avant tout une immense déclaration d'amour au cinéma, ses actrices et acteurs, ses techniciens, ses décors… C'est l'occasion pour le cinéaste de tenter de répondre à une question qui traverse toute sa vie : le cinéma est-il supérieur à la vie ? Le cinéma permet manifestement d'échapper à la solitude, de vivre au sein de cette famille que constitue l'équipe de tournage et de substituer la création à la vie réelle. Aux côtés de Jacqueline Bisset et Jean-Pierre Léaud notamment, Truffaut incarne le rôle du cinéaste Ferrand, une autre manière de signifier son implication dans le regard que le film porte sur l'importance du cinéma.

François Truffaut (1932-1984)

1932 Naissance à Paris 1953 Critique aux **Cahiers du cinéma** 1954 Premier court-métrage, **Une visite** 1958 **Les Mistons** (moyen-métrage) 1959 **Les Quatre Cents Coups** 1962 **Jules et Jim** 1964 **La Peau douce** 1969 **La Sirène du Mississipi** 1970 **L'Enfant sauvage** 1971 **Deux Anglaises et le continent** 1973 **La Nuit américaine** 1975 **L'Histoire d'Adèle H.** 1977 **L'Homme qui aimait les femmes** 1980 **Le Dernier Métro** remporte 10 Césars 1981 **La Femme d'à côté** 1983 **Vivement dimanche !** 1984 Mort à Neuilly-sur-Seine

L'amour à mort

Déjà dans le final de *Jules et Jim*, la mort donnait rendez-vous à l'amour. Et le long métrage suivant, *la Peau douce* (1964) ira un peu plus loin en racontant l'histoire d'un adultère vengé dans le sang. Avec ce film en noir et blanc, Truffaut filmait un déchirant trio avec une incroyable pudeur et une science consommée de la mise en images des gestes et des émotions. L'amour et la mort seront ensuite au rendez-vous de films superbes comme *la Sirène du Mississippi* (1969) où la mante religieuse (Catherine Deneuve) fait face à l'amoureux transi (Jean-Paul Belmondo), *la Chambre verte* (1978, d'après Henry James) dans lequel Truffaut se met lui-même en scène pour incarner un veuf inconsolable que la vie sous les traits de Nathalie Baye tente d'arracher à ses démons ou *la Femme d'à côté* (1981), l'histoire tragique d'une passion poussée jusqu'à la folie de l'amour aveugle jouée à la perfection par Gérard Depardieu le chêne fragile et Fanny Ardant la rose tenace. Quant à Bertrand Morane (Charles Denner), moderne Don Juan de *l'Homme qui aimait les femmes* (1977), c'est en tendant la main vers les jambes d'une infirmière qu'il meurt foudroyé pour un ultime mariage de la mort et de l'amour. Truffaut aura ainsi offert au cinéma français quelques-unes de ses plus belles pages sentimentales et passionnées.

Jeanne Moreau, Henri Serre, Oskar Werner
Jules et Jim
François Truffaut, 1962

Le tourbillon de la vie. Truffaut n'a pas trente ans quand il adapte avec Jean Gruault le roman autobiographique d'Henri-Pierre Roché. Dans le Paris de 1912, deux amis inséparables, l'Allemand Jules (Oskar Werner) et le Français Jim (Henri Serre) tombent amoureux de la même femme, Catherine (Jeanne Moreau). L'Histoire mêlée à leur histoire constituera leur destin commun. Une promenade à vélo, une chanson, le rire d'un enfant, ou une course folle sur une passerelle, Truffaut sait à merveille capter les instants de bonheur fugaces.

Gérard Depardieu, Fanny Ardant
La Femme d'à côté
François Truffaut, 1981

Un amour fou. Le film, porté par une superbe musique de Georges Delerue, s'ouvre et se referme avec la voix-off de madame Jouve, la narratrice de l'impossible histoire d'amour qui unit puis finira par détruire Bernard Coudray (Gérard Depardieu) et Mathilde Bauchard (Fanny Ardant). « Ni avec toi, ni sans toi », telle est la conclusion de cette passion dévastatrice à propos de laquelle Truffaut a déclaré : « En Europe, nous ressentons fortement l'aspect métaphysique de la vie. Contrairement aux États-Unis, nous savons que l'ambition sociale est dérisoire. Nous tournons donc plus facilement des histoires d'amour, de passion, d'idées fixes, ce que j'appelle des histoires "jusqu'au-boutistes", qui en arrivent vite à la mort. »

L'embellie anglaise

Coup de jeune sur la vieille Angleterre

Entre le coup de jeune du Free Cinema et la crise des années 1970, le cinéma anglais connaît une période faste. C'est l'époque de la *beatlemania* et du *swinging London*, qui marque l'apogée de la carrière d'un auteur majeur, Joseph Losey.

Au lendemain de la Seconde Guerre mondiale, avec le succès inattendu du Labour Party, la Grande-Bretagne voit apparaître une jeune gauche, autour de laquelle se cristallisent plusieurs mouvements artistiques. C'est la naissance du Free Cinema. Une poignée de cinéastes rejoignent les *angry young men*, ces écrivains et dramaturges « en colère », décidés à ébranler le vieil édifice britannique où ils se sentent à l'étroit. Leurs ambitions ? Rejeter le cinéma officiel, engourdi et académique ; renouer avec la tradition documentaire en réalisant des films populaires, qui témoignent du monde contemporain ; et remettre en question la société britannique en décrivant le monde ouvrier dans ses gestes et ses décors familiers. Le Free Cinema révèle Tony Richardson (*Un goût de miel*, 1961 ; *la Solitude du coureur de fond*, 1962), Lindsay Anderson (*le Prix d'un homme*, 1963), Karel Reisz (*Samedi soir, dimanche matin*, 1960), John Schlesinger (*Billy le menteur*, 1963 ; *Darling*, 1965 ; *Un dimanche comme les autres*, 1971)... Pendant des années, ces cinéastes multiplient les coups de boutoir contre le conformisme britannique. Très vite, hélas ! ils seront contraints de retourner à un cinéma à vocation internationale et à capitaux américains. Le Free Cinema meurt, mais son insolence et sa liberté resteront décisives sur les générations à venir.

Humour anglais, *beatlemania* et retour du fantastique

C'est également durant les années 1960 que la libération des mœurs vient à bout de la vieille morale victorienne. La mode est au *swinging London*, sur fond de pop art et de *beatlemania*. Venu des États-Unis, Richard Lester impose son dynamisme et sa loufoquerie (*Quatre Garçons dans le vent*, 1964 ; *The Knack*, 1965 ; *Help !*, 1965) avant de retourner en Amérique dénoncer la société de consommation dans un de ses meilleurs films (*Petulia*, 1968). Parmi les plus virulentes critiques de l'*establishment* britannique, il faut aussi citer *Performance*, de Nicholas Roeg et Donald Cammell (1970), avec Mick Jagger en musicien pervers.

Côté fantastique, depuis la fin des années 1950, les studios Hammer redonnent une nouvelle jeunesse à Dracula et Frankenstein, qui revivent sous les traits de Christopher Lee et Peter Cushing (*les Maîtresses de Dracula*, 1960 ; *Dracula prince des ténèbres*, 1965 ; *le*

Quatre Garçons dans le vent
Richard Lester, 1964

24 heures de la vie des Beatles (flanqués d'un encombrant grand-père fantaisiste) un jour de show télévisé. Plaisanteries de potaches, poursuite échevelée et folie collective jusqu'à un concert final — triomphal, bien sûr. L'intrigue, fort mince, est prétexte à une sorte de « docu » en liberté sur le groupe le plus célèbre du *swinging London*. Toute l'espièglerie de Richard Lester, fan de Mack Sennett et de Buster Keaton, éclate dans cette comédie irrévérencieuse, plus ou moins improvisée contre tous les modèles cinématographiques de l'époque. Elle a, aujourd'hui, pris un petit coup de vieux, mais reste un intéressant document sociologique.

« *Toutes les œuvres ont des implications politiques parce qu'elles sont des œuvres d'art et non l'inverse.* »
Lindsay Anderson

TOM COURTENAY
LA SOLITUDE DU COUREUR DE FOND
TONY RICHARDSON, 1962

Liberté en tête. Colin Smith (Tom Courtenay) un jeune délinquant enfermé dans une maison de correction britannique est un excellent coureur de fond. Durant ses périodes d'entraînement, il repense à sa vie passée, jusqu'au jour où se déroule la course de l'école... Fondé sur un monologue intérieur, le roman ici adapté par son propre auteur, Alan Sillitoe, devient le récit d'une vie alimenté par de nombreux flash-back et ellipses narratives. Le héros du film devient le symbole d'une jeunesse opprimée qui cherche par tous les moyens à s'évader d'une société carcérale. Avec ce film, le Free Cinema des années 1960 trouvait l'un de ses plus beaux fleurons.

Retour de Frankenstein, 1969). David Lean, lui, reste le spécialiste des superproductions : *Lawrence d'Arabie* (1962), *Docteur Jivago* (1965), *la Fille de Ryan* (1970). Et la Grande-Bretagne commence à se passionner pour un certain « agent 007 » (*James Bond contre docteur No*, 1962), dont la carrière va très vite s'américaniser. Dans un genre baroque et outrancier, c'est également l'apogée de Ken Russell, qui adapte avec talent D. H. Lawrence (*Love*, 1969) et tourne un drame historique délirant sur les religieuses possédées de Loudun (*les Diables*, 1971).

Un cinéaste majeur : Joseph Losey

Le cinéaste le plus prolixe de cette période est un Américain forcé à s'exiler en Grande-Bretagne pour ses idées de gauche : Joseph Losey. Il a déjà fait ses preuves outre-Atlantique quand il signe *les Criminels* (1960), *les Damnés* (1963), *Pour l'exemple* (1964), films noirs, très sombres, sur la peine de mort, la police, le monde des prisons, la guerre... Avec le dramaturge Harold Pinter, il va signer une suite de films exceptionnels sur les relations de classe, les vertiges de l'ambiguïté dans les rapports humains : *The Servant* (1963), *Accident* (1967), *le Messager* (palme d'or à Cannes, 1970). Il verse parfois dans un certain maniérisme (*Modesty Blaise*, 1966 ; *Cérémonie secrète*, 1968), puis, quand une nouvelle crise secoue le cinéma britannique des années 1970, va tourner au Mexique (*l'Assassinat de Trotski*, 1972), puis en France pour (*Monsieur Klein* (1976), remarquable parabole kafkaïenne sur la France occupée.

DIRK BOGARDE, JAMES FOX
THE SERVANT
JOSEPH LOSEY, 1963

Monsieur est servi. Tony, riche aristocrate londonien, engage un domestique. Peu à peu, le valet envoûte le maître. Variante moderne de la fable de Faust, cette descente aux enfers est mise en scène avec une rigueur exemplaire. L'écriture de Losey est splendide, toute en jeux de miroirs et cadrages raffinés. Le décor de l'appartement prend une importance capitale, champ clos d'un combat sans merci, qui se termine par la mise à mort du maître arrivé au comble de la déchéance. Au pays de la respectabilité maximale, Losey et son scénariste Harold Pinter dénoncent les effets pervers de rapports de classe dépassés. Ils scrutent l'envers des façades et révèlent des abîmes au fond d'une maison apparemment impeccable des beaux quartiers de Londres : vertigineux.

Le dégel du cinéma de l'Est

De Wajda à Tarkovski, en passant par Forman

Le souffle d'air des années 1960 a même atteint les pays du bloc communiste et singulièrement dans le domaine culturel. Une jeune génération de cinéastes plus ou moins dissidents émerge, rompant avec l'académisme du passé.

Dans l'Union soviétique déstalinisée de la fin des années 1950, quelques cinéastes comme Grigori Tchoukhraï reviennent sans détour sur le passé récent de leur pays. Mais, c'est Andreï Tarkovski, alors âgé de vingt-neuf ans, qui en 1962 avec *l'Enfance d'Ivan* (lion d'or à Venise cette même année) pose les premiers jalons d'une évolution. Certes, ce premier long métrage s'inscrit dans la lignée des œuvres de commande à la gloire de l'Armée rouge, mais le cinéaste oriente son regard vers plus d'humanité à travers le personnage d'un enfant censé représenter l'innocence face aux duretés de la guerre. C'est l'année suivante que le cinéaste écrivit le scénario de l'un de ses chefs-d'œuvre, *Andreï Roublev*, qu'il ne pourra réaliser que deux ans plus tard. Au même moment mais dans d'autres régions de l'Union soviétique, on peut voir les films des Géorgiens Tenguiz Abouladzé et Otar Iosseliani, de l'Arménien Serge Paradjanov et les premiers films d'Andreï Kontchalovski. À travers des œuvres ambitieuses mais dénuées de dogmatisme, tous ces auteurs contribuent à la naissance d'une nouvelle vague russe.

Le cas polonais

À partir de 1954, la Pologne dote l'industrie cinématographique d'une structure très spécifique et qui porte ses fruits : l'État confie à des associations de scénaristes et de réalisateurs l'entière responsabilité du cinéma, donnant ainsi au cinéma d'auteur une véritable chance de se développer librement. Andrzej Munk, avec *Un homme sur la voie* et Andrzej Wajda avec *Kanal* sont, entre autres, les représentants de cette nouvelle génération qui puise son inspiration aussi bien dans la vieille histoire polonaise que dans les réalités du moment. L'ensemble donne alors une formidable impression de diversité de tons et de formes. Et c'est dans ce contexte qu'apparaît la figure de Roman Polanski, ce Polonais né à Paris en 1933 et qui obtint en 1959 son diplôme de réalisateur délivré par la prestigieuse école de Lodz. Avant de réaliser son premier long métrage en Pologne (*le Couteau dans l'eau*, 1962), il tourna plusieurs courts métrage, charges sévères contre la société moderne.

Entre liberté et répression

Milos Forman, Vera Chytilova, Jiri Menzel furent entre autres les artisans du renouveau du cinéma tchécoslovaque avant la reprise en main de 1968.

Zbigniew Cybulski
Cendres et diamant
Andrzej Wajda, 1958

Pour en finir avec le réalisme socialiste. Troisième long métrage du Polonais Wajda, après *Une fille a parlé* et *Kanal*, ce film décrit la situation confuse qui régnait en Pologne après la Libération et les luttes entre les différents mouvements de résistance de droite et de gauche. C'est ainsi que Maciek, héros du film et militant anticommuniste est chargé d'abattre un secrétaire local du parti ouvrier polonais. Dégagé du réalisme socialiste, Wajda prend soin de rendre compte de la complexité des choses en évitant tout manichéisme : le temps des bons et des méchants est révolu. Dans le même temps, il donne à l'image toute sa force en multipliant les prouesses visuelles et autres virtuosités stylistiques.

Andreï Roublev
Andreï Tarkovski, 1969

Les foudres de la censure. C'est une longue histoire : écrit en 1963, le film est réalisé par Andreï Tarkovski en 1965, mais il n'est présenté au public, en l'occurrence au Festival de Cannes, qu'en 1969, tandis que les spectateurs soviétiques ne purent le découvrir qu'en 1972 pour cause d'interdiction de la part du pouvoir alors dirigé par Leonid Brejnev. Mais que pouvait donc avoir de si sulfureux la biographie d'un célèbre peintre d'icônes du début du XVe siècle ? À vrai dire, rien. Le véritable scandale, c'était peut-être la naissance d'un génie du cinéma en dehors des canons du réalisme socialiste, un jeune cinéaste en quête d'humanisme, un créateur soucieux d'affirmer sa liberté artistique loin des dogmes étriqués.

Dans un milieu essentiellement masculin, la figure féminine de Chytilova mérite attention. Née en 1929, elle signa son premier long métrage en 1963, mais c'est avec *les Petites Marguerites* (1966) puis *le Fruit du paradis* (1970) qu'elle réalise deux œuvres marquantes imprégnées de féminisme et de cette quête de la vérité qui indisposa tant les autorités de son pays. C'est une notoriété internationale que connut très vite Forman avec ses trois premiers films réalisés avant 1968 : *l'As de pique*, *les Amours d'une blonde* et *Au feu les pompiers*. Le public comme la critique apprécient hautement ces œuvres au « réalisme objectif » selon l'expression du cinéaste, mais dont ne sont exclus ni la poésie ni l'humour et la distance. Quand les événements de 1968 éclatent, Forman opte pour l'exil en France puis aux États-Unis, convaincu qu'il ne pourra plus travailler librement. Il devint à lui seul le symbole d'un art que l'on tentait sinon d'étouffer du moins de museler.

Les Amours d'une blonde
Milos Forman, 1965

Bref printemps. Second long métrage du Tchécoslovaque Forman, après *l'As de pique*, ce film se présente comme une fable qui, en point de départ, raconte comment un bal est organisé dans la petite ville de Zruc pour tenter de satisfaire les nombreux célibataires masculins confrontés à la pénurie féminine... Véritable satire de la société tchécoslovaque de l'époque, tout ici respire la liberté : la légèreté du scénario initial, le recours presque total à des comédiens amateurs et surtout l'utilisation permanente de l'improvisation qui donne l'impression que chaque scène constitue un happening. L'esprit du « printemps de Prague » souffle ouvertement sur cette œuvre qui renforça l'image frondeuse de Forman.

La contre-culture américaine

Des auteurs en liberté

La fin des années 1960 sonne le glas d'une certaine Amérique. C'est la « fin de l'innocence » et l'avènement d'une contre-culture plébiscitée par les nouvelles générations. Hollywood, comme le reste du monde, est emporté par la vague.

En 1960, la déconnexion entre Hollywood et le public est manifeste. Tandis que la décennie est secouée par l'assassinat de John Fitzgerald Kennedy et la guerre du Viêt Nam, des films à grand spectacle, familiaux et consensuels monopolisent les écrans. Hormis quelques succès, dont *My Fair Lady* (1963) et *la Mélodie du Bonheur* (1965), la fréquentation des salles est en chute libre.
Sous l'influence des cinémas européens, audacieux et modernes, un courant alternatif apparaît timidement au début des années 1960. Avec les films de John Cassavetes, le cinéma indépendant inaugure un ton personnel, proche du documentaire. Au sein des majors, quelques réalisateurs repoussent les limites des conventions. Alfred Hitchcock lance la première salve avec *Psychose* (1960). Stanley Kubrick prend la relève avec *Lolita* (1962). John Schlesinger annonce un nouveau réalisme avec *Macadam Cowboy* (1968).

La première provocation

Le coup de grâce vient avec *Bonnie & Clyde* (1967) d'Arthur Penn. Le film tranche par une distance ironique qui empêche tout jugement moral, des héros ambigus et une violence choquante. Le cinéaste se justifie : « On est en pleine guerre du Viêt Nam, ce film ne peut pas être immaculé et aseptisé. C'est furieusement sanglant désormais ! » Les cadres du studio sont scandalisés. Warner sort le film en catimini.
Il reste deux semaines à l'affiche aux États-Unis, mais devient bientôt un véritable phénomène en Europe. Le raz-de-marée est tel que le studio décide de le reprogrammer sur le territoire américain. Avec un budget de 1,6 million de dollars et 16,5 millions de dollars de recettes, *Bonnie & Clyde* devient l'un des vingt films les plus rentables de l'histoire du cinéma. Il révèle un nouveau public, issu du « baby boom » et rompu aux codes du langage audiovisuel. Fans de rock n'roll et pacifistes, ces nouveaux spectateurs cherchent dans les salles obscures un écho à leurs préoccupations et une alternative aux programmes pleins de sentimentalité de la télévision.

Easy Rider, film symbole

Avec *Easy Rider*, les spectateurs trouvent le film étendard de leur génération. L'œuvre achève l'évolution engagée, transgressant toutes les règles établies. Pendant le tournage, Peter Fonda et Dennis Hopper improvisent les dialogues, engagent des gens

Faye Dunaway et Warren Beatty
Bonnie and Clyde
Arthur Penn, 1967

Film noir. Dans les années 1930, Bonnie Parker, une jolie serveuse s'éprend du voyou Clyde Barrow et quitte tout pour le suivre dans une succession de vols de voitures, de hold-up et de fuites, jusqu'au guet-apens final. Warren Beatty et Arthur Penn, producteur et réalisateur, choisissent de donner au film un style cru et violent qui suscita la polémique. Un casting atypique achève de différencier l'œuvre des productions de l'époque. Comme Mike Nichols, qui préfère la même année Dustin Hoffman à Robert Redford pour incarner *le Lauréat*, Arthur Penn choisit des acteurs inconnus et au physique ordinaire, comme Estelle Parson et Gene Hackman, pour donner la réplique au couple immortalisé par Warren Beatty et Faye Dunaway. L'année suivante, le film reçoit dix nominations aux Oscars.

Portrait de couple. John Cassavetes débute en tant qu'acteur et en 1959, il parvient à financer seul son premier film, *Shadows*, dans lequel il affirme un style neuf caractérisé par l'improvisation et la violence émotionnelle. Malgré une diffusion limitée, l'œuvre marque profondément la nouvelle génération. Produit de façon artisanale et interprété par Gena Rowlands, sa femme, *Faces* explore les failles des rapports entre les hommes et les femmes. Des dix-sept heures d'improvisation tournées pendant 5 mois, Cassavetes n'a gardé que les scènes paroxystiques. À travers de longs plans-séquences et des plans très rapprochés, la caméra scrute les visages pour y lire la détresse des personnages. Cassavetes poursuivra cette analyse dans *Husbands* (1970) et surtout dans *Une femme sous influence* (1974).

Gena Rowlands
Faces
John Cassavetes, 1968

rencontrés au hasard, et enchaînent les prises de vues sans se soucier des raccords. Influencé par la Nouvelle Vague, Dennis Hopper conserve ces imperfections visuelles au montage, ainsi que la bande-son provisoire. Pour la première fois, un film bénéficie de l'énergie du rock n'roll des années 1960. La première projection déconcerte Columbia, chargé de sa distribution. Mais la génération de la contre-culture s'y reconnaît.

À sa suite, une série de films, iconoclastes par leur forme et par leur fond, envahissent les écrans. Certains cinéastes comme Sam Peckinpah, trouvent un second souffle. Robert Altman, quant à lui devient le chef de file d'une nouvelle génération avec *M.A.S.H.* En 1970, le film se hisse au troisième rang du box-office de l'année. Les spectateurs reprennent le chemin des salles. Mais les films qu'ils plébiscitent sont des affronts pour Hollywood et son *establishment*. Les studios entrent dans une phase de transition.

PETER FONDA,
DENNIS HOPPER
ET JACK NICHOLSON
EASY RIDER
DENNIS HOPPER, 1969

Sur les routes. Ce pamphlet contre les préjugés de l'Amérique profonde, illustration de l'esprit de liberté issu du mouvement de 1968 est né de l'imagination de Peter Fonda. Avec Dennis Hopper, il esquisse le scénario d'un western moderne et sarcastique : deux hippies pacifiques quittent Los Angeles pour se rendre au carnaval de la Nouvelle Orléans. Commence une longue odyssée à moto, d'ouest en est, durant laquelle ils vont rencontrer l'intolérance, le racisme, la haine. Et, pour finir, la mort. Bert Schneider, le fils du dirigeant de la Columbia, accepte de produire le film et impose Jack Nicholson dans l'équipe. Après sept semaines de tournage, et un montage sans fin, l'œuvre remporte le prix de la meilleure première œuvre au Festival de Cannes et devient un emblème de la contre-culture.

M.A.S.H
ROBERT ALTMAN, 1970
Affiche originale

Humour noir. Dans *M.A.S.H*, Robert Altman reprend les innovations des premiers films de la contre-culture pour atteindre une liberté narrative totale. Chronique féroce de la vie d'un hôpital de campagne pendant la guerre de Corée, le film dénonce l'horreur et de l'absurdité de la guerre du Viêt- Nam sur le mode d'une farce cynique et sexuelle dans la lignée de *To Be or Not to Be* d'Ernst Lubitsch.

La comédie musicale

Du rêve en rose à la noire réalité

Vers la fin des années 1950, la comédie musicale s'essouffle. Elle puise un nouvel élan dans le renouveau musical des années Woodstock, avec le succès du rock n'roll, et s'appuie sur ces rythmes neufs pour construire des histoires souvent dramatiques, désormais traitées au premier plan.

En 1961, en abordant une fois de plus une intrigue amoureuse, mais, cette fois, sous un jour mélodramatique, Robert Wise dépoussière la comédie musicale avec *West Side Story* et remporte dix oscars. Le genre ne crée plus de toutes pièces un univers onirique, mais cherche au contraire à refléter une réalité, aussi dure soit-elle, sous le mode du spectacle. En 1964, Jacques Demy, lui, à travers un univers vivement coloré, porté par la musique de Michel Legrand, raconte une histoire d'amour brisée par la guerre d'Algérie (*les Parapluies de Cherbourg*), avant d'évoquer la quête sentimentale de deux sœurs à la sensualité revendiquée (*les Demoiselles de Rochefort*, 1967). Vingt ans plus, il ira jusqu'à revisiter le mythe d'Œdipe en chantant (*Trois Places pour le 26*, 1988). Bob Fosse, lui, revient sur une page noire de l'histoire avec *Cabaret* (1972) et réfléchit à la mort de l'artiste dans *Que le spectacle commence* (1979). Le genre permet d'aborder une palette de sujets telle que, progressivement, les cinéastes a priori éloignés de la scène se lancent dans la comédie musicale. Avec *New York, New York* (1977) chorégraphié par Ron Field, Martin Scorsese jette un regard critique sur l'Amérique des années 1950. Et dans *The Wiz* (1978), Sydney Lumet donne sa version, sombre et urbaine, du *Magicien d'Oz* à travers les personnages interprétés par Michael Jackson et Diana Ross.

La révolution des années 1970

La comédie musicale évolue aussi tout simplement par la musique. En 1969, Woodstock est symptomatique d'une révolution culturelle. La jeunesse forme désormais un public spécifique auquel l'offre doit s'adapter. Milos Forman s'adresse à toute une génération américaine en adaptant le spectacle *Hair* (1979) au cinéma. À travers le départ de son héros pour le Viêt Nam, le film prend une dimension sociale et politique déterminante. La même année, Mark Rydell retrace la destinée tragique d'une chanteuse rock, en s'inspirant du parcours de Janis Joplin, incarnée par Bette Midler (*The Rose*). Certains films, au sujet léger, ont des succès plus éphémères. *La Fièvre du samedi soir* (John Badham, 1977), avec John Travolta en icône de la musique disco, cherche davantage à faire danser les foules qu'à délivrer un message. Au début des années 1980 se succèdent les approches du monde

West Side Story
Robert Wise, Jerome Robbins, 1961

Roméo et Juliette dans les bas-fonds new-yorkais. Maria et Tony s'aiment. Mais Maria est la sœur de Bernardo, chef des Sharks, clan des Portoricains, alors que Tony appartient aux Jets, clan des Américains blancs. Les deux camps ne peuvent tolérer une telle union... Robert Wise met ici en scène une libre adaptation de *Roméo et Juliette* en la transposant à Manhattan. Énorme succès populaire, le film séduit par cette approche atypique de la tragédie amoureuse, la brillante partition de Leonard Bernstein et les chorégraphies aériennes de Jerome Robbins.

Hair
Milos Forman, 1979

Vol au-dessus d'un nid de hippies. Claude, originaire du Middle-West, doit partir au Viêt Nam. Mais, à Central Park, il rencontre une bande de hippies et la jolie Sheila. Lorsque Milos Forman réalise *Hair*, l'Amérique n'est pas encore remise du traumatisme vietnamien. Film sans stars, *Hair* devint culte pour toute une génération.

du spectacle où les personnages principaux luttent pour devenir danseurs, malgré les obstacles matériels et les intrigues malveillantes (*Fame*, Alan Parker, 1980; *Flashdance*, Adrian Lyne, 1983; *Chorus Line*, Richard Attenborough, 1985).

Entre nostalgie et renouveau

Depuis, seuls certains pays, comme l'Inde ou l'Égypte, continuent à voir la danse et le chant comme des éléments inhérents au récit cinématographique. *Le Destin* (Youssef Chahine, 1996) ou *Alexandrie-New York* (*idem*, 2004) témoignent de ce lien entre musique et émotion. Ailleurs, la comédie musicale jette avant tout un regard sur son passé. *Moulin Rouge* (Baz Luhrman, 2001) ou *Chicago* (Rob Marshall, 2002) exploitent le genre brillamment, mais sans le renouveler. Et 2001 Lars von Trier obtient la palme d'or en révélant Björk sous un jour inédit avec *Dancer in the Dark*. Selma, jeune ouvrière tchèque qui aime plus que tout chanter et danser perd la vue. Avant de devenir définitivement aveugle, elle économise sou après sou pour financer l'opération de son fils, condamné par la même maladie. Mais, un voisin lui vole son magot. Adepte du mélodrame, Lars von Trier en réunit ici tous les éléments clés pour réaliser une œuvre mystique. Sans bouleverser l'approche de la comédie musicale, ces réussites montrent combien le genre demeure apte à parler de réalités complexes et modernes.

LIZA MINNELLI
CABARET
BOB FOSSE, 1972

Divine décadence ! Dans le Berlin des années 1930, Sally, chanteuse au Kit Kat Club, fait la connaissance de Brian, un Anglais. Ensemble, ils assistent, impuissants, à la montée du nazisme. En s'inspirant d'un spectacle de John Van Druten, adapté d'un roman de Christopher Isherwood, le cinéaste et chorégraphe Bob Fosse a pris toutes les libertés pour créer un hymne à la scène, porté par la musique et les chansons du duo John Kander-Fred Ebb. Espace clos, le cabaret apparaît comme un dernier et provisoire espace de liberté face à la tragédie qui se joue au-dehors. Liza Minnelli, fille de Judy Garland et de Vincente Minnelli, y trouve là son rôle le plus célèbre. Le film obtint huit oscars.

Quelques films à revoir

1957 **La Belle de Moscou** (R. Mamoulian); **Drôle de frimousse** (S. Donnen); **le Rock du bagne** (R. Thorpe) 1959 **Porgy and Bess** (O. Preminger) 1961 **West Side Story** (R. Wise, J. Robbins) 1964 **My Fair Lady** (G. Cukor); **les Parapluies de Cherbourg** (J. Demy); **Quatre garçons dans le vent** (R. Lester) 1965 **La Mélodie du bonheur** (R. Wise) 1966 **Les Demoiselles de Rochefort** (J. Demy) 1968 **Funny Girl** (W. Wyler) 1969 **Hello, Dolly!** (G. Kelly) 1970 **Woodstock** (M. Wadleigh) 1972 **Cabaret** (Bob Fosse) 1977 **La Fièvre du samedi soir** (J. Badham) 1977 **New York, New York** (M. Scorsese) 1978 **Grease** (R. Kleiser) 1979 **All That Jazz** (B. Fosse); **Hair** (M. Forman) 1980 **The Blues Brothers** (J. Landis); **Fame** (A. Parker) 1983 **Flashdance** (A. Lyne) 1985 **Chorus Line** (R. Attenborough) 1988 **Trois places pour le 26** (J. Demy) 1997 **On connaît la chanson** (A. Resnais) 2000 **Dancer in the Dark.** (L. Von Trier) 2001 **Moulin Rouge** (B. Luhrman) 2002 **Chicago** (R. Marshall) 2003 **Pas sur la bouche** (A. Resnais)

Ultimes avatars du western

Le crépuscule des idoles

Au seuil des années 1960, une nouvelle génération arrive (Sam Peckinpah, Sergio Leone) et révolutionne esthétiquement le genre, tandis que d'autres, en écho à l'enlisement de l'Amérique au Viêt Nam, le démythifient.

Un cycle de l'âge classique du western s'achève et commence avec *les Cheyennes* (1964) de John Ford. S'achève parce que, avec lui, toute une génération, qui a commencé au temps du muet, tire sa révérence. Commence parce que le film, du côté des victimes (les Cheyennes), s'inscrit dans le contexte de l'époque (les similitudes entre le traitement des Indiens autrefois et de la communauté noire, les tensions raciales) et préfigure tout un courant, déjà amorcé dans les années 1950 avec *la Flèche brisée* de Delmer Daves, à la fois politique et humaniste, en faveur des premiers occupants de l'Amérique, réduits depuis à l'état de minorité. *Little Big Man* (1970) d'Arthur Penn, sévère critique du général Custer accusé d'avoir massacré les Indiens, exprime le mieux cette nouvelle sensibilité. L'engagement américain au Viêt Nam, controversé, invite les cinéastes à réinterroger le sens de la conquête de l'Ouest. L'heure est aux antihéros, à la déflation héroïque (*The Shooting* et *l'Ouragan de la vengeance*, 1966, de Monte Hellman), à la relecture des mythes westerniens propagateurs des fondements discutés de l'Amérique (*John MacCabe*, 1971 ; *Buffalo Bill et les Indiens*, 1976, de Rober Altman ; *Willie Boy*, 1969, d'Abraham Polonsky avec Robert Redford), voire à la dénonciation radicale (*le Soldat bleu*, 1970, de Ralph Nelson). Le western devient le meilleur support pour remettre en cause les valeurs de l'Amérique.

Tentation maniériste, retour à l'âge classique

À l'opposé de ce courant, critique et directement politique, deux cinéastes vont révolutionner esthétiquement le western. Le premier, Sam Peckinpah (*Coups de feu dans la Sierra*, 1962 ; *Major Dundee*, 1965 ; *la Horde sauvage*, 1969), en associant violence et surenchère formelle (l'usage des ralentis) au service d'une peinture apocalyptique de l'Ouest. Le second, Sergio Leone (*Pour une poignée de dollars*, 1964 ; *Et pour quelques dollars de plus*, 1965 ; *le Bon, la brute et le truand*, 1966), en puisant dans l'hiératisme des corps et la stylisation de l'espace propre aux films de sabre japonais (*Yojimbo*, 1961, d'Akira Kurosawa) un nouveau ton (l'excès parodique propre à Toshiro Mifune) et un nouveau rythme qui consolident la mythologie du genre plus qu'ils ne la critiquent.
Jeremiah Johnson (1972) de Sydney Pollack amorce un retour au classicisme (valeurs humanistes, réconciliation avec la nature) alors que Michael

CLINT EASTWOOD
IMPITOYABLE
CLINT EASTWOOD, 1992

Inventaire. Les ombres croisées de John Ford, Don Siegel et Sergio Leone nourrissent ce film, porté par cette conscience de venir après : après l'âge moderne du western (Eastwood, acteur chez Leone et chez Don Siegel) et après l'âge classique (Ford). L'histoire de Bill Munny (Clint Eastwood), ancien hors-la-loi retiré des affaires et qu'on vient chercher pour une dernière mission, ressemble au film même, ultime tour de piste qui permet au cinéaste de parcourir la mémoire du genre et d'en explorer les lieux.

Quelques films à revoir

1959 **Rio Bravo** (H. Hawks) 1960 **Les Sept Mercenaires** (J. Sturges) 1962 **L'Homme qui tua Liberty Valance** (J. Ford) 1964 **Pour une poignée de dollars** (S. Leone) 1965 **Et pour quelques dollars de plus** (S. Leone) ; **Major Dundee** (S. Peckinpah) 1966 **Le Bon, la brute et le truand** (S. Leone) ; **The Shooting** (M. Hellman) 1968 **Il était une fois dans l'Ouest** (S. Leone) 1969 **La Horde sauvage** (S. Peckinpah) 1970 **Little Big Man** (A. Penn) 1971 **John McCabe** (R. Altman) 1972 **Jeremiah Johnson** (S. Pollack) 1973 **L'Homme des hautes plaines** (C. Eastwood) 1976 **Buffalo Bill et les Indiens** (R. Altman) 1980 **La Porte du paradis** (M. Cimino) 1988 **Pale Rider** (C. Eastwood) 1990 **Danse avec les loups** (K. Costner) 1992 **Impitoyable** (C. Eastwood).

Cimino, avec *la Porte du paradis* (1980), tente de redonner au genre un souffle épique depuis longtemps éteint. C'est aux westerns de Clint Eastwood (*l'Homme des hautes plaines*, 1973; *Josey Wales hors la loi*, 1976) qu'on doit la meilleure synthèse entre l'histoire de l'Ouest de l'Amérique et l'histoire du genre, perçue désormais comme une réalité en soi, purement cinématographique. Après la tentation maniériste (Peckinpah, Leone), on retourne à un classicisme crépusculaire, l'évocation du passé devenant la mémoire du genre. Faire un western comme *Pale Rider* (1985) transforme mimétiquement le film en revenant au pays des morts. La figure du cow-boy égaré dans un monde qui ne veut plus de lui devient la métaphore du genre, celle de son état au présent.

Charles Bronson
Il était une fois dans l'Ouest
Sergio Leone, 1968

Recyclage. Tourné en partie sur le site grandiose de Monument Valley et interprété par Henry Fonda et Woody Strode, *Il était une fois dans l'Ouest* rend hommage à John Ford, et même à ses accessoires, les manteaux cache-poussière de *l'Homme qui tua Liberty Valance* (1962). Pour le reste, rien de fordien dans cette histoire de vengeance entre Harmonica (Charles Bronson, l'un des *Sept Mercenaires*) et Frank (Henry Fonda, à contre-emploi). L'interminable attente avant le duel (magistrale scène d'ouverture à la gare) vient du film de sabre japonais fondé sur ce principe de dilatation temporelle avant la fulgurance du coup. Ne pas oublier la musique d'Ennio Morricone, qui se coule à merveille dans le rythme du film.

Danse avec les loups
Kevin Costner, 1990

Vivre en paix. Cette histoire de soldat blessé de la guerre de Sécession qui fuit pour échapper à l'amputation est la reprise exacte du *Jugement des flèches* de Samuel Fuller (1956) mais avec un développement différent. Autant le héros de Fuller continuait sa guerre en faisant alliance avec les Indiens contre les nordistes, autant le héros solitaire de *Danse avec les loups* vit en harmonie avec lui-même, avec la nature, les animaux et les Indiens.

Espionnage et Suspense

Les films brûlants de la guerre froide

Situation internationale oblige, le cinéma des années 1960-1970 regorge d'histoires liées aux explosives relations Est-Ouest. Drames, comédies acides ou film d'action, les auteurs rivalisent d'inventivité.

À tout seigneur, tout honneur : idéalement nommé *les Espions*, le film d'Henri-Georges Clouzot semble inaugurer en 1957 une longue lignée de films consacrés à cette profession qui stimule la curiosité des spectateurs comme celle des scénaristes. Mais ce serait oublier que depuis 1945, dans le monde issu de la conférence de Yalta, de nombreux films américains notamment ont mis en scène cet univers occulte et mystérieux. Il faudrait ainsi citer en références *Cape et poignard* de Fritz Lang (1946), *le Rideau de fer* de William Wellman (1948), *l'Affaire Cicéron* de Joseph Mankiewicz (1952) ou bien encore *l'Homme de Berlin* de Carol Reed (1953). Toutefois, la singularité du film de Clouzot réside dans sa tonalité. Loin de se prendre trop au sérieux comme ses prédécesseurs ou de verser dans le romantisme de l'espionnage largement

James Bond

Sean Connery **James Bond contre Dr. No** (T. Young, 1962) ; **Bons baisers de Russie** (T. Young, 1963) ; **Goldfinger** (G. Hamilton, 1964) ; **Opération Tonnerre** (T. Young, 1965) ; **On ne vit que deux fois** (L. Gilbert, 1967) ; **Les diamants sont éternels** (G. Hamilton, 1971) ; **Jamais plus jamais** (I. Kershner, 1983) Roger Moore **Vivre et laisser mourir** (G. Hamilton, 1973) ; **L'Homme au pistolet d'or** (G. Hamilton, 1974) ; **L'espion qui m'aimait** (L. Gilbert, 1976) ; **Moonraker** (L. Gilbert, 1979) ; **Rien que pour vos yeux** (J. Glen, 1981) ; **Octopussy** (J. Glen, 1983); **Dangereusement vôtre** (J. Glen, 1985) Pierce Brosnan **Golden Eye** (M. Campbell, 1995) ; **Demain ne meurt jamais** (R. Spottiswoode, 1996) ; **Le monde ne suffit pas** (M. Apted, 1999) ; **Meurs un autre jour** (L. Tamahori, 2002)

SEAN CONNERY
OPÉRATION TONNERRE
TERENCE YOUNG, 1965

Le grand Bond. Dans ce quatrième film de la saga des James Bond, le sémillant agent secret doit cette fois se battre contre le Spectre, association secrète qui s'est emparée d'un bombardier de l'Otan qu'elle menace de faire s'écraser sur une ville anglaise ou américaine si une très forte rançon n'est pas versée. Comme d'habitude, tout finira bien et c'est en outre la Française Claudine Auger qui donne ici la réplique à Sean Connery. Ce dernier est généralement considéré comme l'interprète idéal de Bond que n'égaleront ni Roger Moore, ni Pierce Brosnan, ses deux successeurs sur le grand écran.

exploité en littérature, il constitue un bijou d'humour noir dans le droit-fil de *Drôle de drame*. Ici, les espions sont étudiés comme de gros insectes bizarres et plutôt grotesques avec leurs mœurs bizarres et leurs codes ridicules. Il convient cependant de reconnaître que cette tonalité humoristique restera marginale, à l'exception notable de *Casino Royale* de John Huston (1967) ou des *Barbouzes* de Georges Lautner (1964), par exemple.

Le roi James

C'est en 1962 qu'apparaît pour la première fois à l'écran le personnage de James Bond sous les traits de Sean Connery, dans *James Bond contre Dr. No*. Inventé par le romancier Ian Fleming, Bond est un agent secret anglais engagé à chaque fois dans une folle course-poursuite pour tenter de sauver le monde des menaces que font peser sur lui des savants fous et autres dictateurs à la solde de l'« autre camp ». Trois constantes essentielles symbolisent la série : le *happy end*, le recours aux effets spéciaux les plus sophistiqués du moment et la présence à côté de Bond, ou face à lui, d'un méchant vraiment méchant et d'une belle vraiment très belle à l'image d'Ursula Andress, première d'une longue lignée glamour. Malgré le recours grandissant aux effets spéciaux, la série semble quelque peu s'essouffler alors que l'on cherche un successeur à Pierce Brosnan qui était devenu le nouveau Bond. Ce dernier n'est-il pas une victime collatérale de la chute du Mur de Berlin, comme si désormais cette figure mythique avait perdu sa raison d'être et de se battre ?

Remises en question

Au moment même où Bond envahit les écrans du monde entier, certains cinéastes hollywoodiens se font plus critiques à l'égard de cette vision angélique de la guerre froide, refusant ainsi le discours très nationaliste et partisan des films d'espionnage américains. En 1962, John Frankenheimer réalise *Un crime dans la tête* avec Frank Sinatra dans le rôle principal et un scénario pour le moins dérangeant : manipulé par les services secrets chinois, un soldat américain doit tuer le président des États-Unis. Or non seulement le film met dans le même sac les « services » chinois, russes et américains, mais il met en cause la droite extrémiste dans le montage de la manipulation. On retrouve cette même méfiance en 1966 dans *L'Espion qui venait du froid* de Martin Ritt qui renvoie dos à dos les bureaucraties soviétiques et américaines promptes toutes deux à sacrifier leurs « petits » espions respectifs. L'ère du soupçon a commencé et la lutte du Bien contre le Mal devient sous l'œil de cinéastes vigilants une sale guerre faussement froide entre des États aux pratiques peu recommandables.

Robert Redford
Les Trois Jours du Condor
Sydney Pollack, 1975

Le ver est dans le fruit. Quand Joseph Turner (Robert Redford), un obscur romancier qui travaille pour la CIA en décryptant des romans policiers, se mêle de ce qui ne le regarde pas, cela donne ce film au suspense haletant dont les services secrets américains ne sortent pas grandis. On est désormais bien loin de la défense sans réserve de la nation américaine. Le président Nixon vient de chuter et le cinéma hollywoodien prend le parti des citoyens contre un pouvoir et une administration jugés dangereux et manipulateurs. Même la puissante CIA fait l'objet d'attaques, comme dans le film de Pollack. Désormais, l'espion, qui n'hésite pas à tuer des innocents, est l'ennemi quelle que soit sa nationalité.

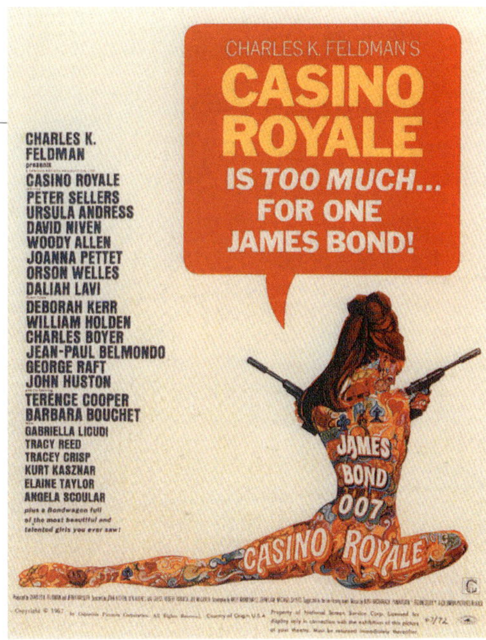

Casino Royale
John Huston, 1967
Affiche originale

Espions en folie. David Niven, Peter Sellers, Ursula Andress, Orson Welles, Jean-Paul Belmondo, Peter O'Toole, Jacqueline Bisset, Deborah Kerr et quelques autres : la distribution est à la hauteur d'un scénario particulièrement farfelu qui fait notamment apparaître le personnage de Mata-Bond, soit la fille de James et de Mata-Hari ! Le reste est à l'avenant et le final se déroule au casino Royale, évidemment sur fond d'explosion atomique, soit une incroyable entorse au happy end de la série parodiée. Mais heureusement, on nous montre que les bons vont au paradis et que les méchants finissent en enfer. L'honneur est sauf et le mythe Bond résiste à ce dynamitage en règle.

Jeune cinéma allemand

Fassbinder, Wenders, Schlöndorff et les autres ...

En Allemagne comme dans d'autres pays une nouvelle vague a vu le jour dans les années 1960. Ce « jeune cinéma allemand » est né hors d'un « vieux » à bout de souffle, conjuguant décadence économique et décadence artistique, incapable de faire surgir en son sein quelque innovation que ce soit.

« Le cinéma de papa est mort », proclamaient en 1962 les jeunes cinéastes issus du documentaire, du court métrage et du cinéma expérimental. L'acquis des premiers films de quelques rares indépendants (Bernhardt Wicki, Hans-Jürgen Pohland, Herbert Vesely), les aides publiques naissantes, encore timides et qui se développeront surtout après 1974, la création de nouvelles sociétés de production par les cinéastes eux-mêmes, le soutien des festivals et de la critique européenne consolident un mouvement qui s'affirme en 1966, année où sont couronnés en festivals les films des nouveaux venus : *La chasse au renard est fermée* de Peter Schamoni, *Anita G.* d'Alexander Kluge, *les Désarrois de l'élève Toerless* de Volker Schlöndorff, *Non réconciliés* de Jean-Marie Straub. Suivront les premiers longs métrages d'Edgar Reitz (1967), Werner Herzog (1967), Theodor Kotulla (1968), Hans-Jürgen Syberberg (1968), Peter Fleischmann (1968), Rainer Werner Fassbinder (1969), Werner Schröter (1969), Wim Wenders (1971) — pour ne mentionner que les figures les plus marquantes...

Distanciations critiques

C'est l'aspiration à un cinéma critique, dressé contre les styles conventionnels et les conceptions sociales dominantes qui les réunit, bien que tout oppose l'austérité de Straub et le baroque de Syberberg, le théoricien Kluge et Schröter, issu de l'*underground*, l'ancien critique de cinéma Kotulla et l'autodidacte intégral Herzog... S'affirmant comme auteurs de films, à la fois scénaristes et réalisateurs, ces nouveaux venus se veulent contestataires, recherchant thématiques et formes nouvelles.

Dans son film *les Repas* (1967), Edgar Reitz décrit l'amour que la vie quotidienne érode et détruit ; il conteste l'environnement social, s'attaque au tabou de la famille et met en place des procédés de distanciation (découpage en chapitres didactiques, intertitres et commentaire, rareté des dialogues). *Couples* (1967, inspiré du Suédois August Strindberg), premier film de Michael Verhoeven, *Ça* (1966), premier film d'Ulrich Schamoni et *Tatouage* (1967), premier film de Johannes Schaaf décrivent, de manière plus narrative mais sans concession, la vie de jeunes couples confrontés à leurs aînés, aux standards bourgeois et petit-bourgeois, à la société de consommation. Dès ses débuts,

RAINER WERNER FASSBINDER
VERS 1978

L'éclair Fassbinder. De 1965, date de son premier film, jusqu'à sa mort en 1982, à l'âge de 37 ans, Rainer Werner Fassbinder a réalisé 36 films de cinéma dont il a écrit la plupart des scénarios, sans compter ses courts-métrages et ses téléfilms. Une œuvre foisonnante pour un cinéaste qui déclarait : « Selon Godard, le cinéma c'est la vérité vingt-quatre fois par seconde. Le cinéma, je le dis, c'est le mensonge vingt-quatre fois par seconde. » Il ne s'agit pas d'un simple jeu sur les mots ou d'une surenchère entre génies : dans son cinéma à fleur de peau, Fassbinder interroge d'abord les mensonges du monde qui se cachent sous l'hypocrisie sociale, politique ou morale.

LES DÉSARROIS DE L'ÉLÈVE TÖRLESS
VOLKER SCHLÖNDORFF, 1966

Les racines du Mal. En adaptant avec sécheresse le roman de Robert Musil décrivant en 1906 l'initiation d'un adolescent aux aspects les plus oppressifs de la vie sociale dans l'Empire austro-hongrois, le cinéaste décrit cliniquement les mécanismes de la domination, dévoilant les racines du fascisme et la lâcheté des témoins, des *Mitläufer* (les « compagnons de route » des temps dictatoriaux).

Fassbinder se livre à une critique encore plus radicale, voire désespérée, de la petite-bourgeoisie dans les illusions de la vie des couples et des familles : *le Bouc* (1969), son film formellement le plus godardien, *Pourquoi Monsieur R. est-il atteint de folie meurtrière ?* (1970, coréalisé par Michael Fengler), ou *Gibier de passage* (1972).

La confrontation au littéraire

Le travail à partir de textes littéraires est fréquent et c'est ainsi que débuta Schlöndorff, qui deviendra coutumier de l'adaptation. Il ne s'agit pas seulement, pour le jeune cinéma allemand, d'un souci de légitimation de son propre discours, mais de se renforcer en s'appuyant sur des écrivains à la fois reconnus et contestataires comme Heinrich Böll, dont le roman *les Deux Sacrements* est repris par Straub dans *Non réconciliés*. L'enjeu essentiel est ici le refoulement du passé de l'Allemagne, comme dans l'adaptation, en 1967, de la nouvelle éponyme de Günter Grass par Hans-Jürgen Pohland, qui fait scandale avec *le Chat et la souris*. Cette prééminence des soucis historiques et politiques fonde l'œuvre de Kotulla, dont *Histoire d'un happy-end* (1968), reprend le constat impitoyable selon lequel chaque famille allemande a un « cadavre dans le placard ». Cette conscience douloureuse de l'Histoire n'est pas l'attitude la plus répandue (du moins jusque vers 1976) dans ce jeune cinéma, plus motivé, comme la plupart des nouvelles vagues, par la critique de mœurs. Alexander Kluge constitue une des exceptions, lui qui a donné à son premier film le titre emblématique d'*Abschied von Gestern*, « Adieu à hier ». Croyant dans le montage et le collage pour délivrer un sens, didactique mais pratiquant l'ironie avec constance, il dévoile les contradictions de la société à travers des personnages (féminins le plus souvent) qui tentent désespérément de s'adapter.

Pays natal, romantisme et métaphysique

Une autre voie choisie par les cinéastes soucieux de dénoncer les règles sociales est le *kritisches Heimatfilm*, ou *Heimatfilm* de gauche, qui prend le contrepied des stéréotypes idylliques d'un genre typiquement et complaisamment national. Dans *Scènes de chasse en Bavière* (1969), Peter Fleischmann démasque les comportements fascisants de la société rurale conservatrice. Volker Schlöndorff, Reinhard Hauff, Uwe Brandner restituent dans une série de films des années 1970-1972 la permanence de la violence sociale et de la rébellion à la campagne. À l'opposé, plusieurs cinéastes munichois, dont Rudolf Thomé, brodent élégamment sur les genres cinématographiques américains (sans *happy-end*, toutefois), tandis que Werner Herzog devient pour l'étranger le cinéaste typiquement

HANNA SCHYGULLA, MARGIT CARSTENSEN
LES LARMES AMÈRES DE PETRA VON KANT
RAINER WERNER FASSBINDER, 1972

Entre Freud et Marx. Sous les apparences d'un élégant huis clos, cette œuvre incisive sur les rapports de domination et le poids de la dépendance est une entrée essentielle dans l'univers de Fassbinder. Le cinéaste a su mêler les reflets du mélodrame à une approche originale, où une forme personnelle de distanciation détermine des récits fusionnant rapports sexuels et rapports sociaux.

LE TAMBOUR
VOLKER SCHLÖNDORFF, 1979

Dans les tempêtes de la Deuxième guerre mondiale, les célèbres aventures du petit garçon qui avait décidé de ne plus grandir prennent vie à l'écran dans le plus grand respect de l'univers de l'écrivain Günter Grass, par la grâce, notamment, d'une mise en scène qui joue sur le *Groteske* (« carnavalesque »). Ce film, qui signe la reconnaissance mondiale du nouveau cinéma allemand, est aussi représentatif d'un regard neuf porté sans détour sur le passé de l'Allemagne.

Rüdiger Vogler,
Yella Rottländer
Alice dans les villes
Wim Wenders, 1974

Road movie allemand. Cette errance d'un journaliste qui se veut écrivain, un « gribouilleur » pour la petite fille que les circonstances l'amènent à prendre en charge, se déroule entre les espaces indifférenciés des autoroutes américaines et dans les espaces urbains de la Ruhr. Premier des célèbres voyages initiatiques de Wim Wenders, il sera suivi par *Faux Mouvement* (1975) et *Au fil du temps* (1976).

germanique *et* romantique, grâce à ses héros sans perspective et à l'opposition surhomme-sous-homme : *Les nains aussi ont commencé petits* (1970) et *Aguirre* (1972). Syberberg de son côté entreprend, loin de tout réalisme, une hautaine et pessimiste analyse des mythes allemands avec son *Ludwig, requiem pour un roi vierge* (1972) et Wenders réalise *Alice dans les villes*, le premier volet de ses fameux road movies à l'allemande, aux résonances quasi métaphysiques.

À la fin des années 1970, tandis que Kluge, Reitz, Kotulla, Schlöndorff et même Fassbinder défrichent l'histoire récente de l'Allemagne (*L'Allemagne en automne*, 1978), Wenders est en train de devenir une des figures internationales de la modernité du cinéma. Il écrit *Paris Texas* avec l'écrivain et acteur américain Sam Shepard. Production inépendante offrant une vision très neuve de l'Amérique, le film recevra la Palme d'or en 1984. En 1987 il retrouve Peter Handke pour *les Ailes du désir*, poème métaphysique mêlant les anges et les humains, dans un Berlin revisité.

Klaus Kinski
Aguirre, la colère de Dieu
Werner Herzog, 1972

La quête de l'absolu. Première rencontre entre le jeu halluciné de l'acteur Klaus Kinski et l'univers romantique extrême de Werner Herzog, cette quête de l'Eldorado par un conquistador abonde en images obsessionnelles d'une grande force poétique. Aguirre, premier rêveur de l'absolu de la mythologie de Werner Herzog, aura des successeurs avec *Fitzcarraldo* (1982) et *Cobra Verde* (1987).

Quelques films à revoir

1966 **Les Désarrois de l'élève Toerless** (V. Schlöndorff) ; **Anita G.** (A. Kluge) 1968 **Scènes de chasse en Bavière** (P. Fleischmann) 1971 **L'Angoisse du gardien de but au moment du pénalty** (W. Wenders) 1972 **Les Larmes amères de Petra von Kant** (R. W. Fassbinder) ; **Aguirre ou la colère de Dieu** (W. Herzog) ; **Ludwig, requiem pour un roi vierge** (J. Syberberg) 1973 **Alice dans les villes** (W. Wenders) ; **Tous les autres s'appellent Ali** (R. W. Fassbinder) 1975 **L'Honneur perdu de Katharina Blum** (V. Schlöndorff) ; **Faux mouvement** (W. Wenders) 1976 **Au fil du temps** (W. Wenders) 1978 **La Femme gauchère** (P. Handke) ; **L'Allemagne en automne** (R.W. Fassbinder et Al.) 1979 **Le Mariage de Maria Braun** (R. W. Fassbinder) ; **le Tambour** (V. Schlöndorff) 1980 **Allemagne, mère blafarde** (H. Sanders-Brahms) ; **Lili Marleen** (R. W. Fassbinder) 1981 **Lola, une femme allemande** (R. W. Fassbinder) 1982 **Fitzcaraldo** (W. Herzog) ; **Heimat** (E. Reitz) ; **L'État des choses** (W. Wenders) 1984 **Paris Texas** (W. Wenders) 1987 **Les Ailes du désir** (W. Wenders)

Ingmar Bergman

Au plus près de l'âme

Ingmar Bergman a d'abord été un homme de théâtre, et le théâtre reste au cœur de sa réflexion sur le spectacle, comme dans *la Nuit des forains* (1953), un de ses chefs-d'œuvre. Il représente pourtant le type même de l'auteur de films depuis les années 1950, et il a prolongé son œuvre avec passion à la télévision.

L'influence non seulement d'August Strindberg, qu'il admirait par dessus tout, mais aussi de contemporains (Jean Anouilh, Luigi Pirandello, Albert Camus), est patente dans ses premiers films. Toutefois, même lorsqu'il adapte une pièce de théâtre à l'écran, il sait en briser les structures, la toute-puissance du verbe, le regard frontal. Il lui arrivera même d'en dévoiler les conventions dans sa célèbre adaptation de *la Flûte enchantée* (1974).

Un art *existentialiste*

Né en 1918 dans un milieu luthérien, Bergman a toujours exprimé son refus de l'institution religieuse, et les prêtres antipathiques, voire maléfiques, ne manquent pas dans ses films, jusqu'à *Fanny et Alexandre* (1982). Selon lui la morale chrétienne a instauré l'enfer du puritanisme, qu'il associe à un autre enfer, celui de la vie quotidienne et de la vie conjugale, contestant les valeurs convenues du couple et de la famille. *Monika* (1952) en est le plus parfait exemple. Au fond, Bergman ne fait qu'exprimer une angoisse existentielle qui correspondait dans ses premiers films à des attitudes en vogue à l'époque (dialogues dramatiques à portée symbolique et métaphorique). Dans les années 1950, ses films se concentrent sur les thématiques de l'amour, de la mort, du suicide, de l'avortement (voire de l'infanticide). La noirceur du propos est souvent atténuée par le rôle déterminant qu'il accorde aux femmes, à leurs initiatives, à leur charme et à leur insolence, de l'amertume de *Rêves de femmes* (1955) à la brillante comédie *Sourires d'une nuit d'été* (1955).

Une liberté croissante dans la mise en scène

L'œuvre de Bergman parvient à la réflexion métaphysique tant par la mise en forme que par le récit, par exemple dans *le Septième Sceau* (1956) ou *l'Œuf du serpent* (1977). *Les Fraises sauvages* (1957), qui se présente comme le bilan de la vie d'un homme (incarné par Victor Sjöström) proche de la mort, semble justifier un pacte avec l'absurdité de la condition humaine. De même la trilogie *À travers le miroir* (1961), *les Communiants* (1963), *le Silence* (1963) conçue en « films de chambre » (sorte de nouveau *Kammerspiel*),

BIBI ANDERSSON, LIV ULLMANN, ***PERSONA***
INGMAR BERGMAN, 1966

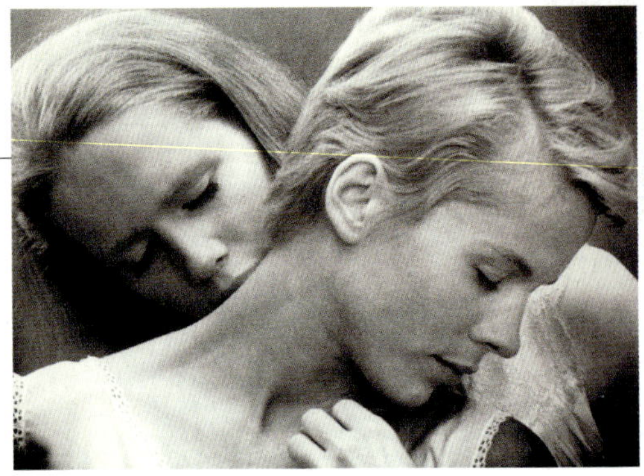

Duelles. Une infirmière et sa patiente, touchées toutes deux par de graves traumatismes, s'empruntent mutuellement expériences et secrets. Une variation moderne sur le thème du double, enrichi d'un travail sur le gros plan, qui en fait une parabole sur l'art en même temps qu'un grand drame psychologique.

INGRID THULIN, LIV ULLMANN
CRIS ET CHUCHOTEMENTS
INGMAR BERGMAN, 1972

La maladie, la mort. Trois sœurs vivent dans un manoir vers la fin du XIXe siècle. L'une d'elles, Agnès, est en train de mourir d'un cancer, mais ses deux sœurs ne l'assistent pas. Seule la servante, qui représente le réalisme devant l'événement, va aider Agnès à mourir. Cette réflexion tragique sur la mort, sa banalité, ses rites, l'angoisse qu'elle fait naître est filmée dans le contraste permanent entre le rouge des décors et le blanc des costumes et des linges. Le film connut un très grand succès public et critique, en dépit de quelques passages très durs. «Tous mes films peuvent être pensés en noir et blanc, à l'exception de *Cris et chuchotements*. Dans le manuscrit, il est dit que je me représente le rouge comme l'intérieur de l'âme » écrivait Bergman.

puis *Cris et chuchotements* (1972). Il lui arrive alors de casser le récit, de pratiquer des formes personnelles de déconstruction, voire de distanciation, comme dans *Persona* (1966) ou *De la vie des marionnettes* (1980), tout en accordant une place croissante aux gros plans. « Notre travail au cinéma commence avec le visage humain », a-t-il dit — une tendance qu'il a satisfaite en se consacrant à la télévision depuis 1983.

GUNNAR BJÖRNSTRAND, MAX VON SYDOW
LE SEPTIÈME SCEAU
INGMAR BERGMAN, 1956

Une quête métaphysique. Le chevalier Block et son écuyer Jöns reviennent des croisades désenchantés. À travers des paysages ravagés par la peste et la misère, ils croisent une sorcière emmenée au bûcher, puis une famille de forains, qui incarne l'espérance. L'inquiétude religieuse du chevalier le conduit à jouer aux échecs avec la Mort, sous les yeux de son écuyer, qui incarne le scepticisme. Le film se clôt sur une danse macabre que le chevalier mène dans son propre château. Bergman, au sommet de son art visuel et de ses interrogations, reconstitue à travers ce film des fresques cinématographiques qu'il avait admirées dans sa jeunesse.

FANNY ET ALEXANDRE
INGMAR BERGMAN, 1982

Le dernier film de Bergman conçu pour la salle de cinéma est une véritable somme où se retrouvent les constantes stylistiques et thématiques des films antérieurs. C'est l'histoire de l'enfermement familial, dans un milieu clérical et puritain, de deux enfants qui n'ont de cesse de se libérer, dans le rêve, l'imaginaire, puis dans la réalité. Parsemé de touches autobiographiques dans l'évocation du bonheur comme du malheur, ce film est une nouvelle occasion pour Bergman d'exprimer son attachement fondamental au théâtre. Le film reçut l'Oscar du meilleur film étranger.

Le cinéma de contestation

Sous les pavés, le cinéma français

Années 1960 obligent, les cinéastes français ruent dans les brancards d'une société qu'ils jugent terriblement conservatrice et font de la libération des mœurs notamment l'une de leurs thématiques favorites.

De 1958 à 1981, la gauche française ronge son frein et avec elle nombre de cinéastes qui se réclament de ce camp. Et l'hirondelle du « joli moi de mai » ne suffit guère à galvaniser des réalisateurs qui ont du mal à croire en l'avenir. C'est cette génération presque désenchantée qu'incarne à merveille le cinéma de Jean-Charles Tacchella : en 1976, son *Pays bleu* ironise sur le retour à la terre des citadins touchés par le mal de vivre. Un an avant, avec *Cousin, cousine*, qui connut un immense succès public, le cinéaste secouait gentiment l'ordre établi en faisant de Victor Lanoux et de Marie-Christine Barrault, tous deux mariés par ailleurs, des amants heureux et fiers de l'être. Certes, l'air du temps était au « libéralisme avancé » du nouveau président de la République, mais il ne fallait rien exagérer... Même le public américain se laissa prendre aux charmes romantiques de cette comédie délicatement scandaleuse pour l'époque. Au même moment, Claude Miller, ancien collaborateur de Truffaut, fait entendre pour la première fois sa voix avec un film plus dérangeant, *la Meilleure Façon de marcher*, dans lequel il aborde le thème de l'homosexualité refoulée.

Et pourtant elles tournent

Signe de temps préoccupés par la libération de la femme, des réalisatrices donnent au cinéma français l'envie d'apprendre l'existence du féminin et pas seulement dans les dictionnaires. Les nouvelles venues s'offrent même le luxe d'incarner parfois une contestation sinon radicale du moins exigeante. Outre celles d'Agnès Varda et Nelly Kaplan, on découvre ainsi les œuvres de Nadine Trintignant (*Ça n'arrive qu'aux autres*, 1971), Diane Kurys (*Diabolo menthe*, 1977), Coline Serreau (*Pourquoi pas ?*, 1977), sans oublier les films de Nina Companeez et le mythique *Molière* d'Ariane Mouchkine en 1978. La cinéaste Yannick Bellon apparaît comme la figure emblématique de ce courant au féminin quand elle réalise en 1973 *la Femme de Jean*, soit l'histoire de Nadine (France Lambiotte) qui, abandonnée par son mari, prend sa liberté et son autonomie. Trois ans plus tard, avec *l'Amour violé*, elle aborde de front le tabou du viol et du silence qui entoure ce crime.

De qui se moque-t-il ?

En France, la contestation appartient souvent au registre du sérieux. Rares sont ceux qui s'aventurent sur le terrain de la farce et de l'humour au vitriol. Jean-Pierre Mocky fait presque bande à part en tournant

Jean-Pierre Léaud, Françoise Lebrun, Bernadette Lafont
La Maman et la Putain
Jean Eustache, 1973

L'année de tous les dangers. En 1973, la France est représentée au Festival de Cannes *la Grande Bouffe* de Marco Ferreri et *la Maman et la Putain* de Jean Eustache, deux œuvres par lesquelles le scandale arrive. Avec ses 220 minutes, ses dialogues crus et son minimalisme revendiqué, le film de Jean Eustache a de quoi déstabiliser. C'est pourtant un formidable témoignage sur une époque, ses tics, ses emballements, ses impasses et ses rêves. Jean Eustache s'est suicidé, à l'âge de 43 ans, en 1981, mais le trio désenchanté incarné par Jean-Pierre Léaud, Françoise Lebrun et Bernadette Lafont reste mythique.

Bernadette Lafont
La Fiancée du pirate
Nelly Kaplan, 1969

Film au féminin. Ancienne assistante d'Abel Gance, Nelly Kaplan frappe un grand coup pour son premier long métrage, *la Fiancée du pirate*. En racontant l'histoire de Marie (Bernadette Lafont) qui pour se venger des femmes de son village séduit tous leurs maris et enregistre leurs confessions au magnétophone, la cinéaste pointe du doigt l'hypocrisie des conventions bourgeoises et la lâcheté d'un monde pudibond. Rien n'échappe à l'œil de Nelly Kaplan dont le propos est parfaitement relayé par le jeu de son actrice principale.

des films qui cultivent souvent cet esprit « bête et méchant » qui s'attaque à tous les pouvoirs. *Snobs* (1962) s'en prend ainsi aux patrons tandis que *l'Étalon* (1969) prend allègrement pour cible la société masculine. Mais avec *Solo (1970)* ou *Un linceul n'a pas de poches (1975)*, Mocky prouve que sa colère contre son temps peut revêtir des formes plus dramatiques. La contestation se fait plus sévère et le ton devient plus acide. Ainsi est fait l'air du temps où les colères plus individuelles de Maurice Pialat font écho à celles de Paul Vecchiali mais également aux observations très justes de Jacques Doillon. Sans compter Bertrand Tavernier qui, en 1973, dans *l'Horloger de Saint-Paul*, peint une France qui étouffe littéralement sous le poids des habitudes et des aveuglements que la colère d'un père pourrait bien remettre en question.

Patrick Dewaere et Gérard Depardieu
Les Valseuses
Bertrand Blier, 1974

Liberté grande. Déjà auteur en 1962 d'un film de cinéma-vérité au parfum de soufre sur la jeunesse, *Hitler, connais pas*, Bertrand Blier livrait au public avec *les Valseuses* une petite bombe d'insolence et de provocation. Miou-Miou, Gérard Depardieu et Patrick Dewaere contribuent grandement au succès du film. Ils incarnent à la perfection ces deux marginaux obsédés et cette coiffeuse frigide, dignes héritiers d'un mai 68 libertaire et sans tabou. Grâce à eux, les dialogues particulièrement crus de Blier et qui feront la marque de fabrique de son écriture, sont portés par un élan vital alors sans équivalent dans le cinéma.

« Alexandre : *On peut parler d'autre chose. De la pluie, du beau temps, du MLF.*

Véronika : *Qu'est-ce-que c'est ?*

Alexandre : *Vous ne connaissez pas ? C'est le Mouvement de Libération de la Femme. Ce sont des femmes qui en ont assez de porter le petit déjeuner au lit de leur mari. Alors elles se révoltent.* »

La Maman et la Putain **(Jean Eustache, 1973)**

Le film noir à la française

Flic story

Prenant le relais d'une solide tradition française, de nouvelles générations de réalisateurs français trouvent dans le film noir un genre à cultiver et surtout un espace idéal pour parler du réel en s'adressant au grand public.

Fils naturel de l'après-mai 1968 et d'un cinéma italien politico-policier dont Francesco Rosi peut être considéré comme le talentueux chef de file, le nouveau polar à la française tente de décliner le mot enquête sous toutes ses formes, y compris polémiques. C'est ainsi qu'en 1970 la Commission de censure tenta vainement de s'opposer à la sortie du film d'Yves Boisset, *Un condé*, dans lequel Michel Bouquet incarne le rôle d'un policier qui devient un tueur dans l'exercice de ses fonctions. Six ans plus tard, ce même réalisateur s'attirait de nouveau les foudres de la censure en s'attaquant directement dans *le Juge Fayard dit « le Shérif »* au SAC, officine parallèle d'obédience gaulliste. Comme dans *Un condé*, Yves Boisset mêlait avec habileté la charge politique et la trame policière, la première ne faisant jamais disparaître la seconde. Quant aux interventions du pouvoir en place, elles accentuèrent le succès de ces films qui devinrent ainsi des figures emblématiques de la gauche libérale.

L'école du crime et du film

D'autres cinéastes empruntent les chemins du polar pour entrer dans la carrière. C'est le cas de Claude Sautet qui, en 1959, décidait de sauter le pas — lui qui jusque-là n'était que « ressemeleur de scénarios », selon sa propre expression. Son premier film, *Classe tous risques*, adapte un roman noir de José Giovanni et son second, *l'Arme à gauche*, lui permet de porter à l'écran une excellente « Série noire » américaine. En 1970, avec le crépusculaire *Max et les ferrailleurs*, il faisait ses adieux au polar. Un autre auteur au talent prometteur, Costa-Gavras, fait ses premières gammes en 1965 avec un polar de Sébastien Japrisot, *Compartiment tueurs*. Quelques années plus tard, en 1974, c'est au tour d'Alain Corneau de signer sa première réalisation, *France société anonyme*, entre polar et science fiction, qui se déroule en 2222 et dans lequel un ancien trafiquant de drogue revient sur son passé. Un peu plus tard avec *Série noire*, *le Choix des armes* puis *le Cousin*, Alain Corneau s'affirmera définitivement comme un maître du genre.

De l'encre à l'écran

En chérissant le polar, le cinéma français paie également sa dette envers la littérature policière — du moins puise-t-il largement dans cette dernière pour y trouver des idées d'adaptations et de scénarios. Pour son premier film, Bertrand Tavernier adapte ainsi Simenon en faisant de *l'Horloger d'Everton* son

ROMY SCHNEIDER ET MICHEL PICCOLI
MAX ET LES FERRAILLEURS
CLAUDE SAUTET, 1971

Le puritain et la putain. Sur un scénario coécrit avec Claude Néron, des dialogues de Jean-Loup Dabadie, et une superbe partition de Philippe Sarde, Claude Sautet, a signé avec *Max et les ferrailleurs*, l'un de ses films les plus noirs. On y voit se dérouler une implacable tragédie dont l'instigateur est Max (Michel Piccoli) un flic rigoriste et puritain qui va faire de Lily la prostituée (Romy Schneider) sa complice involontaire pour faire tomber les ferrailleurs, une bande de braqueurs. Sautet combine ici l'épure froide des films de Jean-Pierre Melville avec l'observation attentive de la vie quotidienne.

Quelques films à revoir

1958 **Ascenseur pour l'échafaud** (L. Malle) 1960 **Classe tous risques** (C. Sautet) ; **Plein Soleil** (R. Clément) 1965 **L'Arme à Gauche** (C. Sautet) ; **Compartiment tueurs** (C. Costa-Gavras) 1966 **Le Deuxième Souffle** (J.-P. Melville) 1967 **La mariée était en noir** (F. Truffaut) ; **Le Samouraï** (J.-P. Melville) 1969 **Le Clan des Siciliens** (H. Verneuil) ; **Que la bête meure** (C. Chabrol) 1970 **Max et les ferrailleurs** (C. Sautet) ; **Borsalino** (J. Deray) ; **Un condé** (Y. Boisset) ; **le Cercle rouge** (J.-P. Melville) 1973 **Nada** (C. Chabrol) 1979 **Série Noire** (A. Corneau)

Horloger de Saint-Paul. Mais le plus grand adaptateur français de romans policiers est Claude Chabrol. Il était l'auteur en 2005 de plus de cinquante films dont la moitié étaient tirés de romans policiers choisis avec soin : *Que la bête meure* (1969) d'après Nicholas Blake, *la Rupture* de Charlotte Armstrong (1970), *Nada* d'après Jean-Patrick Manchette (1973) ou bien encore *les Liens du sang* d'Ed McBain en 1977 et d'autres jusqu'aux films les plus récents comme *Merci pour le chocolat* et *la Demoiselle d'honneur* adaptés respectivement de Charlotte Armstrong et de Ruth Rendell . À propos de son penchant si marqué pour les polars, le cinéaste déclare : « Je pense que toutes les catégories sont adaptables, mais il est évident que le polar est le plus fortement cinématographique. » Et le plus télévisuel si on en juge par l'emprise de ce genre sur les fictions et séries du petit écran. Autant dire une rude concurrence pour le polar des salles obscures.

ALAIN DELON
LE SAMOURAÏ
JEAN-PIERRE MELVILLE, 1967

Requiem pour un tueur. Dans le droit fil du *Doulos* (1960) et du *Deuxième Souffle* (1966), Jean-Pierre Melville poursuit avec *le Samouraï* sa galerie de portraits de héros aussi solitaires que condamnés d'avance. Ici, c'est Alain Delon qui enfile le costume strict de Jef Costello, tueur à gages chargé par des inconnus d'abattre le propriétaire d'un night-club. Le contrat est exécuté, mais un commissaire (François Périer) entend bien impliquer Costello… Fanatique du film noir américain, Melville va plus loin que ses modèles dans la prise de distance avec les codes du genre. Plus qu'à l'intrigue ou à l'action, il se concentre sur son personnage principal et détaille longuement ses moindres gestes. Avec Melville, le polar se fait poème.

PATRICK DEWAERE
SÉRIE NOIRE
ALAIN CORNEAU, 1979

Banlieue blues. Pour son quatrième long métrage, Corneau a choisi un titre qui à la fois s'adapte parfaitement au contenu de son film et rend hommage clairement à la célèbre collection dirigée par Marcel Duhamel. C'est avec l'écrivain Georges Perec que Corneau a transposé un roman de Jim Thompson. Patrick Dewaere y incarne Frank Poupard, un dérisoire vendeur à domicile qui tombe fou amoureux de Mona (Marie Trintignant) une adolescente peu loquace mais terriblement troublante. Commence alors une longue descente aux enfers parsemée de sang, sur fond de banlieue sordide, entre petits pavillons délabrés et grand ensemble déshumanisés.

Le comique à la française

Fernandel, Bourvil, de Funès

Du comique troupier ou paysan qui fit la gloire de Fernandel et de Bourvil aux grosses colères de de Funès, le rire à la française fait recette.

Ils sont une foule de duettistes (Roger Pierre et Jean-Marc Thibault, Poiret et Serrault) ou de seconds rôles typés (Francis Blanche, Paul Préboist) qui font les belles heures du « cinoche » du samedi soir. Robert Lamoureux promène sa « septième compagnie. » Jean Lefebvre joue les benêts chez Georges Lautner, Claude Zidi cartonne avec les Charlots, et Jean Yanne commence sa série de grosses farces. Dans un autre style, on rit aussi avec l'effronterie de *Zazie dans le métro* (Louis Malle, 1960) et les géniaux films de Tati / Hulot (*Mon oncle*, 1958, *Playtime*, 1964). Mais trois superstars dominent le rire à la française des années 1950-1970 : Fernandel, Bourvil et Louis de Funès.

Fernandel

L'emploi préféré de Fernand Joseph Désiré Contandin, dit Fernandel (1903-1971) était celui du brave simplet à l'accent chantant et au rire chevalin. Sa route croise heureusement celle de Sacha Guitry, scénariste du film réalisé d'après sa pièce *le Blanc et le Noir* (Robert Florey, 1931), puis Jean Renoir (*On purge bébé*, 1931) élevant ses débuts de carrière au-dessus des grosses farces et des pitreries. Mais c'est Marcel Pagnol qui, dès 1934 avec *Angèle*, prouve qu'on peut utiliser intelligemment son savoir-faire. Il est formidable en paysan dévoué dans *Regain* (1937), ou en apprenti comédien trop naïf dans *le Schpountz* (1937). Il tire même des larmes en bossu au grand cœur dans *Naïs* (1945). *La Vache et le prisonnier* (1959) et la série des « Don Camillo », où il interprète un curé de choc face à un maire communiste (six films entre 1951 et 1970), lui vaudront ses plus grands succès populaires. Il s'essaiera à plusieurs reprises, et avec succès à des rôles dramatiques : *Meurtres* (1950), *Crésus* (1960), *le Voyage du père* (1966).

Bourvil

C'est au music-hall que Bourvil (né André Raimbourg, 1917-1970) rode son personnage de nigaud du village. Il excelle en valet peu dégourdi (*les Trois Mousquetaires*, 1953 ; *le Bossu*, 1959 ; *le Capitan*, 1960). Cependant, sous ses allures de benêt, son jeu peut s'affiner, révélant un grand comédien, capable de se mesurer à ses pairs, notamment Jean Gabin dans *la Traversée de Paris* (1956) et dans *les Misérables* (1957). En 1961, René Clair lui offre un triple rôle dans *Tout l'or du monde*. Ses plus grands triomphes, il les devra à ses duos avec de Funès dans *le Corniaud*

Bourvil et Louis de Funès
La Grande Vadrouille
Gérard Oury, 1966

Franchouillarde débrouillardise. Un brave peintre en bâtiment et un chef d'orchestre se retrouvent résistants malgré eux. Après un premier triomphe (*le Corniaud*, 1964) le trio Bourvil-de Funès-Oury fait mieux encore. Avec 17 millions d'entrées, ce road movie pétaradant restera vingt-deux ans à la tête du box-office, avant d'être détrôné par *Titanic* en 1998. Il compte parmi les films les plus souvent rediffusés sur le petit écran.

Catherine Demongeot
et Philippe Noiret
Zazie dans le métro
Louis Malle, 1960

Barbouze, de chez Fior. Telle une Alice mal embouchée, Zazie débarque au pays des adultes dans un Paris paralysé par une panne de métro. Pour transposer le comique de langage de Raymond Queneau, Louis Malle a compris qu'il devait réinventer sa grammaire du cinéma. Zazie est un film où tout peut arriver. Dans Paris peint comme un enfer multicolore, tout le monde semble saisi d'une folie destructrice. Le burlesque, ici, correspond à sa définition par les surréalistes : un genre qui permet de tout détruire, et surtout les convenances.

FERNANDEL
LA VACHE ET LE PRISONNIER
HENRI VERNEUIL, 1959

La belle, avec une bête. Charles, prisonnier de guerre dans une ferme allemande, a l'idée de s'évader dans sa tenue de captif, en tenant une vache en laisse. Une longue promenade à travers champs commence. Le film épouse le rythme de sa grande vadrouille, tenant sa vache d'une main, son seau en fer-blanc de l'autre, jusqu'à une chute comico-tragique suivie d'un rebondissement. Tout repose sur les apartés du héros à sa compagne impassible, tandis qu'il traverse le territoire à la barbe des Allemands. L'aspect humain, voire émouvant, de l'aventure nous touche autant que les gags. Outre une mise en scène soignée et d'excellents dialogues, le film a un grand mérite : il est sans prétentions.

(1964) et *la Grande Vadrouille* (1966). Jean-Pierre Mocky utilisera à merveille son étrangeté en lui faisant composer un pilleur de troncs d'église (*Un drôle de paroissien*, 1963), un militant anti-télé (*la Grande Lessive*, 1968), ou un médecin adepte de la liberté sexuelle (*l'Étalon*, 1969). On n'oubliera pas ses rôles tragiques, notamment l'étonnant policier taciturne du *Cercle rouge* de Jean-Pierre Melville (1970).

De Funès

Malgré une reconnaissance tardive après des décennies de rôles secondaires, Louis de Funès (1914-1983) est devenu le comique le plus populaire du cinéma français. On le remarque dans *la Traversée de Paris*, entre Gabin et Bourvil. Il explose dans *Pouic Pouic* (1963), aux côtés de Jacqueline Maillan, en petit bonhomme irascible et grimaçant, composition qu'il va resservir au public jusqu'à la fin de sa carrière. En 1964, le public fait un triomphe au *Gendarme de Saint-Tropez*, suivi d'une série de plus en plus médiocre, tout comme celle des *Fantômas* (1964). On peut regretter que de Funès n'ait pas été plus exigeant, et qu' il ait tourné des films bâclés montés uniquement sur son nom. À l'exception de Gérard Oury (*le Corniaud*, 1964; *la Grande Vadrouille*, 1966; *la Folie des grandeurs*, 1971; *les Aventures de Rabbi Jacob*, 1973) il n'a pas rencontré de metteur en scène à la hauteur de ses prodigieux talents (de mime, entre autres). Et sa rencontre avec Claude Zidi n'a pas fait d'étincelles (*l'Aile ou la cuisse*, 1976; *la Zizanie*, 1978).

Quelques films à revoir

1951 **Le Petit Monde de Don Camillo** (J. Duvivier) 1958 **Mon Oncle** (J. Tati) 1959 **La Vache et le prisonnier** (H. Verneuil) 1960 **Zazie dans le métro** (L. Malle) 1963 **Pouic Pouic** (J. Girault) ; **Les Tontons flingueurs** (G. Lautner) ; **Un drôle de paroissien** (J.-P. Mocky) 1964 **Allez France** (R. Dhéry) ; **Les Barbouzes** (G. Lautner) ; **Le Corniaud** (G. Oury) ; **Le Gendarme de Saint-Tropez** (J. Girault) 1965 **La Vie de château** (J.-P. Rappeneau) 1966 **La Grande Vadrouille** (G. Oury) 1967 **Playtime** (J. Tati) ; **Oscar** (E. Molinaro) 1968 **Le Diable par la queue** (P. de Broca) ; **La Grande Lessive** (J.-P. Mocky) 1971 **La Folie des grandeurs** (G. Oury) ; **Trafic** (J. Tati) 1972 **Le Grand Blond avec une chaussure noire** (Y. Robert) ; **Tout le monde il est beau, tout le monde il est gentil** (J. Yanne) 1973 **Les Aventures de Rabbi Jacob** (G. Oury) ; **L'Emmerdeur** (E. Molinaro) ; **Le Magnifique** (P. de Broca) 1976 **L'Aile ou la cuisse** (C. Zidi).

Le cinéma espagnol

Un cinéma sous contrôle

Entravé par un régime autoritaire et une censure idéologique et morale, le cinéma espagnol doit attendre les années 1950 pour apparaître dans toute son impertinence.

À la victoire des franquistes en 1939, la majeure partie des cinéastes se rallient au pouvoir. Pour les autres (Buñuel, Carlos Velo notamment), c'est l'exil.
Le nouveau pouvoir, catholique, centraliste et castillan, instaure un contrôle strict de la production. La censure, idéologique et morale, favorise les films patriotiques, d'inspiration religieuse, et les comédies folkloriques. Des cinéastes tels José Luis Saenz de Heredia (*Raza*, 1941) et Juan de Orduña (*Poignard et trahison*, 1948) s'imposent avec un discours manichéen, propre à flatter le régime.
Une production commerciale et chargée de bons sentiments se développe. Le film avec enfant est plébiscité. Les aventures de Joselito, révélé par Antonio del Amo, et *Marcelino, pain et vin* (1955) de Ladislao Vajda, connaissent un succès retentissant.

L'émergence d'un cinéma d'auteur

L'influence du néoréalisme italien ébranle ce consensus. Les cinéastes espagnols s'en inspirent, gagnés par un esprit de dissidence. Deux jeunes réalisateurs issus de l'IIEC (école de cinéma fondée en 1947), Juan Antonio Bardem et Luis García Berlanga, témoignent d'un humour décapant et peu respectueux des institutions. Berlanga crée le choc avec *Bienvenue, M. Marshall* (1952), suivi par Bardem, avec *Mort d'un cycliste* (1954), approche sans concession de la bourgeoisie franquiste. De son côté le pouvoir tente d'insuffler un nouvel élan en allégeant la censure. Une nouvelle génération de réalisateurs apparaît : Mario Camus, Jaime Camino, Manuel Summers, José Luis Borau.
En 1961, Buñuel provoque à nouveau le scandale : *Viridiana* remporte la palme d'or à Cannes, mais sa sortie est interdite en Espagne où il a pourtant été tourné. Puis c'est au tour de la Nouvelle Vague d'inspirer les cinéastes espagnols. À Barcelone, le cinéma catalan renaît et s'attelle à une recherche formelle. Certains se regroupent sous la bannière de l'école de Barcelone. Vicente Aranda (*Fata Morgana*, 1965) en est le plus brillant représentant.
Les premiers films de Carlos Saura montrent l'émergence d'un talent neuf. L'acuité de son regard sur la société espagnole donne naissance à *la Chasse* (1965), *Ana et les loups* (1972) ou *Cría cuervos* (1975). La mort de Franco en 1975 permet à son travail d'aboutir : avec *Elisa, mon amour* (1977), il achève un cycle essentiel, tandis qu'émerge enfin une nouvelle veine de cinéastes soucieux de concilier succès critique et public : Manuel Gutiérrez Aragón, Víctor Erice, Pedro Olea, José Juan Bigas Luna.

ALBERTO CLOSAS, LUCIA BOSÉ
MORT D'UN CYCLISTE
JUAN ANTONIO BARDEM, 1954

Comme si de rien n'était. Maria-José et Juan sont amants. Une nuit, sur la route qui les ramène vers Madrid, ils renversent un cycliste. Le lendemain, ils apprennent sa mort par la presse. Personne ne les a vus. Personne ne doit savoir. Remarquable de sobriété, *Mort d'un cycliste* fut l'une des rares œuvres à oser une critique frontale de la notabilité franquiste. L'individu n'y existe qu'à travers son rôle social et perdre son rang équivaut à mourir. Maria-José préfère un mariage sans amour à un amour sans argent et Juan se contente d'une vie d'université sans éclat. À l'instar de Renoir dans *la Règle du jeu*, Bardem envisage la bourgeoisie comme un puzzle où chaque pièce paraît viciée.

BIENVENUE M. MARSHALL
LUIS GARCÍA BERLANGA, 1952

L'Espagne à l'heure américaine. Un petit village espagnol apprend avec stupeur le passage imminent de la délégation américaine du plan Marshall. Soucieux de donner la meilleure image possible, ils entreprennent de singer un village andalou. Coécrit avec Juan Antonio Bardem, ce film s'inscrit dans la veine de la critique sociale. Mais, en choisissant le mode de la comédie, ils évitent la censure et mettent en scène l'Espagne des années 1950 sous le jour peu flatteur de la médiocrité quotidienne et des petits pouvoirs.

Ana Torent,
Géraldine Chaplin
Cría cuervos
Carlos Saura, 1975

Dans les yeux d'Ana. Ana était très jeune quand sa mère est morte. Aujourd'hui, elle peine à garder des souvenirs intacts de cette époque. Entre la réalité vécue et les fantasmes de l'enfance, il est difficile de se construire. *Cría cuervos* est articulé dans un jeu constant entre passé et présent, l'un répondant à l'autre et Géraldine Chaplin interprétant le rôle de la mère et de la fille. Réalisé l'année de la mort de Franco, le film porte un regard extrêmement critique sur les valeurs morales du régime. Sur l'air du tube de Janet, *Porque te vas*, Saura illustre avec une sombre ironie le proverbe espagnol *« Cría cuervos, te sacarán los ojos »* (« Élève des corbeaux et ils t'arracheront les yeux »).

Quelques films à revoir

1952 **Bienvenue M. Marshall** (L. Berlanga) 1955 **Mort d'un cycliste** (J. A. Bardem) 1956 **Grand Rue** (J. A. Bardem) 1959 **Los Golfos** (C. Saura) 1960 **La Petite Voiture** (M. Ferreri) 1961 **Viridiana** (L. Bunuel) 1965 **La Chasse** (C. Saura) 1966 **Fata Morgana** (V. Aranda) 1970 **Le Jardin des délices** (C. Saura) ; **Tristana** (L. Bunuel) 1972 **L'Esprit de la ruche** (V. Erice) ; **Anna et les loups** (C. Saura) 1975 **Crìa Cuervos** (C. Saura) 1977 **Elisa mon amour** (C. Saura) ; **les Longues Vacances de 36** (J. Camino) 1981 **Noces de sang** (C. Saura)

Luis Buñuel

Le charme fou de la provocation

D'*Un chien andalou* (1928) à *l'Âge d'or* (1930), en l'espace de deux films avec Salvador Dalí, Luis Buñuel est devenu un cinéaste surréaliste, mais son œuvre, d'un grande richesse, ne se limite pas à ce seul aspect.

L'Espagne, la France, le Mexique

Trois pays ont été nécessaires à la carrière et à l'épanouissement artistique de Luis Buñuel. L'Espagne, où il est né en 1900 (à Saragosse) et a fait ses études, se liant d'amitié avec Federico García Lorca et Dalí à la résidence des étudiants de Madrid, au début des années 1920. La France, où il débute dans le cinéma, avant d'y revenir au milieu des années 1950 et tourner la plupart de ses derniers films. Le Mexique pour finir, terre d'exil de nombreux réfugiés républicains, où Buñuel, après avoir essayé en vain de travailler dans le cinéma américain, s'installe en 1946 et meurt en 1983. Le prix de la mise en scène qu'il remporte à Cannes en 1950 avec *Los Olvidados* relance sa carrière alors très chaotique depuis *l'Âge d'or*. Sans renoncer à tourner au Mexique d'excellents films commerciaux populaires comme *Susana la perverse* (1950) et *la Montée au ciel* (1951), on le sollicite en France et en Espagne, où il tourne deux films sous le régime de Franco.

Parfait caméléon, son animal préféré, Buñuel a été espagnol en Espagne, mexicain au Mexique et français en France, ses derniers films constituant la meilleure radiographie de la société française sous de Gaulle et Pompidou. À travers son œuvre, il a été le témoin de l'aventure communiste dans le siècle, lors de son engagement dans le groupe surréaliste puis au moment de la guerre d'Espagne, avant d'être dubitatif sur la capacité de l'homme et des sociétés à se transformer. Buñuel a aimé peindre des idéalistes généreux et naïfs dont les convictions, politiques (*Cela s'appelle l'aurore*, 1956 ; *la Fièvre monte à El Pao*, 1960) ou religieuses (*Nazarin*, 1958 ; *Viridiana*, 1961), ne résistent pas à l'épreuve de la réalité.

Yeux ouverts, yeux fermés

Buñuel distinguait parmi ses films ceux réalisés les yeux fermés, comme *Un chien andalou* (le processus du rêve, l'image mentale), et ceux réalisés les yeux ouverts, comme *Terre sans pain* (1932), témoignage brut sur la réalité et la misère d'une région reculée d'Espagne. Mais le Buñuel le plus accompli est celui qui associe les deux régimes en un seul film, comme dans *Los Olvidados*. Pour lui, le rêve n'est pas une évasion mais une reconstruction de la réalité. Le cinéaste, en observateur impitoyable quoique amusé du comportement humain, aime saisir l'homme en entier, en acte et en pensées, éprouvant un malin plaisir à

L'Ange exterminateur
Luis Buñuel, 1962

Les maîtres sont nus. Un couple de bourgeois de Mexico, à l'issue d'une représentation à l'opéra, invite des amis à dîner et constate la désaffection des employés de maison, sans raison apparente. À l'issue de la soirée, aucun convive n'a la volonté, l'envie ou le courage de partir, sans qu'un obstacle tangible n'en soit la cause. À partir de cette situation faussement absurde, Buñuel, avec son humour ravageur, fustige le comportement moutonnier du groupe humain et observe comment le vernis des conventions bourgeoises, sous l'effet d'une promiscuité forcée, fait ressortir la part sauvage, régressivement barbare, qui sommeille en tout individu qui se prétend civilisé. Caustique et salutaire.

Luis Bunuel (1900-1983)

1900 Naissance à Calanda, en Espagne 1928 **Un chien andalou** 1930 **L'Âge d'or** 1932 **Terre sans pain** 1946 émigre au Mexique 1950 **Los Olvidados** 1952 **El** 1955 **La Vie criminelle d'Archibald de la Cruz** 1958 **Nazarin** 1960 **La Fièvre monte à El Pao** 1961 **Viridiana**, Palme d'or à Cannes 1962 **L'Ange exterminateur** 1964 **Journal d'une femme de chambre** 1965 **Simon du désert** 1967 **Belle de jour** 1969 **La Voie lactée** 1970 **Tristana** 1972 **Le Charme discret de la bourgeoisie**, Oscar du meilleur film étranger 1974 **Le Fantôme de la liberté** 1977 **Cet obscur objet du désir** 1983 Mort à Mexico

Catherine Deneuve
Tristana
Luis Buñuel, 1970

L'amour fou. Adapté du roman homonyme du grand écrivain Benito Pérez Galdos, publié en 1892, *Tristana* permet à Buñuel de retrouver Tolède, sa ville de prédilection lorsqu'il était étudiant à Madrid, ainsi que Fernando Rey, indispensable *alter ego* du cinéaste, et Catherine Deneuve, dans l'un des meilleurs rôles de sa carrière. À la mort de sa mère, une jeune femme un peu naïve est recueillie par son tuteur, un vieil aristocrate. Se forme alors un couple singulier et infernal. Chez Buñuel, on le sait depuis *El* (1952), la passion amoureuse est synonyme de délire de possession destructeur.

constater l'écart entre une volonté, un désir, et son résultat dans la réalité (*la Vie criminelle d'Archibald de la Cruz*, 1955; *le Charme discret de la bourgeoisie*, 1972; *Cet obscur objet du désir*, 1977). Volontiers iconoclaste envers les institutions religieuses, militaires et envers toute forme de pouvoir (voir le scandale de *l'Âge d'or*, interdit par la censure), Buñuel n'a eu de cesse de montrer le pire dont l'homme est capable (*El*, 1952). Il ne cesse de s'interroger passionnément, à longueur de films, sur tout ce qui relève de la nature humaine et de la culture. En quoi une culture donnée (un milieu social avec ses mœurs, la religion catholique et sa morale) conditionne la nature humaine ? Peut-on distinguer les invariants universels de la nature humaine (jalousie, possession, envie) du milieu où ils s'expriment ? C'est l'incessante reconduction de cette interrogation, à laquelle on ne peut répondre que par le doute, qui a fait de Luis Buñuel un cinéaste fécond.

Carole Bouquet,
Fernando Rey
Cet obscur objet du désir
Luis Buñuel, 1977

La servante maîtresse du jeu. En s'inspirant du roman de Pierre Louÿs, *la Femme et le pantin*, objet de plusieurs adaptations au cinéma, dont celle de Josef von Sternberg avec Marlene Dietrich en 1935, Buñuel, conteur exquis à l'humour raffiné, retrace avec méticulosité les déboires d'un homme mûr (Fernando Rey) à la conquête d'une jeune femme, interprétée par deux comédiennes différentes (Angela Molina, Carole Bouquet, magistrale) sans que le personnage ne s'en rende compte. L'évidence du désir doit composer avec sa part obscure, tant la femme demeure hors d'atteinte.

Le cinéma latino-américain

Un continent au pluriel

Vaste continent, uni, à l'exception du Brésil, par la langue des colons espagnols, l'Amérique latine révèle autant d'approches cinématographiques que de pays.

L'histoire du continent sud-américain a été traversée par la colonisation et les conflits. Il en est né une population métissée et une culture d'une rare diversité. Ce contexte constituait un terrain extrêmement favorable à l'émergence du cinéma, mais le développement de celui-ci fut contraint par le manque de moyens économiques et la proximité géographique des États-Unis. Il faut attendre les années 1960 pour que naisse un véritable courant latino-américain. Jusqu'au milieu des années 1970, talents et idées émergent jusqu'à un brutal durcissement politique touchant l'ensemble du continent. Cet élan est principalement le fait de quatre pays : le Brésil, le Mexique, l'Argentine et Cuba.

Le Brésil

Seul pays lusophone d'Amérique latine, le Brésil s'est construit un cinéma à l'identité propre dès l'avènement du parlant. Son approche est plus psychologique que dans les pays voisins. En évoquant la misère des favelas, *Rio 40 degrés* (Nelson Pereira dos Santos, 1955) précède le Cinema Nôvo, cette « esthétique de la faim » selon l'un des ses fondateurs, Glauber Rocha. Rendre compte d'une réalité sociale, avec peu de moyens techniques, en ne reculant devant aucune audace visuelle, voilà leur mot d'ordre. *La Plage du désir* (Ruy Guerra, 1962), *Barravento* (Glauber Rocha, 1962) suivent ce mouvement et font exister le cinéma brésilien à l'étranger. En 1962, *la Parole donnée* (Anselmo Duarte) remporte la palme d'or à Cannes. Mais le public brésilien, lui, adhère peu à ce mouvement atypique, au croisement de tous les genres. Le coup d'État de 1964 contraint les cinéastes à un ton plus métaphorique pour échapper à la censure.

Le Mexique

Dans les années 1940 se développent des films typiquement mexicains, entraînant la construction de studios et la naissance d'un star-system. Luis Buñuel immigre et y commence une deuxième carrière qui atteint son paroxysme avec *Los Olvidados* (1950). L'âge d'or est de courte durée, le cinéma étant concurrencé dès les années 1950 par la télévision. La tension gagne et certains studios sont contraints à la fermeture. En 1961, la revue *Nuestro Cine* réunit un collectif de critiques afin de réagir face à « l'état déprimant du cinéma mexicain » et en 1963 est fondée la première école de cinéma. Apparaissent progressivement de nouveaux cinéastes tels qu'Arturo Ripstein, Alejandro Jodorowsky, Alfonso Arau, Alberto

Los Olvidados
Luis Buñuel, 1950

Regarder les oubliés. Dans les rues de Mexico, une bande d'enfants survit vaille que vaille de menus larcins. Mais, un jour, un meurtre est commis et Pedro, l'un d'eux, a le malheur d'en être témoin. Poursuivant le travail commencé en Espagne vingt plus tôt avec *Terre sans pain*, Bunuel adopte ici un ton quasi documentaire pour suivre la destinée fatale de ces enfants et suit un scénario très narratif comportant toutes les étapes d'une tragédie. Peuplé de personnages écartelés entre leurs sentiments et la cruauté du monde, *Los Olvidados* revient longtemps hanter l'esprit du spectateur.

L'Histoire officielle
Luis Penza, 1984

Les gouffres du passé. À Buenos Aires, une femme tente de connaître les véritables origines de l'enfant qu'elle a adopté. Son enquête va lui permettre de découvrir l'étendue des crimes commis par la junte militaire au pouvoir dans son pays. Le scénario de *l'Histoire officielle*, écrit par Aida Bortnick et réalisé par Luis Penza, pose, par le biais de la fiction, les questions qui embarrassent la société argentine et notamment celles relatives à la complicité collective durant les années noires de la dictature. Présenté en 1984 à Cannes et aux Oscars, *l'Histoire officielle* marque le retour du cinéma argentin à l'instar de *Tangos, l'exil de Gardel* de Fernando Solanas, présent, lui, à Berlin cette même année.

Isaac ou Luis Alcoriza. Ils constitueront la force vive du cinéma mexicain durant les décennies suivantes.

L'Argentine

Bien que profondément enraciné dans le continent sud-américain, les vagues d'immigration européenne font de l'Argentine un pays atypique. L'accession au pouvoir du général Juan Perón en 1946 contraint de nombreux cinéastes à l'exil. Néanmoins, son départ dix ans plus tard provoque la création du mouvement « Cine liberación » sous l'impulsion d'Octavio Getino. Le film-manifeste de ce groupe est *l'Heure des brasiers* (1969), que Fernando Solanas a écrit avec Octavio Getino. Composé en triptyque, le film évoque l'histoire de l'Argentine au fil de sa décolonisation, les espoirs soulevés par le péronisme et se termine sur la guérilla organisée par le « Che ». Mêlant des images de sources diverses, le film est une œuvre de montage atypique et audacieuse. Il est l'un des premiers documentaires engagés à avoir provoqué un vrai débat au plan international. Sur un mode plus underground, Miguel Bejo et Edgardo Cozarinsky développent, eux, un cinéma expérimental. Mais Le retour à un pouvoir autoritaire dans les années 1970 freine, cette fois radicalement, toute expression artistique.

Cuba

Dans un premier temps, le cinéma cubain se contente d'une création sans relief constituée de films de divertissement. La révolution vient bousculer ce morne paysage en revendiquant le cinéma comme un outil pédagogique. Des cinéastes de tous pays débarquent alors à Cuba (Joris Ivens, Chris Marker, Mikhaïl Kalatozov...), le film d'animation, peu exploité en Amérique latine, se développe, et un courant documentaire se crée autour de Santiago Alvárez. En 1968, le centenaire de l'indépendance donne lieu à de nombreux films. *Les Aventures de Juan Quinquín* de Gutiérrez Espinosa est un triomphe commercial et *Mémoire du sous-développement* de Gutiérrez Alea, une vraie réussite. Néanmoins, l'époque correspond aussi à un durcissement politique et la création se réduit, malgré la venue de réalisateurs immigrés, le plus souvent chiliens (Miguel Littín, Patricio Guzman...).

Antonio das Mortes
Glauber Rocha, 1969

Une esthétique de la violence. Antonio das Mortes était déjà présent dans *le Dieu noir et le diable blond*, film emblématique du Cinema Novo réalisé par Glauber Rocha en 1963. Ce célèbre tueur de *cangaceiros*, doit éliminer une bande qui vit sur les terres du Colonel, au milieu de paysans très religieux, des *beatos*. Antonio abat le chef de bande, mais lorsque le Colonel ordonne à ses tueurs d'attaquer les paysans, il prend leur défense. La prise de conscience d'Antonio en faveur des paysans sans terres prend la forme d'une parabole sur l'injustice sociale. En rupture avec le cinéma dominant de l'époque, Glauber Rocha s'affranchit ici de toute structure narrative pour donner libre cours à une frénésie baroque.

« *Nous savons – nous qui avons fait ces films laids et tristes, ces films criés et désespérés où ce n'est pas toujours la raison qui parle le plus fort – que la faim ne sera pas guérie par les planifications de cabinet et que les raccommodages du technicolor ne cachent pas ses plus graves tumeurs.* »
Glauber Rocha

La floraison à l'italienne

Entre gravité et dérision

Pamphlet politique ou comédie satirique, le film italien vit ses années glorieuses. Les « petites gens » ont encore la parole... même s'ils ne sont plus les seuls.

En 1960, le néoréalisme est déjà loin et Michelangelo Antonioni semble se positionner à mille lieues de ce courant. Mais il n'aurait sans doute jamais réalisé *L'avventura* si Roberto Rossellini n'avait pas tourné *Voyage en Italie* (1953) : sa trilogie en forme de radiographie de couples désorientés (poursuivie avec *la Nuit*, 1961, puis *l'Éclipse*, 1962) montre des hommes et des femmes à la dérive, « à côté du monde »... Avant *Rocco et ses frères* (1960) — désintégration d'une famille dont les rêves se heurtent à une réalité cruellement grise —, Luchino Visconti avait donné avec *Senso* (1954) le premier de ses films sur des aristocrates décadents où son goût du théâtre et de l'opéra (pour lesquels il a signé de nombreuses mises en scène) transparaît dans de fastueuses reconstitutions d'époque : *le Guépard* (1963), *les Damnés* (1969), *Mort à Venise* (1970), *Ludwig, ou le Crépuscule des dieux* (1973), *Violence et passion* (1974).

Federico Fellini bouscule les codes et les genres avec *La dolce vita* (1960) puis *Huit et demi* (1963) ; Rossellini surprend avec l'épuré *Général Della Rovere* (1959, avec Vittorio De Sica dans le rôle principal) puis avec l'hiératique *Prise du pouvoir par Louis XIV* (1967) ; Luigi Comencini s'échappe un temps de la comédie qui lui valut la reconnaissance internationale (*Pain, amour et fantaisie* et sa suite) pour se tourner vers trois incarnations de l'enfance (*l'Incompris*, 1967 ; *Casanova, un adolescent à Venise*, 1969 ; *les Aventures de Pinocchio*, 1972), mais de jeunes metteurs en scène apparaissent et s'imposent.

La jeune garde monte

Pier Paolo Pasolini, écrivain et scénariste, notamment, de Mauro Bolognini (*les Jeunes Maris*, 1957) et de Fellini (*les Nuits de Cabiria*, 1957) passe derrière la caméra avec *Accatone* (1961) et devient le plus inclassable, le plus sulfureux des réalisateurs italiens de l'époque (son assassinat, en 1975, dans la banlieue de Rome parachèvera le clair-obscur de sa vie. Marco Ferreri installe avec *le Lit conjugal* (1963), puis *le Mari de la femme à barbe* (1964), les premiers feux de son entreprise de sape tragi-comique des valeurs contemporaines, qui trouveront leur apothéose avec *la Grande Bouffe* (1973), où des représentants de la société (un journaliste, un magistrat, un pilote de ligne et un restaurateur) se suicident par overdose de nourriture.

Marco Bellocchio (*les Poings dans les poches*, 1965 ; *Au nom du père*, 1971) et Bernardo Bertolucci (*Prima della rivoluzione*, 1964 ; *la Stratégie de l'araignée*,

LE GUÉPARD
LUCHINO VISCONTI, 1963

Un monde à sa perte. Issu de la bourgeoisie, Luchino Visconti est devenu communiste et a beaucoup observé les bouleversements des époques révolues. *Le Guépard* se situe en Sicile en 1860, au moment du retour de Garibaldi. Le vieux prince Salina (Burt Lancaster) constate l'engloutissement de ses valeurs et observe la jeune génération, représentée par son neveu Tancrède (Alain Delon).

SILVANA MANGANO, TERENCE STAMP
THÉORÈME
PIER PAOLO PASOLINI, 1968

L'amour en famille. Poète, athée et communiste, Pasolini donne sa vision du monde et des mythes, du profane et du sacré, du trivial et du sexuel. Dans *Théorème* (1968) Terence Stamp incarne une figure christique qui, par son charme vénéneux, son attrait sexuel, deviendra un révélateur des vérités cachées de chaque membre d'une riche famille milanaise.

MONICA VITTI
L'AVVENTURA
MICHELANGELO ANTONIONI, 1960

Les tourments de l'âme. Tournant le dos à la structure romanesque et à la psychologie traditionnelles, Antonioni essaie une autre voie, bien particulière, où la solitude est reine (*Blow Up*, 1966 ; *Zabriskie Point*, 1970 ; *Profession reporter*, 1975). Dans *L'avventura*, il capte les sentiments intimes de personnages à la dérive. Monica Vitti, qui deviendra son actrice fétiche, est l'incarnation fragile de ce mal de vivre. Au Festival de Cannes le film fut incompris du public mais enthousiasma les critiques. Il obtint finalement le prix spécial du Jury.

1970 ; *le Conformiste*, 1971) s'inscrivent dans une démarche moins iconoclaste mais tout aussi contestataire. Une amertume face aux combats perdus pointe chez Ermanno Olmi (*Il posto*, 1961 ; *La circostanza*, 1974), Paolo et Vittorio Taviani (*Saint Michel avait un coq*, 1971 ; *Allonsanfan*, 1974) et, dans une moindre mesure, chez Franco Brusati (*Pain et chocolat*, 1974).

Provocation et politique

La société italienne ne se reconstruit pas aussi bien que souhaité, les injustices sont criantes, l'heure est au tout-politique. Scénariste et ancien assistant de Visconti et d'Antonioni, Francesco Rosi sera *le* réalisateur politique de cette ère nouvelle, visitant à travers des figures de l'histoire récente les fonctionnements (et dysfonctionnements) de la société italienne : *Main basse sur la ville* (1963) ou les scandales immobiliers, *les Hommes contre* (1970) sur la Première Guerre mondiale et les différences sociales. Le scénariste Tonino Guerra ne passe pas derrière la caméra mais coécrit trois des films les plus marquants de la période mettant en scène Gian Maria Volonté : avec Elio Petri, ex-scénariste de Giuseppe De Santis passé réalisateur, c'est *Enquête sur un citoyen au dessus de tout soupçon* (1970), sur l'immunité insupportable (à commencer pour lui-même) d'un chef de la police ayant assassiné sa maîtresse (qui lui préférait un jeune contestataire) et *La classe ouvrière va au paradis* (1972). La même année, avec Francesco Rosi, il livre *l'Affaire Mattei*.

Du réalisme social à la comédie à l'italienne

Dès la fin des années 1940, la comédie était très populaire en Italie. Le genre est représenté côté acteurs par le Napolitain Toto, qui avait fait ses armes sur les scènes de music-hall, et par une foule de metteurs en scène qui le dirigent dans des farces plus ou moins burlesques et épaisses. C'est avec les quelques films signés Mario Monicelli (et Steno, *alter ego* de ce dernier jusqu'en 1953) que l'acteur opère sa conversion dans un comique plus nuancé, à la fois social et humain dont l'apothéose est *le Pigeon*, en 1958. Toto, alors âgé de soixante ans, y côtoie Vittorio Gassman, grand acteur de théâtre auquel le cinéma n'avait offert, jusque-là, que des rôles d'athlétique méchant. Une nouvelle tendance, reconnue sous le terme générique de « comédie à l'italienne », est née. Gassman, Ugo Tognazzi, Marcello Mastroianni, Nino Manfredi ainsi que Claudia Cardinale, Monica Vitti, Stefania Sandrelli s'y taillent la part du lion devant les caméras de Dino Risi, Ettore Scola, Pietro Germi et les autres.

De même que ces acteurs sont indissociables des films, difficile de séparer les scénaristes des réalisateurs. Ettore Scola en est l'exemple type : d'abord journaliste, il travaille ensuite, de 1952 à 1965, à l'écriture notamment avec Dino Risi, grand représentant de la comédie à l'italienne. On leur doit quelques fleurons incontournables : *le Fanfaron* (1962), *les Monstres* (1963). Dans ces films, le grinçant et le tragique le disputent au comique, comme ils le feront dans quelques-uns des chefs-d'œuvre de Scola

Ugo Tognazzi et Vittorio Gassman
Les Monstres
Dino Risi, 1963

Cabotins de génie. Vittorio Gassman et Ugo Tognazzi se démultiplient dans *les Monstres* en une galerie de personnages savoureux. Si l'humour est parfois cruel et pas toujours du meilleur goût, il est, souvent, désopilant. Deux particularités récurrentes du cinéma italien de ces années triomphantes : le film à sketches (ici, pas moins de dix-neuf petits films, mais réalisés par le même Dino Risi) et les coproductions avec la France auxquelles participeront activement des gloires hexagonales telles que Philippe Noiret, Dominique Sanda, Bernard Blier, Catherine Deneuve, Alain Delon, Annie Girardot, Jean-Louis Trintignant et quelques autres.

Alberto Sordi, Silvana Mangano
L'Argent de la vieille
Luigi Comencini, 1972

La vieille Amérique. Chaque été, espérant ainsi s'enrichir, des chiffonniers (Alberto Sordi, Silvana Mangano) jouent à un jeu de cartes, *lo scopone scientifico* — qui donne son titre original au film — avec une milliardaire américaine (Bette Davis). Mais le jeu est pipé et le prolétariat a perdu d'avance contre le capitalisme, à moins que ce ne soit l'Europe qui ait perdu, quoi qu'elle fasse, face aux États-Unis ?

réalisateur : *Drame de la jalousie* (1970), *Nous nous sommes tant aimés* (1974, coécrit avec Age et Scarpelli), *Affreux, sales et méchants* (1976) et *Une journée particulière* (1977, avec Ruggero Macari et Maurizio Costanzo au scénario). Dans ces années où tout, de la comédie au mariage en passant par le divorce (Pietro Germi, 1961) et le miracle (Nino Manfredi, 1971), était « à l'italienne » la prédominance du cinéma transalpin engagé, drôle et féroce semblait devoir durer toujours. Pourtant, dès 1974 avec *Nous nous sommes tant aimés*, Ettore Scola réunissait un monstre (Gassman), un affreux sale et méchant (Manfredi) plus un cinéphile (Stefano Satta Flores) et une égérie du cinéma italien (Stefania Sandrelli), il rendait hommage à De Sica, saluait la présence-clin d'œil de Fellini et Mastroianni en train de tourner *La dolce vita* et constatait la fin d'un monde, de ses idéaux, et aussi du cinéma selon son cœur.

Affreux, sales et méchants
Ettore Scola, 1976

Sociologie sur le tas. Vision tragique, burlesque, hénaurme : rarement l'humanité et la monstruosité ont été réunies avec autant de justesse. Dans un bidonville de la banlieue de Rome, de pauvres gens vivent sur des tas de détritus *et* autour de Giacinto (Nino Manfredi), patriarche borgne et riche dormant sur le magot que lui a rapporté la perte de son œil, et que toute sa famille tente de lui extorquer. Le constat, sous le masque de la comédie, est sévère, cruel, désobligeant : c'est la société qui est affreuse, sale et méchante, pas ces exclus de la vie.

Quelques films à revoir

1959 **Le Général Della Rovere** (R. Rossellini) 1960 **L'Avventura** (M. Antonioni) ; **La dolce vita** (F. Fellini) ; **Rocco et ses frères** (L. Visconti) 1961 **Accatone** (P. P. Pasolini) ; **La Nuit** (M. Antonioni) 1962 **L'Éclipse** (M. Antonioni) ; **Le Fanfaron** (D. Risi) 1963 **Le Guépard** (L. Visconti) ; **Huit et demi** (F. Fellini) ; **Main basse sur la ville** (F. Rosi) ; **Les Monstres** (D. Risi) 1964 **Prima della rivoluzione** (B. Bertolucci) 1965 **Les Poings dans les poches** (M. Bellochio) 1967 **la Prise du pouvoir par Louis XIV** (R. Rossellini) 1968 **Théorème** (P. P. Pasolini) 1969 **Casanova, un adolescent à Venise** (L. Comencini) ; **Les Damnés** (L. Visconti) 1970 **Enquête sur un citoyen au-dessus de tout soupçon** (E. Petri) ; **Les Hommes contre** (F. Rosi) ; **Mort à Venise** (L. Visconti) 1971 **Le Conformiste** (B. Bertolucci) ; **Saint Michel avait un coq** (P. et V. Taviani) 1972 **L'Affaire Mattei** (F. Rosi) ; **L'Argent de la vieille** (L. Comencini) ; **La classe ouvrière va au paradis** (E. Petri) 1973 **Le Crépuscule des dieux** (L. Visconti) ; **la Grande Bouffe** (M. Ferreri) 1974 **Allonsanfan** (P. et V. Taviani) ; **Nous nous sommes tant aimés** (E. Scola) ; **Violence et passion** (L. Visconti) 1976 **Affreux, sales et méchants** (E. Scola) 1977 **Une journée particulière** (E. Scola).

Federico Fellini

Il maestro

Federico Fellini (1920-1993)

1920 Naissance à Rimini 1939 débute une carrière de caricaturiste 1945 Début de la collaboration avec Rossellini, scénario de **Rome, ville ouverte** 1953 **Les Vitelloni** 1954 **La Strada** 1955 **Il Bidone** 1957 **Les Nuits de Cabiria** 1960 **La Dolce Vita,** Palme d'or à Cannes 1963 **Huit et demi** 1965 **Juliette des esprits** 1969 **Satyricon** 1972 **Fellini – Roma** 1973 **Amarcord** 1976 **Le Casanova de Fellini** 1980 **La Cité des femmes** 1982 **Et vogue le navire** 1985 **Ginger et Fred** 1986 **Intervista** 1990 **La Voce della luna** 1993 Mort à Rome

« Fellini est un enfant de la province, qui n'est jamais réellement arrivé à Rome. Il en rêve encore. Et nous devrions tous lui être reconnaissants pour ces rêves », disait de lui Orson Welles.

Fils de petits bourgeois, Federico Fellini (1920-1993) quitte sa Rimini natale à l'âge de dix-huit ans pour Florence, puis Rome où il assouvit sa première passion, le journalisme, et gagne sa vie en écrivant dans des journaux satiriques, où il dessine aussi des caricatures. Le métier de scénariste lui tend les bras et il écrit des sketches pour l'acteur comique Aldo Fabrizi.

Descendant de Rossellini

Au début des années 1940, deux rencontres décisives marqueront sa vie à jamais. Roberto Rossellini est l'homme qui lui fera découvrir le cinéma à la fois comme moyen d'expression et façon de vivre, le seul cinéaste dont il se réclamera toujours : « L'ancêtre dont nous sommes tous descendus », dira-t-il. Fellini écrira avec lui les scénarios de quatre films et un sketch, de *Rome, ville ouverte* (1945) à *Europe 51* (1952). Giulietta Masina, actrice rencontrée lors de l'enregistrement d'une de ses pièces radiophoniques, est la femme qu'il épousera en 1943 et dirigera dans sept films, des *Feux du music-hall* (1950, son premier film coréalisé avec Alberto Lattuada) à *Ginger et Fred* (1985).

Federico Fellini ancre tout d'abord son cinéma dans une réalité quotidienne héritée du néoréalisme. Après *Courrier du cœur* (*Le Cheikh blanc*, 1952) et sa jeune mariée amoureuse d'un héros de roman-photo se révélant un vil dragueur, ses *Vitelloni* (1953) sont des trentenaires désœuvrés traînant leur ennui dans une petite ville de bord de mer hivernale et désertée. Des bateleurs de *La strada* (1954) aux membres d'une jet-set romaine en pleine décomposition dans *La dolce vita* (1960) en passant par les petits escrocs de *Il bidone* (1955), la prostituée des *Nuits de Cabiria*

GIULIETTA MASINA, ANTONY QUINN
LA STRADA
FEDERICO FELLINI, 1954

Éternelle Gelsomina, c'est ainsi que nous nous souviendrons toujours de Giulietta Masina, grands yeux et grand cœur, clown sans âge et sans sexe, animal errant attaché aux pas d'une brute épaisse, le colosse de foire interprété par Anthony Quinn, dans *La strada*. Épouse et égérie de Fellini, elle incarne aussi Cabiria la prostituée rêveuse qui croit aux miracles (*Courrier du cœur, les Nuits de Cabiria*), Juliette l'épouse trompée qui cherche la paix (*Juliette des esprits*) et Ginger la danseuse de music-hall perdue dans l'univers de la télévision (*Ginger et Fred*).

LE CASANOVA DE FELLINI
FEDERICO FELLINI, 1976

Portrait du séducteur. Masques de carnaval, fantasmagories érotiques et mer de plastique : l'univers baroque de Fellini trouve sa place dans cette adaptation tapageuse de la vie du séducteur vénitien, avec Donald Sutherland. Mais le film, comme son titre l'indique, est surtout la vision personnelle du réalisateur et un quasi autoportrait dont le délire visuel revendique un certain mauvais goût. *Casanova* marque aussi l'avant-dernière collaboration de Fellini avec son musicien Nino Rota, car celui-ci devait disparaître en 1979 après *Prova d'orchestra*. Une petite musique d'automate entêtante, inoubliable, comme toutes les musiques de parade de cirque, allègres et ironiques, composées depuis *Courrier du cœur* (1952).

(1957), c'est bien ses contemporains qu'il contemple avec nostalgie tout d'abord, puis avec une tendresse de plus en plus féroce.

Autobiographie fantasmée

À partir de *Huit et demi* (1963, son autoportrait en artiste harassé par son entourage et terrassé par une panne d'inspiration, le ton, déjà annoncé dans *La dolce vita*, change vraiment. La voie de l'autobiographie fantasmée est désormais ouverte : son univers devient onirique, fait d'images réelles venues de l'enfance et de rêves aux confins du fantastique et du grotesque. *Satyricon* (1969), *Fellini Roma* (1971), *Amarcord* (1973), *la Cité des femmes* (1980), *Et vogue le navire* (1983), *Intervista* (1986) exploitent cette veine baroque où le spectacle, la religion, la séduction et l'angoisse du temps qui passe se mêlent dans une ronde folle et bigarrée. Magicien, visionnaire, caricaturiste, Fellini est un inconsolable rêveur courant derrière des chimères.

Dans *les Vitelloni* une phrase de Leopoldo, l'écrivain, rend bien compte de la plus grande obsession de Fellini : « Les années s'envolent : hier encore c'était l'enfance et maintenant, tout est fini. »

MARCELLO MASTROIANNI ET ANITA EKBERG
LA DOLCE VITA
FEDERICO FELLINI, 1960

Double du cinéaste, Marcello Mastroianni apparaît la première fois dans *La dolce vita* (1960) sous les traits du journaliste Marcello Rubini avant d'incarner Guido Anselmi, cinéaste célèbre et torturé dans *Huit et demi* (1963) puis Snaporaz, le vieux séducteur de *la Cité des femmes* (1980) et Fred, le danseur révolu de *Ginger et Fred* (1985). Dans *Intervista* (1987), déguisé en Mandrake le magicien, il joue son propre rôle et visionne avec Anita Ekberg et Fellini la scène mythique de la fontaine de Trevi.

Nouvelle génération américaine

La mort du vieil Hollywood

Le cinéma de la contre-culture favorise l'ouverture des studios aux nouvelles générations. De jeunes réalisateurs débarquent à Hollywood avec l'espoir de changer le système.

La fin des années 1960 voit le système hollywoodien remis en question. BBS, la société de production qui a permis à *Easy Rider* de voir le jour, a prouvé qu'on pouvait laisser les réalisateurs jouir d'une vraie liberté créative et avoir du succès. Dans ce nouveau paysage, les studios n'ont d'autres choix que d'ouvrir leurs portes à de jeunes cadres, plus en phase avec la réalité. Le changement de management est facilité par une série de fusions et de rachats qui bouleversent le paysage hollywoodien à partir de 1966. L'ère des producteurs est désormais terminée. Sous l'influence de John Calley chez Warner, de Robert Evans chez Paramount ou de Ned Tanen chez Universal, le pouvoir passe dans les mains des créatifs. Peter Bart, cadre de la Paramount à l'époque, se souvient : « Tout le monde cherchait une réponse. Et l'une des réponses semblait être : si vous trouvez un jeune et brillant réalisateur avec une vision, foncez ! »

Les pleins pouvoirs aux créatifs

Les changements favorisent l'avènement d'une nouvelle génération de cinéastes, issus pour la plupart des écoles de cinéma fraîchement créées. Influencés par la nouvelle vague européenne, ces nouveaux talents maîtrisent également les classiques américains. Tous aspirent à un cinéma plus réaliste et plus sincère. Francis Ford Coppola devient leur chef de file. Formé à l'UCLA (université de Los Angeles), il a déjà deux films à son actif lorsque la Warner lui confie la réalisation de *la Vallée du bonheur* (1968), comédie musicale avec Fred Astaire. L'expérience se révèle désastreuse, mais Coppola parvient à enchaîner avec *les Gens de la pluie* (1969), un road movie inspiré par sa mère. Le succès de l'expérience lui permet de fonder Zoetrope, un « studio alternatif » destiné à accueillir les nouveaux réalisateurs. La Warner le soutien dans sa démarche. Il entraîne dans son sillage des talents émergents tels que George Lucas ou John Milius.
Portés par ce vent de renouveau, d'autres jeunes cinéastes débarquent à Hollywood. Peter Bogdanovich, ancien programmateur d'un cinéma art et essai à New York, arrive en Californie au milieu des années 1960 et s'impose avec *la Dernière Séance* (1971). Brian De Palma et Martin Scorsese, diplômés de l'université de New York, s'exilent à leur tour au début de la décennie suivante. De Palma est immédiatement engagé par Warner pour réaliser *Get to Know Your Rabbit* (1972). Il enchaîne avec *Sœurs de sang* (1973), un thriller sophistiqué qui séduit le public. Après *Bertha Boxcar* (1972), Scorsese s'impose à son tour

Delivrance
John Boorman, 1971

Le pouvoir aux réalisateurs. En 1969, le changement de direction au sein de la Warner favorise la mise en place d'une politique des auteurs. *Delivrance* est l'un des projets les plus audacieux soutenu par John Calley, nouveau responsable de la production. Le script est accepté tel quel malgré son atmosphère malsaine et des scènes de violence crue. Le film raconte en effet l'histoire de quatre citadins américains dont la balade en canoë vire au cauchemar. L'un d'entre eux mourra et le retour à la vie normale sera particulièrement difficile pour les survivants.

Quelques films à revoir

1970 **Woodstock** (M. Wadleigh) 1971 **La Dernière Séance** (P. Bogdanovich) ; **Duel** (S. Spielberg) ; **The Last Movie** (D. Hopper) 1972 **Delivrance** (J. Boorman) ; **Le Parrain** (F. F. Coppola) 1973 **American Graffiti** (G. Lucas) **L'Exorciste** (W. Friedkin) ; **Mean Street** (M. Scorsese) ; **Sœurs de sang** (B. De Palma) 1974 **Le Parrain II** (F. F. Coppola) ; **Sugarland Express** (S. Spielberg) 1975 **Les Dents de la Mer** (S. Spielberg) ; **Vol au-dessus d'un nid de coucou** (M. Forman) 1976 **Taxi Driver** (M. Scorsese) 1977 **La Guerre des Étoiles** (G. Lucas) ; **Rencontres du troisième type** (S. Spielberg) 1978 **Voyage au bout de l'enfer** (M. Cimino) 1979 **Apocalypse Now** (F. F. Coppola) ; **Les Moissons du ciel** (T. Malick).

avec *Mean Streets* (1973). Le film, qui dégage une violence émotionnelle inhabituelle, reçoit d'excellentes critiques à sa sortie.

Retour au principe de réalité

Coppola, De Palma, Milius, Lucas, Paul Schrader, Steven Spielberg, Martin Scorsese : tous apportent un nouveau souffle à Hollywood. Mais l'utopie est de courte durée. Le naufrage de *The Last Movie* (1971), second film de Dennis Hopper marque la fin du rêve. Paul Lewis, producteur, raconte : « C'en était fini. Finie la liberté que nous avions pu avoir. La fin des années 1970 s'est amorcée dès le début de la décennie. » L'échec de plusieurs autres films issus des structures alternatives mises en place au tournant de la décennie incite les majors à s'impliquer à nouveau dans la production. Les réalisateurs conservent le pouvoir, mais doivent apprendre à composer avec les studios qui contrôlent, en grande majorité, la distribution de leurs films.

Une seule solution pour gagner son indépendance : réussir au sein du système. William Friedkin, connu pour ses documentaires et son franc-parler, en a parfaitement conscience lorsqu'il s'engage sur *French Connection* (1971), un film policier adapté d'une histoire vraie. Il se réapproprie l'intrigue, créant un personnage principal complexe, à la fois victime et bourreau. Au cours du tournage, il impose un style très réaliste et tourne des séquences d'action d'anthologie. Produit pour 1,8 million de dollars, le film en rapporte 26,3 millions. La Warner lui confie alors la réalisation de *l'Exorciste* (1973), adapté d'un best-seller de l'époque. Il en fait une œuvre terrifiante. Le film réalise 89 millions de dollars au box-office américain, devenant le plus gros succès de tous les temps.

Coppola reprend également le chemin des studios. Sommé de rembourser la Warner après l'échec en salle du premier film de Zoetrope, il accepte en 1971 d'adapter *le Parrain*, best-seller de Mario Puzo, pour Paramount. Il soigne l'authenticité dans les moindres détails. À l'exception du rôle-titre incarné par Marlon Brando, les personnages principaux sont interprétés par de jeunes acteurs encore peu connus. Les figurants sont recrutés dans la rue. Visuellement, le cinéaste impose un style sombre, peu conventionnel. À sa sortie, le film atteint 86 millions de dollars de recettes. L'industrie est bouleversée par ces succès hors norme.

La politique des *blockbusters*

Steven Spielberg, jeune prodige du cinéma américain, franchit bientôt un pas supplémentaire. Il s'est déjà fait remarquer en réalisant, à vingt-cinq ans, *Duel* (1971), un thriller fantastique particulièrement efficace. Il enchaîne avec *Sugarland Express* (1974) puis *les Dents de la mer*, l'adaptation du roman de Peter Benchley. Pour éviter de réaliser « un *Moby Dick* sans Melville ni éloquence », Spielberg joue la carte du réalisme. Il refuse de tourner en studio et insiste pour n'avoir aucune star au générique, afin que l'identification du public soit totale. Le film envahit les écrans en juin 1975 et réalise 129 millions de dollars de recettes.

MARLON BRANDO
LE PARRAIN
FRANCIS FORD COPPOLA, 1972

Le premier *blockbuster*. Le succès du roman de Mario Puzo fait du *Parrain* un projet de tout premier plan pour Paramount. Robert Evans, producteur, veut réactualiser l'intrigue. Coppola s'y oppose : « Après quatre mois de bras de fer, j'ai imposé mes choix, Brando et Pacino. Si ne je m'étais pas bagarré, j'aurai dû faire le film avec Ernest Borgnine et Ryan O'Neal, transposé dans les années 1970. » Au terme d'une production conflictuelle, une version de trois heures sort sur les écrans. En six mois, *le Parrain* devient le plus gros succès de tous les temps.

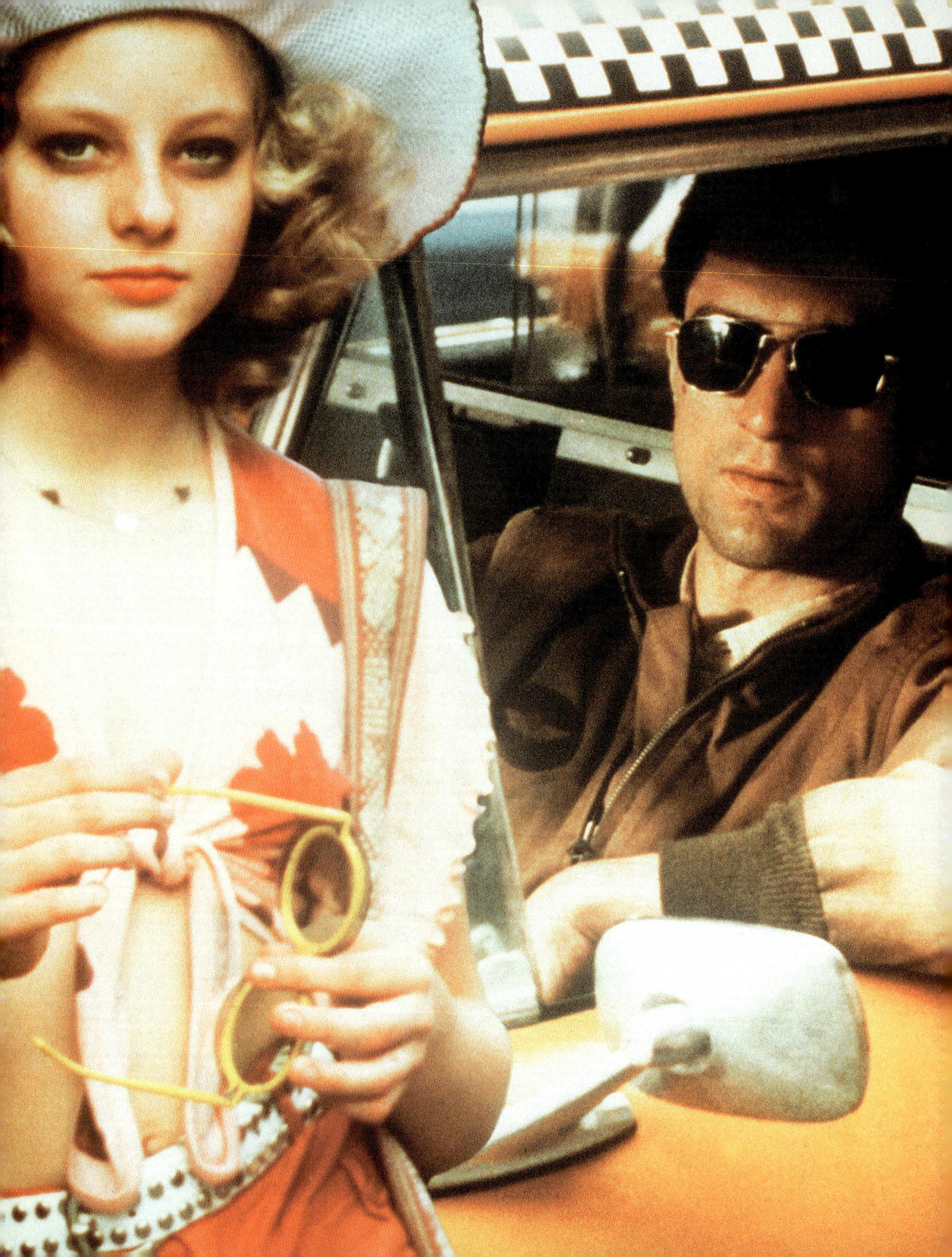

C'est la fin d'une époque. Nixon a été destitué. La guerre du Viêt Nam est terminée. Les mouvements pacifistes disparaissent. À Hollywood, les profits enregistrés par les studios n'ont jamais été aussi élevés. Un nouveau management, dominé par les agents et des cadres venus de la télévision, se met en place. Les plus jeunes représentants de la nouvelle génération, s'adaptent en s'engageant vers un cinéma plus grand public. Après le succès d'*American Graffiti* (1973), Lucas triomphe avec *la Guerre des étoiles* (1977). Spielberg reçoit 12 millions de dollars de la Columbia pour tourner *Rencontres du trosième type* (1977).

La fin du rêve

Pour les pionniers du « Nouvel Hollywood » en revanche, la décennie s'achève par une traversée du désert. Scorsese doit se battre pour imposer sa vision de *Taxi Driver* (1976). Bert Schneider s'enlise pendant trois ans sur la production des *Moissons du ciel* (1979) de Terrence Malick. Coppola, auréolé du succès du *Parrain 2* (1974), se lance dans l'aventure cauchemardesque d'*Apocalypse Now* (1979).

En 1979, Michael Cimino entame la réalisation de *la Porte du paradis*, un western de 10 millions de dollars, avec Isabelle Huppert et Kris Kristofferson. Faisant exploser le budget par son perfectionnisme, il tourne près de 220 heures de film. Les responsables de l'United Artists restent impuissants. L'œuvre sort en 1980, dans une version de plus de trois heures et demie, accompagnée de critiques désastreuses. L'échec est sans appel. L'United Artists retire le film des écrans et le présente l'année suivante dans une version plus courte. Rien n'y fait. L'œuvre, qui a coûté 44 millions de dollars, en rapporte 1,3 millions ! Cette débâcle met un terme définitif à la politique des auteurs. « *La Porte du paradis* nous a coulés. À ce moment là, j'ai compris que quelque chose était mort » (Martin Scorsese). À cette date, les dirigeants des studios, plus financiers que cinéphiles, délaissent les œuvres ambitieuses et novatrices des fondateurs de la nouvelle génération pour réorienter la production vers des films plus formatés. Ces derniers sont destinés à un public qui n'a plus rien à voir avec celui de la contre-culture.

« L'essentiel dans les années 1970 était de révéler la réalité du pays. Au fur et à mesure des années 1980, nous sommes entrés dans un monde de super héros » (Robert Towne).

Jodie Foster, Robert De Niro
Taxi Driver
Martin Scorsese, 1976

Réalisateurs face aux studios. En 1975, Martin Scorsese achève alors la production de *Taxi Driver*, d'après un scénario de Paul Schrader. La Columbia exige du réalisateur un remontage afin que l'œuvre, jugée choquante, ne soit pas classée X. Scorsese obtempère. Il désature les couleurs de la scène finale pour en atténuer la violence, et procède à quelques coupes mineures. Peu convaincue, la direction du studio limite sa sortie. Porté par un bouche-à-oreille élogieux, le film finit par rapporter 12,5 millions de dollars aux États-Unis avant de recevoir la palme d'or à Cannes en 1976.

American Graffiti
George Lucas, 1973

Vers un cinéma plus commercial. Après l'échec cuisant de *THX 1138*, George Lucas choisit une veine plus commerciale : « Chacun des films des dix dernières années avait mis en évidence à quel point on était horribles, combien on avait tort au Viêt Nam... J'ai décidé qu'il était temps de faire du bien aux gens. » Puisant dans ses souvenirs, il écrit *American Graffiti*, une chronique de l'Amérique *teenager* des années 1960. Le film est produit par l'Universal pour 1,27 million de dollars avec des comédiens alors débutants, tels que Richard Dreyfuss et Harrison Ford. À sa sortie, le film réalise près de 55 millions de dollars de recettes.

Jon Voight
Macadam Cow-boy
John Schlesinger, 1969

Oscars sous X. Écrit par Waldo Salt d'après le roman de James Leo Herlihy, *Macadam Cow-boy* (« gigolo » en argot) narre les tribulations du Texan Joe Buck (John Voight) à New York, où il a l'illusion de pouvoir faire des conquêtes féminines qui le feront vivre... Premier film américain du Britannique Schlesinger, ce film, malgré son classement X, obtint trois oscars. Cette consécration incita d'ailleurs la censure américaine à revoir son jugement : en dépit des thèmes abordés (l'homosexualité et la prostitution), *Macadam Cow-boy* fut « seulement » interdit aux moins de 17 ans. Le succès commercial fut au rendez-vous, preuve de la maturité du public américain, capable d'entendre et de voir quelques vérités déplaisantes sur l'état de la société.

L'Amérique se moque de tout

Le politiquement incorrect sur les écrans

Après les films glorieux des années 1950, si certains cinéastes choisissent d'être ouvertement rebelles, d'autres secouent leurs contemporains en déchaînant les rires.

Après l'ère du burlesque et le triomphe des comédies du remariage, les comiques américains saupoudrent leurs films de vitriol. Les années 1960, 1970 soufflent un vent de liberté gagnée grâce aux mouvements protestataires pour l'égalité des Noirs ou contre la guerre du Viêt Nam. Les tabous tombent et les réalisateurs précèdent le mouvement, voire en profitent...

La séduction fait mâle...

L'évolution des mœurs couve. Face à la popularisation du bikini et de la minijupe, les acteurs au physique ordinaire prennent leur revanche et expriment bruyamment leurs concupiscences. Jerry Lewis a accédé à la notoriété grâce à son rôle de gentil garçon laid et un peu idiot — interprété notamment dans ses duos avec Dean Martin. *Slapstick* en moins, son personnage de doux dingue, qui cherche à séduire sans y parvenir, ressemble à celui de Woody Allen. Tous deux sont fascinés par la gent féminine et la sexualité semble un de leurs principaux problèmes. Chez Allen, la frustration se traduit par une logorrhée imperturbable et hilarante ; chez Lewis, acteur très physique, elle déclenche une cascade de gags visuels. Frank Tashlin, trouve là un parfait interprète de l'absurde. Ce réalisateur, qui a commencé sa carrière dans l'animation, se sert parfaitement du talent de ce comédien dans ses mises en scène très graphiques.

Des comédies antimilitaristes

Rire de la guerre et s'en moquer relève du pari a priori très risqué. Pourtant *Opération Jupons* (1959) de Blake Edwards, prouve que les salves de rire sont parfois plus efficaces qu'un long discours contre l'armement. On pense évidemment au *Dictateur* de Charlie Chaplin quand on voit *Ya, ya, mon général* (1970). Réalisé par Jerry Lewis, ce film ridiculise le régime nazi de manière tout aussi hilarante. Répondant aux mouvements pacifistes qui se développent à la fin des années 1960, Woody Allen tourne *Bananas*, son deuxième long métrage. Quand en 1969, Robert Altman reçoit le script de *M*A*S*H**, personne n'y croit. Depuis, cette farce déjantée qui se moque de l'armée, a fait école. Palme d'or du festival de Cannes en 1970, elle inspira même une série télévisée.

Complicité de spectateurs

Jerry Lewis, Woody Allen et Mel Brooks viennent de la scène. Auteurs de leurs propres gags, ils sont venus au cinéma par la télévision. Cette dernière devient

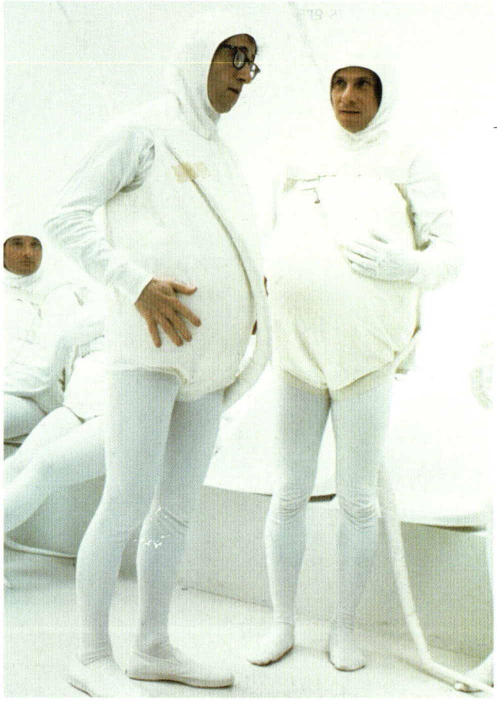

WOODY ALLEN
TOUT CE QUE VOUS AVEZ TOUJOURS VOULU SAVOIR SUR LE SEXE ...
WOODY ALLEN, 1971

Woody sexologue ! Les petits budgets des films de Woody Allen lui permettent de travailler dans une relative indépendance. Beaucoup plus apprécié en Europe qu'aux États-Unis, dans nombre de ses films il n'hésite pas à briser les conventions et à s'adresser directement aux spectateurs... Avec *Tout ce que vous avez toujours voulu savoir sur le sexe...*, il adapte, pour mieux le tourner en dérision, un célèbre ouvrage de sexologie destiné au grand public. Sept sketches illustrent ainsi sept questions essentielles depuis « Les aphrodisiaques sont-ils efficaces ? » jusqu'à « Que se passe-t-il pendant l'éjaculation ? » C'est pour répondre à cette ultime et angoissante question que Woody se transforme en spermatozoïde !

ZERO MOSTEL,
GENE WILDER
LES PRODUCTEURS
MEL BROOKS, 1968

Mel l'iconoclaste. L'une des séquences les plus mémorables des *Producteurs* reste l'ascension au pouvoir d'Adolf Hitler montée en numéro musical... Grâce à ce film, Mel Brooks remporte son deuxième oscar. Le cinéaste a débuté comme comique pigiste pour l'émission télévisée de Sid Ceasar. Homme de troupe, il s'entoure d'acteurs et de collaborateurs fidèles. On retrouve ici Gene Wilder, futur réalisateur, avec qui il travaillera souvent. Wilder a également joué dans *Tout ce que vous avez toujours voulu savoir sur le sexe* (Woody Allen, 1971) et dans *Frankenstein Junior* (Mel Brooks, 1974).

d'ailleurs, progressivement, le domaine privilégié de la comédie caustique et la *stand-up comedy* y acquiert ses lettres de noblesse. Conscients de s'adresser à un public cinéphile, nos réalisateurs parodient presque tous des films à succès. Avec *Docteur Jerry et Mister Love* Jerry Lewis réalise, en 1963, une adaptation toute personnelle d'un roman de Robert Louis Stevenson maintes fois porté à l'écran. S'il débute comme réalisateur avec *The Producers*, film au vitriol sur le monde du spectacle, Mel Brooks parodie presque tous les genres, jusqu'à en faire sa marque de fabrique. Il démodera progressivement tout ce qui fit la gloire de Hollywood dans les années 1950... et après !

JERRY LEWIS, STELLA STEVENS
DOCTEUR JERRY ET MISTER LOVE
JERRY LEWIS, 1963

Jerry le dingue. Jerry Lewis passe à la réalisation en 1960 avec *le Dingue du Palace* (1960). Trois ans plus tard, il s'inspire très librement du roman de Robert Louis Stevenson, *Docteur Jekyll et Mister Hyde* et en fait une comédie. Il y interprète un professeur génial mais hideux qui, ayant bu une potion, est transformé en play-boy tombeur. Quand Lewis passe à la réalisation, il rencontre moins de succès aux États-Unis qu'en France, où il reçut la Légion d'honneur. Au milieu des années 1960, le public est américain est de moins en moins séduit par ces films qui triomphaient au box-office.

> « *L'avantage d'être intelligent, c'est qu'on peut toujours faire l'imbécile, alors que l'inverse est totalement impossible.* »
> Woody Allen

Stanley Kubrick

Témoin de l'inhumanité

Stanley Kubrick (1928-1999)

1928 Naissance à New-York 1953 **Fear and Desire** 1955 **Le Baiser du tueur** 1956 **L'Ultime Razzia** 1957 **Les Sentiers de la Gloire** 1960 **Spartacus** 1962 **Lolita** 1963 **Docteur Folamour** 1968 **2001 : L'Odyssée de l'espace** 1971 **Orange mécanique** 1975 **Barry Lyndon** 1980 **Shining** 1987 **Full Metal Jacket** 1999 **Eyes Wide Shut** – Mort à Hertshire, Grande-Bretagne

Inventeur de formes, moraliste cynique, cinéaste culte… Les mots manquent et Kubrick reste.

Rarement cinéaste aura autant imprimé l'imaginaire des spectateurs. Une bagarre dans un entrepôt peuplé de mannequins comme dans *le Baiser du tueur*, *le Beau Danube bleu* accompagnant la valse des vaisseaux spatiaux de *2001 : l'Odyssée de l'espace*, les éclairages à la bougie de *Barry Lyndon*, les coups de hache furieux et le labyrinthe de *Shining* n'ont pas seulement influencé les cinéastes des générations suivantes, mais sont des références qui hantent la publicité, la presse, le quotidien de la deuxième moitié du xxe siècle (et le début du suivant). « Il n'a jamais copié personne alors que tous nous nous efforcions de l'imiter », dit Steven Spielberg qui porta à l'écran le dernier scénario écrit par Kubrick, *A.I. : intelligence artificielle* (2001).

L'œil du photographe

Né à New York le 26 juillet 1928, Stanley Kubrick, se dirige tout d'abord vers la photographie et signe des reportages pour le magazine *Look*. Fort de la certitude que, pour apprendre à faire un film, le mieux est d'en faire un, il réalise deux courts métrages documentaires, dont le premier, *Day of the Fight* (1950), est consacré au boxeur Walter Cartier. Puis, avec les moyens du bord et en empruntant à sa famille, il met en œuvre un premier long sur les comportements de soldats au cours d'une guerre imaginaire, *Fear and Desire*, qu'il désavouera au point de souhaiter en faire disparaître les copies et négatifs. Ensuite, c'est *le Baiser du tueur* (1955), petit bijou de film noir en lumière expressionniste où un boxeur épris de sa voisine, hôtesse de night-club, tente de la sortir des griffes de son patron mafieux. La rencontre avec le producteur James B. Harris donne naissance à quatre films : *l'Ultime Razzia* (1955) sur un casse dans un

PETER SELLERS
DOCTEUR FOLAMOUR
STANLEY KUBRICK, 1963

Faire rire avec la guerre froide. Et avec la menace nucléaire un an après la crise de Cuba : c'est le pari incroyable mais réussi de *Docteur Folamour* (1963), comédie burlesque où Peter Sellers, qui s'était déjà déguisé pour Kubrick dans *Lolita* (1962), interprète trois rôles : Muffley, président des États-Unis ; l'ex-nazi Docteur Folamour, et le capitaine Mandrake de la britannique Royal Air Force. Sous le masque de la farce politique, la misanthropie de Kubrick est ici à son comble, la destruction de la planète étant inévitablement liée à la bêtise des hommes. La guerre, sommet de l'absurdité, est très présente dans l'œuvre de Kubrick : imaginaire dans *Fear and Desire*, première et mondiale dans *les Sentiers de la gloire*, viêtnamienne dans *Full Metal Jacket*.

champ de course et *les Sentiers de la gloire* (1957) ou les jeux de pouvoirs de l'état-major français pendant la Première Guerre mondiale. Puis, après l'intermède *Spartacus* (1960), où Kubrick remplace Anthony Mann à la demande de Kirk Douglas — et réalise du même coup son premier film en couleur et le seul dont il n'ait choisi ni le sujet, ni les interprètes, ni l'équipe technique —, *Lolita* (1962), qui voit l'installation définitive de Kubrick en Grande-Bretagne, et *Docteur Folamour* (1963). Ensuite, Kubrick restera seul maître à bord, conservant le contrôle de la production du début à la fin, choisissant même les réalisateurs responsables du doublage en langue étrangère de ses films.

Un monde pas beau à voir

Pessimiste ironique, Kubrick observe le monde comme un entomologiste et ce n'est pas très beau à voir. Que ses adaptations littéraires se situent dans le XVIIIe siècle de William Makepeace Thackeray (*Barry Lyndon*, 1975), dans le XXe siècle de Vladimir Nabokov (*Lolita*, 1962), de Stephen King (*Shining*, 1980), de Gustav Hasford (*Full Metal Jacket*, 1987) ou le futur d'Anthony Burgess (*Orange mécanique*, 1971), il contemple les ravages de l'arrivisme, de la passion, de la folie et de la violence. Tous ses films, sauf le dernier, *Eyes Wide Shut* (1999) adapté de la *Traumnovelle* d'Arthur Schnitzler, travaillent la matière d'un genre — historique, de guerre, d'anticipation ou d'horreur — pour le plier à sa vision désespérée. Chantre de l'inhumanité, il met en place des engrenages, des toiles d'araignées où les hommes, pris au piège, se débattent en constatant que le combat est perdu d'avance.

2001 : L'Odyssée de l'espace
Stanley Kubrick, 1968

Cerveaux dans l'espace. Pas un seul extraterrestre dans ce *space opera* de cent cinquante-six minutes, dont le scénario est tiré du premier épisode d'une fresque d'Arthur C. Clarke, qui va de l'aube de l'humanité à la réincarnation d'un vieillard en bébé, en passant par un combat de la machine et de l'homme, ce dernier ne triomphant de l'ordinateur HAL 9000 qu'au prix d'un duel homérique. Hypnotique et complexe, *2001* laissa chez les spectateurs de son époque une indélébile trace et ouvrit la voie à un cinéma de science-fiction imprégné de ses réflexions philosophiques.

Ryan O'Neal, Marisa Berenson
Barry Lyndon
Stanley Kubrick, 1975

Héros kubrickien. Des images somptueuses comme des tableaux du XVIIIe siècle : c'est le souvenir que laisse ce récit de l'irrésistible ascension et de l'inévitable chute d'un humain, faible par nature. C'est aussi l'un des deux seuls films où Kubrick aborde le couple dans toute l'horreur douce de son incompréhension, l'autre étant le treizième et ultime, *Eyes Wide Shut* (1999).

Films érotiques

Au plus près du désir

L'approche de l'érotisme a évolué au fil de la libéralisation des mœurs, pour le faire évoluer progressivement vers une simple dimension du rapport de l'individu au monde.

L'ambition du cinéma érotique est d'éveiller le désir par la suggestion sexuelle. Il se différencie de la pornographie, représentation directe de l'amour physique. En 1894, une bande Edison dévoilant la cheville d'une danseuse est censurée et, en 1896, le premier baiser cinématographique provoque le scandale. Dès lors, les ligues de vertu n'ont de cesse de passer les films au crible de la morale bien-pensante.

La culture de l'interdit

Face à la menace de la censure, la discrétion prévaut, mais tout est fait pour contourner les interdits formels et, notamment, pour les Américains, le « code de production » établi en 1930 par Will Hays. L'allusion devient de mise et gare à celui qui transgresse les règles établies ! En 1935, le gouvernement américain fait brûler publiquement la copie d'*Extase* (Gustav Machaty, 1933). La comédienne Heddy Lammar s'y baignait entièrement nue. L'équivoque devient un art. L'omniprésence de l'interdit permet la sublimation de stars et l'apparition d'icônes désincarnées. Dans les années 1960, Russ Meyer, producteur et réalisateur, glorifiera une image féminine fort éloignée de ces canons de vertu.

Un ordre moral fragilisé par l'évolution des moeurs

En 1956, deux films marquent une rupture. Le premier, l'américain *Baby Doll* (Elia Kazan), comme le second, le français *Et Dieu créa la femme* (Roger Vadim), sans présenter aucune scène de nu, atteignent des sommets dans l'art de la suggestion. Cette tacite libéralisation aboutit à un retour en force de l'ordre moral. En 1958, le Hays Office refuse son visa à *Autopsie d'un meurtre* (Otto Preminger) et, en France, la Commission de contrôle se durcit. Ultimes sursauts d'une rigueur déclinante ? Les sujets sulfureux se multiplient à l'écran. En 1958, Louis Malle met en scène la première nuit d'amour au cinéma avec *les Amants*. *Viridiana* (Luis Buñuel, 1961), *Lolita* (Stanley Kubrick, 1962) ou *le Silence* (Ingmar Bergman, 1963) démontent tour à tour des interdits séculaires.

Les années 1970 et la libération sexuelle

Néanmoins, ce sont les années 1960 et la libération des mœurs qui entraînent les évolutions véritables. En 1966, le code Hays est remplacé par un simple code d'autorégulation. En 1969, sont tournés les premiers films *hardcore*, où, par opposition au *softcore*, l'acte sexuel est montré (*Gorge profonde*, Gérard Damiano,

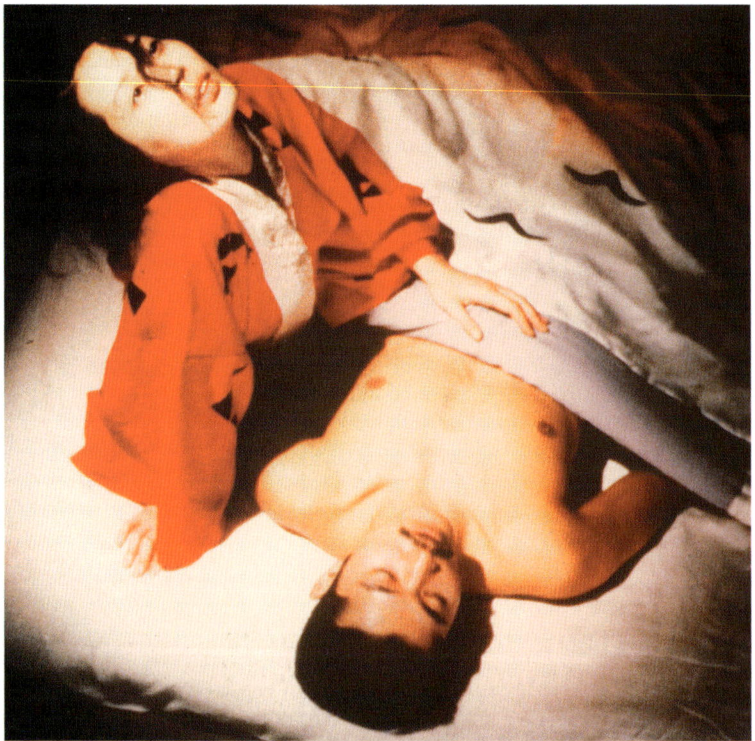

L'Empire des sens
Nagisha Oshima, 1976

L'amour à mort. Drame érotique, *l'Empire des sens* relate la passion charnelle de l'ancienne geisha Sada pour Kichi. Obsédés par leur quête du plaisir, ils iront jusqu'au bout de leurs fantasmes, quitte à y trouver la mort. Inspiré d'un fait divers japonais des années 1930, Oshima provoqua le scandale en filmant la passion physique avec une parfaite crudité. Initialement intitulé *la Corrida de l'amour*, le destin des deux amants ne peut s'achever que par un sacrifice sanglant où l'amour se mêle intrinsèquement à la mort.

Quelques films à revoir

1956 **Et Dieu créa la femme** (R. Vadim) ; **La poupée de chair / Baby Doll** (E. Kazan) 1958 **Les Amants** (L. Malle) 1962 **Lolita** (S. Kubrick) 1961 **Viridiana** (L. Buñuel) 1963 **Le Silence** (I. Bergman) 1964 **La Femme des sables** (H. Teshigahara) 1965 **Fanny Hill** (R. Meyer) 1967 **Belle de jour** (L. Buñuel) 1968 **Théorème** (P. P. Pasolini) 1969 **Love** (K. Russell) 1970 **Les Diables** (K. Russell) 1972 **Le Dernier Tango à Paris** (B. Bertolucci) ; **Gorge Profonde** (G. Damiano) 1974 **Emmanuelle** (J. Jaeckin) ; **Contes immoraux** (W. Borowczyk) 1975 ; **Exhibition** (J-F. Davy) ; **Salo ou les 120 journées de Sodome** (P. P. Pasolini) 1976 **L'Empire des sens** (N. Oshima) ; **La Dernière Femme** (M. Ferreri); **Maîtresse** (B. Schroeder) 1977 **Cet obscur objet du désir** (L. Buñuel) 1980 **Caligula** (T. Brass) 1985 **Neuf Semaines et demie** (A. Lyne) 1986 **Le Diable au corps** (M. Bellocchio) 1992 **Basic Instinct** (P. Verhoeven) 1996 **Crash** (D. Cronenberg) 1999 **Romance** (C. Breillat) 2000 **Baise-moi** (V. Despentes, C. Trin Thi).

1972). En Italie, Pier Paolo Pasolini repousse les limites de l'obscène en mêlant joyeusement sexualité, famille et christianisme avec *Théorème* (1968) ou *Salo ou les Cent Vingt Journées de Sodome* (1976). En France, la production de films érotiques prospère. Pourtant, ce n'est qu'en 1975 que la pornographie est autorisée. Le « X » est institué et les films ainsi estampillés sont lourdement taxés et destinés à un circuit spécialisé. La même année, *Emmanuelle* (Just Jaeckin), film soft-core, triomphe commercialement. Le cinéma d'auteur intègre progressivement l'érotisme comme dimension narrative : *Maîtresse* (Barbet Schroeder, 1976) ou *l'Empire des sens* (Nagisha Oshima, 1976). Le système dure une dizaine d'années avant d'être progressivement dépassé par la vidéo à domicile et la diffusion de films X sur les chaînes à péage. Depuis, les scandales continuent à émailler la chronique, provoqués par des films de qualités inégales. La rencontre plastique entre la sculpturale Kim Basinger et Mickey Rourke dans *Neuf Semaines et demie* (Adrian Lyne, 1985) ou la fameuse scène d'interrogatoire de Sharon Stone dans *Basic Instinct* (Paul Verhoeven, 1992) firent couler autant d'encre que le brillant et sulfureux *Crash* (David Cronenberg, 1996).

Jeanne Moreau, Jean-Marc Bory
Les Amants
Louis Malle, 1958

Un parfum de scandale. Jeanne trompe son ennui conjugal avec de vaines distractions : son amie Maggy, ses séjours à Paris, un élégant amant. Un soir, elle tombe en panne sur la route et est secourue par un homme, Bernard. Il la raccompagne chez elle et ils passent ensemble une nuit de passion. Au petit matin, il lui propose de l'emmener, mais elle doit tout quitter pour lui… Lion d'argent au festival de Venise, le film adapté d'un récit de Vivant Denon (un des fondateurs du musée du Louvre) *Point de lendemain* déclencha un scandale lors de sa sortie en salles. Pour la première fois, on donnait à voir avec réalisme le visage d'une comédienne jouant l'orgasme. Les organes de presse catholiques lancèrent une campagne contre le film, ne parvenant qu'à renforcer son sulfureux attrait.

Caroll Baker
Baby Doll
Elia Kazan, 1956

Dans la moiteur du Mississippi. Dans une bourgade du Mississippi, Archie vit avec sa très jeune femme Baby Doll. Il a promis de ne pas la toucher avant qu'elle ait vingt ans. Mais, Vaccaro, un Sicilien, souhaite se venger de lui et entreprend de la séduire. Adapté de deux pièces de Tennessee Williams, *Baby Doll* brûle de la sensualité propre à l'œuvre de l'écrivain. Cinq ans après *Un tramway nommé désir*, Kazan porte à nouveau avec justesse à l'écran cette atmosphère moite et langoureuse. Tourné dans le Sud, avec trois comédiens issus de l'Actors Studio, le film suscita la colère de l'Église, électrisée par l'image de la jeune Caroll Baker suçant nonchalamment son pouce au creux de son lit de fonte.

Le film catastrophe

Naissance d'un sous-genre hollywoodien

Né en pleine guerre du Viêt Nam, ce genre typiquement américain se nourrit des peurs de la nation. De nos jours encore, ces grands spectacles remplis d'effet spéciaux font recette.

Si la formule «film catastrophe» apparaît dans les années 1970, le genre naît avec le cinéma. Dès 1902, l'éruption de la montagne Pelée inspire deux films (*Éruption volcanique à la Martinique* de Georges Méliès et *Catastrophe de la Martinique* de Ferdinand Zecca). Mélanges d'actualités et d'effets censés rendre l'image d'embrasement, ces tentatives lient d'emblée le film catastrophe au truquage.

Les règles du genre

Néanmoins, il faut attendre *Airport* (George Seaton, 1970) pour que le film catastrophe se formalise en sous-genre du cinéma hollywoodien. Les règles en sont simples : un microcosme humain, où chaque individu incarne un type social différent, est maintenu en otage à l'intérieur d'un espace clos. La crise aplanit toute hiérarchie antérieure et permet l'émergence de héros. L'idée de collectivité est essentielle. Le groupe mis en scène est censé représenter la société à échelle réduite. Le huis clos a généralement lieu dans un moyen de transport (bateau, avion...) ou un lieu d'habitation (gratte-ciel). Un péril apparaît soudain, cristallisant les problèmes et conflits personnels évoqués en amont. La menace joue comme un catalyseur divisant les personnages en deux camps, bons et méchants, et anéantit les valeurs traditionnelles. Face au danger, la communauté se restructure, désigne de nouveaux représentants et leur cohésion, associée à leur abnégation, leur permet d'accéder au salut.

L'âge d'or

Le film catastrophe naît de la crise morale traversée par les États-Unis au début des années 1970. La guerre du Viêt Nam s'embourbe et la défiance s'installe face aux autorités. Le film catastrophe apparaît comme un équivalent civil du film de guerre. À ce titre, il condamne les certitudes technologiques et le capitalisme débridé aux dépens des normes de sécurité, mais rassure, quant à la capacité du système à se régénérer et à sauver *in fine* la population.

Après des tentatives telles qu'*Écrit dans le ciel* (William A. Wellman, 1954) ou *À l'heure zéro* (Hall Bartlett, 1957), le succès d'*Airport* (une bombe est cachée dans l'avion) marque le début de cette vogue. Elle durera jusqu'en 1977. Les catastrophes en tout genre se multiplient, évoluant selon les lieux et les menaces. Dans *l'Aventure du «Poséidon»* (Ronald Neame, 1972), les passagers sont prisonniers de la coque d'un paquebot retourné, *la Tour infernale*

LA TOUR INFERNALE
JOHN GUILLERMIN, 1974

Cauchemar vertical. Le jour de son inauguration, le plus grand building de San Francisco s'enflamme, provoquant la panique chez les visiteurs. C'est ici une immense tour de verre qui devient l'objet de la catastrophe. Spécialiste du cinéma à grand spectacle (il filmera la belle Jessica Lange peu de temps après dans *King Kong*), Guillermin signe là l'un des plus grands succès du film catastrophe. John McTiernan s'en inspirera pour *Piège de cristal*, avec cette fois Bruce Willis comme héros.

LES DENTS DE LA MER
STEVEN SPIELBERG, 1975

La griffe de l'auteur. Le jour où un corps déchiqueté par les requins est rejeté par la mer, Brody, le chef de la police locale appelle à l'interdiction momentanée des plages. Mais, face à l'afflux de touristes, le maire s'y refuse... Steven Spielberg n'a pas trente ans lorsqu'il réalise *les Dents de la mer*. Il relève l'étonnante gageure de concilier film d'auteur et grand spectacle. Ici, l'angoisse naît davantage de l'attente que des quelques scènes d'action véritable. En jouant sur les peurs archaïques et universelles, Spielberg amène ses héros à une lutte quasi métaphysique entre l'homme et la nature.

(John Guillermin, 1974) est en feu, et le dirigeable de *l'Odyssée du « Hindenburg »* (Robert Wise, 1975) risque d'exploser à tout instant.

Vers un renouveau ?

Néanmoins, l'accumulation des films et la difficulté du genre à se renouveler aboutit vite à l'engorgement du marché. À de rares exceptions près (*les Dents de la mer*, Steven Spielberg, 1975), le genre dépérit en tant que tel. Il disparaît brutalement après une série d'échecs (*le Jour de la fin du monde*, James Goldstone, 1980, *Meteor*, Ronald Neame, 1978). Le public semble lassé. En 1980, un film parodique se nourrit des cendres du film catastrophe : *Y a-t-il un pilote dans l'avion ?* (Jim Abrahams, David et Jerry Zucker, 1980).

On observe, néanmoins, depuis le début des années 1990 un regain d'intérêt pour le genre. Réchauffement des conflits internationaux ? Engouement pour les nouveaux effets visuels ? Les immenses succès de *Jurassic Park* (Steven Spielberg, 1993) *Titanic* (James Cameron, 1997) ou du *Jour d'après* (Roland Emmerich, 2004) prouvent, en tous les cas, que le goût du public pour le frisson est loin d'être éteint.

Quelques films à revoir

1970 **Airport** (G. Seaton) 1972 **L'Aventure du « Poséidon »** (R. Neame) 1974 **La Tour infernale** (J. Guillermin) ; **Terreur sur le « Britannic »** (R. Lester) ; **747 en péril** (J. Smight) 1975 **Les Dents de la mer** (S. Spielberg) 1978 **Avalanche** (C. Allen) 1980 **Le Jour de la fin du monde** (J. Goldstone) ; **Y a-t-il un pilote dans l'avion ?** (J. Abrahams, D. et J. Zucker) 1993 **Jurassic Park** (S. Spielberg) 1996 **Independance Day, le jour de la riposte** (R. Emmerich) 1997 **Titanic** (J. Cameron) 2004 **Le Jour d'après** (R. Emmerich).

LEONARDO DI CAPRIO, KATE WINSLET
TITANIC
JAMES CAMERON, 1997

Glaçons mortels. le 15 avril 1912 mille cinq cents personnes trouvèrent la mort dans la collision entre le *Titanic* et un iceberg. James Cameron en fait le cadre d'une aventure fictive aussi brève que passionnée. Film le plus cher jamais réalisé, mais comptant aussi parmi les plus grands succès universaux, *Titanic* cumule les records. Le film ne résume néanmoins pas à une série de chiffres. James Cameron gère avec une grande justesse effets et sentiments. Ici, l'histoire d'amour l'emporte sur le déluge technologique. Réalisé avec souffle, malgré une musique écrasante, le film raconte avec conviction l'improbable rencontre d'un artiste sans le sou avec une aristocrate.

Des cinémas du

monde entier

de 1976 à nos jours

Des cinémas du

Dates	*Faits historiques*	*Événements cinématographiques*
1976	Génocide des Khmers rouges au Cambodge	**Taxi Driver** de M. Scorsese **Affreux, sales et méchants** d'E. Scola **L'Empire des sens** de N. Oshima
1977	Prix Nobel de la Paix pour Amnesty International	**La Guerre des étoiles** de G. Lucas **Cet obscur objet du désir** de L. Buñuel **L'Homme de marbre** d'A. Wajda
1978	Assassinat d'Aldo Moro par les Brigades rouges italiennes	**Voyage au bout de l'enfer** de M. Cimino **Violette Nozière** de C. Chabrol **Eraserhead,** premier film de D. Lynch
1979	Instauration de la République Islamique en Iran Entrée des troupes Viêt-namiennes au Cambodge Deuxième choc pétrolier Invasion de l'Afghanistan par les Soviétiques Nomination de Margaret Thatcher comme Premier ministre britannique	**Alien** de R. Scott **Apocalypse Now** de F. F. Coppola → **Manhattan** de W. Allen 
1980	Mort du maréchal Tito	**Le Dernier Métro** de F. Truffaut **Shining** de S. Kubrick Décès d'A. Hitchcock
1981	Attentat contre Jean-Paul II Élection de François Mitterrand	**Les Aventuriers de l'Arche perdue** de S. Spielberg **Lili Marleen** de R. W. Fassbinder
1982	Guerre des Malouines entre l'Argentine et la Grande-Bretagne Massacre de Sabra et Chatila au Liban	**E.T. l'extraterretre** de Steven Spielberg Palme d'or pour le film turc **Yol** de Y. Güney Mort de P. Dewaere et de R. Schneider
1983	Découverte du virus du Sida 	**À nos amours** de M. Pialat **Pauline à la plage** d'E. Rohmer **Vivement dimanche !** dernier film de F. Truffaut Décès de L. Buñuel
1984	Assassinat d'Indira Gandhi	**Stranger than Paradise** de J. Jarmusch ← **Paris, Texas** de W. Wenders Décès de F. Truffaut 
1985	Arrivée au pouvoir de Gorbatchev en URSS Drame du stade de Heysel à Bruxelles Sabotage à Auckland du navire de Greenpeace	**Out of Africa de S. Pollack** → **Sans toit ni loi d'A. Varda** **Shoah** de C. Lanzmann Décès d'O. Welles
1986	Signature de l'Acte unique européen Accident nucléaire de Tchernobyl en Ukraine	**La Mouche** de D. Cronenberg **Mauvais sang** de L. Carax
1987		**Full Metal Jacket de** S. Kubrick **Le Dernier Empereur** de B. Bertolucci **Les Ailes du désir** de W. Wenders
1988	Fin de la guerre entre l'Iran et l'Irak Cessez-le-feu en Angola	**La vie est un long fleuve tranquille** d'E. Chatiliez **Les Cannibales** de M. de Oliveira Scandale autour de **la Dernière Tentation du Christ** de M. Scorsese
1989	Manifestation de Tien An Men à Pékin Renversement de Ceausescu en Roumanie Chute du mur de Berlin	**Do the Right Thing** de S. Lee **Cinema Paradiso** de G. Tornatore **Le Temps des Gitans** d'E. Kusturica
1990	Réunification de l'Allemagne Invasion du Koweït par Saddam Hussein	**Edward aux mains d'argent** de T. Burton
1991	Fin de la Guerre du Golfe Éclatement de l'URSS, prise du pouvoir par Boris Eltsine	**Talons aiguilles** de P. Almodovar **Barton Fink** de J. et E. Coen **Le Silence des agneaux** de J. Demme

monde entier

de 1976 à nos jours

Dates	Faits historiques	Événements cinématographiques
1992	Début du conflit en ex-Yougoslavie Débarquement américain en Somalie Ratification du traité Européen de Maastricht Émeutes de Los Angeles	**Impitoyable** de C. Eastwood **Les Nuits fauves** de C. Collard
1993	Fin de l'Apartheid en Afrique du Sud	**La Leçon de piano** de J. Campion **Raining Stones** de K. Loach → **Adieu ma concubine** de Chen Kaige 
1994	Explosion du World Wide Web, les collectivités ont désormais accès à Internet Inauguration du tunnel sous la Manche Guerre civile au Rwanda	**Pulp Fiction** de Q. Tarantino **Les Roseaux sauvages** d'A. Téchiné **Journal intime** de N. Moretti **Soleil trompeur** de N. Mikhalkov
1995	Attentat de la secte Aum à Tokyo Assassinat de Yitzhak Rabin en Israël	**Toy Story** de J. Lasseter **Underground** d'E. Kusturica **La Comédie de Dieu** de J. C. Monteiro Manifeste Dogma 95 par L. von Trier et T. Vinterberg
1996	Entrée des Talibans à Kaboul 	**Fargo** de J. et E. Coen **Breaking the Waves** de L. von Trier → **Carmin profond** d'A. Ripstein 
1997	Premier clonage animal Hong Kong redevient chinois Mort de Lady Diana et de sœur Thérésa	**Titanic** de J. Cameron ← **Le Goût de la cerise** d'A. Kiarostami **L'Anguille** de S. Imamura
1998	Affaire Bill Clinton et Monica Lewinsky Arrestation de Augusto Pinochet Accord de Paix en Irlande du Nord	**Festen** de T. Vinterberg **Kirikou et la sorcière** de M. Ocelot **Les Fleurs de Shanghai** de Hou Hsiao-hsien
1999	Intervention de l'OTAN au Kosovo	**Tout sur ma mère** de P. Almodovar **Eyes Wide Shut** de S. Kubrick, dernier film du cinéaste **Matrix** d'A. et L. Wachowski **Rosetta** de L. et J.-P. Dardenne
2000	Arrivée au pouvoir de Vladimir Poutine en Russie Élection contestée de George W. Bush aux États-Unis Début de la seconde Intifada en Israël	**Dancer in the Dark** de L. von Trier **Merci pour le chocolat** de C. Chabrol **In the Mood for Love** de Wong Kar-wai **Yi Yi** d'E. Yang 
2001	Silvio Berlusconi, président du Conseil en Italie Attentat du 11 septembre à New York Assassinat du commandant Massoud en Afghanistan	**L'Homme sans passé** d'Aki Kaurismäki **Mulholland Drive** de D. Lynch **La Chambre du fils** de N. Moretti **Le Voyage de Chihiro** de H. Miyazaki → **Le Fabuleux Destin d'Amélie Poulain** de J.-P. Jeunet
2002	L'Euro devient monnaie unique européenne	**Les Invasions barbares** de D. Arcand **Turning Gate** de Hong Sang-soo
2003	Début de la guerre en Irak	**Carnets de voyage** de W. Salles **Lost in Translation** de S. Coppola
2004	Réélection de G. W. Bush à la présidence américaine Attentat à Madrid Un tsunami dévaste l'Océan indien Élargissement de l'Union Européenne à 25 membres	Palme d'or pour **Fahrenheit 9/11** de M. Moore **Kill Bill vol. I** et **II** de Q. Tarantino
2005	Mort du Pape Jean-Paul II et de Yasser Arafat Attentats à Londres	**The World** de Jia Zhangke

La toute-puissance américaine

Spectateurs, le retour

Avec les années 1980, l'Amérique inaugure l'ère du *blockbuster*. Pour assurer leur rentabilité, les studios n'ont qu'une solution : l'expansion.

1977 : *la Guerre des étoiles* sort sur les écrans et provoque un raz-de-marée immédiat. Le film, qui a coûté 11,5 millions de dollars, en rapporte 215 sur le territoire américain. Son succès est symptomatique des évolutions en cours, parmi lesquelles un rajeunissement du public. Selon une enquête de la MPAA réalisée en 1979, 90 % des spectateurs américains ont entre douze et dix-neuf ans ! Les studios enregistrent la leçon et généralisent la politique des *blockbusters* : *Superman* (1978), *L'Empire contre-attaque* (1980), *les Aventuriers de l'arche perdue* (1981), etc.

Le but affiché des majors est de battre de nouveaux records au box-office. Dans ce nouveau contexte, la prise de risque devient difficile. Afin de la minimiser, les majors exploitent leurs succès jusqu'au bout, en misant sur des « formules » ou des suites *(sequels)* qui s'enchaînent jusqu'à épuisement du filon.

Ces productions sont rentabilisées sur un marché intérieur florissant. À partir de 1975, les salles obscures attirent à nouveau les spectateurs. La tendance se renforce avec l'arrivée des multiplexes. Aujourd'hui, l'Amérique est l'une des nations qui se déplace le plus pour aller au cinéma, avec un taux de fréquentation moyen de 5,3 films par personne et par an. Le développement de la vidéo dans les années 1980, et du DVD dans la décennie suivante, ouvre de nouvelles perspectives et devient une source de revenus substantiels. Autant de facteurs qui favorisent une reprise de la production. En 1980, 125 projets sont réalisés aux États-Unis. En 2003, on en compte près de 600.

L'empire contre attaque

Pour rentabiliser les *blockbusters*, dont les coûts de production ne cessent d'augmenter, les studios planifient des sorties en salle massives, soutenues par des campagnes de promotion agressives. Le but est d'attiser la curiosité du public pour attirer un maximum de spectateurs dès le premier week-end d'exploitation. Avec une durée de vie de plus en plus courte, le destin des films est scellé dès les premiers jours de leur sortie. Dès lors, le marché intérieur ne suffit plus à amortir les coûts engagés. L'expansion est une nécessité.

Aujourd'hui, le marché international représente 43 % des revenus des studios. Les stratégies commerciales des majors sont conçues de manière globale afin de valoriser au mieux le *merchandising* et les investissements promotionnels engagés.

Les marchés extérieurs permettent également de nourrir la machine hollywoodienne en fournissant des

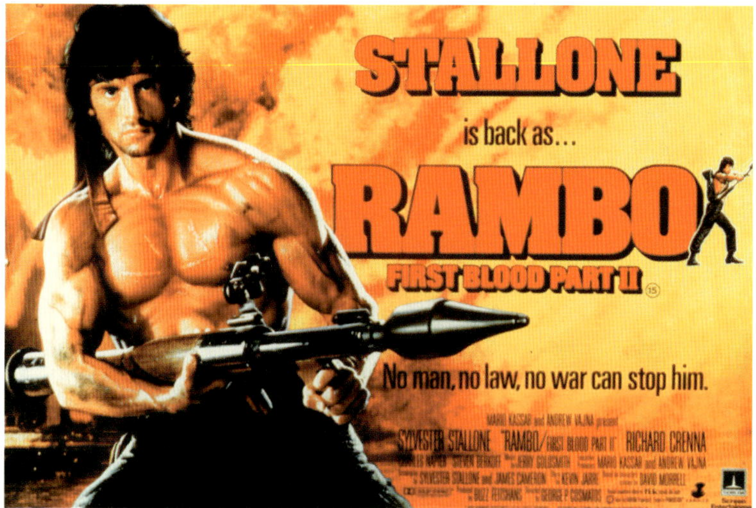

SYLVESTER STALLONE
RAMBO II
TED KOTCHEFF, 1982

Le neveu de l'Oncle Sam. 1982, c'est l'année de tous les super-héros pour le cinéma américain : Rambo d'un côté et Conan de l'autre ont fait exploser le box-office de toute la puissance de leur musculature. Cette dernière rassure manifestement une nation qui doute d'elle-même sur fond de traumatisme post-viêtnamien et de récession économique particulièrement violente. Tout comme Conan le Barbare, Rambo est avant tout un être solitaire, abandonné par les siens et qui lutte pour sa propre survie dans un monde définitivement hostile. Incarné par Sylvester Stallone, qui a cosigné le scénario de *Rambo* avec son réalisateur Ted Kotcheff, ce soldat perdu a, ni plus ni moins, les traits d'un Christ aux outrages.

HARRISON FORD
INDIANA JONES ET LE TEMPLE MAUDIT
STEVEN SPIELBERG, 1984

Retour vers l'aventure. Produit par George Lucas, écrit par Lawrence Kasdan et réalisé par Steven Spielberg : les bonnes fées hollywoodiennes se sont penchées sur le berceau du premier volet des folles aventures d'Indiana Jones, alias Harrison Ford qui incarnait Han Solo dans *la Guerre des étoiles*. De l'Amérique du Sud au Caire en passant par le Népal, l'aventurier au chapeau avachi et au fouet impétueux s'active dans les années 1930 contre un groupe de nazis conduits par un archéologue français qui tentent de retrouver l'arche d'Alliance des Hébreux. Rien de tel pour redonner à Hollywood l'éclat de ses superproductions d'antan.

idées de *remake*. Les droits des films étrangers les plus créatifs sont achetés par les studios pour les adapter aux codes hollywoodiens.

Des poches de résistance

Cette politique assure la domination du cinéma américain à travers le monde. L'Inde fait figure d'anomalie avec ses 95 % de parts de marché pour le cinéma national. Dans ce pays, les productions hollywoodiennes doivent faire l'objet de *remakes* indiens pour connaître les hauteurs du box-office. Partout ailleurs, le cinéma américain s'arroge entre 50 et 83 % du marché.
Les territoires anglo-saxons sont évidemment les plus perméables à cette influence. En revanche, les pays qui résistent le mieux à la vague américaine sont ceux dotés d'un système d'aides et de subventions. C'est le cas de la France qui, sur les dix dernières années, est parvenue à maintenir la part de marché du cinéma national à 33 % en moyenne, contre 23 % en Italie ou 12,5 % en Espagne. En Asie, la Corée du Sud se distingue également de ses voisins par une production locale importante, protégée par les pouvoirs publics. Privées de soutien, la plupart des autres industries cinématographiques restent fragiles face au géant américain.

Spider-Man
Sam Raimi, 2002

Le retour des super-héros. L'homme-araignée, tout comme Batman, l'homme-chauve-souris, fait partie de ce nouveau courant du cinéma hollywoodien qui revisite avec succès les grands classiques de la BD américaine. Le sens du formidable destin arachnéen du pacifique et lunatique Peter Parker est limpide : l'acquisition d'un (ou du) pouvoir, quel qu'il soit, entraîne de nouvelles responsabilités. Une fois de plus, la superproduction dépasse le simple divertissement pour adopter un discours moral et politique. Moderne conte de fées, le film de Sam Raimi, comme le *Spider-Man 2* qui suivra en 2004, tend à la société américaine un miroir sinon réconfortant du moins mobilisateur : une « nouvelle frontière » est toujours à conquérir.

Antonio Banderas
Le Masque de Zorro
Martin Campbell, 1998

L'Internationale hollywoodienne. Au cœur de la puissance américaine, se trouve une capacité de renouvellement permanente, nourrie par les talents étrangers. Aujourd'hui comme hier, Hollywood continue d'attirer cinéastes et acteurs du monde entier. Le succès d'Antonio Banderas, de John Woo ou de Roberto Rodriguez en témoigne. Par leur présence, ces étrangers facilitent l'accès à certains marchés.

Du fantastique au gore

Aux frontières du réel

JEFF GOLDBLUM
LA MOUCHE
DAVID CRONENBERG, 1986

Fly-Tox. Lorsque Seth Brundle, biologiste, rencontre la ravissante journaliste Veronica Quaife, il n'hésite pas à lui montrer son prototype de machine à téléporter pour la séduire. Mais, le jour où il tente l'expérience sur lui-même, une mouche s'introduit dans l'appareil et se fusionne à son organisme... Remake de *la Mouche noire* de Kurt Neumann (1958), mais réalisé en pleine découverte du sida, *la Mouche* en prend une portée particulière et devient une très belle variation sur la maladie. Cronenberg réussit ici une œuvre visuellement exemplaire, tout en lançant un appel à la tolérance.

Victime d'une désaffection au lendemain de la Seconde Guerre mondiale, le film fantastique connaît un regain d'intérêt dans les années 1960 avec une ambition revendiquée : faire peur.

S'il infiltre parfois des récits plus classiques (*le Portrait de Dorian Gray*, Albert Lewin, 1944 ; *les Oiseaux*, Alfred Hitchcock, 1963), le fantastique, en tant que tel, subit une certaine désaffection après l'âge d'or des années 1930.

Le triomphe de la peur

Il faut attendre la création de la Hammer Films, foyer du film fantastique en Grande-Bretagne, en 1957, ainsi que les films des Italiens Riccardo Freda ou Mario Bava pour connaître un renouveau. En exploitant les dimensions de violence et de sexualité du genre, ces deux lignées s'adressent à un public plus adulte. C'est la naissance d'un sous-genre du fantastique : le cinéma d'horreur. Il est particulièrement pratiqué par les Italiens Lucio Fulci, Joe D'Amato, Ruggero Deodato ou l'Espagnol Jess Franco qui le font évoluer vers le gore. Désignant littéralement le sang versé, coagulé, le gore en tant que mode naît du succès de *Blood Feast* (Herschell Gordon Lewis, 1963) et s'épanouit dans une surenchère d'hémoglobine. Dans un registre plus intimiste, l'Américain Roger Corman, devient, lui, l'un des maîtres du cinéma à petit budget avec des productions

MIA FARROW
ROSEMARY'S BABY
ROMAN POLANSKI, 1968

Adorables voisins. Alors qu'elle vient d'emménager avec son mari dans un immeuble où vécut autrefois un adorateur de Satan, Rosemary est prise de crises d'angoisse. Une nuit, elle rêve de faire l'amour avec une créature démoniaque sous les regards de ses voisins. Quelques jours plus tard, elle se découvre enceinte... Chef-d'œuvre de suggestion, *Rosemary's Baby* ne recourt à aucun effet spécial pour instiller la peur. En prenant pour héroïne une femme, jeune et amoureuse, Polanski parvient à incarner le Mal dans un quotidien d'une désarmante banalité pour nous basculer dans un surnaturel terrifiant.

quasi artisanales tournées en un temps record. Il s'entoure de jeunes talents qui sauront s'inspirer de son enseignement : Francis Ford Coppola, Martin Scorsese... Mais, il faut attendre 1968 et les succès de *Rosemary's Baby* de Roman Polanski et, surtout, celui de *l'Exorciste* (1973) de William Friedkin pour que les réalisateurs de films fantastiques obtiennent de vrais moyens. Cela permet la naissance d'un cycle de films terrifiants dont certains personnages tombent sous l'emprise de forces maléfiques : *la Malédiction* (Richard Donner, 1976), *Alien* (Ridley Scott, 1979), *Shining* (Stanley Kubrick, 1980). Plus frontalement encore, certains cinéastes cherchent à atteindre les peurs les plus profondes du spectateur dans une explosion de violence stylisée : *la Nuit des morts-vivants* (George A. Romero, 1968), *Massacre à la tronçonneuse* (Tobe Hooper, 1974), *Vendredi 13* (Sean Cunningham, 1979) ou *les Griffes de la nuit* (Wes Craven, 1984).

La révolution des effets spéciaux

Au tournant des années 1980, les avancées techniques rapprochent le fantastique d'un genre voisin : la science-fiction. Les succès de Steven Spielberg et George Lucas poussent à davantage utiliser les effets spéciaux. Dans *le Loup-garou de Londres* (John Landis, 1981) ou *la Mouche* (David Cronenberg, 1986), les transformations ont lieu sous nos yeux. En 1985, le triomphe de *Ghostbusters* (Ivan Reitman) marque un réel intérêt pour un cinéma fantastique populaire, teinté de burlesque. Le genre se métisse et ses déclinaisons cohabitent. Certains auteurs s'inspirent de la bande dessinée (*The Mask*, Charles Russell, 1994) ou *la Famille Adams*, Barry Sonnenfeld, 1991). D'autres développent de film en film un univers personnel teinté de merveilleux : Terry Gilliam crée avec *Brazil* (1985), un monde aburde et inquiétant, mêlant les références à Orwell et à Kafka, sur un rythme de dessin animé. Tim Burton écrit avec le génial *Edward aux mains d'argent* (1990) un maginifique conte moderne sur la différence.

Vers un retour aux sources

Les années 1990, enfin, marquent un retour aux sources du genre. Ainsi, les mythes fondateurs sont à nouveau adaptés : *Dracula* (Francis Ford Coppola, 1992), *Frankenstein* (Kenneth Branagh, 1994)... Le gore et l'horreur se révèlent, par contre, incapables de se renouveler en tant que genres. Ils s'insinuent désormais comme figures de style ou ingrédients dans des films tels que *Fargo* (1996) des frères Coen ou *Pulp Fiction* (1994) de Quentin Tarantino.

JACK NICHOLSON
SHINING
STANLEY KUBRICK, 1980

Frappez avant d'entrer. Jack Torrance, écrivain sans succès, accepte de garder un hôtel isolé durant les cinq mois d'hiver. Il s'y installe avec sa femme et son fils. Mais, peu à peu, il est pris de pulsions meurtrières. Les mêmes qui poussèrent un précédent gardien à massacrer sa famille à coups de hache ? En adaptant Stephen King, Kubrick est parvenu à traiter grand nombre de ses propres obsessions — notamment la famille comme cercle corrupteur et criminogène. Proprement terrifiant et d'une rare beauté plastique, *Shining* doit beaucoup à l'interprétation sans faille de Jack Nicholson.

Quelques films à revoir

1956 **Les Vampires** (R. Freda) 1957 **Frankenstein s'est échappé** (T. Fisher) 1958 **Le Cauchemar de Dracula** (T. Fisher) 1960 **Le Masque du démon** (M. Bava) 1968 **La Nuit des morts-vivants** (George A. Romero) ; **Rosemary's Baby** (R. Polanski) ; **Les envahisseurs attaquent** (I. Honda) 1972 **Eraserhead** (D. Lynch) 1973 **L'Exorciste** (W. Friedkin) 1974 **Massacre à la tronçonneuse** (T. Hooper) 1975 **Les Frissons de l'angoisse** (D. Argento) 1976 **Malédiction** (R. Donner) 1977 **La Colline a des yeux** (Wes Craven) 1978 **La Nuit des masques / Halloween** (John Carpenter) 1979 **Amityville, la maison du Diable** (Stuart Rosenberg) ; **Alien** (Ridley Scott) 1980 **Vendredi 13** (Sean S. Cunningham) ; **Réincarnations** (Gary Sherman) ; **Shining** (Stanley Kubrick) 1984 **Les Griffes de la nuit** (W. Craven) 1986 **La Mouche** (D. Cronenberg) ; **Blue Velvet** (D. Lynch) 1990 **Arachnophobie** (Frank Marshall) 1992 **Dracula** (F.F. Coppola) 1997 **Scream** (W. Craven) 1998 **Le Projet Blair** Witch (D. Myrick, E. Sanchez) 2001 **Les Autres** (A. Amenabar) 2005 **Sin City** (R. Rodriguez, F. Miller)

Violences plein cadre

L'Amérique se fait peur

Les avancées techniques permettent de filmer une violence tant esthétisée que réaliste. Certains réalisateurs explorent la veine du film d'action, d'autres auscultent la figure du meurtrier mafieux ou psychotique.

Avec *Un après-midi de chien* (1975), Sidney Lumet choque : il montre des braqueurs de banque à figure humaine. Trop gentils, ce sont des amateurs pris au piège. Dans le clan Corleone filmé par Francis Ford Coppola dans sa trilogie *le Parrain* (1972, 1974, 1991), on s'entre-tue, mais l'essentiel de ses difficultés sont familiales ou amoureuses. Bien que négatifs, ces personnages ne sont pas des monstres. Malgré leurs meurtres sanglants et cruels, ils se révèlent sensibles. C'est parce qu'il devient égocentrique et paranoïaque, parce qu'il est faillible, que meurt Tony Montana, le héros du *Scarface* réalisé par Brian De Palma en 1983. Le spectateur s'attache à ces tueurs, suit leurs pérégrinations et craint qu'ils se fassent prendre. Du bon ou du mauvais côté de la loi, il ne sait alors que choisir. L'impitoyable *Inspecteur Harry* (1971) que Clint Eastwood a incarné à cinq reprises entre 1971 et 1988, brouille davantage les pistes : il utilise tous les moyens, légaux ou illégaux, pour arrêter un tueur. En 1992, *Bad Lieutenant* d'Abel Ferrara insiste avec âpreté sur les perversions d'un inspecteur corrompu. Pris dans un engrenage qui les dépasse, les jeunes gens de *Tueurs-nés* (1994) d'Oliver Stone sont autant victimes que bourreaux. Amoureux romantiques et violents, ils fascinent parce que rien ne leur résiste et qu'ils n'hésitent pas à tuer tout ce qui leur barre la route. À la sortie de ce film en 1994, on traîna le réalisateur en justice, l'accusant d'avoir perverti la jeunesse et provoqué des passages à l'acte.

Des tueurs en séries

En 1976, Martin Scorsese tourne *Taxi Driver*. Il marque le début d'un nouveau genre : le film de *serial killer*. Travis Bickle, vétéran de la guerre du Viêt Nam, tombe dans le crime à force de fréquenter une société à la dérive. C'est peut-être un horrible meurtrier, mais on tente de comprendre son ascension vers le meurtre en suivant sa transformation bestiale. Dans *Seven* de David Fincher (1995), le tueur illustre les sept péchés capitaux par des crimes. Justicier malade, il dénonce les perversions d'une société étouffante et pose la question du Mal. *Le Silence des agneaux* (1990) de Jonathan Demme plonge le public dans le comble du machiavélisme. Hannibal Lecter, devenu depuis un personnage mythique, est aussi intelligent que diabolique. Sa dangerosité est à la mesure de sa cruauté. Il effraie parce que son mode de fonctionnement dépasse le sens commun. La société américaine peut tenter de se protéger, elle ne peut plus ignorer ces

Morgan Freeman et Brad Pitt
Seven
David Fincher, 1995

Sept pêchés capitaux. Deux inspecteurs interprétés par Brad Pitt et Morgan Freeman sont à la recherche d'un tueur en série du nom de Johnathan Doe qui planifie sept meurtres en s'inspirant des sept pêchés capitaux et tue ceux qui ont fauté… Avec ce deuxième long-métrage, le réalisateur, qui a déjà réalisé *Alien 3* et tournera notamment *Fight Club* et *Panic Room*, signe une mise en scène très graphique. Précis, à l'opposé des explosions qui ponctuent sans cesse les films d'actions, Fincher adapte le film noir aux années 1990 et place l'Amérique puritaine face à une question qui la travaille : celle du Bien et du Mal.

Scream
Wes Craven, 1997

Frissons cyniques. À sa sortie en 1997, on a accusé *Scream* d'avoir suggéré des passages à l'acte meurtriers. Dans ce film, un tueur en série portant un masque ridicule tue tout ce qui bouge. Ici, Wes Craven, réalisateur spécialiste de l'horreur, moque les conventions du genre. Il va jusqu'à dire, dans le film même, quelles sont les règles cinématographiques qui conduisent les personnages à se faire tuer. *Scream* sera un tel succès que Craven en tournera deux suites. Ceci conduira Keeny Ivory Adams à en faire une parodie, *Scary Movie*, où sont ridiculisés les thrillers à succès des années 2000…

malades qui se manifestent en massacrant à tour de bras. Les cinéastes jouent sur une mise en scène où la suggestion est toute-puissante : des blessures sanguinolentes et réalistes, montrées sous tous les angles, s'enchaînent dans un montage effréné. Wes Craven, habitué à faire des films d'horreur, s'essaie au genre en vogue en 1997. Avec *Scream*, il emploie toutes les conventions du film de *serial killer* et plonge presque dans la parodie. Avec *Pulp Fiction*, Quentin Tarantino signe l'épuisement du genre. Ses tueurs, aussi simplets qu'impitoyables, exécutent leurs victimes avec une légèreté incroyable. Le geste meurtrier est gratuit et devient une abstraction, qui n'est justifiée que par la jubilation visuelle. En 1994 cette exagération séduit les jurés du festival de Cannes qui lui attribuent la palme d'or.

Quelques films à revoir

1976 **Assaut** (John Carpenter) 1980 **La Chasse** (William Friedkin) 1984 **Sang pour sang** (Joël Coen) ; **Scarface** (Brian de Palma) 1985 **L'Année du dragon** (Michael Cimino) 1990 **Le Silence des agneaux** (Jonathan Demme) 1991 **Les nerfs à vif** (Martin Scorsese) 1992 **Bad lieutenant** (Abel Ferrara) 1994 **Tueurs nés** (Oliver Stone) 1995 **Seven** (David Fincher) 1997 **Scream** (Wes Craven)

ANTHONY HOPKINS
LE SILENCE DES AGNEAUX
JONATHAN DEMME, 1990

Hannibal le cannibale. L'agent Clarice Starling, jeune recrue du FBI interprétée par Jodie Foster, doit entrer en contact avec un psychopathe anthropophage pour trouver un tueur en série. Ce long-métrage donne à Anthony Hopkins la possibilité de montrer toute la mesure de son talent. Hannibal Lecter marque tellement les esprits qu'on le retrouvera en 2001 dans *Hannibal* de Ridley Scott puis, l'année suivante, dans *Dragon rouge* de Brett Ratner. Adaptés des romans de Thomas Harris, ces films s'inspirent par ailleurs des histoires vraies de plusieurs tueurs en série : Ted Bundy, Gary Heidnick et Ed Gein qui suscita notamment le *Psychose* d'Alfred Hitchcock, ou encore *Massacre à la tronçonneuse*.

Aux films, citoyens !

Quand le cinéma se fait politique

La frontière est parfois ténue entre film de propagande, film militant et film politique. Ce dernier se distingue toutefois en cultivant une indépendance d'esprit qui se mêle à des exigences artistiques.

Et si le cinéma des années 1970, à la suite de celui des années 1960, figurait parmi les plus politiques de l'histoire du septième art ? Ce serait assez naturel car ces années furent marquées à l'Est comme à l'Ouest, au Sud comme au Nord, par de profonds bouleversements politiques et sociaux. Partout, dans ce monde en ébullition, des cinéastes écrivent et filment des histoires qui témoignent de la réalité. Depuis 1969 avec le succès de *Z*, on sait ainsi que Costa-Gavras est un redoutable observateur de la vie politique. Après la Grèce des colonels, il s'en prendra en 1970 dans *l'Aveu* à la Tchécoslovaquie des communistes, puis aux agissements américains en Amérique du Sud dans *État de siège* (1973). Trois films dont Yves Montand incarne le personnage principal, trois succès publics, trois œuvres engagées qui agacent alternativement la gauche et la droite. Francesco Rosi et l'Italie de toutes les compromissions, Carlo Saura et l'Espagne franquiste, Théo Angelopoulos et la dictature grecque, Alan J. Pakula et les errances du Watergate américain, Helvio Soto et le coup d'État chilien ou bien encore Andrzej Wajda et le stakhanovisme à la polonaise, tous illustrent également cette politisation du cinéma.

La fin de l'Histoire ?

C'est avec les années 1980 que le cinéma politique entame son reflux. L'air du temps qui conjugue alors scepticisme et individualisme semble avoir gagné la partie. Pourtant, des petites voix se font entendre pour refuser la vision d'un cinéma désengagé, désincarné. L'Argentin Luis Puenzo, avec *l'Histoire officielle* fait partie de ces résistants. Dans ce film réalisé en 1985, il décrit sans concession l'Argentine de l'après-dictature partagée entre l'oubli et la souvenir, la culpabilité et le soulagement. Trois ans plus tard, avec *le Sud*, un autre cinéaste argentin, Fernando Solanas, poursuit ce travail de mémoire. À des millions de kilomètres de là, un Italien hypocondriaque résolument de gauche et terriblement attachant signe durant ces mêmes années une trilogie informelle, véritable reflet d'une époque qui croit que l'Histoire est finie. Avec *Bianca* (1984), *La messe est finie* (1985) et *Palombella rossa* (1989), Nanni Moretti n'épargne rien ni personne, pas même lui. Quant à l'Américain Spike Lee, il réalise en 1989 avec *Do the Right Thing* un film éminemment politique qui tend à l'Amérique le cruel reflet de son racisme au quotidien.

Buongiorno, notte
Marco Bellocchio, 2003

Le roi est nu. En revenant sur l'enlèvement puis l'assassinat par les Brigades rouges du leader de la Démocratie chrétienne, Marco Bellocchio met le doigt sur des plaies toujours vives. S'il ne montre aucune sympathie pour les terroristes ravisseurs, il démontre explicitement, y compris à travers des images d'archives, la façon dont Aldo Moro fut sacrifié par l'ensemble de la classe politique italienne. Condamné par ses « juges » et lâché par les siens, Moro est un mort en sursis. Les dernières images du film choisissent l'onirisme et montrent le prisonnier s'échappant de sa geôle : lui aussi, semble alors dire Bellocchio, aurait pu, comme le personnage de Costa-Gavras, s'appeler « Z », ce qui signifie « il est toujours vivant » en grec.

Quelques films à revoir

1969 **Z** (Costa-Gavras) 1970 **l'Aveu** (Costa-Gavras) 1973 **État de siège** (Costa-Gavras) 1975 **le Voyage des comédiens** (T. Angelopoulos) 1976 **les Hommes du Président** (A. J. Pakula) 1977 **les Joueurs d'échecs** (S. Ray) ; **l'Homme de marbre** (A. Wajda) 1980 **Kagemusha** (A. Kurosawa) 1983 **le Sud** (V. Erice) 1984 **Bianca** (N. Moretti) 1985 **l'Histoire officielle** (L. Puenzo) ; **la Messe est finie** (N. Moretti) 1988 **le Sud** (F. Solanas) 1989 **Palombella rossa** (N. Moretti) 1990 **Milou en mai** (L. Malle) ; **Secret défense** (K. Loach) 1991 **JFK** (O. Stone) 1992 **Malcom X** (S. Lee) 1995 **la Seconde Fois** (M. Calopresti) 2003 **Buongiorno, notte** (M. Bellocchio) 2005 **le Promeneur du Champ-de-Mars** (R. Guédiguian)

Politiquement incorrect

Les années 1990 sonneraient-elles le glas du cinéma politique ? Rien n'est moins certain, comme le prouve le regain d'un cinéma documentaire qui entend bien décrypter le réel. Quant aux films de fiction de sensibilité politique, leur nombre diminue, mais ils conservent leur pouvoir d'indignation. Le Russe Pavel Lounguine observe avec ironie la nouvelle société qui se met en place dans son pays, dans *Taxi Blues* (1990), alors que cette même année Louis Malle regarde avec autant de distance la France de Mai-68 dans *Milou en mai.* Le Britannique Mike Leigh, dans *Naked* (1993) jette un regard sombre et cruel sur les marges d'une société anglaise qui se paupérise, alors que deux ans plus tard le Yougoslave Emir Kusturica présente à Cannes son sulfureux *Underground* dans lequel il donne sa vision du conflit des Balkans. Quant à l'Israélien Amos Gitaï, dans *Kadosh*, il observe un quartier de Jérusalem où vivent des ultra-orthodoxes et signe un violent pamphlet contre l'intégrisme religieux. Le cinéma du nouveau millénaire sera-t-il un cinéma plus politique ? Il est trop tôt pour l'écrire.

JFK
OLIVER STONE, 1991

Le roi est mort. Au regard de la pléthorique production hollywoodienne, le président des États-Unis a rarement été représenté dans les films avant la fin du XXe siècle. Le tabou semble levé après l'assassinat du président Kennedy en 1963. C'est précisément sur ce traumatisme national qu'Oliver Stone trente ans plus tard a décidé de revenir avec *JFK*, soit une vaste contre-enquête sur les conditions de la mort du président, à travers le combat mené par le procureur Jim Garrison (Kevin Costner). Si le film de Stone n'est pas seulement un film historique mais d'abord un film politique c'est que, une fois de plus, le cinéaste interpelle la société américaine sur ses zones d'ombre et sur un passé qui ne passe pas.

MICHEL BOUQUET
LE PROMENEUR DU CHAMP-DE-MARS
ROBERT GUÉDIGUIAN, 2005

Le roi se meurt. On accuse souvent les cinéastes français de ne pas oser affronter l'histoire immédiate de leur propre pays. C'est un reproche que ne peuvent encourir ni Robert Guédiguian ni Gilles Taurand, son scénariste, avec ce *Promeneur du Champ-de-Mars* qui prend François Mitterrand, incarné par Michel Bouquet, comme personnage central et quasi unique. Parce qu'il s'agit d'évoquer les derniers mois d'un ancien président de la République qui lutte contre la maladie, le film a des allures de testament politique et humain.

La fracture viêtnamienne

Hollywood face à la guerre

Les huit ans qu'a duré la guerre du Viêt Nam ont durablement traumatisé la société américaine et régulièrement inspiré son cinéma, à travers des œuvres pour le moins plurielles si ce n'est antagonistes.

Contrairement aux idées reçues, le cinéma hollywoodien n'a pas immédiatement pris en compte la guerre du Viêt Nam qui se déroula de 1964 et 1972 et qui, à ce jour, reste le seul conflit perdu par les États-Unis. Un seul film notable a directement traité de ce conflit avant sa fin, *les Bérets verts* réalisé par John Wayne en 1968 et qui transposait au Viêt Nam les codes et les clichés du western. Son militarisme forcené et proaméricain provoquèrent des violentes réactions d'hostilité dans le monde entier. Il convient de noter, en revanche, que d'autres films, durant cette première période couverte par le bruit des armes, évoquèrent la guerre par les chemins détournés du récit historique, allégorique ou parodique. Ce fut le cas en 1970 de *Soldat bleu* de Ralph Nelson, de *Little Big Man* d'Arthur Penn, de *Catch 22* de Mike Nichols et de *M.A.S.H* de Robert Altman. Ce dernier film, censé se passer en Corée, remporta un immense succès public aux États-Unis en dépit ou à cause des critiques virulentes qu'il porte contre l'arrogance américaine.

Un quatuor dissonant

1979 est l'année charnière. Cette année-là sortent sur les écrans deux films qui plongent les spectateurs dans l'enfer de la guerre, *Voyage au bout de l'enfer* de Michael Cimino et *Apocalypse Now* de Francis Ford Coppola, et deux films ouvertement pacifistes qui se déroulent sur le sol américain pendant ou après le conflit, *Hair* de Milos Forman et *Retour* (1978) de Hal Ashby. Tandis que Forman prône les vertus du « pouvoir des fleurs » dans le contexte d'une Amérique en guerre, Ashby aborde de front les problèmes posés par l'après-guerre sur les anciens soldats physiquement et moralement atteints. C'est peu dire que ce film provoqua de nombreux remous aux États-Unis même. Le film de Cimino, lui, peut être vu comme une façon de redresser la tête, au contraire des deux précédents : l'ennemi viêtnamien y est largement diabolisé et le patriotisme des protagonistes ne connaît aucune remise en question. Quant à Coppola, son adaptation d'un roman de Joseph Conrad, *Cœur des ténèbres*, l'entraîne vers des territoires beaucoup plus complexes où il sonde l'âme humaine.

Plus de 150 films documentaires et de fiction américains seront produits sur le sujet entre 1979 et 2005, car la guerre du Viêt Nam est devenue une véritable source d'inspiration pour Hollywood et ses auteurs.

Tom Cruise
Né un 4 juillet
Oliver Stone, 1989

La vie mutilée. Onze ans après le film de Hal Ashby, *Retour*, Oliver Stone reprend le même sujet, celui du retour à la vie civile des soldats handicapés. Il fait jouer ici à Tom Cruise le rôle de l'un de ces milliers d'anonymes partis au combat dans l'insouciance et qui ont traversé la guerre avec la peur au ventre. En l'occurrence, le personnage joué par Cruise a même tué involontairement un autre soldat américain. C'est l'ultime preuve de la dérision d'une guerre qui broie les corps autant que les âmes, nous dit Oliver Stone qui a adapté ici l'autobiographie de Ron Kovic, s'inscrivant comme à son habitude dans un réel souci de réalisme et d'authenticité. C'est en devenant un militant acharné de la cause pacifiste que ce héros malgré lui reprendra goût à la vie et aux autres.

Full Metal Jacket
Stanley Kubrick, 1987

Les sentiers de l'horreur. Après sept ans de préparation, Kubrick donne sa propre vision de la guerre du Viêt-Nam à travers l'histoire d'une section de Marines inexpérimentés appelés à combattre. Le film est l'adaptation d'un roman de Gustav Hasford explicitement titré *le Merdier*. Loin de tout manichéisme, Kubrick prévient ainsi le spectateur : « J'aime ce manque de clarté dans l'attitude morale, si habituelle dans les histoires de guerre. »

APOCALYPSE NOW
FRANCIS FORD COPPOLA, 1979

Le tournage catastrophe du film fut à la hauteur du résultat, spectacle hallucinant et halluciné de la guerre et de ses horreurs, d'où émerge le crâne rasé de Marlon Brando. Ce dernier incarne le colonel Kurtz que sa mégalomanie a conduit au plus profond de la jungle dans le dernier cercle de l'enfer, au « cœur des ténèbres », pour reprendre le titre du roman de Joseph Conrad dont Coppola et son scénariste John Milius se sont lointainement inspirés. Bombardement d'un village au napalm, « ballet » d'hélicoptères porteurs de mort et de destruction, show de playmates qui tourne au désastre, Coppola multiplie les scènes d'anthologie. Mais l'autre versant du film, c'est un voyage initiatique, une plongée dans les tréfonds de la complexité humaine, entre rêve et folie.

États critiques

Durant les mandats présidentiels (1981-1989) de Ronald Reagan, la veine pacifiste continue de faire entendre sa voix avec notamment *Birdy* d'Alan Parker, mais, contexte politique oblige, l'heure est plutôt au militarisme. Rambo en est le parfait symbole, lui le héros d'une guerre perdue qui continue toutefois à se battre. Mais à partir de la fin des années 1980, une nouvelle tendance se fait jour, qui critique radicalement la guerre et ses horreurs. Apparaissent ainsi sur les écrans *Full Metal Jacket* de Stanley Kubrick, où l'homme est transformé en machine de guerre, le satirique *Good Morning Vietnam* de Barry Levinson et *Outrages* de Brian De Palma qui multiplie les interrogations morales. Oliver Stone occupe une place un peu particulière, notamment parce qu'il est l'un des rares cinéastes américains à avoir combattu au Viêt Nam, où il reçut même une décoration militaire : *Platoon* (1986), *Né un 4 juillet* (1989) et *Entre ciel et terre* (1993) constituent donc une trilogie particulièrement forte, au réalisme saisissant. Le temps des héros sanguinaires est révolu. Il faut faire avec un passé douloureux, semblent dire les cinéastes au public américain.

« *Dans une guerre, la première victime, c'est l'innocence.* »
Platoon (O. Stone)

Quand l'acteur devient auteur

Allen, Redford, Eastwood

Si, hormis quelques expériences anecdotiques, peu de réalisateurs sont un jour passés devant la caméra, la tentation inverse est née avec le cinéma et des génies touche-à-tout tels que Charlie Chaplin ou Buster Keaton.

S'il est aujourd'hui difficile d'imaginer la danse des petits pains de *la Ruée vers l'or* sans Charlot ou *le Mécano de la «General»* sans Buster Keaton, trois hommes sont particulièrement emblématiques de cette ambivalence acteur – réalisateur et ont su mener deux carrières en parallèle, l'une nourrissant l'autre.

Woody Allen : le clown blanc

Venu du cabaret et de la télévision où il développe un humour typiquement judéo-new-yorkais, Woody Allen s'impose grâce au cinéma. Petit, myope, se définissant lui-même comme un intellectuel incapable de rapports simples avec les femmes, il crée un personnage décliné film après film. Après quelques passages dans des comédies telles que *Casino Royale*, il se met en scène dans sa première réalisation *Prends l'oseille et tire-toi*. Sa présence évolue en fonction des films. Il peut en être le pivot central (*Manhattan*, 1979), comme l'un des personnages secondaires (*Une autre femme*, 1988). À l'image de sa personnalité, sa filmographie offre une pluralité de facettes allant de la comédie loufoque (*Bananas*, 1971) à un univers bergmanien (*Intérieurs*, 1978). Peu à peu, Woody Allen a mêlé l'un à l'autre, parvenant à traiter avec une apparente légèreté les choses les plus graves. Réalisateur prolifique (un film annuel), mais comédien rare, il a su créer une véritable empreinte cinématographique en révélant, au fil de ses films, la richesse de son univers.

Robert Redford : l'âme rageuse d'une icône

Comédien reconnu pour, outre son physique ravageur, l'exigence de ses choix, Robert Redford passe tardivement à la mise en scène. C'est en 1980, seulement, après une grande et belle carrière d'acteur, qu'il réalise *Des gens comme les autres*, film sensible sur le deuil d'une famille. L'excellent accueil du film lui permet dès lors d'exploiter ces deux talents de front. Redford apparaît peu dans ses propres films – *l'Homme qui murmurait à l'oreille des chevaux* (1998) est une rare exception, même si sa ressemblance avec Brad Pitt dans *Et au milieu coule une rivière* semble peu devoir au hasard – et davantage dans ceux des autres. Au fil de ses mises en scène, il a pu se pencher sur des thématiques absentes du cinéma classique hollywoodien – *Milagro* (1987), fable sur le capitalisme – ou revisiter sa jeunesse et l'imaginaire américain – *la Légende de Bagger Vance* (2000), *Quiz Show* (1994).

MANHATTAN
WOODY ALLEN, 1979

Une île, une musique. Isaac Davis, scénariste, entretient une tendre relation avec Tracy, une adolescente d'une grande maturité. Mais, convaincu que leur histoire est sans avenir, il noue une idylle avec Mary, une brillante journaliste de son âge… L'île de Manhattan et la musique de Gershwin définissent à eux seuls l'atmosphère de cette chronique nonchalante. Allen livre ici les clés de son univers et aborde ces variations amoureuses avec une douce ironie. Le parti pris du noir et blanc confère une tonalité nostalgique à cette œuvre intemporelle sur l'incertitude sentimentale.

ET AU MILIEU COULE UNE RIVIÈRE
ROBERT REDFORD, 1992

Robert le vert. Un père pasteur et ses deux fils au milieu d'une superbe nature américaine : *Et au milieu coule une rivière* que Robert Redford réalisa en 1991 est d'abord un poème écologiste, véritable déclaration d'amour à la vie «naturelle». C'est en 1980 que l'acteur entama sa carrière de cinéaste pour réaliser des films qui prônent ouvertement des valeurs humanistes et écologistes. Redford est devenu un réalisateur «démocrate» par excellence.

Il a, en parallèle à sa carrière, crée le Sundance Institute, festival destiné à soutenir la production indépendante.

Clint Eastwood : du cow-boy solitaire au grand cinéaste

Révélé par la trilogie de Sergio Leone, Clint Eastwood devient indispensable aux westerns et films d'action avant de passer derrière la caméra avec *Un frisson dans la nuit* (*Play Misty for Me*, 1971), un thriller original. Si une partie de son travail de réalisateur se rapproche de son univers d'acteur — il se passionne pour le western et réalisera lui-même un *Inspecteur Harry*, son personnage fétiche —, il développe néanmoins des œuvres aussi sensibles qu'inattendues. Sa passion pour le jazz lui inspire deux films — *Honkytonk Man* (1982) et *Bird* (1988) — et, en parvenant à faire pleurer les foules avec *Sur la route de Madison*, il achève de prouver l'étendue de son talent. En 2005, il triomphe avec *Million Dollar Baby*, qui est couronné par plusieurs oscars.

Le passage d'un côté à l'autre de la caméra évolue selon les carrières. Des comédiens tels que Sean Penn (*The Indian Runner* (1991), *The Crossing Guard* (1995), *The Pledge* (2001) ou Al Pacino (*Looking for Richard*, 1996) ont, ponctuellement, exprimé par la mise en scène un univers personnel et intimiste où ils n'apparaissent pas toujours physiquement.

« *Hollywood ? C'est une usine où l'on fabrique dix-sept films sur une idée qui ne vaut même pas un court métrage.* »
Woody Allen

CLINT EASTWOOD
ET HILARY SWANK
MILLION DOLLAR BABY
CLINT EASTWOOD, 2005

Le passage du témoin. Avec *Million Dollar Baby*, Clint Eastwood a signé son vingt-cinquième film. Cette histoire d'entraîneur sportif qui accepte, à contrecœur d'abord, de former une future star de la boxe féminine a, une fois de plus dans l'œuvre récente du cinéaste, des allures de poème métaphorique. Clint Eastwood (né en 1930) n'hésite pas à mettre en scène sa propre vieillesse. L'ancien inspecteur Harry n'en finit pas, comme réalisateur, de disserter sur le temps qui passe sur les amours trop tardives (*Sur la route de Madison*, 1994) ou le passé qui ne passe pas (*Mystic River*, 2003).

Hollywood et ses stars

Les étoiles du système

Les actrices et les acteurs américains contribuent toujours à faire tourner « l'usine à rêves ». Mais le temps des mythes est définitivement révolu. Et c'est le box office qui fait la pluie et le beau temps des stars.

Fin des années 1970 : comme Jane Fonda, Robert De Niro, Al Pacino, Robert Redford, les acteurs et actrices en vue en cette ère post-Viêt Nam viennent des années 1960 et d'un cinéma qui a des choses à dire. La capacité de Jack Nicholson à s'autoparodier (*Shining*, 1980 ou *Batman*, 1989) ou à prendre des risques (*Le facteur sonne toujours deux fois*, 1980) lui assure une longévité impressionnante. C'est aussi le cas pour Dustin Hoffman qui, des *Hommes du président* (1977) à *Rain Man* (1988) en passant par *Tootsie* (1982) effectue un parcours enviable. Plus jeune, Meryl Streep, remarquée dès son apparition en second rôle dans *Voyage au bout de l'enfer* en 1978, est *la* valeur sûre de sa génération. Elle est la partenaire de Dustin Hoffman (*Kramer contre Kramer*, 1979) et de Robert Redford (*Out of Africa*, 1985) mais s'impose en star à part entière dans *la Maîtresse du lieutenant français* (1981) ou *le Choix de Sophie* (1982)

Des femmes en tête

Les autres vedettes de la période viennent d'un cinéma-spectacle, destiné à combattre le format « petit écran ». Dans la main d'un monstre amoureux (*King Kong*, 1976) ou à la merci d'un extraterrestre vorace (*Alien*, 1979 et ses suites), Jessica Lange et Sigourney Weaver offrent deux images opposées de la femme des années 1980. Toutes deux connaîtront des revers de carrière injustes au regard de leur talent et de leur beauté. Comme Kim Basinger, seule actrice à avoir cumulé les rôles de James-Bond-girl (*Jamais plus jamais*, 1983) et de Batman-girl, qui peine à trouver un deuxième souffle après avoir défrayé la chronique en mangeant du yaourt les yeux bandés par Mickey Rourke dans *Neuf Semaines et demie* (1985). De même, il aura suffi d'une scène à Sharon Stone, dans *Basic Instinct* (Paul Verhoeven, 1992), pour devenir un mythe, mais malgré le succès de *Casino* (M. Scorsese, 1995), aucun grand rôle ne lui a été ensuite proposé. Née en 1967 de parents comédiens, Julia Roberts quant à elle incarne à la perfection l'image que les producteurs et les cinéastes, se font de la femme moderne. Tour à tour Cendrillon (*Pretty Woman*), amoureuse romantique dupée chez Woody Allen (*Tout le monde dit I love you*, 1996), indépendante et volage pour P.J. Hogan (*le Mariage de mon meilleur ami*, 1997), militante chez Steven Soderbergh dans le rôle d'une avocate écologiste qui lui vaut l'Oscar de la meilleure actrice (*Erin Brockovich, seule contre tous*, 2000), elle est devenue incontournable.

Meryl Streep
Out of Africa
Sydney Pollack, 1985

Meryl, double je. C'est dans une fiction télévisée que Fred Zinnemann repéra en 1977 Meryl Streep alors âgée de 26 ans et lui confia immédiatement un rôle dans *Julia* (1977) aux côtés de Vanessa Redgrave. À peu près au même moment l'actrice retrouvait le petit écran pour *Holocaust* tandis que Cimino lui confiait l'un des rôles principaux de *Voyage au bout de l'enfer* (1978). En trois films, elle impose cette fragile blondeur romantique qu'elle saura immédiatement casser chez Woody Allen dans le rôle d'une ex-épouse insupportable (*Manhattan*, 1979). Sa carrière sera désormais placée sous le signe de cet éclectisme : à la romancière huppée de *Out of Africa* de Sydney Pollack répond ainsi deux ans plus tard la clocharde alcoolique de *La Force d'un destin* de Hector Babenco.

Bruce Willis
Une journée en enfer
John McTierman, 1995

Brut de Bruce. Venu du petit écran, cet acteur américain né en Allemagne en 1955 promène son sourire un rien désabusé sur les plateaux de tournage hollywoodiens depuis sa première apparition en 1987, dans *Boires et déboires* de Blake Edwards. Même dans ses films purs d'action que sont *Piège de cristal* (1988) et *58 minutes pour vivre* (1990), il parvient à insérer une note d'humour décalée et personnelle. En outre, l'acteur a toujours continué de travailler avec des auteurs à part entière comme Quentin Tarantino (*Pulp Fiction*, 1994) ou Terry Gilliam (*l'Année des 12 singes*, 1995). Au tournant du nouveau millénaire, il entame une collaboration avec le cinéaste M. Night Shyamalan pour *Sixième sens* (1999) puis *Incassable* (2000).

Des hommes et des muscles

Dans la catégorie « Monsieur Muscle », Sylvester Stallone (*Rocky*, 1976, *Rambo*, 1982, et leurs suites) et Arnold Schwarzenegger (*Conan*, 1981, *Terminator* 1984, et leurs suites) personnifient une certaine idée du rêve américain – l'un est d'origine italienne, l'autre a immigré d'Autriche. Mel Gibson, venu d'Australie, tout en muscle à ses débuts (*Mad Max*, 1979, et ses suites) a acquis, avec *l'Arme fatale* (1987) et ses propres réalisations — dont *Braveheart*, 1995 (et une *Passion du Christ* discutée mais en troisième place du box-office 2004 —, un statut bien plus complexe et sans doute durable.

Quant à Harrison Ford, il est à lui tout seul ou presque le héros d'une galaxie de renommée mondiale : *Star Wars* 1977, *L'Empire contre-attaque* 1980, et *le Retour du Jedi* 1983 ainsi que les trois *Indiana Jones* (1980,1984, 1989) font de lui une star éternellement chère au cœur des spectateurs et aux portefeuilles des producteurs.

Vedette de la télévision et fils d'une star du grand écran, Michael Douglas (également producteur) rafle la mise du cinéma d'aventure *bigger than life* avec *À la poursuite du diamant vert* (1984) et *le Diamant du Nil* (1985) — qui lancent Kathleen Turner. Venu de l'émission comique *Saturday Night Live*, Eddie Murphy s'impose avec la série des « Flics de Beverly Hills » et Bruce Willis, qui sort d'une aimable sitcom, frappe fort en monsieur tout-le-monde obligé de se transformer en homme d'action dans *Piège de Cristal* (1988) puis *Cinquante-huit Minutes pour vivre* (1990).

RICHARD GERE
ET JULIA ROBERTS
PRETTY WOMAN
GARRY MARSHALL, 1990

Julia + Richard. Un sourire éclatant, de longues jambes, des rôles sympathiques et des cachets mirobolants, ainsi pourrait-on résumer le profil typiquement hollywoodien de Julia Roberts. Dans *Pretty Woman,* elle incarne Vivian une prostituée qui rencontre le millionnaire Edward Lewis (Richard Gere). C'est à l'écran l'alliance quasi parfaite de la belle brune craquante avec l'incarnation de l'homme idéal de l'époque, sexy et sérieux en même temps, capable d'incarner à la suite un « american gigolo » puis un « officier et gentleman». Hollywood ne s'y trompe pas qui en fit son couple de rêve, à l'instar des couples mythiques de son âge d'or.

SHARON STONE
CASINO
MARTIN SCORSESE, 1995

Sharon, l'imprévisible. Un croisement de jambes suggestif dans un thriller très violent par ailleurs *(Basic instinct* de Paul Verhoeven, 1992) ne saurait résumer la carrière de Sharon Stone. L'actrice, qui s'amuse régulièrement à rappeler la hauteur de son Q.I., a d'autres talents professionnels comme elle l'a montré de façon éclatante dans *Casino* de Martin Scorsese en 1995. Elle y incarne Ginger, future épouse de Sam Rothstein (Robert De Niro), aventurière alcoolique et redoutable prédatrice plongée dans l'univers du jeu.

Uma Thurman
Kill Bill 2
Quentin Tarantino, 2003

« Elle a le corps de Jayne Mansfield et un cerveau terriblement développé », voilà ce que déclarait John Malkovitch à propos d'Uma Thurman alors qu'ils tournaient ensemble *les Liaisons dangereuses* (1988) sous la direction de Stephen Frears. C'est avec ce film que sa carrière prit véritablement son envol, avant qu'elle ne devienne la muse de Quentin Tarantino dans *Pulp Fiction* puis dans *Kill Bill* 1 et 2 où elle incarne une mariée en noir, véritable concentré de vengeance. Née en 1970, cette actrice, qui quitta l'école à quinze ans, est la fille du premier Américain ordonné prêtre bouddhiste et d'un ancien mannequin suédois. Mais quoi de plus naturel quand on porte le nom d'une déesse indienne ?

Entre bons auteurs et grands faiseurs

La fin des années 1980 marque l'époque des *success stories*. Nicole Kidman, associée un temps à la célébrité de son mari Tom Cruise, notamment dans *Eyes Wide Shut* (S. Kubrick, 1999), vole ensuite de ses propres ailes auprès de réalisateurs aussi différents que Baz Luhrmann (*Moulin Rouge*, 2001), Alejandro Amenabar (*Les Autres*, 2001) ou Lars von Trier (*Dogville*, 2003). Elle obtient l'oscar de la meilleure actrice pour sa composition de l'écrivain Virginia Woolf dans *The Hours* (Stephen Daldry, 2001).
Johnny Depp bénéficie d'une aura sans tache auprès du public grâce aux films de quelques cinéastes culte comme Tim Burton (*Edward aux mains d'argent*, 1990, *Ed Wood*, 1994, *Sleepy Hollow*, 1999, *Charlie et la chocolaterie*, 2005) ou Jim Jarmusch (*Dead Man*, 1995) mais aussi grâce au blockbuster *Pirates des Caraïbes* (2003). Le talent de Tom Hanks, lancé notamment par *Big* (1988) et *Nuits blanches à Seattle* (1993) se confirme ensuite dans ses choix de producteur et d'acteur sensible : malade du sida dans *Philadelphia* (J. Demme, 1993), simple d'esprit dans *Forrest Gump*

(1994), capitaine dans *Il faut sauver le soldat Ryan* (S. Spielberg, 1998) ou immigré retenu en zone de transit dans *le Terminal* (S. Spielberg, 2004).
Leonardo Di Caprio, qui triompha en héros romantique dans *Romeo + Juliette* (1996) et *Titanic* (1997), fut diagnostiqué perdu (*l'Homme au masque de fer*, 1998) et revint en force avec *Gangs of New York* (M. Scorsese, 2002), *Arrête-moi si tu peux* (S. Spielberg, 2003) et *Aviator* (M. Scorsese, 2004).

Nouveaux visages, nouveaux espoirs

Les affiches d'*Ocean's Eleven* (S. Soderbergh, 2001) puis *Ocean's Twelve* (S. Soderbergh, 2004) sont exemplaires : on y trouve notamment deux fringants quadragénaires, George Clooney (*O Brother*, J. Coen, 2000) venu de la série télévisée *Urgences* et Brad Pitt (*Fight Club*, D. Fincher, 1999) associés avec un fougueux trentenaire, Matt Damon (*La Mémoire dans la peau*, D. Liman, 2002) issu du cinéma indépendant et oscarisé comme coscénariste de *Will Hunting* (Gus Van Sant, 1997), qui lui valut ses galons d'acteur face au chevronné Robin Williams (*le Cercle des poètes disparus*, P. Weir, 1989).
Le « politiquement correct » a longtemps permis aux acteurs noirs d'exister fugitivement, mais par la force de leur obstination et de leur indéniable charisme, Denzel Washington (*Malcolm X*, Spike Lee, 1992), Forest Whitaker (*Ghost Dog*, Jim Jarmusch, 1999) ou bien encore Morgan Freeman (*Seven*, D. Fincher, 1995, *Million Dollar Baby*, C. Eastwood, 2005) se sont peu à peu imposés dans les premiers rôles y compris de « grosses machines » hollywoodiennes.
Le XXIe siècle n'est pas avare de nouveaux visages : Russell Crowe est un irréfutable meneur (*Gladiator*, R. Scott, 2001) ; Renée Zellweger (*Le Journal de Bridget Jones*, S. Maguire, 2001) et Catherine Zeta-Jones (*Traffic*, S. Soderbergh, 2000) font les beaux jours de *Chicago* (R. Marshall, 2000) ; Hilary Swank sait parfaitement faire face au vétéran Clint Eastwood qui lui donne la réplique et la dirige dans *Million Dollar Baby* (2005) ; Scarlett Johansson, troublante et lumineuse, parvient à inspirer la prometteuse Sofia Coppola (*Lost in Translation*, 2003) aussi bien que Woody Allen qui en a fait l'héroïne américaine de son très britannique *Match Point* en 2005 ; les juvéniles Ewan McGregor et Natalie Portman profitent assurément du succès planétaire de la nouvelle trilogie *Star Wars*. Tant qu'il y aura des stars...

TOM CRUISE, NICOLE KIDMAN
EYES WIDE SHUT
STANLEY KUBRICK, 1999

Stars en couple. Ni l'un ni l'autre ne sont les acteurs d'un seul et unique film mais en tournant ensemble dans ce qui fut l'ultime film de Stanley Kubrick, Nicole Kidman et Tom Cruise ont accepté d'être à jamais l'incarnation de l'un des couples les plus troublants de l'histoire du cinéma. Dans *Eyes Wide Shut*, les deux comédiens jouent ce qu'ils sont dans la vie, du moins ce qu'ils étaient en 1999 : un couple marié. Et le film va très loin dans l'exploration de l'intimité de ce couple en crise. Jusqu'où Nicole Kidman est-elle Alice Harford, cette femme peintre ? Jusqu'où Tom Cruise est-il Bill Harford, ce médecin désorienté par les confidences de sa femme? Un trouble jeu de la vérité sur grand écran.

GEORGE CLOONEY, BRAD PITT, MATT DAMON, ANDY GARCIA, JULIA ROBERTS
OCEAN'S ELEVEN
STEVEN SODERBERGH, 2001

Gang de stars. Les stars des années 1990 s'accrochent, quitte à tourner ensemble pour Steven Soderbergh comme George Clooney, Brad Pitt et Matt Damon dans *Ocean's Eleven* et sa suite : une bien belle affiche et un choix de carrière sympathique. Effet inverse de celui qu'avaient connu à leurs débuts Nicholas Cage, Mickey Rourke, Matt Dillon et Tom Cruise, réunis par Francis Ford Coppola dans *Outsiders* (1982) et *Rusty James* l'année suivante.

Retours vers les futurs

L'envol de la science-fiction

HARRISON FORD
BLADE RUNNER
RIDLEY SCOTT, 1982

Cyberpolar. Los Angeles, 2019. Un « Blade Runner », autrement dit un tueur, est chargé d'abattre quatre robots androïdes infiltrés dans la cité et particulièrement dangereux et qui ont la particularité d'être privés de mémoire et d'affectivité. Avec *Alien*, en 1979, Ridley Scott s'était déjà envolé vers le futur. Cette fois, il adapte un roman de Philip K. Dick, *Les androïdes rêvent-ils de moutons électriques ?* et fait incarner à Harrison Ford une sorte de détective privé à la Raymond Chandler. C'est précisément ce mélange des genres qui fait le prix de *Blade Runner*, véritable tournant dans l'histoire du film de science fiction qui multiplie les robots pour mieux s'interroger sur la nature humaine.

La science fiction en tant que genre se développe aux États-Unis pendant la guerre froide. Avec l'amorce d'une détente est-ouest, et surtout à partir de *2001, Odyssée de l'espace* (Stanley Kubrick, 1968) s'ouvre l'ère des épopées spatiales et des space opera. Avec *la Guerre des étoiles* (George Lucas, 1978), la science-fiction entre dans la catégorie des superproductions mettant en jeu une surenchère d'effets spéciaux et des budgets astronomiques.

Star Wars, ce n'est pas de la science-fiction : c'est bien plus que ça ! Western intergalactique et film de chevalerie, épopée, opéra et *buddy movie* cosmique, les aventures de Luke Skywalker, Princesse Leia et Han Solo recyclent plusieurs genres du cinéma pour en créer un nouveau, à part. Filmée avec des moyens révolutionnaires pour l'époque, la saga de George Lucas, commencée en 1977, change la donne du film de science-fiction. La sortie du sixième film et son colossal box-office en mai 2005 parachèvent cette entreprise cinématographique unique. Le spectacle est roi, les effets sont spéciaux : succès planétaire sans précédent !

Recettes éprouvées

À côté de ces deux trilogies fascinantes, toute tentative semble désormais bien pâlote. Sauf à adapter les auteurs cultes du genre : Philip K. Dick pour *Blade Runner* de Ridley Scott (1982), *Total Recall* de Paul Verhoeven (1990), *Minority Report* de Steven Spielberg (2002) ou Frank Herbert pour *Dune* de David Lynch (1984). Articulée au fantastique et à l'horreur, la science-fiction propose très souvent un mélange des genres. *Matrix* (1999) des frères Wachowski (puis *Matrix Reloaded* et *Matrix Revolutions* (2003), avec Keanu Reeves, y mêle les combats d'arts martiaux chorégraphiés comme des ballets : un plus non négligeable. Mais, sur le fond, la thématique reste la même : lointaine galaxie, machines ayant pris le pouvoir, ennemis clonés à l'infini... Plus une bonne dose de naïveté et des références qui vont d'*Alice au pays des merveilles* à la Bible !

Planète en danger

Prétexte à cristalliser la peur de l'autre pendant la guerre froide, l'extraterrestre est de plus en plus souvent un ami qui nous veut du bien. Même si, par la force d'un seul film, il est devenu pur objet de terreur : *Alien* de Ridley Scott (1979), un des rares exemples de production européenne du genre — avec *Brazil* de Terry Gilliam (1985) et *le Cinquième Élément* de Luc Besson (1997) — mélange la science-fiction et l'horreur et utilise l'espace clos d'un

Quelques films à revoir

1972 **Solaris** (A. Tarkovski) 1977 **la Guerre des étoiles** (G. Lucas) ; **Rencontres du troisième type** (S. Spielberg) 1979 **Alien** (R. Scott) 1980 **l'Empire contre-attaque** (I. Kershner) 1982 **The Thing** (J. Carpenter) ; **E.T., l'extraterrestre** (S. Spielberg) ; **Blade Runner** (R. Scott) ; **Videodrome** (D. Cronenberg) 1983 **le Retour du Jedi** (R. Marquand) ; **Wargames** (J. Badham) 1984 **Terminator** (J. Cameron) 1985 **Retour vers le futur** (R. Zemeckis) 1990 **Total Recall** (P. Verhoeven) 1995 **l'Armée des 12 singes** (T. Gilliam) 1996 **Independence Day** (R. Emmerich) ; **Mars Attacks !** (T. Burton) 1997 **le Cinquième Élément** (L. Besson) ; **Men in black** (B. Sonnenfeld) 1998 **Bienvenue à Gattaca** (A. Niccol) 1999 **Matrix** (A. et L. Wachowski) ; **la Menace fantôme** (G. Lucas) 2002 **l'Attaque des clones** (G. Lucas) ; **Minority Report** (S. Spielberg) 2004 **I, Robot** (A. Proyas) 2005 **la Revanche des Siths** (G. Lucas)

WILL SMITH,
TOMMY LEE JONES
MEN IN BLACK
BARRY SONNENFELD, 1997

À chaque genre sa parodie. Cela donne les méchants macrocéphales détruisant tout sur leur passage dans *Mars Attacks !* (Tim Burton, 1996) ou les « immigrés » vivant parmi nous sous la surveillance de l'unité spéciale des *Men in Black* dans le film de Barry Sonnenfeld.

vaisseau spatial et l'inconnu d'une créature à peine entrevue pour travailler sur nos peurs les plus enfantines. Même si l'Amérique reprend cycliquement les vieux scénarios des films catastrophe pour exalter une remontée du protectionnisme : *The Thing* de John Carpenter (1982), *Independence Day* de Roland Emmerich (1996).

Et demain ? Vaste question sur laquelle la science-fiction étale un champ très large de possibles réponses. Qu'arrivera-t-il si les machines (ordinateurs et robots) font la loi (*Wargames* de John Badham, 1983 ; *The Matrix* d'Andy et Larry Wachowski, 1999 et ses deux suites ; *I, Robot* d'Alex Proyas, 2004) ? Si la guerre prend des proportions interplanétaires (*Pitch Black* et *les Chroniques de Riddick* de David Twohy, respectivement 2000 et 2004) ? Si nos faits et gestes sont surveillés par des caméras (*The End of Violence*, Wim Wenders, 1997, *The Truman Show*, Peter Weir, 1998 ;) ou si nous sommes littéralement happés par la télévision (*Videodrome*, David Cronenberg, 1982) ? Si la génétique régit nos vies (*Bienvenue à Gattaca*, Andrew Niccol, 1998) ? Si les voyages dans le temps permettent toutes les rectifications et tous les abus (*Terminator*, James Cameron, 1984 et ses suites ; *Retour vers le futur*, Robert Zemeckis, 1985 et ses suites ; *l'Armée des douze singes*, Terry Gilliam, 1995) ? Si la planète malmenée se rebelle (*le Jour d'après*, Roland Emmerich, 2004) ? « Imagination du désastre » selon l'écrivain Susan Sontag, le cinéma de science-fiction, en passant de la série B au film d'auteur ou à la superproduction, évacue petites craintes et grandes paranoïas.

Ewam McGregor, Hayden Christensen

Star Wars épisode 3 : la revanche des Siths

George Lucas, 2005

L'empire Star Wars. Après *La Guerre des étoiles* (1977), George Lucas laisse les commandes de la mise en scène à d'autres réalisateurs. Irvin Kershner pour *L'Empire contre-attaque* (1980) et Richard Marquand pour *le Retour du Jedi* (1983). Lucas a construit son empire technique pour l'ensemble de la production américaine, notamment le son THX, du nom de son premier film (de science-fiction) *THX 1138* (1970). Il a ensuite écrit, produit et réalisé, avec des moyens encore accrus et des effets encore plus spéciaux, une nouvelle trilogie dont l'action se situe chronologiquement avant la première : *Star Wars épisode 1, la Menace fantôme* (1999), *Star Wars épisode 2, l'Attaque des Clones* (2002) et *Star Wars épisode 3, la Revanche des Siths* (2005).

Le road movie

Des films qui voyagent

À la fin des années 1960, le film de voyage américain est l'objet d'un genre nouveau : le road movie. Les héros sont des contestataires désabusés qui soignent leur mal de vivre en prenant la route.

Les récits de voyages ont tissé l'histoire de l'humanité. De l'*Odyssée* à *Don Quichotte*, de Jonathan Swift à Jack Kerouac, la littérature y a trouvé ses chefs-d'œuvre. Le cinéma ne pouvait pas ignorer un genre aussi riche et si l'errance a particulièrement inspiré les Américains, c'est que leur pays même est issu d'une longue épopée : la conquête de l'Ouest. Dès qu'il apparaît, Chaplin est un vagabond. Dans *les Raisins de la colère* de John Ford (1940), des paysans chassés de leur terre par la crise fuient vers la Californie pour y trouver du travail. Le héros des *Voyages de Sullivan*, de Preston Sturges (1942), part sur les routes accompagné d'une starlette...

Le terme de « road movie » (« film sur la route ») apparaît en Amérique à la fin des années 1960. Alors que le pays s'embourbe au Viêt Nam, la jeunesse cherche un ailleurs meilleur, dans les utopies du flower power, ou sur la route, tels les deux hippies d'*Easy rider*, de Dennis Hopper (1969). Ce fut le film porte-drapeau d'une génération rebelle clamant son malaise et son angoisse du vide. Le voyage apparaît comme solution au mal de vivre ou au sentiment d'échec. La route symbolise la liberté, l'insoumission. Le chemin est jalonné d'arrêts, de rencontres dans les restaurants ou les postes à essence, comme dans *les Gens de la pluie*, de Francis Ford Coppola (1969). Dans *l'Épouvantail* (1973), Jerry Schatzberg suit deux marginaux qui traversent un pays où le rêve vire au cauchemar.

Un nouveau style de routards

Le road movie peut dévier vers le film social, le musical, ou l'épouvante. Ainsi David Lynch pousse très loin son désir de malmener le spectateur à coups de sensations fortes, à travers l'équipée sauvage de *Sailor et Lula* (Palme d'or à Cannes 1990). Ce road movie sur fond d'heavy metal, mène au pays du cauchemar. Avec son conducteur poursuivi par un camion fou, *Duel* de Steven Spielberg (1971) est lui plus proche du thriller et du fantastique. Même chose pour la série des « Mad Max » (George Miller, 1979), où la route joue pourtant un rôle capital. Avec *Honkytonk Man* de Clint Eastwood (1982) — escapade cocasse d'un musicien country — le road movie se fait nonchalant. Dans *Stand by Me*, de Rob Reiner (1986), on suit le périple d'une bande d'ados dans la campagne américaine, et c'est un touchant récit d'adieu à l'enfance.

Le road movie européen

En 1974, avec *Alice dans les villes*, Wim Wenders commence une « trilogie du voyage », en suivant un

STRANGER THAN PARADISE
JIM JARMUSCH, 1984

Nouvelle vague. Willie, émigré hongrois installé à New York, fait la connaissance d'une lointaine cousine, Eva, qu'il doit loger pendant une semaine. Elle repart, mais, un an plus tard, Willie et son ami Eddie gagnent au poker. Ils lui rendent visite et l'emmènent en Floride, où une suite de désillusions les attend. Deuxième film de Jim Jarmusch, cette chronique de la vie de quelques paumés sans avenir fut considérée à sa sortie comme le chef-d'œuvre de la nouvelle vague new-yorkaise. Errance tragicomique en voiture, dans une Amérique vide comme chez Wenders, longs travellings et plans-séquences dans un noir et blanc très travaillé : c'est tout l'envers du rêve américain qu'étale un Jarmusch tendre et mélancolique dans ce film devenu aujourd'hui un classique.

GEENA DAVIS, SUSAN SARANDON
THELMA ET LOUISE
RIDLEY SCOTT, 1991

Randonnée mortelle. Thelma et Louise décident de s'offrir un week-end entre filles, le temps d'une virée sur la route. Quand un macho tente de violer Thelma, Louise fait feu et les voilà obligées de fuir vers le Mexique. De meurtrières, elles deviennent braqueuses avant de finir cernées de toutes parts, au-dessus du Grand Canyon du Colorado... Après la parabole fantastique (*Alien*), Ridley Scott change de genre avec cette cavale jubilatoire magnifiée par des paysages grandioses. Son film dénonce la brutalité de l'Amérique profonde où il n'est pas facile pour une femme d'être considérée à l'égal d'un homme. En innocentes se libérant peu à peu d'un futur sans attrait, Susan Sarandon et Geena Davis sont inoubliables.

journaliste et une petite fille dans l'Europe des années 1970. Le road movie se teinte alors de métaphysique. *Faux Mouvement* (1975) adapte *les Tribulations de Wilhelm Meister* de Goethe. Et dans *Au fil du temps* (1976), un projectionniste itinérant sillonne l'Allemagne. En France, dans *Sans toit ni loi* d'Agnès Varda (1985), une jeune vagabonde marche sans but pour finir dans un fossé. Avec *Tandem* (1987), Patrice Leconte s'amuse des étapes en province de deux animateurs de jeux radiophoniques. Et personne n'a oublié la virée en Bretagne de Paco l'Espagnol et Nino le Russe, dans *Western* de Manuel Poirier (1997).

Le road movie de l'an 2000

S'il a peu à peu perdu son côté contestataire, le road movie n'a jamais quitté les écrans, comme en témoignent des films aussi originaux qu'*Une histoire vraie* (1999), où David Lynch montre un vieil Américain parcourant des kilomètres... sur une tondeuse à gazon ! Lointainement inspiré de l'*Odyssée* d'Homère, *O Brother* de Joel Coen (2000) montre trois bagnards en cavale lancés à la recherche d'un trésor dans l'Amérique de la Grande Dépression. Dans *Twentynine Palms*, de Bruno Dumont (2003), les grands espaces désertiques sont le théâtre d'un voyage érotico-horrifique. Enfin, dans *Sideways*, d'Alexander Payne (2005), deux amis font le point sur leur existence en parcourant la route des vins californienne. Les voyages continuent...

HARRY DEAN STANTON
PARIS, TEXAS
WIM WENDERS, 1984

Chef d'œuvre du genre. Sortant du désert du Texas, un homme épuisé s'effondre. Transporté à l'hôpital, il reste muet, mais son frère l'identifie — il s'appelle Travis — et le ramène à Los Angeles. En chemin, il lui apprend que sa femme est partie, abandonnant leur fils, Hunter, qui a huit ans. Travis, accompagné de Hunter, part alors à la recherche de sa femme. Palme d'or au festival de Cannes 1984, *Paris, Texas* est d'abord la rencontre de plusieurs talents : celui de Wenders, qui a rarement été aussi sensible, mais aussi Sam Shepard au scénario, Ry Cooder à la musique et Roby Müller à l'image. Sans parler de la performance de Harry Dean Stanton, bouleversant Travis qui renaît lentement au monde. La séquence où il retrouve sa femme (Nastassja Kinski) dans un peep-show de Houston est restée mythique.

Quelques films à revoir

1969 **Easy Rider** (D. Hopper) ; **les Gens de la pluie** (F. F. Coppola) 1973 **l'Épouvantail** (J. Schatzberg) 1974 **Alice dans les villes** (W. Wenders) ; **la Balade sauvage** (T. Malick) 1982 **Honkytonk Man** (C. Eastwood) 1984 **Stranger than Paradise** (J. Jarmusch) ; **Paris Texas** (W. Wenders) 1985 **Sans toit ni loi** (A. Varda) 1986 **Stand by Me** (R. Reiner) 1987 **Tandem** (P. Leconte) 1990 **Sailor et Lula** (D. Lynch) 1991 **Thelma et Louise** (R. Scott) ; **Un monde parfait** (C. Eastwood) 1995 **Dead Man** (J. Jarmusch) 1997 **le Goût de la cerise** (A. Kiarostami) ; **Western** (M. Poirier) 1999 **Une histoire vraie** (D. Lynch) 2000 **O Brother, where art thou ?** (J. Coen) 2003 **Twentynine Palms** (B. Dumont) 2005 **Sideways** (A. Payne)

Loach, Leigh, Frears & co.

Le cinéma britannique de l'ère Thatcher

Au milieu des années 1980, grâce au dynamisme de Channel 4 et de quelques producteurs indépendants, le cinéma britannique rencontre son public. Mieux : il s'exporte, grâce à un trio de cinéastes engagés : Ken Loach, Mike Leigh, Stephen Frears.

Vers la fin des années 1970, après une période de grande turbulence économique qui les a forcés à trouver refuge sur le petit écran, les cinéastes britanniques repartent en guerre. Fortement ancrés dans la vie sociale, leurs films s'attaquent à la société thatchérienne, puis post-thatchérienne, mêlant humour, humanisme et combativité.

Ken Loach, le leader

Héritier du Free Cinema, Ken Loach se confirme cinéaste des laissés-pour-compte du système. Dans *Looks and Smiles* (1981), il montre à quel point les conflits individuels sont liés à la dépression économique. *Hidden Agenda* (1990) dénonce les atteintes aux droits de l'homme perpétrés par les services secrets britanniques en Irlande du Nord. *Riff Raff* (1991) dévoile les magouilles d'une entreprise immobilière londonienne. *Raining Stones* (1993) nous emmène dans les milieux défavorisés de Manchester. Dans *Land and Freedom* (1995), Loach suit un jeune chômeur parti en Espagne combattre le franquisme en 1936. *Carla's Song* (1996) retrace l'écrasement de la révolution sandiniste par la Contra proaméricaine au Nicaragua, en 1987.

Loach reste un des derniers militants que les désillusions de la gauche n'ont pas fait dévier de sa route, comme en témoignent *My Name Is Joe* (1998), *Navigators* (2001), *Sweet Sixteen* (2002), *Just a Kiss* (2004)... Son cinéma a une influence évidente sur d'autres succès britanniques : *The Full Monty*, de Peter Cattaneo (1997), où, dans une petite ville dévastée par la crise, une bande de chômeurs jouent les Chippendales pour survivre ; *les Virtuoses* de Mark Herman (1997), chronique sociale d'une ville minière, où l'on oublie la grisaille dans la fanfare locale.

L'humanisme sous la noirceur : Mike Leigh

Au premier abord, tous les films de Mike Leigh sont d'un pessimisme noir. Ils parlent de la difficulté d'être (*High Hopes*, 1988 ; *Life Is Sweet*, 1990), ils suivent des personnages à la dérive (*Naked*, 1993), dissèquent la vie figée des foyers en mal d'amour (*Secrets et mensonges*, Palme d'Or 1997 ; *All or Nothing*, 2002). Mais, au terme de tous ces voyages au bout de la nuit, Mike Leigh laisse filtrer une petite lumière, sa tendresse prend le pas sur le désespoir. Dans *Vera Drake* (2004), il reconstitue les années 1950 et brosse le portrait d'une avorteuse

DANIEL DAY-LEWIS
MY BEAUTIFUL LAUNDRETTE
STEPHEN FREARS, 1985

Ma petite entreprise. Omar, jeune Pakistanais de la banlieue londonienne, veut rénover une vieille laverie automatique. Il demande de l'aide à Johnny, un délinquant avec qui il vit une relation homosexuelle. C'est le film qui révéla Stephen Frears au grand public et fit la réputation de son scénariste, Hanif Kureishi, Anglo-Pakistanais préoccupé par le problème des immigrés dans la société anglaise. Sur un sujet fort — la difficulté de s'en sortir dans un monde impitoyable, quelle que soit sa couleur de peau — Frears contribuait brillamment à la relance d'un cinéma social. Une remarquable satire, grinçante et jubilatoire, sur la lutte des classes et des races, doublée d'un précieux témoignage sur la Grande-Bretagne des années 1980.

Quelques films à revoir

1981 **Looks and Smiles** (K. Loach) 1982 **Meurtre dans un jardin anglais** (P. Greenaway) 1985 **My Beautiful Laundrette** (S. Frears) ; **Zoo** (P. Greenaway) 1987 **Prick Up Your Ears** (S. Frears) ; **Sammy et Rosie s'envoient en l'air** (S. Frears) ; **le Ventre de l'architecte** (P. Greenaway) 1988 **Drowning by Numbers** (P. Greenaway) ; **High Hopes** (M. Leigh) 1990 **Life Is Sweet** (M. Leigh) 1991 **Prospero's Book** (P. Greenaway); **Riff Raff** (K. Loach) 1993 **Naked** (M. Leigh) ; **Raining Stones** (K. Loach) ; **The Snapper** (S. Frears) 1996 **Trainspotting** (D. Boyle) ; **The Van** (S. Frears) 1997 **Secrets et mensonges** (M. Leigh) ; **The Full Monty** (P. Cattaneo) ; **les Virtuoses** (M. Herman) 1998 **My Name is Joe** (K. Loach) 2000 **Billy Elliot** (S. Daldry) 2002 **All or Nothing** (M. Leigh) ; **Dirty Pretty Things** (S. Frears) ; **Sweet Sixteen** (K. Loach) 2004 **Just a Kiss** (K. Loach) ; **Vera Drake** (M. Leigh)

innocente et désintéressée, dénonçant l'hypocrisie d'une société asphyxiée par le conservatisme.

Stephen Frears ou le savoir-faire en toute liberté

Avec *My Beautiful Laundrette* (1985), Stephen Frears aborde de front le racisme et l'homosexualité ; il enchaîne avec *Prick Up Your Ears* (1987), *Sammy and Rosie Get Laid* (1987), puis succombe à Hollywood le temps de trois films : *les Liaisons dangereuses* (1988), *les Arnaqueurs* (1990) et *Héros malgré lui* (1992). Dès son retour au pays, il revient aux petits budgets avec *The Snapper* (1993), épatante comédie sur une famille catholique dublinoise. Même décor dans *The Van* (1996), farce énergique sur la crise de l'emploi à Dublin. Bien plus noir, *Dirty Pretty Things* (2002) évoque le trafic d'organes dont sont victimes les émigrés dans le Londres d'aujourd'hui.

Peter Greenaway l'excentrique

Le succès de *Meurtre dans un jardin anglais* (1982), étrange marivaudage mâtiné de comédie policière en costume, impose le nom de Peter Greenaway. Son style se reconnaît à un mélange d'humour morbide et de jeux culturels sur fond d'esthétisme raffiné. Il étale son immense culture (qui fascine ou agace), élaborant de drôles d'énigmes à base de chiffres (*Zoo*, 1985 ; *Drowning by Numbers*, 1988), prenant pour prétexte l'œuvre d'un artiste du XVIIIe siècle (*le Ventre de l'architecte*, 1987), Shakespeare (*Prospero's Books*, 1991), ou la vie d'une dame d'honneur dans le Japon du XIe siècle (*The Pillow Book*, 1996).

Raining Stones
Ken Loach, 1993

Une cité ouvrière de la région de Manchester, où végètent de véritables tribus de déclassés, victimes du thatchérisme. On suit deux chômeurs, dont l'un, catholique, a une idée fixe : offrir une robe de communion à sa petite fille. Cette course à la robe blanche devient une plongée dans l'enfer quotidien du prolétaire britannique. On découvre les méthodes expéditives des usuriers, mais aussi l'humanisme étonnant d'un prêtre pas comme les autres, grâce à qui ces exclus du système réussiront à ne pas perdre leur dignité. Chaleureux, sain, décapant, vengeur, *Raining Stones* est une magistrale leçon de courage et de foi dans l'amitié et la solidarité.

Billy Elliot
Stephen Daldry, 2000

En avoir quand même. Une grève de mineurs en 1984, dans une ville du nord de l'Angleterre. Billy, onze ans, s'inscrit en cachette à un cours de danse classique. Stupeur et incompréhension de son père pour cette passion « si peu virile ». Le garçon finit pourtant danseur étoile... Comment résister à cette *success story* sur fond de mouise sociale durant les années noires du thatchérisme ?

Le retour du cinéma italien

De meilleures années

À la fin des années 1970 et pendant quasiment toutes les années 1980, le cinéma italien, vit la « chronique d'une mort annoncée » — titre du roman de Gabriel García Márquez dont l'adaptation par Francesco Rosi, en 1987, sera un échec. Mais dans les années 1980, l'espoir d'une relève apparaît.

Cela ressemble à des derniers feux, mais quels feux ! À la fin des années 1970 les frères Paolo et Vittorio Taviani et Ermanno Olmi livrent leurs chefs-d'œuvre, respectivement *Padre padrone* et *l'Arbre aux sabots*, Palmes d'or du Festival de Cannes en 1977 et 1978. Pourtant, le cinéma italien va mal — comme une bonne partie du cinéma européen notamment britannique et espagnol. La télévision, mère de tous les maux ? Sans doute, mais pas seulement. Disparition ou essoufflement des anciens cinéastes, non-renouvellement des jeunes générations, invasion des productions américaines et désintérêt des financiers et du public pour les films autres que de pur divertissement sont les causes de ce malaise. C'est ce paysage troublé que Nanni Moretti va contribuer à modifier.

Nanni l'autarcique

Figure majeur du cinéma italien des années 1980-1990, Nani Moretti est à la fois le scénariste, le metteur en scène, le producteur et l'acteur principal de ses films dont le premier porte fort bien son titre, *Je suis un autarcique* (1977). Il passe de jolis succès confidentiels (*Ecce Bombo*, 1978 ; *Sogni d'oro*, 1981 ; *Bianca*, 1984) à la reconnaissance internationale avec des œuvres moins nombrilistes mais tout aussi réussies et réjouissantes, où l'intime et le politique sont étroitement mêlés : *La messe est finie* (1985), *Palombella rossa* (1989), *Journal intime* (1994, prix de la mise en scène, Cannes). Avec *la Chambre du fils* (2001), il revient à la fiction et reçoit pour cette belle et douloureuse histoire de deuil, la Palme d'or à Cannes. C'est aussi à Moretti producteur (et, certaines fois, acteur) que l'on doit l'arrivée de cinéastes comme Daniele Luchetti (*Domani, domani*, 1988 ; *le Porteur de serviette*, 1991) et, la décennie suivante, Mimmo Calopresti (*La seconda volta*, 1996 ; *Mots d'amour*, 1998).

La relève

En 1989 Giuseppe Tornatore et Ettore Scola livrent la nostalgie d'un cinéma révolu à travers la vie d'une salle dans *Cinema Paradiso* et *Splendor*. Deux grands succès qui redorent un peu le blason de la production nationale et réunissent deux générations de cinéastes dans l'amour du septième art. Quelques nouveaux réalisateurs apparaissent, comme la fille de Luigi Comencini, Francesca

ROBERTO BENIGNI
LA VIE EST BELLE
ROBERTO BENIGNI, 1998

Un homme, un clown, met toute son énergie comique pour éviter à son petit garçon la révélation d'une terrifiante réalité : ils sont enfermés dans un camp de concentration. Succès planétaire pour ce septième long-métrage réalisé (et interprété) par Roberto Benigni. « J'ai gagné la Palme d'or ! » s'écrie-t-il en entraînant dans une danse comique Martin Scorsese, président du jury du Festival de Cannes, qui lui remettait, en fait, le grand prix de l'année 1998. Trois Oscars (meilleur film étranger, meilleur acteur, meilleure musique pour Nicola Piovani) et un César du meilleur film étranger, entre autres récompenses.

Quelques films à revoir

1977 **Je suis un autarcique** (N. Moretti) ; **Padre Padrone** (P. et V. Taviani) 1978 **Ecce bombo** (N. Moretti) ; **l'Arbre aux sabots** (E. Olmi) 1981 **Sogni d'oro** (N. Moretti) ; **le Voleur de savonnettes** (M. Nichetti) 1984 **Bianca** (N. Moretti) ; **Pianoforte** (F. Comencini) 1985 **La messe est finie** (N. Moretti) 1989 **Cinema Paradiso** (G. Tornatore) ; **Splendor** (E. Scola) ; **Palombella rossa** (N. Moretti) ; **Zoo** (C. Comencini) 1991 **Mediterraneo** (G. Salvatores) ; **le Porteur de serviette** (D. Luchetti) 1993 **Journal intime** (N. Moretti) ; **la Scorta** (R. Tognazzi) 1996 **la Seconda Volta** (M. Calopresti) ; **Va où ton cœur te porte** (C. Comencini) 1998 **Aprile** (N. Moretti) ; **Mon frère** (G. Amelio) ; **Mots d'amour** (M. Calopresti) ; **la Vie est belle** (R. Benigni) 2000 **Pain, tulipes et comédie** (S. Soldini) 2001 **la Chambre du fils** (N. Moretti) 2002 **Respiro** (E. Crialese) 2003 **Nos meilleures années** (M. T. Giordana) ; **Buongiorno notte** (M. Bellocchio) 2004 **À corps perdu** (S. Castellito) ; **les Conséquences de l'amour** (P. Sorrentino) ; **J'aime travailler** (F. Comencini)

Comencini, (*Pianoforte*, 1984 ; *J'aime travailler*, 2004) ou Ricky Tognazzi. Parmi les acteurs passés à la réalisation, notons Maurizio Nichetti (*le Voleur de savonnettes*, 1981 ; *l'Amour avec des gants*, 1991), Michele Placido (*les Amies de cœur*, 1992) ; Sergio Castellito (*À corps perdu*, 2004) et Roberto Benigni. Acteur chez Marco Ferreri (*Pipicacadodo*, 1979), Jim Jarmusch (*Down by Law*, 1986) et Federico Fellini (*La voce della Luna*, 1990), il avait signé quelques farces où ses talents de clown pouvaient s'épanouir (*Tu mi turbi*, 1983 ; *le Petit Diable*, 1988). *La vie est belle* (1998), prix spécial du jury à Cannes fait définitivement croire à un retour de la comédie à l'italienne. Le réveil artistique sous toutes ses formes est sensible avec Vincenzo Marra (*Tornando a casa*, 2001), Gabriele Muccino (*Juste un baiser*, 2001), Emanuele Crialese (*Respiro*, 2002), Paolo Virzi (*Katerina va en ville*, 2003), Paolo Sorrentino (*les Conséquences de l'amour*, 2004) ou Marco Tullio Giordana qui remporte un succès international avec une saga familiale produite pour la télévision et présentée à Cannes, en 2003, *Nos meilleures années*.

Le cinéma italien revient peu à peu sur le devant de la scène, la production annuelle augmente. Même les anciens, comme Marco Bellocchio (*le Sourire de ma mère*, 2002 ; *Buongiorno, notte*, 2003) ou Gianni Amelio (*les Clés de la maison*, 2004) semblent revigorés.

VALERIA GOLINO
RESPIRO
EMANUELE CRIALESE, 2002

C'est un conte, une fable. Le néoréalisme semble tout proche dans cette île de Lampedusa ensoleillée, avec pêcheurs absents, enfants bagarreurs, femmes en noir. Mais non, il y a Grazia (Valeria Golino), si belle, si libre qu'on la dit folle, et le film devient rêverie sur le droit à la différence et à la liberté.

NANNI MORETTI
JOURNAL INTIME
NANNI MORETTI, 1993

Autoportrait en « splendide quadragénaire ». Dans *Journal intime*, Moretti revient sur son sujet de prédilection : lui-même, mais ne se cache même plus derrière son double cinématographique Michele Apicella, qui est de tous ses films jusqu'à *Palombella rossa*, à l'exception de *La messe est finie*. Rome, Pasolini, les enfants, le voyage, la maladie, le cinéaste explore ses propres territoires tout en s'adressant à chaque spectateur.

Le renouveau espagnol

L'esprit d'Almodovar

La fin du régime franquiste et de la censure permet l'émergence d'un cinéma espagnol neuf. Dans les années 1980, grâce à Pedro Almodovar, producteur et réalisateur emblématique de la Movida, le cinéma espagnol accède enfin à la reconnaissance internationale.

En 1975, la mort de Franco permet une libéralisation des thèmes et un assouplissement de la censure. *Les Longues vacances de 1936* (1976) de Jaime Camino ou *À un dieu inconnu* (1977) de Jaime Chávarri revisitent l'histoire officielle. Désormais, Ventura Pons, Alex de la Iglesia ou Vicente Aranda abordent frontalement la sexualité, annonçant l'un des aspects essentiels de la Movida à venir. Aux côtés des vétérans, de nouveaux talents apparaissent. Victor Erice avec *l'Esprit de la ruche* (1973) et Manuel Gutiérrez Aragón avec *Sonambulos* (1977) montrent un goût pour l'onirisme et révèlent une approche sensible et inédite dans le cinéma espagnol.

Mais, c'est dans les années 1980, après l'instauration de la démocratie et la victoire du parti socialiste, que le cinéma espagnol connaît une véritable régénérescence. Elle provient d'abord de réalisateurs établis. Les films de Carlos Saura et José Luis Garci (*Volver a empezar* remporte un Oscar en 1982) voyagent à travers le monde et *les Saints Innocents* (1984) de Mario Camus remporte le prix d'interprétation masculine au festival de Cannes.

La naissance de la *Movida*

Mais, très vite, se développe un ton plus urbain et moins académique. En 1980, Fernando Trueba lance la comédie madrilène avec *Cousine, je t'aime*. C'est le début de la Movida (« mouvance »). Pedro Almodóvar, réalisateur prolifique,transgresse joyeusement les interdits de la culture franquiste et met en scène sexe, drogue et humour corrosif. Alternant drames (*Dans les ténèbres*, 1983) et comédies (*Femmes au bord de la crise de* nerfs, 1988 ; *Attache-moi*, 1990), il évolue peu à peu vers le mélodrame, fortement inspiré par l'univers de Douglas Sirk. Avec *Tout sur ma mère* (1999) et *Parle avec elle* (2002) il devient incontournable sur la scène internationale.

La démocratie va de pair avec la reconnaissance politique de l'autonomie des régions. Les cinémas catalan et basque, notamment, soutenus par leurs gouvernements respectifs, retrouvent vigueur. Antoni Ribas, Francesc Betriu et Francesc Bellmunt travaillent à Barcelone. Elias Querejeta, grand producteur basque, s'ingénie à revisiter l'histoire de sa région vantée par les images d'Imanol Uribe (*la Fuite de Ségovie*, 1981), de Montxo Armendáriz (*Tasio*, 1984), de Julio Medem (*Vacas*, 1992), ou de Pedro Olea (*Akelarre*, 1983).

JAVIER BARDEM
MAR ADENTRO
ALEJANDRO AMENABAR, 2004

Un autre Javier Bardem. Né à Santiago en 1972, Alejandro Amenabar a la double nationalité espagnole et chilienne. Après *Tesis* (1996), *Ouvre les yeux* (1997) et *les Autres* (2001), il réalise en 2004 *Mar Adentro*, soit l'histoire vraie de Ramon Sampedro, tétraplégique, incapable de se donner lui-même la mort à laquelle il aspire et qui a lutté trente ans contre la justice espagnole et pour l'euthanasie. Ramon est incarné par Javier Bardem, a priori beaucoup trop jeune pour le rôle et habitué aux personnages virils des films de Bigas Lunas notamment.

PENÉLOPE CRUZ
ET JAVIER BARDEM
JAMBON, JAMBON
JOSÉ JUAN BIGAS LUNAS, 1992

Mélo sucré salé. Une Espagnole, Penélope Cruz, et deux Italiennes, Stefania Sandrelli et Anna Galiena pour un Espagnol, Javier Bardem. Le casting de *Jambon, Jambon* a manifestement le sang chaud, à l'image d'un film qui raconte les rivalités amoureuses dans un décor de bordel de route nationale espagnole. Dans le rôle de Silvia, la fille de la patronne, Penélope Cruz campe une aguichante jeune femme totalement manipulée par sa mère et séduite par le gigolo qu'incarne Javier Bardem. Mélo, sexe et humour : le cocktail de Bigas Lunas s'avère plus qu'explosif.

MIGUEL BOSE
ET VICTORIA ABRIL
TALONS AIGUILLES
PEDRO ALMODOVAR, 1991

De mère en fille. Ici, Victoria Abril, alias Rebeca, est la fille de Marisa Paredes (Becky del Param). La première, présentatrice de télévision a épousé Manuel, son patron, lequel fut autrefois l'amant de la seconde, star de la chanson dans les années 1960. Or, Manuel est assassiné et un juge pour le moins ambigu (Miguel Bose) conduit l'enquête à sa manière... Tel est le point de départ du mélo tour à tour sentimental et burlesque concocté par Pedro Almodovar. Une belle occasion de faire s'affronter deux actrices au fort tempérament. Victoria Abril avait déjà tourné sous sa direction (*Attache-moi*, 1989). Il s'agissait d'une première pour Marisa Paredes dont la carrière prit alors un nouveau tournant international.

Un cinéma enfin international

Dans les années 1990, alors qu'au box-office la part espagnole ne cesse de chuter face aux productions américaines, la reconnaissance internationale a enfin lieu. Outre Pedro Almodóvar, Fernando Trueba (*Belle Époque*, 1992, Oscar du meilleur film étranger), José Juan Bigas Luna (*Jambon, jambon*, 1992), connaissent leurs premiers succès à l'étranger. Certains comédiens poursuivent leur carrière au-delà des frontières (Victoria Abril, Antonio Banderas, Penélope Cruz, Javier Bardem notamment). Enfin, en 1996, un jeune prodige de vingt-quatre ans, Alejandro Amenábar, crée la surprise avec un thriller habile, *Tesis*. Courtisé par des producteurs américains, il revient cinq ans plus tard avec *les Autres*, dont Nicole Kidman est l'héroïne. En 2005 *Mar Adentro*, reçoit l'Oscar et le Golden Globe du Meilleur Film étranger.

Quelques films à revoir

1977 **les Longues Vacances de 36** (J. Camino) 1981 **Noces de sang** (C. Saura) 1988 **Femmes au bord de la crise de nerfs** (P. Almodóvar) 1989 **Attache-moi** (P. Almodóvar) 1991 **Talons aiguilles** (P. Almodóvar) 1992 **Jambon Jambon** (J. J. Bigas Luna) 1996 **Tesis** (A. Amenabar) 1998 **Ouvre les yeux** (A. Amenabar) 1999 **Entre les jambes** (M. G. Pereira) ; **Tout sur ma mère** (P. Almodóvar) 2000 **Mes chers voisins** (A. de la Iglesia) 2001 **les Autres** (A. Amenabar) ; **l'Echine du diable** (G. Del Toro) 2002 **Parle avec elle** (P. Almodóvar) 2004 **Mar Adentro** (A. Amenabar) ; **la Mauvaise Éducation** (P. Almodóvar)

L'éveil sud-américain

Mexique, Argentine et Brésil

Les années 1970 sont politiquement et humainement douloureuses pour l'ensemble du continent latino-américaine et marquent un coup d'arrêt cinématographique. Trois pays seulement se distinguent aujourd'hui : le Mexique, l'Argentine et le Brésil.

Au Brésil, il faut attendre les années 1990 pour connaître un nouvel élan. *Carlota Joaquina, princesa do Brasil* (Carla Camurati, 1994) est un succès inattendu qui ramène le public vers la production nationale. Mais, c'est avec *Central do Brasil* (Walter Salles, 1998), touchant *road movie*, puis *la Cité de Dieu* (Fernando Meirelles, 2002), film étourdissant d'énergie, que la reconnaissance critique vient enfin.
Au Mexique, Arturo Ripstein continue à se montrer fort prolifique et dévoile avec *la Reine de la nuit* (1994) et *Carmin profond* (1996) un univers sombre, d'une rare intensité. Du côté des jeunes talents, l'enthousiasme naît avec *les Épices de la passion* de Alfonso Arau (1992) et avec *les Amours chiennes*, audacieux triptyque d'Alejandro Gonzalez Inarritu (2000). Mais ces deux cinéastes réalisant leur second film aux États-Unis. On note enfin la naissance d'un cinéaste à part entière : Carlos Reygadas, qui, avec *Japon* (2001) puis *Bataille dans le ciel* (2005), impose un regard et un univers définitivement singuliers.
En Argentine, lorsque l'activité cinématographique reprend, c'est pour régler ses comptes avec le passé (*l'Histoire officielle*, de Luis Puenzo, 1985; *Tangos, l'exil de Gardel*, de Fernando Solanas, 1985). L'attente naît désormais de talents disparates, mais fort prometteurs, tels que celui de Lucrecia Martel (*La Cienaga*, 2001, *La Nina Santa*, 2004).
À Cuba, le festival international de La Havane est crée en 1979 et l'École des trois mondes, consacrée au cinéma et à la télévision, en 1986. La chute du bloc communiste bouleverse à nouveau la donne et, hormis de rares succès tels que *Fraise et chocolat* (Tomás Gutiérrez Alea et Tabío), le cinéma cubain doit avant tout compter sur les coproductions pour survivre.
Les autres pays jouent les parents pauvres du cinéma latin.L'activité balbutiante du cinéma chilien a été stoppée par le coup d'État de 1973 et les réalisateurs tels que Patricio Guzman (*la Bataille du Chili*, 1975), Miguel Littín (*Le Recours de la Méthode*, 1978), Raul Ruiz (*Trois Vies et une seule mort*, 1996, *le Temps retrouvé*, 1999, *les Âmes fortes*, 2001) ont dû poursuivre leur carrière en exil. En Bolivie, comme au Pérou, les rares mouvements cinématographiques se sont formés autour d'un intérêt marqué pour la question indigène. Pour les autres, la fragilité économique et l'étroitesse du marché, déjà encombré par les géants du continent, réduisent la production.

Fraise et chocolat
Tomás Gutiérrez Alea et Tabío, 1993

Cuba gay. Un homosexuel cultivé et exubérant rencontre un jeune militant communiste aussi rigide que mal dans sa peau. Le film rencontra un succès international lors de sa sortie en offrant un portrait atypique du Cuba contemporain. Né de la collaboration entre Gutiérrez Alea, et son disciple Tabío, *Fraise et chocolat* aborde sur un ton ironique et léger les faiblesses d'un modèle de société vieillissant et lance un appel à la tolérance. Le duo se forma à nouveau trois ans plus tard pour réaliser *Guantanamera*.

Pas de lettre pour le colonel
Arturo Ripstein, 1998

D'après Marquez. Tous les vendredis, le Colonel attend sur le quai de la gare, la lettre lui annonçant enfin le versement de la pension à laquelle il a droit pour une révolution en laquelle il a cru, mais qui n'a servi à rien. Coutumier d'univers foisonnants, Ripstein s'attaque ici à un sujet étonnamment sobre, adapté de Gabriel García Márquez. Huis clos entre le colonel et sa femme, le film révèle les derniers instants de ce couple tombé dans la déchéance affective et sociale.

Gael Garcia Bernal et Rodrigo de la Serna
Carnets de voyage
Walter Salles, 1998

Adaptation des Carnets de voyage rédigés par le jeune Ernesto Guevara (pas encore Che) au fil de l'expédition qu'il fit en 1952 avec son ami Alberto Granado. D'abord sur une moto, puis avec les moyens du bord, leur périple de 15 000 km les fit traverser toute l'Amérique latine et découvrir une réalité sociale que leurs études de médecine à Buenos Aires ne leur avaient pas dévoilée. Des mines de cuivre chiliennes à une léproserie colombienne, c'est un véritable voyage initiatique que décrit ce film spectaculaire.

En attendant la mort. Il n'est jamais question du Japon dans *Japon* le premier film du mexicain Carlos Reygadas. Et ce n'est pas la plus grande des étrangetés d'un film hors norme qui raconte le destin d'un homme désireux de se donner la mort et quittant la ville pour se rendre dans un village perdu au fin fond du Mexique. Cette histoire de voyage au bout de la mort permet de montrer et de décrire des décors somptueux magnifiés par le format Scope. Le cinéma de Reygadas oscille ainsi en permanence entre un réalisme quasi documentaire et un lyrisme contemplatif. C'est ce même univers que l'on retrouve dans son second film, *Bataille dans le ciel* (2005).

Japon
Carlos Reygadas, 2001

Le cinéma portugais

Grandeur d'un cinéma national

Le cinéma portugais, en dépit d'infrastructures faibles, est, depuis vingt ans, avec l'Iran et Taïwan, l'un des plus stimulants au monde sur le plan artistique.

Si la révolution « des œillets » du 25 avril 1974 a permis au pays de se doter d'un système d'aide à la production qui permettra l'éclosion d'une nouvelle génération au seuil des années 1980, le Portugal, au temps de la dictature Salazar, n'a jamais vraiment encouragé le cinéma. Seule exception notable, la fondation de la Tobis Portuguesa en 1932 qui donnera naissance à des comédies populaires. Après les sombres et désertiques années 1950, un renouveau se fait sentir dans les années 1960, grâce au producteur Antonio da Cunha Telles. Les deux premiers films de Paulo Rocha (*les Vertes Années*, 1963 ; *Changer de vie*, 1966) rattachent le cinéma portugais au courant du « nouveau cinéma » qui traverse toute l'Europe.

Oliveira, le classique et le moderne

La longue carrière de l'immense Manoel de Oliveira, l'un des plus grands cinéastes du monde en activité, résume ce cheminement cahotant. Né en 1908, originaire de Porto, il tourne un documentaire en 1930 (*Douro Faina Fluvial*), un beau film pour enfants (*Aniki-Bobo*, 1942), se contente de courts métrages et de documentaires avant de revenir dans les années 1970 avec *le Passé et le présent* (1971), *Benilde ou la Vierge Mère* (1974) et surtout *Amour de perdition* (1978), son chef-d'œuvre, adaptation du roman de Camilo Castelo Branco, son auteur de prédilection, qu'il met en scène comme personnage dans le sublime *Francisca* (1981) et le remarquable *Jour du désespoir* (1998). En mariant le mélodrame griffithien (du temps de Lillian Gish) avec la rigueur du cinéma de Carl T. Dreyer, Oliveira impose un ton et un style nouveaux. Chacun de ses films est un défi lancé au cinéma afin d'en reculer les limites. Défi à la littérature (un roman, une pièce de théâtre, avec *le Soulier de satin* en 1985, d'après Claudel) ou à l'histoire du Portugal et de son empire colonial déchu (*Non ou la Vaine Gloire de commander*, 1990).

Richesses du cinéma portugais

La découverte au festival de Cannes en 1981 de *Francisca* contribue à faire connaître Oliveira qui, depuis, enchaîne film sur film et attire l'attention sur le cinéma portugais, désormais relancé. Paulo Rocha revient en force avec le très beau *l'Île des amours* (1982), évocation de l'écrivain Wenceslau de Moraes, fasciné par le Japon, tandis qu'Antonio Reis et Margarita Cordeiro marquent les esprits avec *Ana* (1982). On doit à ce couple le plus beau film sur la révolution portugaise (*Tras os Montes*, 1978), perçue de loin, dans des régions reculées.

La Comédie de Dieu
Joao Cesar Monteiro, 1995

Cérémonial érotique. Second volet des aventures de Jean de Dieu interprété par Joao Cesar Monteiro, *la Comédie de Dieu* a pour théâtre une boutique qui fabrique et vend glaces et sorbets à Lisbonne, petit commerce qui est une métaphore du Portugal au sein de l'Europe. Il a surtout pour héros Jean de Dieu, à l'érotisme pervers, qui séduit les jeunes employées de la boutique et collectionne leurs poils pubiens consignés dans son « Livres des pensées ». Beaucoup d'humour dans ce film de peintre, bercé par la beauté des visages des jeunes filles, l'art du portrait en gros plan, et qui, par son goût maniaque du cérémonial érotique, retrouve par d'autres voies les accents du cinéma d'Erich von Stroheim et de Luis Buñuel.

Capitaines d'Avril
Maria de Medeiros, 2000

Transposition romancée. *Capitaines d'avril* raconte avec élégance les circonstances détaillées de la révolution « des œillets » à Lisbonne (avril 1974), épisode négligé par le cinéma. On n'est pas prêt d'oublier l'image du char d'assaut dans les rues de Lisbonne, à la conquête du pouvoir, mais respectant les règles de la circulation, parmi les voitures. Cette incongruité poétique, d'inspiration réaliste, résume l'esprit de ce film signé par la comédienne Maria de Medeiros.

LEONOR SILVEIRA
LE VAL ABRAHAM
MANOEL DE OLIVEIRA, 1993

Troublante limpidité. Avec la complicité de la romancière portugaise Augustina Bessa-Luis, Manoel de Oliveira, après avoir relevé le défi de l'adaptation théâtrale avec *le Soulier de satin* (1985) d'après Paul Claudel, se mesure à *Madame Bovary* de Gustave Flaubert. Il transpose l'œuvre dans le monde viticole de la province de Porto, cadre provincial idéal, à la fois contemporain et décalé, propice au contraste entre bourgeoisie rurale d'affaires et ouvriers agricoles. Le film est d'une grande sensualité, porté par une caméra qu'aimante la beauté limpide et lumineuse de l'actrice Leonor Silveira.

Une nouvelle génération arrive, qui se résume à trois noms. Tout d'abord Joao Botelho, avec *Conversa Acabada* (1981), qui met en scène deux écrivains portugais, Fernando Pessoa et Mario Sa-Carneiro, et le très émouvant *Un adieu portugais* (1985), sur la fin des guerres coloniales en Afrique. Ensuite, Joao Cesar Monteiro, influencé par Oliveira (*Silvestre*, 1981), qui s'en libère en inventant le personnage de Jean de Dieu, mélange de Nosferatu, pour l'apparence physique, et de Stroheim, pour l'obsession sexuelle. Il lui donne vie dans *Souvenirs de la maison jaune* (1989), *la Comédie de Dieu* (1995), *les Noces de Dieu* (1999) et *Va et vient* (2003). Puis Pedro Costa, cinéaste exigeant (*O Sangue*, 1989 ; *Ossos*, 1997 ; *Dans la chambre de Vanda*, 2000), peintre de la misère sans sombrer dans le misérabilisme.
Lors du Festival de Cannes 2005, l'accueil fait à *Odete* de Joao Pedro Rodrigues (*O Fantasma*, 2000) a montré une fois de plus que le cinéma portugais n'a pas fini de nous surprendre.

« *Il faut que le cinéma soit clair, parce que tout le reste ne l'est pas. Les passions, les sentiments, la vie, rien n'est clair.* »
Manoel de Oliveira

Cinéma nordique contemporain

L'exception scandinave

Dans les pays du Nord de l'Europe, un renouveau cinématographique s'exprime presque simultanément au cours des années 1980, bénéficiant d'un processus de légitimation de l'expression cinématographique, d'un souci de défense des cultures nationales, et, en conséquence, de dispositifs de soutien mis en place par l'ensemble des états.

En Suède, la succession d'Ingmar Bergman — et aussi celle des Bo Widerberg, Jan Troell, Vilgot Sjöman — s'est fait attendre, mais on a vu s'affirmer Lasse Hallström, dont *Ma vie de chien* (1985) a connu un succès international qui lui a permis d'accéder à Hollywood, et des auteures de films incisifs sur la situation des femmes et les institutions, notamment Suzanne Osten. Le grand chef opérateur Sven Nykvist a réalisé en 1991 *Oxen* — tandis que son fils Carl-Gustav faisait de brillants débuts, ainsi que Roy Andersson, auteur du très original *Chansons du deuxième étage* (2000) et Lukas Moodysson avec *Fucking Amal* (1999).

Le prestige international du cinéma danois

Au Danemark la succession de la nouvelle vague très « libérée » des années 1960 n'a été assurée que dans les années 1980, avec un décalage dû aux difficultés de financement. Les vétérans Henning Carlsen et Gabriel Axel — ce dernier revenu au premier plan avec *le Festin de Babette* (1987) — sont rejoints par l'élégant documentariste Jørgen Leth, Bille August, couronné deux fois au festival de Cannes pour *Pelle le conquérant* (1988) et *les Meilleures Intentions* (1992, sur un scénario de Bergman), Ole Bornedal (qui partira pour les États-Unis), et par l'inclassable Lars von Trier, dont chaque film est un pari sur l'extrême : *Element of crime* (1984), *Europa* (1991), *Breaking the Waves* (1995), *les Idiots* (1998), *Dancer in the Dark* (Palme d'or 2000), *Dogville* (2003) et *Manderlay* (2005). Avec Thomas Vinterberg (*Festen*, 1998) von Trier a lancé une école esthétique, dite Dogma, où spontanéité et invention naissent de sévères limitations techniques et de faibles moyens matériels pleinement assumés.

Les cinéastes norvégiens : recherche d'identité

La Norvège et la Finlande, pays de moindre réputation cinématographique, ont connu un renouvellement plus tardif. En Norvège des femmes cinéastes — Anja Breien, Vibeke Lokkeberg, Unni Straume — se sont montrées très combatives. L'actrice Liv Ullmann a réalisé deux films d'après des scénarios de son maître Bergman et une adaptation d'un classique norvégien, *Kristin Lavrandsdatter* (1995, d'après Sigrid Undset). La Norvège produit peu, mais souvent des œuvres originales : *le Passeur* (*Ofelas* en lapon, *Veiveseren* en

FESTEN
THOMAS VINTERBERG, 1998

Effet de vérité. En vertu des règles de Dogma (décors et éclairages naturels, caméra à l'épaule, absence d'effets de montage), le réalisateur obtient un puissant effet de réel dans son analyse sans concession d'une fête de famille au cours de laquelle, après un assez bref hommage, ritualisé, au *pater familias*, la violence éclate. Les comptes avec le passé se règlent cruellement, mais si les masques tombent l'hypocrisie subsiste.

BREAKING THE WAVES
LARS VON TRIER, 1995

Tous les films de von Trier sont des expériences-limites, dans la mise en scène comme dans le scénario. Ici une jeune femme se donne aux hommes pour combler son mari handicapé... Le récit qui, à l'image de son héroïne, réconcilie le péché et la bonté (la grâce, diraient Bresson ou Fellini sur un tout autre registre), est d'un lyrisme absolu.

KATI OUTINEN, MARKKU PELTOLA
L'HOMME SANS PASSÉ
AKI KAURISMÄKI, 2002

Refaire sa vie. Fidèle à sa volonté de décrire les pauvres sans populisme facile, Aki Kaurismäki conte l'histoire d'un amnésique qui reconquiert des fragments de sa personnalité en observant la manière dont les gens vivent autour de lui et comment la société fonctionne. Le tout sans élément pathétique, avec quelques touches incongrues, associant de sa manière unique le burlesque et le désespoir tranquille.

norvégien, 1988), de Nils Gaup, d'après une légende du peuple lapon, *Eggs* (1995) et *Kitchen Stories* (2002) de Bent Hamer, ainsi que *Junk Mail* (1997), de Pål Sletaune, qui a touché un public international.

Non-conformisme finlandais

En Finlande, les frères Aki et Mika Kaurismäki ont donné le signal d'une contestation du cinéma classique et de la culture conventionnelle de leur pays. L'aîné, Mika, réalise en Finlande, puis à l'étranger une série de films désenchantés, tandis que le plus jeune, Aki le laconique, radicalise l'absence d'effets dans la mise en scène, un humour noir très personnel, offrant de nombreux récits à la fois dramatiques et réjouissants qui sont aussi des dénonciations des malaises cachés de la société moderne : *Ariel* (1988), *la Fille aux allumettes* (1990), *Au loin s'en vont les nuages* (1996), *l'Homme sans passé* (2002).

Quelques films à revoir

1984 **Element of crime** (L. von Trier) 1985 **Chronique d'un siècle** (C.-G. Nykvist) ; **Ma vie de chien** (L. Hallström) 1987 **le Festin de Babette** (G. Axel) ; **Pelle le conquérant** (B. August) 1988 **Ariel** (A. Kaurismäki) ; **le Passeur** (N. Gaup) 1990 **la Fille aux allumettes** (A. Kaurismäki) 1991 **Europa** (L. von Trier) ; **Oxen** (S. Nykvist) 1992 **les Meilleures Intentions** (B. August) 1994 **Tiens ton foulard, Tatiana** (A. Kaurismäki) 1995 **Eggs** (B. Hamer) ; **Kristin Lavrandsdatter** (L. Ullmann) 1996 **Au loin s'en vont les nuages** (A. Kaurismäki) ; **Breaking the Waves** (L. von Trier) 1997 **Junk Mail** (P. Sletaune) 1998 **Festen** (T. Vinterberg) 1999 **Fucking Åmal** (L. Moodysson) 2000 **Chanson du deuxième étage** (R. Andersson) ; **Dancer in the Dark** (L. von Trier) 2002 **l'Homme sans passé** (A. Kaurismäki) ; **Kitchen Stories** (B. Hamer) 2003 **Dogville** (L. von Trier) ; **Noi albinoi** (D. Kari) 2005 **Manderlay** (L. von Trier)

Québec, Belgique, Suisse

Des cinémas en français

Le vaste espace francophone recouvre de multiples cinématographies nationales qui ont en commun l'usage de la langue des frères Lumière. Du Québec à la Suisse en passant par la Belgique, voyages en terres cinéphiles.

Au Québec, comme en Suisse ou en Belgique, on produit peu de films et la cinématographie de ces pays n'est pas toujours facile à identifier. Pourtant quelques signatures manifestent leur existence en recevant notamment de prestigieuses récompenses.

La Nouvelle Vague à l'heure suisse

Dans les années 1960, Claude Goretta et Alain Tanner suivent les explorations de la Nouvelle Vague depuis les rives du lac Léman. Goretta réalise *l'Invitation* en 1973 et reçoit le prix du jury du Festival de Cannes. On lui doit également *la Dentellière* (1976) qui offre à Isabelle Huppert un de ses premiers grands rôle ou *Goupi Mains Rouges* (1994). Avec *la Salamandre* (1971), un de ses premiers longs métrages, avec Bulle Ogier, Alain Tanner se manifeste comme cinéaste engagé et séduit près d'un million de spectateurs. Si cela reste encore la plus grosse réussite suisse à l'étranger, le film est progressivement oublié, jusqu'à ce qu'une restauration le sauve *in extremis* de l'oxydation. Le travail d'Anne-Marie Miéville se confond parfois avec celui de Jean-Luc Godard dont elle coréalise certains longs métrages. Photographe, scénariste, monteuse, elle met en scène, seule, quelques films parmi lesquels *Lou n'a pas dit non* ou *Après la réconciliation*. Déroutants par leur forme, guère narrative, ils sont d'une justesse éblouissante.

Le plat pays d'enfants terribles

Quand, en 1975, elle réalise *Jeanne Dielman, 23 quai du Commerce 1080 Bruxelles*, la jeune Belge Chantal Akerman choque et accède à la consécration internationale. Intéressée par le cinéma expérimental de Jonas Mekas ou de Michael Snow, Akerman a réalisé de nombreux documentaires et proposé quelques installations qu'on peut voir dans des musées d'art contemporains. Depuis les années 1990, elle met en scène des films inégaux. Les cinéastes belges de la dernière décennie étonnent par leur diversité. Nombre d'entre eux sont salués par des récompenses internationales. Jaco Van Dormael a reçu le césar du meilleur film étranger avec *Toto le Héros*, tandis que ses interprètes dans *le Huitième Jour* recevaient une palme au Festival de Cannes en 1996. En 1992, l'iconoclaste *C'est arrivé près de chez vous* (R. Belvaux, A. Bonzel, B. Poelvoorde) jette un pavé dans la mare et permet à son acteur principal, Benoît Poelvoorde, d'entamer une carrière des deux côtés des Ardennes. Les

BRUNO GANZ
DANS LA VILLE BLANCHE
ALAIN TANNER, 1984

Le marin perdu. César du meilleur film francophone en 1984, ce long métrage met en scène Bruno Ganz dans le rôle d'un marin désertant son poste lors d'une escale a Lisbonne. Il tombe amoureux de Rosa, serveuse dans un bar. Ce film sur l'échec et l'isolement, reprend des thèmes chers à Tanner qui les explorait déjà au début de sa carrière, par exemple, dans *le Milieu du monde* (1974). Son succès, à la fois public et critique, l'aide, un temps, à créer les conditions de son indépendance : exigeant, son travail n'est pas d'un abord facile. Il rencontre de plus en plus de difficultés et réalise en 2004 ce qu'il annonce comme son dernier film : *Paul s'en va*.

LES INVASIONS BARBARES
DENYS ARCAND, 2003

À l'heure du bilan. Denys Arcand vient du Québec. Réalisateur du *Déclin de l'Empire américain* (1986) et de *Jésus de Montréal* (1988), films qui lui ont valu une reconnaissance internationale, il présente *les Invasions barbares* à Cannes en 2003. Marie-José Croze, une de ses interprètes, est alors récompensée du prix d'interprétation féminine tandis qu'Arcand reçoit le prix du meilleur scénario. Son histoire mêle résolution de conflits familiaux, réflexions politiques et souvenirs nostalgiques du passé idéaliste et soixante-huitard.

cinéastes belges les plus connus restent tout de même les frères Luc et Jean-Pierre Dardenne. Révélés avec *la Promesse*, leur troisième film, ils sont déjà engagés dans une réflexion politique : leur cinéma dénonce les injustices subies par des personnages victimes de leur milieu social. Leurs succès leurs permettent de soutenir d'autres réalisateurs. Ils ont notamment travaillé avec Solveig Anspach, la réalisatrice d'origine islandaise à qui on doit *Haut les cœurs !*

Menacé par le géant américain, pas aidé par son grand frère certes canadien mais anglophone, le cinéma québécois a beaucoup de mal à exister. Si certains films sont salués en Europe, ils restent des phénomènes rares à l'image de *la Grande Séduction* qui à sa sortie en 2004 avait attiré près de 500 000 spectateurs... Seul Denys Arcand est parvenu à se faire un nom. En 2004 — année faste pour le Québec —, ses *Invasions Barbares* raflent un prix à Cannes, deux césars et un oscar...

JÉRÉMIE REGNIER
L'ENFANT
LUC ET JEAN-PIERRE DARDENNE, 2005

Au nom du père et du fils. Luc et Jean-Pierre Dardenne font partie du club très fermés des réalisateurs ayant été récompensés de deux Palmes d'or. *Rosetta* leur offrit la première en 1999 et permit à Émilie Dequenne, comédienne principale du film, de recevoir le prix d'interprétation féminine. Avec *le Fils*, en 2002, les Dardenne permettront également à Olivier Gourmet, un de leurs acteurs favoris, de recevoir cette récompense. En 2005, nouvelle consécration et deuxième Palme grâce à *l'Enfant*, l'histoire d'un père qui entre difficilement dans la paternité et l'âge adulte. *Rosetta* et *le Fils* signent également l'entrée de la Belgique à la cérémonie des Oscars, dans la catégorie meilleur film étranger.

« L'œuvre d'art possède un impact sur le monde d'aujourd'hui. »
Jean-Pierre et Luc Dardenne

Les Cinémas de l'Est

Hongrie, Yougoslavie, Roumanie, Pologne

Si l'Europe centrale a connu une instabilité politique a priori peu propice à l'essor cinématographique, sa richesse culturelle et historique a nourri l'inspiration de talents atypiques.

La Hongrie

C'est durant la nouvelle vague des années 1960 qu'émergent de véritables talents nationaux. Parmi eux, Miklos Jancsó, István Gaál, Sandor Sara, István Szabó, Ferenc Kardos et Ferenc Kósa. Szabó est le premier à exister au plan international. Comme ses contemporains, il s'intéresse d'abord à l'histoire récente de son pays et, notamment, aux événements de 1956. Peu à peu, il évolue vers un ton plus autobiographique avant de marquer une véritable étape stylistique avec *Méphisto* (1981). Œuvre dense, visuellement très aboutie, le film remporte l'Oscar du meilleur film étranger. À nouveau, *le Colonel Redl* (1986) et *Hanussen* (1988) retraceront une destinée individuelle broyée par l'histoire collective et, en l'occurrence, l'éclatement de l'Empire austro-hongrois. La fin du bloc communiste fragilise à nouveau l'économie cinématographique et Szabó, comme tous les cinéastes hongrois, doit dès lors s'appuyer sur des coproductions internationales pour poursuivre leur œuvre.

La Yougoslavie

La reconnaissance du cinéma yougoslave a lieu dans les années 1980. Si les films de Goran Paskaljevic sont remarqués, c'est *Papa est en voyage d'affaires* du jeune Emir Kusturica qui remporte la première Palme d'or yougoslave en 1985. Les prémices de la guerre au début des années 1990 freinent à nouveau ce dynamisme, tout en inspirant les cinéastes. *Underground*, fable fleuve sur l'histoire de la Yougoslavie, permet à Kusturica de remporter une seconde Palme d'or en 1995 et, en 2001, *No Man's Land* premier film de Danis Tanovic, farce tragique sur l'invraisemblance de la guerre, est unanimement salué.

La Roumanie

Soumise au régime autoritaire des Ceausescu de la Seconde Guerre mondiale à 1989, la Roumanie a connu un développement cinématographique très sporadique. Quelques cinéastes parviennent néanmoins à faire exister leur travail hors frontières : Lucian Pintilié, Andrei Blaier et Liviu Ciulei. Les années 1970 permettent l'épanouissement de talents tels que Mircea Muresan ou Malvina Ursianu. Les bouleversements politiques de 1990 permettent la sortie de films jusque-là interdits, mais provoquent aussi le déferlement de films américains. Aujourd'hui, seul Pintilié

bénéficie d'une aura internationale. Et des cinéastes prometteurs tels que Radu Mihaileanu ou Nicolae Caranfil développent leur carrière en exil.

La Pologne

Après l'agitation de 1968, les années 1970 apportent un vent nouveau et la naissance de Solidarnosc (« Solidarité ») marque profondément les esprits. Andrzej Wadja inscrit ses films au cœur des événements et signe *l'Homme de marbre* en 1976. Krzysztof Zanussi, lui, après *la Structure de cristal* (1969), développe une œuvre centrée sur l'éthique.
Cette période de libéralisation permet l'épanouissement de cinéastes tels que Agnieszka Holland, Felix Falk et l'émergence de nouveaux talents (Filip Bajon, Wojciech Marczewski...). En 1981, Andrej Wajda obtient la Palme d'or au festival de Cannes avec *l'Homme de fer*. Mais, en octobre 1982, tout bascule. Le général Jaruzelski déclare l'état de guerre. Pour Wajda et Zanussi, c'est l'exil. Pour les autres, le retour à un cinéma insipide.Krzysztof Kieslowski est l'un des rares à exprimer son point de vue et, en 1987, son *Décalogue* connaît un succès international.
La chute du communisme (1989) provoque un nouvel espoir, mais la privatisation de l'industrie cinématographique entraîne un déferlement de productions américaines. Aujourd'hui, anciennes et nouvelles générations cohabitent vaille que vaille au sein d'un paysage bousculé.

KLAUS MARIA BRANDAUER
COLONEL REDL
ISTVÁN SZABÓ, 1985

Fin d'empire. Alfred Redl voue un culte au Kaiser. Autodidacte, il parvient à monter peu à peu les échelons de la hiérarchie militaire, n'hésitant à trahir, pour cela, ni sa famille ni ses amis. Pourtant, il ne parviendra jamais à être celui qu'il aurait rêvé de devenir. Tableau de la fin d'un empire, l'action de *Colonel Redl* se situe juste avant l'assassinat de Sarajevo. Le comédien autrichien Klaus Maria Brandauer, qui portait déjà *Méphisto*, compose brillamment un personnage trouble et énigmatique.

IRÈNE JACOB
LA DOUBLE VIE DE VÉRONIQUE
KRZYSZTOF KIESLOWSKI, 1990

France-Pologne. Une actrice française (Irène Jacob) qui joue deux rôles celui de Véronique la Française et de Weronika la Polonaise, un financement franco-polonais et un réalisateur polonais : *la Double Vie de Véronique* n'en finit pas de tendre ses deux visages pour raconter le destin croisé de deux femmes atteintes de la même malformation cardiaque. « Il faut que quelqu'un meure pour qu'un autre vive », tel est bien ce que veut nous dire ici Kieslowski dans une atmosphère et des images volontairement nimbées de mystère. Comme souvent dans son œuvre, le cinéaste polonais multiplie les pistes et les indices, laissant cependant au spectateur une part de rêve et d'interprétation.

LE TEMPS DES GITANS
EMIR KUSTURICA, 1989

Magique alchimie. Fils d'une tsigane et d'un soldat, Perhan est amoureux d'Azra. Pour gagner l'argent nécessaire au mariage, il part en Italie avec un « parrain » Ahmed Dzida, qui lui promet la fortune. Mais, pour tout travail, il n'y aura que vols et trafics d'enfants. Troisième film d'Émir Kusturica, celui-ci se penche ici pour la première fois sur la communauté tsigane de Yougoslavie. Dans une approche baroque, il parvient à lier poésie lyrique et réalité crue. Pas d'échappatoire pour ses personnages, condamnés par naissance. Sans émotion gratuite, Kusturica nous livre, à travers le regard de Perhan, un récit aux accents magiques, illuminé par la musique de Goran Bregovic.

Les cinémas russes

Les temps qui changent

L'arrivée de Mikhaïl Gorbatchev au pouvoir en 1985 fait basculer l'Union soviétique dans une ère nouvelle. *Perestroïka*, « restructuration », et *glasnost*, « transparence », sonnent comme une libéralisation pour le cinéma.

Dès 1989, l'exploitation de films autrefois censurés est enfin permise (*la Commissaire*, Aleksandr Askoldov, 1967 ; *Mon ami Ivan Lapchine*, Alekseï Guerman, 1982-1985). Certains cinéastes sont redécouverts (Kira Mouratova, Alexandre Sokourov notamment). Cet ébranlement profite aussi à la jeune génération. *La Petite Vera* (Vassili Pitchoul, 1989) et *la Côte d'Adam* (Viatcheslav Kristofovitch, 1990) présentent la société soviétique sous un jour aussi désabusé qu'inédit. Certains d'entre eux s'imposent dans la scène internationale. *Robinsonnade* (Nana Djordjadze, 1987), puis *Bouge pas, meurs et ressuscite* (Vitali Kanevski, 1990) remportent la caméra d'or au Festival de Cannes.

La découverte des lois du marché

Le coup d'État qui mène Boris Eltsine à la tête de l'Union soviétique en 1991 achève ce mouvement. Le Parti communiste est dissous et les républiques sont déclarées indépendantes. C'est la fin des monopoles de production et de distribution. L'industrie est désormais livrée aux lois du marché et à la concurrence de la télévision et des films américains. Les coproductions internationales sont permises, pour le meilleur (*Taxi Blues* de Pavel Lounguine, 1990), comme le pire, certains réalisateurs s'engouffrant dans la brèche, jusqu'alors méconnue, du commercial. Face au chaos économique et conscient que la survie du cinéma russe dépend des subventions, l'État maintient une aide minimum. Malgré tout, les réalisateurs sont contraints de recourir à des financements étrangers comme pour le sombre et dépouillé *Moloch* de Sokourov (1999) ou peine des années durant à réunir leur budget comme le baroque *Kroustaliov, ma voiture !* de Guerman (1999). Andreï Kontchalovski revient des États-Unis pour aborder une phase plus personnelle de sa carrière (*Riaba ma poule*, 1994), tandis que son frère Nikita Mikhalkov revisite l'histoire russe dans des fresques à grand spectacle (*Soleil trompeur*, 1994 ; *le Barbier de Sibérie*, 1999). Certains films, méconnus hors frontières, deviennent de grands succès nationaux (*le Frère*, 1997 et *le Frère 2*, 2000, Alekseï Balabanov).

Une indépendance lourde de sens pour les anciennes Républiques

Pour les républiques ex-soviétiques, l'ébranlement est total et l'ensemble du système de production est à reconstruire. Désormais coupées de Moscou et de Saint-Pétersbourg, peu d'entre elles disposent de

La Noce
Pavel Lounguine, 2000

Mariage à la russe. Pour son quatrième long métrage après *Taxi Blues* (1980), *Luna Park* (1992) et *Lignes de vie* (1996), Pavel Lounguine raconte comment se prépare le mariage de Michka et Tania dans un petit village minier. Sous ce point de départ primesautier se cache en fait une description joyeuse mais décapante de la société russe dont Lounguine ne nous cache rien. Un alcoolisme endémique, une police omnipotente et omniprésente, des maris violents, des orphelinats sordides et des salaires jamais versés sont le pendant négatif des chants slaves, de l'accordéon, des fêtes, de la générosité et de la solidarité. Fait assez rare, le jury cannois de 2000 a donné à l'ensemble des acteurs du film, où se mêlent professionnels et amateurs, une « Mention spéciale ».

Quelques films à revoir

1984 **Repentir** (G. Abouladzé) 1987 **Robinsonnade** (N. Djordjadze) 1988 **l'Aiguille** (R. Nougmanov) 1989 **La Petite Vera** (V. Pitchoul) 1990 **Bouge pas... meurs et ressuscite** (V. Kanevski) ; **la Côte d'Adam** (V. Kristofovitch) ; **Taxi Blues** (P. Lounguine) 1991 **le Frère** (B. Khoudoynazarov) ; **Urga** (N. Mikhalkov) 1992 **Luna Park** (P. Lounguine) 1994 **Corridor** (S. Bartas) ; **Soleil trompeur** (N. Mikhalkov) 1998 **le Fils adoptif** (A. Abykalykov) ; **Tueur à gages** (D. Ormibaev) 1999 **le Barbier de Sibérie** (N. Mikhalkov) ; **Kroustaliov, ma voiture !** (A. Guerman) ; **Luna papa** (B. Khoudoynazarov) ; **Moloch** (A. Sokourov) 2003 **le Retour** (A. Zviaguintsev)

studios, de moyens techniques et de formations pédagogiques. Le Kazakhstan bénéficie des structures créées à Alma-Ata (auj. Almaty) durant la Seconde Guerre mondiale et connaît rapidement un certain dynamisme. Des cinéastes tels que Rachid Nougmanov (*l'Aiguille*, 1988) ou Darejan Ormibaev (*Tueur à gages*, 1998) parviennent à émerger. Pour les autres, la situation est plus rude encore et le développement, sporadique. En Lituanie, apparaît l'étrange et poétique univers de Sharunas Bartas (*Corridor*, 1994). Au Tadjikistan, se développe le talent de conteur de Bakhtyar Khoudoynazarov (*Luna papa*, 1999, *Le Costume*, 2003). Au Kirghizistan, enfin, dont le développement cinématographique est tardif, seul Aktan Abykalykov (*le Fils adoptif*, 1998) émerge.

L'Arche russe
Alexandre Sokourov, 2002

En cours d'histoire. Traverser la totalité du musée de l'Ermitage de Saint-Pétersbourg à travers un seul plan-séquence, tel fut le pari technique et esthétique choisi par Alexandre Sokourov pour réaliser *l'Arche russe*. Des mois de préparation et de mise en scène, des milliers de figurants et les ressources du numérique haut de gamme ont permis au cinéaste de mener à bien son projet qui lui permettettait par ailleurs d'évoquer au pas de charge quelques siècles d'Histoire russe. C'est bien d'ailleurs à un labyrinthique voyage dans le temps que Soukorov souhaitait convier ses spectateurs. De la fin du XVIIIe siècle jusqu'à 1913, le cinéaste Sokourov se transforme en professeur d'histoire, à sa manière.

Nikita Mikhalkov
Soleil Trompeur
Nikita Mikhalkov, 1994

Une journée dans la vie de Sergueï Petrovitch Kotov, tel pourrait être le sous-titre de *Soleil Trompeur*. Une journée en forme de bilan : Kotov, colonel de l'Armée rouge à la retraite, héros du peuple et communiste convaincu voit resurgir son passé un beau jour de 1936. C'est le crépuscule d'un demi-dieu comblé qui découvre que l'Histoire est tragique. « Je ne cherche pas à juger une époque, j'aimerais démontrer qu'à travers la dimension noire et sanglante d'une période, le charme de l'existence demeure» déclarait Mikhalkov. Ainsi Tchékhov et sa *Cerisaie* ne sont pas loin, de même que Jean Renoir et sa *Partie de campagne*.

Le renouveau chinois

Retour à la réalité

Suite au lent dégel politique à l'issue de la Révolution culturelle, une nouvelle génération de cinéastes apparaît sur la scène internationale, la cinquième (Zhang Yimou, Chen Kaige), suivie d'une autre, plus stimulante encore.

On s'accorde à voir dans la réouverture en 1978 de l'Institut du cinéma de Pékin, école d'État formant aux différents métiers, un nouveau départ puisque Chen Kaige, dans la section réalisation, et Zhang Yimou, dans la section image, font partie de la première promotion. Ils se retrouvent au générique du film *Terre jaune* (1984), le premier comme réalisateur, le second comme chef-opérateur, acte de naissance de leur génération qui a souffert de la Révolution culturelle : études interrompues pendant dix ans pour Chen Kaige, fils d'un cinéaste, et travaux aux champs et en usine pendant ce temps pour Zhang Yimou. Si le cinéma chinois a progressivement gelé toute production de films pendant la Révolution culturelle, à l'exception des ballets révolutionnaires, transposition de l'Opéra de Pékin aux exigences du maoïsme, il ne faut pas oublier qu'il a connu de très riches heures auparavant, dans les années 1930 à Shanghaï, et dans les années 1950 à Pékin.

Zhang Yimou collabore au deuxième film de Chen Kaige, *la Grande Parade* (1986), puis passe à la réalisation. Sa rencontre avec le cinéaste Wu Tianming (*le Vieux Puits*, 1987), nommé directeur des studios de la province de Xi'an en 1987, sera déterminante. Chen Kaige fait alors le choix d'un esthétisme radical minimaliste (*la Vie sur un fil*, 1991 ; *Adieu ma concubine*, Palme d'or ex-aequo au Festival de Cannes en 1993) avant de se fourvoyer dans une superproduction historique (*l'Empereur et l'assassin*, 1999). De son côté, Zhang Yimou varie les styles. Avec *Épouses et concubines* (1991), premier film chinois à remporter un succès public en France, il bascule dans l'exotisme précieux. Il tourne un drame réaliste dans la grande tradition chinoise, comme *Qiu Ju une femme chinoise* (1992), sur l'obstination d'une femme à demander réparation suite à un préjudice subi. Devenu désormais un cinéaste officiel, on doit surtout à Zhang Yimou la découverte des deux plus grandes stars du cinéma chinois, Gong Li (*le Sorgho rouge*, 1987) et Zhang Ziyi (*Ma mère et mon père*, 1999).

La génération Tian'anmen

Autant 1978 signe l'espoir d'une ouverture démocratique, autant les événements tragiques de la place Tian'anmen en 1989 y mettent un frein. La sixième génération des cinéastes chinois s'est forgé une conscience politique à travers ce drame. Surtout, ils ont regardé en face (leurs films en témoignent)

Quelques films à revoir

1984 **Terre jaune** (Chen Kaige) ; 1986 **la Grande parade** (Chen Kaige) ; **le Voleur de Chevaux** (Tian Zhuang-zhuang) 1987 **le Sorgho rouge** (Zhang Yimou) ; **le Vieux puits** (Wu Tianming) 1991 **Epouses et concubines** (Zhang Yimou) ; **la Vie sur un fil** (Chen Kaige) 1992 **Qiu Ju une femme chinoise** (Zhang Yimou) 1993 **Adieu ma concubine** (Chen Kaige) ; **le Cerf-volant bleu** (Tian Zhuang-zhuang) 1998 **Xiao Wu, artisan pickpocket** (Jia Zhangke) 1999 **l'Empereur et l'assassin** (Chen Kaige) ; **Ma mère et mon père** (Zhang Yimou) 2001 **Platform** (Jia Zhangke) 2003 **A l'ouest des rails** (Wang Bing) ; **Hero** (Zhang Yimou) ; **Printemps dans une petite ville** (Tian Zhuang-zhuang) 2004 **le Secret des poignards volants** (Zhang Yimou) 2005 **The World** (Jia Zhangke)

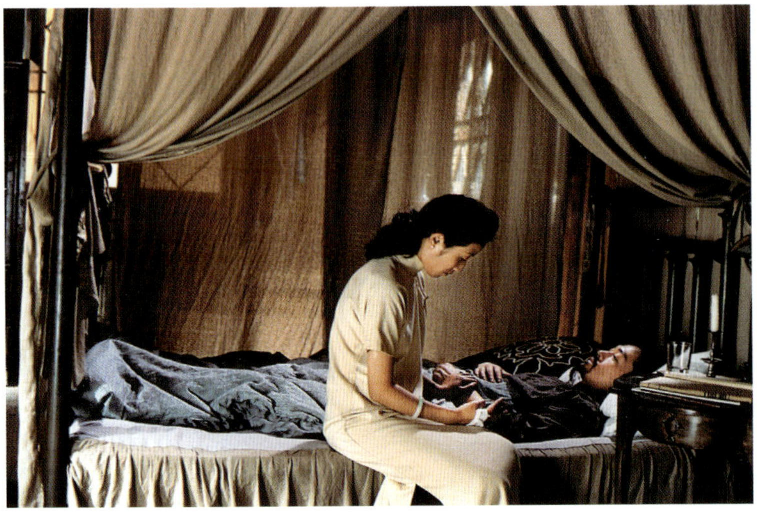

PRINTEMPS DANS UNE PETITE VILLE
TIAN ZHUANG-ZHUANG, 2003

Drame élégiaque. Figure discrète mais essentielle de la cinquième génération, Tian Zhuang-zhuang (*le Voleur de Chevaux*, 1986 ; *le Cerf-volant bleu*, 1993), après s'être consacré à la production de jeunes cinéastes, revient au cinéma en 2003 avec *Printemps dans une petite ville*, remake du chef-d'œuvre de Fei Mu tourné en 1948. De retour de la guerre, un médecin rend visite à un couple dont le mari, malade, ignore que son ami et sa femme se sont autrefois aimés. La retenue des sentiments est la condition de ce beau drame élégiaque, manifeste de l'amour pur dans la tradition classique chinoise, ciselé par une caméra sensible aux tourments intérieurs des êtres.

l'incroyable mutation de la société chinoise au cours des années 1990 : les lois du marché, la réalité du chômage, l'écart grandissant entre les riches et les pauvres. Pendant ce temps, la cinquième génération est ailleurs, imbue de sa gloire internationale, au point de perdre tout contact avec la réalité chinoise. Le cinéma au temps de Mao était rural et paysan (son mot d'ordre). Celui de la sixième génération sera urbain, y décrivant la misère sociale, retrouvant ainsi les accents des grands drames sociaux réalistes du cinéma de Shanghaï des années 1930 qui ont peint admirablement la vie en ville. Parmi les nombreux cinéastes qui comptent (Wang Xiaoshuai, Lu Ye, etc.), il faut en retenir deux, Wang Bing (*À l'ouest des rails*, 2003, épopée documentaire sur les zones industrielles en friches) et Jia Zhangke (*Xiao Wu, artisan pickpocket*, 1999 ; *Platform*, 2001 ; *The World*, 2005) qui est l'âme et l'emblème de cette exigence de cinéma qui caractérise sa génération.

Zhang Ziyi
Le Secret des poignards volants
Zhang Yimou, 2004

Divertissement d'esthète. Surpris comme beaucoup par le succès mondial de *Tigre et Dragon* (2000) d'Ang Lee, cinéaste indépendant taïwanais installé aux États-Unis, Zhang Yimou a voulu lui emboîter le pas. Son second essai, après *Hero* (2003), où il retrouve la sublime Zhang Ziyi, l'actrice qu'il a lancée, est le plus réussi. Intrigues de cour sous la dynastie Tang, trahisons à tous les étages, héroïne aveugle sous escorte, protecteurs alliés et rivaux en armes et en amour, tous les ingrédients sont rassemblés, jusqu'à la scène d'action dans la forêt de bambous, classique du genre. La beauté des couleurs et des costumes contribue à donner à ce divertissement d'esthète une dimension purement plastique.

The World
Jia Zhangke, 2005

La Chine, le monde. *Xiao Wu, artisan pickpocket* (1998) montrait un exclu du miracle économique. *Platform* (2001) racontait, sur fond d'échec, comment la Chine, après avoir cru en Mao, croyait désormais en l'économie de marché. *The World*, tourné à Pékin dans un parc d'attractions qui offre en miniature tous les grands monuments du monde, prolonge ce regard désenchanté. Dans ce circuit touristique planétaire, Jia Zhangke décrit le désastre affectif des jeunes employés du parc.

Le cinéma de Hong Kong

Au royaume du kung-fu et du mélodrame

Avec Bruce Lee puis Jackie Chan d'un côté et Wong Kar-waï de l'autre, la planète Hong Kong demeure le foyer d'un cinéma action populaire (kung-fu et polar) tout en étant à la pointe de l'esthétique du cinéma asiatique d'auteur.

À Hong Kong, le cinéma parle deux langues. Le cantonais, compris des habitants de cette région du Sud, et le mandarin, langue du continent, à destination des nombreux réfugiés et de la communauté chinoise dispersée de part le monde. En 1965, le succès en mandarin de *Come Drink With Me* (*l'Hirondelle d'or*) de King Hu, produit par les studios Shaw, encourage la production de films de sabre, inspirés de la tradition du Nord et des ballets de l'Opéra de Pékin. Les films de Chu Yuan et de Chang Cheh, violents et sanglants, écriront les plus belles pages du genre. En 1970, l'arrivée de Bruce Lee à Hong Kong, vexé de voir sa carrière bloquée à Hollywood, fait exploser le kung-fu parlé cantonais. On revient au combat à mains nues et l'incontestable charisme de la star doit beaucoup à ses qualités sportives. Le studio Shaw réagira en retournant au berceau historique du kung-fu en Chine et en ressuscitant la saga du temple de Shaolin, grâce aux films grandioses de Liu Chia-liang (*la 36e Chambre de Shaolin*, 1978).

Kung-fu pour rire et néopolar

Alors que le public de Hong Kong se lasse de la boxe chinoise, Jackie Chan trouve l'arme absolue dans *Drunken Master* (1978) de Yuen Woo-ping et lance la vogue de la comédie kung-fu où l'humour et la parodie font bon ménage avec un art martial de qualité. Le genre est toujours populaire, grâce aux films de Stephen Show (*Shaolin Soccer*, 2001 ; *Crazy kung-fu*, 2005). Jackie Chan alternera films tournés à Hong Kong et à Hollywood (*Rush Hour*), l'échéance redoutée de 1997, date de la rétrocession de la colonie britannique à la Chine, ayant provoqué une désertion des talents. La nouvelle génération des années 1980 lancera la mode du polar, sur fond de triades (pègre locale). John Woo sera l'inventeur d'un cinéma d'action stylisé, où chaque combat devient un ballet chorégraphié (*The Killer*, 1989 ; *À toute épreuve*, 1992). Vient l'époque où Hollywood (les frères Wachowski avec *Matrix*, Quentin Tarantino avec *Kill Bill*) n'a d'yeux que pour le cinéma de Hong Kong.

De son côté, Tsui Hark, réalisateur et producteur, en se servant des nouvelles technologies, remet au goût du jour le film de sabre (*Zu, les guerriers de la montage magique*, 1983) et se lance dans la saga d'*Il était*

BRUCE LEE
LA FUREUR DE VAINCRE
LO WEI, 1972

Héros national. Dans la trop brève filmographie de Bruce Lee interrompue par sa mort en 1973, à l'âge de trente-trois ans, *la Fureur de vaincre* (1972), dont il a réglé les scènes de combat, est son seul film historique. Il a fait de lui à jamais un héros national, pour avoir vengé la Chine des humiliations subies par son ennemi séculaire, le Japon. À Shanghaï au temps des concessions étrangères, l'élève (Bruce Lee) d'une école d'arts martiaux, trouvant suspecte la mort de son maître, se fait vengeance en décimant les auteurs du forfait (un *dojo* japonais). Moins culte que *la Fureur du dragon* (le combat mythique contre Chuck Norris dans le décor du Colisée), *la Fureur de vaincre* demeure pourtant son film le plus accompli.

THE BLADE
TSUI HARK, 1995

Vengeance. *The Blade*, jamais sorti en salles mais diffusé en vidéo et en DVD, filière majeure de la découverte d'une cinématographie trop longtemps ignorée, est un hommage direct au grand classique de Chang Cheh, *One-armed Swordsman* (1967), premier volet de sa célèbre trilogie du « Manchot ». Les thèmes sont identiques (venger la mort de son père en utilisant son épée brisée qu'on lui a transmise) mais la manière change. Dans la folie tourbillonnante des combats, l'épée devient une métaphore du montage. Le surdécoupage des plans ne montre plus l'effort humain, il en donne une sensation figurée par un ahurissant déluge visuel.

ZHANG ZIYI
2046
WONG KAR-WAÏ, 2004

La réalité de l'amour. *2046* amplifie les thèmes et les motifs d'*In The Mood for Love* (2000). L'être désiré et inaccessible (la sublime Maggie Cheung), cet absolu de l'amour, s'est évanoui à jamais et le héros (Tony Leung, au charme langoureux), se disperse, pour oublier, dans une constellation de femmes (Gong Li, Zhang Ziyi, Faye Wong). L'homme navigue entre amour charnel dans le huis clos de sa chambre n° 2046 et attirance pour les magiques parures féminines (une robe, un maquillage, une chevelure). On pense à Josef von Sternberg car, ici, pas d'être sans paraître. Toute femme est une œuvre de séduction dans un monde imaginaire et fantasmé qui devient la réalité de l'amour.

un
hist
Fei-

Deu
Deux
Hu le
Moun
lettres
noise
montag
Wong K
cantona
au fil d … senti-
mentalis … photo et imagerie rétro (*In the Mood for Love*, 2000, avec Tony Leung et Maggie Cheung). La nostalgie (*Nos années sauvages*, 1990) est le grand ressort affectif et esthétique du cinéma de Wong Kar-waï.

Tony Leung est devenu l'acteur le plus populaire en Asie orientale, notamment grâce à sa rencontre avec Wong Kar- wai qui lui confie le rôle d'un chevalier errant devenant aveugle dans *les Cendres de Temps* (1994), puis un policier solitaire amoureux dans *Chungking Express* (1994) et un homosexuel dans *Happy Together* (1997). Son interprétation magnifique dans *In the Mood for Love* (2000) lui vaut le prix d'interprétation masculine à Cannes et l'Oscar du meilleur acteur. Il reprendra le personnage dans *2046*. De nombreux films dans lesquels il a joué ont rencontré un succès international : *La Cité des douleurs* et *Les Fleurs de Shanghai* de Hou Hsiao-hsien, *À toute épreuve* de John Woo, *Cyclo* de Tran Anh Hung.

TONY LEUNG
2046
WONG KAR-WAÏ, 2004

Le cinéma taïwanais

La Nouvelle Vague du cinéma asiatique

À l'aube des années 1980, une jeune génération de cinéastes (Hou Hsiao-hsien, Edward Yang), soucieuse d'interroger l'identité taïwanaise, fait entrevoir au cinéma asiatique de nouvelles possibilités esthétiques.

L'arrivée d'un écrivain, Hsiao Yeh, au sein de la CMPC (Central Motion Picture Corporation), organisme gouvernemental du cinéma, est à l'origine de la Nouvelle Vague taïwanaise. Voulant faire travailler de jeunes cinéastes, il suscite deux films à sketches, *In Our Time* (1982) et *The Sandwich Man* (1983). Dans le premier, on remarque *Attentes*, la contribution d'Edward Yang, futur réalisateur de *Ce jour là, à la plage* (1983). Dans le second, celle de Hou Hsiao-hsien, *la Grande poupée du fils*. Déjà auteur de quelques films commerciaux, il réalise en 1983 son premier film personnel, *les Garçons de Fengkwei*, inspiré de son adolescence d'enfant des rues.

Hou Hsiao-hsien est né à Canton, au sud de la Chine, en 1947, et ses parents ont fui en 1948 la guerre civile qui oppose Tchang Kaï-chek (Jiang Jieshi) aux communistes pour se réfugier à Taïwan. Les parents d'Edward Yang, qui est né à Shanghaï en 1947, émigrent de leur côté en compagnie des troupes nationalistes. En effet, la nouvelle génération interroge ses origines de manière politique : que signifie être taïwanais aujourd'hui ? Edward Yang le fait en scrutant le présent (les liens économiques et politiques de Taïwan avec les États-Unis et le Japon) et Hou Hsiao-hsien en interrogeant la mémoire de l'île. Victime de l'occupation japonaise pendant cinquante ans (1895-1945), l'île, sitôt libérée, s'est vue annexée par les troupes nationalistes (le Gouvernement provisoire de la Chine s'y installe en 1949). De nombreux conflits, sanglants, explosent entre les immigrés de la Chine continentale et les Taïwanais de souche. *Le Maître de marionnettes* (1993) de Hou Hsiao-hsien évoque l'occupation japonaise. De son côté, *la Cité des douleurs*, lion d'or à Venise en 1989, plonge au cœur des conflits des années 1940 entre les nouveaux arrivants et les anciens occupants, tandis qu'*Un temps pour vivre, un temps pour mourir* (1985) raconte sur un mode autobiographique l'exil d'une famille de Canton à Taïwan. Cette trilogie de la mémoire ne doit pas faire oublier le regard du cinéaste sur le désœuvrement de la jeunesse taïwanaise contemporaine avec *Good Bye South, Good Bye* (1996) et *Millenium Mambo* (2001).

Un nouveau rapport au temps et à l'espace

En 1986, la signature du manifeste du film taïwanais officialise la Nouvelle Vague et prononce son acte de décès. Faute de soutien gouvernemental, les

Yi Yi
Edward Yang, 2000

Richesse de la banalité. Le prix de la mise en scène remporté à Cannes en 2000 avec *Yi Yi* a permis à Edward Yang d'accéder tardivement à une légitime reconnaissance internationale. Sur le mode du *shomin geki* (drame ordinaire de la vie des petites gens) du cinéma japonais, illustré par les films d'Ozu et de Naruse, et qui a pour cadre la vie familiale au quotidien, Edward Yang décrit les liens qui attachent un père à son enfant. Vie affective, familiale et sentimentale, et vie professionnelle se mêlent dans un tableau émouvant, riche des multiples arborescences, et porté par la discrète tension de plans-séquences admirables.

Les Fleurs de Shanghaï
Hou Hsiao-hsien, 1998

Senteur entêtante. *Les Fleurs de Shanghaï* offrent la quintessence de ce qui radicalise esthétiquement le cinéma taïwanais et constitue la source de son enchantement, plastique et émotionnel. Le plan-séquence, omniprésent chez Yang et Tsai Ming-liang, instaure ici un nouveau rapport au temps et à l'espace, proprement chinois. L'action se déroule dans la Chine de 1911, à la fois réelle et imaginaire, proche de l'univers de Joseph von Sternberg. Le film, au gré d'incessants panoramiques en aller et retour entre un groupe et un individu, un homme et une femme, décrit la douleur d'aimer.

cinéastes, dans une industrie exsangue (production, salles), devront désormais compter sur des financements étrangers, de la France et du Japon.

Le choc de la découverte coup sur coup de deux films de Tsai Ming-liang, son chef-d'œuvre *les Rebelles du dieu néon* (1992) et *Vive l'amour*, Lion d'or à Venise en 1994, accentue ce formalisme de la solitude cher au cinéma taïwanais. Les cinéastes sont les descendants naturels d'Ozu, saisissant en de longs plans fixes le caractère immuable des choses en proie à de microscopiques changements. On doit au cinéma taïwanais cette nouvelle esthétique du cinéma asiatique, nourrie par la pensée chinoise et le bouddhisme. Cette dimension plastique ne doit pas faire oublier que la génération de Hou Hsiao-hsien est la première à avoir renoncé au projet utopique de revenir en Chine. C'est grâce à ce travail de deuil, accompli par les films, qu'un authentique cinéma taïwanais a pu exister.

La Rivière
Tsai Ming-liang,
1997

Limpidité. Après avoir figuré dans un film un noyé dans une rivière, un jeune homme (Lee Kang-sheng, déjà vu dans les films précédents de Tsai Ming-liang) souffre d'une douleur au cou, sans qu'on sache si l'eau polluée en est responsable. Ce dérèglement corporel va perturber la vie déjà éclatée de la famille (le père, la mère, le fils), trois solitudes qui partagent le même toit sans vraiment se rencontrer. Le récit minimal, limpide et opaque, faute d'explication, procède par petites touches et culmine lors de la scène où le fils, dans un sauna, découvre la sexualité de son père à son insu. L'attachement à la solitude des êtres devient observation d'une misère sexuelle montrée sans détour avec beaucoup de tact et de justesse.

« *Chez Ozu, je retrouve l'impression que m'inspire la culture japonaise : la stabilisation d'une émotion dans le temps.* »

Hou Hsiao-hsien

Le renouveau japonais

Films d'auteurs et films d'animation

Dans les années 1960, sont révélés Nagisa Oshima et Shohei Imamura, futur lauréat de deux Palmes d'or. Dans les années 1990, Takeshi Kitano revisite le film de genre avec ses films de *yakuza*, avant que l'animation ne soit le nouveau pôle d'attraction autour de Hayao Miyazaki.

L'arrivée en masse de la télévision au seuil des années 1960 entraîne la faillite du système des studios. Sur les 500 films produits en 1960, 499 proviennent des grandes compagnies. En 1965, sur les 487 films, les studios en totalisent 268 et les indépendants, 219. C'est autour de l'ATG (Art Theatre Guild) que la Nouvelle Vague japonaise prend son essor, à une époque où les grands cinéastes comme Akira Kurosawa sont réduits au silence : cinq années séparent *Barberousse* (1965), produit par la Toho, de *Dodes'kaden* (1970), film indépendant.

La Nouvelle Vague, Oshima et Imamura

La Nouvelle Vague japonaise se distingue du modèle français par son engagement politique, très radical (*Nuit et brouillard du Japon*, 1960, de Nagisa Oshima, sur l'extrême gauche). Soucieuse de la libération des mœurs (*Premier Amour, version infernale*, 1968, de Susumu Hani), elle prône révolution politique et sexuelle : *Éros + Massacre* (1969) et *Coup d'État* (1973) de Kiju Yoshida. La faillite d'ATG en 1975 mettra fin à cet élan collectif. Oshima poursuit son projet d'anthropologie politique du Japon, critiquant dans *Furyo* (1983), avec David Bowie, cette esthétisation du corps militaire empruntée à l'univers fascisant de Yukio Mishima.

Révélé au milieu des années 1960, le cinéma de Shohei Imamura, en marge de la Nouvelle Vague, est celui d'un entomologiste rabelaisien, fasciné par le carnavalesque et l'animalité en l'homme. Plus que dans ses productions ambitieuses (*Pluie noire*, 1989 ; *la Ballade de Narayama*, 1983, Palme d'or à Cannes), c'est dans *l'Anguille* (1997, autre Palme d'or à Cannes) et *Docteur Akagi* (1998) que ce cinéaste singulier subjugue.

L'ancien et le nouveau

Au début des années 1980, le grand Akira Kurosawa, grâce à l'aide de Steven Spielberg et de George Lucas, livre deux grandes fresques épiques, peintures du Japon féodal où domine l'attrait du chaos (*Kagemusha*, 1980 ; puis *Ran*, 1985, d'après *le Roi Lear*) avant de se replier sur l'intime, là où la mémoire de la bombe atomique (*Rhapsodie en août*, 1991) et l'attrait de l'imaginaire (*Rêves*, 1990) tissent le même cauchemar.

L'acteur réalisateur Takeshi Kitano, découvert dans *Furyo*, grande vedette comique de la télévision,

L'Anguille
Shohei Imamura, 1997

Humanité en suspense. *L'Anguille* (*Unagi*) a valu en 1997 à Shohei Imamura une seconde Palme d'or, ex-aequo avec *le Goût de la cerise* d'Abbas Kiarostami. *L'Anguille*, révélateur des préoccupations du cinéaste, prend en charge un personnage de pêcheur à sa sortie de prison. Il avait été condamné pour meurtre, après avoir surpris sa femme en train de le tromper. Ce qui eut lieu une fois va-t-il se reproduire en série, selon la loi du comportement de l'homme, programmé pour tuer, ou bien s'agit-il d'une exception dans sa vie, sans suite possible ? Tout le suspense du film, magistral, porté par le jeu extraordinaire de Yakusho Koji, devient une réflexion sur la nature humaine.

Quelques films à revoir

1963 **La Femme des sables** (H. Teshigahara) 1964 **Kwaidan** (M. Kobayashi) 1969 **Éros + massacre** (Y. Yoshida) 1972 **Baby Cart** (K. Misumi) 1976 **L'Empire des sens** (N. Oshima) 1980 **Kagemusha** (A. Kurosawa) 1983 **Adieu l'arche** (S. Terayama), **La Ballade de Narayama** (S. Imamura), **Furyo** (N. Oshima) 1985 **Ran** (A. Kurosawa) 1990 **Rêves** (A. Kurosawa) 1993 **Sonatine** (T. Kitano) 1997 **Hana-bi** (T. Kitano) 1999 **L'Été de Kikujiro** (T. Kitano), **Tabou** (N. Oshima), **M / other** (N. Suwa) 2000 **Le Voyage de Chihiro** (H. Miyazaki) 2003 **Le Château dans le ciel** (H. Miyazaki), **Nobody Knows** (H. Kore-Eda) 2004 **Shara** (N. Kawase), **Zatoichi** (T. Kitano) 2005 **The Taste of tea** (K. Ishii)

impose avec *Sonatine* (1993) puis *Hana-bi* (1997, Lion d'or à Venise) un ton insolite dans le monde des *yakuza*, entre indolence et violence poétique syncopée, due à son goût pour le montage elliptique et la chute burlesque. Il prolonge la tradition stylisée des films de gangsters de Seijun Suzuki (*la Marque du tueur*, 1967). Tout comme son *Zatoichi* (2003), hommage au masseur aveugle, héros légendaire du *chambara* (film de sabre) des années 1960.

Parmi les nouveaux noms du cinéma japonais (Kyoshi Kurosawa, Hirozaku Kore-Eda avec *Nobody Knows* en 2004), on retient surtout, outre Nobuhiro Suwa, avec *M/other* (1999) et *H/Story* (2001), celui de Naomi Kawase, remarquée dès son premier film, *Suzaku* (Caméra d'or à Cannes en 1997) et surtout avec *Shara* (2003).

Le manga et les studios Ghibli

Le Japon est désormais le centre mondial de l'animation, longtemps l'affaire des studios Toei. Tout bascule en 1984 avec la création des studios Ghibli par trois vedettes de l'animation, Yaho Otsuka, Isao Takahata (*le Tombeau des lucioles*, 1988 ; *Mes voisins les Yamada*, 1999) et Hayao Miyazaki, auteur de *Princesse Mononoke* (1997) et du *Voyage de Chihiro* (2002, Ours d'or à Berlin), qui a surclassé *Titanic* au box-office japonais. Mamoru Oshii (*Ghost in the Shell*, 1995) et Satoshi Kon (*Perfect Blue*, 1997) complètent ce tableau. Volontiers ésotérique (aux sources du bouddhisme et du shintoïsme) et métaphysique (l'être, la machine), l'animation, art de conteurs merveilleux, ressuscite le Japon des mythes et des légendes.

Shara
Naomi Kawase, 2003

Au cœur de Shara, une disparition. Deux garçons, jumeaux, courent dans les ruelles de Nara, ville natale de la cinéaste, quand l'un perd l'autre définitivement de vue. Chaque membre de la famille (le père, la mère, l'enfant) est confronté à cette mort, ressentie par le spectateur comme une évaporation céleste. Un souffle mystique traverse ce film, irradiant le regard sensible que la cinéaste porte sur le monde.

Takeshi Kitano
Sonatine
Takeshi Kitano, 1993

Sur le sable. Que fait un *yakuza* en vacances au bord de la mer ? La réponse, sur le mode du décalage poétique, de *Sonatine* à la question, insolite, résume l'atmosphère paisible et lumineuse de ce film ensoleillé. Des gangsters devenus indésirables trouvent refuge sur une plage abandonnée, trompent leur ennui avec des jeux (occupation centrale dans l'univers du cinéaste), avant que la réalité et les lois du genre ne les rattrapent. Un léger parfum de burlesque exquis, lié aux situations, au visage de Kitano, distille un charme intense, rehaussé par le rythme des plans, douce invitation à la paresse. *Sonatine*, qui a fait découvrir Kitano est l'un de ses plus beaux films.

Le cinéma coréen

Une exception culturelle

MEMORIES OF MURDER
BON JOON-HO, 2004

Ennemi public. Le second long métrage de Bon Joon-ho (né en 1969) est inspiré de l'histoire vraie d'un tueur en série qui a sévi en Corée au début des années 1980, alors que la dictature militaire vivait ses dernières heures. Comme dans *la Vengeance est à moi* (1979) de Shohei Imamura, qui sert de référence au film, on refuse les effets de genre au profit d'une restitution réaliste de l'époque, d'autant que cette affaire criminelle, non résolue, avait été un échec pour la police. À travers cette enquête, le film dresse le portrait impitoyable de la dictature, cauchemar que beaucoup de films coréens tentent d'exorciser.

Longtemps ignoré sur la carte du cinéma asiatique, au détriment de la Chine et du Japon, le cinéma coréen affiche pourtant une insolente santé économique et offre films de qualité et un cinéma grand public en mesure de rivaliser avec Hollywood.

À l'extrême fin du XXe siècle, depuis le succès de *l'Île* (1999) de Kim Ki-duk, d'une troublante cruauté érotique, et celui du *Chant de la fidèle Chunhyang* (2000), du vétéran Im Kwon-taek, adapté d'un célèbre *pansori*, sorte d'opéra coréen récitatif, un intérêt significatif pour le cinéma coréen s'est manifesté. Aujourd'hui, la Corée du Sud est le seul pays asiatique doté d'une cinématographie nationale forte, puisque les films coréens font plus de 50 % des entrées et dépassent au box-office les *blockbusters* hollywoodiens. Dans un pays très dépendant des États-Unis sur un plan économique, cette résistance a quelque chose d'exceptionnel. Plusieurs facteurs expliquent cela. Des lois d'encadrement tout d'abord, celle des quotas, qui oblige les exploitants à montrer des films coréens 146 jours par an. Depuis plusieurs années, la profession, très unie, se bat contre la pression américaine qui, au nom du libre-échange, veut abolir les quotas. Ensuite, une jeune génération de cinéastes d'une

trentaine d'années, ayant étudié le cinéma aux États-Unis, est apparue au milieu des années 1990, avec pour modèle le film de gangster japonais et le néo-polar hong-kongais de John Woo. Le savoir-faire des effets spéciaux et des nouvelles techniques de cette génération « Matrix » ne suffit pas, car les films populaires, sur le versant de l'espionnage (*Shiri* de Kang Je-gyu 1999) ou du film de guerre (*Frères de sang* de Kang Je-gyu, 2005), mettent en scène la drame de la Corée, celui de la guerre civile entre le Nord et le Sud et de la séparation qui a suivi. Les films, comme *Silmido* (Kang Woo-suk, 2004), récit d'une unité d'élite chargée d'infiltrer les services secrets du Nord, font de la Corée à la fois un territoire de fiction et une entité à part entière. La fiction coréenne à l'américaine a trouvé ainsi une manière de s'adresser à son public et de le toucher dans ses blessures secrètes.

Une présence sur tous les fronts

Pourtant, le cinéma coréen revient de loin. De l'occupation japonaise, jusqu'en 1945, de la guerre civile ensuite au début des années 1950 et de la dictature militaire (années 1960 et 1970), époque où on tourne des mélodrames confucéens, au sentimentalisme vertueux (*l'Invité de la chambre d'hôte et ma mère*, de Shin Sang-ok, 1961) ou des grandes fresques historiques en couleur (*Yonsang Gun*, *idem*, 1961). Le lent retour vers la démocratie à partir de 1986, après la répression de la révolte étudiante dans le sang, verra l'éclosion discrète d'une Nouvelle Vague adepte d'un certain réalisme social représenté par les films de Jang Sun-woo (*Lovers in Woomuk-Baemi*, 1989) et Park Kwang-su (*Chilsu et Mansu*, 1988 ; *la République noire*, 1990).

Aujourd'hui, autour du chef de file Im Kwon-taek, auteur de près de 100 films depuis 1962 et de fresques historiques somptueuses qui interrogent la place de l'art et de l'artiste dans la société, une nouvelle génération de cinéastes a émergé, à l'écart d'un cinéma industriel de qualité. Outre Kim Ki-duk, et Lee Chang-dong dont *Peppermint Candy* (2000) constitue un rigoureux portrait de la Corée, de la dictature militaire à la crise économique de 1997, c'est surtout Hong Sang-soo, en l'espace de quelques films (*le Pouvoir de la province de Kangwoon*, 1998 ; *la Vierge mise à nu par ses prétendants*, 2000) qui a su charmer les spectateurs par ses récits déroutants, chroniques d'une vie sentimentale et sexuelle noyée dans l'alcool.

IVRE DE FEMMES ET DE PEINTURE
IM KWON-TAEK, 2002

Peindre et faire l'amour. Cette biographie du peintre coréen Ohwon (seconde moitié du XIXe siècle) permet à Im Kwon-taek de déployer les fastes d'une reconstitution magistrale (architecture des lieux, costumes, couleurs). L'énergie de la mise en scène, au diapason de celle du peintre, devient la célébration d'un art de vivre, non académique, où l'amour des femmes stimule l'expression artistique. Ce vitalisme figuratif et abstrait (la calligraphie), cette ode à la passion de l'art porté à son point de folie constituent avec le très moderne Chant de la fidèle Chunhyang, variation fulgurante sur les accords possibles entre une image et une voix, une des plus belles réussites de l'œuvre prolifique du plus talentueux des cinéastes coréens.

LA FEMME EST L'AVENIR DE L'HOMME
HONG SANG-SOO, 2004

Les trois temps. Hunjoon, un jeune cinéaste de retour des États-Unis et son ami Munho partent à la rencontre de Sunhwa, une jeune fille dont ils furent successivement l'amant. Pour le titre de son cinquième film, Hong Sang-soo s'est souvenu d'un poème d'Aragon en expliquant ainsi ce qu'il a voulu raconter : « Les deux hommes du film vivent dans le présent. Ils parlent d'une femme du passé, mais toujours présente dans leur mémoire. Ils boivent puis vont à sa rencontre : c'est l'avenir. »

L'éveil de l'Afrique

De la politique à la poésie

Né tardivement, dans le sillage des mouvements d'indépendances nationaux, le cinéma africain associe avec bonheur engagement politique et poésie de conteurs, dans un contexte économique des plus délicats.

L'Afrique a souvent été filmée sans que des Africains soient derrière la caméra. Le pas est franchi en 1955 avec *Afrique sur Seine*, court métrage de Paulin S. Vieyra, ancien élève de l'IDHEC, et Mamadou Sarr (Sénégal). *Moi, un Noir* (1958) de Jean Rouch, diplômé d'ethnologie, ouvre la voie, puisque l'un des acteurs amateurs, Oumarou Ganda (Niger), deviendra cinéaste (*Cabascabo*, 1968 ; *Saïtane*, 1972). Il faut attendre le mouvement de décolonisation du début des années 1960 pour qu'un élan s'instaure, grâce au cinéaste Ousmane Sembène (Sénégal), né en 1923. Son premier film, un court métrage, *Borom Sarret* (1962), décrit sur un mode réaliste la journée de travail d'un « bonhomme charrette ». Son premier long métrage, *la Noire de...* (1966) dénonce les conditions d'une domestique noire au service d'un couple de Blancs. Pour ce cinéaste engagé, chaque film est combat, contre la corruption des fonctionnaires africains (*le Mandat*, 1968), l'implantation de l'islam en Afrique (*Ceddo*, 1980), etc. Ce courant de critique sociale se prolonge chez Cheikh Oumar Sissoko (Mali), dans *Nyamanton* (1986) et surtout *Finzan* (1989), qui s'en prend aux traditions ancestrales du mariage.

Légendes et superstitions

Excepté le film météore *Touki Bouki* (1973), du réalisateur sénégalais Djibril Diop Mambéty, fantaisie en roue libre, guidée par l'imaginaire de deux jeunes qui font les quatre cents coups et rêvent de Paname, la seconde génération des cinéastes dont le chef de file est Souleymane Cissé (né en 1940, il a été formé au VGIK de Moscou), emprunte elle aussi le chemin de la révolte (*Baara*, 1978 ; *le Vent*, 1982) et de la critique radicale (*Waati*, 1995). En revanche, *Yeelen* (1987) ajoute une dimension irréversible au cinéma africain en renouant avec la tradition du conte (les légendes et les superstitions), auparavant refoulé car jugé obscurantiste.

L'enfance, le retour aux origines

Faute de structures garantissant son assise (financement, parc de salles), le cinéma africain dépend des aides extérieures, dont celles de la France, ce qui n'est pas sans conséquence sur les sujets, les cinéastes anticipant parfois ce que l'Europe attend d'eux.

Godard disait en 1979 que « L'Afrique est le seul continent à pouvoir raconter des histoires autrement ». Si *Yeelen* conforte cette idée, le cinéma d'Idrissa Ouedraogo (*Yaaba*, 1989 ; *Tilaï*, 1990), du Burkina Faso,

YEELEN
SOULEYMANE CISSÉ, 1987

Passations, dépassements. Premier film d'Afrique noire couronné à Cannes du prix spécial du jury en 1987, *Yeelen* (*la Lumière*) frappe par sa puissante beauté. Cette fable sur la connaissance est centrée sur le conflit entre un père et un fils, au moment où l'enfant est rejeté par l'adulte qui craint d'être dépassé par lui. Le récit initiatique de l'enfant dépasse la simple tragédie familiale pour atteindre aux fondements mythiques de l'Afrique, à son drame aujourd'hui. Le film pose de manière brutale la question de la transmission, de l'accès au savoir, qu'il soit rationnel ou magique, et du pouvoir qu'il donne à ceux qui refusent de le partager. Le plus ambitieux des films africains est de loin le plus abouti.

« *En Afrique, tout y est mais rien n'existe.* »
Souleymane Cissé

où se tient le festival de Ouagadougou, concilie au mieux talent de conteur sensualiste (on filme des corps, des êtres de désirs, pas seulement des idées) et peinture des conditions de vie. Ce goût du récit et des genres le conduit dans *Samba Traoré* (1993) à associer film noir et western.
Le cinéma africain n'a jamais été aussi beau et aussi fort lorsqu'il filme l'enfance « à hauteur d'enfant ». Qualité majeure du splendide *Wênd Kûuni* (1982) de Gaston Kaboré, auteur également de *Rabi* (1993), sur les jeux d'un enfant avec une tortue. Ce fil de l'enfance, monde d'orphelins bien souvent, se retrouve dans l'admirable *Abouna* (2002), du Tchadien Mahamat Saleh-Haroun, récit de deux frères à la recherche de leur père disparu, qu'il croient avoir retrouvé comme acteur dans un film. Élégante façon d'associer l'enfance à l'amour du cinéma.

En attendant le bonheur
Abderrahmane Sissako, 2002

Parenthèse. *Heremakono* (*En attendant le bonheur*) observe le quotidien d'un groupe de personnages dans une ville côtière de la Mauritanie, en attente d'un départ vers l'Europe. Refusant tout réalisme social, dépolitisant son sujet, le réalisateur de *la Vie sur Terre* (1997) porte son attention sur les menus détails de l'existence, saisis avec finesse, sur un mode poétique et burlesque. Ce cinéma contemplatif, presque zen, sur le désœuvrement langoureux à ne rien à faire, se démarque de ses aînés (Ousmane Sembène, Souleymane Cissé) en niant la tragédie, la dramaturgie du conflit. L'Afrique éternelle devient une enclave magique, un réservoir poétique miraculeusement préservé.

Molaadé
Ousmane Sembène, 2004

Droit d'asile. Fidèle à sa tradition de cinéaste engagé, Ousmane Sembène, le vétéran du cinéma africain, traite dans *Molaadé* d'un sujet qui fait débat, celui de l'excision. Il le fait subtilement, sans opposer schématiquement la tradition à la modernité. Quatre petites filles, pour échapper à l'exciseuse, se réfugient chez une jeune femme qui les protège au nom du *molaadé*, droit d'asile sacré de la coutume peule. Une tradition empêche une autre de s'exercer. Mais la fin, très sombre, ramène au drame de l'Afrique d'aujourd'hui.

Égypte et Maghreb

De l'Égypte d'hier au Maroc d'aujourd'hui

Longtemps, le cinéma égyptien, dès les années 1940 et sous Nasser, a été hégémonique dans les pays arabes avant que l'Algérie, après son indépendance, suivie par la Tunisie et le Maroc, ne s'éveillent au cinéma.

Au Caire, dès les années 1930 jusque dans les années 1960, on a aimé chanter et danser. C'est ainsi que les grands de la musique, la diva Oum Kalsoum, Chadia, Asmahane, Leïla Mourad, puis Farid el-Attrache et Abdel Halim Hafez, aux côtés des merveilleuses danseuses comme Samia Gamal, Akef Naïma et Taheya Carioca font du Caire la capitale du cinéma qui rayonne sur tous les pays arabes. Avec l'arrivée de Nasser au pouvoir, un cinéma plus social, plus dramatique, sur le modèle du néoréalisme italien de De Sica se fait jour. Il est représenté par le trop méconnu Salah Abou Seif, avec *le Costaud* (1957), sur des vendeurs exploités dans un marché aux légumes, et *Entre ciel et terre* (1959), sur treize personnes bloquées dans un ascenseur, et par Youssef Chahine, révélé par *Gare centrale* (1958), description foisonnante de la vie dans la gare du Caire, où il interprète le rôle d'un infirme, marchand de journaux.

Avec la défaite de la guerre des Six-Jours (1967) et la mort de Nasser (1970), l'industrie du Caire périclite et délaisse le film musical, perdant ainsi de son aura. Salah Abou Seif réalise *le Porteur d'eau* (1977), tandis que Chahine livre la trilogie de ses souvenirs, avec *Alexandrie pourquoi ?* (1978), *la Mémoire* (1982) et *Alexandrie encore et toujours* (1989) et se lance dans un fresque historique ambitieuse (*Adieu Bonaparte*, 1985), grâce au soutien de l'indéfectible producteur Humbert Balsan, disparu en 2005. La jeune génération est représentée par Yousry Nasrallah, récent auteur des *Portes du soleil* (2004), saga du peuple palestinien de 1948 à 1981, d'après le roman d'Elias Khoury.

L'Algérie, de l'espoir à l'impasse

Aussitôt après l'indépendance, l'Algérie fait du cinéma le levier de l'identité nationale. Il rend tout d'abord hommage aux héros et martyrs de la guerre (*le Vent des Aurès*, 1966, de Mohamed Lakhdar-Hamina, avec Keltoum), poursuit dans cette voie avec *l'Opium et le bâton* (1969) d'Ahmed Rachedi, avant de livrer une grande fresque officielle, *Chronique des années de braise* de Lakhdar-Hamina, couronnée d'une Palme d'or à Cannes en 1975. Cette propension à célébrer le passé masque une volonté politique de ne point parler du présent de l'Algérie. Le public se coupe de son cinéma, qui ne se reconnaît plus en lui. L'énorme succès d'*Omar Gatlato* (1977) de Merzak Allouache est l'exception qui confirme cette règle. La corruption qui règne dans

LUBNA AZABAL
VIVA LALDJÉRIE
NADIR MOKNÈCHE, 2004

Vu d'Alger. Né en Algérie mais ayant grandi en France, Nadir Moknèche, pour son second film, brave les interdits et vient filmer sa ville. Ce portrait en mouvement d'Alger repose sur trois magnifiques personnages féminins : Papicha (Biyouna, grande figure de la scène algéroise, à la gouaille savoureuse), ancienne danseuse de cabaret ressassant son passé, Goucem sa fille (Lubna Azabal, superbe) qui entend vivre librement ses désirs au présent, chose mal acceptée parmi les hommes, et Fifi, une jeune prostituée (Nadia Kaci, excellente), au destin tragique. Beaucoup de force dans ce film qui offre de la vie à Alger une image vive que le cinéma a trop longtemps ignorée.

> « *Le cinéma manque parfois de sens des responsabilités, parce que, dans la majorité des films, on n'apprend rien. Je trouve que le cinéma doit être, au moins un minimum, éducatif et moral.* »
> Youssef Chahine

le cinéma, le passage raté à la privatisation à la fin des années 1980, suivi de la guerre civile des années 1990 auront pour conséquence de décimer ce cinéma, avec la bénédiction du gouvernement, à quelques exceptions près (les films de Mohamed Chouikh et *Rachida* de Yamina Bachir-Chouikh en 2002).

Nouveaux venus

C'est en Tunisie, au début des années 1980, que les choses ont commencé à bouger, grâce aux films d'Abdellatif Ben Amar (*Aziza*, 1980), de Mahmoud Ben Mahmoud (*Traversées*, 1983) et de Nouri Bouzid (*l'Homme de cendres*, 1987). Décennie prolixe, de qualité, que la suivante n'a pas confirmée. Aujourd'hui, les espoirs se tournent vers le Maroc, pays le plus prometteur du cinéma arabe. Dans le sillage des aînés comme Moumen Smihi (*el Chergui ou le Silence violent*, 1975) et Jilali Ferhati (*Poupées de roseau*, 1982), de nouveaux cinéastes, dans un pays soucieux de promouvoir le cinéma (fait exceptionnel dans le monde arabe aujourd'hui), font leur apparition. Au sein du cinéma méditerranéen, le Maroc dispose des meilleurs atouts pour jouer un rôle majeur.

Le Destin
Youssef Chahine, 1997

Aristote et le Coran. Après avoir été convoqué devant les tribunaux égyptiens pour s'être inspiré dans *l'Émigré* (1994) de la vie du patriarche biblique Joseph, Youssef Chahine riposte avec *le Destin*, virulente attaque contre les intégrismes. Dans l'Andalousie arabe du XIIe siècle, il exhume la figure du penseur et écrivain Averroès, l'homme qui tenta de concilier raison et foi, Aristote et le Coran, et dont les livres furent brûlés. Comme toujours chez Chahine, la révolte est joyeuse et festive, et la liesse s'exprime par la danse et la musique.

Halfaouine
Ferid Boughedir, 1990

Au milieu des femmes. Auteur de documentaires remarqués sur le cinéma arabe et africain, Ferid Boughedir nous entraîne dans les volutes du passé avec *Halfaouine ou l'enfant des terrasses*. Son héros est un enfant de cinéma qui, telle une caméra, enregistre tous les moments de vie autour de lui. Privilège de son âge, il grandit parmi les femmes. Cette nostalgie de l'enfance avant la séparation des sexes, est discrètement nourrie par une juste sensibilité aux mœurs des pays arabes.

Le cinéma du Proche-Orient

Au cœur des conflits

À part la Turquie, où le cinéma est solidement implanté depuis les années 1950, la région, en raison des troubles politiques et des affrontements, a longtemps ignoré le cinéma dont le clair-obscur a pourtant le pouvoir d'éclairer les conflits.

Au cours des années 1950 et 1960, le cinéma populaire turc donne le meilleur de lui-même. Un nom résume cette période, Atif Yilmaz. Pourtant, le cinéma turc reste attaché au nom de Yilmaz Güney (1937-1984), pour ses films et pour le drame de sa vie (ses années passées en prison), symbole du virage répressif des années 1970 qui allait lui coûter indirectement la vie. Ancien acteur très populaire du cinéma d'aventure des années 1960, il débute auprès d'Atif Yilmaz, dont il est le scénariste et l'assistant, avant de se faire remarquer avec *l'Espoir* (1970). Cinéaste engagé, mais ayant le sens du récit et du drame ainsi qu'un vrai talent visuel, l'homme ne fait pas mystère, dans sa vie, de ses positions politiques contre le régime : cela lui vaudra un peu de prison, avant d'y être condamné à dix-huit ans pour avoir été mêlé à l'assassinat d'un juge. De sa cellule, il écrit des scénarios que des cinéastes dirigent selon ses indications : Zeki Okten signe dans ces conditions *le Troupeau* (1979) et Serif Goren réalise *Yol* (1982) dont Güney, parvenu à s'enfuir, termine le montage en exil avant de triompher à Cannes avec une palme d'or. La mort de Güney laisse un grand vide. Beaucoup de sujets restent tabous et interdits, comme le génocide arménien, et il faut attendre les années 2000 pour que le drame kurde soit enfin évoqué. Dans l'après-Güney, on retient les beaux films d'Omer Kavur qui, sur un registre plus intimiste, fait passer beaucoup de choses sur son pays (*Hôtel de la mère patrie*, 1986). Nuri Bilge Ceylan prolonge cette veine avec *Nuages de mai* et surtout *Uzak* (2003).

Présences du cinéma israélien

Au sud de la Turquie, la Syrie brille par son silence, même si elle compte un excellent documentariste, Omar Amiralay, et un cinéaste trop rare, Mohamed Malass, auteur de deux films remarquables : *les Rêves de la ville* (1984) et *la Nuit* (1992). Si Beyrouth et le Liban ont été la réplique en miniature des films musicaux égyptiens lors des années 1960, notamment avec Fayrouz, la guerre civile a tout détruit. Maroun Baghdadi, mort trop jeune d'une chute mortelle dans un escalier, a témoigné de cet état de destruction dans *les Petites guerres* (1982), puis dans *l'Homme voilé* (1987) avant d'évoquer le drame des otages (*Hors la vie*, 1991). Aujourd'hui, Ghassan Salhab, de manière plus sentencieuse, assure cette relève, avec *Beyrouth fantôme* (1998) et *Guerre civile* (2001).

Kippour
Amos Gitai, 2000

Caméra cyclope. Amos Gitaï était réserviste de l'armée d'Israël lorsqu'il a été appelé sur le front, lors de la soudaine attaque de la Syrie, le jour du Kippour, en 1973. Le film, en suivant le point de vue d'un soldat qui débarque dans cette guerre, sans rien comprendre à ce qu'il doit faire face à un ennemi invisible, restitue au plus près son expérience, faisant partager au spectateur cette sensation physique, grâce au travail splendide de Renato Berta, qui signe la photo et le cadre, en caméra portée. La dimension sensorielle (les bruits) et corporelle (fatigue, boue) à hauteur d'homme se substitue au spectacle du conflit. Le regard de la caméra, soldat parmi les autres, contribue à faire de *Kippour* un des très grands films de guerre de l'histoire du cinéma.

Uzak
Nuri Bilge Ceylan, 2003

Nuri Bilge Ceylan est l'auteur complet de son film, puisqu'il en est le producteur, le scénariste, le cadreur, le chef opérateur et le monteur. S'il a un physique d'acteur, il délègue à un autre le soin de le représenter, tant *Uzak* compose son possible autoportrait en intellectuel désabusé, photographe de métier vivant de commandes. Sa vie change lorsqu'il héberge un lointain cousin de province, venu chercher du travail à Istanbul. L'humour paisible de cette sombre comédie sur la démarcation sociale et culturelle, épingle avec tendresse la contradiction des intellectuels, dès que la mise en pratique de leurs idéaux altruistes menace leur confort personnel.

Ronit Elkabetz
Prendre femme
Ronit et Shlomi Elkabetz, 2004

Ni dieu ni maître. Comédienne dans le remarquable *Mon trésor* (2004) de Keren Yedaya, Ronit Elkabetz tient le rôle principal du premier film qu'elle dirige avec son mari. Très influencée par le cinéma de John Cassavetes et l'extraordinaire personnalité de Gena Rowlands, elle joue le rôle d'une femme qui veut divorcer, aspire à vivre, face à un mari qui l'oppresse avec ses convictions religieuses traditionnelles. Le conflit n'est plus à l'échelle des nations mais au sein d'un couple, partagé entre religion et laïcité. Le film respecte la foi d'autrui mais critique avec violence l'intolérance qui permet à la religion d'asseoir injustement son autorité.

Pendant de longues années, Amos Gitai, projeté dans les festivals internationaux, a été la seule conscience du cinéma israélien, très lucide sur les relations entre son pays et la Palestine (*The House*, 1980) et très critique à l'égard des fondamentaliste religieux (*Kadosh*, 1999), ce qui lui a valu longtemps d'être rejeté en Israël. Depuis peu, le courant documentaire s'est imposé, grâce au regard décapant que porte le cinéaste Avi Mograbi sur le conflit israélo-palestinien. L'événement récent reste le regard des femmes sur ce drame, pour la documentariste Nurith Aviv et avec Keren Yedaya (*Mon trésor*, 2004) qui parvient à le cadrer à partir de la vie d'une maison close.
Face à Israël, le cinéma palestinien brille à travers deux noms. Celui de Michel Khleifi, auteur du remarquable *Noces en Galilée* (1986) et Elia Suleiman qui, en l'espace deux films au charme lunaire (*Chronique d'un disparition*, 1998 ; *Intervention divine*, 2002), a montré que l'humour et le dérision sont des armes redoutables.

> *« Israël est un pays plein de contradictions et plus il y a de contradictions, plus on peut faire des films. »*
> Amos Gitai

Le cinéma iranien

Beautés persanes

Depuis le milieu des années 1980, malgré la défiance du pouvoir islamique qui contrôle les images et se méfie de leur pouvoir de nuisance, le cinéma iranien, autour d'Abbas Kiarostami, est devenu la grande révélation du cinéma mondial.

La révolution islamique qui a conduit au pouvoir Khomeyni en 1979 a fait table rase du cinéma (salles fermées et détruites, production gelée) sans avoir eu raison de l'engouement du peuple iranien pour ce moyen d'expression qui, malgré la censure, les difficultés que connaissent les cinéastes, a permis au cinéma de continuer. Il suffit de se rendre au Fajr, festival officiel du Cinéma qui se tient à Téhéran, pour mesurer cette immense passion populaire pour le cinéma. Il suffit de découvrir dans les rues les immenses portraits peints des martyrs de la guerre Iran-Irak pour comprendre que l'interdit de l'image est en Iran une notion bien relative.

Surtout, l'Iran a été la Perse. Logique par conséquent que le cinéma soit le réceptacle dynamique des toutes les expressions artistiques qui ont imprégné cette culture et cette civilisation, dans le domaine de la musique, de la littérature (la poésie surtout) et de la peinture (la miniature persane). La grandeur du cinéma de Kiarostami, dont la plupart des films sont construits sur le principe de la déambulation, du cheminement labyrinthique sans issue ou sans fin (*le Passager*, 1975; *Où est la maison de mon ami*, 1987; *Et la vie continue*, 1992; *le Goût de la cerise*, 1997; *Le vent nous emportera*, 1999) repose sur cette alliage unique entre exigence réaliste du monde décrit (le documentaire, le reportage sur un état des lieux, soucieux de vérisme, hérité du néoréalisme rossellinien) et enchevêtrement complexe des niveaux de récit. L'important, dans le voyage n'est pas son but, celui de l'image à atteindre, du tableau enfin composé dans sa totalité, mais le seul fait de parcourir. Comme dans la miniature et le tapis persan où l'œil se perd dans une constellation de motifs qui s'imbriquent et se répondent entre eux.

Le cinéma, témoin engagé

Au temps du shah, dans les années 1950, a existé un cinéma populaire commercial (mélodrames, films musicaux), sur le modèle du cinéma indien, avant

« La souffrance ne se comprend pas, elle se ressent. Elle est affaire de sensation, non d'intellect, de coeur, non d'esprit. »
Abbas Kiarostami

Delbaran
Abdolfzal Jalili, 2001

Temps modernes. Parmi les jeunes cinéastes apparus dans le sillage de Kiarostami et de la famille Makhmalbaf, père et fille, Jalili est avec Jafar Panahi, le plus original et le plus passionnant. Autant Panahi fait de l'état de la société iranienne le sujet de ses films, autant Jalili part de la réalité (ici, un jeune Afghan, réfugié en Iran, à Delbaran, non loin de la frontière) qu'il porte à un haut degré d'abstraction poétique. Très vite, le film devient une ode stylisée sur les perturbations entre l'homme et les machines qui ont le don de tomber en panne et de ne jamais bien fonctionner. Ce rapport singulier entre la main et l'accessoire fait de Jalili une sorte de Bresson burlesque.

que Dariush Mehrjui, avec *le Cycle* (1974), sur le trafic de sang, ouvre le champ à un réalisme social critique. Aujourd'hui, depuis que le cinéma a repris au rythme de 60 films par an, on compte des films de guerre officiels (le conflit Iran-Irak), très médiocres, et des comédies, la plus populaire étant *le Lézard* (2004) de Kamal Tabrizi, histoire d'un voleur qui, pour échapper à la police, se fait passer pour un mollah. Au milieu des années 1980, pour contourner la censure (interdit de filmer les femmes, l'amour), les cinéastes comme Kiarostami filment les enfants et le monde rural, plus traditionnel. C'est avec Mohsen Makhmalbaf et *le Cycliste* (1989), son meilleur film, qu'on retourne à l'allégorie critique, sur fond de réalisme social, avant que le cinéaste ne se fourvoie dans le poster humanitaire chic mondialisé (*Kandahar*, 2001). Beaucoup de films iraniens s'intéressent aux minorités exploitées, kurdes et afghanes, et il faut beaucoup de ruse et de détermination pour parler de la prostitution (*le Cercle*, 1999, de Jafar Panahi), de la condition des femmes (*Ten*, 2002, d'Abbas Kiarostami) ou de l'inégalité entre les pauvres et les riches (*Close-up*, 1990, le chef-d'œuvre d'Abbas Kiarostami) qui a engendré une frustration et une misère que la révolution islamique n'a pas su résorber. Exigence artistique (l'arabesque, le film comme miroir des possibilités du cinéma) et critique de la société sont les deux composantes du meilleur cinéma iranien.

Le Goût de la cerise
Abbas Kiarostami, 1997

Pare-brise. Un homme en voiture, de condition aisée, erre dans les rues de Téhéran et dans la campagne environnante à la recherche d'un homme qu'il veut rémunérer en échange d'un service. Un soldat et un taxidermiste seront du voyage. On croit à un obscur commerce (drague homosexuelle) alors que l'homme, pour se suicider, a besoin d'un complice pour l'enterrer sitôt la besogne effectuée. Palme d'or au festival de Cannes 1997, *le Goût de la cerise* est un étrange voyage à deux où la voiture est un espace privé de conversation et un espace public, reflet des contradictions de la société iranienne.

Sang et or
Jafar Panahi, 2003

Amer constat. Inspiré d'un fait divers survenu à Téhéran, le film de Jafar Panahi, sur un scénario écrit avec Kiarostami, raconte une tentative de hold-up dans une bijouterie. Par un retour arrière, le film raconte comment le coupable en est venu à une telle extrémité. Ancien soldat de la guerre Iran-Irak devenu livreur de pizzas à domicile, il découvre une richesse insoupçonnée et le mode de vie facile de la jeunesse dorée du nord de Téhéran. Il se sent exclu de ce luxe qu'il ne peut s'approprier que par la violence. Ce constat impitoyable fut peu apprécié par le régime iranien qui a censuré le film et exigé des coupes.

Le cinéma indien

De Satyajit Ray à Bollywood

Avec une production annuelle de plus de 800 films, le cinéma indien dans son ensemble fait figure de mastodonte et se partage entre des films d'auteur et la toute-puissance de Bollywood.

J'ai trouvé quelqu'un de Rakesh Roshan, *Si demain n'arrive jamais* de Nikhil Advani et *Baghban* de Ravi Chopra : les trois films en tête du box-office indien en 2004 ont été vus par des millions de spectateurs sans véritablement dépasser les frontières nationales, à l'exception du second qui est sorti en Occident sous le titre *New York Masala*. Tel est bien l'apparent paradoxe d'une cinématographie florissante, mais qui, contrairement à d'autres ne se soucie guère ou marginalement de son rayonnement extérieur. Quant au cinéma américain, il ne représente que 5 % du box-office, soit un score dérisoire pour le géant mondial qui d'habitude supplante les cinématographies nationales sur leur propre territoire. Il est loin le temps où Satyajit Ray donnait au cinéma indien ses lettres de noblesse internationales en triomphant aux festivals de Cannes et de Venise comme il le fit en 1956 avec *Pather Panchali* puis l'année suivante grâce à *Aparajito*. Certes, le réalisateur, décédé en 1992, demeure comme la figure tutélaire du cinéma de son pays natal, mais il n'a guère fait école de façon probante.

Le géant de Bombay

C'est dans les années 1970 qu'un journaliste indien inventa le terme de « Bollywood » pour signifier que désormais la production cinématographique de Bombay pouvait rivaliser en quantité et en qualité avec celle des studios hollywoodiens. Trente ans plus tard, Bombay, désormais Mumbai, continue d'assurer ainsi la moitié de la production nationale, mais sur ces 400 films environ, seulement une dizaine sont de très gros succès financiers. Certains d'entre eux, comme *Lagaan* (2001) ou *Devdas* (2003) ont pu trouver un distributeur en Europe notamment et séduire ainsi de nouveaux publics conquis par l'indéniable vitalité de ces films fleuve débitant musique, amour, humour et beaux sentiments. Mais ce phénomène arrive au moment même où la suprématie de Bombay est nettement requise en cause par d'autres villes telles Calcutta et Madras, lesquelles veulent s'affirmer comme les lieux du renouveau du cinéma indien, en stigmatisant le « kitsch », le traditionnalisme et le politiquement correct des productions formatées par Bollywood.

Une Nouvelle Vague ?

À côté du géant de Bombay, de nouvelles cinématographies indiennes tentent donc de se frayer un

LE SALON DE MUSIQUE
SATYAJIT RAY, 1958

Noir profond. Réalisé entre le second et le troisième volet de la célèbre trilogie communément appelée *le Monde d'Apu*, ce film à la beauté crépusculaire met en scène Roy, un vieil aristocrate indien. Ce dernier s'accroche à son passé glorieux en continuant d'organiser des fêtes somptueuses alors qu'il se sait quasiment ruiné. Mais la mort accidentelle de sa femme et de leur fils unique fait basculer le vieil homme dans un désespoir complet. Là où *Mother India* tentait de justifier la modernité, Satyajit Ray porte un regard des plus lucides sur une société indienne qui s'occidentalise, où l'argent devient le roi et la bourgeoisie hégémonique. Mais il n'est pas tendre pour autant avec son personnage principal qui, à force de s'accrocher à l'apparence, refuse de regarder l'avenir.

AAMIR KHAN
LAGAAN
ASHUTOSH GOWARIKER, 2001

Bollywood, mode d'emploi. Récit d'une lutte pacifique et sportive contre l'occupant anglais et pour la suppression d'un impôt injuste, le *lagaan*, ce film présente toutes les caractéristiques du pur produit de Bollywood. C'est ainsi que la musique y tient une place de choix : à Bombay, les compositeurs sont aussi importants que les scénaristes et la bande originale du film fait partie intégrante du plan de promotion. Des chanteurs professionnels prêtent en outre leur voix aux acteurs qui tous, en revanche, sont d'excellents danseurs. À Bombay, on ne connaît pas les genres ou plutôt on prône le mélange des genres et l'on passe dans le même film du mélo au polar et de la tragédie au film d'action pure.

chemin. Certains cinéastes comme Murali Nair qui a notamment réalisé *Arimpara* (2003) ou Gurinder Chadha, l'heureuse auteure de *Joue-la comme Beckham* (2002) parient sur des coproductions et des carrière internationales. D'autres, sans refuser le système de la coproduction, restent sur le territoire indien pour promouvoir et alimenter un cinéma d'art et d'essai dont la production reste modeste en quantité mais qui parvient à faire entendre une voix fort différente. En 2005, les spectateurs occidentaux ont ainsi pu découvrir un film de Manish Jha, *Matrubhoomi*, soit une œuvre saisissante qui aborde de front un sujet totalement tabou, celui de la discrimination sexuelle dont est victime la population féminine. Partant du postulat bien réel que, dans certains villages, on tue les petites filles à la naissance, le film imagine une Inde future privée de sa population féminine. On est alors bien loin des histoires sucrées de Bollywood et tout près au contraire d'un cinéma sinon engagé du moins en éveil, un cinéma qui dérange, un cinéma qui émerge et qui risque de faire parler de lui bien au-delà des frontières indiennes.

AISHWARYA RAI
DEVDAS
SANJAY LEELA BHANSALI, 2002

Best-seller de la littérature indienne, *Devdas* est, dans sa dernière adaptation cinématographique, d'une richesse visuelle et musicale flamboyante, à la limite de l'excès. Ses décors luxueux, ses chorégraphies sublimes et ses comédiens considérés comme des dieux dans leur pays, telle Aishwarya Rai, ex-miss Monde, ont permis à ce film typiquement bollywoodien de dépasser les frontières asiatiques et d'entretenir les mythes de l'Inde fastueuse des Maharadjahs et des amours contrariées. Dépourvu de message politique, ce long-métrage est une des superproductions parfaitement calibrées qui ne laissent qu'une place minuscule au cinéma d'auteur en Inde.

Satyajit Ray

1921 Naissance à Calcutta 1955 **Pather Panchali,** primé en 1956 au Festival de Cannes 1957 **Aparajito** 1958 **le Salon de musique** 1959 **le Monde d'Apu** 1960 **la Déesse** 1961 **Trois femmes** 1963 **la Grande Ville** 1964 **Charulata** 1965 **le Saint ; le Lâche** 1966 **le Héros** 1970 **l'Adversaire ; Des jours et des nuits dans la forêt** 1973 **Tonnerres lointains** 1977 **les Joueurs d'échecs** 1978 **le Dieu éléphant** 1980 **le Royaume des diamants** 1981 **Délivrance** 1984 **la Maison et le Monde** 1988 **Ganashatru** 1989 **Un ennemi du peuple** 1990 **les Branches de l'arbre** 1991 **le Visiteur** 1992 Satyajit Ray reçoit un Oscar pour l'ensemble de son œuvre et meurt cette même année.

Australie et Nouvelle-Zélande

Des cinémas en devenir

Victime de la concurrence frontale de Hollywood, les cinémas australien et néo-zélandais sont parvenus à conserver une identité propre grâce à l'atypisme de leurs auteurs et la qualité de leurs documentaires.

Dès leurs balbutiements, les cinémas australien et néo-zélandais sont confrontés à un défi majeur : exister malgré l'influence conjointe des États-Unis et de la Grande-Bretagne. Jusque dans les années 1970, les cinéastes cherchent à affirmer leur identité en exploitant la culture nationale. Si le développement du film de fiction est lent, la production de documentaires se met rapidement en place. Les Aborigènes et les Maoris constituent un important sujet d'inspiration. Néanmoins, la production chute considérablement après la Seconde Guerre mondiale, les deux pays étant soudain confrontés à une concurrence accrue. L'Australie et la Nouvelle-Zélande deviennent alors des terres bénies pour les studios américains et britanniques qui tirent profit de la beauté des paysages et de la qualité des techniciens en y organisant leurs tournages.

Le renouveau des années 1970

Il faut attendre les années 1970 pour que les cinémas australiens et néo-zélandais trouvent un nouvel élan. Certaines mesures visent alors à soutenir l'industrie nationale et permettent le développement de structures de production à travers le pays.

En Australie, ce dynamisme provoque l'émergence de cinéastes trentenaires tels que Peter Weir, Bruce Beresford, Fred Schepisi et Tim Burstall. Leurs films — *Don's Party*, Bruce Beresford, 1976 ; *Pique-nique à Hanging Rock*, 1975, Peter Weir — dévoilent un pays en pleine mutation, loin des clichés culturels. Néanmoins, il faut attendre les années 1980 pour que le cinéma australien connaisse ses plus grands succès commerciaux. George Miller crée l'événement en 1986 en lançant la trilogie *Mad Max* et permet au public de découvrir Mel Gibson. Utilisant pour l'occasion tous les clichés du genre, *Crocodile Dundee* (Peter Fairman, 1986) ébranle le box-office international, trois ans avant *Calme blanc* (Phillip Noyce). Ces années marquent aussi l'apparition d'auteurs plus intimistes tels que Paul Cox.

En Nouvelle-Zélande, si les coproductions se multiplient (*Furyo*, 1983, Nagisha Oshima), certaines productions locales parviennent à dépasser les frontières. Elles sont le fait de Geoff Murphy (*Goodbye Pork Pie*, 1981), Roger Donaldson (*Sleeping Dogs*, 1977) ou Vincent Ward (*Vigil*, 1984).

Des succès coûteux

Cependant, ces succès sont aussi le meilleur passeport de ces cinéastes. Parmi eux, Jane Campion quitte

Au-delà des mots. Ada, une jeune pianiste muette, arrive en Nouvelle-Zélande pour rencontre Stewart, un homme épousé par correspondance. Leurs rapports s'enveniment immédiatement, Stewart refusant l'installation du piano. Ada doit se faire aider par Baines, un colon, pour avoir accès à son instrument. Commence alors entre eux un étrange marchandage… Film de nationalité australienne, interprété par des comédiens américains, *la Leçon de piano*, Palme d'or au Festival de Cannes, est pourtant une ode à la nature néo-zélandaise. Dès le débarquement d'Ada sur la plage, après un long périple sur une mer démontée, la sauvagerie du paysage devient l'un des interprètes principaux du récit. Face à des éléments déchaînés, et dans un jeu silencieux, Holly Hunter et Harvey Keitel montrent ici leur infini talent.

HOLLY HUNTER, HARVEY KEITEL
LA LEÇON DE PIANO
JANE CAMPION, 1993

d'abord la Nouvelle-Zélande pour l'Australie, avant de s'envoler pour les États-Unis où elle tourne notamment avec une autre exilée, Nicole Kidman. De fait, les années 1990 sont moins brillantes, tout en marquant quelques réussites notables. En Nouvelle-Zélande, émerge le bouleversant film de Lee Tamahori, *l'Âme des guerriers* (1994). En Australie, les deux comédies *Priscilla, folle du désert* (Stephen Elliott, 1994) et *Muriel* (Paul J. Hogan, 1994) sont de grands succès commerciaux, tandis que *le Puits* (Samantha Lang, 1997) et *Lantana* (Ray Lawrence, 2001) témoignent, vaille que vaille, de l'inventivité du cinéma australien.

Pique-nique à Hanging Rock
Peter Weir, 1975

Naissance d'un cinéaste. 1900 : trois pensionnaires du collège Appleyard, accompagnées de leur professeur, disparaissent lors d'une excursion à la pointe de Hanging Rock. Seule Irma, l'une d'elles, est retrouvée, mais en état de choc et incapable de raconter ce qu'il s'est produit. Qu'est-il arrivé aux trois autres ? Fantastique et poésie se mêlent dans ce film où la nature, magnétique et dangereuse, est omniprésente. Deuxième long métrage de Peter Weir, la qualité de l'accueil qui fut réservé à ce *Pique-nique*, lui permit d'appartenir immédiatement à la génération montante des cinéastes australiens des années 1970.

Culte ! Deux travestis et un transsexuel sont engagés dans un cabaret perdu dans le désert rouge d'Australie. À bord d'un bus baptisé « Priscilla », la traversée du pays commence. Elle sera ponctuée d'étranges rencontres… Portée par trois étonnants comédiens, Guy Pearce, Terence Stamp et Hugo Weaving, et une musique omniprésente *Priscilla, folle du désert* est une vraie réussite d'autodérision où la caricature est toujours joyeuse. Stephen Eliott montre une profonde tendresse pour ses personnages atypiques et parvient à alterner comédie totale et émotion dans une mise en scène vive et colorée.

Priscillia, folle du désert
Stephen Elliott, 1994

Sous le signe des auteurs

L'après-Nouvelle Vague

Pialat, Sautet, Téchiné, Miller, Tavernier, Corneau : disparus ou vivants, ils forment désormais la génération intermédiaire entre les années 1960 et la fin du siècle précédent, entre la Nouvelle Vague et les nouveaux venus.

Après Jean Renoir puis François Truffaut, Maurice Pialat est peut-être en passe de devenir la troisième figure tutélaire du cinéma français, la « dominante Pialat » pour reprendre la belle expression forgée par le critique Jean-Michel Frodon. Avec *Nous ne vieillirons pas ensemble* (1972), *Passe ton bac d'abord* (1978), *Loulou* (1980) et *À nos amours* (1983) notamment, le cinéaste a poussé très loin les exigences d'un cinéma qui entend traquer la vérité intime des êtres. Ses longs plans-séquences sont devenus la marque de fabrique d'un art qui n'a rien de documentaire : ce vrai faux naturalisme s'exprime dans *Sous le soleil de Satan* (1987) et *Van Gogh* (1991) deux « films à costume » qui ne visent pas à l'exactitude, mais cherchent l'essence même des personnages. Cédric Kahn, Catherine Breillat, Laurence Ferreira Barbosa, Marion Vernoux, Noémie Lvovski, les héritiers, et singulièrement des héritières, directs ou indirects de Pialat prouvent assez l'importance définitive du plus bougon des cinéastes français.

Les raconteurs d'histoires

Trop hâtivement classé comme un cinéaste conventionnel, Claude Sautet aura beaucoup plus qu'on ne le croit marqué l'histoire du cinéma français. Son cinéma est d'abord celui d'un raconteur d'histoires intimes ou collectives, souvent dramatiques, toujours profondément humaines. De ce point de vue, un certain nombre de cinéastes actuels s'inscrivent dans la galaxie Sautet qui a en commun l'amour de la littérature et des adaptations : Costa-Gavras, Bertrand Tavernier, Alain Corneau, Claude Miller, Jean-Paul Rappeneau entre autres, cultivent ce même plaisir de la narration par le cinéma. Ils ont ainsi en commun l'amour du film de genre. Miller avec *Mortelle randonnée* et Corneau avec *le Cousin* notamment ont poursuivi la grande tradition du polar à la française. Qu'il s'agisse de la Régence (*Que la fête commence*) ou de la Première Guerre mondiale (*Capitaine Conan*), Tavernier revisite régulièrement l'Histoire tout comme Costa-Gavras avec l'impressionnant *Amen* et Rappeneau avec son virtuose *Bon voyage*. Une certaine qualité française ? Assurément oui, mais cette formule doit être prise comme un compliment, soit la recherche d'un cinéma populaire mais définitivement exigeant.

Les jeux de l'ego

En créant Antoine Doinel, un personnage récurrent à son image, Truffaut avait ouvert la voie d'un cinéma

PHILIPPE NOIRET, SABINE AZÉMA
LA VIE ET RIEN D'AUTRE
BERTRAND TAVERNIER, 1989

Que la paix commence. Ultime collaboration entre Bertrand Tavernier et Philippe Noiret, acteur dans ses premiers films, cette œuvre coécrite avec Jean Cosmos est parfaitement emblématique de ce qui fonde la démarche du cinéaste : un raconteur d'histoires qui font sens. L'immédiat après-guerre (1920) est le troisième personnage d'une rencontre entre un commandant et la femme d'un officier tous deux à la recherche d'un disparu. Tavernier filme au plus près ses personnages égarés qui tentent de se construire un avenir à partir d'un passé qui ne passe pas.

JEAN-HUGUES ANGLADE, ISABELLE ADJANI
LA REINE MARGOT
PATRICE CHÉREAU, 1994

Isabelle la Première. Délaissant le cinéma intimiste, Patrice Chéreau homme de théâtre venu au cinéma signait en 1994 une adaptation flamboyante et inspirée de l'œuvre d'Alexandre Dumas, *la Reine Margot*. Au centre de sa toile d'araignée, il pose une actrice en pleine possession de son art : Isabelle Adjani incarne l'histoire d'une passion au sein des passions de l'Histoire. Chéreau, avec l'aide de sa scénariste Danièle Thompson, réussit à merveille l'improbable rencontre du film d'auteur et du film à grand spectacle.

qui, sans dire ouvertement « je », met l'intime au centre de ses préoccupations. Chez André Téchiné (*les Temps qui changent*) comme chez Jacques Doillon (*Raja*), chez Philippe Garrel (*Liberté la nuit*) comme chez Bertrand Blier (*Trop belle pour moi*), chez Patrice Chéreau (*Son frère*) comme chez Benoît Jacquot (*À tout de suite*), chez Paul Vecchiali (*En haut des marches*) comme chez Robert Guédiguian (*Marie-Jo et ses deux amours*), on retrouve cette veine qui mêle intermittences du cœur, crises familiales et quêtes identitaires.
À côté de ces cinéastes qui nous tendent des miroirs interrogatifs, d'autres auteurs continuent de tracer leur sillon singulier. Jacques Rivette conte d'étranges histoires d'amour et de mort comme celle de *Marie et Julien*. Patrice Leconte s'amuse à embarquer des stars dans d'improbables labyrinthes comme Jean Rochefort dans *le Mari de la coiffeuse*. Jean-Pierre Mocky se moque toujours de tout (*le Furet*). Et Pascal Thomas s'amuse en adaptant Agatha Christie (*Mon petit doigt m'a dit*) Et Chabrol ? Et Godard ? Et Rivette ? Et Rohmer ? Les tontons fringants du cinéma français allongent leur filmographie, avec le talent qu'on leur connaît.

ISABELLE HUPPERT,
JACQUES DUTRONC
MERCI POUR LE CHOCOLAT
CLAUDE CHABROL, 2000

L'œil d'un malin. Un roman signé Charlotte Armstrong et pervers à souhait, une coscénariste psychanalyste par ailleurs, Caroline Éliacheff, un couple d'acteurs détonnant, Isabelle Huppert et Jacques Dutronc, Chabrol mettait pour ce « thriller bourgeois » tous les atouts de son côté. Il excelle dans la description minutieuse d'une mante religieuse prête à tout et sa caméra épouse les méandres d'une folie à l'œuvre.

BERNARD GIRAUDEAU,
JULIE DEPARDIEU,
JEAN-PIERRE MARIELLE,
LUDIVINE SAGNIER,
NICOLE GARCIA
LA PETITE LILI
CLAUDE MILLER, 2003

Moderne *Mouette*. Jean-Pierre Marielle, Bernard Giraudeau et Nicole Garcia pour la maturité, Ludivine Sagnier, Julie Depardieu et Robinson Stévenin pour la génération montante : la distribution de *la Petite Lili*, libre adaptation de *la Mouette* d'Anton Tchekhov, est en elle-même un concentré du propos de Claude Miller sur les blessures du temps et de la création.

Les nouveaux auteurs français

Assayas, Desplechin, Audiard et les autres

Héritiers proclamés ou inconscients de la Nouvelle Vague, ils incarnent la relève du cinéma d'auteur à la française, mais ils sont avant tout les témoins de leurs temps, entre fin de siècle et incertitudes nouvelles.

Certes, leurs « patrons » respectifs peuvent s'appeler François Truffaut, Jean-Luc Godard, Maurice Pialat, Éric Rohmer ou Jacques Rivette, mais si les cinéastes français de la nouvelle génération avaient eu en la personne de Léos Carax une avant-garde aussi talentueuse que fulgurante ? Rétrospectivement, *Mauvais Sang*, que le cinéaste réalisa en 1986, ne comporte-t-il pas en germe nombre de films d'amour au temps du sida mais aussi d'amour fou tout court ? Film de son temps mais universel, cette œuvre trouve ses prolongements aussi bien chez Olivier Assayas (*Clean*, 2004) que chez François Ozon (*Sous le sable*, 2001), le tandem Olivier Ducastel et Jacques Martineau (*Jeanne et le garçon formidable*) ou Arnaud Desplechin (*la Sentinelle*, 1992). Ainsi les prémonitions inspirées de Carax se retrouvent-elles plus de vingt après dans les images de *Demonlover* (2002) le cyber-polar halluciné d'Assayas. Mais le temps a passé et là où les personnages incarnés par Denis Lavant et Juliette Binoche s'aimaient à tort et à travers, ceux de la nouvelle génération semblent souvent se cogner sur les vitres de vies difficiles à l'instar des personnages de Pascal Bonitzer dans *Petites Coupures* (2002) ou ceux d'Arnaud Desplechin dans *Rois et reine* (2004).

Questions de styles

Ils ont pour nom Jacques Audiard, Cédric Kahn, Laurent Bouhnik, Guillaume Nicloux, Bruno Dumont, Xavier Beauvois, Lucas Belvaux, entre autres. Ils font partie intégrante de cette génération montante. Chacun avance à son rythme, faisant entendre son style, sa « petite musique ». La plupart cherchent encore, capables d'osciller, à l'instar de Laurent Bouhnik, entre *Madeleine 1999*, un film presque expérimental et intimiste et *24 Heures de la vie d'une femme* (2002), adaptation coécrite avec Gilles Taurand du grand classique de Stefan Zweig. D'autres, tel Guillaume Nicloux (*Une affaire privée*, 2001) semblent investir un genre, en l'occurrence le polar décalé. D'autres enfin, comme Cédric Kahn et Jacques Audiard, imposent leur univers de film en film. Quoi de commun entre ces auteurs venus d'horizons différents ? Assurément, la volonté de parvenir à un cinéma capable de raconter de véritables histoires tout en ne cédant pas un pouce de terrain à l'exigence stylistique. Jacques Audiard serait alors le chef de file de cette école informelle.

CHARLES BERLING ET EMMANUELLE BÉART
LES DESTINÉES SENTIMENTALES
OLIVIER ASSAYAS, 2000

Saga d'auteur. Avec son neuvième film, Olivier Assayas s'attaquait pour la première fois à l'adaptation d'un roman, *les Destinées sentimentales* de Jacques Chardonne. Un film d'époque, en costumes, qui déroule la splendeur et la misère de la bourgeoisie industrielle française entre les teintes laiteuses des porcelaines de Limoges et la couleur cuivrée du cognac des Charentes. Au cœur de ce récit, le personnage de Jean Barnery (Charles Berling), un pasteur devenu capitaine d'industrie par la force des choses. Entre l'ampleur de la saga familiale et l'intimisme des destins amoureux, Assayas faisait ainsi la démonstration brillante de son éclectisme artistique.

ROMAIN DURIS
DE BATTRE MON CŒUR S'EST ARRÊTÉ
JACQUES AUDIARD, 2004

Une leçon de piano. Libre remake de *Mélodie pour un tueur* réalisé en 1978 par James Toback avec Harvey Keitel dans le rôle principal, *De battre mon cœur s'est arrêté*, co-écrit par Jacques Audiard et le romancier Tonino Benacquista trace le portrait de Tom (Romain Duris), jeune marchand de bien sans scrupule comme son père (Niels Arestrup). À la suite d'une rencontre imprévue, le jeune homme se remet à étudier le piano... D'entrée de jeu avec de longs plans serrés en caméra portée et concentrés sur Tom, Audiard donne le ton de cette œuvre qui raconte le passage à l'état adulte.

Au féminin, enfin

À quelques rares exceptions près, le cinéma français, de même que les principales cinématographies mondiales, serait-il définitivement condamné à n'être qu'un cinéma de réalisateurs et non de réalisatrices ? Ces dernières années ont montré que rien n'est figé en la matière. Trop tôt disparue, l'actrice Christine Pascal, en passant derrière la caméra (*Le petit prince a dit*, 1992), avait montré le chemin au même titre, entre autres, que Coline Serreau (*Pourquoi pas ?*, 1977) et Catherine Breillat (*Parfait amour !*, 1996). Désormais, il faut compter avec une génération de femmes cinéastes bien déterminées à en finir avec le machisme professionnel ambiant. Elles ont pour nom Claire Denis (*Trouble Every Day*, 2001), Dominique Cabrera (*le Lait de la tendresse humaine*, 2001), Patricia Mazuy (*Saint-Cyr*, 2000), Solveig Anspach (*Haut les cœurs !*, 1999) Nicole Garcia (*le Fils préféré*, 1994), Anne Fontaine (*Comment j'ai tué mon père*, 2001), Agnès Jaoui (*Comme une image*, 2004), Tonie Marshall (*Vénus Beauté Institut*), 1998, entre autres, évidemment. La question n'est pas de savoir s'il existe un cinéma au féminin comme un concile pouvait en son temps se demander si les femmes ont une âme, mais plus sérieusement de constater, pour s'en réjouir, l'émergence d'un courant qui rétablit tout simplement l'équilibre.

> « *Je revendique le droit de passer d'une adaptation de Chardonne à un thriller sur les univers virtuels. Il faut de nouveau explorer toutes les possibilités offertes par les films de genre.* »
>
> Olivier Assayas

MATHIEU AMALRIC
ROIS ET REINE
ARNAUD DESPLECHIN, 2004

Le fou et sa dame. Mathieu Amalric en habitué des séjours psychiatriques, Emmanuelle Devos en galeriste d'art tourmentée, Maurice Garrel en père gravement malade, Catherine Deneuve en psychiatre intransigeante,... la comédie humaine du film co-écrit par Arnaud Desplechin et Roger Bohbot oscille sans cesse entre le rire et les larmes, le tragique et le burlesque. Portés par un scénario qui joue sur les effets de surprise et de décalage, les comédiens défendent avec conviction des personnages aux personnalités très fortes. Avec ce sixième film, Arnaud Desplechin déploie ses talents de portraitiste : chez lui, comme chez Truffaut dont il se réclame, souvent les femmes sont fortes et les hommes fragiles.

Hollywood-sur-Seine ?

Le rêve franco-américain

Face à la toute-puissance hollywoodienne, certains cinéastes français explorent des voies nouvelles ou controversées.

D'une certaine manière, c'est Jean-Jacques Annaud qui, en 1981, avec sa *Guerre du feu*, lança l'idée d'une riposte française à l'hégémonie hollywoodienne. Il est le premier cinéaste français à concevoir ses films pour le marché international. Ses capitaux furent donc américains et marginalement franco-canadiens. Sept ans plus tard, il parvint à renouveler un exploit quasi identique avec *l'Ours*. Effets spéciaux, gros budgets, capitaux en majorité hollywoodiens, langue anglaise, tels sont les critères nécessaires de ces superproductions qui parviennent à pénétrer le marché américain et ses satellites du monde entier.

Le cas Jeunet

À travers des chemins plus détournés, Jean-Pierre Jeunet interpelle lui aussi le cinéma français. Ses premiers films (*Delicatessen*, 1991 ; *la Cité des enfants perdus*, 1995) le firent remarquer à Hollywood. En 1997, il signe *Alien, la résurrection*, soit le quatrième volet d'une série inaugurée par le plus britannique des cinéastes hollywoodiens, Ridley Scott. Le savoir-faire et le brio de Jeunet séduisent la production américaine. Cette première collaboration s'élargit en 2004 avec la production d'*Un long dimanche de fiançailles*. Cette fois, le film se tourne en France, en langue française, d'après un roman français, avec des acteurs français (à l'exception d'un second rôle attribué à Jodie Foster...), le tout réalisé en France et par des équipes françaises. Mais l'argent vient de la Warner. Dans ces conditions, le film peut-il bénéficier du système d'aides publics ? La question n'en finit pas d'agiter le cinéma français.

Le cas Besson

Luc Besson fait bande à part tout en étant au cœur du système. Il réalise des films qui visent clairement le marché international (*le Grand Bleu*, 1988 ; *Nikita*, 1990 ; *Jeanne d'Arc*, 1999), mais il a l'ambition de rester sur le territoire national en créant dans la banlieue nord de Paris un ensemble de studios directement inspiré du modèle hollywoodien.

Mais la tentation américaine ne touche pas seulement les superproductions et le cinéma de divertissement. En tournant son troisième film, *Twenty-nine Palms* (2003), entièrement aux États-Unis et en langue anglaise avec des capitaux français, Bruno Dumont explorait des chemins nouveaux. Dans un registre différent, Mathieu Kassovitz, en 2004, avec *Gothika*, répondait lui aussi aux sirènes américaines : « Au-dessus de 40 millions, il faut tourner en anglais pour rentrer dans un domaine où il n'y a plus de frontières. »

Milla Jovovich
Jeanne d'Arc
Luc Besson, 1999

Une sainte consensuelle. Cette production française se voulait clairement internationale à l'instar de sa distribution qui rassemblait Milla Jovovich et Tcheky Karyo, Faye Dunaway et Vincent Cassel. Besson réduit considérablement la portée patriotique du personnage en faisant de sa lutte contre les Anglais un règlement de comptes personnel : la saga de la future sainte devient alors politiquement correcte.

Vincent Cassel
Blueberry
Jan Kounen, 2004

Une BD européenne culte, *Blueberry* de Jean Giraud, un scénario rédigé en anglais par quatre scénaristes francophones (Gérard Brach, un tandem regroupé sous le nom de Matt Alexander et Jan Kounen) puis tourné en anglais aux États-Unis et au Mexique par un cinéaste français, Jan Kounen, avec des acteurs majoritairement américains à l'exception du rôle-titre (Vincent Cassel), cette adaptation a pris nettement l'aspect d'un film franco-américain.

Le Fabuleux Destin d'Amélie Poulain
Jean-Pierre Jeunet, 2001
affiche originale

Amélie so French. Avec l'aide de son scénariste Guillaume Laurant mais sans Caro, son complice des premiers temps de *Delicatessen*, Jean-Pierre Jeunet donnait naissance à un film phénomène. Le microcosme montmartrois et son cortège de clichés revendiqués comme tels (l'épicerie de quartier, le bar-tabac, le pavé de Paris, etc) feront le tour du monde. Le film est tellement hexagonal qu'il en devient mondial : à l'heure de la globalisation, Amélie la petite Parisienne malicieuse prend des allures d'Astérix internationaliste, reine d'un village-monde en forme de bonbonnière. Audrey Tautou et Mathieu Kassovitz sont les nouveaux amoureux d'une humanité tiraillée entre le rêve et la réalité, le rose et le gris.

CLAUDIE OSSARD ET UGC PRÉSENTENT
AUDREY TAUTOU
MATHIEU KASSOVITZ
CAFÉ des 2 MOULINS
BRASSERIE
BAR BRASSERIE
BUFFET CHAUD et FROID
Le Fabuleux Destin d'Amélie Poulain
Un film de JEAN-PIERRE JEUNET
www.amelie-lefilm.com

Les rires à la française

Une nouvelle génération d'auteurs comiques

À partir de la fin des années 1980, une nouvelle génération d'auteurs et d'acteurs venus du café-théâtre et de la télévision va profondément modifier les thèmes et le style de la comédie française au cinéma.

Pendant les années 1970 et le début des années 1980, la comédie française ronronnait confortablement. Encore en 1982 des comédies de divertissement classique comme *l'As des as* (Jean-Paul Belmondo, Gérard Oury) ou *la Chèvre* (Gérard Depardieu et Pierre Richard) dépassaient allègrement les quatre millions d'entrées, pendant que l'increvable Louis de Funès dévidait avec succès la série des *Gendarmes*. La comédie de boulevard conservait encore un public important, avec parfois de francs succès comme *la Cage aux folles* (1978). Point faible de cette situation, une absence quasi complète de renouvellement due essentiellement au fait que la relève des générations n'avait pas eu lieu malgré le vide ouvert par la mort de Tati et la retraite de Pierre Etaix. Le changement s'amorce vers la fin des années 1980. C'est en effet à cette époque que va entrer en scène une nouvelle génération de comédiens et d'auteurs formés à l'école du café-théâtre.

Les années Splendid

La troupe du Café de la Gare enfantera Rufus et Romain Bouteille, mais la cohorte la plus riche sera celle issue du Splendid : Michel Blanc, Coluche, Josiane Balasko, Thierry Lhermitte, Anémone, Gérard Jugnot, Christian Clavier, etc. Ils feront le bonheur de réalisateurs comme Patrice Leconte (*Les vécés étaient fermés de l'intérieur, les Bronzés*) et Jean-Marie Poiré (*Les hommes préfèrent les grosses, Le père Noël est une ordure, Papy fait de la résistance*) quand ils ne se mettront pas eux-mêmes derrière la caméra comme Michel Blanc (*Marche à l'ombre, Grosse fatigue*), Josiane Balasko (*Sac de Nœuds, Gazon maudit*) ou Gérard Jugnot (*Pinot simple flic, Une époque formidable*). Avec eux la nature du film comique français va changer radicalement : abandon des mimiques clownesques, instillation d'une forte dose de réalisme social, dialogues sophistiqués, recours au second degré, remplacement de la vulgarité par l'humour bête et méchant inspiré de *Charlie Hebdo* et de *Hara-Kiri*. Dans la brèche ainsi ouverte vont germer des comédies françaises mariant cynisme et tendresse, observation sociale et dérision burlesque. Il y aura ainsi *Trois hommes et un couffin* (Coline Serreau, 1985), qui attirera plus de dix millions de spectateurs, *les Ripoux* (Claude Zidi, 1984). Puis viendront les films d'Étienne Chatiliez : *La vie est un long fleuve tranquille* (1987), *Tatie Danielle* (1990), *Le bonheur est*

THIERRY LHERMITTE
LE PÈRE NOËL EST UNE ORDURE
JEAN-MARIE POIRÉ, 1982

Affreux, sales et méchants. Reprenant une pièce jouée au théâtre du Splendid, *le père Noël est une ordure*, sorti en salles en 1982, aura été le manifeste d'un groupe avant de devenir le film culte d'une génération. Écrit collectivement par les acteurs du Splendid, le film fit d'emblée le bonheur des enfants et des ados qui y trouvèrent l'écho des blagues de cours de récré (dont le film allait à son tour enrichir le répertoire pendant des années avec ses « je ne vous jette pas la pierre, Pierre », « c'est fin, c'est très fin, ça se mange sans faim », « c'est kloug », etc.) Ils en apprécièrent d'autant plus la cocasserie iconoclaste que leurs parents tordaient sérieusement le nez devant ce film extravagant, où le Père Noël fait l'homme–sandwich pour une boîte de strip-tease, chasse les enfants à coups de pieds et flanque des raclées à sa femme !

« Thérèse : *Oui... Remarquez, entre nous, je vous dirais que je préfère faire la permanence avec vous qu'avec madame Musquin, parce que... euh... bon ben, elle est gentille, si on veut, mais, euh... malgré tout, elle manque un petit peu de fantaisie, hein ?*
Pierre : *C'est cela, oui, oui, oui... Écoutez, Thérèse, je n'aime pas dire du mal des gens, mais effectivement, elle est gentille...* »

Le père Noël est une ordure (Dialogues de J. Balasko, M.-A. Chazel, C. Clavier, G. Jugnot, T. Lhermitte, B. Moynot, J.-M. Poiré, 1982)

dans le pré (1995). En 1992, *les Visiteurs* de Jean-Marie Poiré triomphe. En combinant astucieusement recettes classiques et apports nouveaux, le film rassemble plus de quatorze millions de spectateurs.

L'humour de dérision.

C'est dans les années 1990 que vont venir s'ajouter aux ex-comédiens du café-théâtre, les vedettes comiques popularisées par la télévision : les Nuls avec *la Cité de la peur* (Alain Berbérian, 1994), les Inconnus avec *les Trois frères* (Didier Bourdon et Bernard Campan, 1995), Jamel Debbouze avec *le Ciel, les oiseaux et ta mère* (Djamel Bensalah, 1999) ou Alain Chabat (*Didier*, 1997). Ils contribueront à diffuser au cinéma ce que l'on a appelé l'esprit Canal (dérision tous azimuts, tolérance sexuelle illimitée, hédonisme et apolitisme teinté d'individualisme libertaire) avec lequel les baby boomers se trouveront en phase. Dans les mêmes années 1990, Jean-Pierre Jeunet enrichit la palette de la comédie avec *Delicatessen*, qui apporte une note de délire insolite et macabre jusqu'alors très peu représentée dans le cinéma français. Il innove encore quelques années plus tard avec *le Fabuleux destin d'Amélie Poulain*, comédie poétique et caustique qui attire plusieurs dizaines de millions de spectateurs à travers le monde. Le succès international de films comme *Mission Cléopâtre* d'Alain Chabat ou *Huit Femmes* de François Ozon illustre avec éclat le renouvellement d'un genre longtemps enfermé dans un registre étroit.

LA VIE EST UN LONG FLEUVE TRANQUILLE
ÉTIENNE CHATILIEZ, 1988

L'inné et l'acquis. Pas facile d'émigrer chez les Le Quesnoy, bourgeois catholiques d'une petite ville du Nord, quand on a été élevé chez les Groseille, prolos des bas quartiers. Et *vice versa*. Avec cette aventure de deux ados obligés de réintégrer leurs familles biologiques respectives (leurs bracelets ayant été intervertis à la naissance), Étienne Chatiliez a fait mouche. Le public a fait fête à ce choc des cultures (France d'en bas contre France d'en haut, déjà), ponctué de scènes désormais célèbres (Hélène Vincent minaudant « C'est lundi, c'est ravioli » ou Patrick Bouchitey, curé yéyé braillant « Jé-éé-sus revient ! »). Malgré un poil de vulgarité, la satire sociale est décapante, et souvent hilarante.

JAMEL DEBBOUZE, CHRISTIAN CLAVIER, GÉRARD DEPARDIEU
ASTÉRIX ET OBÉLIX - MISSION CLÉOPÂTRE
ALAIN CHABAT, 2002

Génération Canal Plus. En choisissant le plus déjanté des Nuls, Alain Chabat, Claude Berri a eu du flair. Fan de bande dessinée, Chabat retrouve le secret de la célèbre *Goscinny's touch*, avec ses anachronismes et ses noms farfelus (Cartapus, Sucettalanis). En toute liberté, il donne libre cours à sa fantaisie, ajoutant un peu de *cartoon* ici ; là, une envolée de kung fu... C'est le triomphe de la génération Canal Plus : Édouard Baer, Chantal Lauby, les Robins des bois et, surtout — dans le rôle de Numérobis, le petit architecte félon — Jamel Debbouze, qui vole quasiment la vedette au duo Depardieu-Clavier.

Le renouveau de l'animation

L'après-Disney et ses surprises

Longtemps, le marché du long métrage d'animation s'est résumé aux productions Disney. Après la mort du maître (en 1966), la qualité se mit soudain à baisser. Au milieu des années 1980, le studio rajeunit et tout change.

L'équipement se modernise. L'interminable trace-gouache à la main disparaît. Les dessins sont scannés, puis colorés sur écran à la palette graphique, avant qu'on reporte en postproduction ombres et effets de lumières. Les films se mettent alors à battre des records d'audience : *la Petite Sirène* (1989), *la Belle et la Bête* (1991), *Aladdin* (1993), *Pocahontas* (1995)... En 1994, fait sans précédent pour un *cartoon*, *le Roi lion* se hisse numéro 1 au box-office mondial. Disney maintient la cadence d'un film par an et parie avec bonheur sur l'image de synthèse 3D en s'associant à John Lasseter (*Toy Story*), puis à un ancien animateur (Tim Burton) pour un magnifique film de marionnettes (animé par Henry Selick) : *l'Étrange Noël de Mr. Jack* (1993).

Une frénésie de production

Mais, en affichant ses énormes profits, l'empire Disney a stimulé la concurrence, qu'on voit soudain saisie d'une vraie frénésie : la Fox sort *Anastasia* (1997) ; la Warner, *Excalibur* (1997) ; DreamWorks (le studio de Spielberg), *Fourmiz* (1997), *le Prince d'Égypte* (1998), *Shrek* (2001), *Shrek 2* (2004)... Et des cinéastes indépendants se font un nom, comme le très iconoclaste Bill Plympton : *l'Impitoyable Lune de miel* (1997), *Mutant aliens* (2001), *Hair High* (2005)...
Même vitalité au Japon, où l'on découvre le studio Ghibli dont les films (*Mon voisin Totoro*, *Porco Rosso*) font sauter le box-office. C'est l'avènement d'un véritable génie de l'animation, Hayao Miyazaki, avec *Princesse Mononoke* (1997), *le Voyage de Chihiro* (2001), *le Château ambulant* (2004). Issu du même studio, Isao Takahata signe plusieurs films dont un drame de guerre bouleversant, *le Tombeau des lucioles* (1988). Avec *Akira* (1988), Katsuhiro Otomo donne une vision hallucinante de la violence urbaine dans un néo-Tokyo futuriste. *Ghost in the Shell* de Mamoru Oshi (1995), fascine par son ambiance onirique et ses décors hyperréalistes. Et *Perfect Blue* de Satoshi Kon (1999), est un polar sanglant sur les affres d'une chanteuse persécutée par un admirateur fou.
Dans les pays de l'Est, la plupart des studios ont fermé après la chute du communisme. Le plus grand animateur russe reste Youri Norstein. Son *Conte des contes* (1978) est couronné meilleur film d'animation de tous les temps à Los Angeles en 1984. En Grande-Bretagne, c'est la pâte à modeler animée qui revit grâce à un studio de Bristol, Aardman Animation. Dans le domaine du court métrage, il faut signaler

Toy Story
John Lasseter, 1995

Tout en 3D. 1995 est une date historique : avec *Toy Story*, le studio Pixar signe le premier long métrage d'animation entièrement produit par ordinateur. Aujourd'hui, on ne compte plus les films réalisés avec cette technique : *Mille et Une Pattes, Monstres et Cie, Toy Story 2, le Monde de Némo, Shrek 1 et 2, les Indestructibles*... L'animation en 3D numérique est devenue le complément indispensable du septième art, de *Jurassic Park* (où Spielberg ressuscite les dinosaures) au *Seigneur des anneaux*, où le Gollum est joué par un mime qui transmet ses mouvements à une marionnette numérisée. Avec cette même technique, Tom Hanks joue quatre rôles (dont celui d'un garçon de quatorze ans) dans *le Pôle express* de Robert Zemeckis (2004).

Kirikou et la sorcière
Michel Ocelot, 1998

Petit mais... À la fin des années 1990, Kirikou le petit Africain qui combat Karaba la sorcière et ses sortilèges remporte un succès qui dépasse largement celui rencontré en France où le film séduit plus d'un million de spectateurs. Plus de 30 pays se portèrent en effet acquéreurs des droits d'exploitation de *Kirikou et la sorcière*. Et au Festival du film d'animation de Chicago, le film obtient le Prix du Jury des enfants, preuve éclatante de son caractère éminemment familial. « Kirikou n'est pas grand, mais il est vaillant » chante, sur une musique de Youssou N'Dour, le petit héros face aux studios américains d'animation, en guise non de déclaration de guerre mais de diversité culturelle.

les sublimes aquarelles de *Père et fille*, du Néerlandais Michael Dudok De Wit (oscar en 2001).

La Performance française

En France, le film phare des années 1980 reste *le Roi et l'oiseau*, prix Louis-Delluc 1979. Vingt ans plus tard, le triomphe de *Kirikou et la sorcière* de Michel Ocelot (1998) réveille la profession. On voit paraître une série de contes poético-philosophiques, signés Jean-François Laguionie — *le Château des singes* (1999), *l'Île de Black Moor* (2004) — Sylvain Chomet (*les Triplettes de Belleville*, 2003), Jacques-Rémy Girerd, qui, avec *la Prophétie des grenouilles* (2003) gagne en plus un pari économique : celui du refus de la délocalisation du travail à l'étranger. Sur la lancée de son succès, Michel Ocelot enchaîne avec *Kirikou et les bêtes sauvages* (2005). Grâce au talent et à la ténacité de ces auteurs, l'animation française garde son troisième rang mondial et son premier rang européen.

WALLACE ET GROMIT
THE WRONG TROUSERS
NICK PARK, 1993

Le triomphe du « nonsense ». Entre 1990 et 1996, le Britannique Nick Park décroche trois oscars du court métrage avec les personnages de Wallace, l'inventeur farfelu, et Gromit son chien flegmatique. Conçus comme de la prise de vue réelle, avec un rare sens du rythme et du gag, ses films débordent d'humour et de « nonsense ». Difficile d'imaginer que tout a été filmé image par image sur un plateau aux dimensions d'une maison de poupée ! Le studio Aardman s'associera ensuite avec l'Américain DreamWorks pour deux longs métrages tout aussi délirants : *Chicken Run* (2000) et *Wallace et Gromit, la Malédiction de Wererabbit* (2005).

LE VOYAGE DE CHIHIRO
HAYAO MIYAZAKI, 2001

De l'or pour Chihiro. Après s'être fait la main sur des séries de commande, Hayao Miyazaki tourne coup sur coup une série de longs métrages qui deviennent de véritables phénomènes de société. Il gagne sa notoriété mondiale sans se faire broyer par la machine commerciale. Ses préoccupations concernent l'homme en général, sa place dans la société ou dans la nature, sa quête de fraternité. Fait sans précédent pour un dessin animé, *le Voyage de Chihiro* a reçu l'Ours d'or au Festival de Berlin 2002.

Les films du réel

Des cinéastes de leur temps

SHOAH
CLAUDE LANZMANN, 1985

Sur les lieux. De 1974 à 1981, Claude Lanzmann a questionné des survivants, des témoins, voire des complices du génocide. De plus de 300 heures de rushes, il a tiré un document de 9 heures et demie, le plus extraordinaire jamais réalisé contre l'oubli. *Shoah* (en hébreu : « anéantissement ») est un film sans images d'archives, composé uniquement de récits, entrecoupé de séquences de la vie quotidienne sur les lieux de l'extermination (trains de marchandises polonais sillonnant la campagne...). Un document indispensable à la mémoire de l'humanité.

Ils ont pour nom Lanzmann, Kiarostami, Varda, Depardon ou Moore. Ils filment leur époque avec des sensibilités aussi diverses qu'acérées. Du plus intime au plus universel, le documentaire a désormais conquis sa légitimité.

On peut dire « je » dans un documentaire. Dans *Genèse d'un repas* (1979) le cinéaste Luc Moullet s'interroge sur l'origine des aliments qu'il va consommer. Il remonte alors la chaîne alimentaire en une passionnante enquête. Même présence du cinéaste (sur la bande son uniquement) dans *Tokyo-ga* (1985), où Wim Wenders voyage sur les traces de Yasujiro Ozu. Le Néerlandais Johan Van der Keuken utilise lui aussi son propre vécu, signant des essais sur les relations Nord-Sud (*Vers le sud*, 1981), sa ville natale (*Amsterdam Global Village*, 1996) ou l'agonie de sa sœur (*Derniers Mots — ma sœur Joke*, 1998). *Vacances prolongées* (2000) est centré sur l'éventualité de sa propre mort, qui devait survenir un an après.

Le plus célèbre cinéaste du « je », c'est Michael Moore, dont la silhouette est omniprésente à l'écran, qu'il enquête sur un PDG en fuite (*Roger et moi*, 1990), la vente libre des armes aux États-Unis (*Bowling for Columbine*, 2003) ou la personnalité d'un président contestable (*Fahrenheit 9/11*, 2004).

10e CHAMBRE - INSTANTS D'AUDIENCE
RAYMOND DEPARDON, 2003

Théâtre filmé. Raymond Depardon s'installe pendant plusieurs mois dans la 10e chambre du tribunal correctionnel de Paris, où sont jugés vols, escroqueries, abus de confiance, coups et blessures... Deux caméras (l'une sur madame le juge, l'autre sur les prévenus) enregistrent une douzaine de « petits affaires » : insultes à agents, conduite en état d'ivresse, petit macho qui a maltraité sa copine... Cette suite de situations liées au chômage, à l'exil ou à la violence vire au tragique, au cocasse, au pathétique. L'œil de Depardon capte l'aspect théâtral de l'audience, dénonce mine de rien son cérémonial répétitif. On songe à Balzac et à sa Comédie humaine, dont la lecture a donné à Depardon l'envie de réaliser ses premiers films.

Entre réel et fiction

Avec Kiarostami, on est toujours entre vérité et mensonge, réalité et fiction, documentaire et manipulation. Sans doute parce qu'il vient d'un pays dominé par une pensée unique, il ne cesse de multiplier les points de vue. De film en film — *Devoirs du soir* (1989), *Gros plan* (1990), *Ten* (2002) —, il apprend à douter de tout, y compris de ses propres images, traquant la vérité en faisant appel à notre responsabilité de spectateur. « Rien ne m'excite autant que de trouver dans la vie réelle des modèles et des personnages », dit Agnès Varda. Dès ses débuts, elle alterne fictions et documentaires : *Opéra Mouffe*, *Du côté de la côte* (1958). En 1975, elle filme sa rue, pour apprendre à mieux connaître ses commerçants (*Daguerréotypes*). Suivront *Murs murs* (1980), *Documenteur* (1981), *Ulysse* (1982), *Les demoiselles ont eu vingt-cinq ans* (1993). Et *les Glaneurs et la glaneuse* (2000), où, derrière une enquête sur le gaspillage, la cinéaste signe le plus émouvant des autoportraits.

Chantre de la contre-culture américaine, Robert Kramer est l'auteur de deux remarquables documents : *Milestones* (1976), film mosaïque sur l'Amérique des années 1970, et *Route One / USA* (1989), longue odyssée où l'on découvre une Amérique disloquée, au lendemain des années Reagan (1981-1989), où tout est possible, surtout le pire. Même lucidité chez Frederick Wiseman, dont l'œuvre est une puissante analyse du fonctionnement des États-Unis à travers leurs institutions : *Model* (1980) sur l'univers new-yorkais de la mode, *Deaf and Blind* (1986) sur la rééducation des handicapés et *Near Death* (1989), les réactions d'une famille à l'approche de la mort.

Une école française

D'abord photographe, Raymond Depardon se fait remarquer en 1974 par un long métrage sur Valéry Giscard d'Estaing (*50,81 %*). Avec patience et discrétion, il glisse sa caméra dans des milieux divers : asile psychiatrique (*San Clemente*, 1980), commissariat de police (*Faits divers*, 1983 ; *Délits flagrants*, 1994), services hospitaliers (*Urgences*, 1987), palais de justice (*10e Chambre — instants d'audience*, 2004).

D'abord assistant réalisateur, Nicolas Philibert passe au documentaire avec *la Ville Louvre* (1990), où il explore le musée jusque dans ses lieux secrets. *Un animal, des animaux* (1996) est consacré à la réouverture de la galerie de l'Évolution. *Le Pays des sourds* (1992) montre le monde par les yeux de ceux qui vivent dans le silence. Son plus grand succès, *Être et avoir* (2002), est une chaleureuse description de la vie d'un instituteur de classe unique au fin fond de l'Auvergne.

Quelques films à revoir

1974 **50,81 %** (R. Depardon) 1979 **Genèse d'un repas** (L. Moullet) 1980 **Model** (F. Wiseman) ; **Murs murs** (A. Varda) 1981 **Documenteur** (A. Varda) ; **Vers le sud** (J. Van der Keuken) 1983 **Faits divers** (R. Depardon) 1985 **Shoah** (C. Lanzmann) ; **Tokyo-ga** (W. Wenders) 1986 **Deaf and Blind** (F. Wiseman) 1989 **Devoirs du soir** (A. Kiarostami) ; **Route One / USA** (R. Kramer) 1990 **Gros plan** (A. Kiarostami) ; **Roger et moi** (M. Moore) 1996 **Microcosmos** (C. Nuridsany et M. Pérennou) 1999 **Buena Vista Social Club** (W. Wenders) 2000 **les Glaneurs et la Glaneuse** (A. Varda) ; **Vacances prolongées** (J. Van der Keuken) 2001 **le Peuple migrateur** (J. Perrin et J. Cluzaud) 2002 **Etre et avoir** (N. Philibert) 2003 **Bowling for Columbine** (M. Moore) ; **S-21 la Machine de mort khmère rouge** (R. Panh) 2004 **le Cauchemar de Darwin** (H. Sauper) ; **10e Chambre : instants d'audience** (R. Depardon) ; **Fahrenheit 9 / 11** (M. Moore) ; **Mondovino** (J. Nossiter)

FAHRENHEIT 9 / 11
MICHAEL MOORE, 2004

Pompier ou pyromane. « Cannes fête le Moore, pas la guerre », « missile de Croisette sur Bush », « palme de destruction massive » : la presse quasi unanime a salué l'événement que fut l'attribution d'une palme d'or 2004 à ce brûlot anti-Bush. Alors que la guerre d'Irak fait des ravages, Michael Moore brosse un portrait drôle et terrifiant du président des États-Unis. Il fait feu de tout bois, parfois sans finesse, mais avec le mérite de lancer un vibrant appel au désarmement. Si la palme n'a pas empêché la réélection de George W. Bush un an plus tard, elle a permis au film, jusque-là boycotté par tous les distributeurs américains, d'en trouver un.

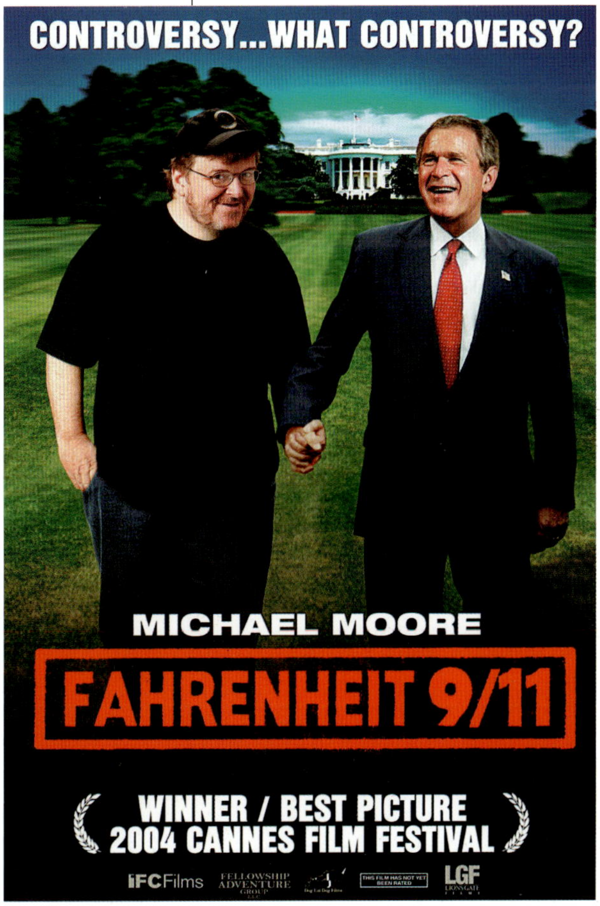

Cinéastes cultes américains

À la recherche de nouvelles formes

De tous les cinéastes polymorphes, David Lynch est sans doute le doyen. Depuis ses débuts avec *Eraserhead* (1977) jusqu'à *Mulholland Drive* (2001), c'est peu dire qu'il cherche. Ses films ont à voir avec des rêves éveillés mélangeant naïveté et horreur. Tout y est ambigu ou ambivalent : la beauté cache de la laideur, le bonheur du malheur. Bienvenue dans le cauchemar américain !

Qu'ils aient été premiers de la classe ou reclus chez eux devant leur télévision, qu'il aient appris le cinéma sur les bancs de la fac ou en travaillant dans un vidéo-club, la génération des Quentin Tarantino, Steven Soderbergh, Tim Burton et des frère Joel et Ethan Coen met à profit sa connaissance du Septième Art pour jouer avec tous les styles et tous les genres. Tous ces cinéastes proposent ainsi une vision du cinéma, quelque chose entre l'hommage constant et la parodie cinglante. Chez eux, il est bien rare que l'on se sente dans la vraie vie, mais plutôt dans l'image qu'ils s'en font. Ils sont restés de grands enfants et le cinéma, entre leurs mains, est un jouet extraordinaire. Joel et Ethan Coen sont très fort pour les « à la manière de » — ils écrivent ensemble, Joel réalise et Ethan produit. Dès *Sang pour sang* (1984) où ils citaient Alfred Hitchcock jusqu'à *Ladykillers* (2004), remake du film britannique d'Alexander Mackendrick (*Tueurs de dames*, 1955), en passant par *Intolérable Cruauté* (2003) qui revisite la comédie romantique avec George Clooney dans le rôle de Cary Grant, ils ont sillonné les genres du cinéma et s'y sont taillé une réputation de maîtres absolus. À la fois dans le système et en dehors, Tim Burton s'amuse aussi à inventer des parodies, mais sa passion pour les films de la Hammer, pour l'acteur Vincent Price et l'univers « gothique » le classent un peu à part (*Beetlejuice*, 1988 ; *Sleepy Hollow*, 1999). Styliste de l'épouvante chic, il traque le monstre non pour le lyncher, mais pour montrer qu'un cœur bat dans sa poitrine (*Edward aux mains d'argent*, 1990).

Parodies et remakes

En 1992, Quentin Tarantino a fait tanguer la barque du cinéma indépendant en surgissant (de nulle part) avec son *Reservoir Dogs* hyperviolent et très drôle. Tout de suite derrière, *Pulp Fiction* (Palme d'or cannoise en 1994) a confirmé le génie du jeune homme. Tarantino a le vent en poupe, sa passion des acteurs que d'autres trouvent ringards (John Travolta), son goût très prononcé pour la culture manga et les arts martiaux, son talent pour coller des standards dans ses inoubliables bandes-son sont très à la mode. *Kill Bill* 1 et 2 reprend la recette avec succès.

HARVEY KEITEL ET STEVE BUSCEMI
RESERVOIR DOGS
QUENTIN TARANTINO, 1992

La violence « graphique ». Quentin Tarantino n'a pas inventé le flash-back ni même le désordre, mais, depuis *Reservoir Dogs* (1992) jusqu'à *Kill Bill* (2004) en passant par *Pulp Fiction* (1994), il s'est toujours beaucoup amusé avec la chronologie. Il a fait quelques émules dans ce registre — ainsi que dans celui de la violence « graphique » — et de plus en plus de cinéastes poussent le système à son paroxysme, travaillant leurs films dans des temps de narration chamboulés, comme Bryan Synger (*Usual Suspects*, 1994) ou Christopher Nolan (*Memento*, 2000). Dans *Reservoir Dogs*, un casse tourne mal et tous les malfrats se soupçonnent mutuellement et s'entretuent dans une apothéose sanguinolente.

JOHNNY DEPP
EDWARD AUX MAINS D'ARGENT
TIM BURTON, 1991

Le spécialiste des *freaks*. Dans une Amérique de pavillon proprets, l'homme est un loup pour l'homme, surtout si celui-ci est un monstre. Avec *Edward aux mains d'argent*, Tim Burton met en scène la différence, forcément mal portée, forcément effrayante, et fait de Johnny Depp son double et son acteur fétiche. Amoureux de la série Z, il réhabilite le genre, se faisant spécialiste des *freaks* — les fantômes de *Beetlejuice*, le Pingouin et Catwoman dans *Batman, le défi* (1992), le cinéaste marginal d'*Ed Wood* (1994), les primates si humains de *la Planète des singes* (2001) — et du style gothique (*Sleepy Hollow*, 1999).

Laura Elena Harring
Mulholland Drive
David Lynch, 2001

Le culte du bizarre. Pape des cinéastes cultes, David Lynch cultive le bizarre. Tout est double chez lui et si le bien côtoie le mal en permanence, l'ordre est proche du désordre… De tous les cinéastes de sa catégorie, il est sans doute celui qui fait le mieux coïncider la forme et le fond : ses retours arrières, ses accélérations, ses personnages se substituant à d'autres en cours de films — comme Bill Pullman remplacé par Balthazar Getty dans *Lost Highway* (1996) — ou jouant les deux facettes d'une même personne — comme la blonde Naomi Watts et la brune Laura Elena Harring dans *Mulholland Drive* — sont autant de pistes pour décrire un monde « sauvage et tordu », comme il est dit dans *Sailor et Lula* (1990).

Steven Soderbergh n'a même pas attendu son deuxième film pour connaître le succès : *Sexe, mensonges et vidéo* récolta la Palme d'or à Cannes en 1989. Après ce démarrage en trombe, *Kafka* (1991) et *King of the Hill* (1993) ont moins séduit, mais il a su rebondir avec de bons remakes ou adaptations (*À fleur de peau*, 1995 ; *Hors d'atteinte*, 1998) et finalement se diriger vers le blockbuster avec *Erin Brockovich* (2000), *Traffic* (2000) et surtout *Ocean's Eleven* (2001) puis *Ocean's Twelve* (2004)… Désormais valeurs sûres du box-office, tous ces cinéastes ont en commun d'être cultes *et* rentables. Ce qui n'est pas si fréquent !

Frances McDormand
Fargo
Joel et Ethan Coen, 1996

Un cinéma brillantissime, truffé de références. C'est ce que Joel et Ethan Coen fabriquent en maîtres depuis leurs débuts avec *Sang pour sang* (1984). Chez eux, le loufoque règne, d'où l'impression persistante que tout cela, c'est pour de rire même quand c'est grave (*Miller's Crossing*), même quand c'est glauque (*Barton Fink*), même quand c'est violent (*Fargo*). À fortiori quand c'est anodin (*Arizona Junior*, *The Big Lebowski*). Dans *Fargo*, Frances McDormand interprète une femme flic, enceinte et débonnaire (elle y gagnera un Oscar) confrontée à des ravisseurs cinglés.

Les indépendants d'Amérique

Des héritiers de la contre-culture

Hors des sentiers battus et des grands studios de production ? À voir. L'indépendance est devenu un genre en soi, avec son Festival de Sundance et ses producteurs attitrés. Le danger de la récupération rôde...

Au début, ils étaient peu nombreux. Mais l'indépendance est devenue une manie — et une manne. Désormais, elle a pignon sur rue avec son Festival de Sundance (qui révéla les frères Coen, Quentin Tarantino, Todd Haynes, Edward Burns...), créé par Robert Redford en 1985, quatre ans après la fondation du Sundance Institute, laboratoire de travaux pratiques pour jeunes réalisateurs. Elle possède aussi ses producteurs attitrés, d'où moins d'indépendance puisque même les grands studios ont leur filiale qui produit des « petits » films. De la grande époque des années 1980 restent beaucoup d'intransigeants comme Jim Jarmusch (*Stranger than Paradise*, 1984 ; *Coffee and Cigarettes*, 2004), Spike Lee (*Nola Darling n'en fait qu'à sa tête*, 1986 ; *la Vingt-cinquième Heure*, 2003) et John Sayles (*City of Hope*, 1991 ; *Lone Star*, 1996). Ils sont les témoins vigilants d'une Amérique métissée, où le rêve n'est pas le même pour tous.

Une certaine image de l'Amérique

Héritiers de John Cassavetes et d'un cinéma de la contre-culture, les « indépendants » des années 1990-2000 décrivent leur pays, défendent des valeurs et combattent parfois le système de l'intérieur. Des acteurs fabriquent les films qui leur tiennent à cœur en réinvestissant des cachets gagnés dans des produits *main stream*. L'Amérique oubliée que montre Sean Penn dans *The Indian Runner* (1991), *Crossing Guard* (1995) et *The Pledge* (2001), est celles de petites gens luttant pour vivre ou survivre, se battant contre le mal errant. John Turturro a raconté l'immigration italienne dont il est issu dans *Mac* (1992) et Steve Buscemi chroniqué les paumés de la vie dans *Happy Hour* (1996). Enfin, Tim Robbins, en trois films, de *Bob Roberts* (1992) et son politicien véreux à *Broadway 39ᵉ Rue* (*Cradle Will Rock*) et son metteur en scène de théâtre opiniâtre, s'est approché de thèmes plus ouvertement politiques, l'apothéose étant *la Dernière Marche* où il dirige Sean Penn (encore lui) en meurtrier dans le couloir de la mort.

Leurs petits frères s'appellent Paul Thomas Anderson, Jonathan Nossiter ou Alexander Payne. Le premier a frappé trois jolis coups avec *Boogie Nights* (1997), *Magnolia* (1999) et *Punch-Drunk Love* (2002). Le deuxième et le troisième ont filmé dans l'indifférence quasi générale jusqu'à deux films qui ont en commun la passion du vin : respectivement *Mondovino* (2004), enquête au pays du nectar californien et de la

DENZEL WASHINGTON
MALCOLM X
SPIKE LEE, 1993

Personnage radical. L'Amérique métissée compte plusieurs porte-parole revendiqués. Spike Lee est sans doute l'un des plus fervents. Virulent, même parfois, comme dans *Do the Right Thing* (1989), où il endosse le personnage le plus radical quant aux tensions raciales agitant la communauté new-yorkaise. Il signera ensuite plusieurs brûlots jusqu'à la biographie hagiographique du leader des Black Panthers, *Malcolm X*. Avant d'alterner les comédies politiques trop frontales (*Get on the Bus*, 1996 ; *She Hate Me*, 2004) avec des films plus nuancés et réussis (*Summer of Sam*, 1999 ; *la Vingt-cinquième Heure*, 2002, où il est le premier à filmer le lieu des attentats du 11 septembre 2001 à New York).

JULIANNE MOORE
LOIN DU PARADIS
TODD HAYNES, 2002

Hommage à Douglas Sirk. Le mélo est un genre peu revisité de nos jours, car très périlleux : mieux vaut s'attaquer à la comédie sentimentale ou au polar. Mais Todd Haynes, qui depuis ses débuts interroge l'Amérique et ses promesses non tenues — avec le très marginal *Poison* (1991), adapté de Jean Genet, puis *Safe* (1995) où une femme, obsédée par la propreté, devient allergique à tout son environnement — réinvente le mélo à la Douglas Sirk, dans *Loin du paradis* (2002) avec Julianne Moore. Il y radiographie le « pays de toutes les opportunités » où les Noirs et les homosexuels sont mis au ban de la société et où « la poursuite du bonheur passe par une belle maison bien rangée » et une vie sans aspérités.

mondialisation et *Sideways* (2005), road movie doux-amer sur deux ratés de la vie amateurs de bons vins.

Comme, la plupart du temps, ils n'ont tourné qu'un ou deux films, il est difficile de parier sur tous ces rebelles *avec* cause, mais James Gray a marqué les cinéphiles avec son *Little Odessa* (1994), glaçant portrait d'un tueur à gages de retour dans sa famille, puis, dans une moindre mesure, *The Yards* (2000). Todd Solondz, dont la misanthropie contamine ses fictions, décrit une Amérique déjantée et désespérante dans *Happiness* (1998) ou *Palindromes* (2004) et Todd Haynes observe la douleur de vivre d'une façon presque organique (*Safe*, 1995 ; *Loin du paradis*, 2002).

Où sont les femmes ?

Peu nombreuses, les femmes ne comptent pourtant pas pour des prunes : *le Petit Homme* (1991) sur un enfant surdoué et même *Week-end en famille* (1995) de Jodie Foster étaient séduisants ; *The Safety of Objects* (2001) de Rose Troche, autour de la possession, était bluffant. Enfin, Sofia Coppola a séduit avec *Virgin Suicides* (2000), parabole sur l'adolescence, avant de révolutionner la comédie romantique dans *Lost in Translation* (2003). Le portrait de l'Amérique ne serait assurément pas complet sans elles.

BILL MURRAY
ET SCARLETT JOHANSSON
LOST IN TRANSLATION
SOFIA COPPOLA, 2003

Ce qui s'est perdu en route. Un acteur vieillissant et une jeune mariée confrontent leurs solitudes et leurs visions du bonheur dans *Lost in Translation* de Sofia Coppola. Typiquement américains, les personnages joliment interprétés par Bill Murray et Scarlett Johansson, immergés dans une ville étrange et étrangère, Tokyo, font le point sur leurs rêves, ceux qu'ils ont ratés, ceux qu'ils peuvent encore réussir. Comédie romantique non calibrée, le deuxième film de Sofia Coppola ne ressemble à aucun autre et touche au cœur.

JOHN ROBINSON ET ELIAS MCCONNELL
ELEPHANT
GUS VAN SANT, 2003

L'école est finie. Un lycée à feu et à sang, c'est une image qui a fracassé l'Amérique et a sucité plusieurs films (dont *Bowling for Columbine* de Michael Moore). Gus Van Sant, ex-indépendant farouche (*My Own Private Idaho*, 1991) recyclé dans le Hollywood pur sucre (portrait d'un surdoué dans *Will Hunting*, 1999 ; remake plan par plan du *Psychose* d'Alfred Hitchcock avec *Psycho*, 1999) est revenu à des préoccupations plus profondes avec *Gerry* (2003), puis *Elephant* où il approche comme personne ce qui se passe dans la tête d'adolescents, le jour funeste où deux d'entre eux ont décidé de tirer dans le tas...

La télévision et le cinéma

Un mariage de raison

Télévision et cinéma ont, avec le temps, développé des relations complexes et parfois mutuellement enrichissantes.

Comme le théâtre, art installé, avait méprisé le cinéma, art de foire, le cinéma a longtemps regardé de haut cette nouvelle venue qu'était la télévision. À ce dédain naturel s'est ajouté un sérieux sujet d'acrimonie, car la télévision a vidé les salles. Partout où elle est apparue, elle a fait chuter, en effet, la fréquentation cinématographique dans des proportions catastrophiques. C'est ce qui est arrivé aux États-Unis dès les années 1950 et en Europe à partir de la fin des années 1960. Du fait de cette fuite des spectateurs, certains pays de grande tradition cinématographique comme l'Italie, l'Allemagne, la Grande-Bretagne ont vu leur activité de production se réduire à un point tel qu'une disparition complète a pu, un temps sembler inéluctable.
La situation est différente aujourd'hui car un certain rééquilibrage s'est effectué sous l'effet de différents facteurs.

L'économique

Grosses dévoreuses de films, les télévisions ont d'abord acheté beaucoup de films, ce qui donnait à la production des ressources qui compensaient en partie la diminution des entrées salles puis elles se sont mises un peu partout en Europe à investir dans la production cinématographique, afin de s'assurer des exclusivités de première diffusion télévisée. Channel Four et la BBC en Grande-Bretagne, la RAI en Italie, ARD et la Zweites Fernsehen en Allemagne ont ainsi contribué au financement d'œuvres majeures de leur cinématographies nationales.
Cette action a été particulièrement marquée en France car, à la volonté naturelle des chaînes de coproduire des films générateurs d'audience s'est ajoutée l'action coercitive du législateur qui a imposé aux chaînes de consacrer une partie substantielle de leur chiffre d'affaires à la production cinématographique par l'intermédiaire de leurs filiales et en alimentant le fonds de soutien du CNC. Résultat de ces dispositions : plus de la moitié du financement de la production cinématographique provient, directement ou indirectement, des chaînes de télévision hertziennes.

Le sociétal

La télévision étant reçue au foyer, elle est devenue le média privilégié des enfants et des personnes âgées. Les jeunes, plus portés à sortir avec des copains, ont tout naturellement élu le cinéma qui s'est ainsi constitué un public propre où la classe d'âge de quinze à trente-deux ans est majoritaire. Et comme ces jeunes

Élodie Bouchez, Gael Morel
Les Roseaux sauvages
André Téchiné, 1994

Tous écrans. Écrit par Gilles Taurand, André Téchiné et Olivier Massard, cette chronique adolescente dans la France provinciale des années 1960 fait à l'origine partie d'une collection initiée par Pierre Chevalier, directeur de la fiction d'Arte. Intitulée *Tous les garçons et les filles de leur âge*, cette série de téléfilms permit également de voir sur le petit écran des œuvres de Cédric Kahn et Olivier Assayas, notamment. Dans le cas des *Roseaux sauvages*, qui obtint le César du meilleur film, vingt minutes supplémentaires distinguent la version cinéma de sa jumelle destinée au petit écran, formatage télévisuel oblige. Mais, en salle ou chez soi, l'essentiel est là, soit assurément l'un des plus beaux films du réalisateur.

Sonia Bergamasco
Nos meilleures années
Marco Tullio Giordana, 2003

Saga Italia. Vingt-quatre semaines de tournage, 240 décors, douze personnages principaux et au final six heures d'images et de son relatant quarante années de la vie d'une famille italienne entre destins individuels et collectifs, *Nos meilleures années* n'était pas un téléfilm comme les autres. La réalisation de Marco Tullio Giordana, produite par la RAI, est remarquée par Thierry Frémaux, le délégué général du Festival de Cannes, qui décide de la présenter dans la section *Un certain regard*, en raison de sa longueur inhabituelle. C'est le début d'une belle aventure qui fait de ce talentueux et classique téléfilm un succès cinématographique d'autant plus inespéré que cette œuvre respecte les canons de la télévision tout en affirmant de solides exigences artistiques.

conservent souvent, au moins pendant un certain temps, les habitudes de la jeunesse, la fréquentation des salles n'a cessé de croître depuis le début du XXIe siècle, en Europe aussi bien qu'aux États-Unis.

Une forme de coexistence a fini par s'instaurer entre le cinéma et la télévision qui a même pu, dans certains pays, aller jusqu'à l'hybridation. Ainsi, plusieurs grands réalisateurs britanniques (Ken Loach, Kenneth Branagh) ont été formés à l'école de la télévision et il n'est pas rare, en Europe ou en Amérique, qu'un réalisateur alterne avec succès téléfilms et films de cinéma. Ces transferts sont plus rares en France (sauf dans la mouvance de la chaîne Arte) et essentiellement limités aux acteurs. Depuis quelques années, des stars du grand écran comme Gérard Depardieu ou Catherine Deneuve n'hésitent plus à « se commettre » dans des téléfilms.

Une autre tendance intéressante est celle représentée par les animateurs et les humoristes rendus célèbres par le petit écran qui se tournent ensuite vers le grand écran comme acteurs, mais aussi comme réalisateurs. Ce sont très souvent des surgeons de Canal Plus : les Inconnus (Didier Bourdon, Pascal Légitimus et Didier Campan), les Nuls (Alain Chabat, Chantal Lauby), Eric et Ramzy, Jamel Debbouze, Édouard Baer. Quel que soit le jugement que l'on porte sur la qualité de leur apport, force est de reconnaître qu'ils représentent un sang neuf qui a donné naissance à un nouveau type de comédie en phase avec la sensibilité des « ados ».

Mais, plus important que ces transferts de ressources et de talents, la contribution la plus positive que la télévision a apportée au cinéma se situe au niveau de la culture cinématographique du public : des films qui n'étaient vus dans les salles que par quelques centaines (voire quelques dizaines) de milliers de personnes ont été vus par des millions de téléspectateurs. Chaque année, ce sont plus de 7 000 films qui sont diffusés par toutes les chaînes réunies : une offre aussi riche permet à chacun de trouver son miel et de former son goût. et peut-être aussi d'éveiller de nouveaux talents.

LIV ULLMANN, INGMAR BERGMAN, ERLAND JOSEPHSON
SARABAND
INGMAR BERGMAN, 2003
photo de tournage

Trente ans après. Ce film du grand réalisateur suédois est tout d'abord la suite d'une série télévisée de six fois 50 minutes diffusée en 1973 et qui, pour le cinéma, devint dans une version considérablement réduite, *Scènes de la vie conjugale*. Cette fois, avec *Saraband*, téléfilm et film de cinéma constituent le même objet. En France, les téléspectateurs d'Arte en eurent la primeur en *prime time* et dans une version doublée, selon la volonté de Bergman lui-même soucieux de toucher le plus grand nombre. Ensuite seulement, le film fut diffusé en salles et uniquement dans celles dotées d'un projecteur numérique, afin de respecter le format initial du film. Jusqu'au bout, Bergman aura donc contrôlé les conditions de diffusion d'un téléfilm qui entend bien se faire respecter par le grand écran.

La révolution numérique

Le cinéma robotisé ?

Gros effets spéciaux d'un côté, petites caméras de l'autre, l'intrusion du numérique dans le cinéma est générale. Mais qu'apportent de vraiment nouveau ces nouvelles technologies à l'industrie du septième art ?

En un siècle d'histoire du cinéma, la boucle semble bouclée. Tout a commencé ou presque avec les trucages d'un Georges Méliès aussi inspiré que visionnaire. Et tout semble se poursuivre dans la surenchère des effets spéciaux de *Matrix* pour les « grands » et de *Harry Potter* pour les petits. Mais si Méliès revenait parmi nous serait-il véritablement étonné ? Cent ans, c'est finalement beaucoup pour faire exécuter à des machines et à des ordinateurs ce que les équipes de Méliès fabriquaient avec la minutie et l'enthousiasme des explorateurs de mondes nouveaux. Le message est plus simple que cela : les illusionnistes d'hier s'appellent aujourd'hui effets numériques et la surenchère n'est pas près de s'arrêter, puisque certains rêvent déjà, à l'instar du personnage du film *Simone* d'Andrew Niccol, de remplacer les acteurs par des androïdes, répliques parfaites de nos stars actuelles. Le cinéma d'animation va-t-il, avec sa virtualité ludique, contaminer l'ensemble des œuvres cinématographiques : qui veut donc la peau en chair et en os du cinéma *live* ?

L'imagination sans limites

Hier encore, le romancier avait l'avantage sur le scénariste. Ce dernier ne pouvait imaginer une scène de bataille homérique sans se faire immédiatement rappeler à l'ordre par un producteur soucieux de ne

Le Filmeur
Alain Cavalier, 2005

Moi je, face caméra. En filmant Thérèse ou René, dans les films du même nom, Alain Cavalier se filmait aussi lui-même à l'instar de Flaubert et de son Emma. Réaliser un journal intime comme il le fait en 2005 sous le titre explicite *le Filmeur*, c'est donc franchir une étape supplémentaire dans le dévoilement de soi. Les journaux intimes filmés ne laissent jamais indifférent : certains refusent de regarder ce qui bien souvent peut se lire comme un miroir tendu, tandis que d'autres se plongent avec délices dans la vision de l'autre. On voit bien comment la caméra numérique a rendu cet exercice beaucoup plus facile, donnant aux cinéastes la possibilité de peindre des autoportraits sans la lourdeur d'un film « normal ». Petite caméra ? grande liberté, répondent aussi bien Alain Cavalier que Dominique Cabrera (*Demain et encore demain*) ou Jonathan Caouette (*Tarnation*).

Björk
Dancer in the Dark
Lars von Trier, 2000

Le mélo numérisé. Palme d'or à Cannes en 2000, *Dancer in the Dark*, c'est d'abord une façon de renier et de détourner Dogma, cette vraie fausse Bible du dénuement et de la vérité cinématographiques inventée par Lars von Trier. Pas moins de cent caméras ont accompagné en permanence le lent calvaire de la pauvre ouvrière immigrée et manipulée qu'incarne la chanteuse Björk. Une centaine de caméras numériques au service d'un réalisateur qui décidément veut être partout et tout voir à la fois comme le montreront bien les dispositifs scéniques de *Dogville* et de *Manderlay* par la suite : côté cour, côté jardin, dans la salle, sur la scène, dans les cintres et en coulisses.

Keanu Reeves,
Hugo Weaving
Matrix
Andy et Larry Wachowski, 1999

La réalité est une construction. On peut désormais évoquer la trilogie Matrix dans son ensemble puisque *Matrix Reloaded* et *Matrix Revolutions*, sortis tous deux en 2002 constituent un ensemble cohérent. Ici, pas une image ou presque qui n'ait été traitée ou retraitée par le biais des technologies numériques, qu'il s'agisse de filmer des combats en forme de voltiges permanentes ou des cités virtuelles en proie à d'odieuses machines. Et tout ici devient virtuel, puisque le point de départ du film est précisément la découverte par le programmateur Paul Anderson (Keanu Reeves) que le monde dans lequel il vit n'est pas réel. Cette saga est déjà mythique tant et si bien que Quentin Tarantino, dans le brillant et malicieux *Kill Bill 2*, l'a parodiée à travers une mémorable scène où des tueurs clonés sortis tout droit de *Matrix* attaquent sans relâche l'héroïne incarnée par Uma Thurman.

pas dépasser son enveloppe financière. Désormais, tout devient possible pour l'écrivain de cinéma : ses « milliers de soldats en furie » pourront se résumer à une colonne de figurants en ligne laquelle sera ensuite démultipliée à l'infini sur un écran d'ordinateur qui obéira au doigt et à l'œil du cinéaste. La numérisation des trucages ne touche plus seulement les superproductions des films historiques ou de science-fiction. Quand Benoît Poelvoorde, sosie de Claude François, s'assoit à côté de son idole pour chanter un tube dans *Podium* (2004) de Yann Moix, l'effet est plus que saisissant.

La création sans budget

À l'opposé des grandioses effets spéciaux et autres réalités virtuelles, la révolution numérique c'est également l'arrivée des « petites caméras », autrement dit la fin d'un monopole très coûteux et forcément discriminatoire. Quant à l'alliance de ces deux tendances, elle permet à Éric Rohmer, par exemple, de mener à bien *l'Anglaise et le duc* (2001), soit un film d'auteur et d'Histoire à petit budget, autant de termes paradoxaux en théorie. Mais les petites caméras séduisent principalement les petits budgets et singulièrement dans les pays du Sud où faire un film relève du parcours du combattant. En Afrique sub-sahélienne notamment, l'apparition du numérique est saluée comme une formidable bouffée d'oxygène.

« *Le réalisme digital est un domaine privilégié des Américains, qui y investissent des sommes colossales pour nous livrer des films à illusions tels que* Toy Story 2 *ou* la Guerre des Etoiles. »
Ridley Scott

Cannes, Venise, Berlin

À la croisée des cinémas

Clamer sur la Croisette cannoise, sur un vaporetto vénitien en route pour le Lido ou sous les feux d'artifices ouvrant le festival du Film de Berlin, que le cinéma est une fête relève de la lapalissade...

Un festival de cinéma est une efficace opération de séduction. Aussi, de plus en plus de villes et de régions multiplient leurs contributions au septième art. Pourtant, entrer dans le club très fermé des cérémonies de première catégorie suppose de savoir résister au temps, de renouveler continuellement ses exigences artistiques tout en attirant sans cesse les foules grâce à des événements glamoureux. Lieux d'échanges sur la création artistique, ils favorisent la découverte de films venus du monde entier. Progressivement, alors que l'industrie cinématographique acquiert son indépendance et qu'il devient primordial qu'elle rencontre partenaires et concurrents, des marchés s'organisent. Parallèlement aux plus grandes manifestations ou indépendamment, ils sont le lieu où se signent les principaux accords entre professionnels concernant la diffusion des films, la coproduction, la vente de droits. C'est là que se décide ce qu'on verra au cinéma...

Créations dans la guerre

Le plus ancien festival du film, celui de Venise, a débuté en 1932. Il n'était alors qu'une section de la 18e Biennale mais devient, deux ans plus tard, une compétition annuelle et internationale à part entière. Le festival de Cannes devait ouvrir sept ans plus tard, sous la présidence de Louis Lumière, mais la guerre contraint de le repousser en 1946. À ses débuts, tous les films projetés repartaient avec des prix... Ces deux manifestations deviennent bien vite des événements remarqués. Aussi, en 1951, un officier américain du nom d'Oscar Martay imagine un festival de cinéma à Berlin. La guerre était terminée depuis six ans, mais la ville, encore en ruines, était divisée en deux. La Berlinale

50e Anniversaire de la Berlinale
Berlin, 2001

Ours cinquantenaire. Le premier festival de Berlin s'est ouvert le 6 juin 1951. Dès cette année, un Ours d'or ou d'argent, sculpté par Renée Sintenis, récompense les meilleurs films de la compétition officielle. Alors qu'elle se déroulait en été, la Berlinale devient, à partir de 1978, l'événement cinématographique de l'hiver. Berlin est sans doute le festival le plus ouvert au public. Depuis 1999, ce dernier attribue d'ailleurs un prix en votant à l'issue de chaque projection. Pour son 50e anniversaire, la Berlinale s'est offert un nouveau lieu, le Berlinale Palast et a récompensé nombre de réalisateurs : ici Wim Wenders, Denzel Washington, Milos Forman, Paul Thomas Anderson, Zhang Yimou.

devient alors l'occasion d'attirer l'attention sur cette capitale à la grandeur passée, et de montrer à l'Est qu'elle appartient au monde libre.

Le tumulte des années 1960

Les événements de 1968 provoquent des fractures au sein de toutes ces grandes manifestations. La Biennale cesse de récompenser les films pendant quatre ans et il faut toute la persuasion du directeur artistique de l'époque pour qu'elle retrouve son prestige en 1982. Interrompu cette même année, le festival de Cannes subit également une crise majeure. Jean-Luc Godard et François Truffaut, accompagnés d'une quinzaine de cinéastes en colère, manifestent leur désaccord et en appellent à l'arrêt du festival alors que le pays est paralysé par des grèves générales. Ils créent la Société des réalisateurs de films et la Quinzaine des réalisateurs, manifestation dissidente non compétitive qui a lieu depuis en parallèle du festival dit « officiel ». À Berlin, en 1969, la contestation gronde également : un contre-festival dénonce le conservatisme de la manifestation allemande.
Depuis, Berlinale, Biennale et Festival ont acquis une telle notoriété qu'ils sont devenus incontournables. Les directeurs artistiques de ces réunions se disputent la première place. Tous cherchent la perle rare réalisée par des artistes en devenir et qui créera l'événement lors de sa présentation en avant-première. Dès lors, les sélectionneurs se concurrencent afin d'avoir les films les plus marquants du circuit international, tout en jonglant avec les calendriers et les contraintes techniques ou artistiques.

GONG LI MEMBRE DU JURY
CANNES, 1997

Les marches cannoises. Membre du jury en 1997, l'actrice chinoise Gong Li est beaucoup allée à Cannes puisqu'elle y a présenté sept films, dont notamment *Adieu ma concubine* (Chen Kaige, 1993) qui remporta la Palme d'or. Ce n'est qu'à partir de 1955 que cette récompense fut décernée. Manifestation annuelle la plus médiatisée au monde, Cannes accueille chaque année 4 000 journalistes représentant plus de 1 600 médias.

NICOLE KIDMAN
VENISE, 2004

Le Lion vénitien. Agrandi en 1999, le Palazzo del cinema, inauguré en 1937, accueille encore aujourd'hui la Biennale. Si au début de la manifestation, les films primés étaient récompensés de la Coppa Mussolini ou d'une médaille de l'association fasciste, ils reçoivent, depuis 1949, un Lion d'or. Au fil des ans, la Biennale s'étoffe, multiplie, modifie ses sélections. Actuellement, outre la compétition officielle récompensée par un Lion d'or depuis 1949, une section *Contracorente* et une *Orizzonti* projettent des films particulièrement engagés. En 1999 Nicole Kidman ouvrait la Biennale et présentait le dernier film de Stanley Kubrick, *Eyes Wide Shut*. Elle retrouve Venise en 2004 afin d'accompagner la projection de *Birth*, un film de Jonathan Glazer avec Lauren Bacall.

Palmarès

Les Oscars

La cérémonie de remise des Oscars d'une année à lieu au début de l'année suivante.

1927-1928

Meilleur film
Les Ailes (W. Wellman)
Meilleurs réalisateurs
Frank Borzage (*l'Heure suprême*)
Lewis Milestone (*Two Arabian Nights*)
Meilleur acteur
Emil Jannings (*Crépuscule de gloire*, J. von Sternberg ; *Quand la chair succombe*, V. Fleming)
Meilleure actrice
Janet Gaynor (*l'Heure suprême*, F. Borzage ; *l'Aurore*, F. W. Murnau ; *l'Ange de la rue*, F. Borzage)

1928-1929

Meilleur film
The Broadway Melody (H. Beaumont)
Meilleur réalisateur
Frank Lloyd (*Lady Hamilton*)
Meilleur acteur
Warner Baxter (*In Old Arizona*, R. Walsh et I. Cummings)
Meilleure actrice
Mary Pickford (*Coquette*, Sam Taylor)

1929-1930

Meilleur film
À l'Ouest, rien de nouveau (L. Milestone)
Meilleur réalisateur
Lewis Milestone (*À l'Ouest, rien de nouveau*)
Meilleur acteur
George Arliss (*Disraeli*, Alfred E. Green)
Meilleure actrice
Norma Shearer (*la Divorcée*, R. Z. Leonard)

1930-1931

Meilleur film
Cimarron (W. Ruggles)
Meilleur réalisateur
Norman Taurog (*Skippy*)
Meilleur acteur
Lionel Barrymore (*Âmes libres*, C. Brown)
Meilleure actrice
Marie Dressler (*Min and Bill*, G. W. Hill)

1931-1932

Meilleur film
Grand Hôtel (E. Goulding)
Meilleur réalisateur
Frank Borzage (*Bad Girl*)
Meilleurs acteurs
Wallace Beery (*le Champion*, K. Vidor) et Fredric March (*Dr. Jekyll and Mr. Hyde*, R. Mamoulian)
Meilleure actrice
Helen Hayes (*la Faute de Madelon Claudet*, E. Selwyn)

1932-1933

Meilleur film
Cavalcade (F. Lloyd)
Meilleur réalisateur
Frank Lloyd (*Cavalcade*)
Meilleur acteur
Charles Laughton (*la Vie privée d'Henry VIII*, A. Korda)
Meilleure actrice
Katharine Hepburn (*Morning Glory*, L. Sherman)

1934

Meilleur film
New York-Miami (F. Capra)
Meilleur réalisateur
Frank Capra (*New York-Miami*)
Meilleur acteur
Clark Gable (*New York-Miami*, F. Capra)
Meilleure actrice
Claudette Colbert (*New York-Miami*, F. Capra)

1935

Meilleur film
Les Révoltés du Bounty (F. Lloyd)
Meilleur réalisateur
John Ford (*le Mouchard*)
Meilleur acteur
Victor McLaglen (*le Mouchard*, J. Ford)
Meilleure actrice
Bette Davis (*l'Intruse*, A. E. Green)

1936

Meilleur film
Le Grand Ziegfeld (R. Z. Leonard)
Meilleur réalisateur
Franck Capra (*l'Extravagant Mr. Deeds*)
Meilleur acteur
Paul Muni (*la Vie de Louis Pasteur*, W. Dieterle)
Meilleure actrice
Luise Rainer (*le Grand Ziegfeld*, R. Z. Leonard)

1937

Meilleur film
La Vie d'Émile Zola (W. Dieterle)
Meilleur réalisateur
Leo McCarey (*Cette sacrée vérité*)
Meilleur acteur
Spencer Tracy (*Capitaines courageux*, V. Fleming)
Meilleure actrice
Louise Rainer (*Visages d'Orient*, S. Franklin)

1938

Meilleur film
Vous ne l'emporterez pas avec vous (F. Capra)
Meilleur réalisateur
Frank Capra (*Vous ne l'emporterez pas avec vous*)
Meilleur acteur
Spencer Tracy (*Des hommes sont nés*, N. Taurog)
Meilleure actrice
Bette Davis (*l'Insoumise*, W. Wyler)

1939

Meilleur film
Autant en emporte le vent (V. Fleming)
Meilleur réalisateur
Victor Fleming (*Autant en emporte le vent*)
Meilleur acteur
Robert Donat (*Goodbye, Mr. Chips*, S. Wood)
Meilleure actrice
Vivien Leigh (*Autant en emporte le vent*, V. Fleming)

1940

Meilleur film
Rebecca (A. Hitchcock)
Meilleur réalisateur
John Ford (*les Raisins de la colère*)
Meilleur acteur
James Stewart (*Indiscrétions*, G. Cukor)
Meilleure actrice
Ginger Rogers (*Kitty Foyle*, S. Wood)

1941

Meilleur film
Qu'elle était verte ma vallée (J. Ford)
Meilleur réalisateur
John Ford (*Qu'elle était verte ma vallée*)
Meilleur acteur
Gary Cooper (*Sergent York*, H. Hawks)
Meilleure actrice
Joan Fontaine (*Soupçons*, A. Hitchcock)

1942

Meilleur film
Madame Miniver (W. Wyler)
Meilleur réalisateur
William Wyler (*Madame Miniver*)
Meilleur acteur
James Cagney (*la Parade de la gloire*, M. Curtiz)
Meilleure actrice
Greer Garson (*Madame Miniver*, W. Wyler)

1943

Meilleur film
Casablanca (M. Curtiz)
Meilleur réalisateur
Michael Curtiz (*Casablanca*)
Meilleur acteur
Paul Lukas (*Watch on the Rhine*, Herman Shumlin)
Meilleure actrice
Jennifer Jones (*le Chant de Bernadette*, H. King)

1944

Meilleur film
La Route semée d'étoiles (L. McCarey)
Meilleur réalisateur
Leo McCarey (*la Route semée d'étoiles*)
Meilleur acteur
Bing Crosby (*la Route semée d'étoiles*, L. McCarey)
Meilleure actrice
Ingrid Bergman (*Hantise*, G. Cukor)

1945

Meilleur film
Le Poison (B. Wilder)
Meilleur réalisateur
Billy Wilder (*le Poison*)
Meilleur acteur
Ray Milland (*le Poison*, B. Wilder)
Meilleure actrice
Joan Crawford (*le Roman de Mildred Pierce*, M. Curtiz)

1946

Meilleur film
Les Plus Belles Années de notre vie (W. Wyler)
Meilleur réalisateur
William Wyler (*les Plus Belles Années de notre vie*)
Meilleur acteur
Fredric March (*les Plus Belles Années de notre vie*, W. Wyler)
Meilleure actrice
Olivia de Havilland (*À chacun son destin*, M. Leisen)

1947

Meilleur film
Le Mur invisible (E. Kazan)
Meilleur réalisateur
Elia Kazan (*le Mur invisible*)
Meilleur acteur
Ronald Colman (*Othello*, G. Cukor)
Meilleure actrice
Loretta Young (*Ma femme est un grand homme*, H. C. Potter)

1948

Meilleur film
Hamlet (L. Olivier)
Meilleur réalisateur
John Huston (*le Trésor de la Sierra Madre*)
Meilleur acteur
Laurence Olivier (*Hamlet*, L. Olivier)
Meilleure actrice
Jane Wyman (*Johnny Belinda*, J. Negulesco)

1949

Meilleur film
Les Fous du roi (R. Rossen)
Meilleur réalisateur
Joseph L. Mankiewicz (*Chaînes conjugales*)
Meilleur acteur
Broderick Crawford (*les Fous du roi*, R. Rossen)
Meilleure actrice
Olivia de Havilland (*l'Héritière*, W. Wyler)

1950

Meilleur film
Ève (J. L. Mankiewicz)
Meilleur réalisateur
Joseph L. Mankiewicz (*Ève*)
Meilleur acteur
José Ferrer (*Cyrano de Bergerac*, M. Gordon)
Meilleure actrice
Judy Holliday (*Comment l'esprit vient aux femmes*, G. Cukor)

1951

Meilleur film
Un Américain à Paris (V. Minnelli)
Meilleur réalisateur
George Stevens (*Une place au soleil*)
Meilleur acteur
Humphrey Bogart (*The African Queen*, J. Huston)
Meilleure actrice
Vivien Leigh (*Un tramway nommé Désir*, E. Kazan)

1952
Meilleur film
Sous le plus grand chapiteau du monde (C. B. De Mille)
Meilleur réalisateur
John Ford (*l'Homme tranquille*)
Meilleur acteur
Gary Cooper (*Le train sifflera trois fois*, F. Zinnemann)
Meilleure actrice
Shirley Booth (*Reviens, petite Sheba*, Daniel Mann)

1953
Meilleur film
Tant qu'il y aura des hommes (F. Zinnemann)
Meilleur réalisateur
Fred Zinnemann (*Tant qu'il y aura des hommes*)
Meilleur acteur
William Holden (*Stalag 17*, B. Wilder)
Meilleure actrice
Audrey Hepburn (*Vacances romaines*, W. Wyler)

1954
Meilleur film
Sur les quais (E. Kazan)
Meilleur réalisateur
Elia Kazan (*Sur les quais*)
Meilleur acteur
Marlon Brando (*Sur les quais*, E. Kazan)
Meilleure actrice
Grace Kelly (*Une fille de la province*, G. Seaton)

1955
Meilleur film
Marty (Delbert Mann)
Meilleur réalisateur
Delbert Mann (*Marty*)
Meilleur acteur
Ernest Borgnine (*Marty*, Delbert Mann)
Meilleure actrice
Anna Magnani (*la Rose tatouée*, Daniel Mann)

1956
Meilleur film
Le Tour du monde en 80 jours (M. Anderson)
Meilleur réalisateur
George Stevens (*Géant*)
Meilleur acteur
Yul Brynner (*le Roi et moi*, W. Lang)
Meilleure actrice
Ingrid Bergman (*Anastasia*, A. Litvak)

1957
Meilleur film
Le Pont de la rivière Kwai (D. Lean)
Meilleur réalisateur
David Lean (*le Pont de la rivière Kwai*)
Meilleur acteur
Alec Guinness (*le Pont de la rivière Kwai*, D. Lean)
Meilleure actrice
Joanne Woodward (*les Trois Visages d'Ève*, N. Johnson)

1958
Meilleur film
Gigi (V. Minnelli)
Meilleur réalisateur
Vincente Minnelli (*Gigi*)
Meilleur acteur
David Niven (*Tables séparées*, Delbert Mann)
Meilleure actrice
Susan Hayward (*Je veux vivre*, R. Wise)

1959
Meilleur film
Ben-Hur (W. Wyler)
Meilleur réalisateur
William Wyler (*Ben-Hur*)
Meilleur acteur
Charlton Heston (*Ben-Hur*, W. Wyller)
Meilleure actrice
Simone Signoret (*les Chemins de la haute ville*, J. Clayton)

1960
Meilleur film
La Garçonnière (B. Wilder)
Meilleur réalisateur
Billy Wilder (*La Garçonnière*)
Meilleur acteur
Burt Lancaster (*Elmer Gantry*, R. Brooks)
Meilleure actrice
Elisabeth Taylor (*la Vénus au vison*, Daniel Mann)

1961
Meilleur film
West Side Story (R. Wise et J. Robbins)
Meilleurs réalisateurs
Robert Wise et Jerome Robbins (*West Side Story*)
Meilleur acteur
Maximilian Schell (*Jugement à Nuremberg*, S. Kramer)
Meilleure actrice
Sophia Loren (*la Ciociara*, V. De Sica)

1962
Meilleur film
Lawrence d'Arabie (D. Lean)
Meilleur réalisateur
David Lean (*Lawrence d'Arabie*)
Meilleur acteur
Gregory Peck (*Du silence et des ombres*, R. Mulligan)
Meilleure actrice
Anne Bancroft (*Miracle en Alabama*, A. Penn)

1963
Meilleur film
Tom Jones (T. Richardson)
Meilleur réalisateur
Tony Richardson (*Tom Jones*)
Meilleur acteur
Sidney Poitier (*le Lys des champs*, R. Nelson)
Meilleure actrice
Patricia Neal (*le Plus Sauvage d'entre tous*, M. Ritt)

1964
Meilleur film
My Fair Lady (G. Cukor)
Meilleur réalisateur
George Cukor (*My Fair Lady*)
Meilleur acteur
Rex Harrison (*My Fair Lady*, G. Cukor)
Meilleure actrice
Julie Andrews (*Mary Poppins*, R. Stevenson)

1965
Meilleur film
La Mélodie du bonheur (R. Wise)
Meilleur réalisateur
Robert Wise (*la Mélodie du bonheur*)
Meilleur acteur
Lee Marvin (*Cat Ballou*, E. Silverstein)
Meilleure actrice
Julie Christie (*Darling*, J. Schlesinger)

1966
Meilleur film
Un homme pour l'éternité (F. Zinnemann)
Meilleur réalisateur
Fred Zinnemann (*Un homme pour l'éternité*)
Meilleur acteur
Paul Scofield (*Un homme pour l'éternité*, F. Zinnemann)
Meilleure actrice
Elizabeth Taylor (*Qui a peur de Virginia Woolf ?*, M. Nichols)

1967
Meilleur film
Dans la chaleur de la nuit (N. Jewison)
Meilleur réalisateur
Mike Nichols (*le Lauréat*)
Meilleur acteur
Rod Steiger (*Dans la chaleur de la nuit*, N. Jewison)
Meilleure actrice
Katharine Hepburn (*Devine qui vient dîner*, S. Kramer)

1968
Meilleur film
Oliver ! (C. Reed)
Meilleur réalisateur
Carol Reed (*Oliver !*)
Meilleur acteur
Cliff Robertson (*Charly*, R. Nelson)
Meilleures actrices
Katharine Hepburn (*Un lion en hiver*, A. Harvey) et Barbra Streisand (*Funny Girl*, W. Wyler)

1969
Meilleur film
Macadam Cowboy (J. Schlesinger)
Meilleur réalisateur
John Schlesinger (*Macadam Cowboy*)
Meilleur acteur
John Wayne (*Cent dollars pour un shérif*, H. Hathaway)
Meilleure actrice
Maggie Smith (*les Belles Années de Miss Brodie*, R. Neame)

1970
Meilleur film
Patton (F. Schaffner)
Meilleur réalisateur
Franklin Schaffner (*Patton*)
Meilleur acteur
George C. Scott (*Patton*, F. Schaffner)
Meilleure actrice
Glenda Jackson (*Love*, K. Russel)

1971
Meilleur film
French Connection (W. Friedkin)
Meilleur réalisateur
William Friedkin (*French Connection*)
Meilleur acteur
Gene Hackman (*French Connection*, W. Friedkin)
Meilleure actrice
Jane Fonda (*Klute*, A. J. Pakula)

1972
Meilleur film
Le Parrain (F. Ford Coppola)
Meilleur réalisateur
Bob Fosse (*Cabaret*)
Meilleur acteur
Marlon Brando (*le Parrain*, F. Ford Coppola)
Meilleure actrice
Liza Minnelli (*Cabaret*, B. Fosse)

1973
Meilleur film
L'Arnaque (G. Roy Hill)
Meilleur réalisateur
George Roy Hill (*l'Arnaque*)
Meilleur acteur
Jack Lemmon (*Sauver le tigre*, J. G. Avildsen)
Meilleure actrice
Glenda Jackson (*Une maîtresse dans les bras, une femme sur le dos*, M. Frank)

1974
Meilleur film
Le Parrain, 2e partie (F. Ford Coppola)
Meilleur réalisateur
Francis Ford Coppola (*le Parrain, 2e partie*)
Meilleur acteur
Art Carney (*Harry et Tonto*, P. Mazursky)
Meilleure actrice
Ellen Burstyn (*Alice n'est plus ici*, M. Scorsese)

1975
Meilleur film
Vol au-dessus d'un nid de coucou (M. Forman)
Meilleur réalisateur
Milos Forman (*Vol au-dessus d'un nid de coucou*)
Meilleur acteur
Jack Nicholson (*Vol au-dessus d'un nid de coucou*, M. Forman)
Meilleure actrice
Louise Fletcher (*Vol au-dessus d'un nid de coucou*, M. Forman)

1976
Meilleur film
Rocky (J. G. Avildsen)
Meilleur réalisateur
John G. Avildsen (*Rocky*)
Meilleur acteur
Peter Finch (*Network*, S. Lumet)
Meilleure actrice
Faye Dunaway (*Network*, S. Lumet)

1977
Meilleur film
Annie Hall (W. Allen)
Meilleur réalisateur
Woody Allen (*Annie Hall*)
Meilleur acteur
Richard Dreyfuss (*Adieu, je reste*, H. Ross)
Meilleure actrice
Diane Keaton (*Annie Hall*, W. Allen)

1978
Meilleur film
Voyage au bout de l'enfer (M. Cimino)
Meilleur réalisateur
Michael Cimino (*Voyage au bout de l'enfer*)
Meilleur acteur
Jon Voight (*le Retour*, H. Ashby)
Meilleure actrice
Jane Fonda (*le Retour*, H. Ashby)

1979
Meilleur film
Kramer contre Kramer (R. Benton)
Meilleur réalisateur
Robert Benton (*Kramer contre Kramer*)
Meilleur acteur
Dustin Hoffman (*Kramer contre Kramer*, R. Benton)
Meilleure actrice
Sally Field (*Norma Rae*, M. Ritt)

1980
Meilleur film
Des gens comme les autres (R. Redford)
Meilleur réalisateur
Robert Redford (*Des gens comme les autres*)
Meilleur acteur
Robert De Niro (*Raging Bull*, M. Scorsese)
Meilleure actrice
Sissy Spacek (*Nashville Lady*, M. Apted)

1981
Meilleur film
Les Chariots de feu (H. Hudson)
Meilleur réalisateur
Warren Beatty (*Reds*)
Meilleur acteur
Henry Fonda (*la Maison du lac*, M. Rydell)
Meilleure actrice
Katharine Hepburn (*la Maison du lac*, M. Rydell)

1982
Meilleur film
Gandhi (R. Attenborough)
Meilleur réalisateur
Richard Attenborough (*Gandhi*)
Meilleur acteur
Ben Kingsley (*Gandhi*, R. Attenborough)
Meilleure actrice
Meryl Streep (*le Choix de Sophie*, A. J. Pakula)

1983
Meilleur film
Tendres passions (J. L. Brooks)
Meilleur réalisateur
James L. Brooks (*Tendres passions*)
Meilleur acteur
Robert Duvall (*Tender Mercies*, B. Beresford)
Meilleure actrice
Shirley MacLaine (*Tendres passions*, J. L. Brooks)

1984
Meilleur film
Amadeus (M. Forman)
Meilleur réalisateur
Milos Forman (*Amadeus*)
Meilleur acteur
F. Murray Abraham (*Amadeus*, M. Forman)
Meilleure actrice
Sally Field (*les Saisons du cœur*, R. Benton)

1985
Meilleur film
Out of Africa (S. Pollack)
Meilleur réalisateur
Sydney Pollack (*Out of Africa*)
Meilleur acteur
William Hurt (*le Baiser de la femme-araignée*, H. Babenco)
Meilleure actrice
Geraldine Page (*Mémoires du Texas*, P. Masterson)

1986
Meilleur film
Platoon (O. Stone)
Meilleur réalisateur
Oliver Stone (*Platoon*)
Meilleur acteur
Paul Newman (*la Couleur de l'argent*, M. Scorsese)
Meilleure actrice
Marlee Matlin (*les Enfants du silence*, R. Haines)

1987
Meilleur film
Le Dernier Empereur (B. Bertolucci)
Meilleur réalisateur
Bernardo Bertolucci (*le Dernier Empereur*)
Meilleur acteur
Michael Douglas (*Wall Street*, O. Stone)
Meilleure actrice
Cher (*Éclair de lune*, N. Jewison)

1988
Meilleur film
Rain Man (B. Levinson)
Meilleur réalisateur
Barry Levinson (*Rain Man*)
Meilleur acteur
Dustin Hoffman (*Rain Man*, B. Levinson)
Meilleure actrice
Jodie Foster (*les Accusés*, J. Kaplan)

1989
Meilleur film
Miss Daisy et son chauffeur (B. Beresford)
Meilleur réalisateur
Oliver Stone (*Né un 4 juillet*)
Meilleur acteur
Daniel Day-Lewis (*My Left Foot*, Jim Sheridan)
Meilleure actrice
Jessica Tandy (*Miss Daisy et son chauffeur*, B. Beresford)

1990
Meilleur film
Danse avec les loups (K. Costner)
Meilleur réalisateur
Kevin Costner (*Danse avec les loups*)
Meilleur acteur
Jeremy Irons (*le Mystère von Bullow*, B. Schroeder)
Meilleure actrice
Kathy Bates (*Misery*, R. Rainer)

1991
Meilleur film
Le Silence des agneaux (J. Demme)
Meilleur réalisateur
Jonathan Demme (*le Silence des agneaux*)
Meilleur acteur
Anthony Hopkins (*le Silence des agneaux*, J. Demme)
Meilleure actrice
Jodie Foster (*le Silence des agneaux*, J. Demme)

1992
Meilleur film
Impitoyable (C. Eastwood)
Meilleur réalisateur
Clint Eastwood (*Impitoyable*)
Meilleur acteur
Al Pacino (*le Temps d'un week-end*, M. Brest)
Meilleure actrice
Emma Thompson (*Retour à Howard's End*, J. Ivory)

1993
Meilleur film
La Liste de Schindler (S. Spielberg)
Meilleur réalisateur
Steven Spielberg (*la Liste de Schindler*)
Meilleur acteur
Tom Hanks (*Philadelphia*, J. Demme)
Meilleure actrice
Holly Hunter (*la Leçon de piano*, J. Campion)

1994
Meilleur film
Forrest Gump (R. Zemeckis)
Meilleur réalisateur
Robert Zemeckis (*Forrest Gump*)
Meilleur acteur
Tom Hanks (*Forrest Gump*, R. Zemeckis)
Meilleure actrice
Jessica Lange (*Blue Sky*, T. Richardson)

1995
Meilleur film
Braveheart (M. Gibson)
Meilleur réalisateur
Mel Gibson (*Braveheart*)
Meilleur acteur
Nicolas Cage (*Leaving Las Vegas*, M. Figgis)
Meilleure actrice
Susan Sarandon (*la Dernière Marche*, T. Robbins)

1996
Meilleur film
Le Patient anglais (A. Minghella)
Meilleur réalisateur
Anthony Minghella (*le Patient anglais*)
Meilleur acteur
Geoffrey Rush (*Shine*, Scott Hicks)
Meilleure actrice
Frances Mc Dormand (*Fargo*, J. Coen)

1997
Meilleur film *Titanic* (James Cameron)
Meilleur réalisateur James Cameron (*Titanic*)
Meilleur acteur Jack Nicholson (*Pour le pire et pour le meilleur*, J. L. Brooks)
Meilleure actrice Helen Hunt (*Pour le pire et pour le meilleur*, J. L. Brooks)

1998
Meilleur film *Shakespeare in Love* (J. Madden)
Meilleur acteur Roberto Benigni (*La vie est belle*)
Meilleure actrice Gwyneth Paltrow (*Shakespeare in Love*, J. Madden)

1999
Meilleur film *American Beauty* (S. Mendes)
Meilleur réalisateur Sam Mendes (*American Beauty*)
Meilleur acteur Kevin Spacey (*American Beauty*)
Meilleure actrice Hilary Swank (*Boys Don't Cry*, K. Peirce)

2000
Meilleur film *Gladiator* (R. Scott)
Meilleur réalisateur Steven Soderbergh (*Traffic*)
Meilleur acteur Russell Crowe (*Gladiator*)
Meilleure actrice Julia Roberts (*Erin Brockovich*, S. Soderbergh)

2001
Meilleur film *Un homme d'exception* (R. Howard)
Meilleur réalisateur Ron Howard (*Un homme d'exception*)
Meilleur acteur Denzel Washington (*Training Day*, A. Fuqua)
Meilleure actrice Halle Berry (*À l'ombre de la haine*)

2002
Meilleur film *Chicago* (R. Marshall)
Meilleur réalisateur Roman Polanski (*Le Pianiste*)
Meilleur acteur Adrien Brody (*Le Pianiste*, R. Polanski)
*Meilleure actrice*Nicole Kidman (*The Hours*, S. Daldry)

2003

Meilleur Film Le Seigneur des Anneaux : Le Retour du Roi (Peter Jackson)
Meilleur Réalisateur Peter Jackson (*Le Seigneur des Anneaux : Le Retour du Roi*)
Meilleur Acteur Sean Penn (*Mystic River*, Clint Eastwood)
Meilleure Actrice Charlize Theron (*Monster*, Patty Jenkins)

2004

Meilleur Film Million Dollar Baby (Clint Eastwood)
Meilleur Réalisateur Clint Eastwood (*Million Dollar Baby*)
Meilleur Acteur Jamie Foxx (*Ray*, Taylor Hackford)
Meilleure Actrice Hilary Swank (*Million Dollar Baby*, C. Eastwood)

2005

Meilleur Film Collision (Paul Haggis)
Meilleur Réalisateur Ang Lee (*Le Secret de Brokeback Mountain*)
Meilleur Acteur Philip Seymour Hoffman (*Truman Capote*, Bennett Miller)
Meilleure Actrice Reese Witherspoon (*Walk the Line*, James Mangold)

2006

Meilleur Film Les Infiltrés (Martin Scorcese)
Meilleur Réalisateur Martin Scorcese (*Les Infiltrés*)
Meilleur Acteur Forest Whitaker (*Le Dernier roi d'Ecosse*)
Meilleure Actrice Helen Mirren (*The Queen*)

2007

Meilleur Film No country for old men (Joel Coen et Ethan Coen)
Meilleur Réalisateur Joel Coen et Ethan Coen (*No country for old men*)
Meilleur Acteur Daniel Day-Lewis (*There will be Blood*)
Meilleure Actrice Marion Cotillard (*La Môme*)

Cannes

La dénomination Palme d'or a remplacé en 1955 celle de Grand Prix du Festival de Cannes.

1946

Prix spécial du jury
La Bataille du rail (R. Clément), FR
Prix d'interprétation masculine
Ray Milland (*le Poison*, B. Wilder)
Prix d'interprétation féminine
Michèle Morgan (*la Symphonie pastorale*, J. Delannoy)
Prix de la mise en scène
René Clément (*la Bataille du rail*)

1947

Prix divers
Jacques Becker – René Clément – Edward Dmytryk – Vincente Minnelli – Walt Disney

1949

Grand Prix
Le Troisième Homme (C. Reed), GB
Prix d'interprétation masculine
Edward G. Robinson (*la Maison des étrangers*, J. Mankiewicz)
Prix d'interprétation féminine
Isa Miranda (*Au-delà des grilles*, R. Clément)
Prix de la mise en scène
René Clément (*Au-delà des grilles*)

1951

Grands Prix
Miracle à Milan (V. De Sica), IT et *Mademoiselle Julie* (A. Sjöberg), SUE
Prix spécial du jury
Ève (J. Mankiewicz)
Prix d'interprétation masculine
Michael Redgrave (*l'Ombre d'un homme*, A. Asquith)
Prix d'interprétation féminine
Bette Davis (*Ève*, J. Mankiewicz)
Prix de la mise en scène
Luis Buñuel (*Los olvidados*)

1952

Grands Prix
Deux sous d'espoir (R. Castellani), IT et *Othello* (O. Welles), MAR
Prix spécial du jury
Nous sommes tous des assassins (A. Cayatte)
Prix d'interprétation masculine
Marlon Brando (*Viva Zapata*, E. Kazan)
Prix d'interprétation féminine
Lee Grant (*Histoire de détective*, W. Wyler)
Prix de la mise en scène
Christian-Jaque (*Fanfan la Tulipe*)

1953

Grand Prix
Le Salaire de la peur (H. -G. Clouzot), FR
Prix d'interprétation masculine
Charles Vanel (*le Salaire de la peur*, H. -G. Clouzot)
Prix d'interprétation féminine
Shirley Booth (*Reviens, petite Sheba*, Daniel Mann)

1954

Grand Prix
La Porte de l'enfer (T. Kinugasa), JAP
Prix spécial du jury
Monsieur Ripois (R. Clément)

1955

Palme d'or
Marty (Delbert Mann), US
Prix spécial du jury
Continent perdu (L. Bonzi, M. Craveri, E. Gras, F. Lavagnino, G. Moser)
Prix d'interprétation masculine
Spencer Tracy (*Un homme est passé*, J. Sturges) et l'ensemble des artistes du film *Une grande famille*, I. Kheifits
Prix de la mise en scène
Sergueï Vassiliev (*les Héros, Chipka*) et Jules Dassin (*Du rififi chez les hommes*)

1956

Palme d'or
Le Monde du silence (J. -Y. Cousteau), FR
Prix spécial du jury
Le Mystère Picasso (H. -G. Clouzot)
Prix d'interprétation féminine
Susan Hayward (*Une femme en enfer*, Daniel Mann)

1957

Palme d'or
La Loi du Seigneur (W. Wyler), US
Prix spécial du jury
Kanal (A. Wajda) et *le Septième Sceau* (I. Bergman)
Prix d'interprétation masculine
John Kitzmiller (*la Vallée de la paix*, F. Stiglic')
Prix d'interprétation féminine
Giulietta Masina (*les Nuits de Cabiria*, F. Fellini)
Prix de la mise en scène
Robert Bresson (*Un condamné à mort s'est échappé*)

1958

Palme d'or
Quand passent les cigognes (M. Kalatozov), URSS
Prix spécial du jury
Mon oncle (J. Tati)
Prix d'interprétation masculine
Paul Newman (*les Feux de l'été*, M. Ritt)
Prix d'interprétation féminine
Bibi Andersson, Eva Dahlbeck, Ingrid Thulin et Barbro Hior af-Ornas (*Au seuil de la vie*, I. Bergman)
Prix de la mise en scène
Ingmar Bergman (*Au seuil de la vie*)

1959

Palme d'or
Orfeu negro (Marcel Camus), FR
Prix spécial du jury
Étoiles (K. Wolf)
Prix d'interprétation masculine
Dean Stockwell, Bradford Dillman et Orson Welles (*le Génie du mal*, R. Fleischer)
Prix d'interprétation féminine
Simone Signoret (*les Chemins de la haute ville*, J. Clayton)
Prix de la mise en scène
François Truffaut (*les Quatre Cents Coups*)

1960

Palme d'or
La dolce vita (F. Fellini), IT
Prix d'interprétation féminine
Melina Mercouri (*Jamais le dimanche*, J. Dassin) et Jeanne Moreau (*Moderato cantabile*, P. Brook)

1961

Palmes d'or
Viridiana (L. Buñuel) et *Une aussi longue absence* (H. Colpi), FR
Prix spécial du jury
Mère Jeanne des Anges (J. Kawalerowicz)
Prix d'interprétation masculine
Anthony Perkins (*Aimez-vous Brahms ?*, A. Litvak)
Prix d'interprétation féminine
Sophia Loren (*La Ciociara*, V. De Sica)
Prix de la mise en scène
Youlia Solntseva (*Histoire des années de feu*)

1962

Palme d'or
La Parole donnée (A. Duarte), BR
Prix spécial du jury
Le Procès de Jeanne d'Arc (R. Bresson) et *l'Éclipse* (M. Antonioni)
Prix d'interprétation masculine
Ralph Richardson, Jason Robards Jr et Dean Stockwell (*Long Day's Journey Into Night*, S. Lumet) et Murray Melvin (*Un goût de miel*, T. Richardson)
Prix d'interprétation féminine
Katharine Hepburn (*Long Day's Journey Into Night*, S. Lumet) et Rita Tushingham (*Un goût de miel*, T. Richardson)

1963

Palme d'or
Le Guépard (L. Visconti), IT
Prix spécial du jury
Harakiri (M. Kobayashi) et *Un jour un chat* (V. Jasny)
Prix d'interprétation masculine
Richard Harris (*le Prix d'un homme*, L. Anderson)
Prix d'interprétation féminine
Marina Vlady (*le Lit conjugal*, M. Ferreri)

1964

Palme d'or
Les Parapluies de Cherbourg (J. Demy), FR
Prix spécial du jury
La Femme du sable (H. Teshigahara)
Prix d'interprétation masculine
Antal Pager (*l'Alouette*, L. Ranody) et Saro Urzi (*Séduite et abandonnée*, P. Germi)

Prix d'interprétation féminine
Anne Bancroft (*le Mangeur de citrouille*, J. Clayton) et Barbara Barrie (*One Potato Two Potatoes*, L. Peerce)

1965

Palme d'or
Le Knack... et comment l'avoir (R. Lester), GB
Prix spécial du jury
Kwaidan (M. Kobayashi)
Prix d'interprétation masculine
Terence Stamp (*l'Obsédé*, W. Wyler)
Prix d'interprétation féminine
Samantha Eggar (*l'Obsédé*, W. Wyler)
Prix de la mise en scène
Liviu Ciulei (*la Forêt des pendus*)

1966

Palmes d'or
Un homme et une femme (C. Lelouch), FR et *Ces messieurs dames* (P. Germi), IT
Prix spécial du jury
Alfie (L. Gilbert)
Prix d'interprétation masculine
Per Oscarsson (*la Faim*, H. Carlsen)
Prix d'interprétation féminine
Vanessa Redgrave (*Morgan*, K. Reisz)
Prix de la mise en scène
Sergueï Youtkevitch (*Lénine en Pologne*)

1967

Palme d'or
Blow Up (M. Antonioni), IT
Prix spécial du jury
Accident (J. Losey) et *J'ai même rencontré des tziganes heureux* (A. Petrovic)
Prix d'interprétation masculine
Odded Kotler (*Trois jours et un enfant*, U. Zohar)
Prix d'interprétation féminine
Pia Degermark (*Elvira Madigan*, B. Widerberg)
Prix de la mise en scène
Ferenc Kosa (*Dix mille soleils*)

1969

Palme d'or
If (L. Anderson), GB
Prix spécial du jury
Adalen 31 (B. Widerberg)
Prix d'interprétation masculine
Jean-Louis Trintignant (*Z*, Costa-Gravas)
Prix d'interprétation féminine
Vanessa Redgrave (*Isadora*, K. Reisz)
Prix de la mise en scène
Glauber Rocha (*Antonio das Mortes*) et Vojech Jasny (*Chronique morave*)

1970

Palme d'or
M. A. S. H. (R. Altman), US
Prix spécial du jury
Enquête sur un citoyen au-dessus de tout soupçon (E. Petri)
Prix d'interprétation masculine
Marcello Mastroianni (*Drame de la jalousie*, E. Scola)
Prix d'interprétation féminine
Ottavia Piccolo (*Metello, M. Bolognini*)
Prix de la mise en scène
John Boorman (*Leo the Last*)

1971

Palme d'or
Le Messager (J. Losey), GB
Prix spécial du jury
Taking Off (M. Forman)
Johnny Got His Gun (D. Trumbo)
Prix d'interprétation masculine
Riccardo Cucciolla (*Sacco et Vanzetti*, G. Montaldo)
Prix d'interprétation féminine
Kitty Winn (*Panique à Needle Park*, J. Schatzberg)

1972

Palmes d'or
La classe ouvrière va au paradis (E. Petri) et *l'Affaire Mattei* (F. Rosi), IT
Prix spécial du jury
Solaris (A. Tarkovski)
Prix d'interprétation masculine
Jean Yanne (*Nous ne vieillirons pas ensemble*, M. Pialat)
Prix d'interprétation féminine
Susannah York (*Images*, R. Altman)
Prix de la mise en scène
Miklós Jancsó (*Psaume rouge*)

1973

Palmes d'or
L'Épouvantail (J. Schatzberg), US et *la Méprise* (A. Bridges), GB
Prix spécial du jury
La Maman et la Putain (J. Eustache)
Prix d'interprétation masculine
Giancarlo Giannini (*Film d'amour et d'anarchie*, L. Wertmuller)
Prix d'interprétation féminine
Joanne Woodward (*De l'influence des rayons gamma sur le comportement des marguerites*, P. Newman)

1974

Palme d'or
Conversation secrète (F. F. Coppola), US
Prix spécial du jury
Les Mille et Une Nuits (P. P. Pasolini)
Prix d'interprétation masculine
Jack Nicholson (*la Dernière Corvée*, H. Ashby)
Prix d'intepréation féminine
Marie-José Nat (*les Violons du bal*, M. Drach)

1975

Palme d'or
Chronique des années de braise (M. Lakhdar Hamina), ALG
Prix spécial du jury
L'Énigme de Kaspar Hauser (W. Herzog)
Prix d'interprétation masculine
Vittorio Gassman (*Parfum de femme*, D. Risi)
Prix d'interprétation féminine
Valerie Perrine (*Lenny*, B. Fosse)
Prix de la mise en scène
Michel Brault (*les Ordres*) et Costa-Gavras (*Section spéciale*)

1976

Palme d'or
Taxi Driver (M. Scorsese), US
Prix spécial du jury
La Marquise d'O (É. Rohmer) et *Cria Cuervos* (C. Saura)
Prix d'interprétation masculine
José-Luis Gomez (*Pascual Duarte*, Ricardo Franco)
Prix d'interprétation féminine
Dominique Sanda (*l'Héritage*, M. Bolognini) et Mari Töröcsik (*Où êtes-vous, Madame Déry ?*, G. Maar)
Prix de la mise en scène
Ettore Scola (*Affreux, sales et méchants*)

1977

Palme d'or
Padre Padrone (P. et V. Taviani), IT
Prix d'interprétation masculine
Fernando Rey (*Elisa vida mia*, C. Saura)
Prix d'interprétation féminine
Shelley Duvall (*Trois femmes*, R. Altman) et Monique Mercure (*J. A. Martin photographe*, J. Beaudin)

1978

Palme d'or
L'Arbre aux sabots (E. Olmi), IT
Prix spécial du jury
Rêve de singe (M. Ferreri) et *le Cri du sorcier* (J. Skolimowski)
Prix d'interprétation masculine
Jon Voight (*le Retour*, H. Ashby)
Prix d'interprétation féminine
Jill Clayburgh (*Une femme libre*, P. Mazursky) et Isabelle Huppert (*Violette Nozière*, C. Chabrol)
Prix de la mise en scène
Nagisa Oshima (*l'Empire de la passion*)

1979

Palmes d'or
Le Tambour (V. Schlöndorff), RFA et *Apocalypse Now* (F. F. Coppola), US
Prix spécial du jury
Sibériade (A. Mikhalkov-Kontchalovski)
Prix d'interprétation masculine
Jack Lemmon (*le Syndrome chinois*, J. Bridges)
Prix d'interprétation féminine
Sally Field (*Norma Rae*, M. Ritt)
Prix de la mise en scène
Terence Malick (*les Moissons du ciel*)

1980

Palmes d'or
Kagemusha (A. Kurosawa), JAP et *All That Jazz* (*Que le spectacle commence*) [B. Fosse], US
Prix spécial du jury
Mon oncle d'Amérique (A. Resnais)
Prix d'interprétation masculine
Michel Piccoli (*le Saut dans le vide*, M. Bellocchio)
Prix d'interprétation féminine
Anouk Aimée (*le Saut dans le vide*, M. Bellocchio)
Prix divers :
Krzysztof Zanussi – Ettore Scola – Jean-Pierre Denis (Caméra d'or)

1981

Palme d'or
L'Homme de fer (A. Wajda), POL
Prix spécial du jury
Les Années lumière (A. Tanner)
Prix d'interprétation masculine
Ugo Tognazzi (*la Tragédie d'un homme ridicule*, B. Bertolucci)
Prix d'interprétation féminine
Isabelle Adjani (*Possession*, A. Zulawski et *Quartet*, J. Ivory)

1982

Palmes d'or
Yol (Y. Güney), TUR et *Missing* (Costa-Gavras), US
Prix spécial du jury
La Nuit de San Lorenzo (P. et V. Taviani)
Pris d'interprétation masculine
Jack Lemmon (*Missing*, Costa-Gavras)
Prix d'interprétation féminine
Jadwiga Jankowska-Cieslak (*Un autre regard*, K. Makk)
Prix de la mise en scène
Werner Herzog (*Fitzcarraldo*)

1983

Palme d'or
La Ballade de Nayarama (S. Imamura), JAP
Prix spécial du jury
Le Sens de la vie (Terry Jones [Monty Python])
Prix d'interprétation masculine
Gian Maria Volonté (*la Mort de Mario Ricci*, C. Goretta)
Prix d'interprétation féminine
Hanna Schygulla (*Histoire de Piera*, M. Ferreri)

1984
Palme d'or
Paris, Texas (W. Venders), US
Prix spécial du jury
Journal intime (M. Mészáros)
Prix d'interprétation masculine
Alfredo Landa et Francisco Rabal (*les Saints Innocents*, M. Camus)
Prix d'interprétation féminine
Helen Mirren (*Cal*, Pat O'Connor)
Prix de la mise en scène
Bertrand Tavernier (*Un dimanche à la campagne*)

1985
Palme d'or
Papa est en voyage d'affaires (E. Kusturica), YOUG
Prix spécial du jury
Birdy (A. Parker)
Prix d'interprétation masculine
William Hurt (*le Baiser de la femme-araignée*, H. Babenco)
Prix d'interprétation féminine
Norma Aleandro (*La historia oficial*, Luis Puenzo) et Cher (*Mask*, P. Bogdanovich)
Prix de la mise en scène
André Téchiné (*Rendez-vous*)

1986
Palme d'or
Mission (R. Joffé), GB
Prix spécial du jury
Le Sacrifice (A. Tarkovski)
Prix d'interprétation masculine
Michel Blanc (*Tenue de soirée*, Bertrand Blier) et Bob Hoskins (*Mona Lisa*, Neil Jordan)
Prix d'interprétation féminine
Barbara Sukowa (*Rosa Luxembourg*, M. von Trotta) et Fernanda Torres (*Parlez-moi d'amour*, A. Jabor)
Prix de la mise en scène
Martin Scorsese (*After Hours*)

1987
Palme d'or
Sous le soleil de Satan (M. Pialat), FR
Prix spécial du jury
Le Repentir (T. Abouladzé)
Prix d'interprétation masculine
Marcello Mastroianni (*les Yeux noirs*, N. Mikhalkov)
Prix d'interprétation féminine
Barbara Hershey (*le Bayou*, A. Konchalovski)
Prix de la mise en scène
Wim Wenders (*les Ailes du désir*)

1988
Palme d'or
Pelle le Conquérant (B. August), DAN
Prix spécial du jury
Un monde à part (C. Menges)
Prix d'interprétation masculine
Forest Whitaker (*Bird*, C. Eastwood)
Prix d'interprétation féminine
Barbara Hershey, Johdi May et Linda Mvusi (*Un monde à part*, C. Menges)
Prix de la mise en scène
Fernando Solanas (*le Sud*)

1989
Palme d'or
Sexe, mensonges et vidéo (Steven Soderbergh), US
Prix spécial du jury
Trop belle pour toi (Bertrand Blier) et *Cinéma Paradiso* (Giuseppe Tornatore)
Prix d'interprétation masculine
James Spader (*Sexe, mensonges et vidéo*, S. Soderbergh)
Prix d'interprétation féminine
Meryl Streep (*Un cri dans la nuit*, F. Schepisi)
Prix de la mise en scène
Emir Kusturica (*le Temps des gitans*)

1990
Palme d'or
Sailor et Lula (D. Lynch), US
Grand Prix du jury
Tilaï (Idrissa Ouedraogo) et *l'Aiguillon de la mort* (Kohei Oguri)
Prix d'interprétation masculine
Gérard Depardieu (*Cyrano de Bergerac*, J. -P. Rappeneau)
Prix d'interprétation féminine
Krzysztina Janda (*l'Interrogatoire*, R. Bugajski)
Prix de la mise en scène
Pavel Lounguine (*Taxi Blues*)

1991
Palme d'or
Barton Fink (J. et E. Coen), US
Grand Prix du jury
La Belle Noiseuse (J. Rivette)
Prix d'interprétation masculine
John Turturro (*Barton Fink*, J. et E. Coen)
Prix d'interprétation féminine
Irène Jacob (*la Double Vie de Véronique*, K. Kieslowski)
Prix de la mise en scène
Joel et Ethan Coen (*Barton Fink*)

1992
Palme d'or
Les Meilleures Intentions (B. August), DAN
Grand Prix du jury
Les Enfants volés (G. Amelio)
Prix d'interprétation masculine
Tim Robbins (*The Player*, R. Altman)
Prix d'interprétation féminine
Pernilla August (*les Meilleures Intentions*, B. August)
Prix de la mise en scène
Robert Altman (*The Player*)

1993
Palmes d'or
La Leçon de piano (J. Campion), AUSTR et *Adieu ma concubine* (C. Kaige), CHINE
Grand Prix du jury
Si loin, si proche (W. Wenders)
Prix d'interprétation masculine
David Thewlis (*Naked*, M. Leigh)
Prix d'interprétation féminine
Holly Hunter (*la Leçon de piano*, J. Campion)
Prix de la mise en scène
Mike Leigh (*Naked*)

1994
Palme d'or
Pulp Fiction (Q. Tarantino), US
Grands Prix Cannes 1994
Soleil trompeur (N. Mikhalkov) et *Vivre !* (Z. Yimou)
Prix d'interprétation masculine
Ge You (*Vivre !*, Z. Yimou)
Prix d'interprétation féminine
Virna Lisi (*la Reine Margot*, P. Chéreau)
Prix de la mise en scène
Nanni Moretti (*Journal intime*)

1995
Palme d'or
Underground (E. Kusturica), YOUG
Grand Prix Cannes 1995
Le Regard d'Ulysse (T. Angelopoulos)
Prix d'interprétation masculine
Jonathan Pryce (*Carrington*, C. Hampton)
Prix d'interprétation féminine
Helen Mirren (*la Folie du roi George*, N. Hytner)
Prix de la mise en scène
Mathieu Kassovitz (*la Haine*)

1996
Palme d'or
Secrets et mensonges (M. Leigh), GB
Grand Prix Cannes 1996
Breaking the Waves (L. von Trier)
Prix d'interprétation masculine
Daniel Auteuil et Pascal Duquenne (*Le Huitième Jour*, J. van Dormael)
Prix d'interprétation féminine
Brenda Blethyn (*Secrets et mensonges*, M. Leigh)
Prix de la mise en scène
Joel Coen (*Fargo*)

1997
Palmes d'or
Le Goût de la cerise (A. Kiarostami), IR et *l'Anguille* (S. Imamura), JAP
Grand Prix du jury
De beaux lendemains (A. Egoyan)
Prix d'interprétation masculine
Sean Penn (*She's so Lovely*, N. Cassavetes)
Prix d'interprétation féminine
Kathy Burke (*Ne pas avaler*, G. Oldman)
Prix de la mise en scène
Wong Kar Wai (*Happy Together*)

1998
Palme d'or
L'Éternité et un jour (T. Angelopoulos), GR
Grand Prix du jury
La vie est belle (R. Benigni)
Prix d'interprétation masculine
Peter Mullan (*My Name Is Joe*, K. Loach)
Prix d'interprétation féminine
Élodie Bouchez et Natacha Regnier (*la Vie rêvée des anges*, É. Zonca)
Prix de la mise en scène
John Boorman (*The General*)

1999
Palme d'or
Rosetta (J. -P. et L. Dardenne) FR et BEL
Grand Prix
L'Humanité (B. Dumont)
Prix de la mise en scène
Pedro Almodovar (*Tout sur ma mère*)
Prix d'interprétation féminine
Séverine Caneele (*L'Humanité*)
Émilie Dequenne (*Rosetta*)
Prix d'interprétation masculine
Emmanuel Schotte (*L'Humanité*)

2000
Palme d'or
Dancer in the Dark (Lars von Trier) DAN
Grand Prix
Devils On The Door Step (Guizi Lai Le) (W. Jiang)
Prix de la mise en scène
Edward Yang (*Yi Yi*)
Prix d'interprétation féminine
Björk (*Dancer in the Dark*)
Prix d'interprétation masculine
Tony Leung (*In the Mood for Love*, Wong Kar-Waï)

2001
Palme d'or
La Chambre du fils (N. Moretti) IT
Grand prix
La Pianiste (M. Haneke)
Prix de la mise en scène
Joel Coen (*The Barber, the Man who wasn't there*)
David Lynch (*Mulholland Drive*)
Prix d'interprétation féminine
Isabelle Huppert (*La Pianiste*)
Prix d'interprétation masculine
Benoît Magimel (*La Pianiste*)

2002
Palme d'or
Le Pianiste (R. Polanski) FR et GB
Grand Prix
L'homme sans passé (A. Kaurismäki)
Prix de la mise en scène
Paul Thomas Anderson (*Punch-Drunk Love*)
Im Kwon-Taek (*Ivre de femmes et de peinture*)
Prix du Jury
Intervention divine (E. Suleiman)
Prix du Scénario
Paul Laverty (*Sweet Sixteen*, K Loach)
Prix d'interprétation féminine
Kati Outinen (*L'Homme sans passé*)
Prix d'interprétation masculine
Olivier Gourmet (*Le Fils*, L. et J. -P. Dardenne)

2003
Palme d'or
Elephant (G. van Sant) US
Grand Prix
Uzak (N. B. Ceylan)
Prix de la mise en scène
Gus van Sant (*Elephant*)
Prix d'interprétation féminine
Marie-Josée Croze (*Les Invasions barbares*)
Prix d'interprétation masculine
Muzaffer Özdemir (*Uzak*)
Mehmet Emin Toprak (*Uzak*)

2004
Palme d'or
Fahrenheit 9/11 (M. Moore) US
Grand Prix
Old Boy (P. Chan-Wook)
Prix d'interprétation féminine
Maggie Cheung (*Clean*, O. Assayas)
Prix d'interprétation masculine
Yagira Yuuya (*Nobody Knows*, H. Kore-Eda)
Prix de la mise en scène
Tony Gatlif (*Exils*)
Prix du scénario
Agnès Jaoui (*Comme une image*)

2005
Palme d'or
L'Enfant (Jean-Pierre et Luc Dardenne) BEL
Grand Prix
Broken Flowers (Jim Jarmusch)
Prix d'interprétation féminine
Hanna Laslo (*Free Zone* d'Amos Gitaï)
Prix d'interprétation masculine
Tommy Lee Jones (*Trois Enterrements*)
Prix de la mise en scène
Michael Haneke (*Caché*)
Prix du scénario
Guillermo Arriaga (*Trois Enterrements*, Tommy Lee Jones)

2006
Palme d'or
Le vent se lève (Ken Loach) GB
Grand Prix
Flandres (Bruno Dumont)
Prix de la mise en scène
Flandres (Bruno Dumont)
Prix d'interprétation féminine
Penelope Cruz, Carmen Maura, Lola Duenas, Blanca Portillo, Yohanna Cobo et Chus Lampreave (*Volver*, P. Almodovar)
Prix d'interprétation masculine
Jamel Debbouze, Samy Naceri, Roschdy Zem, Sami Bouajila et Bernard Blancan (*Indigènes*, R. Bouchareb)
Prix du scénario
Volver (Pedro Almodovar)

2007
Palme d'or
4 mois,3 semaines et 2 jours (Cristian Mungiu) ROU
Grand Prix
La Forêt de Mogari (Naomi Kawase)
Prix de la mise en scène
Julian Schnabel (*Le Scaphandre et le papillon*)
Prix d'interprétation féminine
Jeon Do-Yeon (*Secret Sunshine*)
Prix d'interprétation masculine
Konstantin Lavronenko (*Le Bannissement*)
Prix du scénario
Fatih Akin *(De l'autre côté)*

Venise

1934
Meilleurs films
L'Homme d'Aran de R. Flaherty (coupe Mussolini pour le meilleur film étranger)
Teresa Confalonieri de G. Brignone (coupe Mussolini pour le meilleur film italien)
Meilleur acteur
Wallace Beery
Meilleure actrice
Katharine Hepburn

1935
Meilleurs films
Anna Karenine de C. Brown (coupe Mussolini film étranger)
Casta Diva de C. Gallone (coupe Mussolini film italien)
Meilleur acteur
Pierre Blanchar
Meilleure actrice
Paula Wassely

1936
Meilleurs films
L'Empereur de Californie de L. Trenker (coupe Mussolini film étranger)
L'Escadron blanc de A. Genina (coupe Mussolini film italien)
Meilleur acteur
Paul Muni
Meilleure actrice
Annabella

1937
Meilleurs films
Carnet de bal de J. Duvivier (coupe Mussolini film étranger)
Scipion l'Africain de C. Gallone (coupe Mussolini film italien)
Meilleur acteur
Emil Jannings
Meilleure actrice
Bette Davis

1938
Meilleurs films
Les Dieux du stade de L. Riefenstahl (coupe Mussolini film étranger)
Luciano Serra pilota de G. Alessandrini (coupe Mussolini film italien)
Meilleur acteur
Leslie Howard
Meilleure actrice
Norma Shearer

1939
Meilleur film
Abuna Messias de G. Alessandrini (coupe Mussolini film italien)
Meilleur acteur
(non décerné)
Meilleure actrice
(non décerné)

1940
Meilleurs films
Le Maître de poste de G. Ucicky (coupe Mussolini film étranger)
Le Siège de l'Alcazar de A. Genina (coupe Mussolini film italien)
Meilleur acteur
(non décerné)
Meilleure actrice
(non décerné)

1941
Meilleurs films
Le Président Krüger de H. Steinhoff (coupe Mussolini film étranger)
La Couronne de fer de A. Blasetti (coupe Mussolini film italien)
Meilleur acteur
Ermete Zacconi
Meilleure actrice
Luise Ullrich

1942
Meilleurs films
Le Grand Roi de V. Harlan (coupe Mussolini film étranger)
Bengasi de A. Genina (coupe Mussolini film italien)
Meilleur acteur
Fosco Giachetti
Meilleure actrice
Kristina Söderbaum

1947
Meilleur film
Sirena de K. Stekly (Grand Prix international de Venise)
Meilleur acteur
Pierre Fresnay
Meilleure actrice
Anna Magnani
Autres prix
La Perla de E. Fernandez (Prix international)
Quai des Orfèvres de H. -G. Clouzot (Prix international)

1948
Meilleur film
Hamlet de L. Olivier (Grand Prix international de Venise)
Meilleur acteur
Ernst Deutsch
Meilleure actrice
Jean Simmons
Autres prix
Dieu est mort de J. Ford (Prix international)
Louisiana Story de R. Flaherty (Prix international)
La terre tremble de L. Visconti (Prix international)

1949
Meilleur film
Manon de H. -G. Clouzot (Lion d'or)
Meilleur acteur
Joseph Cotten
Meilleure actrice
Olivia De Havilland
Autres prix
The Quiet One de S. Meyers (Prix international)
La Fosse aux serpents de A. Litvak (Prix international)
Ballade berlinoise de R. A. Stemmle (Prix international)

1950
Meilleur film
Justice est faite de A. Cayatte (Lion d'or)
Meilleur acteur
Sam Jaffe
Meilleure actrice
Eleanor Parker
Autres prix
Panique dans la rue de E. Kazan (Prix international)
Dieu a besoin des hommes de J. Delannoy (Prix international)
Sa Majesté M. Dupont de A. Blasetti (Prix international)

1951
Meilleur film
Rashomon de A. Kurosawa (Lion d'or)
Meilleur acteur
Jean Gabin
Meilleure actrice
Vivien Leigh
Autres prix
Un tramway nommé Désir de E. Kazan (Prix spécial du jury)
Le Journal d'un curé de campagne de R. Bresson (Prix international)
Le Fleuve de J. Renoir (Prix international)
Le Gouffre aux chimères de B. Wilder (Prix international)

1952
Meilleur film
Jeux interdits de R. Clément (Lion d'or)
Meilleur acteur
Fredric March
Meilleure actrice
(non décerné)
Autres prix
L'Homme tranquille de J. Ford (Prix international)
Europe 51 de R. Rossellini (Prix international)
La Vie de O'haru, femme galante de K. Mizoguchi (Prix international)

1953
Meilleur film
(non décerné)
Meilleur acteur
Henri Vilbert
Meilleure actrice
Lilli Palmer
Autres prix
Les Contes de la lune vague après la pluie de K. Mizoguchi (Lion d'argent)
Les Vitelloni de F. Fellini (Lion d'argent)
Le Petit Fugitif de M. Engel, R. Ashley, R. Orkin (Lion d'argent)
Moulin-Rouge de J. Huston (Lion d'argent)
Thérèse Raquin de M. Carné (Lion d'argent)
Sadko de A. Ptouchko (Lion d'argent)

1954
Meilleur film
Roméo et Juliette de R. Castellani (Lion d'or)
Meilleur acteur
Jean Gabin
Meilleure actrice
(non décerné)
Autres prix
Sur les quais de E. Kazan (Lion d'argent)
Les Sept Samouraïs de A. Kurosawa (Lion d'argent)
La strada de F. Fellini (Lion d'argent)
L'Intendant Sansho de K. Mizoguchi (Lion d'argent)

1955
Meilleur film
Ordet de C. Dreyer (Lion d'or)
Meilleurs acteurs
Curt Jürgens et Kenneth More
Meilleure actrice
(non décerné)
Autres prix
Femmes entre elles de M. Antonioni (Lion d'argent)
La Cigale de S. Samsonov (Lion d'argent)
Le Grand Couteau de R. Aldrich (Lion d'argent)
Ciske-ein Kind braucht Liebe de W. Staudte (Lion d'argent)

1956
Meilleur film
(non décerné)
Meilleur acteur
Bourvil
Meilleure actrice
Maria Schell

1957
Meilleur film
Aparajito de S. Ray (Lion d'or)
Meilleur acteur
Anthony Franciosa
Meilleure actrice
Dzidra Ritenbergs
Autre prix
Les Nuits blanches de L. Visconti (Lion d'argent)

1958
Meilleur film
Le Pousse-pousse de H. Inagaki (Lion d'or)
Meilleur acteur
Alec Guinness
Meilleure actrice
Sophia Loren
Autres prix
Les Amants de L. Malle (Prix spécial du jury)
Le Défi de F. Rosi (Prix spécial du jury)

1959
Meilleur film
Le Général Della Rovere de R. Rossellini (Lion d'or)
Meilleur acteur
James Stewart
Meilleure actrice
Madeleine Robinson
Autre prix
Le Visage de I. Bergman (Prix spécial du jury)

1960
Meilleur film
Le Passage du Rhin de A. Cayatte (Lion d'or)
Meilleur acteur
John Mills
Meilleure actrice
Shirley MacLaine
Autres prix
Rocco et ses frères de L. Visconti (Prix spécial du jury)
La Longue Nuit de 43 de F. Vancini (Prix de la première œuvre)

1961
Meilleur film
L'Année dernière à Marienbad de A. Resnais (Lion d'or)
Meilleur acteur
Toshiro Mifune
Meilleure actrice
Suzanne Flon
Autres prix
Paix à celui qui vient au monde de A. Alov et V. Naoumov (Prix spécial du jury)
Bandits à Orgosolo de V. De Seta (Prix de la première œuvre)

1962
Meilleurs films
Journal intime de V. Zurlini et *L'Enfance d'Ivan* de A. Tarkovski (Lion d'or)
Meilleur acteur
Burt Lancaster
Meilleure actrice
Emmanuelle Riva
Autres prix
Vivre sa vie de J. -L. Godard (Prix spécial du jury)
David et Lisa de F. Perry (Prix de la première œuvre)
Los inundados de F. Birri (Prix de la première œuvre)

1963
Meilleur film
Main basse sur la ville de F. Rosi (Lion d'or)
Meilleur acteur
Albert Finney
Meilleure actrice
Delphine Seyrig
Autres prix
Le Feu follet de L. Malle (Prix spécial du jury)
Entrée dans la vie de I. Talankine (Prix spécial du jury)
Un dimanche de septembre de J. Donner (Prix de la première œuvre)
Le Joli Mai de C. Marker (Prix de la première œuvre)

1964
Meilleur film
Le Désert rouge de M. Antonioni (Lion d'or)
Meilleur acteur
Tom Courtenay
Meilleure actrice
Harriet Andersson
Autres prix
L'Évangile selon saint-Matthieu de P. P. Pasolini (Prix spécial du jury)
Hamlet de G. Kozintsev (Prix spécial du jury)
La Vie à l'envers de A. Jessua (Prix de la première œuvre)

1965
Meilleur film
Sandra de L. Visconti (Lion d'or)
Meilleur acteur
Toshiro Mifune
Meilleure actrice
Annie Girardot
Autres prix
Simon du désert de L. Buñuel (Prix spécial du jury)
J'ai vingt ans de M. Khoutsiev (Prix spécial du jury)

1966
Meilleur film
La Bataille d'Alger de G. Pontecorvo (Lion d'or)
Meilleur acteur
Jacques Perrin
Meilleure actrice
Natalia Arinbasarova
Autres prix
Chappaqua de Conrad Rooks (Prix spécial du jury)
Anita G. de A. Kluge (Prix spécial du jury)

1967
Meilleur film
Belle de jour de L. Buñuel (Lion d'or)
Meilleur acteur
Ljubisa Samardsic
Meilleure actrice
Shirley Knight
Autres prix
La Chine est proche de M. Bellocchio (Prix spécial du jury)
La Chinoise de J. -L. Godard (Prix spécial du jury)
Les Repas de E. Reitz (Prix de la première œuvre)

1968
Meilleur film
Les artistes sous le chapiteau : perplexes de A. Kluge (Lion d'or)
Meilleur acteur
John Marley
Meilleure actrice
Laura Betti
Autres prix
Le Socrate de R. Lapoujade (Prix spécial du jury)
Notre-Dame des Turcs de C. Bene (Prix spécial du jury)

1980
Meilleurs films
Gloria de J. Cassavetes et *Atlantic City* de L. Malle (Lion d'or)
Meilleur acteur
(non décerné)
Meilleure actrice
(non décerné)
Autres prix
Alexandre le Grand de T. Angelopoulos (Lion d'or films expérimentaux)
Une journée bénie de P. Gothar (Lion d'or première œuvre)

1981
Meilleur film
Les Années de plomb de M. von Trotta (Lion d'or)
Meilleurs acteurs
Robert De Niro et Robert Duvall
Meilleures actrices
Jutta Lampe et Barbara Sukowa
Autres prix
Te souviens-tu de Dolly Bell ? de E. Kusturica (Lion d'or première œuvre)
Ils ne portaient pas de smoking de L. Hirszman (Prix spécial du jury)
Sogni d'oro de N. Moretti (Prix spécial du jury)

1982
Meilleur film
L'État des choses de W. Wenders (Lion d'or)
Meilleur acteur
Robert Powell
Meilleure actrice
Béatrice Romand
Autres prix
Le Goût de l'eau d'Orlaw Seunke (Lion d'or première œuvre)
Sciopen de Luciano Odorisio (Lion d'or première œuvre)
Impératif de K. Zanussi (Prix spécial du jury)

1983
Meilleur film
Prénom Carmen de J.-L. Godard (Lion d'or)
Meilleurs acteurs
Guy Boyd, George Dundza, David Alan Grier, Mitchell Lichtenstein, Matthew Modine, Michael Wright
Meilleure actrice
Darling Legitimus
Autres prix
Rue Case-Nègres de E. Palcy (Lion d'argent première œuvre)
Biquefarre de G. Rouquier (Grand Prix du jury)

1984
Meilleur film
L'Année du soleil calme de K. Zanussi (Lion d'or)
Meilleur acteur
Naseeruddin Shah
Meilleure actrice
Pascale Ogier

Autres prix
Les Favoris de la lune de O. Iosseliani (Prix spécial du jury)
Sonatine de Micheline Lanctôt (Lion d'argent première œuvre)

1985
Meilleur film
Sans toit ni loi de A. Varda (Lion d'or)
Meilleur acteur
Gérard Depardieu
Meilleure actrice
(non décerné)
Autres prix
Le Bateau-phare de J. Skolimowski (Lion d'argent)
Tangos, l'exil de Gardel de F. Solanas (Prix spécial du jury) *Dust* de M. Hänsel (Lion d'argent première œuvre)

1986
Meilleur film
Le Rayon vert de E. Rohmer (Lion d'or)
Meilleur acteur
Carlo Delle Plane
Meilleure actrice
Valeria Golino
Autres prix
La Colombe sauvage de Sergueï Soloviev (Prix spécial du jury)
Storia d'amore de F. Maselli (Prix spécial du jury)
La pelicula del rey de C. Sorin (Lion d'argent première œuvre)

1987
Meilleur film
Au revoir les enfants de L. Malle (Lion d'or)
Meilleurs acteurs
James Wilby et Hugh Grant
Meilleure actrice
Kang Soo Yeon
Autres prix
Longue vie à la signora de E. Olmi (Lion d'argent)
Maurice de J. Ivory (Lion d'argent)
Hip, Hip, Hurra! de K. Grede (Prix spécial du jury)

1988
Meilleur film
La Légende du saint buveur de E. Olmi (Lion d'or)
Meilleurs acteurs
Don Ameche et Joe Montegna
Meilleurs actrices
Isabelle Huppert et Shirley MacLaine
Autres prix
Paysage dans le brouillard de T. Angelopoulos (Lion d'argent)
Camp de Thiaroye de O. Sembène et *Thierno Faty Sow* (Prix spécial du jury)

1989
Meilleur film
La Cité des douleurs de Hou Hsiao-hsien (Lion d'or)
Meilleurs acteurs
Marcello Mastroianni et Massimo Troisi
Meilleures actrices
Peggy Ashcroft et Geraldine James
Autres prix
Souvenirs de la maison jaune de J. C. Monteiro (Lion d'argent)
La Mort du maître de thé de Kei Kumai (Lion d'argent)
Et la lumière fut de O. Iosseliani (Prix spécial du jury)

1990
Meilleur film
Rosencrantz et Guilderstern sont morts de Tom Stoppard (Lion d'or)
Meilleur acteur
Oleg Borisov
Meilleure actrice
Gloria Munchmeyer
Autres prix
Les Affranchis de M. Scorsese (Lion d'argent)
Sirup de Helle Ryslinge (Lion d'argent)
Un ange à ma table de J. Campion (Prix spécial du jury)

1991
Meilleur film
Urga de N. Mikhalkov (Lion d'or)
Meilleur acteur
River Phoenix
Meilleure actrice
Tilda Swinton
Autres prix
La Divine Comédie de M. De Oliveira (Prix spécial du jury)
The Fisher King de T. Gilliam (Lion d'argent)
J'entends plus la guitare de P. Garrel (Lion d'argent)
Épouses et concubines de Zhang Yimou (Lion d'argent)

1992
Meilleur film
Qiu Ju, une femme chinoise de Zhang Yimou (Lion d'or)
Meilleur acteur
Jack Lemmon
Meilleure actrice
Gong Li
Autres prix
Un cœur en hiver de C. Sautet (Lion d'argent)
Hôtel de luxe de D. Pita (Lion d'argent)
Jambon, jambon de Bigas Luna (Lion d'argent)
La Mort d'un mathématicien napolitain de M. Martone (Prix spécial du jury)

1993
Meilleurs films
Short Cuts de R. Altman et *Trois Couleurs : Bleu* de K. Kieslowski (Lion d'or)
Meilleur acteur
Fabrizio Bentivoglio
Meilleure actrice
Juliette Binoche
Autres prix
Bad Boy Bu de Rolf De Heer (Prix spécial du jury)
Kosh ba kosh de Bakhtiar Khoudoynazarov (Lion d'argent)

1994
Meilleurs films
Before the Rain de Milcho Manchevski et *Vive l'amour* de T'sai Ming-liang (Lion d'or)
Meilleur acteur
Xia Yu
Meilleure actrice
Maria de Medeiros
Autres prix
Créatures célestes de Peter Jackson (Lion d'argent)
Il toro de Carlo Mazzacurati (Lion d'argent)
Little Odessa de James Gray (Lion d'argent)

1995
Meilleur film
Cyclo de Tran Anh Hung
Meilleur acteur
Götz George
Meilleures actrices
Sandrine Bonnaire et Isabelle Huppert
Autres prix
La Comédie de Dieu de J. C. Monteiro (Prix spécial du jury)
Marchand de rêves de G. Tornatore (Prix spécial du jury)

1996
Meilleur film
Michael Collins de Neil Jordan
Meilleur acteur
Liam Nelson
Meilleure actrice
Victoire Thivisol
Autres prix
Brigands d'Otar Iosseliani (Prix spécial du jury)
Carla's Song de K. Loach
Carmin Profond de A. Ripstein

1997
Meilleur film
Hana-Bi de Takeshi Kitano
Meilleur acteur
Wesley Snipes
Meilleure actrice
Robin Tunney
Autres prix
Osovodo de Paolo Virzi (Prix spécial du jury)
Gilles Taraud et Anne Foukrine pour *Nettoyage à sec* (Prix du meilleur scénario)

1998
Meilleur film
Cosi ridevano de Gianni Amelio
Meilleur acteur
Sean Penn
Meilleure actrice
Catherine Deneuve
Prix spécial du jury
Terminus Paradis (Lucian Pintilie)

1999
Meilleur film
Pas un de moins (Zhang Yimou)
Meilleur acteur
Jim Broadbent
Meilleure actrice
Nathalie Baye
Grand Prix du jury
Le vent nous emportera (Abbas Kiarostami)

2000
Meilleur film
Le Cercle (Jafar Panahi)
Meilleur acteur
Javier Bardem
Meilleure actrice
Rose Byrne
Grand Prix du jury
Avant la nuit (Julian Schnabel)

2001
Meilleur film
Le Mariage des moussons de Mira Nair
Meilleur acteur
Luigi Lo Cascio (*Luce dei miei occhi*, Giuseppe Piccioni)
Meilleure actrice
Sandra Ceccarelli (*Luce dei miei occhi*, Giuseppe Piccioni)
Grand Prix du jury
Hundstage (Ulrich Seidl)

2002
Meilleur film
The Magdalene Sisters de Peter Mullan
Meilleur acteur
Stefano Accorsi (*Un viaggio chiamato amore* de Michele Placido)
Meilleure actrice
Julianne Moore (*Loin du paradis* de Todd Haynes)
Grand Prix du jury
La Maison de fous (Andrei Konchalovsky)

2003
Meilleur film
Le Retour d'Andrey Zvyagintsev
Meilleur acteur
Sean Penn (*21 Grammes* d'Alejandro Gonzalez Innaritu)
Meilleure actrice
Katja Riemann (*Rosenstrasse* de Margarethe von Trotta)
Grand Prix du jury
Le Cerf-volant (Randa Chahal Sabbag)

2004
Meilleur film
Vera Drake de Mike Leigh
Meilleur acteur
Javier Bardem (*Mar adentro*, Alejandro Amenabar)
Meilleure actrice
Imelda Staunton (*Le Secret de Vera Drake*, Mike Leigh)
Grand Prix du jury
Mar adentro (Alejandro Amenabar)

2005

Meilleur film
Le secret de Brokeback Mountain d'Ang Lee (Lion d'or)
Meilleur acteur
David Strathairn (*Good Night, and Good Luck*, Georges Clooney)
Meilleure actrice
Giovanna Mezzogiorno (*La Bestia nel cuore*, Cristina Comancini)
Autres prix
Mary d'Abel Ferrara (Lion d'argent - Grand Prix du Jury)
Les Amants réguliers de Philippe Garrel (Lion d'Argent - Prix de la mise en scène)

2006

Meilleur film
Still life de Jia Zhang Ke (Lion d'or)
Meilleur acteur
Ben Affleck (*Hollywoodland* d'Allen Coulter)
Meilleure actrice
Isild le Besco (*L'Intouchable* de Benoît Jacquot)
Autres prix
Cœurs d'Alain Resnais (Lion d'argent)
Daratt de Mahamat-Saleh Haroun (Prix spécial du Jury)

2007

Meilleur film
Lust,Caution de Ang Lee (Lion d'or)
Meilleur acteur
Brad Pitt (*L'assassinat de Jesse James*)
Meilleure actrice
Cate Blanchett (*I'm Not There*)
Autres prix
Redacted de Brian De Palma (Lion d'argent)
I'm Not There de Todd Haynes et *La graine et le mulet* de Abdellatif Kechiche (Grand Prix du jury ex-æquo)

Berlin

1951

Ours d'or
Quatre dans une jeep (L. Lindtberg)
Sans laisser d'adresse (J. -P. Le Chanois)
Justice est faite (A. Cayatte)
Cendrillon (prod. W. Disney)
Ours d'argent
Le Chemin de l'espérance (P. Germi)
L'espoir fait vivre (Leva pa « hoppet », Göran Gentele)
Les Contes d'Hoffmann (M. Powell, E. Pressburger)
Ours de bronze
L'Ombre d'un homme (A. Asquith)
La Mère du marié (*The Mating Season*, M. Leisen)
Destination Lune (I. Pichel)

1952

Ours d'or
Elle n'a dansé qu'un seul été (A. Mattsson)
Ours d'argent
Fanfan la Tulipe (Christian-Jaque)
Ours de bronze
Pleure, ô mon pays bien-aimé (Z. Korda)

1953

Ours d'or
Le Salaire de la peur (H. -G. Clouzot)
Ours d'argent
Magie verte (*Magia verde*, Gian Gaspare Napolitano)
Ours de bronze
Notre village (L. Lindtberg)

1954

Ours d'or
Chaussure à son pied (D. Lean)
Ours d'argent
Pain, amour et fantaisie (L. Comencini)
Ours de bronze
Le Défroqué (L. Joannon)

1955

Ours d'or
Les Rats (R. Siodmak)
Ours d'argent
Marcelino, pain et vin (L. Vajda)
Ours de bronze
Carmen Jones (O. Preminger)

1956

Ours d'or
Invitation à la danse (G. Kelly)
Ours d'argent
Richard III (L. Olivier)
Meilleure mise en scène
R. Aldrich
Meilleure actrice
E. Martinelli
Meilleur acteur
B. Lancaster

1957

Ours d'or
Douze Hommes en colère (S. Lumet)
Ours d'argent
Amanecer en Puerta Oscura (J. M. Forqué)
Meilleure mise en scène
M. Monicelli
Meilleure actrice
Y. Mitchell
Meilleur acteur
P. Infante
Meilleure musique
Ravi Shankar

1958

Ours d'or
Les Fraises sauvages (I. Bergman)
Ours d'argent
Do Ankhen Barah Haath (V. Shantaram)
Meilleure mise en scène
T. Imai
Meilleure actrice
A. Magnani
Meilleur acteur
S. Poitier

1959

Ours d'or
Les Cousins (C. Chabrol)
Meilleure mise en scène
A. Kurosawa
Meilleure actrice
S. MacLaine
Meilleur acteur
J. Gabin
Prix spécial d'interprétation
H. Mills

1960

Ours d'or
El Lazarillo de Tormes (César Ardavin)
Prix spécial
Les Jeux de l'amour (Ph. de Broca)
Meilleure mise en scène
J. -L. Godard
Meilleure actrice
Juliette Mayniel
Meilleur acteur
F. March

1961

Ours d'or
La Nuit (M. Antonioni)
Prix spécial
Une femme est une femme (J. -L. Godard) et *Mabu* (Dae Jin-Kiang)
Ours d'argent
Ève la joyeuse (F. Rademakers)
Meilleure mise en scène
B. Wicki
Meilleure actrice
A. Karina
Meilleur acteur
P. Finch

1962

Ours d'or
Un amour pas comme les autres (J. Schlesinger)
Meilleure mise en scène
F. Rosi
Meilleures actrices
Rita Gam et Viveca Lindfors
Meilleur acteur
J. Stewart
Prix spécial d'interprétation
Jon Young Sun (*Jusqu'au dernier jour* de Shin Sang Okk)

1963

Ours d'or
Histoire cruelle du Bushido (T. Imai) et *Il diavolo* (Gian Luigi Polidoro)
Prix spécial
The Caretaker (C. Donner)
Meilleure mise en scène
N. Kondouros
Meilleure actrice
B. Andersson
Meilleur acteur
S. Poitier

1964

Ours d'or
L'Été aride (M. Erksan)
Prix spécial
Les Fusils (R. Guerra)
Meilleure mise en scène
S. Ray
Meilleure actrice
S. Hidari
Meilleur acteur
R. Steiger

1965

Ours d'or
Alphaville (J. -L. Godard)
Prix spéciaux
Le Bonheur (A. Varda)
Répulsion (R. Polanski)
Meilleure mise en scène
S. Ray
Meilleure actrice
Madhur Jaffrey
Meilleur acteur
L. Marvin

1966

Ours d'or
Cul-de-sac (R. Polanski)
Prix spécial
La chasse au renard est fermée (P. Schamoni)
Meilleure mise en scène
C. Saura
Meilleure actrice
Lola Albright
Meilleur acteur
J. -P. Léaud
Prix spécial d'interprétation
Lars Passgard (Jakten d'Yngve Gamlin)
Mention spéciale
S. Ray

1967

Ours d'or
Le Départ (J. Skolimowski)
Prix spécial
La Collectionneuse (É. Rohmer)
Meilleure mise en scène
Z. Pavlovic
Meilleure actrice
E. Evans
Meilleur acteur
M. Simon
Meilleur scénario, prix spécial
Michael Lentz (*la Fleur de l'âge* de U. Schamoni)

1968

Ours d'or
Ole Dole Doff (J. Troell)
Prix spécial
Innocence sans protection (D. Makavejev) et *Come l'amore* (Enzo Muzii)
Prix spécial première œuvre
Signes de vie (W. Herzog)
Meilleure mise en scène
C. Saura
Meilleure actrice
S. Audran
Meilleur acteur
J. -L. Trintignant

1969

Ours d'or
Travaux précoces ([v]Z. [v]Zilnik)
Ours d'argent
Brasil, ano 2000 (W. Lima Jr)
Made in Sweden (Johan Bergenstrahle)
Ich bin ein Elefant, Madame (Peter Zadek)
Greetings (B. De Palma)
Un coin tranquille à la campagne (E. Petri)

1970
Pas de palmarès

1971
Ours d'or
Le Jardin des Finzi Contini (V. De Sica)
Prix spécial
Le Décaméron (P. P. Pasolini)
Meilleures actrices
S. MacLaine et S. Signoret
Meilleur acteur
J. Gabin
Meilleur scénario
Franck D. Gilroy
Meilleur chef opérateur
Ragnar Lasse-Henriksen

1972
Ours d'or
Les Contes de Canterbury (P. P. Pasolini)
Prix spécial
The Hospital (A. Hiller)
Meilleure mise en scène
Jean-Pierre Blanc
Meilleure actrice
E. Taylor
Meilleur acteur
A. Sordi
Prix spécial d'interprétation
P. Ustinov

1973
Ours d'or
Tonnerre lointain (S. Ray)
Prix spécial
Il n'y a pas de fumée sans feu (A. Cayatte)
Ours d'argent
Los siete locos (L. Torre-Nilsson)
Le Grand Blond avec une chaussure noire (Y. Robert)
Die Sachverständigen (Norbert Kückelmann)
Toute nudité sera châtiée (A. Jabor)
The Fourteen (D. Hemmings)

1974
Ours d'or
L'Apprentissage de Duddy Kravitz (T. Kotcheff)
Prix spécial
L'Horloger de Saint-Paul (B. Tavernier)
Ours d'argent
La Patagonie rebelle (H. Olivera)
Im Namen des Volkes (Ottokar Runze)
Little Malcolm (Stuart Cooper)
Nature morte (S. Shahid Saless)
Pain et chocolat (F. Brusati)

1975
Ours d'or
Adoption (M. Mészáros)
Prix spécial
Overlord (Stuart Cooper) et *Dupont Lajoie* (Y. Boisset)
Meilleure mise en scène
S. Soloviev
Meilleure actrice
K. Tanaka
Meilleur acteur
V. Brodsky
Ours d'argent
W. Allen

1976
Ours d'or
Buffalo Bill et les Indiens (R. Altman)
Prix spécial
Canoa (F. Cazals)
Meilleure mise en scène
M. Monicelli
Meilleure actrice
Jadwiga Bara[']nska
Meilleur acteur
Gerhard Olschewski
Meilleure première œuvre
Lászó Lugossy
Ours d'argent
P. Kimiavi

1977
Ours d'or
L'Ascension (L. Chepitko)
Prix spécial
Le Diable probablement (R. Bresson)
Ours d'argent
Los Albargent, (J. Fons) et *Un rôle étrange* (P. Sandor)
Meilleure mise en scène
M. Gutiérrez Aragon
Meilleure actrice
Lily Tiomkin
Meilleur acteur
F. Fernán Gteur

1978
Ours d'or
Las truchas (J. L. García Sáchez) et *Las palabras de Max* (Emilio Martinez Lázaro)
Prix spécial
La Chute (R. Guerra et Nelson Xavier)
Meilleure mise en scène
G. Djulgerov
Meilleure actrice
G. Rowlands
Meilleur acteur
Craig Russell
Meilleure première œuvre
Octavio Cortázar
Ours d'argent
J. Kawalerowicz

1979
Ours d'or
David (P. Lilienthal)
Prix spécial
Alexandrie... pourquoi ? (Y. Chahin)
Meilleure mise en scène
A. Henning-Jensen
Meilleure actrice
H. Schygulla
Meilleur acteur
M. Placido
Ours d'argent d'interprétation
Interprètes du film *le Mariage de Maria Braun* (R. W. Fassbinder)
Meilleur chef opérateur
Sten Holmberg
Meilleur décorateur
Henning von Gierke

1980
Ours d'or
Heartland (Richard Pearce) et *Palermo* (W. Schroeter)
Prix spécial
Pipicacadodo (M. Ferreri)
Meilleure mise en scène
I. Szabó
Meilleure actrice
Renate Krössner
Meilleur acteur
Andrzej Seweryn

1981
Ours d'or
Vivre vite ! (C. Saura)
Prix spécial
À la recherche de la famine (M. Sen)
Meilleur actrice
Barbara Grabowska
Meilleurs acteurs
J. Lemmon et A. Solonitsyne
Ours d'argent
Markus Imhoof (La barque est pleine)

1982
Ours d'or
Le Secret de Veronika Voss (R. W. Fassbinder)
Ours d'argent
Frissons (W. Marczewski)
Meilleure mise en scène
M. Monicelli
Meilleure actrice
Katrin Sass
Meilleurs acteurs
M. Piccoli et Stellan Skarsgaard
Meilleur scénario
Z. Fabri

1983
Ours d'or
Ascendancy (Edward Bennett) et *La colmena* (Mario Camus)
Prix spécial
Une saison à Hakkari (E. Kiral)
Meilleure mise en scène
É. Rohmer
Meilleure actrice
Evguenia Glouschenko
Meilleur acteur
B. Dern
Ours d'argent
Xaver Schwarzenberger

1984
Ours d'or
Love Streams (J. Cassavetes)
Prix spécial
Une sale petite guerre (H. Olivera)
Ours d'argent
E. Scola (le Bal)
Meilleure actrice
I. Tchourikova
Meilleur acteur
A. Finney
Ours d'argent
Morgen in Alabama (Norbert Kückelmann) et *Rembetiko* (Costas Ferris)

1985
Ours d'or
Wetherby (David Hare) et *la Femme et l'Étranger (Die Frau und der Fremde*, Rainer Simon)
Prix spécial
Fleurs de chimère (Szirmok, virágok, koszorúk, Laszló Lugososy)
Meilleure mise en scène
R. Benton
Meilleure actrice
Jo Kennedy
Meilleur acteur
F. Fernán Gteur
Ours d'argent
T. Okeev et Ronja, *la Fille du brigand* (Ronja rövardotter, Tage Danielsson)
Mention spéciale
Les Enfants (M. Duras)

1986
Ours d'or
Stammheim (R. Hauff)
Ours d'argent
La messe est finie (N. Moretti)
Meilleure mise en scène
G. Chenguelaïa
Meilleures actrices
Charlotte Vallandrey et Marcelia Cartaxo
Meilleur acteur
Tuncel Kurtiz

1987
Ours d'or
Le Thème (G. Panfilov)
Ours d'argent
Platoon (O. Stone)
Meilleure actrice
Ana Beatriz Nogueira
Meilleur acteur
G. M. Volonté

1988
Ours d'or
Le Sorgho rouge (Zhang Yimou)
Prix spécial
La Commissaire (Aledsandr Askoldov)
Meilleure mise en scène
N. Jewison
Meilleure actrice
H. Hunter
Meilleurs acteurs
Jörg Pose et Manfred Möck
Ours d'argent
La deuda interna (Miguel Pereira) et J. Zaorski

1989
Ours d'or
Rain Man (B. Levinson)
Ours d'argent
Les Cloches du soir (Wan zhong, Wu Ziniu)
Meilleure mise en scène
D. Hanak
Meilleure actrice
I. Adjani
Meilleur acteur
G. Hackman

Ours d'argent
Erik Bogosian (*Talk Radio*, O. Stone)
Mentions spéciales
L'Été d'Aviya (*Hakayitz shel Aviya*, Eli Cohen) et *la Bande des quatre* (J. Rivette)

1990

Ours d'or
Music Box (Costa-Gavras) et *Alouettes, le fil à la patte* (J. Menzel)
Ours d'argent
Une sale gamine /l'Enfant terrible (M. Verhoeven)
Prix spécial
Le syndrome asthénique (K. Mouratova)
Meilleure actrice
Jo Tandy
Meilleur acteur
Morgan Freeman
Ours d'argent
Iain Glen (*Silent Scream*, David Hayman) et Xie Fei

1991

Ours d'or
La Maison du sourire (M. Ferreri)
Ours d'argent
La condanna (M. Bellocchio) et *Satana* (Viktor Aristov)
Meilleures mises en scène
Ricky Tognazzi et Jonathan Demme
Meilleure actrice
V. Abril
Meilleur acteur
Maynard Eziashi
Ours d'argent d'interprétation
K. Costner
Mentions spéciales
Le Petit Criminel (J. Doillon)
Les Dents du serpent (M. Kimiai)
Li Lianying, eunuque de l'Empereur (Tian Zhuangzhuang)

1992

Ours d'or
Grand Canyon (L. Kasdan)
Ours d'argent
Chère Emma (I. Szabma)
Meilleure mise en scène
J. Troell
Meilleure actrice
Maggie Cheung
Meilleur acteur
A. Mueller-Stahl
Meilleure première œuvre
La frontera (Ricardo Larrain)
Ours d'argent
Beltenebros (P. Miro)

1993

Ours d'or
La Femme du lac des âmes parfumées (Xian hunnü, Xie Fei) et *Garçon d'honneur* (Hsi yen, Ang Lee)
Prix spécial
Arizona Dream (E. Kusturica)
Ours d'argent
Samba Traore (I. Ouedraogo) et *le Soleil des insomniaques* (Uozinarta mse, Timour Bablouani)
Meilleure mise en scène
Andrew Birkin
Meilleure actrice
Michelle Pfeiffer
Meilleur acteur
Denzel Washington

1994

Ours d'or
Au nom du père (J. Sheridan)
Prix spécial
Fresa y chocolate (T. Gutiérrez Alea et J. C. Tabio)
Meilleure mise en scène
K. Kieslowski
Meilleure actrice
Crissy Rock
Meilleur acteur
T. Hanks
Ours d'argent
L'Année du chien (God sobaki, Semion Aranovich) et A. Resnais

1995

Ours d'or
L'Appât (B. Tavernier)
Prix spécial
Smoke (W. Wang)
Meilleure actrice
Josephine Siao
Meilleur acteur
Paul Newman
Meilleur scénario
Richard Linklater
Meilleurs décors
Rouge (Hongfen, Li Shaohong)
Ours d'argent
Pièce pour un passager (V. Abdrachitov)

1996

Ours d'or
Raison et sentiments (*Sense and Sensibility*, Ang Lee)
Prix spécial
La Beauté des choses (Bo Widerberg)
Ours d'argent
Le soleil a des oreilles (Yim Ho) et *Richard III* (Richard Loncraine)
Meilleure actrice
Anouk Grinberg
Meilleur acteur
Sean Penn

1997

Ours d'or
Larry Flynt (Milos Forman)
Prix spécial du Jury
La Rivière (Tsai Mong-Liang)
Ours d'argent
Eric Heuman (*Port Djema*)
Raoul Ruiz (*Généalogies d'un crime*)
Meilleure actrice
Juliette Binoche
Meilleur acteur
Leonardo Di Caprio

1998

Ours d'or
Central do Brasil (Walter Salles)
Prix spécial du jury
Wag the Dog (de Barry Levinson)
Meilleure actrice
Fernanda Montenegro
Meilleur acteur
Samuel L. Jackson
Ours d'argent
Neil Jordan (*The Buthcher Boy*)
Alain Resnais (*On connaît la chanson*)

1999

Ours d'or
La Ligne rouge (Terence Malick)
Meilleures actrices
Juliane Köhler et Maria Schrader
Meilleur acteur
Michael Gwisdeck
Ours d'argent
The Hi-Lo Country (Stephen Frears)
Mifune (Soeren Kragh-Jacobsen)
eXistenZ (David Cronenberg)

2000

Ours d'or
Magnolia (Paul Thomas Anderson)
Meilleures actrices
Bibiana Begalu et Nadja Uhl
Meilleur acteur
Denzel Washington
Ours d'argent
The Road Home (Zhang Yimou)
Man on the Moon (Milos Forman)
The Million Dollar Hotel (Wim Wenders)

2001

Ours d'or
Intimité (Patrice Chéreau)
Grand Prix du jury
Beijing Bicycle (Wang Xiaoshuai)
Meilleure actrice
Kerry Fox
Meilleur acteur
Benicio Del Toro
Ours d'argent
Italian for Beginners (Lone Scherfig)
Betelnut Beauty (Lin Chang-Sheng)

2002

Ours d'or
Le Voyage de Chihiro (Hayao Miyazaki) et *Bloody Sunday* (Paul Greengrass)
Grand Prix du jury
Grill Point (Andreas Dresen)
Meilleure actrice
Halle Berry (*À l'ombre de la haine*, Marc Forster)
Meilleur acteur
Jacques Gamblin (*Laissez-passer*, Bertrand Tarvernier)

2003

Ours d'or
In This World (Michael Winterbottom)
Grand Prix du jury
Adaptation (Spike Jonze)
Meilleures actrices
Nicole Kidman, Julianne Moore et Meryl Streep (*The Hours*, Stephen Daldry)
Meilleur acteur
Sam Rockwell (*Confessions d'un homme dangereux*, George Clooney)

2004

Ours d'or
Head-On (Fatih Akin)
Grand Prix du jury
Le Fils d'Elias (Daniel Burman)
Meilleures actrices
Charlize Theron (*Monster*, Patty Jenkins) et Catalina Sandino Moreno (*Maria pleine de grâce*, Joshua Marston)
Meilleur acteur
Daniel Hendler (*Le Fils d'Elias*, Daniel Burman)

2005

Ours d'or
U-Carmen e-Khayelithsa (Mark Dornford-May)
Grand Prix du jury
Le Paon (Changwei Gu)
Meilleure actrice
Julia Jentsch (*Sophie Scholl, Les Derniers Jours*, Marc Rothemund)
Meilleur acteur
Lou Taylor Pucci (*Tumbsucker*, Mike Mills)

2006

Ours d'or
Grbavica (Jasmila Zbanic)
Ours d'argent – Grand Prix du Jury
En Soap (Pernille Fischer) et *Offside* (Jafar Panahi)
Ours d'argent du meilleur réalisateur
Michael Winterbottom et Matt Whitecross *(The Road To Guantanamo)*
Meilleure actrice
Sandra Hüller (*Requiem*, H.-C. Schmid)
Meilleur acteur
Moritz Bleibtreu (*Particules élémentaires*, O. Roehler)

2007

Ours d'or
Tuya's marriage (Wang Quan An)
Ours d'argent – Grand Prix du Jury
El Otro (Ariel Rotter)
Ours d'argent du meilleur réalisateur
Joseph Cedar (*Beaufort*)
Meilleure actrice
Nina Hoss (*Yella*)
Meilleur acteur
Julio Chavez (*El Otro*)

2008

Ours d'or
Tropa De Elite (José Padilha)
Ours d'argent – Grand Prix du Jury
Standard Operation Procedure (Errol Morris)
Ours d'argent du meilleur réalisateur
Paul Thomas Anderson (*There Will be Blood*)
Meilleure actrice
Sally Hawkins (*Happy-Go-Lucky*)
Meilleur acteur
Reza Najie (*The Song of Sparrows*)

Glossaire

Accessoiriste
Il veille à la présence sur le tournage de tous les objets servant à l'action et complétant le décor, en particulier les accessoires manipulés, consommés, touchés ou tout simplement regardés par les acteurs.

Adaptation
Travail littéraire, ou bien document résultant de ce travail, dans lequel le scénario est adapté aux spécificités du cinéma ou à celles du film envisagé.

Agent
Personne chargée de gérer, d'administrer pour le compte d'autrui.

Animation
Technique consistant à filmer image par image des dessins, des marionnettes, etc., que leur projection à 24 images par seconde fera paraître animés.
Animation 2 et 3D : On qualifie de 2D l'animation traditionnelle en deux dimensions. La puissance des ordinateurs a permis de calculer et d'animer dans l'espace des images en volume ou trois dimensions.

Arrangement (musical)
Transformation d'une œuvre écrite pour certaines voix, certains instruments ou ensembles en vue de son exécution par des voix, instruments ou ensembles différents.

Art et essai
Cette appellation s'applique en France à ce qu'on peut considérer comme la partie la plus culturelle du cinéma, et, au-delà de la qualité, la « niche » de la recherche et de l'innovation en matière de cinéma. C'est devenu un label qui s'applique aux salles de cinéma et qui déclenche une aide de l'État.

Assistant
Personne chargée d'assister un technicien : assistant-réalisateur, assistant-opérateur, assistant-monteur.
Premier assistant-réalisateur, ou *premier assistant*, technicien chargé de la préparation matérielle du tournage.

Attaché de presse
Personne chargée d'assurer les relations avec les médias.

Auditorium
Studio insonorisé et traité acoustiquement, destiné soit à l'enregistrement (voix, bruitages, musiques), soit au mixage des bandes son des films ou programmes audiovisuels.

Banc-titre
Ensemble constitué d'une table mobile, dans son plan, selon deux axes perpendiculaires, sur laquelle sont placés les documents à tourner, et d'un support de caméra qui peut s'éloigner ou se rapprocher, selon un troisième axe fixe, perpendiculaire à ceux de la table.

Bande annonce ou film annonce
Film très court qui fait partie du « matériel publicitaire normal » accompagnant un long métrage.

Bande sonore ou Bande-son
Support matériel sur lequel sont enregistrés les éléments sonores d'un film.

Blockbuster
Long-métrage, souvent de divertissement pur, réalisé avec un budget très important et qui doit faire un maximum d'entrées afin de le rentabiliser.

Bobine
Pièce de révolution, constituée d'un noyau cylindrique et de deux flasques circulaires (fixes ou démontables), sur laquelle on enroule des films.
Par extension, le fragment d'une copie d'exploitation qui résulte du fractionnement de cette copie en parties susceptibles de prendre place sur une bobine de capacité standardisée (autrefois 300 m, aujourd'hui 600 m).

Bout d'essai
Pour juger à l'écran de l'aptitude d'un comédien ou d'une comédienne à interpréter tel rôle d'un film en préparation, on filme parfois un bout d'essai de quelques minutes, généralement en leur faisant jouer une scène caractéristique du film.
On tourne également des bouts d'essai à des fins plus techniques, pour juger de la qualité du matériel utilisé.

Box-office
Cette expression qui désigne d'abord en anglais le guichet où l'on vend les billets, puis par extension les recettes d'un film ou d'un spectacle, est devenue le synonyme de palmarès des valeurs commerciales.

Bruiteur
Spécialiste de la reconstitution artificielle des bruits qui accompagnent l'action d'un film.

Cadence
Vitesse de défilement du film, exprimée en images par seconde. La cadence de prise de vue est de 24 images / seconde.

Cadrage
Plan général (ou plan d'ensemble) montre tout le décor.
Plan demi-ensemble montre une partie du décor.
Plan moyen montre un ou plusieurs personnages en pied.
Plan américain les acteurs sont cadrés à mi-cuisse.
Plan rapproché les acteurs sont cadrés à hauteur de la taille ou de la poitrine.
Gros plan isole un visage ou un objet.
Très gros plan isole un détail.
Angle plat ou normal Vision frontale, où l'angle est parallèle à un sol horizontal.
Cadrage penché, dit aussi cassé
combinaison d'une contre-plongée et d'une plongée.

Cadre
Limite de l'espace visuel enregistré sur le film.

Cadreur
Technicien chargé du maniement d'une caméra et de la détermination du champ de prises de vues pour composer l'image (opérateur de prises de vues, caméraman).

Caméra
Appareil servant à l'enregistrement des mouvements dont les éléments essentiels sont l'objectif, l'obturateur, le couloir et le mécanisme d'entraînement intermittent du film.

Caméraman (pl : cameramans ou cameramen)
cf *cadreur*.

Carton, intertitre
Nom donné à l'élément qui sera filmé, par exemple lorsqu'on traduit le générique d'un film étranger, pour changer de version.

Casting
Mot anglais signifiant distribution des rôles. Cette activité consiste à rechercher des acteurs (principaux, secondaires ou figurants) adaptés aux personnages.

Champ
Partie de l'espace embrassé par l'objectif de la caméra.

Chef machiniste
cf *machiniste*.

Chef opérateur
Syn. de ***directeur de la photographie***.

Chef opérateur du son
Technicien responsable de la prise du son.

Cinéaste
Syn. littéraire de ***réalisateur***. Ce terme a désigné autrefois toute personne consacrant son activité au cinéma en tant qu'art : scénariste, réalisateur, techniciens du tournage, etc., et même les auteurs d'ouvrages traitant de l'esthétique du cinéma. De nos jours, ce terme tend à remplacer celui de metteur en scène ou de réalisateur, trop restrictif sans doute pour désigner celui qui prend en charge le tournage d'un film et dont la compétence ne saurait se limiter à la seule mise en scène.

CinémaScope
Procédé cinématographique de projection sur un écran large par rétablissement de l'image préalablement déformée à la prise de vues.

Cinémathèque
Organisme chargé de conserver et d'entretenir un patrimoine cinématographique et de promouvoir la culture cinématographique.

Cinématographe
Du grec ***kinéma*** (mouvement) et graphein (écrire) ;
1. Appareil d'enregistrement et de projection sur un écran de vues animées. 2. Art de composer des films ; cinéma.

Clap
D'après l'anglais ***clappers*** ou ***clapsticks***, syn. de claquette. Instrument formé de deux plaquettes de bois surmontées d'un tableau où sont notées les références de la prise. En faisant claquer les plaquettes devant la caméra, on obtient un repère visuel et sonore pour la synchronisation ultérieure du son et de l'image.

Climax
Scène ou mouvement le plus intense dans un récit, un scénario.

Complexe multisalles
Formule consistant à implanter plusieurs salles en un lieu unique, par découpage d'un ancien cinéma de vastes dimensions ou par construction. Cette formule apparue au milieu des années 1960, devint la formule privilégiée de rénovation du parc de salles. Pour distinguer le complexe devenu traditionnel des nouveaux de plus grande envergure, on parle alors de multiplexes, voire mégaplexes lorsqu'ils dépassent vingt écrans.

Collure
Endroit où deux fragments de film ont été réunis par collage. Par extension, synonyme usuel de collage.

Contre-champ
Direction de la caméra où l'orientation de celle-ci est opposée à son orientation dans le plan précédent.

Contre-plongée
Prise de vue effectuée avec l'axe de la caméra dirigé vers le haut.

Coupe franche
Changement de plan où l'on passe sans transition d'un plan à un autre.

Colorisation
Mise en couleurs, par un procédé électronique, des images en noir et blanc d'un film.

Copies
Le spectateur des salles de cinéma assiste à la projection d'une copie, établie en laboratoire par tirage à partir d'élément négatif. Les copies projetées dans les salles sont appelées copies d'exploitation ou copies standard.

Coproduction
Film produit par plusieurs producteurs.

Copyright
Droit que se réserve un auteur ou son cessionnaire pour protéger l'exploitation, pendant un certain nombre d'années, d'une œuvre littéraire, artistique ou scientifique.

Couche sensible
Couche d'un film où sont incorporés les éléments sensibles à la lumière. C'est au sein de la ***couche sensible*** (sous-entendu : à la lumière) que l'image se forme. La couche sensible constitue la partie « active » de la pellicule, par opposition au support, dont la seule fonction est d'assurer la tenue mécanique du film.

Critique
Au cinéma, personne qui étudie et analyse des films pour les expliquer et les apprécier. Le critique de cinéma est apparu tout naturellement dans les journaux et les revues où l'on trouvait déjà des critiques d'œuvres artistiques. L'écrivain et dramaturge Riciotto Canudo fut un des précurseurs dans les années 1910, affirmant bien haut la spécificité du cinéma. L'âge d'or de la critique de cinéma en France fut sans doute les années 1950 avec la fondation par Jacques Doniol-Valcroze, Lo Duca et André Bazin, de la revue historique en 1951 ***Les Cahiers du cinéma***.

Décorateur
L'architecte-décorateur conçoit les décors conformément aux souhaits du réalisateur et en liaison avec le chef-opérateur, et fait procéder à leur construction, confiée aux menuisiers, peintres, staffeurs, etc.

Découpage
Document écrit dans lequel le récit est fragmenté en plans numérotés, et qui donne les repères dramatiques (sonores et visuels) du film à tourner. ***Découpage technique***, document portant des indications techniques (sur les cadrages, les mouvements d'appareils, les effets spéciaux, etc.) plus élaborées que dans un découpage.

Dépôt légal
Son objectif est de collecter et conserver le patrimoine national, de constituer un catalogue de l'ensemble des dépôts légaux et de permettre l'accès à la mémoire collective par la mise à disposition des documents. Il est institué en France depuis la loi du 20 juin 1943 mais est entré réellement en vigueur depuis le 23 mai 1977.

Dialoguiste
Auteur des dialogues.

Directeur de la photographie
(anciennement ***chef-opérateur***)
Technicien responsable de la prise de vues.

Directeur de production
Technicien chargé de la gestion du film, depuis la phase de préparation jusqu'à la première copie projetable, en passant par le tournage où il est présent en permanence.

Distributeur
Personne ou entreprise à qui le producteur confie le soin de placer son film auprès des salles, et dont le rôle s'élargit souvent à celui de financier, au moins partiel, du film.

Doublage
Remplacement de la bande sonore originale d'un film par une autre bande, qui donne les dialogues dans une autre langue tout en s'efforçant de respecter les mouvements de lèvres des acteurs.

Doublure
Personne offrant une ressemblance satisfaisante avec un acteur et qui remplace celui-ci pour diverses activités où la présence de l'acteur n'est pas indispensable : réglage de l'éclairage avant une prise de vues, prise de vues où le personnage n'est vu qu'en amorce ou en silhouette, etc.

DV (*digital video*)
Appareil d'enregistrement vidéo transformant les signaux lumineux reçus à travers l'objectif en signaux électroniques de type digital, c'est-à-dire en les codant selon un mode binaire.

Effets spéciaux
Techniques et procédés qui permettent de manipuler l'apparence de l'image ou du son.
Surimpression 1. impression de deux ou plusieurs images sur le même fragment de pellicule.
2. Truquage obtenu par superposition de deux prises de vues, employé par exemple pour faire apparaître les « fantômes ».
Truquage numérique et images de synthèse Techniques de post-production qui permettent de modifier le contenu d'une image par des moyens informatiques en vue de les reporter sur film pour les réintégrer au négatif monté.

Enregistrement
Une des dernières étapes de la post-production qui se déroule dans l'auditorium. En même temps que l'on projette un film, on enregistre certains bruitages, puis la musique, avant de procéder au mixage.

Executive producer
Aux États-Unis, à l'époque des grandes compagnies, l'***executive producer***, employé de haut rang de la compagnie, supervisait la production de plusieurs films, chacun de ceux-ci étant à la charge d'un ***producer***, équivalent du ***producteur délégué*** en France.

Exploitant
Personne physique ou morale qui exploite une salle de spectacle cinématographique.

Figurant
Acteur, actrice qui a un rôle peu important, généralement muet, dans un film. S'il a une ou plusieurs répliques, il fait de la figuration intelligente.

Final cut
Alors que producteur et réalisateur se disputent souvent le montage définitif d'un film, le final cut correspond au montage final avant la sortie en salle.

Format
Rapport des dimensions des images soit projetées à l'écran, soit enregistrées par la caméra.
Format de films Il est généralement défini par la largeur du film, exprimée en millimètres. Aujourd'hui, la majorité des films 35 mm récents est cadrée pour être au format 1,85 x 1 (l'image projetée à l'écran est 1,85 fois plus large que haute).

Grue
Appareil permettant le déplacement vertical important de la caméra pendant la prise de vues (pour les mouvements verticaux de faible amplitude, on emploie des appareils de type Dolly.)

Hors-champ
Hors du champ de la caméra. Expression préconisée en remplacement de voix ou de son off (son dont la source n'est pas visible à l'écran).

Ingénieur du son
Ancienne dénomination, encore couramment employée, du ***chef opérateur du son***.

Liaisons
Plan 1. Suite continue d'images enregistrées par la caméra au cours d'une même prise.
2. Façon de cadrer la scène filmée.
Séquence Suite de plans formant un sous-ensemble lorsque l'on analyse la construction d'un film.
Plan-séquence Plan obtenu en filmant toute une séquence en un seul plan.
Avant-plan Premier-plan.

Machiniste, machino
Technicien de plateau, chargé de la manutention et de l'installation du matériel de prise de vues ainsi que de la manœuvre des chariots de travelling.

Making-of
Reportage réalisé sur le tournage et les coulisses de la production d'un film. Ce genre de documentaire est de plus en plus utilisé à des fins promotionnelles, à la télévision mais surtout dans les compléments des DVD.

Metteur en scène
cf. ***cinéaste***.

Mixage
Opération qui consiste à mélanger ensemble les différents sons enregistrés sur un grand nombre de pistes distinctes lors du montage son.

Montage
Phase de la fabrication d'un film où sont assemblés et agencés les images et les sons du film. Jusqu'au milieu des années 1980, le montage des films se pratiquait uniquement en assemblant des éléments de films ou de bandes magnétiques perforées. Cette technique est aujourd'hui qualifiée de montage traditionnel. L'évolution des techniques a permis d'informatiser les techniques du montage en enregistrant, en numérique, les images et les sons à monter sur des supports informatiques et de gérer ces différents éléments uniquement par leurs adresses (début et fin de séquence). Cette technique a été appelée montage virtuel.

Montage son
À la différence de l'image, il existe plusieurs bandes-son (bandes-paroles, effets, musique) qu'il faut mixer. Ce montage consiste à régler le niveau, la tonalité et l'écho avant de parvenir au son définitif.

Mouvements d'appareil
Travelling Mouvement de la caméra pour se rapprocher, s'éloigner, suivre, contourner (***travelling*** circulaire), « balayer » (panoramique) un plan.
Panoramique Mouvement de la caméra où cette dernière tourne autour d'un axe ; le plus fréquent est le panoramique horizontal, destiné à « balayer » le paysage ou à suivre les mouvements d'un acteur ou d'un véhicule.

Objectifs
Élément constitué d'une association de lentilles dans un support, appelé monture, permettant de former une image nette d'un sujet dans un plan donné (objectif de prises de vues) ou de projeter une image convenablement éclairée sur un écran (objectif de projection).

Opérateur
Syn. Fam., selon le contexte, de ***chef opérateur*** ou de ***opérateur projectionniste***.

Opérateur projectionniste
Technicien chargé, dans une salle de cinéma, de la projection des films.

Perchiste
Technicien chargé du maniement de la perche.

Perchman
Ancienne dénomination du ***perchiste***.

Photogramme
À l'origine, terme employé en 1925 pour désigner une photo faite sans appareil, par application direct d'objet sur la pellicule. Aujourd'hui, le mot désigne la plus petite partie de la pellicule filmique, les petits cadres dont le défilement dans l'appareil donne l'illusion du mouvement.

Photographe de plateau
Technicien, n'appartenant pas à l'équipe de tournage, qui réalise les photographies destinées au matériel publicitaire du film.

Plateau
Dans un studio, endroit où l'on implante un décor et où l'on effectue les prises de vues.

Plongée
Prise de vue effectuée avec l'axe de la caméra dirigée vers le bas.

Postproduction
La phase de postproduction, qui s'achève lors de la remise de la première copie étalonnée, correspond essentiellement au montage, auquel on peut associer toutes les opérations de bruitage, de postsynchronisation (ou de doublage), de confection et d'enregistrement de la musique.

Postsynchronisation
Procédé consistant à enregistrer les dialogues en auditorium, en synchronisme avec la projection sur un écran des images préalablement filmées.

Prise de vues
Enregistrement des images d'un film.

Producteur
Le producteur est le fabricant du film au sens économique : c'est lui qui rassemble tous les éléments nécessaires à la fabrication du film : sujet, vedettes, techniciens, studio, réalisateur, financement, etc. En France, les films de long métrage doivent être produits par une société de production : le « producteur » désigne alors soit cette société, soit son animateur.

Producteur associé
Souvent, le producteur qui a l'initiative du film s'associe pour le financer à des producteurs associés (angl. ***associate producer***).

Producteur exécutif ou producteur délégué
Dans le cas d'une association de producteurs, ou dans le cas d'une société de production assez importante pour produire simultanément plusieurs films, les fonctions effectives du producteur sont assurées, pour un film précis, par le producteur délégué.

Projectionniste
Professionnel chargé de la projection des films depuis une cabine convenablement isolée de la salle.

Raccord
Cohérence du contenu de l'image et / ou du son entre deux plans successifs. Par extension, personnage raccord, objet raccord, effet lumineux ou sonore raccord, personnage, objet ou effet que l'on retrouve dans la continuité d'un film.

Réalisateur
cf. ***cinéaste***
Technicien responsable de la fabrication d'un film.

Régisseur
Technicien chargé des problèmes matériels du tournage.

Remake
De l'anglais ***to remake***, refaire. Nouvelle version d'un film ancien, profitant généralement de l'amélioration des moyens techniques.

Reprise
Film ancien diffusé de nouveau en salles.

Rushes
Copies positives tirées par le laboratoire dès le développement des négatifs et dont la projection, généralement effectuée en fin de journée pour les plans filmés la veille, permet à l'équipe de réalisation d'apprécier le résultat des prises de vues.

Scénario
(***Screenplay*** en anglais)
Document narratif décrivant ce qui sera tourné. Le scénario, qui comporte les dialogues, se différencie du découpage par sa forme littéraire et par le fait que le récit y est fragmenté en scènes, non en plans.

Scénariste
Auteur du scénario.

Scène
Suite de plans constituant un sous-ensemble lorsque l'on analyse la construction d'un film.

Script
Synonyme de ***découpage technique***. Document écrit dans lequel le récit est fragmenté en plans numérotés, qui donne les repères dramatiques (sonores ou visuels) du film à tourner et des indications techniques sur les cadrages, les mouvements d'appareils, les effets spéciaux, etc.

Scripte
Dénomination usuelle de la ***secrétaire de plateau***.

Secrétaire de plateau
Plus connue sous le nom de ***scripte*** ou ***script-girl***, elle prend note, pendant le tournage, de toutes les informations (numéro du plan tourné, nombre de prises, métrage consommé, etc.), qu'il est nécessaire de conserver jusqu'à l'achèvement du film.

Son direct
Son capté en même temps que les images.

Split-screen
(***Multi-images*** en français). Truquage de laboratoire permettant de juxtaposer plusieurs images sur le film.

Story-board
(de l'anglais ***story***, histoire et ***board***, planche). Suite de dessins, correspondant chacun à un plan, permettant de visualiser le tournage.

Studio
Bâtiment ou ensemble de bâtiments conçus pour le tournage des films et comprenant un ou plusieurs plateaux de prises de vues ainsi que divers locaux associés : salle de maquillage, ateliers pour les décors, magasins pour accessoires, salles de projection des rushes, bureaux, etc.

Synopsis
Bref exposé d'un sujet de film, comportant typiquement une dizaine de pages, qui constitue l'ébauche ou le résumé d'un scénario.

Technicolor
Procédé de cinéma en couleurs inauguré dans les années 1920 et abandonné dans les années 1970 au profit de techniques moins lourdes au rendu plus naturel. Aujourd'hui mention signifiant « développé par un laboratoire de la firme Technicolor ».

Truqueur
Technicien spécialisé dans la réalisation des effets spéciaux (trucages), appelé truquiste dans le secteur de la vidéo.

Tournage
Action de réaliser des prises de vues cinématographiques, d'enregistrer les images et le son direct.

Zoom
Désignation usuelle pour « objectifs à focale variable ». Par extension, effet visuel obtenu en faisant varier la distance focale en cours de prise de vues.

Filmographies par

Ces Filmographies proposent une sélection de titres.

Robert Aldrich
(1918-1984)

1954 Bronco Apache
Vera Cruz
1955 En quatrième vitesse
le Grand Couteau
1956 Attaque
1961 El Perdido
1962 Qu'est-il arrivé à Baby Jane ?
1965 Chut, chut, chère Charlotte
1966 Le Vol du Phoenix
1967 Les Douze Salopards
1968 Le Démon des femmes
1970 Trop tard pour les héros
1973 L'Empereur du Nord
1975 La Cité des dangers
1981 Deux Filles au tapis

Woody Allen
(né en 1935)

1969 Prends l'oseille et tire-toi
1971 Bananas
1972 Tout ce que vous avez toujours voulu savoir sur le sexe sans jamais oser le demander
1975 Guerre et amour
1977 Annie Hall
1978 Intérieurs
1979 Manhattan
1980 Stardust Memories
1983 Zelig
1984 Broadway Danny Rose
1985 La Rose pourpre du Caire
1986 Hannah et ses sœurs
1987 Septembre
1988 Une autre femme
1990 Crimes et délits
1993 Meurtre mystérieux à Manhattan
1995 Maudite Aphrodite
1996 Tout le monde dit I love you
1997 Harry dans tous ses états
1999 Accords et désaccords
2002 Hollywood Ending
2004 Melinda et Melinda
2005 Match Point
2006 Scoop

Pedro Almodovar
(né en 1949)

1982 Le Labyrinthe des passions
1984 Dans les ténèbres
1986 Matador
1988 Femmes au bord de la crise de nerfs
1989 Attache-moi
1991 Talons aiguilles
1993 Kika
1995 La Fleur de mon secret
1997 En chair et en os
1999 Tout sur ma mère
2002 Parle avec elle
2004 La Mauvaise Éducation
2006 Volver

Robert Altman
(1925-2006)

1970 M*A*S*H*
Brewster McCloud
1971 John McCabe
1973 Le Privé
1974 Nous sommes tous des voleurs
1975 Nashville
1976 Buffalo Bill et les Indiens
1977 Trois Femmes
1978 Un mariage
1979 Quintet
1980 Popeye
1992 The Player
1993 Short Cuts
1994 Prêt-à-porter
2000 Dr. T. et les Femmes
2003 Gosford Park
2006 The Last Show

Theo Angelopoulos
(né en 1936)

1970 La Reconstitution
1972 Jours de 36
1975 Le Voyage des comédiens
1977 Les Chasseurs
1980 Alexandre le Grand
1984 Le Voyage à Cythère
1986 L'Apiculteur
1988 Paysage dans le brouillard
1991 Le Pas suspendu de la cigogne
1995 Le Regard d'Ulysse
1998 L'Éternité et un jour
2003 Eleni

Michelangelo Antonioni
(1912-2007)

1950 Chronique d'un amour
1952 I vinti
1953 La Dame sans camélias
L'Amour à la ville (co)
1955 Femmes entre elles
1957 Le Cri
1960 L'avventura
1961 La Nuit
1962 L'Éclipse
1964 Le Désert rouge
1967 Blow up
1970 Zabriskie Point
1973 Chung Kuo, la Chine
1975 Profession : reporter
1982 Identification d'une femme
1996 Par-delà les nuages (co)

Ingmar Bergman
(1918-2007)

1950 Jeux d'été
1952 L'Attente des femmes
Monika
1953 La Nuit des forains
Rêves de femmes
1956 Sourires d'une nuit d'été
Le Septième Sceau
1957 Les Fraises sauvages
1958 Au seuil de la vie
Le Visage
1960 La Source
1961 À travers le miroir
1962 Les Communiants
1963 Le Silence
1964 Toutes ses femmes
1966 Persona
1967 L'Heure du loup
1968 La Honte
1969 Le Rite
Une passion
1971 Le Lien
1972 Cris et chuchotements
1973 Scènes de la vie conjugale
1975 La Flûte enchantée
1976 Face à face
1977 L'Œuf du serpent
1978 Sonate d'automne
1980 De la vie des marionnettes
1982 Fanny et Alexandre
1984 Après la répétition
1998 En présence d'un clown
2004 Saraband

Bernardo Bertolucci
(né en 1941)

1964 Prima della rivoluzione
1970 La Stratégie de l'araignée
Le Conformiste
1972 Le Dernier Tango à Paris
1979 La Luna
1981 La Tragédie d'un homme ridicule
1987 Le Dernier Empereur
1993 Little Buddha
1996 Beauté volée
2003 Innocents-The Dreamers

Bertrand Blier
(né en 1939)

1963 Hitler, connais pas
1967 Si j'étais un espion
1974 Les Valseuses
1976 Calmos
1978 Préparez vos mouchoirs
1979 Buffet froid
1981 Beau-Père
1983 La Femme de mon pote
1984 Notre histoire
1985 Tenue de soirée
1989 Trop belle pour toi
1990 Merci la vie
1993 Un, deux, trois, soleil
1995 Mon homme
2000 Les Acteurs
2005 Combien tu m'aimes ?

Robert Bresson
(1901-1999)

1943 Les Anges du péché
1945 Les Dames du bois de Boulogne
1951 Le Journal d'un curé de campagne
1956 Un condamné à mort s'est échappé
1959 Pickpocket
1962 Le Procès de Jeanne d'Arc
1966 Au hasard Balthazar
1967 Mouchette
1969 Une femme douce
1971 Quatre Nuits d'un rêveur
1974 Lancelot du lac
1977 èLe Diable probablement
1983 L'Argent

Luis Buñuel
(1900-1983)

1928 Un chien andalou
1930 L'Âge d'or
1932 Terre sans pain
1950 Los olvidados
1952 El
1953 La Vie criminelle d'Archibald de la Cruz
1955 Cela s'appelle l'amour
1956 La Mort en ce jardin
1958 Nazarin
1960 La Fièvre monte à El Pao
La Jeune Fille
1961 Viridiana
1962 L'Ange exterminateur
1964 Le Journal d'une femme de chambre
1965 Simon du désert
1967 Belle de jour
1969 La Voie lactée
1970 Tristana
1972 Le Charme discret de la bourgeoisie
1974 Le Fantôme de la liberté
1977 Cet obscur objet du désir

Tim Burton
(né en 1960)

1985 Pee Wee's Big Adventure
1988 Beetlejuice
1989 Batman
1990 Edward aux mains d'argent
1992 Batman, le défi
1994 Ed Wood
1996 Mars Attacks !
1998 Sleepy Hollow
2001 La Planète des singes
2003 Big Fish
2005 Charlie et la chocolaterie
Les Noces funèbres
2007 Sweeney Todd: le Diabolique barbier de Fleet Street

Frank Capra
(1897-1991)

1927 L'Athlète incomplet
Sa dernière culotte
1931 The Miracle Woman
La Blonde platine
1933 Grande dame d'un jour
1934 New York Miami
La Course de Broadway Bill
1936 L'Extravagant Monsieur Deeds
1937 Les Horizons perdus
1938 Vous ne l'emporterez pas avec vous
1939 Monsieur Smith au Sénat
1941 L'Homme de la rue
1944 Arsenic et vieilles dentelles
1946 La Vie est belle
1959 Un trou dans la tête
1961 Milliardaire pour un jour

Marcel Carné
(1909-1996)

1936 Jenny
1937 Drôle de drame
1938 Quai des brumes
Hôtel du Nord
1939 Le jour se lève
1942 Les Visiteurs du soir
1945 Les Enfants du paradis
1946 Les Portes de la nuit
1949 La Marie du port
1951 Juliette ou la clé des songes
1953 Thérèse Raquin
1954 L'Air de Paris
1958 Les Tricheurs
1965 Trois Chambres à Manhattan

John Cassavetes
(1929-1989)

1960 Shadows
1961 La Ballade des sans-espoir
1963 Un enfant attend
1968 Faces
1971 Ainsi va l'amour
1972 Husbands
1975 Une femme sous influence
1976 Le Bal des vauriens
1978 Opening Night
1980 Gloria
1984 Torrents d'amour

Claude Chabrol
(né en 1930)

1959 Le Beau Serge
Les Cousins
À double tour
1960 Les Bonnes Femmes
1962 Landru
1965 Le tigre se parfume à la dynamite
1968 Les Biches
1969 La Femme infidèle
Que la bête meure
1970 Le Boucher
1978 Violette Nozière
1982 Les Fantômes du chapelier
1985 Inspecteur Lavardin
1986 Masques
1988 Une affaire de femmes
1991 Madame Bovary
1992 Betty
L'Œil de Vichy
1994 L'Enfer
1999 Au cœur du mensonge
2000 Merci pour le chocolat
2002 La Fleur du mal
2004 La Demoiselle d'honneur
2006 L'Ivresse du pouvoir
2007 La Fille coupée en deux

réalisateurs

Youssef Chahine
(né en 1925)

- 1958 Gare centrale
- 1969 La Terre
- 1970 Le Choix
- 1973 Le Moineau
- 1976 Le Retour du fils prodigue
- 1978 Alexandrie, pourquoi ?
- 1982 La Mémoire
- 1985 Adieu Bonaparte
- 1986 Le Sixième Jour
- 1990 Alexandrie, encore et toujours
- 1994 L'Emigré
- 1997 Le Destin
- 1998 L'Autre
- 2001 Silence, on tourne
- 2002 11'09"01 September 11
- 2004 Alexandrie... New York

Charlie Chaplin
(1889-1977)

- 1918 Une vie de chien (court-métrage)
  Charlot soldat (court-métrage)
- 1921 Le Kid (court-métrage)
- 1923 Le Pèlerin
  L'Opinion publique
- 1925 La Ruée vers l'or
- 1928 Le Cirque
- 1931 Les Lumières de la ville
- 1936 Les Temps modernes
- 1940 Le Dictateur
- 1947 Monsieur Verdoux
- 1952 Les Feux de la rampe
- 1957 Un roi à New York
- 1967 La Comtesse de Hong-Kong

René Clair
(1898-1981)

- 1924 Paris qui dort
- 1928 Un chapeau de paille d'Italie
- 1930 Sous les toits de Paris
- 1931 Le Million
  À nous la liberté
- 1933 Quatorze juillet
- 1934 Le Dernier Milliardaire
- 1935 Fantôme à vendre
- 1940 La Belle Ensorceleuse
- 1942 Ma femme est une sorcière
- 1944 C'est arrivé demain
- 1947 Le Silence est d'or
- 1949 La Beauté du Diable
- 1952 Les Belles de nuit
- 1955 Les Grandes Manœuvres
- 1957 Porte des Lilas
- 1961 Tout l'or du monde
- 1965 Les Fêtes galantes

René Clément
(1913-1996)

- 1946 La Bataille du rail
  Le Père tranquille
  Les Maudits
- 1949 Au-delà des grilles
- 1950 Le Château de verre
- 1951 Jeux interdits
- 1954 Monsieur Ripois
  Gervaise
- 1958 Barrage contre le Pacifique
- 1960 Plein Soleil
- 1961 Quelle joie de vivre
- 1963 Le Jour et l'Heure
- 1964 Les Félins
- 1966 Paris brûle-t-il ?
- 1970 Le Passager de la pluie
- 1971 La Maison sous les arbres
- 1972 La Course du lièvre à travers les champs
- 1975 La Baby-sitter

Henri-Georges Clouzot
(1907-1977)

- 1942 L'assassin habite au 21
- 1943 Le Corbeau
- 1947 Quai des Orfèvres
- 1949 Manon
- 1950 Miquette et sa mère
- 1953 Le Salaire de la peur
- 1955 Les Diaboliques
- 1956 Le Mystère Picasso
- 1957 Les Espions
- 1960 La Vérité
- 1968 La Prisonnière

Joel et Ethan Coen
(nés en 1955 et 1957)

- 1985 Blood Simple
- 1987 Arizona Junior
- 1990 Miller's Crossing
- 1991 Barton Fink
- 1994 Le Grand Saut
- 1996 Fargo
- 1998 The Big Lebowski
- 1999 O Brother, Where art Thou ?
- 2000 The Barber, the Man Who Wasn't there
- 2003 Intolérable Cruauté
- 2004 Lady Killers
- 2007 No country for old men

Luigi Comencini
(1916-2007)

- 1953 Pain, amour et fantaisie
- 1957 l'Incompris
- 1969 Casanova, un adolescent à Venise
- 1972 L'argent de la vieille
- 1978 Le grand embouteillage

Francis Ford Coppola
(né en 1939)

- 1968 La Vallée du bonheur
- 1969 Les Gens de la pluie
- 1972 Le Parrain
- 1974 Conversation secrète
  Le Parrain II
- 1979 Apocalypse Now
- 1982 Coup de cœur
- 1983 Outsiders
  Rusty James
- 1984 Cotton Club
- 1986 Peggy Sue s'est mariée
- 1992 Dracula
- 1996 Jack
- 1997 L'Idéaliste
- 2000 Supernova

David Cronenberg
(né en 1943)

- 1968 Stereo
- 1969 Crimes of the future
- 1970 Frissons
- 1976 Rage
- 1980 Chromosome 3
- 1983 Videodrome
  Dead Zone
- 1986 La Mouche
- 1988 Faux-semblants
- 1991 Le Festin nu
- 1994 M. Butterfly
- 1996 Crash
- 1999 ExistenZ
- 2002 Spider
- 2005 A History of violence
- 2007 les Promesses de l'ombre

George Cukor
(1899-1983)

- 1933 Les Invités de huit heures
  Les Quatre Filles du docteur March
- 1935 David Copperfield
  Sylvia Scarlett
  Roméo et Juliette
- 1936 Le Roman de Marguerite Gautier
- 1939 Femmes
- 1940 Indiscrétions
- 1941 La Femme aux deux visages
- 1942 La Flamme sacrée
- 1944 Hantise
- 1949 Madame porte la culotte
- 1950 Comment l'esprit vient aux femmes
- 1952 Mademoiselle Gagne-tout
- 1954 Une femme qui s'affiche
  Une étoile est née
- 1956 La Croisée des destins
- 1957 Les Girls
- 1960 Le Milliardaire
- 1964 My Fair Lady
- 1972 Voyages avec ma tante

Jean-Pierre et Luc Dardenne
(nés en 1951 et 1954)

- 1986 Falsch
- 1993 Je pense à vous
- 1996 La Promesse
- 1999 Rosetta
- 2001 Le Fils
- 2004 L'Enfant

Cecil B. De Mille
(1881-1959)

- 1914 Le Mari de l'Indienne
- 1915 Forfaiture
- 1917 Jeanne d'Arc
- 1919 L'Admirable Crichton
- 1923 Les Dix Commandements
- 1932 Le Signe de la croix
- 1934 Cléopâtre
- 1935 Les Croisades
- 1936 Une aventure de Buffalo Bill
- 1938 Les Flibustiers
- 1939 Pacific Express
- 1940 Les Tuniques écarlates
- 1942 Naufrageurs des mers du Sud
- 1944 L'Odyssée du Dr Wassel
- 1946 Les Conquérants du Nouveau Monde
- 1949 Samson et Dalila
- 1953 Sous le plus grand chapiteau du monde
- 1956 Les Dix Commandements

Jacques Demy
(1931-1990)

- 1961 Lola
- 1963 La Baie des Anges
- 1964 Les Parapluies de Cherbourg
- 1967 Les Demoiselles de Rochefort
- 1968 The Model Shop
- 1970 Peau d'âne
- 1972 Le Joueur de flûte
- 1982 Une chambre en ville
- 1985 Parking
- 1988 Trois Places pour le 26

Brian De Palma
(né en 1940)

- 1973 Sœurs de sang
- 1974 Phantom of the Paradise
- 1976 Obsession
  Carrie
- 1978 Furie
- 1980 Pulsions
- 1981 Blow out
- 1983 Scarface
- 1984 Body double
- 1987 Les Incorruptibles
- 1989 Outrages
- 1990 Le Bûcher des vanités
- 1993 L'Impasse
- 1996 Mission : Impossible
- 1998 Snake Eyes
- 2006 Le Dahlia noir

Vittorio De Sica
(1901-1974)

- 1941 Mademoiselle Vendredi
- 1943 Les enfants nous regardent
- 1946 Sciuscia
- 1948 Le Voleur de bicyclette
- 1951 Miracle à Milan
  Umberto D
- 1953 Station Terminus
- 1954 L'Or de Naples
- 1956 Le Toit
- 1960 La Ciociara
- 1962 Les Séquestrés d'Altona
- 1970 Le Jardin des Finzi Contini
- 1974 Le Voyage

Carl Theodor Dreyer
(1889-1968)

- 1916 Aimez-vous les uns les autres
- 1920 Le Président
  La Quatrième Alliance de Dame Marguerite
- 1921 Feuillets arrachés au livre de Satan
- 1922 Il était une fois
- 1924 Michaël
- 1925 Le Maître du logis
- 1926 La Fiancée de Glomdal
- 1928 La Passion de Jeanne d'Arc
- 1932 Vampyr
- 1943 Jour de colère
- 1945 Deux Êtres
- 1955 Ordet
- 1964 Gertrude

Julien Duvivier
(1896-1967)

- 1930 Au bonheur des dames
- 1931 David Golder
  Allô Berlin ? Ici Paris !
- 1932 Poil de carotte
- 1933 La Tête d'un homme
- 1934 Maria Chapdelaine
- 1935 La Bandera
- 1936 Le Golem
  La Belle Équipe
- 1937 Pépé le Moko
  Un carnet de bal
- 1939 La Fin du jour
  La Charrette fantôme
- 1946 Panique
- 1948 Anna Karenine
- 1951 Sous le ciel de Paris
- 1952 La Fête à Henriette
  Le Petit Monde de don Camillo
- 1956 Voici le temps des assassins
- 1957 Pot-Bouille
- 1959 Marie-Octobre

Clint Eastwood
(né en 1930)

- 1971 Un frisson dans la nuit
- 1972 L'Homme des hautes plaines
- 1975 La Sanction
- 1976 Josey Wales, hors-la-loi
- 1980 Bronco Billy
- 1983 Honkytonk Man
  Sudden Impact
- 1985 Pale Rider
- 1988 Bird
- 1990 Chasseur blanc, cœur noir
- 1992 Impitoyable
- 1993 Un monde parfait
- 1995 Sur la route de Madison
  Minuit dans le jardin du Bien et du Mal
- 2000 Space Cowboys

2003 Mystic River
2004 Million Dollar Baby
2006 Mémoires de nos pères
2007 Lettres d'Iwo Jima

Blake Edwards
(né en 1922)

1957 L'Extravagant M. Cory
1961 Diamants sur canapé
1962 Le Jour du vin et des roses
1963 La Panthère rose
1965 La Grande Course autour du monde
1968 La Party
1972 Opération clandestine
Top secret
1979 Elle
1982 Victor Victoria
1982 Boire et déboires
1989 L'amour est une grande aventure
1990 Dans la peau d'une blonde

Sergueï Eisenstein
(1898-1948)

1925 La Grève
Le Cuirassé « Potemkine »
1927 Octobre
1929 La Ligne générale
1931 Que viva Mexico !
1935-37 Le Pré Béjine
1938 Alexandre Nevski
1942-44 Ivan le Terrible, première partie
1945-46 Ivan le Terrible, deuxième partie

Rainer Werner Fassbinder
(1945-1982)

1971 Les Larmes amères de Petra von Kant
1973 Tous les autres s'appellent Ali
1974 Effi Briest
1975 Le Droit du plus fort
Maman Kuster s'en va au ciel
1977 Despair
1978 L'Allemagne en automne (co)
L'Année des treize lunes
1979 Le Mariage de Maria Braun
1980 Lili Marleen
1981 Lola une femme allemande
1982 Le Secret de Veronika Voss

Federico Fellini
(1920-1993)

1951 Les Feux du music-all (co)
1952 Courrir du coeur
1953 Les vitelloni
1954 La strada
1955 Il bidone
1957 Les Nuits de Cabiria
1960 La dolce vita
1962 Boccace 70 (co)
1963 Huit et demi
1965 Juliette des esprits
1969 Satyricon
1970 Les Clowns
1972 Fellini - Roma
1973 Amarcord
1976 Le Casanova de Fellini
1978 Répétition d'orchestre
1980 La Cité des femmes
1982 Et vogue le navire
1985 Ginger et Fred
1986 Intervista
1990 La voce della Luna

Marco Ferreri
(1928-1997)

1960 La Petite Voiture
1963 Le Lit conjugal
1964 Le Mari de la femme à barbe
1969 Dillinger est mort
1971 Liza
1973 La Grande Bouffe
Touche pas la femme blanche !
1976 La Dernière Femme
1978 Rêve de singe
1979 Pipicacadodo
1981 Contes de la folie ordinaire
1983 Histoire de Piera
Le Futur est femme
1991 Carne
La Maison du sourire

John Ford
(195-1973)

1924 Le Cheval de fer
1934 La Patrouille perdue
1935 Le Mouchard
Toute la ville en parle
1936 Je n'ai pas tué Lincoln
Marie Stuart
1939 Vers sa destinée
La Chevauchée fantastique
Sur la piste des Mohawks
1940 Les Raisins de la colère
1941 La Route du tabac
Qu'elle était verte ma vallée
1946 La Poursuite infernale
1948 Le Fils du désert
Le Massacre de Fort Apache
1949 La Charge héroïque
1950 Rio Grande
Le Convoi des braves
1952 L'Homme tranquille
1953 Mogambo
Le soleil brille pour tout le monde
1956 La Prisonnière du désert
1957 L'aigle vole au soleil
1960 Le Sergent noir
Les Deux Cavaliers
1962 L'Homme qui tua Liberty Valance
1964 Les Cheyennes
1966 Frontière chinoise

Milos Forman
(né en 1932)

1963 L'As de pique
1965 Les Amours d'une blonde
1967 Au feu, les pompiers
1973 Taking off
Visions of Eight (co)
1975 Vol au-dessus d'un nid de coucou
1979 Hair
1981 Ragtime
1985 Amadeus
1989 Valmont
1996 Larry Flint
1999 Man on the Moon

Abel Gance
(1889-1981)

1919 J'accuse !
1922 La Roue
1927 Napoléon
1935 Lucrèce Borgia
1936 Un grand amour de Beethoven
1938 J'accuse ! (remake)
1939 Paradis perdu
1942 Le Capitaine Fracasse
1943 La Vénus aveugle
1960 Austerlitz
1963 Cyrano et d'Artagnan

Amos Gitaï
(né en 1950)

1998 Devarium
Yom-Yom
1999 Kadosh
2000 Kippour
2001 Eden
2002 Kedma
11'09"01 September 11 (co)
2003 Alila
2004 Terre promise
2005 Free Zone
2007 Désengagement

Jean-Luc Godard
(né en 1930)

1954 Opération Béton (cm)
1959 À bout de souffle
1960 Le Petit Soldat
1961 Une femme est une femme
1962 Vivre sa vie
1963 Les Carabiniers
Le Mépris
1964 Bande à part
Une femme mariée
1965 Alphaville
1965 Pierrot le fou
1966 Masculin Féminin
Made in USA
Deux ou trois choses que je sais d'elle
1967 La Chinoise
Week end
1972 Tout va bien (co)
Letter to Jane (co)
1979 Sauve qui peut (la vie)
1981 Passion
1982 Prénom Carmen
1983 Je vous salue Marie
1984 Détective
1987 Soigne ta droite
1990 Nouvelle Vague
1991 Allemagne année 90 neuf zéro
1993 Hélas pour moi
1994 JLG / JLG
1996 For ever Mozart
1998 Histoire(s) du cinéma
1999 Éloge de l'Amour
2004 Notre musique

David Wark Griffith
(1875-1948)

1914 The Battle of the Sexes
1915 Naissance d'une nation
1916 Intolérance
1918 Les Cœurs du monde
Le Lys brisé
1919 Le Pauvre Amour
1920 À travers l'orage
1921 La Rue des rêves
1922 Les Deux Orphelines
1924 Isn't Life Wonderful
1925 Sally, fille du cirque
1926 Les Chagrins de Satan
1930 La Révolte des esclaves
1931 The Struggle

Sacha Guitry
(1885-1957)

1936 Le Roman d'un tricheur
1936 Faisons un rêve
1937 Désiré
1938 Quadrille
1943 Donne-moi tes yeux
1948 Le Diable boiteux
1948 Le Comédien
1951 Deburau
1951 La Poison
1953 La Vie d'un honnête homme
1954 Si Versailles m'était conté
1957 Assassins et voleurs

Michael Haneke
(né en 1942)

1988 Le Septième Continent
1992 Benny's Video
1994 71 Fragments d'une chronologie du hasard
1997 Funny Games
2000 Code inconnu
2001 La Pianiste
2003 Le Temps du loup
2005 Caché

Howard Hawks
(1896-1977)

1928 Une fille dans chaque port
1930 La Patrouille de l'aube
1932 Scarface
La foule hurle
Le Harpon rouge
1933 Today We Live
1934 Train de luxe
1938 L'Impossible Monsieur bébé
1939 Seuls les anges ont des ailes
1940 La Dame du vendredi
1941 Sergent York
1943 Air Force
1944 Le Port de l'angoisse
1946 Le Grand Sommeil
1948 La Rivière rouge
1949 Allez coucher ailleurs
1952 La Captive aux yeux clairs
Chérie, je me sens rajeunir
1953 Les Hommes préfèrent les blondes
1955 La Terre des pharaons
1959 Rio Bravo
1962 Hatari !
1964 Le Sport favori de l'homme
1966 El Dorado
1970 Rio Lobo

Alfred Hitchcock
(1899-1980)

1929 Chantage
1934 L'Homme qui en savait trop
1935 Les Trente-Neuf Marches
1936 Quatre de l'espionnage
1938 Une femme disparaît
1940 Rebecca
Correspondant 17
1943 L'Ombre d'un doute
1944 Lifeboat
1945 La Maison du docteur Edwardes
1946 Les Enchaînés
1948 La Corde
1949 Les Amants du Capricorne
1951 L'Inconnu du Nord-express
1953 La Loi du silence
1954 Le crime était presque parfait
Fenêtre sur cour
1955 La Main au collet
Mais qui a tué Harry ?
1956 L'Homme qui en savait trop
1957 Le Faux Coupable
1958 Sueurs froides
1959 La Mort aux trousses
1960 Psychose
1963 Les Oiseaux
1964 Pas de printemps pour Marnie
1966 Le Rideau déchiré
1969 L'Étau
1972 Frenzy
1976 Complot de famille

John Huston
(1906-1987)

1941 Le Faucon maltais
1948 Le Trésor de la sierra Madre
Key Largo
1949 Les Insurgés
1950 Quand la ville dort
1951 La Charge victorieuse
African Queen
1953 Moulin-Rouge
1954 Plus fort que le diable
1956 Moby Dick
1957 Dieu seul le sait
1958 Les Racines du ciel
1959 Le Vent de la plaine
1961 Les Misfits
1962 Freud, passions secrètes
1963 Le Dernier de la liste
1964 La Nuit de l'iguane

1966 La Bible
1967 Casino Royale (co)
Reflets dans un œil d'or
1969 Davey des grands chemins
1969 Promenade avec l'amour et la mort
La Lettre du Kremlin
1972 La Dernière Chance
1972 Juge et hors-la-loi
1975 L'Homme qui voulait être roi
1979 Le Malin
1982 Annie
1984 Au-dessous du volcan
1985 L'Honneur des Prizzi
1987 Gens de Dublin

Shohei Imamura
(1926-2006)

1961 Cochons et Cuirassés / Filles et Gangsters
1963 La Femme insecte
1964 Désirs meurtriers
1965 Le Pornographe
1967 Évaporation de l'homme
1968 Profonds Désirs des dieux
1979 La Vengeance est à moi
1981 Pourquoi pas ?
1983 La Ballade de Narayama
1989 Pluie noire
1998 L'Anguille
1999 Docteur Akagi
2001 De l'eau tiède sous un pont rouge

James Ivory
(né en 1928)

1965 Shakespeare Wallah
1983 Chaleur et poussière
1985 Une chambre avec vue
1986 Maurice
1989 Esclaves de New York
1990 Mr & Mrs Bridges
1991 Retour à Howard's End
1993 Les Vestiges du jour
1995 Jefferson à Paris
1996 Surviving Picasso
1998 La Fille d'un soldat ne pleure jamais

Elia Kazan
(1909-2003)

1945 Le Lys de Brooklyn
1947 Boomerang
Le Mur invisible
1949 L'Héritage de la chair
1950 Panique dans la rue
1951 Un tramway nommé désir
1952 Viva Zapata
1954 Sur les quais
1955 À l'Est d'Eden
1956 La Poupée de chair / Baby Doll
1957 Un homme dans la foule
1960 Le Fleuve sauvage
1961 La Fièvre dans le sang
1963 America America
1969 L'Arrangement
1971 Les Visiteurs
1976 Le Dernier Nabab

Buster Keaton
(1895-1966)

1918 Les Trois Âges (co)
1920-23 21 courts métrages co-réalisés avec E. Cline ou M. St Clair
1923 Les Lois de l'inhospitalité
1924 Sherlock Junior détective
La Croisière du «Navigator»
1925 Les Fiancées en folie
Ma vache et moi
1926 Le Dernier Round
1927 Le Mécano de la «General» (co)

Abbas Kiarostami
(né en 1940)

1974 Le Passager
1977 Rapport
1985 Les Élèves du cours préparatoire
1987 Où est la maison de mon ami ?
1990 Devoirs du soir
Close up / Gros plan
1992 Et la vie continue
1994 Au travers des oliviers
1997 Le Goût de la cerise
1999 Le Vent nous emportera
2001 ABC Africa
2002 Ten
2003 10 on Ten
2004 Five
2007 Tickets

Krzysztof Kieslowski
(1941-1996)

1979 L'Amateur
1982 Le Hasard
1984 Sans fin
1988 Brève histoire d'amour
1987 Tu ne tueras point
1990 Le Décalogue
1991 La Double Vie de Véronique
1993 Trois couleurs : Bleu
1994 Trois couleurs : Blanc
Trois couleurs : Rouge

Takeshi Kitano
(né en 1947)

1986 Violent Cop
1987 Boiling Point
1988 A Scene at the Sea
1993 Sonatine
1994 Getting Any ?
1996 Kids Return
1997 Hana-bi
1999 L'Eté de Kikujiro
2000 Haniki mon frère
2002 Dolls
2003 Zatôichi
2005 Takeshi's

Stanley Kubrick
(1928-1999)

1955 Le Baiser du tueur
1956 L'Ultime Razzia
1957 Les Sentiers de la gloire
1960 Spartacus
1962 Lolita
1963 Docteur Folamour
1968 2001 : l'Odyssée de l'espace
1971 Orange mécanique
1975 Barry Lyndon
1980 Shining
1987 Full Metal Jacket
1999 Eyes Wide Shut

Akira Kurosawa
(1910-1998)

1943 La Légende du grand judo
1948 L'Ange ivre
1949 Chien enragé
1950 Scandale
Rashomon
1951 L'Idiot
1952 Vivre
1954 Les Sept Samouraïs
1957 Les Bas-Fonds
Le Château de l'araignée
1958 La Forteresse cachée
1960 Les Salauds dorment en paix
1961 Le Garde du corps
1962 Sanjuro
1963 Entre le ciel et l'enfer
1965 Barberousse
1970 Dodeskaden
1975 Dersou Ouzala
1980 Kagemusha
1985 Ran
1990 Rêves
1991 Rhapsodie en août
1993 Madadayo

Emir Kusturica
(né en 1955)

1981 Te souviens-tu de Dolly Bell ?
1985 Papa est en voyage d'affaires
1988 Le Temps des Gitans
1993 Arizona Dream
1995 Underground
1998 Chat noir, chat blanc
2001 Super 8 Stories
2004 La Vie est un miracle
2007 Promets-moi

Fritz Lang
(1890-1976)

1919 Les Araignées
1921 Les Trois Lumières
1922 Docteur Mabuse
1924 Les Niebelungen
1927 Metropolis
1928 Les Espions
1929 La Femme sur la Lune
1931 M le maudit
1933 Le Testament du docteur Mabuse
1934 Liliom
1936 Furie
1937 J'ai le droit de vivre
1940 Le Retour de Frank James
1941 Les Pionniers de la Western Union
Chasse à l'homme
1943 Les bourreaux meurent aussi
1944 La Femme au portrait
1946 Cape et poignard
1948 Le Secret derrière la porte
1952 L'Ange des maudits
1953 La Femme au gardénia
Règlement de comptes
1954 Désirs humains
1955 Les Contrebandiers de Moonfleet
1956 La Cinquième Victime
L'Invraisemblable Vérité
1959 Le Tigre du Bengale / Le Tombeau hindou
1960 Le Diabolique docteur Mabuse

David Lean
(1908-1991)

1942 Ceux qui servent en mer (co)
1944 Heureux mortels
1945 L'Esprit s'amuse
Brève rencontre
1946 Les Grandes Espérances
1948 Oliver Twist
Les Amants passionnés
1950 Madeleine
1952 Le Mur du son
1954 Chaussure à son pied
1955 Vacances à Venise
1957 Le Pont de la rivière Kwaï
1962 Lawrence d'Arabie
1965 Docteur Jivago
1970 La Fille de Ryan
1984 La Route des Indes

Spike Lee
(né en 1957)

1986 Nola Darling n'en fait qu'à sa tête
1989 Do the Right Thing
1990 Mo'Better Blues
1991 Jungle Fever
1993 Malcom X
1994 Crooklyn
1995 Clockers
1996 Girl 6
Get on the Bus
1998 He got game
1999 Summer of Sam
2000 Bamboozled
2002 La 25ème Heure
2004 She Hate Me
2006 Inside Man
2007 Miracle à Santa-Anna

Sergio Leone
(1929-1989)

1959 Les Derniers Jours de Pompéi
1961 Le Colosse de Rhodes
1964 Pour une poignée de dollars
1965 ...Et pour quelques dollars de plus
1966 Le Bon, la Brute et le Truand
1968 Il était une fois dans l'Ouest
1974 Il était une fois... la Révolution
1984 Il était une fois en Amérique

Marcel L'Herbier
(1888-1979)

1921 Eldorado
1922 Don Juan et Faust
1924 L'Inhumaine
1925 Feu Mathias Pascal
1929 L'Argent
1931 Le Mystère de la chambre jaune
Le Parfum de la dame en noir
1935 Le Bonheur
1942 La Comédie du bonheur
La Nuit fantastique
1943 L'Honorable Catherine

Ken Loach
(né en 1936)

1967 Poor Cow
1970 Kes
1971 Family Life
1979 Black Jack
1981 Regards et sourires
1986 Fatherland
1990 Hidden Agenda
1991 Riff-Raff
1993 Raining Stones
1994 Ladybird
1995 Land and Freedom
1996 Carla's Song
1998 My Name Is Joe
2000 Bread and Roses
2001 The Navigators
2002 Sweet Sixteen
11'09'01 September 11 (co)
2004 Just a Kiss
2006 Le vent se lève
2007 It's a Free World !

Joseph Losey
(1909-1984)

1948 Le Garçon aux cheveux verts
1950 Haines
1951 M
1957 Temps sans pitié
1959 L'Enquête de l'inspecteur Morgan
1960 Les Criminels
1961 Les Damnés
1962 Eva
1963 The Servant
1964 Pour l'exemple
1967 Accident
1968 Boom !
Cérémonie secrète
1970 Deux hommes en fuite
1971 Le Messager
1972 L'Assassinat de Trotsky
1973 Maison de poupée
1975 Une Anglaise romantique
1976 Monsieur Klein
1978 Les Routes du Sud
1979 Don Giovanni
1982 La Truite

Ernst Lubitsch
(1892-1947)

1918 Carmen
1922 La Femme du Pharaon
1925 L'Éventail de Lady Windermer
1927 Le Prince étudiant

1929 Parade d'amour
1930 Monte-Carlo
1931 Le Lieutenant souriant
1932 L'Homme que j'ai tué
Une heure près de toi
Haute pègre
1933 Sérénade à trois
1934 La Veuve joyeuse
1937 Ange
1938 La Huitième Femme de Barbe-Bleue
1939 Ninotchka
1940 Rendez-vous
1941 Illusions perdues
1942 Jeux dangereux
1943 Le ciel peut attendre
1945 La Folle Ingénue

George Lucas
(né en 1944)

1971 THX 1138
1973 American graffiti
1977 La Guerre des Étoiles
2000 La Menace fantôme
2001 L'Attaque des clones
2005 La Revanche des Siths

David Lynch
(né en 1946)

1977 Eraserhead
1980 Elephant Man
1984 Dune
1986 Blue Velvet
1990 Sailor et Lula
1992 Twin Peaks
1996 Lost Highway
1999 Une histoire vraie
2001 Mulholland Drive
2007 Inland Empire

Louis Malle
(1932-1995)

1954 Le Monde du silence
1958 Ascenseur pour l'échafaud
Les Amants
1960 Zazie dans le métro
1962 Vie privée
1963 Le Feu follet
1965 Viva Maria
1969 Le Voleur
1971 Calcutta
Le Souffle au coeur
1974 Humain, trop humain
Lacombe Lucien
1975 Black Moon
1978 La Petite
1980 Atlantic City
1983 My Dinner with André
1987 And the Pursuit of Happiness
Au revoir les enfants
1990 Milou en mai
1992 Fatale
1994 Vanya, 42e Rue

Joseph L. Mankiewicz
(1909-1993)

1946 Le Château du dragon
1947 Un mariage à Boston
L'Aventure de Madame Muir
1948 Chaînes conjugales
1949 La Maison des étrangers
1950 Ève
La Porte s'ouvre
1951 On murmure dans les villes
1952 L'Affaire Cicéron
1953 Jules César
1954 La Comtesse aux pieds nus
1955 Blanches colombes et vilains messieurs
1958 Un Américain bien tranquille
1959 Soudain l'été dernier
1963 Cléopâtre
1967 Guêpier pour trois abeilles
1970 Le Reptile
1972 Le Limier

Georges Méliès
(1861-1938)

1896 L'Arroseur
Arrivée d'un train en gare de Vincennes
Jardinier brûlant des herbes
Escamotage d'une dame chez Robert-Houdin
1901 Voyage dans la Lune
1903 Faust aux enfers
1907 Vingt Mille Lieues sous les mers

Jean-Pierre Melville
(1917-1973)

1947 Le Silence de la mer
1950 Les Enfants terribles
1953 Quand tu liras cette lettre
1956 Bob le flambeur
1959 Deux hommes dans Manhattan
1961 Léon Morin, prêtre
1962 Le Doulos
L'Aîné des Ferchaux
1966 Le Deuxième Souffle
1967 Le Samouraï
1969 L'Armée des ombres
1970 Le Cercle rouge
1972 Un flic

Nikita Mikhalkov
(né en 1945)

1972 Un jour tranquille à la fin de la guerre
1974 Le Nôtre parmi les autres
1975 L'Esclave de l'amour
1976 Partition inachevée pour piano mécanique
1978 Cinq Soirées
1981 La Parentèle
1983 Quelques jours dans la vie d'Oblomov
1984 Sans témoin
1987 Les Yeux noirs
1991 Urga
1992-94 Anna
1994 Soleil trompeur
1998 Le Barbier de Sibérie

Claude Miller
(né en 1942)

1975 La Meilleure Façon de marcher
1977 Dites-lui que je l'aime
1981 Garde à vue
1982 Mortelle Randonnée
1985 L'Effrontée
1988 La Petite Voleuse
1992 L'Accompagnatrice
1994 Le Sourire
1998 La Classe de neige
2000 La Chambre des Magiciennes
2001 Betty Fischer et autres histoires
2003 La Petite Lili
2007 Un secret

Vincente Minnelli
(1903-1986)

1943 Un petit coin aux cieux
1944 Le Chant du Missouri
1945 Yolanda et le voleur
1946 Ziegfeld Follies (co)
1948 Le Pirate
1949 Madame Bovary
1950 Le Père de la mariée
1951 Un Américain à Paris
1952 Les Ensorcelés
1953 Tous en scène
1954 Brigadoon
1955 La Toile d'araignée
1956 Thé et sympathie
La Vie passionnée de Vincent Van Gogh
1957 La Femme modèle
1958 Gigi
1959 Comme un torrent
1960 Celui par qui le scandale arrive
Un numéro du tonnerre
1961 Les Quatre Cavaliers de l'Apocalypse
1962 Quinze jours ailleurs
1965 Le Chevalier des sables
1970 Melinda
1976 Nina

Kenji Mizoguchi
(1898-1956)

1936 Les Sœurs de Gion
1942 Les Quarante-Sept Ronins
1946 Cinq Femmes autour d'Utamaro
1951 La Dame de Musashino
1952 La Vie de O'Haru, femme galante
1953 La Fête de Gion
Les Contes de la lune vague après la pluie
Les Musiciens de Gion
1954 Une femme dont on parle
Les Amants crucifiés
L'Intendant Sansho
1955 L'Impératrice Yang Kwei-Fei
1956 Le Héros sacrilège
La Rue de la honte

Nanni Moretti
(né en 1953)

1968 Je suis un autarcique
1969 Ecce Bombo
1981 Sogni d'oro
1985 Bianca
1986 La Messe est finie
1989 Palombella rossa
1993 Journal intime
1997 Aprile
2001 La Chambre du fils
2006 Le Caïman

Friedrich Wilhelm Murnau
(1888-1931)

1922 Nosferatu le vampire
La Terre qui flambe
Le Fantôme
1924 Les Finances du grand-duc
Le Dernier des hommes
1926 Tartuffe
Faust
1927 L'Aurore
1928 Les Quatre Diables
1930 City Girl
1931 Tabou (co)

Manoel De Oliveira
(né en 1908)

1942 Aniki Bobo
1961 Le Mystère du printemps
1971 Le Passé et le Présent
1974 Bénilde ou la Vierge Mère
1978 Amours en perdition
1981 Francisca
1985 Le Soulier de satin
1988 Les Cannibales
1990 Non ou la Vaine gloire de commander
1991 La Divine Comédie
1992 Le Jour du désespoir
1993 Val Abraham
1995 Le Couvent
1997 Voyage au début du monde
1998 Inquiétude
1999 La Lettre
2000 Parole et Utopie
2001 Je rentre à la maison
Porto de mon enfance
Le Principe d'incertitude
2003 Un film parlé
2004 Le Cinquième Empire
2007 Belle toujours

Max Ophuls
(1902-1957)

1933 Une histoire d'amour
1934 On a volé un homme
La signora di tutti
1935 Divine
1936 Komödie vom Geld
Tendre Ennemie
1937 Yoshiwara
1938 Werther
1940 Sans lendemain
De Mayerling à Sarajevo
1947 L'Exilé
1948 Lettre d'une inconnue
1949 Caught
Les Désemparés
1950 La Ronde
1952 Le Plaisir
1953 Madame de...
1955 Lola Montès

Yasujiro Ozu
(1903-1963)

1931 Le Chœur de Tokyo
1932 Gosse de Tokyo
1942 Il était un père
1947 Récits d'un propriétaire
1948 Une poule dans le vent
1949 Printemps tardif
1951 Début d'été
1952 Le Goût du riz au thé vert
1953 Voyage à Tokyo
1957 Crépuscule à Tokyo
1958 Fleurs d'équinoxe
1959 Bonjour
Herbes flottantes
1960 Fin d'automne
1961 Dernier Caprice
1962 Le Goût du Saké / le Goût du poisson

Gottfried Wilhelm Pabst
(1885-1967)

1925 La Rue sans joie
1926 Les Mystères d'une âme
1927 L'Amour de Jeanne Ney
1929 Loulou
Le Journal d'une fille perdue
1930 Quatre de l'infanterie
1931 L'Opéra de quat' sous
La Tragédie de la mine
1932 L'Atlantide
1933 Don Quichotte
Du haut en bas
1934 A Modern Hero
1937 Mademoiselle Docteur
1943 Paracelse
1948 Profondeurs mystérieuses
1955 C'est arrivé le 20 juillet

Marcel Pagnol
(1895-1974)

1934 Angèle
1935 Cigalon
1936 César
1937 Regain
1938 Le Schpountz
La Femme du boulanger
1940 La Fille du puisatier
1949 La Belle Meunière
1951 Topaze
1953 Manon des Sources
1954 Les Lettres de mon moulin

Serguei Paradjanov
(1924-1990)

1965 Les Chevaux de feu / les Ombres des ancêtres oubliés
1968-71 Sayat Nova / Couleur de la grenade
1984 la Légende de la Forteresse de Souram
1988 Achik Kérib

Pier Paolo Pasolini
(1922-1975)

1961 Accatone
1962 Mamma Roma
1964 L'Évangile selon Matthieu
1966 Des oiseaux petits et gros
1967 Œdipe-roi
1968 Théorème
1970 Porcherie
Médée
1971 Le Décaméron
1972 Les Contes de Canterbury
1974 Les Mille et Une Nuits
1975 Salo ou les 120 Journées de Sodome

Sam Peckinpah
(1926-1984)

1963 New Mexico
1964 Coups de feu dans la sierra
1965 Major Dundee
1969 La Horde sauvage
1970 Un nommé Cable Hogue
1971 Les Chiens de paille
1972 Junior Bonner
Le Guet-Apens
1973 Pat Garret et Billy the Kid
1974 Apportez-moi la tête d'Alfredo Garcia
1975 Tireur d'élite.
1977 Croix de fer
1978 Le Convoi
1983 The Osterman Week-end

Arthur Penn
(né en 1922)

1958 Le Gaucher
1962 Miracle en Alabama
1965 Mickey One
La Poursuite impitoyable
1967 Bonnie and Clyde
1969 Alice's Restaurant
1970 Little Big Man
1973 Visions of 8 (co)
1975 La Fugue
1976 Missouri Breaks
1982 Georgia
1987 Froid comme la mort
1996 Inside

Maurice Pialat
(1925-2003)

1969 L'Enfance nue
1973 Nous ne vieillirons pas ensemble
1974 La Gueule ouverte
1979 Passe ton bac d'abord
1980 Loulou
1983 À nos amours
1985 Police
1987 Sous le soleil de Satan
1991 Van Gogh
1995 Le Garçu

Roman Polanski
(né en 1933)

1962 Le Couteau dans l'eau
1965 Répulsion
1967 Le Bal des vampires
1968 Rosemary's Baby
1971 Macbeth
1974 Chinatown
1976 Le Locataire
1979 Tess
1986 Pirates
1987 Frantic
1992 Lunes de fiel
1995 La Jeune Fille et la Mort
2002 Le Pianiste
2005 Oliver Twist

Sidney Pollack
(né en 1934)

1965 Trente minutes de sursis
1966 Propriété interdite
1968 Les Chasseurs de scalp
1969 Un château en enfer
On achève bien les chevaux
1972 Jeremiah Johnson
1973 Nos plus belles années
1974 Yakuza
1975 Les Trois Jours du condor
1977 Bobby Deerfield
1979 Le Cavalier électrique
1981 Absence de malice
1982 Tootsie
1986 Out of Africa
1990 Havana
1993 La Firme
2005 L'Interprète

Otto Preminger
(1906-1986)

1931 Die grosse Liebe
1944 Laura
1945 Crime passionnel
1947 Ambre
Femme ou maîtresse
1950 Le Mystérieux docteur Korvo
Mark Dixon, détective
1953 La Lune était bleue
1953 Un si doux visage
1954 La Rivière sans retour
Carmen Jones
1955 Condamné au silence
L'Homme au bras d'or
1957 Sainte Jeanne
1958 Bonjour Tristesse
1959 Porgy and Bess
Autopsie d'un meurtre
1960 Exodus
1962 Tempête à Washington
1963 Le Cardinal
1965 Première victoire
Bunny Lake a disparu
1967 Que vienne la nuit
1968 Skido!
1970 Dis moi que tu m'aimes, Junie Moon
1971 Des amis comme les miens
1975 Rosebud
1980 The Human Factor

Nicholas Ray
(1911-1979)

1949 Les Amants de la nuit
Les Ruelles du malheur
1950 Le Violent
1951 Les Diables de Guadalcanal
1952 Les Indomptables
1954 Johnny Guitare
1955 À l'ombre des potences
La Fureur de vivre
1956 L'Ardente Gitane
Derrière le miroir
1957 Le Brigand bien-aimé
Amère victoire
1958 Traquenard
La Forêt interdite
1959 Les Dents du Diable
1961 Le Roi des rois
1962 Les 55 Jours de Pékin
1976 We Can't Go Home Again
1979 Nick's Movie / Lightnin' Over Water (co)

Satyajit Ray
(1921-1992)

1955 La Complainte du sentier
1957 Aparajito
1958 Le Salon de musique
La Pierre philosophale
1959 Le Monde d'Apu
1960 La Déesse
1963 La Grande Cité
1964 Charulata
1970 L'Adversaire
Des jours et des nuits dans la forêt
1973 Tonnerres lointains
1977 Les Joueurs d'échecs
1984 La Maison et le Monde
1989 Un ennemi du peuple
1990 Les Branches de l'arbre
1991 Le Visiteur

Jean Renoir
(1894-1979)

1924 La Fille de l'eau
1926 Nana
1931 La Chienne
1932 La Nuit du carrefour
Boudu sauvé des eaux
1933 Madame Bovary
1934 Toni
1935 Le Crime de Monsieur Lange
1936 Une partie de campagne
La vie est à nous
1937 Les Bas-Fonds
La Grande Illusion
1938 La Bête humaine
La Marseillaise
1939 La Règle du jeu
1945 L'Homme du Sud
1946 Le Journal d'une femme de chambre
1951 Le Fleuve
1953 Le Carrosse d'or
1955 French Cancan
1956 Elena et les hommes
1959 Le déjeuner sur l'herbe
1961 Le Testament du docteur Cordelier
1962 Le Caporal épinglé

Alain Resnais
(né en 1922)

1956 Nuit et Brouillard (cm)
1959 Hiroshima mon amour
1961 L'Année dernière à Marienbad
1963 Muriel ou le Temps d'un retour
1966 La guerre est finie
1967 Loin du Viêt-nam (co)
1968 Je t'aime je t'aime
1974 Stavisky...
1977 Providence
1980 Mon oncle d'Amérique
1983 La vie est un roman
1984 L'Amour à mort
1986 Mélo
1989 I Want to Go Home
1993 Smoking / No Smoking
1997 On connaît la chanson
2003 Pas sur la bouche
2006 Cœurs

Arturo Ripstein
(né en 1943)

1972 Le Château de la pureté
1977 Ce lieu sans limite
1985 L'Empire de la fortune
1991 La Femme du port
1993 Principo y fin
1994 La Reine de la nuit
1996 Carmin profond
1998 Divine : l'Evangile des merveilles
1999 Pas de lettres pour le colonel
2000 Asi es la vida
La perdicion de los Hombres
2003 La Vierge de la luxure

Dino Risi
(né en 1916)

1955 Le Signe de Vénus
Pain, amour, ainsi soit-il
1956 Pauvres mais beaux
1957 La nonna Sabella
Beaux mais pauvres
1958 Venise, la lune et toi
1959 Poveri milionari
1960 L'Homme aux cent visages / le Matamore
1961 L'Inassouvie
Une vie difficile
1962 La Marche sur Rome
Le Fanfaron
1963 Les Monstres
1968 Fais-moi très mal mais couvre-moi de baisers
1969 Une poule, un train et quelques monstres
1970 La Femme du prêtre
1971 Moi, la femme
1974 Parfum de femme
1976 Ames perdues
1977 La Chambre de l'évêque
1978 Dernier Amour
1981 Fantôme d'amour
1982 Les Derniers Monstres

Jacques Rivette
(né en 1928)

1961 Paris nous appartient
1966 Suzanne Simonin, la religieuse de Diderot
1968 L'Amour fou
1970 Céline et Julie vont en bateau
1976 Duelle
1977 Noroît
1982 Le Pont du Nord
1984 L'Amour par heure
1989 La Bande des quatre
1991 La Belle Noiseuse
1994 Jeanne la Pucelle
1995 Haut bas fragile
1997 Secret défense
2001 Va savoir
2002 Histoire de Marie et Julien
2007 Ne touchez pas la hache

Éric Rohmer
(né en 1920)

1962 Le Signe du Lion
1967 La Collectionneuse
1969 Ma nuit chez Maud
1972 L'Amour l'après-midi
1976 La Marquise d'O
1979 Perceval le Gallois
1981 Le Beau Mariage
La Femme de l'aviateur
1983 Pauline à la plage
1984 Les Nuits de la pleine Lune
1986 Le Rayon vert
1987 Quatre aventures de Reinette et Mirabelle
L'Ami de mon amie
1990 Conte de printemps
1992 Conte d'hiver
1993 L'Arbre, le maire et la médiathèque
1995 Les Rendez-vous de Paris
1996 Conte d'été
1998 Conte d'automne
2001 L'Anglaise et le duc
2003 Triple Agent
2007 Les amours d'Astrée et de Céladon

Francesco Rosi
(né en 1922)

1958 Le Défi
1959 Profession : magliari
1963 Salvatore Giuliano
1964 Main basse sur la ville
Le Moment de la vérité
1967 La Belle et le Cavalier
1970 Les Hommes contre
1972 L'Affaire Mattei
1973 Lucky Luciano
1975 Cadavres exquis
1979 Le Christ s'est arrêté à Eboli
1981 Trois Frères
1987 Chronique d'une mort annoncée
1990 Oublier Palerme
1996 La Trêve

Roberto Rossellini
(1906-1977)

1941 Le Navire blanc
1942 L'Homme à la croix
1945 Rome, ville ouverte
1946 Paisa
1947 Allemagne, année zéro

1948 Amore
1950 Stromboli
Onze Fioretti de François d'Assise
1952 Europe 51
1953 Voyage en Italie
1954 Jeanne au bûcher
1959 India
Le Général della Rovere
1960 Les Évadés de la nuit
1961 Viva l'Italia
Vanina Vanini
1966 La Prise du pouvoir par Louis XIV

Raul Ruiz
(né en 1941)

1968 Trois Tristes Tigres
1970 Qué hacer ?
1974 Dialogue d'exilés
1977 La Vocation suspendue
1978 L'Hypothèse du tableau volé
1981 Le Territoire
1983 Les Trois couronnes du matelot
Bérénice
La Ville des pirates
1985 L'Éveillé du pont de l'Alma
1986 L'Île au trésor
1987 La Chouette aveugle
1992 L'Œil qui ment
1996 Jessie
Trois Vies et une seule mort
1997 Généalogies d'un crime
1999 Le Temps retrouvé
2000 Comédie de l'innocence
2001 Les Âmes fortes
2003 Ce jour-là
2005 Le Domaine perdu

Carlos Saura
(né en 1932)

1972 Anna et les loups
1973 La Cousine Angélique
1975 Cria cuervos
1981 Noces de sang
1981 Vivre vite
1983 Carmen
1987 El Dorado
1989 La Noche oscura
1990 Ay Carmela !
1995 Flamenco
1997 Taxi de noche
Pajarico
1998 Tango
1999 Goya
2002 Salomé
2004 Le 7ème jour

Claude Sautet
(1924-2000)

1960 Classe tous risques
1965 L'arme à gauche
1969 Les Choses de la vie
1971 Max et les ferrailleurs
1972 César et Rosalie
1974 Vincent, François, Paul et les autres
1976 Mado
1978 Une histoire simple
1980 Un mauvais fils
1983 Garçon !

1988 Quelques jours avec moi
1992 Un cœur en hiver
1995 Nelly et Monsieur Arnaud

Volker Schlöndorff
(né en 1939)

1966 Les Désarrois de l'élève Toerless
1967 Vivre à tout prix
1969 Michael Kohlhaas, le rebelle
1970 La Soudaine Richesse des pauvres gens de Kombach
1972 Feu de paille
1975 L'Honneur perdu de Katharina Blum
1976 Le Coup de grâce
1977-78 L'Allemagne en automne (co)
1979 Le Tambour
1980 Le Candidat (co)
1981 Le Faussaire
1983 Un amour de Swann
Guerre et Paix (co)
1985 Mort d'un commis voyageur
1987 Colère en Louisiane
1990 La Servante écarlate
1991 The Voyager
1997 Le Roi des Aulnes
1999 Les Trois Vies de Rita Vogt

Ettore Scola
(né en 1931)

1970 Drame de la jalousie
1974 Nous nous sommes tant aimés
1976 Affreux, sales et méchants
1977 Une journée particulière
1979 La Terrasse
1980 Passion d'amour
1982 La Nuit de Varennes
1983 Le Bal
1985 Macaroni
1987 La Famille
1989 Splendor
Quelle heure est-il ?
1990 Le Voyage du capitaine Fracasse
1998 Le Dîner
2001 Concurrence déloyale

Martin Scorsese
(né en 1942)

1972 Bertha Boxcar
1973 Mean Streets
1974 Alice n'est plus ici
1976 Taxi Driver
1977 New York New York
1978 The Last Waltz
1980 Raging Bull
1983 La Valse des pantins
1986 After Hours
La Couleur de l'argent
1988 La Dernière Tentation du Christ
1989 Les Nerfs à vif
1990 *Les Affranchis*
1993 Le Temps de l'innocence
1996 Casino
1998 Kundun

1999 À tombeau ouvert
2002 Gangs of New York
2004 Aviator
2006 Les Infiltrés

Ridley Scott
(né en 1939)

1976 Les Duellistes
1979 Alien, le 8e passager
1983 Blade Runner
1985 Legend
1987 Traquée
1990 Black Rain
1991 Thelma et Louise
1992 1492, Christophe Colomb
2000 Gladiator
2001 Hannibal
La Chute du Faucon noir
2003 Les Associés
2005 Kingdom of Heaven
2007 American Gangster

Douglas Sirk
(1897-1987)

1937 Paramatta, bagne de femmes
La Habanera
1943 Hitler's Madman
1944 L'Aveu
1946 A Scandal in Paris
1947 Des filles disparaissent
1950 La Première Légion
1951 Qui a donc vu ma belle ?
1952 All I Desire
1953 Taza, fils de Cochise
1954 Le Signe du païen
Le Secret magnifique
1955 Capitaine Mystère
1956 Tout ce que le ciel permet
There's Always Tomorrow
1957 Ecrit sur du vent
Les Amants de Salzbourg
1958 La Ronde de l'aube
Le Temps d'aimer et le Temps de mourir
1959 Mirage de la vie

Victor David Sjöström
(1879-1960)

1913 Ingeborg Holm
1916 Terje Vigen
1917 Les Proscrits
La Fille de la tourbière
1918 La Voix des ancêtres
1919 La Montre brisée
1920 La Charrette fantôme
1923 Le Glaive de la loi
1924 Larmes de clown
1926 La Lettre rouge
1928 Le Vent
La Femme divine

Steven Spielberg
(né en 1946)

1971 Duel
1974 Sugarland Express
1975 Les Dents de la mer
1977 Rencontres du troisième type
1979 1941
1980 Les Aventuriers de l'Arche perdue
1982 E.T. l'extra-terrestre
1984 Indiana Jones et le temple maudit
1985 La Couleur pourpre
1987 L'Empire du soleil
1989 Indiana Jones et la dernière croisade
1991 Hook ou la Revanche du capitaine Crochet
1993 Jurassic Park
1994 La Liste de Schindler
1998 Il faut sauver le soldat Ryan
2002 Arrête-moi si tu peux
Minority Report
2004 Le Terminal
2005 La Guerre des Mondes
2006 Munich

Josef von Sternberg
(1894-1969)

1927 Les Nuits de Chicago
1928 Les Damnés de l'océan
1930 L'Ange bleu
Cœurs brûlés
1931 X 27
Une tragédie américaine
1932 Shanghaï Express
Blonde Vénus
1934 L'Impératrice rouge
1935 La Femme et le pantin
1941 Shanghaï Gesture
1952 Le Paradis des mauvais garçons
1953 Fièvre sur Anatahan

Oliver Stone
(né en 1946)

1985 Salvador
1986 Platoon
1987 Wall Street
1988 Talk Radio
1989 Né un 4 juillet
1991 Les Doors
JFK
1993 Entre ciel et terre
1994 Tueurs-nés
1995 Nixon
1997 U-turn, ici commence l'enfer
1999 L'Enfer du dimanche
2004 Alexandre
2006 World Trade Center

Quentin Tarantino
(né en 1963)

1992 Reservoir dogs
1994 Pulp Fiction
1997 Jackie Brown
2003 Kill Bill : vol. 1
2004 Kill Bill : vol. 2
2007 Boulevard de la Mort

Andreï Tarkovski
(1932-1986)

1962 L'Enfance d'Ivan
1966 Andréi Roublev
1972 Solaris
1974 Le Miroir
1979 Stalker
1983 Nostalghia
1986 Le Sacrifice

Jacques Tati
(1907-1982)

1949 Jour de fête
1953 Les Vacances de M. Hulot
1958 Mon oncle
1967 Playtime
1971 Trafic
1974 Parade

André Téchiné
(né en 1943)

1975 Pauline s'en va
Souvenir d'en France
1976 Barocco
1979 Les Sœurs Brontë
1981 Hôtel des Amériques
1983 La Matiouette ou l'Arrière-Pays
1985 Rendez-vous
1986 Le Lieu du crime
1987 Les Innocents
1991 J'embrasse pas
1993 Ma saison préférée
1994 Les Roseaux sauvages
1996 Les Voleurs
1998 Alice et Martin
2001 Loin
2003 Les Égarés
2004 Les Temps qui changent
2007 Les Témoins

Lars von Trier
(né en 1956)

1984 Element of Crime
1987 Epidemic
1991 Europa
1995 Breaking the Waves
1998 Les Idiots
2000 Dancer in the Dark
2003 Dogville
2005 Manderlay
2007 Le Direktør

François Truffaut
(1932-1984)

1959 Les Quatre Cents Coups
1960 Tirez sur le pianiste
1962 Jules et Jim
1964 La Peau douce

1966 Fahrenheit 451
1967 La mariée était en noir
1968 Baisers volés
1969 La Sirène du Mississipi
1970 Domicile conjugal
L'Enfant sauvage
1971 Les Deux Anglaises et le continent
1972 Une belle fille comme moi
1973 La Nuit américaine
1975 L'Histoire d'Adèle H
1976 L'Argent de poche
1977 L'Homme qui aimait les femmes
La Chambre verte
1978 L'Amour en fuite
1980 Le Dernier Métro
1981 La Femme d'à côté
1983 Vivement dimanche !

Gus Van Sant
(né en 1952)

1985 Mala Noche
1989 Drugstore Cowboy
1991 My Own Private Idaho
1994 Even Cowgirls Get the Blues
1995 Prête à tout
1999 Will Hunting
Psycho
2000 À la rencontre de Forrester
2002 Gerry
2003 Elephant
2005 Last Days
2007 Paranoid Park

Agnès Varda
(née en 1928)

1955 La Pointe courte
1962 Cléo de 5 à 7
1965 Le Bonheur
1966 Les Créatures
1970 Lions'love
1975 Daguerréotypes
1977 L'une chante, l'autre pas
1980 Mur murs
1982 Documenteur
1985 Sans toit ni loi
1987 Jane B. par Agnès V.
Kung-fu master
1991 Jacquot de Nantes
1993 Les Demoiselles ont eu 25 ans
L'Univers de Jacques Demy
1995 Les Cent et Une Nuits
2000 Les Glaneurs et la Glaneuse
2002 Les Glaneurs et la Glaneuse... deux ans après
2003 Le Lion volatile (cm)
2004 Ydessa, les ours et etc. (cm)

King Vidor
(1894-1982)

1919 Le Tournant
1925 La Grande Parade
1928 La Foule
Mirages
1929 Hallelujah
1930 Billy the Kid
Le Champion
1934 Notre pain quotidien
1938 La Citadelle
1940 Le Grand Passage
1944 Romance américaine
1947 Duel au soleil
1949 Le Rebelle
La Garce
1952 La Furie du désir
1955 L'Homme qui n'a pas d'étoile
1956 Guerre et Paix
1960 Salomon et la Reine de Saba

Jean Vigo
(1905-1934)

1929-30 À propos de Nice (cm)
1931 Taris ou la natation (cm)
1933 Zéro de conduite (mm)
1934 L'Atalante

Luchino Visconti
(1906-1976)

1942 Les Amants diaboliques / Ossessione
1948 La Terre tremble
1951 Bellissima
1954 Senso
1957 Les Nuits blanches
1960 Rocco et ses frères
1962 Boccace 70 (co)
1963 Le Guépard
1965 Sandra
1967 L'Étranger
1969 Les Damnés
1971 Mort à Venise
1973 Ludwig
1974 Violence et passion
1976 L'Innocent

Andrzej Wajda
(né en 1926)

1954 Une fille a parlé
1957 Ils aimaient la vie
1958 Cendres et diamant
1960 Les Innocents charmeurs
1961 Samson
1965 Cendres
1969 Tout est à vendre
1970 Paysage après la bataille
Le Bois de bouleaux
1972 Les Noces
1975 La Terre de la grande promesse
1976 L'Homme de marbre
1978 Sans anesthésie
1979 Les Demoiselles de Wilko
Le Chef d'orchestre
1981 L'Homme de fer
1982 Danton
1986 Chronique des événements amoureux
1989 Korczak
1999 Pan Tadeusz

Raoul Walsh
(1887-1980)

1924 Le Voleur de Bagdad
1930 La Piste des géants
1936 Annie du Klondyke
1939 Les Fantastiques Années 20
1940 Une femme dangereuse
1941 La Charge fantastique
La Grande Évasion
1942 Gentleman Jim
1945 Aventures en Birmanie
1946 The Man I Love
1947 La Vallée de la peur
1949 L'Enfer est à lui
La Fille du désert
1951 Les Aventures du capitaine Wyatt
Le Désert de la peur
1952 Le monde lui appartient
1955 Les Implacables
1956 Un roi et quatre reines
1957 L'Esclave libre
1958 Les Nus et les Morts
1964 La Charge de la huitième brigade

Orson Welles
(1915-1985)

1941 Citizen Kane
1942 La Splendeur des Amberson
1946 Le Criminel
1948 La Dame de Shanghaï
Macbeth
1952 Othello
1955 Mr Arkadin
1958 La Soif du mal
1962 Le Procès
1965 Falstaff
1968 Une histoire immortelle
1975 Vérités et Mensonges
1978 Filming Othello

Wim Wenders
(né en 1945)

1971 L'Angoisse du gardien de but au moment du penalty
1973 Alice dans les villes
1975 Faux mouvement
1976 Au fil du temps
1977 L'Ami américain
1980 Nick's Movie / Lightnin' Over Water (co)
1982 L'État des choses
Hammett
1984 Paris, Texas
1987 Les Ailes du désir
1989 Carnet de notes sur vêtements et villes
1991 Jusqu'au bout du monde
1992 Si loin, si proche
1995 Lisbonne Story
1996 Par-delà les nuages (co)
1997 The End of violence
1998 Buena Vista Social Club
1999 The Million Dollar Hotel
2003 Land of Plenty
The Soul of a Man
2005 Don't Come Knocking

Billy Wilder
(1906-2002)

1934 Mauvaise graine
1944 Assurance sur la mort
1945 Le Poison
1948 La Scandaleuse de Berlin
1950 Boulevard du Crépuscule
1951 Le Gouffre aux chimères
1953 Stalag 17
1954 Sabrina
1955 Sept ans de réflexion
1957 Ariane
Témoin à charge
1959 Certains l'aiment chaud
1960 La Garçonnière
1961 Un, deux, trois
1963 Irma la Douce
1964 Embrasse-moi, idiot !
1970 La Vie privée de Sherlock Holmes
1973 Avanti !
1974 Spéciale première
1978 Fédora

Robert Wise
(né en 1914)

1944 La Malédiction des hommes-chats
Mademoiselle Fifi
1947 Né pour tuer
1949 Nous avons gagné ce soir
1951 Le Jour où la Terre s'arrêta
1953 Les Rats du désert
1954 La Tour des ambitieux
1955 Hélène de Troie
1956 Marqué par la haine
1958 Je veux vivre
1959 Le Coup de l'escalier
1961 West Side Story (co)
1962 La Maison du Diable
1965 La Mélodie du bonheur
1966 La Canonnière du Yang-Tsé
1968 Star
1971 Mystère Andromède
1975 L'Odyssée du « Hindenburg »
1977 Audrey Rose
1979 Star Trek : le film
1989 Rooftops

Wong Kar-wai
(né en 1958)

1988 As Tears Go by
1990 Nos années sauvages
1994 Les Cendres du temps
Chunking Express
1996 Les Anges déchus
1997 Happy Together
2000 In the Mood for Love
2004 2046
2005 Eros (co)
2007 My Blueberry Nights

William Wyler
(1902-1981)

1930 Hell's Heroes
1932 A House Divided
1933 Le Grand Avocat
1935 La Bonne Fée
1937 Rue sans issue
1938 L'Insoumise
1939 Les Hauts de Hurlevent
1940 La Lettre
Le Cavalier du désert
1941 La Vipère
1942 Madame Miniver
1946 Les Plus Belles Années de notre vie
1949 L'Héritière
1952 Un amour désespéré
1953 Vacances romaines
1955 La Maison des otages
1956 La Loi du seigneur
1958 Les Grands Espaces
1959 Ben Hur
1962 La Rumeur
1965 L'Obsédé
1966 Comment voler un million de dollars
1968 Funny Girl

Fred Zinnemann
(1907-1997)

1935 Les Révoltés d'Alvarado (co)
1949 Acte de violence
1950 C'étaient des hommes
1951 Térésa
1952 Le train sifflera trois fois
1953 Tant qu'il y aura des hommes
1959 Au risque de se perdre
1960 Horizons sans frontières
1966 Un homme pour l'éternité
1973 Chacal
1977 Julia
1982 Cinq jours ce printemps-là

Filmographies par

Ces Filmographies proposent une sélection de titres.

Isabelle Adjani
(née en 1955)

1974 La Gifle Pinoteau
1975 Histoire d'Adèle H Truffaut
1976 Le Locataire Polanski
Barocco Téchiné
1977 Violette et François Rouffio
1979 Les Sœurs Brontë Téchiné
1980 Clara et les chics types Monnet
1981 Quartet Ivory
Possession Zulawski
Tout feu tout flamme Rappeneau
1982 Mortelle Randonnée C. Miller
1983 L'Été meurtrier Jean Becker
1985 Subway L. Besson
1988 Camille Claudel Nuytten
1994 La Reine Margot Chéreau
2003 Bon voyage Rappeneau

Anouk Aimée
(née en 1932)

1949 Les Amants de Vérone Cayatte
1953 Le Rideau cramoisi Astruc
1955 Les Mauvaises Rencontres Astruc
1958 Montparnasse 19 Jacques Becker
1959 La Tête contre les murs Franju
Les Dragueurs Mocky
1960 La dolce vita Fellini
1961 Lola Demy
1963 Huit et demi Fellini
1966 Un homme et une femme Lelouch
1968 Un soir un train Delvaux
1969 Rendez-vous Lumet
Justine Cukor
Model Shop Demy
1979 Le Saut dans le vide Bellocchio
1981 La Tragédie d'un homme ridicule Bertolucci
1983 Le Général de l'armée morte Tovoli
1986 Un homme et une femme : vingt ans déjà Lelouch
1993 Les Marmottes Chouraqui
1994 Prêt-à-porter Altman

Julie Andrews
(née en 1935)

1964 Mary Poppins Stevenson
1965 La Mélodie du bonheur Wise
1966 Hawaii Hill
Le Rideau déchiré Hitchcock
1967 Millie Hill
1968 Star! Wise
1970 Darling Lili Edwards
1974 Top Secret Edwards
1979 Elle Edwards
1981 S.O.B. Edwards
1982 Victor, Victoria Edwards
1983 L'Homme à femmes Edwards
1986 That's Life Edwards
Duo pour une soliste Mikhalkov-Kontchalovski
1990 Tchin-tchin Saks
2001 Princesse malgré elle G. Marshall

Fanny Ardant
(née en 1949)

1979 Les Chiens A. Jessua
1981 Les Uns et les Autres Lelouch
La Femme d'à côté Truffaut
1983 La Vie est un roman Resnais
Vivement dimanche Truffaut
1984 Un amour de Swann Schlöndorff
L'Amour à mort A. Resnais
1985 L'Été prochain N. Trintignant
1986 Conseil de famille Costa-Gavras
Le Paltoquet Deville
1988 Pleure pas my love Gatlif
1990 Les Aventures de Catherine Beuchot
1994 Le Colonel Chabert Angelo
1995 Pédale douce Aghion
1996 Ridicule Leconte
1998 Le Dîner Scola
1999 La Débandade Berri
2002 Huit Femmes Ozon
2003 Nathalie... Fontaine

Arletty
(1898-1987)

1931 Un chien qui rapporte Choux
1935 Pension Mimosas Feyder
1937 Les Perles de la couronne Guitry
1938 Hôtel du Nord Carné
1939 Le jour se lève Carné
Fric-Frac Lehmann
Circonstances atténuantes Boyer
1941 Madame Sans-Gêne Richebé
1942 Les Visiteurs du soir Carné
1945 Les Enfants du paradis Carné
1949 Portrait d'un assassin Bernard-Roland
1953 Le Père de Mademoiselle L'Herbier
1954 L'Air de Paris Carné
Le Grand Jeu Siodmak
Huis clos Audry
1962 Le Jour le plus long Zanuck
1963 LeVoyage à Biarritz Grangier

Fred Astaire
(1899-1987)

1933 La Carioca Leonard
Le Tourbillon de la danse Freeland
1934 La Joyeuse divorcée Sandrich
1935 Roberta Seiter
Le Danseur du dessus Sandrich
1936 En suivant la flotte Sandrich
Sur les ailes de la danse Stevens
1937 L'Entreprenant Monsieur Petrov Sandrich
Une demoiselle en détresse Stevens
1938 Amanda Sandrich
1939 La Grande farandole Potter
1945 Yolanda et le voleur Minnelli
Ziegfeld follies Minnelli
1948 Parade de printemps Walters
1949 Entrons dans la danse Walters
1950 Maman est à la page McLeod
1951 Mariage royal Donen
1952 La Belle de New York Walters
1953 Tous en scène Minnelli
1955 Papa longues jambes Negulesco
1957 Drôle de frimousse Donen
La Belle de Moscou Mamoulian
1959 Le Dernier rivage Kramer
1961 L'Inquiétante dame en noir Quine
1968 La Vallée du bonheur Coppola
1974 La Tour infernale Guillermin
1976 Hollywood Hollywood Kelly
1977 Un taxi mauve Boisset
1981 Le Fantôme de Milburn Irvin

Daniel Auteuil
(né en 1950)

1975 L'Agression Pirès
1978 Les héros n'ont pas froid aux yeux Nemes
1983 À mort l'arbitre Mocky
1984 L'Amour en douce Molinaro
1986 Le Paltoquet Delville
Jean de Florette Berri
Manon des sources Berri
1988 Quelques jours avec moi Sautet
1989 Romuald et Juliette C. Serreau
1992 Un cœur en hiver Sautet
1993 Ma saison préférée Sautet
1994 La Séparation C. Vincent
La Reine Margot Chéreau
1995 Une femme française Wargnier
1996 Le Huitième Jour Van Dormael
1997 Le Bossu Broca
1999 La Fille sur le pont Leconte
2000 Sade Jacquot
2001 Le Placard Veber
2002 L'Adversaire Garcia
2003 Après vous Salvadori
2004 36, quai des Orfèvres Marchal
L'un reste, l'autre part Berri
2005 Caché Haneke
Peindre ou faire l'amour A. et J.-M. Larrieu

Lauren Bacall
(née en 1924)

1944 Le Port de l'angoisse Hawks
1946 Le Grand Sommeil Hawks
1947 Les Passagers de la nuit Daves
1948 Key Largo Huston
1950 La Femme aux chimères Curtiz
Le Roi du tabac Curtiz
1953 Comment épouser un millionnaire Negulesco
1955 La Toile d'araignée Minnelli
1956 Écrit sur du vent Sirk
1957 La Femme modèle Minnelli
1964 Une vierge sur canapé Quine
1966 Détective privé Smight
1974 Le Crime de l'Orient-Express Lumet
1976 Le Dernier des géants Siegel
1994 Prêt-à-porter Altman
2003 Dogville von Trier

Javier Bardem
(né en 1969)

1990 Las Edades de Lulú Bigas Luna
1991 Talons aiguilles Almodóvar
1992 Jamón, jamón Bigas Luna
1995 La Madre Bardem
1996 L'Amour nuit gravement à la santé Pereira
1997 Perdita Durango De la Iglesia
En chair et en os Almodóvar
1999 Entre les jambes Pereira
2000 Before Night Falls Schnabel
2002 Les Lundis au soleil De Aranoa
The Dancer Upstairs Malkovich
2004 Mar adentro Amenabar
Collateral M. Mann

Brigitte Bardot
(née en 1934)

1952 Le Trou normand Boyer
1955 Les Grandes Manœuvres Clair
1955 Futures Vedettes M. Allégret
1956 En effeuillant la marguerite M. Allégret
Et Dieu... créa la femme Vadim
1958 En cas de malheur Autant-Lara
1959 Babette s'en va-t-en guerre Christian-Jaque
La Femme et le pantin Duvivier
1960 La Vérité Clouzot
1962 Vie privée Malle
1963 Le Mépris Godard
1965 Viva Maria Malle
1970 L'Ours et la poupée Deville
1971 Boulevard du Rhum Enrico
1973 Don Juan 73 Vadim

Emmanuelle Béart
(née en 1965)

1980 Demain les mômes Pourtalé
1986 Manon des sources Berri
1989 Les Enfants du désordre Bellon
1991 La Belle Noiseuse Rivette
J'embrasse pas Téchiné
1992 Un cœur en hiver Sautet
1994 L'Enfer Chabrol
1995 Une femme française Wargnier
Nelly et M. Arnaud Sautet
1998 Voleur de vie Angelo
1999 Le Temps retrouvé Ruiz
La Bûche D. Thomson
2000 Les Destinées sentimentales Assayas
2001 La Répétition Corsini
2002 Huit Femmes Ozon
2003 Les Égarés Téchiné
Nathalie.. Fontaine
2004 Un fil à la patte Deville
2005 L'Enfer Tanovic

Warren Beatty
(né en 1937)

1961 La Fièvre dans le sang Kazan
1962 L'Ange de la violence Frankenheimer
1964 Lilith Rossen
1965 Mickey One Penn
1967 Bonnie et Clyde Penn
1970 Las Vegas... un couple Stevens
1971 John McCabe Altman
1974 À cause d'un assassinat Pakula
1975 Shampoo Ashby
1978 Le ciel peut attendre Beatty et B. Henry
1981 Reds Beatty
1990 Dick Tracy Beatty
1991 Bugsy Levinson

acteurs

1998 Bullworth Beatty
2001 Town and Country Chelsom

Jean-Paul Belmondo
(né en 1933)

1958 Les Tricheurs Carné
1959 À double tour Chabrol
1960 À bout de souffle Godard
La Ciociara De Sica
La viaccia Bolognini
Classe tous risques Sautet
Moderato cantabile Brook
1961 Cartouche Broca
Une femme est une femme Godard
Léon Morin, prêtre Melville
1962 Un singe en hiver Verneuil
L'Aîné des Ferchaux Melville
Le Doulos Melville
1963 L'Homme de Rio Broca
1964 Week end à Zuydcoote Verneuil
Cent mille dollars au soleil Verneuil
1965 Pierrot le fou Godard
Les Tribulations d'un Chinois en Chine Broca
1967 Le Voleur Malle
1969 Le Cerveau Oury
La Sirène du Mississipi Truffaut
1970 Borsalino Deray
1971 Le Casse Verneuil
Les Mariés de l'an II Rappeneau
1972 L'Héritier P. Labro
1973 Le Magnifique Broca
1974 Stavisky... Resnais
1975 Peur sur la ville Verneuil
1979 Flic ou voyou Lautner
1982 L'As des as Oury
1988 Itinéraire d'un enfant gâté Lelouch
1995 Les Misérables Lelouch
1998 Une chance sur deux Leconte
1999 Peut-être Klapisch
2000 Les Acteurs Blier

Ingrid Bergman
(1915-1982)

1934 Munkbrovegen Adolfson
1941 Dr Jekyll et Mr Hyde Fleming
1943 Casablanca Curtiz
1943 Pour qui sonne le glas ? Wood
1944 Hantise Cukor
1945 La Maison du Dr Edwardes Hitchcock
L'Intrigante de Saratoga Wood
Les Cloches de Saint Mary Mc Carey
1946 Les Enchaînés Hitchcock
1948 Jeanne d'Arc Fleming
Arc de triomphe Milestone
1949 Les Amants du Capricorne Hitchcock
1950 Stromboli Rossellini
1952 Europe 51 Rossellini
1953 Voyage en Italie Rossellini
1956 Anastasia Litvak
Elena et les hommes Renoir
1961 Aimez-vous Brahms ? Litvak
1964 La Rancune Wicki
1974 Le Crime de l'Orient-Express Lumet
1978 Sonate d'automne Bergman

Juliette Binoche
(née en 1964)

1983 Liberty Bello Kané
1985 Rendez-vous Téchiné
1986 Mauvais Sang Carax
1988 L'Insoutenable légèreté de l'être Kaufman
1991 Les Amants du Pont-Neuf Carax
1992 Fatale Malle
1993 Trois Couleurs : Bleu Kieslowski
1995 Le Hussard sur le toit Rappeneau
1997 Le Patient anglais Minghella
1998 Alice et Martin Téchiné
2000 La Veuve de Saint-Pierre Leconte
Code inconnu Haneke
2002 Décalage horaire Thompson
2005 Caché Haneke

Bernard Blier
(1916-1989)

1937 Trois, six, neuf Rouleau
1938 Hôtel du Nord Carné
Entrée des artistes Allégret
1945 Marie-Martine Valentin
1947 Quai des Orfèvres Clouzot
1948 Dédée d'Anvers Y. Allégret
1949 L'École buissonnière Le Chanois
1950 Manèges Y. Allégret
Les Anciens de Saint-Loup Lampin
1954 Avant le déluge Cayatte
1955 Le Dossier noir Cayatte
1956 Crime et Châtiment Lampin
1957 L'Homme à l'imperméable Duvivier
Les Misérables Le Chanois
1958 Les Grandes Familles La Patellière
1959 Marie-Octobre Duvivier
La Grande Guerre Monicelli
1963 Les Camarades Monicelli
Les Tontons flingueurs Lautner
1965 Les Barbouzes Lautner
1972 Tout le monde il est beau, tout le monde il est gentil Yanne
Le Grand Blond avec une chaussure noire Robert
1975 Ce cher Victor Davis
1975 Mes chers amis Monicelli
1976 Calmos Bertrand Blier
1979 Série noire Corneau
Buffet froid Bertrand Blier
1980 Eugenio Comencini
1988 Les Possédés Wajda

Humphrey Bogart
(1899-1957)

1930 Up the River Ford
1936 La Forêt pétrifiée Mayo
La Légion noire Mayo
1937 Rue sans issue Wyler
1938 Les Anges aux figures sales Curtiz
1939 Les Fantastiques Années 20 Walsh
1940 La Caravane héroïque Curtiz
1941 La Grande Évasion Walsh
Le Faucon maltais Huston
1943 Casablanca Curtiz
1945 Le Port de l'angoisse Hawks
1946 Le Grand Sommeil Hawks
1947 Les Passagers de la nuit Daves
1948 Le Trésor de la sierra Madre Huston
Key Largo Huston
1950 Le Violent N. Ray
La Femme à abattre Windust
1951 African Queen Huston
1952 Bas les masques Brooks
1953 Le Cirque infernal Brooks
1954 Sabrina Wilder
La Comtesse aux pieds nus Mankiewicz
Ouragan sur le Caine Dmytryk
Plus fort que le diable Huston
1955 La Maison des otages Wyler
La Main gauche du Seigneur Dmytryk
La Cuisine des anges Curtiz
1956 Plus dure sera la chute Robson

Sandrine Bonnaire
(née en 1967)

1983 À nos amours Pialat
1985 Blanche et Marie Renard
Police Pialat
Sans toit ni loi Varda
1986 La Puritaine Doillon
1987 Sous le soleil de Satan Pialat
Les Innocents Téchiné
1988 Quelques jours avec moi Sautet
1989 Monsieur Hire Leconte
1994 Jeanne la Pucelle Rivette
1995 La Cérémonie Chabrol
1998 Secret Défense Rivette
1999 Au cœur du mensonge Chabrol
Est Ouest Wargnier
2001 Mademoiselle Lioret
2004 Confidences trop intimes Leconte
2004 Le Cou de la girafe Nebbou
L'Équipier Lioret

Michel Bouquet
(né en 1926)

1947 Monsieur Vincent Cloche
1948 Pattes blanches Grémillon
1955 La Tour de Nesle Gance
1963 Le Tigre se parfume à la dynamite Chabrol
1964 Les Amitiés particulières Delannoy
1967 Lamiel Aurel
La Route de Corinthe Chabrol
1968 La Mariée était en noir Truffaut
1969 La Femme infidèle Chabrol
La Sirène du Mississipi Truffaut
1970 Un condé Boisset
Le Dernier Saut Luntz
La Rupture Chabrol
1971 Juste avant la nuit Chabrol
1972 L'Humeur vagabonde Luntz
L'Attentat Boisset
1973 Le Serpent Verneuil
Deux hommes dans la ville Giovanni
1974 France société anonyme Corneau
1976 Le Jouet Veber
1978 L'Ordre et la Sécurité du monde d'Anna
1982 Les Misérables Hossein
1985 Poulet au vinaigre Chabrol
1991 Toto le héros Van Dormaël
1995 Élisa Jean Becker
2001 Comment j'ai tué mon père Fontaine
2005 Le Promeneur du Champ-de-Mars Guédigian

Bourvil
(1917-1970)

1945 La Ferme du pendu Dréville
1949 Miquette et sa mère Clouzot
1952 Le Trou normand Boyer
1956 La Traversée de Paris Autant-Lara
1957 Les Misérables Le Chanois
1958 Le Miroir à deux faces Cayatte
1959 Le Chemin des écoliers Boisrond
La Jument verte Autant-Lara
1960 Fortunat Alex Joffé
1963 Un drôle de paroissien Mocky
1965 Le Corniaud Oury
Les Grandes Gueules Enrico
1966 La Grande Vadrouille Oury
1968 La Grande Lessive Mocky
1969 Le Cerveau Oury
Le Cercle rouge Melville

Marlon Brando
(1924-2004)

1950 C'était des hommes Zinnemann
1951 Un tramway nommé Désir Kazan
1952 Viva Zapata Kazan
1953 Jules César Mankiewicz
L'Équipée sauvage Benedek
1954 Sur les quais Kazan
1955 Blanches colombes et vilains messieurs Mankiewicz
1958 Le Bal des maudits Dmytryk
1960 L'Homme à la peau de serpent Lumet
1961 La Vengeance aux deux visages Brando
1962 Les Révoltés du Bounty Milestone
1965 La Poursuite impitoyable Penn
1967 Reflets dans un œil d'or Huston
La Comtesse de Hong Kong Chaplin
1969 Queimada Pontecorvo
1972 Le Dernier Tango à Paris Bertolucci
Le Parrain F. F. Coppola
1976 Missouri Breaks Penn
1978 Superman Donner
1979 Apocalypse Now Coppola
1981 La Formule Avildsen
1989 Une saison blanche et sèche Palcy
1995 Don Juan de Marco Leven
1996 L'Île du docteur Moreau Frankenheimer
1997 The Brave Depp
2001 The Score Oz

Louise Brooks
(1906-1985)

1928 Une fille dans chaque port Hawks
Les Mendiants de la vie Wellman
1929 Loulou Pabst
Journal d'une fille perdue Pabst
1930 Prix de beauté Genina

Richard Burton
(1925-1984)

1951 Ma cousine Rachel Koster
1953 La Tunique Koster
1957 Amère victoire N. Ray
1959 Les Corps sauvages Richardson

1962 Le Jour le plus long Zanuck
1963 Cléopâtre Mankiewicz
1964 Becket Glenville
La Nuit de l'iguane Huston
1965 L'Espion qui venait du froid Ritt
Le Chevalier des sables Minnelli
1966 Qui a peur de Virginia Woolf ? Nichols
1967 La Mégère apprivoisée Zeffirelli
1969 L'Escalier Donen
1972 L'Assassinat de Trotsky Losey
1977 L'Exorciste II : l'hérétique Boorman
La Grande Menace Gold
1978 Les Oies sauvages McLaglen
1984 1984 Radford

Nicolas Cage
(né en 1964)

1983 Rusty James Coppola
1984 Birdy Parker
Cotton Club Coppola
1986 Peggy Sue s'est mariée Coppola
1987 Arizona Junior Frères Coen
1990 Sailor et Lula Lynch
1992 Red Rock West Dahl
1995 Leaving Las Vegas Figgis
Kiss of Death Schroeder
1996 Rock Bay
1997 Volte / face Woo
Les Ailes de l'enfer West
1999 À tombeau ouvert Scorsese
2002 Adaptation Jonze
2003 Les Associés Scott
2005 Lord of War Niccol
2006 World Trade Center Stone

James Cagney
(1899-1986)

1930 Sinners'Holiday Adolfi
1931 L'Ennemi public Wellman
1932 La foule hurle Hawks
1933 Le Tombeur Del Ruth
Prologues Bacon
1935 Le Songe d'une nuit d'été Reinhardt et Dieterle
1938 Les Anges aux figures sales Curtiz
1939 À chaque aube je meurs Keighley
Les Fantastiques Années 20 Walsh
1942 Parade de la gloire Curtiz
1943 Johnny le vagabond Howard
1949 L'Enfer est à lui Walsh
1953 A Lion Is in the Streets Walsh
1955 À l'ombre des potences N. Ray
1956 La Loi de la prairie Wise
1957 L'Homme aux mille visages Pevney
1961 Un, deux, trois Wilder
1981 Ragtime Forman

Claudia Cardinale
(née en 1938)

1956 Chaînes d'or Vautier
1958 Le Pigeon Monicelli
1960 Le Bel Antonio Bolognini
Rocco et ses frères Visconti
1961 La viaccia Bolognini
La Fille à la valise Zurlini
1962 Cartouche Broca
1963 Huit et demi Fellini
1963 Le Guépard Visconti
1964 La Panthère rose Edwards
1965 Sandra Visconti
1966 Les Professionnels R. Brooks
1968 Il était une fois dans l'Ouest Leone
1971 Les Pétroleuses Christian-Jaque
1972 Les lions sont lâchés Verneuil
1975 Violence et Passion Visconti
1982 Fitzcarraldo Herzog
1983 Le Ruffian Giovanni
1991 Mayrig Verneuil
1992 588, rue Paradis Verneuil

Cyd Charisse
(née en 1922)

1943 Something to Shout About Ratoff
Mission to Moscow Curtiz
1945 Ziegfeld Follies Minnelli
1945 The Harvey Girls Sidney
1949 Tension J. Berry
Ville haute, ville basse LeRoy
1951 Le Signe des renégats Fregonese
1952 Au pays de la peur Marton
Chantons sous la pluie Kelly et Donen
1953 Tous en scène Minnelli
1954 Brigadoon Minnelli
1955 Beau Fixe sur New York Kelly et Donen
1957 La Belle de Moscou Mamoulian
1958 Party Girl N. Ray
1962 Quinze Jours ailleurs Minnelli
1965 Matt Helm, agent très spécial Karlson
1974 Il était une fois Hollywood Haley Jr.
1994 That's Entertainment 3 M. Sheridan et B. Friedgen

Maggie Cheung
(née en 1964)

1985 Police Story J. Chan
1988 As Tears Go by Wong Kar-wai
1989 Full Moon in New York S. Kwan
1990 Chant de l'exil Ann Hui
Red Dust Yim Ho
Nos années sauvages Wong Kar Wai
1992 Center Stage S. Kwan
1993 Green Snake Tsui Hark
1994 Les Cendres du temps Wong Kar-wai
1996 Comrades, Almost a Love story P. Chan
Irma Vep Assayas
1999 Augustin, roi du kung-fu Fontaine
2000 In the Mood for Love Wong Kar-wai
2002 Hero Zhang Yimou
2004 Clean Assayas
2005 2046 Wong Kar-wai

Montgomery Clift
(1920-1966)

1948 Les Anges marqués Zinnemann
1948 La Rivière rouge Hawks
1949 L'Héritière Wyler
1950 La Ville écartelée Seaton
1951 Une place au soleil Stevens
1953 La Loi du silence Hitchcock
Tant qu'il y aura des hommes Zinnemann
1954 Station Terminus De Sica
1957 L'Arbre de Vie Dmytryk
1958 Le Bal des Maudits Dmytryk
1959 Cœurs à la dérive Donahue
Soudain l'été dernier Mankiewicz
1960 Le Fleuve sauvage Kazan
1961 Les Désaxés Huston
Jugement à Nuremberg Kramer
1962 Freud, passions secrètes Huston
1966 L'Espion Lévy

George Clooney
(né en 1961)

1988 Le Retour des tomates tueuses DeBello
1996 Une nuit en enfer Rodriguez
1998 La Ligne rouge Malick
Hors d'atteinte Soderbergh
1999 Les Rois du désert O'Russell
2000 O'Brother, Where Art Thou Frères Coen
En pleine tempête Petersen
2001 Spy Kids Rodriguez
Ocean's Eleven Soderbergh
2002 Confessions d'un homme dangereux Clooney
Solaris Soderbergh
Intolérable cruauté Frères Coen
2004 Ocean's Twelve Soderbergh

Sean Connery
(né en 1930)

1956 Les Criminiels de Londres Tully
1962 James Bond 007 contre Dr No Young
1963 Bons baisers de Russie Young
1964 Goldfinger Young
Pas de printemps pour Marnie Hitchcock
1965 La Colline des hommes perdus Lumet
Opération Tonnerre Young
1967 On ne vit que deux fois Gilbert
1968 Shalako Dmytryk
1969 Traître sur commande Ritt
1971 Les diamants sont éternels Hamilton
Le Gang Anderson Lumet
1974 Le Crime de l'Orient-Express Lumet
1975 L'homme qui voulut être roi Huston
1976 La Rose et la flèche Lester
1979 La Grande Attaque du train d'or Crichton
1981 Outland Hyams
Bandits bandits Gilliam
1982 Cinq Jours ce printemps-là Zinnemann
1983 Jamais plus jamais Kershner
1985 Highlander Mullcahy
1986 Le Nom de la rose Annaud
1987 Les Incorruptibles De Palma
1989 Indiana Jones et la dernière croisade Spielberg
1993 Soleil levant Kaufman
1996 Rock Bay
1999 Haute voltige Amiel
2000 À la rencontre de Forrester Van Sant
2003 La Ligne des gentlemen extraordinaires Norrington

Gary Cooper
(1901-1961)

1927 It Badger
1930 Cœurs brûlés Sternberg
1931 Les Carrefours de la ville Mamoulian
1932 L'Adieu aux armes Borzage
1933 Sérénade à trois Lubitsch
1935 Peter Ibbetson Hathaway
Les Trois Lanciers du Bengale Hathaway
1936 Désir Borzage
L'Extravagant Monsieur Deeds Capra
Une aventure de Buffalo Bill DeMille
1938 Les Aventures de Marco Polo Mayo
La Huitième Femme de Barbe-bleue Lubitsch
1939 Beau Geste Wellman
1940 Le Cavalier du désert Wyler
Les Tuniques écarlates De Mille
1941 L'Homme de la rue Capra
Sergent York Hawks
1943 Pour qui sonne le glas ? Wood
1944 L'Odyssée du Dr Wassel De Mille
1946 Cape et poignard Lang
L'Intrigante de Saratoga Wood
1947 Les Conquérants d'un nouveau monde De Mille
1949 Le Rebelle K. Vidor
1950 Le Roi du tabac Curtiz
1951 Les Aventures du capitaine Wyatt Walsh
1952 Le train sifflera trois fois Zinnemann
1954 Vera Cruz Aldrich
1955 Condamné au silence Preminger
1956 La Loi du seigneur Wyler
1957 Ariane Wilder
1958 L'Homme de l'Ouest A. Mann
1959 La Colline des potences Daves
Cargaison dangereuse M. Anderson
1961 La Lame nue Anderson

Joan Crawford
(1904-1977)

1925 Poupées de théâtre Goulding
1927 L'Inconnu Browning
1928 Les Nouvelles Vierges Beaumont
1931 Fascination Brown
1932 Grand Hôtel Goulding
1933 Le Tourbillon de la danse Leonard
1934 Vivre et Aimer Brown
La Passagère Brown
Souvent femme varie Van Dyke
1936 Loufoque et compagnie Van Dyke
1938 Mannequin Borzage
1939 Femmes Cukor
1940 Suzanne et ses idées Cukor
1941 Il était une fois Cukor
1945 Le Roman de Mildred Pierce Curtiz
1947 Humoresque Negulesco
Femme ou maîtresse Preminger
La Possédée Bernhardt
1949 Le Boulevard des passions Curtiz
1950 L'Esclave du gang Sherman
1952 Le Masque arraché Miller
1953 La Madone gitane Walters
1954 Johnny Guitare N. Ray
1955 La Maison sur la plage Pevney
Une femme diabolique McDougall
1956 Feuilles d'automne Aldrich
1957 Le Scandale Costello Miller
1962 Qu'est-il arrivé à Baby Jane ? Aldrich
1964 La Meurtrière diabolique Castle
1970 Trog Francis

Tom Cruise
(né en 1962)

1981 Un amour infini Zeffirelli
1983 Outsiders Coppola
Risky Business Brickman
1985 Legend R. Scott
1986 Top Gun T. Scott
La Couleur de l'argent Scorsese
1988 Cocktail Donaldson
Rain Man Levinson
1989 Né un 4 juillet Stone
1990 Jours de tonnerre T. Scott
1992 Horizons lointains Howard
1993 La Firme Pollack
1994 Entretien avec un vampire Jordan
1996 Mission : Impossible De Palma
1997 Jerry Maguire Crowe
1999 Eyes Wide Shut Kubrick
Magnolia P. T. Anderson
2000 Mission : Impossible 2 Woo
2001 Vanilla Sky Crowe
2002 Minority Report Spielberg
2003 Le Dernier Samouraï Zwick
2004 Collatéral M. Mann
2005 La Guerre des Mondes Spielberg

Danièle Darrieux
(née en 1917)

1931 Le Bal Thiele
1932 Panurge Bernheim
1934 Mauvaise graine Wilder
La Crise est finie Siodmak
1935 Quelle drôle de gosse Joannon
1936 Mayerling Litvak
1937 La Coqueluche de Paris Koster
Abus de confiance Decoin
1938 Retour à l'aube Decoin
1940 Battement de cœur Decoin
1941 Premier rendez-vous Decoin
1948 Ruy Blas Billon
1950 La Ronde Ophuls
1952 Le Plaisir Ophuls
La Vérité sur bébé Donge Decoin
1953 Madame de... Ophuls
L'Affaire Cicéron Mankiewicz
1957 Pot-Bouille Duvivier
Le Désordre et la Nuit Grangier
1958 Marie-Octobre Duvivier
1962 Landru Chabrol
1967 Les Demoiselles de Rochefort Demy
1968 24 Heures de la vie d'une femme Delouche
1975 Divine Delouche
1979 Le Cavaleur De Broca
1982 Une chambre en ville Demy
1985 Le Lieu du crime Téchiné
1988 Quelques Jours avec moi Sautet
2000 Ça ira mieux demain Labrune
2002 Huit Femmes Ozon
2006 Nouvelle chance Fontaine

Bette Davis
(1908-1989)

1931 Bad Sister Henley
1936 La Forêt pétrifiée Mayo
1936 Le Faucon maltais Del Ruth
1937 Le Dernier Round Curtiz
Femmes marquées Bacon
1938 L'Insoumise Wyler
1939 Victoire sur la nuit Goulding
La Vie privée d'Elizabeth d'Angleterre Curtiz
1940 La Lettre Wyler
1941 La Vipère Wyler
1949 La Garce K. Vidor
1950 Eve Mankiewicz
1952 Appel d'un inconnu Negulesco
1956 Au cœur de la tempête Taradash
1961 Milliardaire pour un jour Capra
1962 Qu'est-il arrivé à Baby Jane ? Aldrich
1964 Chut, chut, chère Charlotte Aldrich
1972 L'Argent de la vieille Comencini
1987 Les Baleines du mois d'août L. Anderson

Daniel Day-Lewis
(né en 1957)

1971 Un dimanche comme les autres Schlesinger
1982 Gandhi Attenborough
1985 My Beautiful Laundrette Fears
1986 Chambre avec vue Ivory
1988 L'Insoutenable légèreté l'être Kaufman
1989 My Left Foot Sheridan
1992 Le Dernier des Mohicans Mann
Le Temps de l'innocence Scorsese
1993 Au nom du père Sheridan
1997 The Boxer Sheridan
2002 Gangs of New York Scorsese

James Dean
(1931-1955)

1955 À l'Est d'Eden Kazan
La Fureur de vivre N. Ray
1956 Géant Stevens

Louis De Funès
(1914-1983)

1945 La tentation de Barbizon Stelli
1951 Sans laisser d'adresse Le Chanois
1953 La Vie d'un honnête homme Guitry
1954 Ah ! les belles bacchantes Loubignac
Papa, maman, la bonne et moi Le Chanois
1956 La Traversée de Paris Autant-Lara
1958 Ni vu ni connu Robert
1961 La Belle Américaine Dhéry
1964 Le Gendarme de Saint-Tropez Girault
Fantômas Hunebelle
1965 Le Corniaud Oury
Le Gendarme à New York Girault
1966 La Grande Vadrouille Oury
1967 Oscar Molinaro
1968 Le Tatoué La Patellière
1969 Hibernatus Molinaro
1971 La Folie des grandeurs Oury
1973 Les Aventures de rabbi Jacob Oury
1976 L'Aile ou la cuisse Zidi
1980 L'Avare De Funès
1982 Le Gendarme et les Gendarmettes Girault et Aboyantz

Alain Delon
(né en 1935)

1957 Quand la femme s'en mêle Y. Allégret
1960 Plein soleil Clément
Rocco et ses frères Visconti
1961 Quelle joie de vivre Clément
1962 Le Diable et les Dix commandements Duvivier
L'Éclipse Antonioni
1963 Le Guépard Visconti
Mélodie en sous-sol Verneuil
1964 La Rolls Royce jaune Asquith
Les Félins Clément
L'Insoumis Cavalier
La Tulipe noire Christian Jaque
1966 Paris brûle-t-il ? Clément
1967 Les Aventuriers Enrico
Le Samouraï Melville
1969 Le Clan des Siciliens Verneuil
La Piscine Deray
1970 Borsalino Deray
Le Cercle rouge Melville
1971 La Veuve Couderc Granier-Deferre
1972 L'Assassinat de Trotsky Losey
Les Granges brûlées Chapot
1973 Traitement de choc Jessua
Deux hommes dans la ville Giovanni
1975 Flic story Deray
1976 Monsieur Klein Losey
1977 Mort d'un pourri Lautner
1984 Notre histoire Blier
Un amour de Swann Schloendorff
1990 Nouvelle Vague Godard
1994 Un crime Deray
1998 Une chance sur deux Leconte

Catherine Deneuve
(née en 1943)

1957 Les Collégiennes Hunebelle
1963 Le Vice et la Vertu Vadim
1964 La Chasse à l'homme Molinaro
Les Parapluies de Cherbourg Demy
1965 La Vie de château Rappeneau
Répulsion Polanski
1967 Belle de jour Buñuel
Les Demoiselles de Rochefort Demy
1968 Benjamin ou les Mémoires d'un puceau Deville
1969 La Sirène du Mississipi Truffaut
1970 Peau d'âne Demy
Tristana Buñuel
1972 Un flic Melville
1973 Touche pas la femme blanche ! Ferreri
1975 La Cité des dangers Aldrich
Le Sauvage Rappeneau
1976 Âmes perdues Risi
1980 Le Dernier Métro Truffaut
1981 Le Choix des armes Corneau
Hôtel des Amériques Téchiné
1982 Le Choc R. Davis
1983 Fort Saganne Corneau
1985 Le Lieu du crime Téchiné
1987 Agent trouble Mocky
1988 Drôle d'endroit pour une rencontre Dupeyron
1991 Indochine Wargnier
1993 Ma saison préférée Téchiné
1997 Généalogies d'un crime Ruiz
1998 Place Vendôme Garcia
Est-Ouest Wargnier
1999 Le Temps retrouvé Ruiz
2000 Dancer in the Dark von Trier
2002 Huit Femmes Ozon
2004 Les Temps qui changent Téchiné
Rois et Reine Desplechin
2006 Palais Royal Lemercier

Robert De Niro
(né en 1943)

1964 The Wedding Party De Palma
1971 Bloody Mama Corman
1973 Mean Streets Scorsese
1974 Le Parrain II F. F. Coppola
1976 1900 Bertolucci
Taxi Driver Scorsese
Le Dernier Nabab Kazan
1977 New York New York Scorsese
1978 Voyage au bout de l'enfer Cimino
1980 Raging Bull Scorsese
Sanglantes confessions Grosbard
1984 Il était une fois en Amérique Leone
1985 Brazil Gilliam
1986 Mission Joffé
1987 Angel Heart Parker
Les Incorruptibles De Palma
1988 Jacknife Jones
1990 Les Affranchis Scorsese
1991 La Liste noire Winkler
1993 Il était une fois dans le Bronx De Niro
1994 Frankenstein Branagh
1995 Casino Scorsese
Heat M. Mann
1997 JackieBrown Tarantino
1998 Mafia Blues Ramis
2000 Mon beau-père et moi Roach

Gérard Depardieu
(né en 1948)

1971 Nathalie Granger Duras
1973 Les Valseuses Blier
1974 Stavisky... Resnais
Vincent, François, Paul et les autres Sautet
1976 1900 Bertolucci
Sept Morts sur ordonnance Rouffio
Je t'aime, moi non plus Gainsbourg
Barocco Téchiné
La Dernière Femme Ferreri
1977 La nuit, tous les chats sont gris Zingg
Dites-lui que je l'aime Miller
1978 Préparez vos mouchoirs Blier
1979 Le Grand Embouteillage Comencini
Buffet froid Blier
1980 Loulou Pialat
Mon oncle d'Amérique Resnais
Le Dernier Métro Truffaut
Je vous aime Berri
Inspecteur la Bavure Zidi
1981 La Femme d'à côté Truffaut
La Chèvre Veber
1983 Danton Wajda
1985 Police Pialat
1986 Jean de Florette Berri
Tenue de soirée Blier
Les Fugitifs Veber
1987 Sous le soleil de Satan Pialat
1988 Camille Claudel Nuytten
1989 Trop belle pour toi Blier
1990 Cyrano de Bergerac Rappeneau
Green Card Weir
1991 Mon père, ce héros Lauzier
Tous les matins du monde Corneau
1992 1492, Christophe Colomb R. Scott
1994 Le Colonel Chabert Angelo
1995 Élisa Jean Becker
Les Anges gardiens Poiré
Astérix et Obélix contre Jules César Zidi
Un pont entre deux rives Auburtin et Depardieu
2000 Les Acteurs Blier
Le Placard Veber
2001 Astérix et Obélix : mission Cléopâtre Chabat
2003 Bon Voyage Rappeneau
Nathalie... Fontaine
2004 36, quai des Orfèvres Marchal
Les Temps qui changent Téchiné
2005 Boudu Jugnot
2006 Quand j'étais chanteur Giannoli

Johnny Depp
(né en 1964)

1984 Les Griffes de la nuit Craven
1986 Platoon Stone
1990 Cry Baby Waters
Edward aux mains d'argent Burton
1992 Arizona Dream Brickman
1993 Benny and Joon Chechick
Gilbert Grape Hallström
1994 Ed Wood Burton
1995 Dead Man Jarmusch
1997 Donnie Brasco Newell
The Brave Depp
1998 Las Vegas Parano Gilliam
1999 Sleepy Hollow Burton
La Neuvième Porte Polanski
2003 Pirates des Caraïbes Verbinski
2004 Fenêtre secrète Koepp
Neverland Forster
2005 Charlie et la chocolaterie Burton

Patrick Dewaere
(1947-1982)

1970 Les Mariés de l'an II Rappeneau
1972 Themroc Faraldo
1974 Les Valseuses Blier
Lily, amie-moi Dugowson
1975 Adieu poulet Granier-Deferre
1976 La Meilleure Façon de marcher Miller
F comme Fairbanks Dugowson
La Marche triompha dit le « shérif » Boisset
1977 La Chambre de l'évêque Risi
1978 Préparez vos mouchoirs Blier
La Clé sur la porte Boisset
1979 Coup de tête Annaud
Le Grand Embouteillage Comencini
Série noire Corneau
1980 Un mauvais fils Sautet
1981 Psy Broca
Hôtel des Amériques Téchiné
1981 Beau-Père Blier
1982 Mille Milliards de dollars Verneuil
Paco l'infaillible Haudepin
Paradis pour tous Jessua

Marlene Dietrich
(1901-1992)

1923 Le Petit Napoléon Jacoby
1926 La Rue sans joie Pabst
1929 Le Navire des hommes perdus M. Tourneur
1930 L'Ange bleu Sternberg
Cœurs brûlés Sternberg
1931 X 27 Sternberg
1932 Shanghai Express Sternberg
Blonde Venus Sternberg
1934 L'Impératrice rouge Sternberg
1935 La Femme et le Pantin Sternberg
1936 Le Jardin d'Allah Boleslawsky
Désir Borzage
1937 Ange Lubitsch
1939 Femme ou démon Marshall
1941 La Belle Ensorceleuse Clair
1942 Les Écumeurs Enright
1946 Martin Roumagnac Lacombe
1948 La Scandaleuse de Berlin Wilder
1950 Le Grand Alibi Hitchcock
1952 L'Ange des maudits Lang
1957 Témoin à charge Wilder
1958 La Soif du mal Welles
1961 Jugement à Nuremberg Kramer
1984 Marlene Schell

Kirk Douglas
(né en 1916)

1946 L'Emprise du crime Milestone
1947 La Griffe du passé J. Tourneur
1948 Chaînes conjugales Mankiewicz
1949 Le Champion Robson
1950 La Femme aux chimères Curtiz
1951 Le Gouffre aux chimères Wilder
Histoire de détectives Wyler
Le Désert de la peur Walsh
1952 La Captive aux yeux clairs Hawks
Les Ensorcelés Minnelli
1954 Ulysse Camerini
Vingt mille lieues sous les mers Fleischer
1955 La Rivière de nos amours De Toth
L'Homme qui n'a pas d'étoile K. Vidor
1956 La Vie passionnée de Van Gogh Minnelli
1957 Les Sentiers de la gloire Kubrick
Règlements de comptes à OK Corral J. Sturges
1958 Les Vikings Fleischer
1959 Le Dernier Train de Gun Hill J. Sturges
1960 Liaisons secrètes Quine
Spartacus Kubrick
1961 El Perdido Aldrich
Seuls sont les indomptés D. Miller
1962 Quinze jours ailleurs Minnelli
1964 Sept jours en mai Frankenheimer
1969 L'Arrangement Kazan
1970 Le Reptile Mankiewicz
1978 Furie De Palma
1986 Coup double Kanew
1999 Diamonds Asher

Michael Douglas
(né en 1944)

1969 Hall Hero D. Miller
1978 Morts suspectes Crichton
1983 La Nuit des juges Hyams
1980 C'est ma chance Weil
1984 À la poursuite du diamant vert Zemeckis
1985 Le Diamant du Nil Teague
Chorus Line Attenborough
1987 Liaison fatale Lyne
Wall Street Stone
1989 Black Rain R. Scott
1990 La Guerre des Roses De Vito
1992 Basic Instinct Verhoeven
1993 Chute libre Schumacher
1994 Harcèlement Levinson
1997 The Game Fincher
2000 Wonder Boys Hanson
Traffic Soderbergh
2001 Pas un mot Fleder

Faye Dunaway
(née en 1941)

1966 Les Détraqués Silverstein
1967 Bonnie and Clyde A. Penn
1968 L'Affaire Thomas Crown Jewison
1969 L'Arrangement Kazan
1970 Little Big Man A. Penn
Portrait d'une enfant déchue Schatzberg
1971 La Maison sous les arbres R. Clément
1973 Les Trois Mousquetaires Lester
1974 Chinatown Polanski
La Tour infernale Guillermin
1975 Les Trois Jours du Condor Pollack
1976 Network Lumet
1978 Les Yeux de Laura Mars Kershner
1981 Maman très chère Perry
1987 Barfly Schroeder
1993 Arizona Dream Kusturica
1995 Don Juan de Marco Leven
1997 The Albino Alligator Spacey
1999 Jeanne d'Arc Besson
2000 The Yards Gray
2002 Les Lois de l'attraction Avary

Clint Eastwood
(né en 1930)

1958 Escadrille La Fayette Wellman
1964 Pour une poignée de dollars Leone
1965 Et pour quelques dollars de plus Leone
1966 Le Bon, la brute et le truand Leone
1967 Pendez-les haut et court Post
1969 Quand les aigles attaquent Hutton
Un shérif à New York Siegel
1970 De l'or pour les braves Hutton
Les Proies Siegel
1971 L'Inspecteur Harry Siegel
1972 L'Homme des hautes plaines Eastwood
Joe Kidd J. Sturges
1974 Le Canardeur Cimino
1976 Josey Wales, hors-la-loi Eastwood
1979 L'Évadé d'Alcatraz Siegel
1980 Bronco Billy Eastwood
1982 Firefox, l'arme absolue Eastwood
1983 Honkytonk Man Eastwood
1984 La Corde raide Tuggle
1985 Pale Rider Eastwood
1990 Chasseur blanc, cœur noir Eastwood
1992 Impitoyable Eastwood
1993 Dans la ligne de mire Petersen
Un monde parfait Eastwood
1995 Sur la route de Madison Eastwood
1999 Jugé coupable Eastwood
2005 Million Dollar Baby Eastwood

Douglas Fairbanks
(1883-1939)

1915 Un timide Cabanne
1920 Le Signe de Zorro Niblo
1921 L'Excentrique Reed
Les Trois Mousquetaires Niblo
1922 Robin des bois Dwan
1924 Le Voleur de Bagdad Walsh
1925 Don X, fils de Zorro Crisp
1926 Le Pirate noir Parker
1927 Le Gaucho Richard Jones
1929 Le Masque de fer Dwan
La Mégère apprivoisée Taylor
1934 La Vie privée de Don Juan Korda

Fernandel
(1903-1971)

1930 Le Blanc et le Noir Florey
1932 Les Gaietés de l'escadron M. Tourneur
1934 Angèle Pagnol
1937 Les Rois du sport Colombier
François Ier Christian-Jaque
Regain Pagnol
Un Carnet de bal Duvivier
1938 Le Schpountz Pagnol
1938 Ernest le rebelle Christian-Jaque
1940 La Fille du puisatier Pagnol
1942 Simplet Fernandel et Carlo-Rim
1944 Un chapeau de paille d'Italie Cammage
1948 L'Armoire volante Carlo-Rim
1951 L'Auberge rouge Autant-Lara
1952 Le Petit Monde de don Camillo Duvivier
1954 Ali baba et les quarante voleurs J. Becker
1956 Sous le ciel de Provence Soldati
1959 La Vache et le prisonnier Verneuil
1963 La Cuisine au beurre Grangier

Errol Flynn
(1909-1959)

1933 In the Wake of the Bounty Chauvel
1935 Capitaine Blood Curtiz
1936 La Charge de la Brigade Légère Curtiz
1938 Les Aventures de Robin des Bois Curtiz et Keighley
1939 Les Conquérants Curtiz
1939 La Vie privée d'Élisabeth d'Angleterre Curtiz
1940 La Caravane héroïque Curtiz
La Piste de Santa Fé Curtiz
L'Aigle des mers Curtiz
1941 La Charge fantastique Walsh
1942 Gentleman Jim Walsh
Sabotage à Berlin Walsh
1943 Du sang sur la neige Walsh
1945 Aventures en Birmanie Walsh
1948 La Rivière d'argent Walsh
Les Aventures de Don Juan Sherman
1949 La Dynastie des Forsyte Bennett
1950 Kim Saville
1951 La Taverne de la Nouvelle-Orléans W. Marshall
1953 Le Vagabond des mers Keighley
1955 L'Armure noire Levin
1957 Le Soleil se lève aussi H. King
Trafic à la Havane R. Wilson
1958 Les Racines du ciel J. Huston
1959 Cuban Rebel Girls Mahon

Henry Fonda
(1905-1982)

1935 The Farmer Takes a Wife Fleming
1937 J'ai le droit de vivre Lang
1938 L'Insoumise Wyler
1939 Sur la piste des Mohawks Ford
Le Brigand bien-aimé King
Vers sa destinée Ford
1940 Le Retour de Frank James Lang
Les Raisins de la colère Ford
1941 Un cœur pris au piège P. Sturges
1943 L'Étrange Incident Wellman
1946 La Poursuite infernale Ford
1947 Dieu est mort Ford
1948 Le Massacre de Fort Apache Ford
1956 Guerre et paix K. Vidor
1957 Douze hommes en colère Lumet
Le Faux Coupable Hitchcock
1958 L'Homme aux colts d'or Dmytryk
1962 Tempête à Washington Preminger

1964 Point Limite Lumet
Que le meilleur l'emporte Schaffner
1964 Une vierge sur canapé Quine
1965 Première victoire Preminger
1968 L'Étrangleur de Boston Fleischer
Police sur la ville Siegel
Il était une fois dans l'Ouest Leone
1970 Trop tard pour les héros Aldrich
Le Reptile Mankiewicz
1971 Le Clan des irréductibles P. Newman
1972 Le Serpent Verneuil
1973 Mon nom est personne Valerii
1981 La Maison du lac Rydell

Jane Fonda
(née en 1937)

1960 La Tête à l'envers Logan
1962 La Rue chaude Dmytryk
Les Liaisons coupables G. Cukor
1963 Les Félins Clément
1964 Un dimanche à New York Tewksbury
1964 La Ronde Vadim
1966 La Curée Vadim
La Poursuite impitoyable A. Penn
1967 Que vienne la nuit Preminger
1968 Barbarella Vadim
1969 On achève bien les chevaux Pollack
1971 Klute Pakula
1973 Maison de poupée Losey
1977 Julia Zinnemann
1978 California Hôtel Ross
Le Retour Ashby
1979 Le Syndrome chinois J. Bridges
Le Cavalier électrique Pollack
1981 Une femme d'affaires Pakula
La Maison du lac Rydell
1990 Stanley et Iris Ritt

Harrison Ford
(né en 1942)

1966 Dead Heat on a Merry-Go-Round Girard
1967 La Poursuite des tuniques bleues Karlson
1973 American Graffiti Lucas
1974 Conversation secrète Coppola
1977 La Guerre des étoiles Lucas
1979 Un rabbin au Far-west Aldrich
1980 L'Empire contre-attaque Kershner
1981 Blade Runner R. Scott
Les Aventuriers de l'Arche perdue Spielberg
1983 Le Retour du Jedi Marquand
1984 Indiana Jones et le Temple maudit Spielberg
1985 Witness Weir
1986 Mosquito Coast Weir
1988 Frantic Polanski
Working Girl Nichols
1989 Indiana Jones et la dernière croisade Spielberg
1990 Présumé innocent Pakula
1991 À propos d'Henry Nichols
1992 Jeux de guerre Noyce
1993 Le Fugitif Davis
1994 Danger immédiat Noyce
1995 Sabrina Pollack
1997 Ennemis rapprochés Pakula
1999 L'Ombre d'un soupçon Pollack
2000 Apparences Zemeckis
2003 Hollywood Homicide Shelton

Jodie Foster
(née en 1962)

1972 Napoléon et Samantha McEveety
1974 Alice n'est plus ici Scorsese
1976 Taxi Driver Scorsese
Bugsy Malone Parker
1983 L'Hôtel New Hampshire Richardson
Le Sang des autres Chabrol
1988 Les Coupables J. Kaplan
1990 Le Silence des Agneaux Demme
1991 Le Petit Homme Foster
1993 Sommersby Amiel
1994 Maverick Donner
Neil Apted
1995 Week-end en famille Foster
1997 Contact Zemeckis
2002 Panic Room Fincher
2004 Un long dimanche de fiançailles Jeunet
2006 Inside Man Lee

Morgan Freeman
(né en 1937)

1965 Le Prêteur sur gages Lumet
1980 L'œil du témoin Yates
1985 La Rue Schatzberg
1989 Miss Daisy et son chauffeur Beresford
1991 Robin des bois, prince des voleurs Reynolds
1992 Impitoyable Eastwood
1995 Seven Fincher
1997 Amistad Spielberg
1998 Deep Impact Leder
2000 Suspicion Hopkins
Nurse Betty LaBute
2001 Le Masque de l'araignée Tamahori
2004 Million Dollar Baby Eastwood
2005 Batman Begins Nolan

Pierre Fresnay
(1897-1975)

1915 France d'abord Pouctal
1922 Les Mystères de Paris Burguet
1931 Marius Korda
1932 Fanny M. Allégret
1934 César Pagnol
1935 L'Homme qui en savait trop Hitchcock
1936 Koenigsmark M. Tourneur
1937 Mademoiselle Docteur G. W. Pabst
La Grande Illusion Renoir
1939 Les Trois Valses Berger
1941 Le Dernier des six Lacombe
L'assassin habite au 21 Clouzot
1942 La Main du diable Tourneur
1943 Le Corbeau Clouzot
1947 Monsieur Vincent Cloche
1948 Barry Pottier
1949 Au grand balcon Decoin
1950 La Valse de Paris Achard
Dieu a besoin des hommes Delannoy
1951 Un grand patron Ciampi
1952 Il est minuit, Dr Schweitzer Haguet
1955 Les Aristocrates La Patellière
1956 L'Homme aux clés d'or Joannon
1960 Les Vieux de la vieille Grangier

Jean Gabin
(1904-1976)

1930 Chacun sa chance Steinhoff et Pujol
1932 Les Gaietés de l'escadron M. tourneur
1934 Zouzou M. Allégret
Maria Chapdelaine Duvivier
1935 La Bandera Duvivier
1936 Les Bas-fonds Renoir
La Belle Équipe Duvivier
1937 La Grande Illusion Renoir
Pépé le Moko Duvivier
1937 Gueule d'amour Grémillon
1938 Quai des brumes Carné
La Bête humaine Renoir
1939 Le jour se lève Carné
1939-41 Remorques Grémillon
1949 Au-delà des grilles Clément
1951 La nuit est mon royaume Lacombe
1952 Le Plaisir Ophuls
La Vérité sur bébé Donge Decoin
1954 Touchez pas au grisbi Jacques Becker
1955 French Cancan Renoir
Voici le temps des assassins Duvivier
1956 Des gens sans importance Verneuil
La Traversée de Paris Autant-Lara
1957 Les Misérables Le Chanois
1958 En cas de malheur Autant-Lara
Maigret tend un piège Delannoy
1962 Le Gentleman d'Epsom Grangier
Un singe en hiver Verneuil
1963 Mélodie en sous-sol Verneuil
1969 Le Clan des Siciliens Verneuil
1971 Le Chat Granier-Deferre
1973 Deux hommes dans la ville Giovanni
1974 Verdict Cayatte
1976 L'Année Sainte Girault

Clark Gable
(1901-1960)

1931 Le Désert rouge Higgins
1932 La Belle de Saïgon Fleming
1933 Vol de nuit Brown
1934 Aventure à Manhattan Van Dyke
New York–Miami Capra
1935 Les Révoltés du Bounty Lloyd
L'Appel de la forêt Wellman
La Malle de Singapour Garnett
1936 San Francisco Van Dyke
1938 Pilote d'essai Fleming
1939 Autant en emporte le vent Fleming
1940 La Fièvre du pétrole Conway
1951 Au-delà du Missouri Wellman
1953 Mogambo Ford
1955 Les Implacables Walsh
1956 Un roi et quatre reines Walsh
1957 L'Esclave libre Walsh
1958 L'Odyssée du sous-marin Nerka Wise
1961 Les Misfits Huston

Greta Garbo
(1905-1990)

1922 Pierre le Vagabond Petschler
1924 La Légende de Gosta Berling Stiller
1925 La Rue sans joie Pabst
1927 La Chair et le Diable Brown
1929 Le Baiser Feyder
1930 Anna Christie Brown
1931 L'Inspiratrice Brown
Courtisane Leonard
Mata-Hari Fitzmaurice
1932 Grand Hôtel Goulding
Comme tu me veux Fitzmaurice
1933 La Reine Christine Mamoulian
1934 Le Voile des illusions Boloslavsky
1935 Anna Karénine Brown
1936 Le Roman de Marguerite Gautier Cukor
1937 Marie Walewska Brown
1939 Ninotchka Lubitsch
1941 La Femme aux deux visages Cukor

Ava Gardner
(1922-1990)

1942 We Were Dancing Leonard
1945 Tragique Rendez-vous Mogny
1946 Les Tueurs Siodmak
1949 Passion fatale Siodmak
Ville haute, ville basse LeRoy
1951 Pandora Lewin
1952 Les Neiges du Kilimandjaro King
L'Étoile du destin V. Sherman
1953 Mogambo Ford
1954 Les Chevaliers de la Table ronde Thorpe
La Comtesse aux pieds nus Mankiewicz
1956 La Croisée des destins Cukor
1957 Le soleil se lève aussi King
1959 Le Dernier Rivage Kramer
1962 Les 55 Jours de Pékin N. Ray
1964 La Nuit de l'iguane Huston
Sept jours en mai Frankenheimer
1968 Mayerling Young
1972 Juge et hors-la-loi Huston
1974 Tremblement de terre Robson
1977 Le Pont de Cassandra Cosmatos
1982 Priest of Love Miles

Judy Garland
(1922-1969)

1936 Le Kiosque à musique Feist
André Hardy (série) Seitz
1939 Le Magicien d'Oz Fleming
1942 For Me and My Gal Berkeley
1944 Le Chant du Missouri Minnelli
1946 Ziegfeld Follies Minnelli
1948 Le Pirate Minnelli
Parade de printemps Walters
1950 La Jolie Fermière Walters
1954 Une étoile est née Cukor
1961 Jugement à Nuremberg Kramer
1962 Un enfant attend Cassavetes
L'Ombre du passé Neame

Lilian Gish
(1896-1993)

1912 An Unseen enemy D. W. Griffith
1917 Les Cœurs du monde D. W. Griffith
1919 Le pauvre amour D. W. Griffith
Le Lys brisé D. W. Griffith
1920 À travers l'orage D. W. Griffith
1922 Les Deux Orphelines D. W. Griffith
1923 La Sœur Blanche H. King
1924 Romola H. King
1926 La Bohême K. Vidor
La Lettre rouge Sjöström
1928 Le Vent Sjöström
1947 Duel au soleil K. Vidor
1955 La Toile d'araignée V. Minnelli
La Nuit du chasseur Laughton
1959 Le Vent de la plaine Huston
1978 Un mariage Altman
1987 Les Baleines du mois d'août L. Anderson

Gong Li
(née en 1965)

1987 Le Sorgho rouge Zhang Yimou
1990 Ju dou Zhang Yimou
1991 Épouses et Concubines Zhang Yimou
1992 Qiu Ju, une femme chinoise Zhang Yimou
1993 Adieu ma concubine Chen Kaige
1994 Vivre Zhang Yimou
Terracota Warrior Ching Siu-tung
Le Peintre Huang Shujin
1995 Shanghaï Triad Zhang Yimou
1996 Temptress Moon Chen Kaige
1997 Chinese Box Wayne Wang
1999 L'Empereur et l'Assassin Chen Kaige
2001 Plus fort que le silence Sun Zhou
2004 2046 Wong Kar-wai
Eros Wong Kar-wai (co)

Vittorio Gassman
(1922-2000)

1946 La Fille maudite Paolucci
1947 Daniele Cortis Soldati
La Fille du capitaine Camerini
1949 Riz amer De Santis
1951 Anna Lattuada
1952 La Traite des blanches Comencini
1954 Rhapsodie Ch. Vidor
Mambo Rossen
1955 La Belle des belles Leonard
1956 Guerre et Paix K. Vidor
1957 Le Pigeon Monicelli
1959 La Grande Guerre Monicelli
1960 L'Homme aux cent visages Risi
1961 Barabbas Fleischer
1962 La Marche sur Rome Risi
Le Fanfaron Risi
1963 Les Monstres Risi
1965 Une vierge pour le prince Festa Campanile
1966 L'Armée Brancaleone Monicelli
1970 Brancaleone aux croisades Monicelli
1972 Au nom du peuple italien Risi
1974 Parfum de femmes Risi
Nous nous sommes tant aimés Scola
1976 Le Désert des Tartares Zurlini
1978 Un Mariage Altman
1983 Benvenuta Delvaux
La vie est un roman Resnais
1989 Oublier Palerme Rosi
1998 Le Dîner Scola

Cary Grant
(1904-1968)

1932 Blonde Venus Sternberg
1933 Alice au pays des merveilles McLeod
Lady Lou L. Sherman
1935 Sylvia Scarlett Cukor
1937 Cette sacrée vérité McCarey
Le Couple invisible McLeod
1938 L'Impossible monsieur Bébé Hawks
1939 Gunga-Din Stevens
Seuls les anges ont des ailes Hawks
1940 Mon épouse favorite Kanin
La Dame du vendredi Hawks
Indiscrétions Cukor
1941 Soupçons Hitchcock
1944 Arsenic et vieilles dentelles Capra
Rien qu'un cœur solitaire Odets
1946 Les Enchaînés Hitchcock
1949 Allez coucher ailleurs Hawks
1950 On murmure dans la ville Mankiewicz
1952 Chérie, je me sens rajeunir Hawks
1955 La Main au collet Hitchcock
1957 Elle et lui McCarey
1958 Indiscret Donen
1959 La Mort aux trousses Hitchcock
1960 Ailleurs, l'herbe est plus verte Donen
1963 Charade Donen
1966 Rien ne sert de courir Walters

Alec Guinness
(1914-2000)

1946 Les Grandes Espérances Lean
1948 Oliver Twist Lean
1949 Noblesse oblige Hamer
1951 De l'or en barres Crichton
L'Homme au complet blanc Mackendrick
1954 Détective du bon dieu Hamer
1955 Tueurs de dames Mackendrick
1957 Le Pont de la rivière Kwaï Lean
1959 Notre agent à la Havane Reed
1962 Lawrence d'Arabie Lean
1965 Docteur Jivago Lean
1966 Les Comédiens Glenville
1970 Cromwell K. Hughes
1973 Les Dix Derniers Jours d'Hitler De Concini
1977 La Guerre des étoiles Lucas
1980 L'Empire contre-attaque Lucas
1983 Le Retour du Jedi Lucas
1994 Témoin muet Waller

Tom Hanks
(né en 1956)

1984 Splash R. Howard
1988 Big P. Marshall
1990 Le Bûcher des vanités De Palma
1992 Nuits blanches à Seattle Ephron
1993 Philadelphia Demme
1994 Forrest Gump Zemeckis
1995 Apollo 13 Howard
1998 Il faut sauver le soldat Ryan Spielberg
1999 La Ligne verte Darabont
2000 Seul au monde Zemeckis
2001 Les Sentiers de la perdition Mendes
2002 Arrête-moi si tu peux Spielberg
2003 Ladykillers Coen
2004 Le Terminal Spielberg
Le Pôle Express Zemeckis

Rita Hayworth
(1918-1987)

1935 L'Enfer Lachmann
1939 Seuls les anges ont des ailes Hawks
1941 Arènes sanglantes Mamoulian
1941 L'Amour vient en dansant Lanfield
1942 Ô toi ma charmante Seiter
1943 La Dame de Shanghaï Welles
1944 La Reine de Broadway C. Vidor
1946 Gilda C. Vidor
1952 L'Affaire de Trinidad Sherman
1953 Salomé Dieterle
1957 L'Enfer des Tropiques Parrish
La Blonde ou la Rousse Sidney
1959 Ceux de Cordura Rossen
1964 Le Plus Grand Cirque du monde Hathaway
1966 Opération Opium Young
1970 La Route de Salina Lautner

Audrey Hepburn
(1929-1993)

1951 Rires au paradis Zampi
Nous irons à Monte-Carlo Boyer
1953 Vacances romaines Wyler
1954 Sabrina Wilder
1956 Guerre et Paix K. Vidor
1957 Drôle de frimousse Donen
Ariane Wilder
1959 Le Vent de la plaine Huston
1961 Diamants sur canapé Edwards
La Rumeur Wyler
1963 Charade Donen
Deux têtes folles Quine
1964 My Fair Lady Cukor
1966 Comment voler un million de dollars Wyler
1967 Seule dans la nuit Young
Voyage à deux Donen
1976 La Rose et la flèche Lester
1979 Liés par le sang Young
1990 Always Spielberg

Katharine Hepburn
(1907-2003)

1932 Héritage Cukor
1933 Les Quatre Filles du docteur March Cukor
1935 Sylvia Scarlett Cukor
1936 Mary Stuart Ford
1937 Pension d'artistes La Cava
1938 L'Impossible monsieur Bébé Hawks
Vacances Cukor
1940 Indiscrétions Cukor
1942 La Femme de l'année Stevens
1946 Lame de fond Minnelli
1947 Le Maître de la prairie Kazan
1949 Madame porte la culotte Cukor
1951 African Queen Huston
1955 Vacances à Venise Lean
1959 Soudain l'été dernier Mankiewicz
1967 Devine qui vient dîner Kramer
1969 La Folle de Chaillot Forbes
1981 La Maison du lac Rydell
1994 Love Affair Caron

Charlton Heston
(né en 1924)

1941 Peer Gynt Bradley
1949 La Main qui venge Dieterle
1952 Sous le plus grand chapiteau du monde De Mille
La Furie du désir K. Vidor
1953 Le Triomphe de Buffalo Bill J. Hopper
Le Sorcier du Rio Grande Warren
1954 Quand la Marabunta gronde Haskin
1954 Le Secret des Incas J. Hopper
1955 Une femme extraordinaire Parrish
1956 Les Dix Commandements De Mille
1958 La Soif du mal Welles
Les Grands Espaces Wyler
Les Boucaniers A. Quinn
1959 Ben-Hur Wyler
Cargaison dangereuse M. Anderson
1960 Le Cid A. Mann
1965 Major Dundee Peckinpah
L'Extase et l'Agonie Reed
1966 Khartoum Dearden
1968 La Planète des singes J. Schaffner
1971 Le Survivant Sagal
1972 L'appel de la forêt Annakin
1973 Soleil vert Fleischer
Les Trois Mousquetaires Lester
1974 747 en péril Smigh
Tremblement de terre Robson
1975 La Bataille de Midway Smight
La Loi de la haine d'Andrew Mc Laglen
1977 Un tueur dans la foule Peerce
1990 L'Île au trésor F. C. Heston
1996 Hamlet Branagh
2000 L'Enfer du dimanche Stone
Town & Country Chelsom
La Planète des singes T. Burton
2001 The Last Man Club G. C. Heston

Dustin Hoffman
(né en 1937)

1967 Le Lauréat Nichols
1969 Macadam Cow boy Schlesinger
1970 Little Big Man Penn
1971 Les Chiens de paille Peckinpah
1973 Papillon Schaffner
1974 Lenny Fosse
1976 Les Hommes du président Pakula
Marathon Man Schlesinger
1979 Kramer contre Kramer Benton
1982 Tootsie Pollack
1985 Mort d'un commis voyageur Schloendorff
1988 Rain Man Levinson
1991 Hook Spielberg
1992 Héros malgré lui Frears
1995 Alerte ! Petersen
1996 Sleepers Levinson
1997 Mad City Costa-Gavras
1998 Des hommes d'influence Levinson
1999 Jeanne d'Arc Besson
2004 Neverland Forster

Anthony Hopkins
(né en 1937)

1968 Un lion en hiver Harvey
1973 Maison de poupée Losey
1977 Audrey Rose Wise
1978 Magic Attenborough
1983 Elephant Man Lynch
1984 Le Bounty Donaldson
1991 Le Silence des Agneaux Demme
1992 Retour à Howards End Ivory
Chaplin Attenborough
Dracula Coppola
1993 Les Vestiges du jour Ivory
1994 Légendes d'automne Zwick
1995 Nixon Stone
1996 Surviving Picasso Ivory
1997 Amistad Spielberg
1998 Le Masque de Zorro Campbell
Rencontre avec Joe Black Brest
2001 Hannibal R. Scott
2002 Dragon Rouge Ratner
2004 Alexandre Stone

Isabelle Huppert
(née en 1953)

1971 Faustine et le bel été Companeez
1972 César et Rosalie Sautet
1974 Les Valseuses Blier
1975 Aloïse Kermadec
Dupont Lajoie Boisset
1976 Le Juge et l'assassin Tavernier
1977 La Dentellière Goretta

1978 Violette Nozière Chabrol
1979 Sauve qui peut (la vie) Godard
Les Sœurs Brontë Téchiné
1980 Loulou Pialat
La Porte du paradis Cimino
1981 Coup de torchon Tavernier
Eaux profondes Deville
1983 Histoire de Piera Ferreri
1983 La Femme de mon pote Blier
1987 Les Possédés Wajda
1988 Une affaire de femmes Chabrol
1990 Madame Bovary Chabrol
1994 La Séparation C. Vincent
1996 Les Affinités électives Taviani
2000 Saint-Cyr Mazuy
Merci pour le chocolat Chabrol
Les Destinées sentimentales Assayas
2001 La Pianiste Haneke
2002 Huit Femmes Ozon
2003 Le Temps du loup Haneke
2004 Les Sœurs fâchées Leclère
2005 Gabrielle Chéreau
2006 L'Ivresse du pouvoir CHabrol

Louis Jouvet
(1887-1951)

1933 Topaze Gasnier
Knock Jouvet, Goupillères
1935 La Kermesse héroïque Feyder
1936 Les Bas-fonds Renoir
Mademoiselle Docteur Pabst
1937 L'Alibi Chenal
Drôle de drame Carné
Un carnet de bal Duvivier
Forfaiture L'Herbier
1938 Entrée des artistes M. Allégret
Hôtel du Nord Carné
La Maison du maltais Chenal
La Marseillaise Renoir
1939 La Fin du jour Duvivier
La Charrette fantôme Duvivier
1941 Volpone M. Tourneur
1946 Un revenant Christian-Jaque
1947 Quai des Orfèvres Clouzot
Copie conforme Dréville
1948 Entre 11 heures et minuit Decoin
1949 Retour à la vie Clouzot
Miquette et sa mère Clouzot
1950 Lady Paname Jeanson
Knock Lefranc
Une histoire d'amour Lefranc

Gene Kelly
(1912-1996)

1942 For Me and my Gal Bekerley
1943 Parade aux étoiles Sidney
1944 La Reine du Broadway Vidor
1945 Escale à Hollywood Sidney
1946 Ziegfeld Follies Minnelli
1948 Le Pirate Minnelli
Les Trois Mousquetaires Sidney
1949 Un jour à New York Kelly et Donen
1950 La Jolie Fermière Walters
1951 Un Américain à Paris Minnelli
1952 Chantons sous la pluie Kelly et Donen
1954 Brigadoon Minnelli
1955 Beau fixe sur New York Donen et Kelly
1957 Les Girls Cukor
1960 Le Milliardaire Cukor
1967 Les Demoiselles de Rochefort Demy
1974 Il était une fois Hollywood Haley
1994 Il était une fois Hollywood 3 Kelly

Grace Kelly
(1929-1982)

1950 Quatorze heures Hathaway
1952 Le Train sifflera trois fois Zinnemann
1953 Mogambo J. Ford
1954 Le Crime était presque parfait Hitchcock
Fenêtre sur cour Hitchcock
L'Émeraude tragique Marton
1955 La Main au collet Hitchcock
Une fille de la province Seaton
Les Ponts de Toko-Ri Robson
1956 Le Cygne C. Vidor
Haute société Ch. Walters

Nicole Kidman
(née en 1967)

1983 Bush Christmas Safran
1989 Calme blanc Noyce
1990 Jours de tonnerre T. Scott
1991 Billy Bathgate Benton
1992 Horizons lointains Howard
1993 Malice H. Becker
1995 Prête à tout Van Sant
1996 Portrait de femme Campion
1997 Le Pacificateur Leder
1998 Eyes Wide Shut Kubrick
2000 Nadia Butterworth
2001 Moulin Rouge Luhrmann
Les Autres Amenabar
2002 The Hours Daldry
Dogville von Trier
2003 Birth Glazer
Retour à Cold Mountain Minghella
2004 L'Interprète Pollack

Klaus Kinski
(1926-1991)

1948 Morituri York
1954 Louis II de Bavière Käutner
1955 Sarajevo Körtner
1967 El Chuncho Damiani
1968 Le Grand Silence Corbucci
1971 Black Killer Croccolo
1972 Aguirre, la colère de Dieu Herzog
1975 L'Important c'est d'aimer Zulawski
1977 Nuit d'or Moati
1978 La Chanson de Roland Cassenti
1979 Nosferatu, fantôme de la nuit Herzog
1980 La Femme-enfant Billetdoux
1982 Fitzcarraldo Herzog
1987 Cobra Verde Herzog
1990 Paganini Kinski
1999 Ennemis Intimes Herzog

Yakusho Koji
(né en 1956)

1987 Tampopo Itami
1996 L' Homme qui dort Oguri
1997 L'Anguille Imamura
Cure K. Kurosawa
1998 License to Live K. Kurosawa
1999 Charisma K. Kurosawa
2000 Eureka Shinji
Séance K. Kurosawa
2001 Kaïro K. Kurosawa
De l'eau tiède sous un pont rouge Imamura

Burt Lancaster
(1913-1994)

1946 Les Tueurs Siodmak
1947 Les Démons de la liberté Dassin
1948 Raccrochez, c'est une erreur Litvak
1950 La Flèche et le flambeau J. Tourneur
1952 Le Corsaire rouge Siodmak
1954 Bronco Apache Aldrich
Vera Cruz Aldrich
1957 Règlements de comptes à OK Corral J. Sturges
Le Grand Chantage Mackendrick
1958 L'Odyssée du sous-marin Nerka Wise
1959 Le Vent de la plaine Huston
1960 Le Temps du châtiment Frankenheimer
Elmer Gantry le charlatan Brooks
1961 Jugement à Nuremberg Kramer
1962 Le Prisonnier d'Alcatraz Frankenheimer
1963 Le Guépard Visconti
1964 Sept jours en mai Frankenheimer
Le Train Frankenheimer
1966 Les Professionnels Brooks
1969 Les parachutistes arrivent Frankenheimer
Un château en enfer Pollack
1971 Fureur Apache Aldrich
1973 Le flic se rebiffe Kibbee, Lancaster
1974 Violence et passion Visconti
1975 Le Pont de Cassandra Pan Cosmatos
1976 1900 Bertolucci
1979 Atlantic City Malle
1982 Local Hero Forsyth
1983 The Osterman Week End Peckinpah
1986 Coup double Kanew
1990 La Boutique de l'orfèvre M. Anderson

Charles Laughton
(1899-1962)

1929 Piccadilly Dupont
1932 Une soirée étrange Whale
Le Signe de la croix De Mille
Si j'avais un million Lubitsch
L'Île du docteur Moreau Kent
La Vie privée d'Henry VIII Korda
1934 Miss Barrett Franklin
1935 L'Admirable Mr. Ruggles McCarey
Les Misérables Boleslavsky
1935 Les Révoltés du Bounty Lloyd
1936 Rembrandt Korda
1939 L'Auberge de la Jamaïque Hitchcock
Quasimodo Dieterle
1943 Vivre libre Renoir
1948 Le Procès Paradine Hitchcock
1950 L'Homme de la tour Eiffel Meredith
1952 La Sarabande des pantins Koster
1953 Salomé Dieterle
1954 Chaussure à son pied Lean
1958 Témoin à charge Wilder

Laurel et Hardy
(1890-1965 et 1892-1957)

1931 Sous les verrous Parrott
1933 Fra Diavolo Roach, Rogers
1937 Laurel et Hardy au Far West Horne
1938 Les montagnards sont là Blystone
Têtes de pioche Blystone
1939 Laurel et Hardt conscrits Sutherland
1943 Laurel et Hardy chefs d'îlot Sedgwick

Vivien Leigh
(1913-1967)

1934 Things Are Looking Up Courville
1938 Vivent les étudiants Conway
1939 Autant en emporte le vent Fleming
1940 La Valse dans l'ombre LeRoy
1941 Lady Hamilton Korda
1948 Anna Karénine Duvivier
1951 Un tramway nommé Désir Kazan
1962 Le Visage du plaisir Quintero
1965 La Nef des fous Kramer

Jack Lemmon
(1925-2001)

1953 Une femme qui s'affiche Cukor
1955 Permission jusqu'à l'aube Ford et LeRoy
1959 Certains l'aiment chaud Wilder
1960 La Garçonnière Wilder
1962 Days of Wine and Roses Edwards
1963 Irma la douce Wilder
1965 La Grande Course autour du monde Edwards
1972 Avanti ! Wilder
1973 Sauver le tigre Avildsen
1979 Le Syndrome chinois Bridges
1982 Missing Costa-Gavras
1985 Macaroni Scola
1986 C'est la vie Edwards
1991 JFK Stone
1992 Glengarry Glen Rose Foley
1993 Short Cuts Altman
1996 Hamlet Branagh
1997 Out to Sea Coolidge

Tony Leung Chiu-wai
(né en 1962)

1983 Mad Mad 83 Yuen chow
1986 Love unto Waist S. Kwan
1989 La Cité des douleurs Hou Hsiao-Hsien
1990 Une balle dans la tête J. Woo
Nos années sauvages Wong Kar-wai
1991 Histoires de fantômes chinois Ching siu-tung
1994 Chungking Express Wong Kar-wai
Les Cendres du temps Wong Kar-wai
1997 Happy Together Wong Kar-wai
1998 Les Fleurs de Shanghaï Hou Hsiao-Hsien
2000 In the Mood for love Wong Kar-wai
2002 Hero Zhang Yimou
Infernal Affairs Wai Keung Lau et Siu Fai Mak
2004 2046 Wong Kar-wai

Jerry Lewis
(né en 1926)

1949 Ma bonne amie Irma G. Marshall
1951 Le Soldat récalcitrant Walker

1954 Un pitre au pensionnat Taurog
1955 Artistes et Modèles Tashlin
1956 Un vrai cinglé de cinéma Tashlin
1957 Le Délinquant involontaire McGuire
1958 Trois bébés sur les bras Tashlin
Le Kid en Kimono Tashlin
1960 Le Dingue du palace Lewis
1961 Le Tombeur de ces dames Lewis
1963 Docteur Jerry et Mister Love Lewis
1967 Jerry la grande gueule Lewis
1970 Ya, ya mon général Lewis
1979 Au boulot.. Jerry! Lewis
1982 La Valse des pantins Scorsese
1984 Par où t'es rentré? On t'a pas vu sortir P. Clair
1992 Arizona Dream Kusturica
1995 Funny Bones Chelsom

Harold Lloyd
(1893-1971)

1915 Miss Fatty's Seaside Lovers Arbuckle
1919 Harold chez les pirates Roach
1920 Le Manoir hanté Roach
1923 Monte là-dessus Taylor
1925 Vive le sport! Newmeyer
1927 Le Petit Frère Wilder
1932 Silence, on tourne Bruchman
1936 Soupe au lait McCarey
1947 Oh! Quel mercredi! Sturges

Gina Lollobrigida
(née en 1927)

1946 L'Aigle noir Fredda
1950 Dans les coulisses Steno et Monicelli
1951 Traqué dans la ville Germi
Achtung, banditi! Lizziani
1952 Fanfan la Tulipe Christian-Jaque
Les Belles de nuit R. Clair
1953 La Marchande d'amour Soldati
Les Infidèles Steno et Monicelli
1953 Pain, Amour et Fantaisie Comencini
1954 Pain, Amour et Jalousie Comencini
Plus fort que le diable J. Huston
La Belle Romaine Zampa
Le Grand Jeu Siodmak
1955 Trapèze Reed
La Belle des belles Leonard
1956 Notre-Dame de Paris Delannoy
1958 La Loi J. Dassin
1959 Salomon et la reine de Saba K. Vidor
1962 Vénus impériale Delannoy
1964 La Femme de paille Dearden
1969 Un merveilleux automne Bolognini
1971 Les Aventures de Pinocchio Comencini

Sophia Loren
(née en 1934)

1950 Quo Vadis LeRoy
1953 Aida Fracassi
1954 Le Carrousel fantastique Giannini
Quelques pas dans la vie Blasetti
L'Or de Naples De Sica
1955 La Fille du fleuve Soldati
Dommage que tu sois une canaille Blasetti
Pain, amour, ainsi soit-il Risi
1957 Orgueil et Passion Kramer
Ombres sous la mer Negulesco
1958 Le Désir sous les ormes D. Mann
La Clé Reed
1959 L'Orchidée noire Ritt
Une espèce de garce Lumet
1960 La Diablesse en collant rose G. Cukor
C'est arrivé à Naples Shavelson
La ciociara De Sica
1961 Le Cid A. Mann
1962 Les Séquestrés d'Altona De Sica
1963 Hier, aujourd'hui et demain De Sica
1964 Mariage à l'italienne De Sica
La Chute de l'Empire romain A. Mann
1966 Arabesque Donen
1967 La Belle et le Cavalier Rosi
La Comtesse de Hong-Kong Chaplin
1970 Les Fleurs du soleil De Sica
1974 Le Voyage De Sica
Verdict Cayatte
1975 Une journée particulière Scola
1994 Prêt-à-porter Altman
1996 Soleil Hanin

Peter Lorre
(1904-1964)

1929 Le Diable blanc Volkoff
1931 M le Maudit F. Lang
1934 L'Homme qui en savait trop Hitchcock
Les Mains d'Orlac K. Freund
1935 Remords Sternberg
1936 Quatre de l'espionnage Hitchcock
Mr Moto Foster
1941 Le Faucon maltais Huston
1943 Casablanca Curtiz
Intrigue en Orient Walsh
1944 Le Masque de Dimitrios Negulesco
Passage to Marseille Curtiz
Arsenic et vieilles dentelles Capra
1946 La Bête aux cinq doigts Florey
1951 Un homme perdu Lorre
1954 Plus fort que le diable Huston
1957 La Belle de Moscou Mamoulian
1964 Jerry souffre-douleur J. Lewis

Steve Mc Queen
(1930-1980)

1956 Marqué par la haine Wise
1960 Les Sept mercenaires J. Sturges
1962 L'enfer est pour les héros Siegel
1963 La Grande Évasion J. Sturges
1965 Le Kid de Cincinnati Jewison
1966 Nevada Smith Hathaway
La Canonnière du Yang Tsé Wise
1968 L'Affaire Thomas Crown Jewison
Bullitt Yates
1971 Le Mans Katzin
1972 Le Guet-apens Peckinpah
Junior Bonner Peckinpah
1973 Papillon Schaffner
1974 La Tour infernale Guillermin
1978 Tom Horn Wiard
1980 Le Chasseur Kulik

Anna Magnani
(1908-1973)

1934 L'Aveugle de Sorrente Malasomma
1941 Mademoiselle Vendredi De Sica
1945 Rome, ville ouverte Rossellini
1946 Le Bandit Lattuada
1950 Vulcano Dieterle
1951 Bellissima Visconti
1952 Les Chemises rouges Alessandrini
1953 Le Carrosse d'or Renoir
1955 La Rose tatouée D. Mann
1957 Car sauvage est le vent Cukor
1959 L'Enfer dans la ville Castellani
L'Homme à la peau de serpent Lumet
1960 Larmes de joie Monicelli
1962 Mamma Roma Pasolini
1963 Le Magot de Josepha Autant-Lara
1967 À l'italienne Loy
1969 Le Secret de Santa Vittoria Kramer
1972 Fellini Roma Fellini

John Malkovich
(né en 1953)

1983 Les Saisons du cœur Benton
1985 La Mort d'un commis voyageur Schlöndorff
1987 La Ménagerie de verre P. Newman
Et la femme créa l'homme parfait Seidelman
L'Empire du soleil Spielberg
1989 Les Liaisons dangereuses Frears
1989 Un thé au Sahara Bertolucci
1992 Ombres et brouillard Allen
Des souris et des hommes Sinise
1993 Dans la ligne de mire Petersen
1995 Par-delà les nuages Antonioni
Mary Reilly Frears
1996 Le Roi des aulnes Schlöndorff
Les Hommes de l'ombre Tamahori
Portrait de femmes Campion
1997 Les Ailes de l'enfer West
1998 Le Couvent De Oliveira
Les Joueurs Dahl
1999 Le Temps retrouvé Ruiz
Jeanne d'Arc Besson
2000 Dans la peau de John Malkovich Jonze
2001 Je rentre à la maison Oliveira
Les Ames Fortes Ruiz
2004 Art School Confidential Zwigoff

Silvana Mangano
(1930-1989)

1946 Elixir d'amour Costa
1947 Le Crime de Giovanni Episcopo Lattuada
1948 Riz amer de Santis
1949 Cagliostro Ratoff
1952 Anna Lattuada
1954 Ulysse Camerini
L'Or de Naples De Sica
1956 Hommes et loups De Santis
1957 Barrage contre le Pacifique Clément
1958 La Tempête Lattuada
1959 La Grande Guerre Monicelli
Cinq femmes marqées Ritt
1961 Le Jugement dernier De Sica
Une vie difficile Risi
Barabbas Fleischer
1967 Oedipe roi Pasolini
1968 Théorème Pasolini
1971 Mort à Venise Visconti
1972 Ludwig II, le crépuscule des dieux Visconti
L'Argent de la vieille Comencini
1974 Violence et passion Visconti
1984 Dune Lynch
1986 Les Yeux noir Mikhalkov

Jean Marais
(1913-1998)

1933 Étienne Tarride
1934 L'Aventurier L'Herbier
1937 Drôle de drame Carné
1943 L'Éternel Retour Delannoy
Carmen Christian-Jaque
1946 La Belle et la Bête Cocteau
1948 L'Aigle à deux têtes Cocteau
Les Parents terribles Cocteau
1949 Le Secret de Mayerling Delannoy
1950 Le Château de verre Clément
Orphée Cocteau
1951 Nez-de-cuir Y. Allégret
1953 Le Guérisseur Ciampi
1954 Futures vedettes M. Allégret
1956 Elena et les hommes Renoir
Typhon sur Nagasaki Ciampi
1957 Les Nuits blanches Visconti
1959 Le Bossu Hunebelle
1960 Le Testament d'Orphée Cocteau
Le Capitan Hunebelle
1961 Le Miracle des loups Hunebelle
Le Capitaine Fracasse Gaspard-Huit
1964 Fantômas Hunebelle
1970 Peau d'âne Demy
1994 Les Misérables Lelouch
1996 Beauté volée Bertolucci

Marx Brothers

1929 Noix de coco Florey
1930 Animal Crackers Heerman
1931 Monnaie de singe McLeod
1932 Plumes de cheval McLeod
1933 Soupe au canard McCarey
1935 Une nuit à l'Opéra Wood
1937 Un jour aux courses Wood
1938 Panique à l'hôtel Seiter
1939 Un jour au cirque Buzzell
1940 Chercheurs d'or Buzzell
1941 Les Marx au grand magasin Reisner
1946 Une nuit à Casablanca Mayo

James Mason
(1909-1984)

1935 Late Extra Parker Parker
1943 L'Homme en gris Arliss
1944 L'Homme fatal Asquith
1947 Huit Heures de sursis Reed
1949 Les Désemparés Ophuls
Madame Bovary Minnelli
1951 Pandora Lewin
Le Renard du désert Hathaway
1952 L'Affaire Cicéron Mankiewicz
Prisonnier de Zenda Thorpe
1953 Jules César Mankiewicz

1954 20 000 lieues sous les mers Fleisher
Une étoile est née Cukor
1959 La Mort aux trousses Hitchcock
1962 Lolita Kubrick
Hero's Island L. Stevens
1964 La Chute de l'Empire romain A. Mann
1965 Lord Jim Brooks
1975 Autobiographie d'une princesse Ivory
1976 Le Voyage des Damnés Rosenberg
1978 Ces garçons qui venaient du Brésil Schaffner
1984 La Partie de chasse Bridges

Marcello Mastroianni
(1924-1996)

1947 L'Évadé du bagne Freda
1950 Dimanche d'août Emmer
1954 Chronique des pauvres amants Lizzani
1957 Nuits blanches Visconti
1958 Le Pigeon Monicelli
1960 Le Bel Antonio Bolognini
La dolce vita Fellini
1961 Divorce à l'italienne Germi
La Nuit Antonioni
1962 Journal intime Zurlini
Vie privée Malle
1963 Les Camarades Monicelli
Huit et demi Fellini
1966 La Dixième Victime Petri
1970 Drame de la jalousie Scola
Leo le dernier Boorman
1971 Liza Ferreri
1973 La Grande Bouffe Ferreri
1974 Nous nous sommes tant aimés Scola
Allonsanfan Frères Taviani
1977 Une journée particulière Scola
1978 Rêve de singe Ferreri
1979 La Terrasse Scola
1980 La Cité des femmes Fellini
1981 La Peau Cavani
1982 La Nuit de Varennes Scola
1985 Ginger et Fred Fellini
1986 Les Yeux noirs Mikhalkov
Intervista Fellini
L'Apiculteur Angelopoulos
1990 Quelle heure est-il ? Scola
1991 Le Pas suspendu de la cigogne Angelopoulos
1993 Un, deux, trois, soleil Blier
1996 Trois vies et une seule mort Ruiz
Voyage au début du monde Oliveira

Toshiro Mifune
(1920-1997)

1946 L'ge de la nouvelle folie Yamamot
1948 L'Ange ivre Kurosawa
1949 Le Duel silencieux Kurosawa
Chien enragé Kurosawa
1950 Rashomon Kurosawa
1951 L'Idiot Kurosawa
1954 Les Sept Samouraïs Kurosawa
Samouraï Inagaki
1955 Chronique d'un être vivant Kurosawa
1957 Le Château de l'araignée Kurosawa
Les Bas-Fonds Kurosawa
1958 La Forteresse cachée Kurosawa
Le Pousse-pousse Inagaki
1961 Yojimbo Kurosawa
Animas Trujano I. Rodriguez
1962 Sanjuro Kurosawa
1963 Entre le ciel et l'enfer Kurosawa
1965 Barberousse Kurosawa
1966 Grand Prix Frankenheimer
1967 Rébellion Kobayashi
1968 Duel dans le Pacifique Boorman
1971 Soleil rouge Young
1980 1941 Spielberg
1989 La Mort du maître de thé Kumai
1994 Picture Bride Hatta

Robert Mitchum
(1917-1997)

1943 Et la vie continue Brown
1945 Les Forçats de la gloire Wellman
1946 Lame de fond Minnelli
1947 La Vallée de la peur Walsh
Feux croisés Dmytryk
La Griffe du passé J. Tourneur
1948 Ciel rouge Wise
1951 Mon passé défendu Stevenson
Racket Cromwell
1952 Le Paradis des mauvais garçons Sternberg
Les Indomptables N. Ray
1953 Un si doux visage Preminger
1954 La Rivière sans retour Preminger
1955 La Nuit du chasseur Laughton
L'Homme au fusil Wilson
1957 Dieu seul le sait Huston
1959 L'Aventurier du Rio Grande Parrish
1960 Celui par qui le scandale arrive Minnelli
1962 Les Nerfs à vifs Thompson
1967 El Dorado Hawks
1968 Cinq Cartes à abattre Hathaway
Cérémonies secrètes Losey
1970 La Fille de Ryan Lean
1972 La Colère de dieu Nelson
1975 Adieu ma jolie Richards
Yakuza Pollack
1976 Le Dernier Nabab Kazan
1978 Le Grand Sommeil Winner
1984 Maria's Lovers Kontchalkovski
1995 Dead Man Jarmusch

Marilyn Monroe
(1926-1962)

1948 Scudda Hoo ! Scudda Hay ! Herbert
1950 Quand la ville dort Huston
Eve Mankiewicz
1952 Le Démon s'éveille la nuit Lang
Chérie, je me sens rajeunir Hawks
1953 Comment épouser un millionnaire Negulesco
Niagara Hathaway
Les hommes préfèrent les blondes Hawks
1954 La Rivière sans retour Preminger
1955 Sept ans de réflexion Wilder
1956 Arrêt d'autobus Logan
1957 Le Prince et la danseuse Olivier
1959 Certains l'aiment chaud Wilder
1960 Le Milliardaire Cukor
1961 Les Misfits Huston

Yves Montand
(1921-1991)

1945 Étoile sans lumière Blistène
1946 Les Portes de la nuit Carné
1950 Souvenirs perdus Christian-Jaque
1953 Le Salaire de la peur Clouzot
1957 Les Sorcières de Salem Rouleau
1959 La Loi Dassin
1960 Le Milliardaire Cukor
Aimez-vous Brahms ? Litvak
1965 Compartiment tueurs Costa-Gavras
1966 La guerre est finie Resnais
1968 Le Diable par la queue Broca
Un soir un train Delvaux
Z Costa-Gavras
1969 Le Cercle rouge Melville
L'Aveu Costa-Gavras
1971 La Folie des grandeurs Oury
1972 César et Rosalie Sautet
1973 État de siège Costa-Gavras
1974 Vincent, François, Paul et les autres Sautet
1975 Le Sauvage Rappeneau
1976 Le Grand Escogriffe C. Pinoteau
Police Python 357 Corneau
1977 La Menace Corneau
1979 I comme Icare Verneuil
1981 Le Choix des armes Corneau
Tout feu tout flamme Rappeneau
1983 Garçon ! Sautet
1986 Jean de Florette Berri
Manon des sources Berri
1988 Trois places pour le 26 Demy
1992 I. P. 5, l'île aux pachydermes Beineix

Julianne Moore
(née en 1961)

1992 Benny & Joon Chechik
1993 Le Fugitif Davis
Short Cuts Altman
1994 Vanya, 42e Rue Malle
1995 Safe Haynes
1996 Surviving Picasso Ivory
1997 Boogie Nights P. T. Anderson
Le Monde perdu Spielberg
The Big Lebowski Frères Coen
1998 Cookie's Fortune Altman
Psycho Van Sant
1999 La Fin d'une liaison Jordan
Magnolia P. T. Anderson
2000 Hannibal R. Scott
2001 Evolution Reitman
The Hours Daldry
2002 Loin du paradis Haynes

Jeanne Moreau
(née en 1928)

1948 Dernier amour Stelli
1950 Meurtres Pottier
1953 Julietta M. Allégret
1954 Touchez pas au grisbi Becker
La Reine Margot Dréville
1955 Gas-oil Grangier
1958 Ascenseur pour l'échafaud Malle
Les Amants Malle
1959 Les Liaisons dangereuses Vadim
1961 La Nuit Antonioni
1962 Jules et Jim Truffaut
Eva Losey
Le Procès Welles
1963 La Baie des anges Demy
1965 Viva Maria Malle
1968 La mariée était en noir Truffaut
1974 Les Valseuses Blier
1975 Souvenirs d'en France Téchiné
1976 Le Dernier Nabab Kazan
Mr Klein Losey
1981 Les Uns et les autres Lelouch
1982 Querelle Fassbinder
1987 Le Miraculé Mocky
1989 Nikita Besson
1991 Le Pas suspendu de la cigogne Angelopoulos
La Vieille qui marchait dans la mer Heynemann
1993 Je m'appelle Victor G. Jacques
1995 Par-delà les nuages Antonioni
2001 Cet amour-là Dayan
2005 Le Temps qui reste Ozon

Michèle Morgan
(née en 1920)

1935 Mademoiselle Mozart Noé
1937 Gribouille M. Allégret
1938 Orage M. Allégret
Quai des Brumes Carné
L'Entraîneuse Valentin
1939 Le Récif de corail Gleize
Les Musiciens du ciel Lacombe
1941 Remorques Grémillon
1942 La Loi du Nord Feyder
1945 Untel père et fils Duvivier
1946 La Symphonie pastorale Delannoy
1950 Le Château de verre R. Clément
1953 Les Orgueilleux Y. Allégret
1955 Les Grandes Manœuvres R. Clément
1956 Marguerite de la nuit Autant-Lara
1958 Maxime Verneuil
1960 Fortunat Joffé
1962 Landru Chabrol
1968 Benjamin ou les mémoires d'un puceau Deville
1976 Le Chat et la Souris Lelouch
1990 Ils vont tous bien Tornatore

Paul Newman
(né en 1925)

1954 La Calice d'argent Saville
1956 Marqué par la haine Wise
1958 Le Gaucher Penn
La Chatte sur un toit brûlant Brooks
1960 Exodus Preminger
1961 L'Arnaqueur Rossen
Doux oiseau de jeunesse Brooks
1963 Le Plus Sauvage d'entre tous Ritt
1966 Le Rideau déchiré Hitchcock
Détective privé Smight
1967 Hombre Ritt
Luke la main froide Rosenberg
1969 Butch Cassidy et le Kid G. R. Hill
1971 Le Clan des irréductibles P. Newman
1972 Juge et hors-la-loi Huston
1973 L'Arnaque G. R. Hill
1974 La Tour infernale Guillermin
1976 Buffalo Bill et les Indiens Altman
1977 La Castagne G. R. Hill
1979 Quintet Altman
1982 Le Verdict Lumet
1986 La Couleur de l'argent Scorsese
1990 Mr. & Mrs. Bridge Ivory
1994 Le Grand Saut Frères Coen
1995 Un homme presque parfait Benton
2002 Les Sentiers de la Perdition Mendes

Jack Nicholson
(né en 1937)

1958 The Crybaby Killer Addis
1966 The Shooting Hellman
L'Ouragan de la vengeance Hellman
1969 Easy Rider Hopper
1970 Cinq pièces faciles Rafelson
Melinda Minnelli

1971 Ce plaisir qu'on dit charnel Nichols
The King of Marvin Gardens Rafelson
1973 La Dernière Corvée Ashby
1974 Chinatown Polanski
1975 Profession : reporter Antonioni
Vol au dessus d'un nid de coucou Forman
1976 Le Dernier Nabab Kazan
The Missouri Breaks A. Penn
1980 Le facteur sonne toujours deux fois Rafelson
Shining Kubrick
1981 Reds Beatty
1985 L'Honneur des Prizzi Huston
1987 Les Sorcières d'Eastwick G. Miller
1989 Batman Burton
1995 The Crossing Guard S. Penn
1996 Mars Attacks ! Burton
1997 Pour le pire et pour le meilleur J. L. Brooks
2001 The Pledge Penn
2002 Monsieur Schmidt Payne
2004 Tout peut arriver Meyers
2006 Les Infiltrés Scorsese

Philippe Noiret
(1931-2006)

1956 La Pointe courte Varda
1960 Zazie dans le métro Malle
1962 Thérèse Desqueyroux Franju
1964 Les Copains Robert
1965 La Vie de château Rappeneau
1968 Alexandre le Bienheureux Robert
1969 L'Étau Hitchcock
1972 Le Serpent Verneuil
1973 La Grande Bouffe Ferreri
1974 L'Horloger de Saint-Paul Tavernier
1975 Que la fête commence Tavernier
Le Vieux Fusil Enrico
1978 Tendre Poulet Broca
1980 On a volé la cuisse de Jupiter Broca
1981 Trois Frères Rosi
Coup de torchon Tavernier
1984 Les Ripoux Zidi
1989 La Vie et rien d'autre Tavernier
Cinema Paradiso Tornatore
1991 J'embrasse pas Téchiné
1992 Max et Jérémie Devers
Tango Leconte
1994 Le Facteur Radford
1996 Les Grands Ducs Leconte
1997 Le Bossu Broca
2003 Père et fils Boujenah

Laurence Olivier
(1907-1989)

1930 La Veuve temporaire Ucicky
1931 Le Passeport jaune Walsh
1936 Les Nuits moscovites Asquith
Comme il vous plaira Czinner
1939 Les Hauts de Hurlevent Wyler
1940 Rébecca Hitchcock
Orgueil et Préjugés Leonard
1941 Lady Hamilton Korda
49ème parallèle Powell
1944 Henry V Olivier
1948 Hamlet Olivier
1952 Un amour désespéré Wyler
1953 L'Opéra des Gueux P. Brook
1956 Richard III Olivier
1957 Le Prince et la Danseuse Olivier
1959 Au Fil de l'épée Hamilton
1960 Spartacus Kubrick
Le Cabotin Richardson
1965 Bunny Lake a disparu Preminger
1969 Dieu que la guerre est jolie Attenborough
1970 Three Sisters Olivier
1971 Nicholas et Alexandra Schaffner
1972 Le Limier Mankiewicz
1976 Marathon Man Schlesinger
Sherlock Holmes attaque l'Orient-Express Ross
Jésus de Nazareth Zeffirelli
1977 Un pont trop loin Attenborough
1978 Ces garçons qui venaient du Brésil Schaffner
1979 Dracula Badham
1980 Le Choc des titans Davis
The Jazz Singer Fleischer
1984 Les Mutinés du bounty Donaldson
Wagner Palmer
1988 War Requiem Jarman

Peter O'Toole
(né en 1932)

1959 Kidnapped Stevenson
Les Dents du diable Ray
1962 Lawrence d'Arabie Lean
1964 Becket Glenville
1965 Lord Jim R. Brooks
Quoi de neuf, Pussycat ? Donner
1966 La Nuit des généraux Litvak
1970 La Guerre de Murphy Yates
1972 L'Homme de la Manche Hiller
1974 Rosebud Preminger
1982 Où est passé mon idole ? Benjamin
1985 Creator Passer
1987 Le Dernier Empereur Bertolucci
1991 Le Voleur d'arc-en-ciel Jodorowsky
2001 Global Heresy Furie

Al Pacino
(né en 1940)

1969 Moi Nathalie Coe
1971 Panique à Needle Park Schatzberg
1972 Le Parrain F. F. Coppola
1973 L'Épouvantail Schatzberg
Serpico Lumet
1974 Le Parrain II F. F. Coppola
1975 Un après-midi de chien Lumet
1977 Bobby Deerfield Pollack
1979 Justice pour tous Jewison
1983 Scarface De Palma
1985 Révolution Hudson
1988 Sea of Love H. Becker
1990 Le Parrain III Coppola
Dick Tracy Beatty
1993 Le Temps d'un week end Brest
1995 Heat M. Mann
1996 Donnie Brasco Newell
Looking for Richard Pacino
1997 L'Associé du diable Hackford
1999 Révélations M. Mann
L'Enfer du dimanche Stone
2002 Insomnia Nolan
S1mone Niccol
2003 Amours troubles Brest

Marisa Paredes
(née en 1946)

1980 Opera Prima Trueba
1985 Tras el cristal Villaronga
1987 Mientras haya luz F. Vega
1991 Talons aiguilles Almodovar
1995 La Fleur de mon secret Almodovar
1996 Carmin profond Ripstein
Trois Vies et une seule mort Ruiz
1999 Pas de lettre pour le colonel Ripstein
Tout sur ma mère Almodovar
2001 L'Échine du diable Del Toro

Gregory Peck
(1916-2003)

1944 Jours de gloire J. Tourneur
Les Clés du royaume Stahl
1945 La Maison du Dr Edwardes Hitchcock
1947 Duel au soleil K. Vidor
1948 Le Procès Paradine Hitchcock
1949 Passion fatale Siodmak
Un homme de fer King
La Ville abandonnée Wellman
1950 La Cible humaine King
1952 Le monde lui appartient Walsh
Les Neiges du Kilimandjaro King
1953 Vacances romaines Wyler
1956 L'Homme au complet gris Johnson
Moby Dick Huston
1957 La Femme modèle Minnelli
1958 Bravados King
Les Grands Espaces Wyler
1959 Le Dernier Rivage Kramer
1961 Les Canons de Navarone Lee Thompson
1962 Les Nerfs à vif Lee Thompson
Du silence et des ombres Mulligan
1964 Et vint le jour de la vengeance Zinnemann
1966 Arabesque Donen
1970 Le Pays de la violence Frankenheimer
1976 La Malédiction R. Donner
1978 Ces garçons qui venaient du Brésil Schaffner
1991 Les Nerfs à vif Scorsese
1996 Wild Billy : Hollywood Maverick

Sean Penn
(né en 1960)

1981 Taps H. Becker
1984 Crackers Malle
1986 Comme un chien enragé Foley
1989 Outrages De Palma
1991 The Indian Runner S. Penn
1993 L'Impasse De Palma
1995 La Dernière Marche T. Robbins
1997 The Game Fincher
U-turn, ici commence l'enfer Stone
She's so Lovely N. Cassavetes
1998 La Ligne rouge Malick
1999 Accords et désaccords Allen
2000 Le Poids de l'eau Bigelow
2003 Mystic River Eastwood
21 grammes Innaritu
2004 The Assassination of Richard Nixon Mueller
2005 L'Interprète Pollack

Gérard Philipe
(1922-1959)

1943 Les Petites du quai aux fleurs M. Allégret
1946 Le Pays sans étoiles Lampin
L'Idiot Lampin
1947 Le Diable au corps Autant-Lara
1948 La Chartreuse de Parme Christian-Jaque
1949 Une si jolie petite plage Y. Allégret
1950 La Beauté du Diable Clair
La Ronde Ophuls
Souvenirs perdus Christian-Jaque
1951 Juliette ou la clé des songes Carné
1952 Les Belles de nuit Clair
Fanfan la Tulipe Christian-Jaque
1953 Les Orgueilleux Y. Allégret
1954 Monsieur Ripois Clément
Le Rouge et le Noir Autant-Lara
1955 Les Grandes Manœuvres Clair
1956 La Meilleure Part Y. Allégret
Les Aventures de Till l'espiègle Philipe, Ivens
1957 Montparnasse 19 Becker
Pot-Bouille Duvivier
1958 La Vie à deux Duhour
Le Joueur Autant-Lara
1959 Les Liaisons dangereuses Vadim
1960 La fièvre monte à El Pao Buñuel

Michel Piccoli
(né en 1925)

1945 Sortilèges Christian-Jaque
1949 Le Point du jour Daquin
1955 French Cancan Renoir
1956 La Mort en ce jardin Buñuel
1962 Le Doulos Melville
1963 Le Mépris Godard
1964 Journal d'une femme de chambre Buñuel
1965 Compartiments tueurs Costa-Gavras
1966 La guerre est finie Resnais
Les Créatures Varda
1967 Les Demoiselles de Rochefort Demy
Un homme de trop Costa-Gavras
Belle de jour Buñuel
1969 L'Étau Hitchcock
Dillinger est mort Ferreri
Les Choses de la vie Sautet
La Voie lactée Buñuel
1971 Max et les ferrailleurs Sautet
1972 Liza Ferreri
Le Charme discret de la bourgeoisie Buñuel
1973 La Grande Bouffe Ferreri
1974 Le Fantôme de la liberté Buñuel
1974 Vincent, François, Paul et les autres Sautet
1975 Sept morts sur ordonnance Rouffio
1976 Mado Sautet
1980 Le Saut dans le vide Bellocchio
1982 Passion Godard
Une chambre en ville Deville
1985 Adieu Bonaparte Chahine
1986 Le Paltoquet Deville
La Puritaine Doillon
1989 Milou en mai Malle
1990 Les Équilibristes Papatakis
1991 La Belle Noiseuse Rivette
1996 Party Oliveira
1997 Généalogie d'un crime Ruiz
2000 Les Acteurs Blier
2001 Je rentre à la maison De Oliveira
2003 Ce jour-là Ruiz

Mary Pickford
(1893-1979)

1913 Un bon petit diable Porter et Fawley
1914 Tess au pays des tempêtes Porter et Fawley
Cinderella Kirkwood
1915 Marie-les-haillons Kirkwood
The Girl of yesterday Dwan
Madame Butterfly Olcott
1917 Fille d'Écosse M. Tourneur
Une pauvre petite fille riche M. Tourneur
The Little American De Mille
Petit Démon Neilan
1918 Stella Maris Neilan

1919 Le Roman de Mary Neilan
Papa longues jambes Neilan
1920 Pollyanna Powell
1921 Le Petit Lord Fauntleroy Green et J. Pickford
1923 Rosita Lubitsch
1926 Les Moineaux Beaudine
1929 Coquette Taylor
1933 Secrets Borzage

Anthony Quinn
(1915-2001)

1936 Un aventure de Buffalo Bill De Mille
1939 Pacific Express De Mille
1941 Arènes sanglantes Mamoulian
1952 Viva Zapata ! Kazan
1953 Ulysse Camerini
1956 La Strada Fellini
La Vie passionnée de Van Gogh Minnelli
Notre-Dame de Paris Delannoy
1957 Le Bord de la rivière Dwan
1958 Car sauvage est le vent Cukor
1959 L'Orchidée noire Rott
1959 L'Homme aux colts d'or Dmytryk
1960 Les Dents du diable N. Ray
La Diablesse en collants roses Cukor
1961 Les Canons de Navaronne Lee Thompson
1962 Lawrence d'Arabie Lean
Barabbas Fleischer
1964 Zorba le Grec Cacoyannis
1965 Un cyclone à la Jamaïque A. Mackendrick
1967 La 25ème heure Verneuil
1974 Don Angelo est mort Fleischer
1976 L'Héritage Bolognini
Jésus de Nazareth Zeffirelli
1978 L'Empire du grec Lee Thompson
Les Enfants de Sanchez Bartlett
1991 Jungle Fever S. Lee
1995 A Walk in the Clouds Arau

Raimu
(1883-1946)

1929 Le Blanc et le Noir Flrey
Marius Korda
1931 Mam'zelle Nitouche M. Allégret
1932 Fanny M. Allégret
1933 Théodore et compagnie Colombier
1934 Charlemagne Colombier
Tartarin de Tarascon Bernard
Ces messieurs de la Santé Colombier
1936 César Pagnol
1937 Les Rois du sport Colombier
Gribouille M. Allégret
Faisons un rêve Guitry
Un carnet de Bal Duvivier
1938 L'Étrange Monsieur Victor Grémillon
La Femme du boulanger Pagnol
1940 La Fille du puisatier Pagnol
1942 Les Inconnus dans la maison Decoin
L'Arlésienne Allégret
Monsieur la Souris Lacombe
Le Bienfaiteur Decoin
1943 Le Colonel Chabert Le Hénaff
1946 L'Homme au chapeau rond Billon

Robert Redford
(né en 1937)

1961 La guerre est aussi une chasse Sanders
1965 La Poursuite impitoyable A. Penn
1966 Propriété interdite Pollack
1969 Butch Cassidy et le Kid G. R. Hill
Willie Boy Polonski
1970 L'Ultime Randonnée Furie
1972 Jeremiah Johnson Pollack
1973 Nos plus belles années Pollack
L'Arnaque G. R. Hill
1974 Gatsby le magnifique Clayton
1975 Les Trois Jours du condor Pollack
La Kermesse des aigles G. R. Hill
1976 Les Hommes du président Pakula
1980 Brubaker Rosenberg
1986 Out of Africa Pollack
1990 Havana Pollack
1998 L'Homme qui murmurait à l'oreille des chevaux Redford
2001 Spy Game T. Scott
2002 Le Dernier Château Lurie

Julia Roberts
(née en 1967)

1988 Blood Red Masterson
1989 Potins de femmes Ross
Pretty Woman G. Marshall
1990 L'Expérience interdite Schumacher
Mes nuits avec mon ennemi Reuben
1991 Hook Spielberg
1993 L'Affaire Pélican Pakula
1994 Prêt-à-porter Altman
1995 Mary Reilly Frears
1996 Michael Collins Jordan
1997 Le Mariage de mon meilleur ami Hogan
1998 Complots R. Donner
1999 Coup de foudre à Notting Hill Michell
2000 Erin Brockovich Soderbergh
2001 Ocean's Eleven Soderbergh
2002 Confessions d'un homme dangereux Clooney
2003 Le Sourire de Mona Lisa Newell
2004 Closer Nichols
Ocean's Twelve Soderbergh

Jean Rochefort
(né en 1930)

1955 Rencontre à Paris Lampin
1958 Une balle dans le canon Deville et Gérard
1961 Cartouche Broca
1964 Angélique, marquise des anges Borderie
1968 Le Diable par la queue Broca
1972 Le Grand Blond avec une chaussure noire Robert
1973 Salut l'artiste Robert
1974 L'Horloger de Saint-Paul Tavernier
Le Fantôme de la liberté Buñuel
1975 Que la fête commence Tavernier
1976 Un éléphant ça trompe énormément Robert
1977 Nous irons tous au paradis Robert
Le Crabe-tambour P. Schoendoerffer
1978 Le Cavaleur Broca
1980 Chère Inconnue Mizrahi
1981 Un étrange voyage Cavalier
1987 Tandem Leconte
1989 Je suis le seigneur du château Wargnier
1990 Le Mari de la coiffeuse Leconte
1993 Tombés du ciel Lioret
1994 Prêt-à-porter Altman
1996 Ridicule Leconte
2000 Le Placard Veber
2002 L'Homme du train Leconte
2005 Akoibon Baer

Gena Rowlands
(née en 1934)

1958 L'Amour coûte cher J. Ferrer
1962 Seuls sont les indomptés D. Miller
1963 Un enfant attend J. Cassavetes
1971 Ainsi va l'amour J. Cassavetes
1974 Une femme sous influence J. Cassavetes
1976 Un tueur dans la foule Peerce
1978 Opening Nights J. Cassavetes
1980 Gloria J. Cassavetes
1984 Love Streams J. Cassavetes
1987 Lights of Day Schrader
1988 Une autre femme Allen
1991 Once Around Hallström
1995 La Bible de néon T. Davies
1995 Amour et mensonges Hallström
1996 Décroche les étoiles N. Cassavetes
1997 She's So Lovely N. Cassavetes
1998 La Carte du cœur W. Carroll
2004 Une affaire de cœur N. Cassavetes

Romy Schneider
(1938-1982)

1953 Lilas blancs Deppe
1955 Sissi Marischka
1958 Christine Gaspard-Huit
1958 Jeunes filles en uniforme Radvanyi
1960 Katia Siodmak
Plein soleil Clément
1961 Le Combat dans l'île Cavalier
1962 Boccace 70 Visconti
Le Procès Welles
1966 Dix heures et demie du soir en été Dassin
Triple Cross Young
1968 La Piscine Deray
1969 Les Choses de la vie Sautet
1971 Max et les ferrailleurs Sautet
1972 L'Assassinat de Trotsky Losey
Le Train Granier-Deferre
César et Rosalie Sautet
1973 Le Trio infernal Girod
Ludwig Visconti
1974 L'Important, c'est d'aimer Zulawski
1975 Le Vieux Fusil Enrico
1976 Une femme à sa fenêtre Granier-Deferre
Mado Sautet
1978 Une histoire simple Sautet
1979 Clair de femme Costa-Gavras
La Mort en direct Tavernier
1980 La Banquière Girod
Fantôme d'amour Risi
1981 Garde à vue Miller
La Passante du Sans-Souci Rouffio

Peter Sellers
(1925-1980)

1955 Tueurs de dames Mackendrick
1959 Après moi le déluge Boulting
La Souris qui rugissait Arnold
1960 Le Paradis des monte-en-l'air Day
1961 Topaze Sellers
1962 Lolita Kubrick
1964 Docteur Folamour Kubrick
La Panthère rose Edwards
1965 Quoi de neuf Pussycat ? C. Donner
1968 La Party Edwards
1975 Le Retour de la Panthère rose Edwards
1976 Quand la Panthère rose s'emmêle Edwards
1978 La Malédiction de la Panthère rose Edwards
1979 Bienvenue, Mr Chance Ashby
1980 Le Complot diabolique de Dr Fu Manchu Haggard
1982 À la recherche de la Panthère rose Edwards

Michel Serrault
(1928-2007)

1954 Ah ! Les Belles Bacchantes Loubignac
1955 Les Diaboliques Clouzot
1963 Bébert et l'omnibus Robert
1966 Les Compagnons de la marguerite Mocky
1967 Le Roi de cœur Broca
1973 Moi y en a vouloir des sous Yanne
1974 Un linceul n'a pas de poches Mocky
1975 L'Ibis rouge Mocky
1977 Préparez vos mouchoirs Blier
1978 L'Argent des autres Chalonge
1979 Buffet froid Blier
1980 La Cage aux folles Molinaro
1981 Garde à vue Miller
1982 Les Fantômes du chapelier Chabrol
Les Quarantièmes Rugissants Chalonge
1983 Mortelle Randonnée Miller
1984 Le Bon Plaisir Girod
À mort l'arbitre Mocky
1985 On ne meurt que deux fois Deray
1987 Le Miraculé Mocky
1990 Docteur Petiot Chalonge
1991 La Vieille qui marchait dans la mer Heynemann
1994 Nelly et M. Arnaud Sautet
1995 Beaumarchais l'insolent Molinaro
Le bonheur est dans le pré Chatiliez
1996 Assassin(s) Kassovitz
1997 Rien ne va plus Chabrol
Artémisia Merlet
1999 Les Enfants du marais J. Becker
2000 Une hirondelle a fait le printemps Carion

Simone Signoret
(1921-1985)

1946 Les Démons de l'aube Y. Allégret
1947 Dédée d'Anvers Y. Allégret
1948 Impasse des Deux Anges M. Tourneur
1949 Manèges Y. Allégret
1950 La Ronde Ophuls
1952 Casque d'or Jacques Becker
1953 Thérèse Raquin Carné
1955 Les Diaboliques Clouzot
1956 Les Sorcières de Salem Rouleau
La Mort en ce jardin Buñuel
1959 Les Chemins de la haute ville Clayton

1960 Les Mauvais Coups Leterrier
Adua et ses compagnes Pietrangeli
1963 Dragées au poivre Baratier
Le Jour et l'heure Clément
1965 Compartiment tueurs Costa-Gavras
La Nef des fous Kramer
1966 MI 5 demande protection Lumet
1969 L'Armée des ombres Melville
L'Aveu Costa-Gavras
1971 Le Chat Granier-Deferre
La Veuve Couderc Granier-Deferre
1972 Les Granges brûlées Chapot
1973 Rude journée pour la reine Allio
1975 La Chair de l'orchidée Chéreau
1976 Police Python 357 Corneau
1977 La Vie devant soi Mizrahi
1978 Judith Therpauve Chéreau
1981 L'Étoile du Nord P. Granier-Deferre

Michel Simon
(1895-1975)

1925 La Vocation d'André Carrel Choux
Feu Mathias Pascal L'Herbier
1928 La Passion de Jeanne d'Arc Dreyer
1931 La Chienne Renoir
Jean de la Lune Choux
1932 Boudu sauvé des eaux Renoir
1933 Du haut en bas Pabst
Miquette et sa mère Diamant-Berger
1934 L'Atalante Vigo
Lac aux Dames M. Allégret
1936 Faisons un rêve Guitry
1937 Drôle de drame Carné
1938 Les Disparus de St-Agil Christian-Jaque
Quai des brumes Carné
1939 Le Dernier Tournant Chenal
Circonstances atténuantes Boyer
La Fin du jour Duvivier
Fric-frac Lehmann, Autant-Lara
1943 Au bonheur des dames Cayatte
1946 Panique Duvivier
1947 Les Amants du pont Saint-Jean Decoin
1950 La Beauté du Diable Clair
1951 La Poison Guitry
1952 Monsieur Taxi Hunebelle
La Vie d'un honnête homme Guitry
1955 L'Impossible M. Pipelet Hunebelle
1962 Le Diable et les Dix commandements Duvivier
1963 Le Train Frankenheimer
1967 Le Vieil Homme et l'enfant Berri

1972 Blanche Borowczyk
La Plus Belle Soirée de ma vie Scola
1975 L'Ibis rouge Mocky

Barbara Stanwyck
(1907-1990)

1927 Broadway Nights Boyle
1930 Ladies of Leisure Capra
1931 The Miracle Woman Capra
L'Ange blanc Wellman
1932 Amour défendu Capra
So Big Wellman
1933 Le Thé amer du général Yen Capra
1935 La Gloire du cirque G. Stevens
1936 Révolte à Dublin J. Ford
1937 Stella Dallas K. Vidor
1938 Miss Manton est folle Jason
1939 Pacific Express De Mille
1940 Remember the Night Leisen
1941 Un cœur pris au piège P. Sturges
L'Homme de la rue Capra
1942 Boule de feu Hawks
L'Inspiratrice Wellman
1943 L'Étrangleur Wellman
1944 Assurance sur la mort Wilder
1946 L'Emprise du crime Milestone
1948 Raccrochez, c'est une erreur Litvak
1949 Ville haute, ville basse Le Roy
1950 Les Chaînes du destin Leisen
La Femme à l'écharpe pailletée Siodmak
1952 Le démon s'éveille la nuit F. Lang
1953 All I desire D. Sirk
1954 La Tour des ambitieux Wise
1957 There's Always Tomorow D. Sirk
Quarante Tueurs Fuller
1962 La Rue chaude Dmytryk
1965 The Night Walker Castle

James Stewart
(1908-1997)

1935 The Murder Man Whelan
1936 Sa femme et sa secrétaire Brown
1938 Vous ne l'emporterez pas avec vous Capra
1939 Mr Smith au Sénat Capra
Femme ou démon G. Marshall
1940 The Mortal Storm Borzage
Indiscrétions Cukor
Rendez-vous Lubitsch
1946 La vie est belle Capra
1948 La Corde Hitchcock
Appelez Nord 777 Hathaway
1950 Winchester 73 A. Mann
La Flèche brisée Daves

1952 Les Affameurs A. Mann
Sous le plus grand chapiteau du monde DeMille
1953 L'Appât A. Mann
1954 Fenêtre sur cour Hitchcock
1955 L'Homme de la plaine A. Mann
Je suis un aventurier A. Mann
1956 L'Homme qui en savait trop Hitchcock
1957 Le Survivant des monts lointains Neilson
1958 Adorable voisine Quine
Sueurs froides Hitchcock
1959 Autopsie d'un meurtre Preminger
1960 Les Deux Cavaliers Ford
1962 L'Homme qui tua Liberty Valance Ford
1964 Les Cheyennes Ford
1965 Le Vol du Phoenix Aldrich
1970 Attaque au Cheyenne Club Kelly
1976 Le Dernier des géants Siegel
1978 Le Grand Sommeil Winner

Meryl Streep
(née en 1949)

1977 Julia Zinnemann
1978 Voyage au bout de l'enfer Cimino
1979 Manhattan Allen
1980 Kramer contre Kramer Benton
1981 La Maîtresse du lieutenant français Reisz
1982 Le Choix de Sophie Pakula
1983 Le Mystère Silkwood Nichols
1985 Out of Africa Pollack
1986 La Brûlure Nichols
1992 La Mort vous va si bien Zemeckis
1994 La Rivière sauvage Hanson
1995 Sur la route de Madison Eastwood
1996 Before and after Schroeder
Simples secrets Zaks
1998 Contre-jour C. Franklin
2000 A. I. Intelligence artificielle Spielberg
2001 The Hours Daldry
2002 Adaptation Jonze
Minority Report Spielberg
2004 Un crime dans la tête Demme
2006 The Last Show Altman

Elizabeth Taylor
(née en 1932)

1942 La Fidèle Lassie Wilcox
1944 Jane Eyre Stevenson
1949 Les Quatre Filles du Dr March Le Roy
1950 Le Père de la mariée Minnelli
1951 Une place au soleil Stevens
1952 Ivanhoé Thorpe
1956 Géant Stevens
1957 L'Arbre de vie Dmytryk

1958 La Chatte sur un toit brûlant Brooks
1959 Soudain l'été dernier Mankiewicz
1963 Cléopâtre Mankiewicz
1965 Le Chevalier des sables Minnelli
1967 Les Comédiens Glenville
1966 Qui a peur de Virginia Woolf? Nichols
1967 Reflets dans un œil d'or Huston
La Mégère apprivoisée Zeffirelli
1968 Cérémonie secrète Losey
1970 Las Vegas, un couple Stevens
1976 L'Oiseau bleu Cukor
1976 Victoire à Entebbe Chomsky
1988 Toscanini Zeffirelli

Gene Tierney
(1920-1991)

1940 Le Retour de Frank James Lang
1941 La Route du tabac Ford
Shanghai Gesture Sternberg
1943 Le ciel peut attendre Lubitsch
1944 Laura Preminger
1945 Pêché mortel Stahl
1946 Le Château du dragon Mankiewicz
1946 Le Fil du rasoir Goulding
1947 L'Aventure de Mme Muir Mankiewicz
1948 Le Rideau de fer Wellman
1949 Le Mystérieux Docteur Korvo Preminger
1950 Les Forbans de la nuit Dassin
Mark Dixon détective Preminger
1951 Sur la Riviera Lang
The Secret of Convict Lake Gordon
1952 Le Gaucho Tourneur
1953 Ne me quitte jamais Daves
1954 L'Égyptien Curtiz
1955 La Main gauche du seigneur Dmytryk
1962 Tempête à Washington Preminger
1963 Le Tumulte G. R. Hill
1964 The Pleasure Seekers Negulesco

Ugo Tognazzi
(1922-1990)

1950 Les Cadets de Gascogne Mattoli
1960 Quelle joie de vivre Clément
1962 La Marche sur Rome Risi
1963 Les Monstres Risi
1963 Le Lit conjugal Ferreri
1964 Le Mari de la femme à barbe Ferreri
Le Cocu magnifique Pietrangeli
1967 Beaucoup trop pour un seul homme Germi
1968 Fais-moi très mal mais couvre-moi de baisers Risi
1969 Le Fouineur Scola

1970 Porcheri Pasolini
Venez donc prendre le café avec nous Lattuada
1971 La califfa Bevilacqua
Au nom du peuple italien Risi
L'Audience Ferreri
1973 La Propriété n'est plus un vol Petri
La Grande Bouffe Ferreri
Nous voulons les colonels Monicelli
1974 Touche pas à la femme blanche Ferreri
1975 Mes chers amis Monicelli
1976 La Carrière d'une femme de chambre Risi
1977 La Chambre de l'évêque Risi
Qui a tué le chat ? Comencini
1978 La Cage aux folles Molinaro
Dernier Amour Risi
1979 Le Grand Embouteillage Comencini
La Terrasse Scola
1981 La Tragédie d'un homme ridicule Bertolucci
1984 Le Bon Roi Dagobert Risi
1989 Tolérance Salfati

Spencer Tracy
(1900-1967)

1930 Up the River J. Ford
1933 Vingt Mille Ans sous les verrous Curtiz
Ceux de la zone Borzage
1935 L'Enfer Lachmann
1936 Furie Lang
Riffraff Ruben
San Francisco Van Dyke
Une fine mouche Conway
1937 Capitaines courageux Fleming
La Grande Ville Borzage
1938 Des hommes sont nés Taurog
Mannequin Borzage
1939 Stanley and Livingstone H. King
1940 Le Grand Passage K. Vidor
1941 Dr Jekyll et Mr Hyde Fleming
1942 La Femme de l'année Stevens
La Flamme sacrée Cukor
1949 Madame porte la culotte Cukor
1950 Le Père de la mariée Minnelli
1952 Mademoiselle Gagne-tout Cukor
1954 La Lance brisée Dmytryk
1955 Un homme est passé J. Sturges
1958 Le Vieil Homme et la mer J. Sturges
La Dernière Fanfare Ford
1960 Procès de singe Kramer
1961 Jugement à Nuremberg Kramer
1967 Devine qui vient dîner Kramer

Jean-Louis Trintignant
(né en 1930)

1955 Si tous les gars du monde Christian-Jaque
1956 Et Dieu créa la femme Vadim
1960 Pleins feux sur l'assassin Franju
1961 Le Combat dans l'île Cavalier
1962 Le Fanfaron Risi
1964 Angélique, marquise des anges Borderie
1966 Un homme et une femme Lelouch
1968 L' Homme qui ment Robbe-Grillet
1969 Z Costa-Gavras
Ma nuit chez Maud Rohmer
1970 Le Conformiste Bertolucci
1972 L'Attentat Boisset
1973 Le Train Granier-Deferre
1974 Le Mouton enragé Deville,
1975 Flic story Deray
1973 L'Argent des autres Chalonge
1980 La Terrasse Scola
1981 La Nuit de Varennes Scola
1983 Vivement dimanche! Truffaut
Le Bon Plaisir Girod
Le Crime P. Labro
1985 Rendez-vous Téchiné
1993 Trois couleurs : Rouge Kieslowski
Regarde les hommes tomber Audiard
1995 Un héros très discret Audiard
1995 Fiesta Boutron
1997 Ceux qui m'aiment prendront le train Chéreau
2002 Immortel (ad vitam) Bilal

Lana Turner
(1920-1995)

1937 La ville gronde LeRoy
1937 Une étoile est née Wellman
1941 Les Danseuses des Folies Zieglfeld Leonard
Dr Jekyll et Mr Hyde Fleming
1946 Le facteur sonne toujours deux fois Garnett
1947 L'Éternel Tourment Sidney
1948 Les Trois Mousquetaires Sidney
1952 Les Ensorcelés Minnelli
1950 Ma vie à moi Cukor
1955 La Mousson Negulesco
1959 Mirage de la vie Sirk
1966 Madame X Lowell Rich
1976 Bittersweet Love D. Miller

Liv Ullmann
(née en 1938)

1966 Persona Bergman
1967 L'Heure du loup Bergman
1968 La Honte Bergman
1969 Une passion Bergman
1971 Les Émigrants Troell
1972 Le Nouveau Monde Troell
Cris et Chuchotements Bergman
Les Horizons perdus Jarrott
1973 Scènes de la vie conjugale Bergman
1976 Face à face Bergman
Un pont trop loin Attenborough
1977 L'Œuf du serpent Bergman
1978 Sonate d'automne Bergman
1984 La Diagonale du fou Dembo
1991 Oxen Nykvist
2003 Saraband Bergman

Lino Ventura
(1919-1987)

1954 Touchez pas au grisbi Jacques Becker
1955 Razzia sur la chnouf Decoin
1957 Le rouge est mis Grangier
1958 Le gorille vous salue bien Borderie
1959 Le Chemin des écoliers Boisrond
Classe tous risques Sautet
1961 Un taxi pour Tobrouk La Patellière
1963 Les Tontons flingueurs Lautner
1964 Les Barbouzes Lautner
Cent mille dollars au soleil Verneuil
1965 Les Grandes Gueules Enrico
1966 Le Deuxième Souffle Sautet
L'Armée des ombres Melville
Ne nous fâchons pas Lautner
1967 Les Aventuriers Enrico
1968 Le Rapace Giovanni
1969 Le Clan des Siciliens Verneuil
Dernier domicile connu Giovanni
1970 Fantasia chez les ploucs Pirès
1971 Boulevard du Rhum Enrico
1972 L'Aventure, c'est l'aventure Lelouch
Le Silencieux C. Pinoteau
1973 L'Emmerdeur Molinaro
1974 La Gifle C. Pinoteau
1975 Cadavres exquis Rosi
Adieu poulet Granier-Deferre
1978 La Grande Menace Gold
Un papillon sur l'épaule Deray
1979 L'Homme en colère C. Pinoteau
1981 Garde à vue Miller
1982 Le Ruffian Giovanni
1983 Les Misérables Hossein
1986 La Rumba Hanin

John Wayne
(1907-1979)

1927 The Drop Kick Webb
1930 La Piste des géants Walsh
1939 La Chevauchée fantastique Ford
1942 Les Naufrageurs des mers du Sud De Mille
1942 Les Écumeurs Enright
1945 Les Sacrifiés Ford
1948 Le Fils du désert Ford
Le Massacre de Fort Apache Ford
La Rivière rouge Hawks
1949 La Charge héroïque Ford
1950 Rio Grande Ford
1951 Les Diables de Guadalcanal N. Ray
1952 L'Homme tranquille Ford
1955 L'Allée sanglante Wellman
1956 La Prisonnière du désert Ford
1957 L'aigle vole au soleil Ford
1959 Rio Bravo Hawks
1960 Le Grand Sam Hathaway
Alamo Wayne
1962 Le Jour le plus long Zanuck
L'Homme qui tua Liberty Valance Ford
Hatari! Hawks
1963 La Taverne de l'Irlandais Ford
1964 Première victoire Preminger
Le Plus Grand Cirque du monde Hathaway
1966 Eldorado Hawks
L'Ombre d'un géant Shavelson
1967 La Caravane de feu Kennedy
1968 Les Bérets verts Wayne, Kellogg
1970 Rio Lobo Hawks
1971 Les Cow-boys Rydell
1975 Une Bible et un fusil Millar
1976 Le Dernier des géants Siegel

Index

En gras, les numéros de pages renvoyant à des illustrations

E

F

G

H

I et J

K

Crédits photographiques

Ouverture des chapitres et sommaire : Pages 14-15 : Le cinéma muet : *Les Vampires,* Louis Feuillade, 1915-1916 • Pages 60-61 : L'âge d'or des studios : Les Marx Brothers, *Une nuit à l'Opéra*, Sam Wood, 1935 • Pages 110-111 : Entre rêves et réalités : Orson Welles et Rita Hayworth, *la Dame de Shangaï*, Orson Welles, 1948 • Pages 148-149 : Les Nouvelles Vagues : Jean-Paul Belmondo, *Pierrot le fou*, Jean-Luc Godard, 1965 • Pages 208-209 : Des cinémas du monde entier : *2046,* Wong- Kar Wai, 2004

10 «Le caméraman» - 1928 de Edward Segwick avec Buster Keaton - Ph. Prod DB © MGM / DR • 14-15 et reprise p. 5 Les Vampires – 1915-1916 de Louis Feuillade Ph. Prod. Gaumont / Coll. Archives Larbor - DR • 18 ht Ph. X. DR © Archives Larbor • 18 bas et reprise P. 16 Bibliothèque nationale, Paris - Ph. Jean-Loup Charmet © Archives Larbor © ADAGP Paris 2005 • 19 «La Sortie des usines Lumière» - 1895 de Louis Lumière - Ph. © Association Frères Lumière • 20 ht «Couronnement du tsar Nicolas II à Moscou» - 1896 par l'Opérateur des Frères Lumière : Charles Moisson - Ph. © • Association Frères Lumière • 20 bas Ph. © Kharbine-Tapabor • 21 «le Baiser de May Irwin et John C. Rice» - 1896 de William Heise - Ph. Coll. BIFI / Archives Larbor • 22 ht Cinéma Edison, 1903 - Ph. © Corbis • 22 bas Hollywood en 1924 - Ph. © Bettmann / Corbis • 23 ht et reprise P. 16 «L'Attaque du grand rapide» - 1903 de E.S. Porter - Ph. Coll. National Film Archive / Archives Larbor • 23 bas «L'Attaque du grand Rapide» - 1903 de E. S. Porter - Ph. Coll. Archives Larousse / DR • 24 «Le Mari de l'Indienne» - 1913 de Cecil B. De Mille - Ph. © Lasky productions / The Kobal Collection • 25 ht Ph. © Wark Producing Company / The Kobal Collection • 25 bas «Intolérance» 1916 de D.W. Griffith -Ph. Wark Producing / Archives Larbor / DR • 26 «Escamotage d'une dame chez Robert-Houdin» - 1896 de Georges Méliès -Ph. Coll. Archives Larbor © Adagp, • Paris 2005 • 27 ht «L'Homme orchestre» - 1900 de Georges Méliès -Ph. Coll. Archives Larousse © Adagp, Paris 2005 • 27 bas «Voyage dans la lune» 1902 de George Méliès - Ph. Coll. Archives Larbor © Adagp, Paris 2005 • 28 «L'Assassinat du Duc de Guise» - 1908 de Charles le Bargy et André Calmettes - Affiche de M Dethomas- Ph. • Coll. BIFI / Archives Larousse • 29 ht Le Gaumont Palace à Clichy vers 1911 - Ph. © AKG • 29 bas Ph. Coll. BIFI / archives Larousse • 30 ht «La Loupe de grand-mère» - 1900 de G.A. Smith - Ph. © The Kobal Collection • 30 bas «L'Eventreur» - 1926 de A. Hitchcock - Ph. © Gainsborough / The Kobal Collection • 31 «Attaque d'une mission en Chine» - 1900 de J. Williamson -Ph. Coll. BIFI / Archives Larousse • 32 «La Vie d'un pompier américain» - 1902 de E.S. Porter - Ph. Edison Company / Archives Larbor • 33 ht «Le Grand Avaleur» - 1901 de J. Williamson - Ph. Coll. BIFI / Archives Larousse • 33 bas «Histoire d'un crime» - 1901 de Ferdinand Zecca - Ph. Coll. BIFI / Archives Larousse • 34 «Les Mystères de New York» - 1914 de L. Gasnier et D. MacKenzie - Ph. Coll. BIF / Archives Larousse • 35 et reprise p. 16 Couverture du programme de «Fantômas» - 1913 de Louis Feuillade - Bibliothèque nationale de France, Paris - Ph. Coll. Archives Larbor © Prod. Gaumont • 35 bas Arizona Bill – 1909 de Jean Durand - Ph. Coll. BIFI / Archives Larousse © Prod. Gaumont • 36 ht «Napoléon» - 1927 de Abel Gance - Ph. Coll. Archives Larbor • 36 bas « L'Inhumaine» - 1924 de Marcel L'Herbier - Ph. Coll. BIFI / Archives Larousse • 37 «Cœur fidèle» - 1923 de Jean Epstein -Ph. Coll. Archives Larousse • 38 ht «La Grande parade» - 1925 de K. Vidor - P. © MGM / The Kobal Collection • 38 bas «Les Croix de bois» - 1931 de R. Bernard - Ph. Coll. Archives Larousse / DR • 39 «A l'Ouest rien de nouveau - 1930 de L. Milestone - Ph. Universal Pictures / Archives Larbor • 40 Ph. Prod DB / DR • 41 ht «Cabiria» - 1913-1914 de G. Pastrone - Museo Nazionale del Cinema, Torino -Ph Italia films, Turin / Archives • Larbor • 41 bas «Quo Vadis ?» 1912-1913 de E. Guazzoni - Ph. Kleine-Cines / Coll. Archives Larbor • 42 ht «Nosferatu» - 1922 de F. W. Murnau -Ph. Jofa-Atelier Berlin-Johannsthal, Prana-Films GmbH / Coll. Archives Larbor • 42 bas «Le Cabinet du Docteur Caligari» - 1920 de R. Wiene - Ph. Decla-Bioscop AG Coll. National Archive / Archives • Larbor • 43 « Metropolis» - 1927 de F. Lang - Ph. © Bettmann / Corbis • 44 «Le Dernier des hommes» - 1924 de F. W. Murnau - Ph. © UFA / The Kobal Collection • 45 «Loulou» - 1929 de F. W. Pabst - Ph. © NERO / The Kobal Collection • 46 ht « La légende de Gösta Berling» - 1924 de M. Stiller - Ph. Coll. Archives Larousse • 46 bas « Vampyr - l'étrange aventure de David Gray» - 1932 de C. T. Dreyer - Ph. © AKG • 47 «La Charrette fantôme» - 1921 de V. Sjöström - Ph. © Svensk Filmindustri / The Kobal Collection • 48 ht «Le Cuirassé Potemkine» - 1925 de S.M. Eisenstein - Ph. © Goskino / The Kobal Collection • 48 bas «Octobre» - 1928 de S. M. Eisenstein - Ph. Sovkino / Coll. Archives Larbor • 49 «L'Homme à la caméra» - 1929 de Dziga Vertov - Affiche de M. Chelovski - Ph. Prod DB © Vufku Productions / DR • 50 ht Ph. © Wark producing Company / The Kobal Collection • 50 bas «Naissance d'une nation» - 1915 de D. W. Griffith - Ph. © Epoch / The Kobal Collection • 51 «Les deux orphelines» - 1921 de D. W. Griffith - Ph. © Griffith / United Artists / The Kobal Collection • 52 «Ben Hur» - 1925 de Fred Niblo - Coll. Archives Larbor / DR • 53 « Les Dix commandements» - 1923 de Cecil B. De Mille - Ph. © Paramount / The Kobal Collection • 54 ht «Max victime du Quinquina» - 1911 de Max Linder - Ph. Pathé / Coll. Archives Larbor • 54 bas «Monte là-dessus» 1923 de F. Newmeyer et S. Taylor - Ph. © Hal Roach / Pathé Exchange / The Kobal Collection • 55 «Le Mécano de la «General» - 1926 de Buster Keaton et Clyde Bruckman - Ph. © United Artists / The Kobal • Collection • 56 ht «la Ruée vers l'or» - 1925 de Charles Chaplin - Ph. Coll. Archives Larousse • 56 bas «La Ruée vers l'or» - 1925 de Charles Chaplin - Ph. Coll. Archives Larbor • 57 Affiche du «Dictateur» Ph BIFI / Coll. Archives Larbor • 59 «Le Sang d'un poète» - 1930 de Jean Cocteau - Ph. Sacha Masour / Coll. Archives Larousse / DR • 59 «Un Chien andalou» - 1929 de Luis Bunuel - Ph. © Bunuel-Dali / The Kobal Collection • 60- 61 et reprise p.6» Une nuit à l'Opéra» - 1935 de Sam Wood avec les Marx Brothers - Ph. MGM / Coll. Archives Larbor • 64 «Anna Christie» - 1930 de Clarence Brown - Ph. © MGM / The Kobal Collection • 65 ht «Le Chanteur de jazz» - 1927de Alain Crosland - © Warner Bros - Ph. Coll. National Film Archives / - Archives • Larbor • 65 bas Ph. © The Kobal Collection • 66 ht Ph. © Bettmann / Corbis • 66 bas «Folies de Femmes» - 1922 de- Erich Von Stroheim - Ph.© Universal / The Kobal Collection • 67 «Grand Hotel» - 1932 de Edmund Goulding - Ph. © MGM / The Kobal Collection • 68 Ph. © The Kobal Collection • 69 «Le fils du Cheikh» - 1926 de George Fitzmaurice - Affiche - Ph. © United Artists / The Kobal Collection • 70 ht g Ph. © The Kobal Collection • 70 ht g Ph. © The Kobal Collection / George Hurrell • 70 bas Ph. © MGM / The Kobal Collection / Bull, Clarence Sinclair • 71 Ph. © MGM / The Kobal Collection / George Hurrell • 72 ht Ph. © The Kobal Collection • 72 bas «X 27» - 1931 - de Josef von Sternberg - Ph. © Paramount / The Kobal Collection • 73 et reprise p. 62 «L'Ange bleu» - 1930 - de Josef von Sternberg - Ph. UFA / Coll. Archives Larbor-DR • 74 «les Raisins de la colère» - 1940 - de John Ford - Ph. © 20th Century Fox / Coll. Archives Larbor • 75 «les Temps modernes» - 1936 de Charles Chaplin - Ph. © Chaplin / United Artists / Coll. Archives Larbor • 76 ht Ph. © The Kobal Collection • 76 bas «M. le maudit» - 1931de Fritz Lang -Ph. Nero Film / Coll. Archives Larbor - DR • 77 « Les contrebandiers de Moonfleet» - 1954 de Fritz Lang - Ph. MGM / The Kobal Collection • 78 «la Marseilllaise» - 1938 de Jean Renoir - Ph. Sam Levin / Coll. Archives Larbor • 79 ht et reprise p. 62 «A Nous la liberté» - 1931 de René Clair - Affiche de Roger Cartill - Ph. Coll. Archives Larbor • 79 bas «La Belle Equipe» - 1936 de Julien Duvivier - Ph. © Walter Limot • 80 ht Ph. Coll. Archives Larbor • 80 bas «Pépé le Moko» - 1937 de Julien Duvivier - • Ph. Robert Joffres / Coll. Archives Larbor • 81 «Le Jour se lève» - 1939 de Marcel Carné - Ph. Raymond Voinquel / Coll. Archives Larbor / DR • 82 bas «La Règle du jeu» - 1939 de Jean Renoir - Ph. Sam Levin / Coll. Archives Larbor / DR • 82 ht «Nana» - 1926 de Jean Renoir - Ph. Soulié / Coll. Archives Larbor • 83 Affiche de Bernard Lancy - Ph. Coll. Archives Larbor • 84 «Marius» - 1931 de Alexander Korda et Marcel Pagnol - Ph. Les Films Marcel Pagnol / Coll. Archives Larousse • 85 ht «Remorques» - 1939-1940 de Jean Grémillon - Ph. Sam Lévin / Coll. Archives Larbor / DR • 85 bas «Drôle de drame» - 1937 de Marcel Carné - Ph. Roger Kahan / Coll. Archives Larbor • 86 ht «Autant en emporte levent», Victor Flemming, 1939 © KobalPh. Coll. Archives Larbor / DR • 86 bas et reprise p. 63 «Casablanca» - 1942 de Michael Curtiz - Ph. Warner Bros / The Kobal Collection • 87 et reprise p.62 «Chercheuses d'or» - 1933 de Mervyn Leroy - Ph. Warner Bros / Coll. Archives Larbor • 88 «Je ne suis pas un ange» - 1933 de Wesley Ruggles - Ph. © Bettmann / Corbis • 89 «Le Banni» - 1943 de Howard Hawks - Ph. © RKO / Rue des Archives / BCA • 90 ht «Arsenic et vieilles dentelles» - 1944 de Frank Capra - Ph. Warner Bros / Coll. Archives Larbor • 90 bas «L'Impossible Monsieur Bébé» - 1938 de Howard Hawks - Ph. © RKO / The Kobal Collection • 91 «New York-Miami» - 1934 de Frank Capra - Ph. © Columbia / The Kobal Collection • 92 ht «Mine de rien» - 1940 de Edward Cline - Ph. © Universal / The Kobal Collection • 92 bas «Laurel et Hardy : Vive la liberté» - 1929 de Leo McCarey - Ph. © Hal Roach / MGM / The Kobal Collection • 93 «Animal Crackers» - 1930 de Victor Heerman avec les Marx Brothers - Ph. © Paramount / The Kobal Collection • 94 ht «Robin des bois» - 1922 de Allan Dwan - Ph. Douglas Fairbanks Pictures / United Artists / Ph. Coll. Archives Larbor • 94 bas «Tarzan l'homme singe - 1932 de W.S. Van Dyke - Ph. MGM / Coll. Archives Larbor • 95 et reprise p. 62 «Capitaine Blood» - 1935 de Michael Curtiz - Ph. Warner Bros / Coll. Archives Larbor • 96 ht «Frankenstein» - 1931 de James Whale - Ph. Universal / Coll. Archives Larbor • 96 bas «Dracula» - 1931 de Tod Browning - Ph. © Universal / The Kobal Collection • 97 ht « L'Homme invisible» - 1933 de James Whale - Ph. Universal / Coll. Archives Larbor • 97 bas «King Kong» - 1933 de E.B. Schoedsack et M.C. Cooper - Ph. RKO / Coll. Archives Larbor • 98 ht «Steamboat Willie» - 1928 de Walt Disney - © The Walt Disney Company, France • 98 bas et reprise p. 63 «Blanche-Neige et les sept nains» - 1937 de Walt Disney - © The Walt Disney Company, France • 99 ht «Les Deux chaperons rouges» - 1949 de Tex Avery - Ph. Prod DB © MGM / DR • 99 bas «Betty Boop» - 1930 de DiptiDave et Max Fleischer - Ph. Rue des Archives / BCA • 100 Affiche de «Scarface» -1932 de Howard Hawks - Ph. Bifi / Coll. Archives Larbor • 100 bas «L'Ennemi public» - 1931 de William A. Wellman - Ph. © Bettmann / Corbis • 101 «Le Faucon Maltais» - 1941 de John Huston - Ph. Warner Bros / Coll. Archives Larbor • 102 «Gilda» - 1946 de C. Vidor - Ph. © Columbia / The Kobal Collection • 103 «le Facteur sonne toujours deux fois» - 1946 de Tay Garnett - Ph.© MGM / The Kobal Collection • 103 bas «Laura» - 1944 de Otto Preminger - Ph. 20th Century Fox / Coll. Archives Larbor • 104 ht «La Femme de l'année «- 1942 de. Stevens - Ph. © MGM / The Kobal Collection • 104 bas «Le Port de l'angoisse» - 1945 de Howard Hawks - Ph. © Warner Bros / The Kobal Collection • 105 «Le Danseur du dessus» - 1935 de Mark Sandrich - Ph. © RKO / The Kobal Collection • 106 ht «L'Homme d'Aran» - 1934 de Robert Flaherty - Ph. Kiev Film Studio / Coll. Archives Larbor / DR • 106 bas «Une femme disparaît» - 1938 de Alfred Hitchcock - Ph. Gainsborough Pictures / Coll. Archives Larbor • 107 La vie privée d'henri VIII» - 1933 de Alexander Korda - Ph. London Film Productions / Coll. Archives Larbor • 108 ht «Chtors» - 1939 de Alexandre Dovjenko - Ph. Coll. Archives Larbor • 109 « Le Triomphe de la volonté» - 1935 de Leni Riefenstahl - Ph. Coll. Archives Larbor • 110- 111 et reprise p.6 « La Dame de Shanghai» - 1948 de Orson Welles - Ph. © Columbia / The Kobal Collection • 113 Mother India – 1957 – de Mehboob Kahn – Mehboob productions / The Kobal Collection • 114 «Sunset Boulevard» - 1950 de Billy Wilder - Ph. Paramount / Coll. Archives Larousse • 115 «to Be or not to be» - 1942 de E. Lubitsch - Ph. Romaine Film Corporation / Coll. Archives Larbor • 116 «Citizen Kane» -

1941 de Orson Welles - Ph. © RKO / The Kobal Collection • 117 ht «La Splendeur des Amberson» - 1942 de Orson Welles - Ph. © RKO / The Kobal Collection • 117 bas «Falstaff» - 1966 de O. Welles - Ph. © John Springer Collection / Corbis • 118 «Whisky à gogo» - 1949 de A. Mackendrick - Ph. © Ealing / The Kobal Collection • 119 ht «Noblesse oblige» - 1949 de Robert Hamer - Ph. Prod / DB © Ealing • 119 bas «L'Homme au complet blanc» - 1951 de Alexander Mackendrick - Ph. © Ealing / The Kobal Collection • 120 ht «Attaque» - 1956 de Robert Aldrich - Ph. © United Artists / The Kobal Collection • 120 bas «Le jour le plus long» - 1962 - de Ken Annakin - Ph. Prod DB © 20th Century Fox / DR • 121 Ph. Prod DB CGCF / DR • 122 ht «La Terre tremble» - 1950 de Luchino Visconti - Ph. © Universalia / The Kobal Collection • 122 bas « Le Voleur de bicyclette» - 1948 de Vittorio De Sica - Ph. V. de Sica / Coll. Archives Larbor - DR • 123 et reprise p. 112 «Rome, ville ouverte - 1945 de Roberto Rossellini - Ph. © Excelsa / Mayer-Burstyn / The Kobal Collection • 124 «Stromboli» - 1949 de R. Rossellini - Ph. © Berit Films / The Kobal Collection • 125 «Riz amer» - 1949 de G. de Santis - Ph. © Lux / De Laurentis / The Kobal Collection • 126 ht «Mort aux trousses» - 1959 de A. Hitchcock - Ph. Prod DB © MGM / DR • 126 bas «Psychose» - 1960 de A. Hitchcock - Ph. Shamley Productions / Coll. Archives Larbor • 127 «Tournage de Fenêtre sur cour» - 1954 de A. Hitchcock - Ph. Paramount / Coll. Archives Larbor / DR • 128 «Un Tramway nommé désir» - 1951 de E. Kazan - Ph. © Warner Bros / The Kobal Collection • 129 ht «La fureur de vivre» - 1955 de N. Ray - Ph. © John Springer Collection / Corbis • 129 bas «»La Chatte sur un toit brûlant» - 1958 de R. Brooks - Ph. © MGM / The Kobal Collection • 130 ht et reprise p. 113 Marilyn Monroe Ph. © The Kobal Collection / Gene Kornman • 130 bas «Certains l'aiment chaud» - 1959 de Billy Wilder - Ph. Ashton Productions, The Mirisch Corporation / Coll. Archives Larbor / DR • 131 «Les Désaxés» - 1961 de John Huston - Ph. Seven Arts Productions / Coll. Archives Larbor • 132 ht «Rio Bravo» - 1956 de H. Hawks - Ph. Warner Bros / Coll. Archives Larbor / DR • 132 bas «La Prisonnière du désert» - 1956 de John Ford - Ph. © Sunset Boulevard / Corbis Sygma • 133 ht «La chevauchée fantastique» - 1939 de John Ford - Ph. Walter Wanger Productions Inc / Coll. Archives Larbor • 133 bas et reprise p. 112 « La rivière rouge» - 1948 de H. Hawks - Ph. Monterey Productions, Charles K. Feldman Group / Archives Larbor • 134 «Un Américain à Paris» - 1952 de V. Minelli - Ph. Prod / DB DR • 135 «Tous en scène» - 1953 de V. Minelli - Ph. © MGM / The Kobal Collection • 136 ht « La Féline» - 1943 de Jacques Tourneur - Ph. © RKO / The Kobal Collection • 136 bas «Le Bandit» - 1955 de E.G. Ulmer - Ph. Prod / DB © DR • 137 «Gun crazy» - 1950 de Joseph H. Lewis - Ph. © United Artists / The Kobal Collection • 138 ht «le Tour du monde en 80 jours» - 1956 de M. Anderson - Ph. Prod / DB © United Artists / DR • 138 bas «Lawrence d'Arabie» - 1962 de D. Lean - Ph. © Columbia / The Kobal Collection • 139 «Ben Hur» - 1959 de W. Wyler - Ph. © MGM / The Kobal Collection • 140 ht «Le diable au corps» - 1947 de Cl. Autant-Lara -Ph. Raymond Voinquel / Coll. Archives Larbor / DR • 140 bas et reprise p. 112 «Jour de fête» - 1949 de Jacques Tati - Affiche de René Péron - Ph. Prod / DB © Panoramic • 141 «Casque d'or» - 1952 de J. Becker - Ph. Henri Thibault / Coll. Archives Larbor • 142 ht «Journal d'un curé de campagne» - 1950 de Robert Bresson - Ph. Roger Corbeau / Coll. Archives Larbor / DR • 142 bas «Le salaire de la peur» - 1952 de H.G. Clouzot - Ph. Lucienne Chevert / Coll. Archives Larousse / DR • 143 «Lola Montès» - 1955 de Max Ophuls - Affiche d'André Bertrand - Ph. Florida Films, Gamma Film / Coll. Archives • Larbor • 144 ht «Moi un Noir» - 1958 de Jean Rouch - Ph. Prod / DB © Films de la Pléiade / DR • 144 bas «Mystère Picasso» - 1956 de H.G. Clouzot - Ph. Coll. Archives Larbor © Succession Picasso, Paris 2005 • 145 «Nuit et brouillard» - 1955 de Alain Resnais - Ph. Prod DB © Anatole Dauman / DR • 146 ht «La vie d'Oharu, femme galante - 1952 de Kenji Mizoguchi - Ph. Shintoho / Coll. Archives Larbor / DR • 146 bas « Voyage à Tokyo» - 1953 de Yasujiro Ozu - Ph. © Shochiku / The Kobal Collection • 147 et reprise p. 113 « Les Sept samouraïs» - 1954 de Akira Kurosawa - Ph. © Toho / The Kobal Collection • 148-149 et reprise p.7 «Pierrot le fou» - 1965 de Jean-Luc Godard - Ph. George Pierre. Coll. Prod DB © Films Georges De • Beauregard / DR • 152 ht «Le beau Serge» -1959 de Claude Chabrol-Ph. André Dino. Coll. Prod DB © Les Films Marceau • 152 bas et reprise p. 150 «Les Quatre cents coups» 1959 de François Truffaut, affiche - Ph. Les Films du Carrosse / Coll. Archives Larbor • 153 «A bout de souffle» -1960 der Jean-Luc Godard-Ph. © John Springer Collection / Bela Production / Corbis © • Raymond Cauchetier • 154 «L'Année dernière à Marienbad» - 1961 de Alain Resnais-Ph. Georges Pierre © Terra / Tamara / The Kobal Collection • 155 ht et reprise p. 150 «Cléo de 5 à 7» - 1962 der Agnès Varda - Prod. Rome Paris Films, Georges de Beauregard, Carlo Ponti - Ph. © Raymond Cauchetier • 155 bas «Lola» - 1961 de Jacques Demy - Prod DB © Bela Production - Ph. © Raymond Cauchetier • 156 g Portrait de Jean-Luc Godard - Ph. Coll. Archives Larbor • 156 d «Pierrot le Fou», 1965 de Jean-Luc Godard- Ph. Georges Pierre © Rome-Paris / De Laurentiis / Beauregard / The • Kobal Collection • 157 ht «Le Mépris» -1963 de Jean-Luc Godard - Prod DB © Rome Paris Film / Films Concordia / DR • 157 bas «Histoire(s) du cinéma» - 1997-1998 de Jean-Luc Godard - Prod. Gaumont / Coll. Cahiers du Cinéma • 158 «La Nuit américaine», tournage - 1973 de François Truffaut - Prod. PIC / Les Films du Carrosse - Ph. Pierre • Zucca / Coll. Archives Larbor • 159 ht «Jules et Jim» - 1962 de François Truffaut - Prod DB © Sédif / Films du Carrosse - Ph. © Raymond Cauchetier • 159 bas «La Femme d'à côté» - 1981 de François Truffaut - Ph. Alain Venisse. Prod DB © Les Films du Carrosse / DR • 160 «Quatre Garçons dans le vent» - 1964 par Richard Lester - Ph. © Bettmann / Corbis • 161 ht «La Solitude du coureur de fond» - 1962 de Tony Richardson - Ph. Woodfall Film / Coll. Archives Larbor • 161 bas «The Servant» - 1963 par Joseph Losey - Ph. J. Losey et Norman Priggen / Coll. Archives Larbor - DR • 162 «Cendres et Diamants» - 1958 de Andrzej Wajda - © Film Polski / The Kobal Collection • 163 ht et reprise p. 150 «Les Amours d'une blonde» - 1965 par Milos Forman - Ph. CBK / Sebor / Coll. Archives Larbor • 163 ht «Andreï Roublev» - 1969 de Andreï Tarkovski - Ph. Prod DB © Mosfilm / DR • 164 ht «Bonnie and Clyde» - 1967 de Arthur Penn - Ph. Prod DB © Tatira-Hiller / DR • 164 bas «Faces» - 1968 de John Cassavetes - Ph. © Walter Reade Organization / The Kobal Collection / Shaw, Sam • 165 ht et reprise p. 151 «Easy Rider» - 1969 de Dennis Hopper - Ph. © Columbia / The Kobal Collection • 165 ht Affiche de «Mash» - Ph. © 20th Century Fox / The Kobal Collection • 166 ht «West Side Story» - 1961 de Robert Wise - Ph. © Mirisch-7 Arts / United Artists / The Kobal Collection • 166 ht «Hair» - 1979 de Milos Forman - Ph. © United Artists / The Kobal Collection • 167 «Cabaret» - 1972 de Bob Fosse CBK, SeborCBK, Sebor • 168 «Impitoyable» - 1992 de Clint Eastwood - Ph. © Warner Bros / The Kobal Collection • 169 ht «Il était une fois dans l'Ouest» - 1968 de Sergio Leone - Ph. © Paramount / Rafran / The Kobal Collection • 169 bas «Danse avec les loups» - 1990 de Kevin Kostner - Ph. © Kevin Costner / Jim Wilson / TIG Production / Majestic Films / Corbis-Sygma • 170 «Opération tonnerre» - 1965 de Terence Young - Ph. Prod DB © Danjaq / DR • 171 ht «Les Trois jours du condor» - 1975 de Sydney Pollack - Ph. Prod DB © Paramount / De Laurentiis / DR • 171 bas Affiche de «Casino Royale» - - Ph. © Columbia / FamousArtists / The Kobal Collection • 172 ht Portrait de Fassbinder - Ph. Filmverlag der Autoren • 172 bas «Les Désarrois de l'élève Törless» - 1966 de Volker Schlöndorff - Ph. Prod DB © Nouvelles Editions du Film / DR • 173 ht «Les Larmes amères de Petra von Kant» - 1972 de Rainer Werner Fassbinder - Ph. © Tango / The Kobal Collection • 173 bas «Le Tambour» - 1979 de Volker Schlöndorff - Ph. © Seitz / Bioskop / Hallelujah / The Kobal Collection • 174 «Alice dans les villes» - 1974 de Wim Wenders - Ph. © Filmverlag der Autoren / The Kobal Collection • 175 et reprise p. 151 «Aguirre, la colère de Dieu» - 1972 de Werner Herzog - Ph. Prod DB © Werner Herzog Film Produktion / DR • 176 ht «Persona» - 1966 de Ingmar Bergman - Ph. © Svensk Filmindustri / The Kobal Collection • 176 bas «Cris et Chuchotements» - 1972 de Ingmar Bergman - Ph. © Cinematograph / Svenska Filminstitutet / The Kobal • Collection • 177 ht «Le Septième sceau» - 1956 de Ingmar Bergman - Ph. © Svensk Filmindustri / The Kobal Collection • 177 bas «Fanny et Alexandre» - 1982 de Ingmar Bergman - Ph. © Svensk Filminstitut / Gaumont / Tobis / The Kobal • Collection • 178 ht «La Maman et la Putain» - 1973 de Jean Eustache - Prod. Pierre Cottrell - Ph. Bernard. Prim / Coll. Archives • Larbor • 178 bas «La Fiancée du pirate» - 1969 de Nelly Kaplan - Ph. Jean-Louis Castelli - Prod DB © Paris Film / DR • 179 «Les Valseuses» - 1974 de Bertrand Blier - Ph. Stéphane Zubeck - Prod DB © Capac / DR • 180 «Max et les ferrailleurs - 1971 de Claude Sautet - Ph. Prod DB © Lira / DR • 181 ht «Le Samouraï» - 1967 de Jean-Pierre Melville - Ph. Prod DB © Films Borderie-Fida Cinematografica / DR • 181 bas «Série noire» - 1979 de Alain Corneau - Ph. Etienne George - Phot. Prod DB © Gaumont / DR • 182 ht «La Grande Vadrouille» - 1966 de Gérard Oury - Ph. Victor Rodrigue -Prod DB © Les Films Corona / DR • 182 bas «Zazie dans le métro» - 1960 de Louis Malle - Ph. Jean-Louis Castelli - Prod DB © Nouvelles Editions du Film / DR • 183 «La Vache et le prisonnier» - 1959 de Henri Verneuil - Ph. Prod DB © Films du Cyclope / DR • 184 ht «Mort d'un cycliste» - 1954 de Juan Antonio Bardem - Ph. Archives Larousse • 184 bas «Bienvenue M. Marshall» - 1952 de Luis Garcia Berlanga - Ph. Prod DB © UNINCI / DR • 185 et reprise p. 151 «Cria Cuervos» - 1975 de Carlos Saura - Prod. Elias Querejeta / Coll. Archives Larbor • 186 ht «Los Olvidados» - 1950 de Luis Bunuel» -Ph. Oscar Dancigers (Ultramar Films) / Coll. Archives Larbor-DR • 186 bas «L'Histoire officielle» - 1984 de Luis Penza -Ph. Prod DB © Virgin Films / DR • 187 «Antonio das Mortes» - 1969 de Glauber Rocha - © Photos12.com-Collection Cinéma / Producoes • Cinematograficas MAPA • 188 «L'Ange exterminateur» - 1962 de Luis Bunuel - Prod. Films 59 / Coll. Archives LarborPh. Coll. Archives Larbor • 189 ht «Tristana» - 1970 de Luis Bunuel - Ph. © Epoca / Talia / Selenia / Films Corona / The Kobal Collection • 189 bas «Cet obscur objet du désir» - 1977 de Luis Bunuel - Ph. Prod DB © Greenwich Film Prod / DR • 190 ht «Le Guépard» - 1963 de Luchino Visconti - Ph. Titanus / SNPC / Coll. Archives Larbor • 190 bas «Théorème» - 1968 de Pier Paolo Pasolini - Ph. Prod DB © Aetos Film / DR • 191 «L'Avventura» - 1960 de Michelangelo Antonioni - Ph. Cino del Duca / Coll. Archives Larbor • 192 ht «Les Monstres» - 1963 de Dino Risi - Ph. Prod DB © Fairfilm / DR • 192 bas «L'Argent de la vieille» - 1972 de Luigi Comencini - Ph. Prod DB © De Laurentiis / DR • 193 «Affreux, sales et méchants» - 1976 de Ettore Scola - Ph. Champion / Coll. Archives Larbor • 194 g Fellini sur le tournage de Satyricon - Ph. Prod DB © P.E.A. / DR • 194 d «La Strada» - 1954 de Federico Fellini - Ph. Prod DB © Ponti-De Laurentiis / DR • 195 ht «La Dolce Vita» - 1960 de Federico Fellini - Ph. © Riama-Pathé / The Kobal Collection • 195 bas « Le Casanova de Fellini» - 1976 de Federico Fellini - Ph. PEA-Alberto Grimaldi / Coll. Archives Larbor-DR • 196 «Délivrance» - 1971 de John Boorman - Ph. © Warner Bros / The Kobal Collection • 197 «Le Parrain» - 1972 de Francis Ford Coppola - Ph. Prod DB © Paramount / DR • 198 «Taxi Driver» - 1976 de Martin Scorsese - Ph. © Columbia / The Kobal Collection • 199 ht «American Graffiti» - 1973 de George Lucas - Ph. © Lucasfilm / Coppola Co / Universal / The Kobal Collection • 199 bas «Macadam cow-boy» - 1969 de John Schlesinger - Ph. United Artists / coll. National Film Archive / Archives Larbor • 200 ht Portrait de Stanley Kubrick • Ph. © The Kobal Collection • 200 bas «Docteur Folamour» - 1963 de Stanley Kubrick - Ph. © Hawks Film Prod / Columbia / The Kobal Collection • 201 ht «2001 : l'odyssée de l'espace» - 1968 de Stanley Kubrick - Ph. © MGM / The Kobal Collection • 201 bas «Barry Lyndon» - 1975 de Stanley Kubrick - Ph. Prod DB © Poklaris-Hawk Films-Peregrine / DR • 202 «L'Empire des sens» - 1976 de Nagisa Oshima - Ph. © Argos / Oshima / The Kobal Collection • 203 ht «Les Amants» - 1958 de Louis Malle - Ph. Vincent Rossel -Prod. Nouvelles Editions de Films / Coll. Archives • Larbor • 203 bas «Baby Doll» - 1956 de Elia Kazan - Ph. © Warner Bros / The Kobal Collection • 204 ht «La Tour infernale» - 1974 de John Guillermin - Ph. © 20th Century Fox / Warners / The Kobal Collection • 204 bas «Les Dents de la mer» - 1975 de Steven Spielberg - Ph. © Universal / The Kobal Collection • 205 «Titanic» - 1997 de James Cameron - Ph. © 20th Century Fox / Paramount / The Kobal Collection / Wallace, Merie W. • 206 ht «Tout ce que vous avez toujours voulu savoir sur le sexe...» - 1971 de Woody Allen - Ph. © United Artists / The Kobal Collection • 206 bas «Les Producteurs» - 1968 de Mel Brooks - Ph. © Embassy Pictures / The Kobal Collection • 207 «Docteur Jerry et Mister Love» - 1963 de Jerry Lewis - Ph. © Paramount / The Kobal Collection • 208- 209 – et reprise p.8 «2046» - 2004 de Wong Kar-Wai - Ph. © Columbia / Block 2 / Jet Tone Films / The Kobal Collection • 212 ht Affiche de «Rambo II» - 1982 de Ted Kotcheff - Ph. © Tri-Star / The Kobal Collection • 212 bas «Les Aventuriers de l'arche perdue» - 1981 de Steven Spielberg - Ph. © LucasFilm Ltd / Paramount / The Kobal Collection • 213 ht «Spider-Man 2» -2004 de Sam Raimi - Ph. © Marvel / Sony Pictures / The Kobal

Collection / Bramley, John • 213 ht «Le Masque de Zorro» - 1998 de Martin Campbell - Ph. © Tristar / Amblin / The Kobal Collection • 214 ht «La Mouche» - 1986 de David Cronenberg - Ph. © 20th entury Fox / The Kobal Collection • 214 bas «Rosemary's baby» - 1968 de Roman Polanski - Ph. © Paramount / The Kobal Collection • 215 «Shining» - 1980 de Stanley Kubrick - Ph. © Warner Bros / The Kobal Collection • 216 ht «Seven» - 1995 de David Fincher - Ph. © New Line / The Kobal Collection / Sorel, Peter • 216 bas «Scream 3» - 1999 de Wes Craven - Ph. © Dimensions Films / The Kobal Collection • 217 «Le Silence des agneaux» - 1990 de Jonathan Demme - Ph. Prod DB © Orion Pictures Corporation / DR • 218 «Buongiorno, notte» - 2003 de Marco Bellocchio - © Film Albatros-Rai Cinemafiction / Photos12.com-Collection • Cinéma • 219 ht «JFK» - 1991 de Oliver Stone - Ph. © Warner Bros / The Kobal Collection • 219 bas «Le Promeneur du Champ-de-Mars» - 2005 de Robert Guédiguian - Ph. Prod DB © Film Oblige / DR • 220 ht «Né un 4 juillet» - 1989 de Oliver Stone - Ph. © Universal / The Kobal Collection / Neveu, Roland • 220 bas «Full Metal Jacket» - 1987 de Stanley Kubrick - Ph. © Warner Bros / The Kobal Collection • 221 et reprise p. 210 «Apocalypse Now» - 1979 de Francis Ford Coppola - Ph. © Zoetrope / United Artists / The Kobal Collection • 222 ht «Manhattan» - 1979 de Woody Allen - Ph. © United Artists / The Kobal Collection • 222 ht «Et au milieu coule une rivière» - 1992 de Robert Redford Ph. © Columbia / The Kobal Collection • 223 «Million Dollar Baby» - 2004 de Clint Eastwood - Ph. Prod DB © Warner Bros / DR • 224 ht et reprise p. 210 «Out of Africa» - 1985 de Sydney Pollack Ph. © Universal / The Kobal Collection • 224 bas «Une journée en enfer» - 1995 de John McTiernan Ph. © Cinergi Pictures / The Kobal Collection • 225 ht «Pretty Woman» - 1990 de Garry Marshall - Ph. © Touchstone / Warners / The Kobal Collection • 225 bas «Casino» - 1995 de Martin Scorsese Ph. © Universal / The Kobal Collection • 226 «Kill Bill 2» - 2003 de Quentin Tarantino - Ph. Prod DB © A Band Apart / Miramax / DR • 227 ht «Eyes wide shut» - 1999 de Stanley Kubrick - Ph. Prod DB © Warner / Hobby Films / Pole Star / DR • 227 bas «Ocean's Eleven» - 2001 de Steven Soderbergh - Ph. Prod DB © Warner Bros / DR • 228 «Men in black» - 1997 de Barry Sonnenfeld - Ph. © Columbia / The Kobal Collection / Gordon, Melinda Sue • 229 ht «Blade Runner» - 1982 de Ridley Scott - Ph. © Ladd Company / Warner Bros / The Kobal Collection • 229 bas «Star Wars : La Revanche des Siths» - 2005 de George Lucas - Ph. © Lucas Film / 20th Century Fox • 230 ht «Stranger than paradise» - 1984 de Jim Jarmusch - Ph. © Cinethesia-Grokenberger / ZDF / The Kobal Collection • 230 bas «Thelma et Louise» - 1991 de Ridley Scott - Ph. © MGM / Pathé / The Kobal Collection • 231 et reprise p. 210 «Paris, Texas» - 1984 de Wim Wenders - Ph. Prod DB © Argos Films / DR • 232 «My Beautiful Laundrette» - 1985 de Stephen Frears- Ph. Prod DB © Film Four International / DR • 233 ht et reprise p. 211 «Raining Stones» - 1993 de Ken Loach - Ph. Prod DB © Parallax / DR • 233 bas «Billy Elliot» - 2000 de Stephen Daldry - Ph. © Tiger Aspects Pics / The Kobal Collection • 234 «La Vie est belle» - 1997 de Roberto Benigni - Ph. © Melampo Cinematografica / The Kobal Collection / Strizzi, Sergio • 235 ht «Respiro» - 2002 de Emanuele Crialese - Ph. Prod DB © Fandango-Film des Tournelles-Roissy Films / DR • 235 bas «Journal intime» - 1993 de Nani Moretti - Ph. © Sacher / Banfilm / La Sept Cinéma / Canal Plus / The Kobal Collection • 236 ht «Mar Adentro» - 2004 de Alejandro Amenabar - Ph. Prod DB © Filmanova / DR • 236 bas «Jambon, Jambon» - 1992 de Bigas Lunas - Ph. Prod DB © Lola Films / DR • 237 «Talons aiguilles» - 1991 de Pedro Almodovar - Ph. Prod DB © El Deseo / CiBy 2000 / DR • 238 ht «Fraise et chocolat» - 1993 de Tomas Gutiérrez Alea - Ph. Prod DB © Tabasco-ICAICI / IMCINE / DR • 238 bas «Pas de lettre pour le colonel» - 1998 de Arturo Ripstein - Ph. Prod DB © Amaranta Films / DR • 239 ht «Carnets de voyage» - 2004 de Walter Salles - Ph. Prod DB © FilmFour-BD Cine-Senator-Southfork / DR • 239 bas «Japon» - 2001 de Carlos Reygadas - Ph. Prod DB © NoDream Cinema / DR • 240 ht «La Comédie de Dieu» - 1995 de Joao Cesar Monteiro - Ph. Prod DB © GER-Pierre Grise / DR • 240 bas «Capitaines d'avril» - 2000 de Maria de Medeiros - Ph. Prod DB © JBA Prod. / Mutante Filmes / DR • 241 «Le Val Abraham» - 1993 de Manoel de Oliveira - Ph. © Madragoa / Gemini / Light Night / The Kobal Collection • 242 ht «Festen» - 1998 de Thomas Vinterberg - Ph. © Nimbus Film / The Kobal Collection • 242 bas «L'Homme sans passé» - 2002 de Aki Kaurismaki - Ph. © Sputnik Oy / The Kobal Collection • 243 et reprise p. 211 «Breaking the waves» - 1995 de Lars Von Trier - Ph. Prod DB © Argus Film Prod. / Zentropa Entertainment / DR • 244 ht «Dans la ville blanche» - 1984 de Alain Tanner - Ph. Prod DB © Metrofilme / DR • 244 bas «Les Invasions barbares» - 2003 de Denys Arcand - Ph. © Canal Plus / The Kobal Collection • 245 «L'Enfant» - 2005 de Luc et Jean-Pierre Dardenne - Ph. Prod DB © Les Films du Fleuve / DR • 246 «Le Temps des gitans» - 1989 de Emir Kusturica - Ph. Prod DB © Forum Sarajevo-Smart Egg-P.I.B. Films / DR • 247 ht «Colonel Redl» - 1985 de Istvan Szabo - Ph. Prod DB © MAFILM / Mokep / DR • 247 bas «La double vie de Véronique» - 1990 de Krzysztof Kieslowski - Ph. © Sideral / Tor Studios / Canal Plus / The Kobal • Collection • 248 «La Noce» - 2000 de Pavel Lounguine - Ph. Prod DB © Mosfilm-Arte / DR • 249 ht «L'arche russe» - 2002 de Alexandre Sokourov - Ph. Prod DB © Egoli Tossell-Fora Film / DR • 249 bas «Soleil trompeur» 1994 de Nikita Mikhalkov - Ph. © Studio Trite / Camera One / The Kobal Collection • 250 «Printemps dans une petite ville» - 2003 de Tian Zhuang-Zhuang - Ph. Prod DB © Beijing Film Studio / DR • 251 ht «Le Secret des poignards volants» - 2004 de Zhang Yimou - Ph. © China Film Group Corporation / The Kobal Collection • 251 bas «The World» - 205 de Jia Zhangke - Ph. Prod DB © Lumen / DR • 252 ht «La Fureur de vaincre» - 1972 de Lo Wei - Ph. Prod DB © Golden Harvest / DR • 252 bas «The Blade» - 1995 de Tsui Hark - Ph. Prod DB © Golden Harvest Promotion / DR • 253 ht «2042» - 2004 de Wong Kar-Wai- Ph. © Columbia / Block 2 / Jet Tone Films / The Kobal Collection • 253 bas «2042» - 2004 de Wong Kar-Wai- Ph. © Columbia / Block 2 / Jet Tone Films / The Kobal Collection • 254 ht «Yiyi» - 2000 de Edward Yang - Ph. Prod DB © Pony Canyon / 1+2 Seisaku Iinkai / DR • 254 bas «Les Fleurs de Shanghaï» - 1998 de Hou Hsiao Hsien - Ph. Prod DB © 3h Productions-Shochiku / DR • 255 «La Rivière» - 1997 de Tsai Ming-Liang - Ph. Prod DB © Central Motion Picture Corporation / DR • 256 «L'Anguille» - 1997 de Shohei Imamura- Ph. © Hisa Iino / Kss Films / The Kobal Collection • 257 ht «Shara» - 2003 de Naomi Kawase - Ph. Prod DB © RealProduction / DR • 257 bas «Sonatine» - 1993 de Takeshi Kitano- Ph. © Right Vision / Bandai / The Kobal Collection • 258 ht «Memories of murder» - 2004 de Bon Joon-Ho - Ph. Prod DB © CJ Entertainment-Sidus Pictures / DR • 258 bas «La Femme est l'avenir de l'homme» - 2004 de Hong Sang-Soo - Ph. Prod DB © Mirashin Korea / DR • 259 «Ivre de femmes et de peinture» - 2002 de Im Kwon-Taek- Ph. © Taehung Pictures / The Kobal Collection • 260 «Yeelen» - 1987 de Souleymane CisséSouleymane Cissé- Ph. Les Films Cissé, Souleymane Cissé / Coll. Archives • Larbor • 261 ht «En attendant le bonheur» - 2002 de Abderrahmane Sissako- Ph. © Duo Films / Arte France Cinéma / The Kobal • Collection • 261 bas «Molaadé» - 204 de Ousmane Sembène - Ph. Prod DB © Cine-Sud Promotion / DR • 262 «Viva Laldjérie» - 2004 de Nadir Moknèche - Ph. Prod DB © Sunday Morning Productions / DR • 263 ht «Le Destin» - 1997 de Youssef Chahine - Ph. Prod DB © Ognon Pictures-Misr International / DR • 263 bas «Halfaouine» - 1990 de Ferid Boughedir - Ph. Prod DB © Scarabée Films / DR • 264 ht «Kipour» - 2000 de Amos Gitai - Ph. Prod DB © Agav Hafakot / DR • 264 bas «Uzak» - 2003 de Nuri Bilge Ceylan - Ph. © NBC Films / The Kobal Collection • 265 «Prendre femme» - 2004 de Ronit et Shlomi Elkabetz - Ph. Prod DB © Transfax-Zanagar / DR • 266 «Delbaran» - 2001 de Abdolfzal Jalili - Ph. Prod DB © Film E. Aval / T. Mark / DR • 267 ht «Le Goût de la cerise» - 1997 de Abbas Kiarostami - Ph. Prod DB © Ciby 2000 / DR • 267 bas «Sang et or» - 203 de Jafar Panahi - Ph. Prod DB © Jafar Panahi Film / DR • 268 ht «Le salon de musique» -1958 de Satyajit Ray - Ph. © Satyajit Ray FilmsSatyajit Ray / Coll. Archives Larbor • 268 bas «Lagaan» - 201 de Ashutosh Gowariker - Ph. Prod DB © Aamir Khan Production / DR • 269 «Devdas» - 2002 de Sanjay Leela Bhansali - Ph. © DAMFX / The Kobal Collection • 270 «La Leçon de piano» - 193 de Jane Campion- Ph. © Jan Chapman Prods / Ciby 2000 / The Kobal Collection • 271 ht «Priscillia, folle du désert» - 1994 de Stephen Elliott- Ph. © Polygram / Australian Film Finance / The Kobal • Collection / Lockwood, Elise • 271 bas «Pique-nique à Hanging Rock» - 1975 de Peter Weir - Ph. Prod DB © McElroy and McElroy / DR • 272 ht «La petite Lili» - 2003 de Claude Miller - Ph. Prod DB © Films de la Boissière / DR • 272 bas «La reine Margot» - 1994 de Patrice Chéreau - Ph. Prod DB © Renn Productions-Degeto-NEF / DR • 273 ht «Merci pour le chocolat» - 2000 de Claude Chabrol - Ph. Prod DB © CAB-MK2 / DR • 273 bas «La vie et rien d'autre» - 1989 de Bertrand Tavernier - Ph. Prod DB © Little Bear / DR • 274 ht «Les destinées sentimentales» - 2000 de Olivier Assayas - Ph. Prod DB © Arena Films / DR • 274 bas «De battre mon cœur s'est arrêté» - 2005 de Jacques Audiard - Ph. Prod DB © Why Not Productions / DR • 275 «Rois et reine» - 2004 de Arnaud Desplechin - Ph. Prod DB © Why Not Productions / DR • 276 ht «Jeanne d'Arc» - 1999 de Luc Besson - Ph. Prod DB © Gaumont / DR • 276 bas «Blueberry» - 2004 de Jan Kounen - Ph. Prod DB © A.J.O.Z.-Petite Reine / DR • 277 «Le fabuleux destin d'Amélie Poulain» - 2001 de Jean-Pierre Jeunet - Ph. © UGC / Studio Canal Plus / The Kobal Collection • 278 «Le père Noël est une ordure» - 1982 de Jean-Marie Poiré - Ph. Jean-Pierre Fizet. Prod DB © Trinacra-Films du Splendid / DR • 279 ht «La vie est un long fleuve tranquille» - 1988 de Etienne Chatiliez - Ph. Moune Jamet. Prod DB © MK2-Telema / DR • 279 bas «Astérix et Obélix : Mission Cléopâtre - 2002 de Alain Chabat - Ph. Prod DB © Renn Productions-Studio Canal • Plus / DR • 280 ht «Toy story» - 1996 de John Lasseter - Ph. Prod DB © Walt Disney-Pixar / DR • 280 bas «Kirikou et la sorcière» - 1998 de Michel Ocelot - Ph. Prod DB © Les Armateurs-Studio 0 / DR • 281 ht «Wallace et Gromit : the wrong trousers» - 1993 de Nick Park - Ph. Prod DB © Aardman Productions / DR • 281 bas et rep^rise p. 211 «Le voyage de Chihiro» - 2001 de Hayao Miyazaki - Ph. Prod DB © Tokuma-Dentsu / DR • 282 ht «Shoah» - 1985 de Claude Lanzmann - Ph. © Films Aleph / Historia / The Kobal Collection • 282 bas «10e Chambre - Instants d'audience» - 2004 de Raymond Depardon - Ph. Prod DB © Palmeraie et Désert / DR • 283 «Fahrenheit 9 / 11» - 2004 de Michael Moore, affiche - Ph. Prod DB © Miramax Films / DR • 284 ht «Reservoir dogs» - 1992 de Quentin Tarantino - Ph. © Live Entertainment / The Kobal Collection • 284 bas «Edward aux mains d'argent» - 1991 de Tim Burton - Ph. © 20th Century Fox / The Kobal Collection • 285 ht «Mulholland drive» - 2001 de David Lynch - Ph. Prod DB © Touchstone-Films Alain Sarde / DR • 285 bas «Fargo» - 1996 de Joel et Ethan Coen - Ph. © Working Title / Polygram / The Kobal Collection / Tackett, Michael • 286 ht «Malcom X» - 193 de Spike Lee - Ph. © Warner Bros / The Kobal Collection / Lee, David • 286 bas «Loin du paradis» - 2002 de T - Ph. Prod DB © USA Films / DRodd Haynes • 287 ht «Lost in translation» - 2003 de Sofia Coppola - Ph. © Focus Features / The Kobal Collection / Sato, Yoshio • 287 bas «Elephant» - 2003 de Gus Van Sant - Ph. Prod DB © HBO / DR • 288 ht «Les roseaux sauvages» - 1994 de André Téchiné - Ph. Prod DB © Films Alain Sarde / DR • 288 bas «Nos meilleures années» - 2003 de Marco Tullio Giordana - Ph. Prod DB © BiBiFilm-Rai / DR • 289 «Saraband» - 2003 de Ingmar Bergman - Ph. © Sveriges Television / The Kobal Collection / Wanselius, Bengt • 290 ht «Le filmeur» - 2005 de Alain Cavalier - Ph. © Françoise Widhoff / Camera One-Pyramide Productions • 290 bas «Dancer in the dark» - 2000 de Lars Von Trier - Ph. © Arte France / Blind Spot / Dinovi / The Kobal Collection • 291 «Matrix» - 1999 de Andy et Larry Wachowski - Ph. Prod DB © Silver Pictures / DR • 292 50e festival du film de Berlin - Ph. © Gamma / Patrick Piel • 292 bas Biennale de Venise, 2004 - Ph. © Gamma / Catarina Vandeville • 293 Festival de Cannes, 1997 - Ph. © SIPA / Lorenvu / Niko / Nivière

Achevé d'imprimer en avril 2008 par Macrolibros (Espagne)
Dépôt légal : avril 2008
SAP 302 004 - N° de projet : 110 06 958